2 0 2 2 시 험 대 비

9급 공무원

파워특강

국어

9급 공무원

파워특강 국어

초판 인쇄   2022년 1월 12일
초판 발행   2022년 1월 14일

편 저 자 │ 배상경, 추인호, 은동진, 김요셉
발 행 처 │ ㈜서원각
등록번호 │ 1999-1A-107호
주   소 │ 경기도 고양시 일산서구 덕산로 88-45(가좌동)
교재주문 │ 031-923-2051
팩   스 │ 031-923-3815
교재문의 │ 카카오톡 플러스 친구[서원각]
영상문의 │ 070-4233-2505
홈페이지 │ www.goseowon.com
책임편집 │ 최주연
디 자 인 │ 이규희

2000년대 들어와서 꾸준히 이어지던 공무원 시험의 인기는 2021년에도 변함이 없으며 9급 공무원 시험 합격선이 예년에 비해 상승하고 높은 체감 경쟁률도 보이고 있습니다.

최근의 공무원 시험은 과거와는 달리 단편적인 지식을 확인하는 수준의 문제보다는 기본 개념을 응용한 수능형 문제, 또는 과목에 따라 매우 지엽적인 영역의 문제 등 다소 높은 난도의 문제가 출제되는 경향을 보입니다. 그럼에도 불구하고 합격선이 올라가는 것은 그만큼 합격을 위한 철저한 준비가 필요하다는 것을 의미합니다.

국어는 최근에 수능 유형의 문제가 점차 늘어나 단순 암기나 이해가 아닌 사고력, 분석력, 추리력, 응용력을 요하고 있습니다. 생소하거나 난도 높은 지문도 자주 출제되고 있으므로 교과서 영역을 벗어난 폭넓은 접근이 중요합니다. 또한 한글맞춤법과 표준어 규정, 외래어와 로마자표기법, 비문학독해, 한자와 문학, 문법과 문학 등 서로 연관 지어 분석ㆍ해결하는 심도 있는 학습을 요하고 각 시행처 별로 출제유형이 조금씩 다르므로 여러 해의 기출문제를 폭넓게 검토해 매번 출제되는 문제에 대한 대비가 필요합니다.

본서는 광범위한 내용을 체계적으로 정리하여 수험생으로 하여금 보다 효율적인 학습이 가능하도록 구성하였습니다. 핵심이론에 더해 해당 이론에서 출제된 기출문제를 수록하여 실제 출제경향 파악 및 중요 내용에 대한 확인이 가능하도록 하였으며, 출제 가능성이 높은 다양한 유형의 예상문제를 단원평가로 수록하여 학습내용을 점검할 수 있도록 하였습니다. 또한 2021년 최근 기출문제분석을 수록하여 자신의 실력을 최종적으로 평가해 볼 수 있도록 구성하였습니다.

신념을 가지고 도전하는 사람은 반드시 그 꿈을 이룰 수 있습니다. 서원각 파워특강 시리즈와 함께 공무원 시험 합격이라는 꿈을 이룰 수 있도록 열심히 응원하겠습니다.

Structure

step 1

핵심이론 정리

방대한 양의 기본이론을 체계적으로 정리하여 필수적인 핵심이론을 담았습니다. 출제비중이 높은 현대문법을 체계적으로 정리 · 수록하여 효율적인 학습이 가능합니다. 서원각만의 빅데이터로 구축된 빈출 내용으로 구성하여 이론 학습과 동시에 문제 출제 포인트 파악이 가능합니다.

step 2

기출문제 파악

공무원 시험에서 가장 중요한 것은 기출 동향을 파악하는 것입니다. 이론정리와 기출문제를 함께 수록하여 개념이해와 출제경향 파악이 즉각적으로 이루어지도록 구성했습니다. 이를 통해 문제에 대한 이해도와 해결능력을 동시에 향상시켜 학습의 효율성을 높였습니다.

step3

예상문제 연계

문제가 다루고 있는 개념과 문제 유형, 문제 난도에 따라 엄선한 예상문제를 수록하여 문제풀이를 통해 기본개념과 빈출이론을 다시 한 번 학습할 수 있도록 구성하였습니다. 예상문제를 통해 응용력과 문제해결능력을 향상시켜 보다 탄탄하게 실전을 준비할 수 있습니다.

step 4

최신 기출분석

부록으로 최근 시행된 2021년 국가직 및 지방직, 서울시 기출문제를 수록하였습니다. 최신 기출 동향을 파악하고 학습된 이론을 기출과 연계하여 정리할 수 있습니다.

step 5

반복학습

반복학습은 자신의 약점을 보완하고 학습한 내용을 온전히 자기 것으로 만드는 과정입니다. 반복학습을 통해 이전 학습에서 확실하게 깨닫지 못했던 세세한 부분까지 철저히 파악하여 보다 완벽하게 실전에 대비할 수 있습니다.

핵심이론정리

1. 이론 정리
국어 핵심이론을 이해하기 쉽게 체계적으로 요약하여 정리했습니다.

2. 기출문제 연계
이론학습이 기출문제 풀이와 바로 연결될 수 있도록 이론과 기출문제를 함께 수록하였습니다.

3. 포인트 팁
학습의 포인트가 될 수 있는 중요 내용을 한눈에 파악할 수 있도록 구성하였습니다.

문제유형파악

1. 단원별 예상문제
기출문제 분석을 통해 예상문제를 엄선하여 다양한 유형과 난도로 구성하였습니다.

2. 핵심을 콕!
핵심이론을 반영한 문제 구성으로 앞서 배운 이론복습과 실전대비가 동시에 가능합니다.

3. 친절한 해설
수험생의 빠른 이해를 돕기 위해 세심하고 친절한 해설을 담았습니다.

실전완벽대비

1. 2021년 국가직, 지방직 등 최신기출문제
최신 기출문제를 풀며 출제 경향을 파악하고, 스스로의 학습상태를 점검할 수 있습니다.

2. 실전감각 up!
최신 기출문제를 통해 실전감각을 익히고 보다 완벽하게 시험에 대비할 수 있습니다.

Contents

01 국어사용의 실제

		학습일	복습일	난이도	성취도
01 말하기와 듣기	12	/	/	上 中 下	○ △ ×
단원평가	18				
02 쓰기	26	/	/	上 中 下	○ △ ×
단원평가	31				
03 읽기	42	/	/	上 中 下	○ △ ×
단원평가	46				
04 여러 가지 글	58	/	/	上 中 下	○ △ ×
단원평가	64				

02 현대문법

		학습일	복습일	난이도	성취도
01 언어와 국어	84	/	/	上 中 下	○ △ ×
단원평가	89				
02 음운	98	/	/	上 中 下	○ △ ×
단원평가	105				
03 단어	115	/	/	上 中 下	○ △ ×
단원평가	120				
04 문장	126	/	/	上 中 下	○ △ ×
단원평가	133				
05 의미	141	/	/	上 中 下	○ △ ×
단원평가	145				
06 맞춤법과 표준어	152	/	/	上 中 下	○ △ ×
단원평가	177				

03 고전문법

			학습일	복습일	난이도	성취도
01 음운		188	/	/	上 中 下	○ △ ×
단원평가		197				
02 국어의 변천		201	/	/	上 中 下	○ △ ×
단원평가		207				

04 현대문학

			학습일	복습일	난이도	성취도
01 문학의 이해		214	/	/	上 中 下	○ △ ×
단원평가		220				
02 시		224	/	/	上 中 下	○ △ ×
단원평가		230				
03 소설		240	/	/	上 中 下	○ △ ×
단원평가		246				
04 수필		256	/	/	上 中 下	○ △ ×
단원평가		258				
05 희곡 · 시나리오 · 비평		265	/	/	上 中 下	○ △ ×
단원평가		270				
06 현대 문학사		278	/	/	上 中 下	○ △ ×
단원평가		302				

Contents

05 고전문학 & 고전문학사

		학습일	복습일	난이도	성취도
01 고대 문학	308	/	/	上 中 下	○ △ ×
단원평가	316				
02 고려시대의 문학	323	/	/	上 中 下	○ △ ×
단원평가	334				
03 조선 전기의 문학	340	/	/	上 中 下	○ △ ×
단원평가	350				
04 조선 후기의 문학	353	/	/	上 中 下	○ △ ×
단원평가	367				

06 한자

		학습일	복습일	난이도	성취도
01 한자	378	/	/	上 中 下	○ △ ×
단원평가	387				
02 한자성어·속담·고유어	391	/	/	上 中 下	○ △ ×
단원평가	418				

부록 최근 기출문제 분석

	학습일	복습일	난이도	성취도
2021. 4. 17. 인사혁신처 시행	426	/	/	上 中 下	○ △ ×
2021. 6. 5. 제1회 지방직 시행	446	/	/	上 中 下	○ △ ×
2021. 6. 5. 제1회 서울특별시 시행	466	/	/	上 中 下	○ △ ×

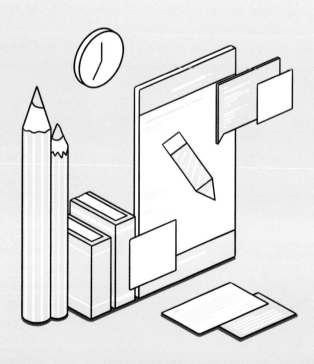

01

국어사용의 실제

01 말하기와 듣기
02 쓰기
03 읽기
04 여러 가지 글

01 말하기와 듣기

section 1 말하기의 여러 가지 상황

(1) 일상적인 말하기
일상생활에서의 대화가 이에 속한다.

(2) 일정한 격식을 필요로 하는 공적인 말하기
설명하기, 설득하기, 토의하기, 토론하기, 대담 등이 이에 속한다.

(3) 상황에 맞는 말하기의 필요성
① 의사소통을 원활하게 한다.
② 상대방에게 좋은 인상을 심어줄 수 있다.
③ 대화의 분위기를 좋게 유지할 수 있다.

section 2 담화의 개념과 구성요소

(1) 담화의 개념
화자(글쓴이)와 청자(독자)를 포함하여 구체적인 문맥 속에서 이루어지는 발화의 유기적인 연속체

(2) 담화의 구성요소

화자와 청자	전언(傳言)을 전달하는 사람과 전달받는 사람
맥락	• 상황맥락 : 화자와 청자가 취한 시간적 공간적 장면 또는 조건 • 사회 문화적 맥락 : 담화를 둘러싼 사회 문화적 상황
전언(傳言)	전달하고자 하는 메시지(말하는 목적)

(3) 담화의 사용역

화자와 청자 사이에 언어 전달 행위가 일어날 때 다양한 언어 변이가 일어나는
장면을 일컫는 말

> 예 (친구에게 부탁을 하는 경우) 나 너에게 부탁 하나만 해도 될까?
> (회사에서 상급자에게) 죄송하지만 부탁 좀 드려도 되겠습니까?

section 3 담화의 기능과 유형

(1) 담화의 기능

발화 상황에 따라 선언, 요청, 질문, 제안, 약속, 경고, 축하, 위로, 협박, 비난
등의 다양한 행위와 관련된 기능을 수행한다.

(2) 담화의 유형

① **정보 제공 담화** … 청자에게 정확하고 유용한 정보를 전달하고 이해시키기 위한
말하기

> 예 강의, 뉴스, 보도 등

② **호소 담화**(설득하는 말하기) … 상대를 설득하고자 하는 의도로 생산된 담화

> 예 광고, 설교, 연설 등

③ **사교 담화**(친교를 위한 말하기) … 친목을 도모하기 위한 사회적 상호 작용을 의
도로 생산된 담화

> 예 잡담, 자기소개, 환영 인사 등

④ **약속 담화** … 발화에 담긴 내용을 수행하겠다는 다짐을 나타내는 의도로 생산된
담화

> 예 맹세, 선서 등

section 4 일반적인 말하기의 과정

(1) 말할 내용 선정하기

말할 목적에 따라 말할 내용을 정한다. 말하는 이는 듣는 이의 조건, 말하기의 주
제 등을 고려해야 한다.

(2) 말할 내용 조직하기

말할 목적과 주제에 알맞은 조직 방법을 선택하여, 내용을 배열한다.

기출문제

문 밑줄 친 부분의 말하기 방식과 가장 유사한 것은?

▶ 2009. 5. 23. 상반기 지방직

형님 놀부 댁에서 쫓겨나 마을 어구에 당도하니 여러 아이놈들이 밥 달라는 소리가 귀를 찢는다. 그러더니 흥보 큰아들이 나앉으며,
"아이고, 어머니!"
"이 자식아, 너는 또 어찌하여 이상한 목소리를 내느냐?"
"<u>어머니 아버지, 날 장가 좀 들여주오, 내가 장가가 바빠서 그런 것이 아니라 가만히 누워 생각허니 어머니 아버지 손자가 늦어 갑니다.</u>"
흥보 마누라가 이 말을 듣고 더욱 기가 막히더라.

① (지방의회 의원에 출마하면서 유권자에게) "저는 여러분의 충실한 대변인이 되고 싶지 출세에 관심 있는 사람이 아닙니다."

② (약속에 늦게 와서 기다리는 친구에게) "미안해, 난 일찍 출발했는데 길이 워낙 막혀서 말이야."

③ (자꾸 그릇을 깨는 동생에게) "아니, 너 혹시 그릇 집에 뭐 잘 보일 일이 있는 거 아냐?"

④ (넘어져서 다리를 다친 아이에게) "그래도 걸을 수 있으면 되는 것 아니겠어?"

> **Tip** 화자 자신의 이익이 아닌 청자를 위해서라는 명분을 내세우며 설득하는 말하기를 하고 있다.

정답 ①

(3) 효과적으로 표현하기

정확한 발음과 알맞은 음성으로 발할 내용을 전딜한다.

section 5 토의(討議)

(1) 토의의 뜻

공동의 관심사가 되는 어떤 문제에 대한 가장 바람직한 해결 방안을 찾기 위하여 집단 성원이 협동적으로 의견을 나누는 말하기이다.

(2) 토의의 절차

① 문제에 대한 의미 확정 … 문제의 필요성, 중요성 등을 고려하여 토의할 문제를 설정한다.

② 문제의 분석과 음미 … 문제의 원인과 실태, 앞으로의 전망 등에 대한 정보와 지식, 의견 등을 서로 교환한다.

③ 가능한 모든 해결안의 제시와 검토 … 문제를 해결할 수 있는 방안에는 어떤 것들이 있는지 여러 가지 측면에서 찾아본다.

④ 최선의 해결안 선택 … 여러 해결안을 검토 · 평가해 보고, 가장 바람직한 해결안을 결정한다.

⑤ 구체적인 해결안의 시행 방안 모색 … 집단 사고를 통해 행동화할 수 있도록 논의한다.

(3) 토의의 종류

① 심포지엄(Symposium) … 공동 주제에 대해 전문가 3~6명이 강연식으로 발표한 뒤, 청중과 질의 응답하는 토의 형식을 말한다.

② 포럼(Forum) … 공공의 문제에 대해 공개적으로 토의하는 것으로, 심포지엄과는 달리 처음부터 청중이 참여하는 형식을 말한다.

③ 패널(Panel) … 공동 토의 또는 배심 토의라고도 하며, 주어진 문제나 화제에 대하여 특별히 관심이 있거나 정보와 경험이 있는 사람이 청중 앞에서 각자의 지식, 견문, 정보를 발표하는 토의 형식을 말한다.

④ 원탁 토의(Round table discussion) … 10명 내외의 소규모 집단이 평등한 입장에서 자유롭게 상호 관심사에 대해 의견을 나누는 토의 형식을 말한다.

⑤ 그 밖의 토의의 종류

　㉠ 세미나(Seminar) : 고등교육, 주로 대학에서 교수의 지도 아래 참여자들이 특정한 주제에 대하여 발표나 질의응답을 통해서 공동으로 연구하는 토의 형식을 말한다.

　㉡ 버즈토의(Buzz Session) : 소수인원으로 그룹을 형성하여 참가자 모두가 각자의 자유로운 발언 기회를 갖게 함으로써 적극적으로 토의하는 형식이다.

section 6 　토론(討論)

(1) 토론의 뜻

어떤 문제에 대해 찬성이나 반대의 의견을 가진 사람들이 근거를 바탕으로 자기 주장을 논리적으로 펼치는 말하기이다.

(2) 토론의 요건

① 토론의 참가자 … 주제에 대하여 찬성과 반대의 뚜렷한 의견 대립을 가지는 사람들이 있어야 한다.

② 논제 … 논점이 대립적으로 드러나는 정책이나 사실이어야 한다.

③ 토론 규칙 … 공정한 진행을 위한 발언 시간, 발언 순서, 동일한 논박 시간, 토론에 대한 판정 발언에 관한 규정을 말한다.

④ 청중 … 공정한 판정을 내리는 심판을 포함한다.

⑤ 사회자 … 폭넓은 상식을 토대로 적극성을 가진 사람이 맡는다. 또한 공정성과 포용력, 지도력을 지닌 사람이어야 한다.

(3) 토론의 종류

① 링컨-더글러스 토론(Lincoln-Douglas Debates) … 한 후보자가 1시간 동안 자신의 주장을 펼치고 반박자가 1시간 30분 동안 반박을 한 후, 30분씩 번갈아 가며 토론하는 형식이다.

② 의회형 토론(Parliamentary Debates) … 여러 가지 논제에 대하여 대립된 두 팀이 사전에 준비한 자료를 바탕으로 토론하는 형식이다.

③ 상호질문형 토론(Cross Examination Debate Association) … 논제와 관련된 자료조사와 제기된 주장을 입증할 수 있는 증거제시에 큰 비중을 두며, 질문을 통해 상대방의 허점을 드러내는 방식의 토론을 말한다.

기출문제

🔍 다음의 여러 조건에 가장 잘 맞는 토론 논제는?
　▶ 2019. 4. 6. 인사혁신처

• 긍정 평서문으로 제시되어야 한다.
• 찬성과 반대의 대립이 분명하게 나타나야 한다.
• 쟁점이 하나여야 한다.
• 찬성이나 반대 어느 한 편에 유리하게 작용하는 정서적 표현을 사용해서는 안 된다.

① 징병제도는 유지해야 한다.
② 정보통신방법을 개선할 수는 없다.
③ 야만적인 두발 제한을 폐지해야 한다.
④ 내신 제도와 논술 시험을 개혁해야 한다.

Tip ② 부정 평서문이어서 조건에 맞지 않는다.
③ '야만적인'은 두발 제한 자체를 객관적으로 인식하는 데 제약을 줄 수 있는 정서적 표현이다.
④ '내신 제도'와 '논술 시험' 두 가지의 쟁점을 다루고 있다.

| 정답 ①

문 토론에서 사회자가 하는 역할에 대한 설명으로 가장 적절한 것은?

▶ 2019. 6. 15. 제1회 지방직

① 토론을 시작하면서 논제가 타당한지 토론자들의 의견을 묻는다.
② 토론자들에게 토론의 전반적인 방향과 유의점에 대해 안내한다.
③ 청중의 의견을 수렴하여 대안을 제시함으로써 쟁점을 약화시킨다.
④ 토론자의 주장과 논거를 비판하는 견해를 개진하여 논쟁의 확산을 꾀한다.

Tip ② 토론의 구성원은 사회자와 서로 입장이 다른 패널이다. 패널은 자신의 입장에 대해 타당성을 입증하여 상대방을 설득하는 주관적인 견해를 갖고 있지만, 사회자는 원만한 토론의 진행을 위해 중립적인 (객관적인) 위치에서 토론을 진행해야 한다.

정답 ②

④ **칼 포퍼(K. Popper)식 토론** … 3인 1조로 하여 발언의 순서를 토론 시작 전에 이미 정하고 발언 시간을 엄격하게 제한하여 청중이나 전문가들 앞에서 승패를 가르는 방식의 토론을 말한다.

[토의와 토론의 차이]

구분		토의	토론
공통점		둘 이상의 참가자, 집단 사고의 과정, 집단 의사의 결정	
차이점	참가자	특정 문제에 대한 공통 인식이 해자	찬성과 반대의 의견 대립자
	해결 방법	참가자 전원의 협력과 합의	자기주장의 정당성을 밝혀 상대방 설득
	목적	참가자 전원의 의견을 종합하여 최선의 해결안 도출	자기주장의 옳음을 상대방이 인정하도록 설득하여 집단 의사로 결정

section 7 회의(會議)

(1) 회의의 뜻

여러 사람이 모여 집단의 문제에 대하여 토의하고, 참가자 다수가 좋다고 생각하는 쪽으로 의사를 결정하는 과정을 말한다.

(2) 회의의 절차

의제 결정 → 의제 상정 → 제안 설명 → 질의응답 → 찬반 토론 → 표결 → 의사 결정

(3) 회의 용어

① **동의(動議)** … 회의 중에 결정을 위한 제안을 일정한 형식을 갖추어 제출한다[찬성을 의미하는 '동의(同意)'와 구별됨].
② **재청(再請)** … 남의 동의를 찬성하여 거듭 청한다(재청이 없으면 동의는 의제로 성립되지 못함).
③ **부의(附議)** … 적법하게 성립된 동의를 토의에 부친다.
④ **정족수(定足數)** … 의제를 심의하고 의결하는 데 필요한 일정 수 이상의 참가자 수를 말한다.
　　㉠ **의사 정족수** : 회의를 개최하는 데 필요한 인원수를 말한다.
　　㉡ **의결 정족수** : 회의에 상정된 의제를 결정하는 데 필요한 인원수를 말한다.

⑷ 회의의 종류

회의의 종류는 매우 다양하다. 그러나 목적, 기능, 인원의 규모 등에 따라 분류해 볼 수 있다.

① 목적에 따른 회의 ⋯ 문제해결회의, 의사결정회의, 계획회의, 정보전달회의, 창조적회의 등이 있다.

② 기능에 따른 회의 ⋯ 대책회의, 개발회의, 조정회의 등이 있다.

③ 인원별 회의 ⋯ 소집단회의, 중집단회의, 대집단회의 등이 있다.

1 다음의 여러 조건에 가장 잘 맞는 토론 논제는?

> • 긍정 평서문으로 제시되어야 한다.
> • 찬성과 반대의 대립이 분명하게 나타나야 한다.
> • 쟁점이 둘 이상이면 안 된다.
> • 찬성이나 반대 어느 한 편에 유리하게 작용하는 정서적 표현을 사용해서는 안 된다.

① 공무원 시험에 군가산점을 도입해야 한다.
② 공수처법은 통과되어서는 안 된다.
③ 강압적인 회식 문화는 사라져야 한다.
④ 수시모집과 정시모집을 개선해야 한다.

2 다음 두 사람의 대화에 적용된 공감적 듣기의 방법이 아닌 것은?

> "지원아, 나 오늘 중요한 면접이 있었는데 망쳐버렸어."
> "정말? 어떻게 된 일인지 자세히 말해 봐."
> "너무 긴장해서 준비해 간 질문에도 대답을 못했지 뭐야."
> "준비한 질문에 대답을 못했구나. 잘해야 된다는 생각에 수진이 네가 긴장을 많이 했나 보다."

① 지원이는 수진이의 말에 자신이 주의 집중하고 있음을 보여 주고 있다.
② 지원이는 수진이가 계속 말을 할 수 있도록 격려하고 있다.
③ 지원이는 수진이의 말을 자신의 처지로 바꾸어 의미를 재구성하고 있다.
④ 지원이는 수진이의 혼란스러운 감정을 수진이 스스로 정리하게끔 도와주고 있다.

3 [A], [B]에 대한 설명으로 가장 적절한 것은?

사회자 : 이번 시간에는 '인공지능을 면접에 활용하는 것이 바람직하다.'라는 논제로 토론을 진행하겠습니다. 찬성 측이 먼저 입론해 주신 후 반대 측에서 반대 신문해 주십시오.

찬성 1 : 저희는 인공 지능을 면접에 활용하는 것이 바람직하다고 생각합니다. 인공 지능을 활용한 면접은 인터넷에 접속하여 인공 지능과 문답하는 방식으로 진행됩니다. 지원자는 시간과 공간에 구애받지 않고 면접에 참여할 수 있는 편리성이 있어 면접 기회가 확대됩니다. 또한 회사는 면접에 소요되는 인력을 줄여, 비용 절감 측면에서 경제성이 큽니다. 그리고 기존 방식의 면접에서는 면접관의 주관이 개입될 가능성이 큰 데 반해, 인공 지능을 활용한 면접에서는 빅데이터를 바탕으로 한 일관된 평가 기준을 적용할 수 있습니다. 이러한 평가의 객관성 때문에 많은 회사들이 인공 지능 면접을 도입하는 추세입니다.

[A]

반대 2 : 기존 면접에서는 면접관의 주관이 개입될 여지가 있다고 하셨는데요, 회사의 특수성을 고려해 적합한 인재를 선발하려면 오히려 해당 분야의 경험이 축적된 면접관의 생각이나 견해가 면접 상황에서 중요한 판단 기준이 돼야 하지 않을까요?

찬성 1 : 면접관의 생각이나 견해로는 지원자의 잠재력을 판단하기 어렵습니다. 오히려 오랜 기간 회사의 인사 정보가 축적된 데이터가 잠재력을 판단하는 데 적합하기 때문에 인공 지능 면접이 신뢰성도 높습니다. 회사 관리자들을 대상으로 한 설문 조사에서도 잠재력 파악에 인공 지능을 활용한 면접을 신뢰한다는 비율이 높게 나왔습니다.

사회자 : 이번에는 반대 측에서 입론해 주신 후 찬성 측에서 반대 신문해 주십시오.

반대 1 : 저희는 인공 지능을 면접에 활용하는 것이 바람직하다고 보지 않습니다. 먼저 인공 지능을 활용한 면접은 기술적 결함이 발생할 수 있습니다. 이로 인해 면접이 원활하지 않거나 중단되어 지원자들의 면접 기회가 상실될 수 있습니다. 또한 인공 지능을 활용한 면접은 당장의 비용 절감 효과에 주목해서 미래에 더 큰 경제적 가치를 창출할 인재를 놓치게 돼 결국 경제적이지 않습니다. 마지막으로 인공 지능의 빅데이터는 특정 대상과 사안에 치우친 것일 수 있어 왜곡될 가능성이 있습니다. 이러한 이유로 △△회사는 인공지능을 활용한 면접을 폐지했습니다.

[B]

찬성 1 : △△회사는 인공지능을 활용한 면접을 폐지했지만, 통계 자료에서 보다시피 인공 지능을 면접에 활용하는 것은 확대되고 있는 추세이지 않습니까?

반대 1 : 경제적인 이유로 인공 지능 면접이 활용되고 있지만, 인공 지능을 활용한 면접의 한계가 드러난다면 이를 폐지하는 기업들이 늘어나게 될 것입니다.

① [A]의 반대 2는 상대측이 제시한 근거의 적절성에 의문을 제기하며 적합한 사례를 요구하고 있다.

② [A]의 찬성 1은 상대측의 이의 제기에 대해 반박하며 자료를 통해 자신의 주장이 타당함을 강조하고 있다.

③ [B]의 찬성 1은 상대측의 진술 내용에 이의를 제기하며 사실 관계를 확인할 수 있는 자료를 추가로 요청하고 있다.

④ [B]의 반대 1은 상대측이 제시한 근거 자료의 출처를 확인하고 새로운 정보를 통해 향후 전망을 제시하고 있다.

4 토론에서 사회자가 하는 역할에 대한 설명으로 가장 적절한 것은?

① 찬성과 반대의 의견을 수렴하여 대안을 제시함으로써 쟁점을 약화시킨다.

② 토론의 전반적인 방향과 유의사항에 대해 토론자들에게 설명한다.

③ 토론을 시작하면서 논제의 타당성에 대해 청중의 의견을 묻는다.

④ 논제에 대한 자신의 의견을 개진하며 토론에 적극 참여한다.

5 다음 대화 상황에서 의사소통에 장애가 일어났다고 한다면, 그 이유로 가장 적절한 것은?

> 과장 : 프로젝트 보고서 오늘까지 제출하라고 했던 것 같은데, 어떻게 됐습니까?
>
> 사원1 : 네, 과장님. 사원2가 마무리하기로 했는데, 거래처 외근 나가서 아직 안 들어 왔습니다.
>
> 과장 : 마감시간까지 이제 1시간 남았는데, 그 전에 마무리가 되는 겁니까?
>
> 사원1 : 죄송합니다. 지금 사원2가 연락이 되지 않아서요.
>
> 사원3 : 연락이 안 되면 어떡해요. 사원2 때문에 우리 모두 문책당하는 거 아닌지 모르겠네요. 사원1이 프로젝트 매니저니까 책임지세요.
>
> 사원1 : 아니, 뭐라고요? 사원2가 마무리하기로 한 건 지난 회의 때 다 같이 결정한 거잖아요.
>
> 과장 : 자, 그만들 하세요. 지금 누구 잘잘못을 따지고 있을 상황이 아닙니다. 사원2와 연락할 방법이나 빨리 찾아보세요.
>
> 사원4 : 사원2가 외근 나간 거래처에 연락해 보겠습니다.

① 과장이 권위적인 태도로 상황을 무마하려 하고 있다.

② 사원1이 자신의 책임을 면하기 위해 변명으로 일관함으로써 의사소통이 단절되고 있다.

③ 사원3이 대화의 맥락을 고려하지 않고 끼어들어 책임을 언급함으로써 갈등이 생겨나고 있다.

④ 사원4가 본질과 관계없는 말을 언급함으로써 상황을 정리하려고 하고 있다.

6 다음의 말하기 중 말하는 목적이 다른 하나는?

① 안내하기   ② 건의하기

③ 소개하기   ④ 보고하기

7 다음은 연설문의 일부이다. 화자의 논지 전개 방식으로 가장 적절한 것은?

> 조금만 생각하면 우리의 환경을 위해 할 수 있는 일이 아주 많습니다. 먼저 조금 귀찮더라도 일회용 물품들을 사용하지 않도록 합시다. 우리가 잠깐 쓰고 버리는 일회용 물품들 중에는 앞으로 오백 년 동안 지구를 괴롭히게 되는 것도 있다고 합니다. 조금 귀찮겠지만 평소에 일회용 도시락과 종이컵을 사용하지 않는 것도 우리들이 어렵지 않게 지구를 보호할 수 있는 방법 가운데 하나라고 생각합니다.

① 문제 해결을 위한 사례를 제시하고 있다.
② 문제 해결을 위한 방법을 제시하고 있다.
③ 문제 해결을 위한 기존의 방법과는 다른 대안을 제시하고 있다.
④ 문제 해결을 위한 사례의 장단점을 분석하고 있다.

8 다음 중 담화 상황을 구성하는 요소가 아닌 것은?

① 말할 대상   ② 말하는 목적
③ 듣는 이의 성격   ④ 시간적 · 공간적 조건

9 다음 두 토론자 사이의 대화에서 토론의 필수 요소 중 을이 빠뜨리고 있는 가장 핵심적인 논리적 문제점은?

> 갑 : 현재 초등학교 교사가 부족한 것은 여러 원인이 있겠지만 무엇보다 중요한 원인은 교사 정년을 단축한 것입니다. 그러므로 초등학교 부족교사 문제를 해결하기 위해서는 무엇보다 교사 정년을 늘려야 한다고 생각합니다. 다른 어떤 대안보다 이 정책을 우선 시행해야 한다고 생각합니다.
>
> 을 : 저는 교사 정년을 늘리는 것에 반대합니다. 부족교사를 충당하기 위해서는 중등학교 자격증 소지자 가운데 일정 교육을 받은 사람에 한하여 초등교과 전담교사를 배치하는 것이 더 좋다고 생각합니다. 사범대학이나 교육대학이 동일한 과목의 교직과목을 이수하고 있기 때문에 일정교육을 통해 이 사람들이 초등에 필요한 몇 가지 이론적 실천소양을 갖추게 되면 초등교사로 배치되는 데 크게 문제가 없다고 생각합니다.

① 주장의 근거를 제시하고 있다.   ② 상대방의 주장에 대해 논박하지 않았다.
③ 을의 주장에 대한 논리성이 부족하다.   ④ 자신의 주장에 대해서 명확하게 표현하지 않았다.

10 토의에 대한 다음 설명 중 옳지 않은 것은?

① 문제의 해결 방안을 모색하는 과정이다.
② 비교적 자유롭게 서로의 의견이나 정보를 교환할 수 있다.
③ 특정한 문제나 주제에 대하여 찬반의 입장으로 나누어 말한다.
④ 아주 일상적인 일에서부터 국가의 정책을 결정하는 일에 이르기까지 광범위하게 이루어진다.

11 다음 중 토론의 주제로 적당하지 않은 것은?

① 청소년 두발 규제
② 농산물 수입 개방 여부
③ 마을문고의 설치 방법
④ 영어 조기 교육의 필요성

12 다음 중 토론의 궁극적인 목적은?

① 의견 발표
② 의견 설득
③ 의견 교환
④ 의견 제시

13 토의와 토론의 공통점을 바르게 말한 것은?

① 심판이 필요하다.
② 의견의 대립이 있다.
③ 표결에 의해 결정이 된다.
④ 최선의 해결안을 찾고자 한다.

14 다음 중 토론의 주제로 적당한 것은?

① 한국 최초의 우주인 탄생이 갖는 의의
② 지구 온난화의 대책
③ 에너지 절약의 사례
④ 영어 몰입교육의 추진

15 다음 설명과 관계있는 토의 형식은?

이견(異見) 조정의 수단으로 의회나 일반 회의에서 자주 쓰이며, 시사 문제나 전문적인 문제들을 해결하는 데 적합한 형식이다.

① 패널(Panel)
② 포럼(Forum)
③ 심포지엄(Symposium)
④ 원탁 토의(Round table discussion)

정답및해설

1	①	2	③	3	②	4	②	5	③
6	②	7	②	8	③	9	②	10	③
11	③	12	②	13	④	14	④	15	①

1 ② 긍정 평서문 조건에 맞지 않는다.
③ '강압적인'은 회식 문화가 사라져야 한다는 찬성 입장에 유리하게 작용하는 정서적 표현이다.
④ '수시모집'와 '정시모집' 두 가지의 쟁점을 다루고 있다.

2 ③ 지원이는 수진이의 입장을 고려해서 면접에 대한 부담을 언급한 것이지 자신의 처지로 바꾸어서 의미를 재구성한 발화를 하고 있지는 않다.
① 지원이는 준비해 간 질문에 대답을 못했다는 수진이의 말을 반복하면서 자신이 주의 집중하고 있음을 보여 주고 있다.
② 지원이는 무슨 일이 있었는지 자세히 말해 보라며 수진이가 계속 말을 할 수 있도록 격려하고 있다.
③ 지원이는 수진이가 잘해야 된다는 생각에 긴장을 많이 했나 보다고 위로하며 수진이 스스로 감정을 정리하게끔 도와주고 있다.

3 ② [A]에서 찬성 1은 반대 2가 제기한 '적합한 인재를 선발하려면 오히려 해당 분야의 경험이 축적된 면접관의 생각이나 견해가 면접 상황에서 중요한 판단 기준이 돼야 한다'는 이의에 대해 '면접관의 생각이나 견해로는 지원자의 잠재력을 판단하기 어렵다'고 반박하며 설문 조사 자료를 통해 자신의 주장이 타당함을 강조하고 있다.

4 사회자는 원만한 토론의 진행을 위해 토론의 전반적인 방향과 유의사항에 대해 토론자에게 안내해야 하며 객관적인 위치에서 토론을 진행해야 한다.

5 ① 과장은 더 큰 갈등을 막고, 문제를 해결하는 것에 주력하고 있다.
② 사원1은 문제가 발생한 상황과 원인을 잘 설명하고 있다.
④ 사원4가 한 말은 문제를 해결하기 위한 대화에 부합한다.

6 말하는 목적
㉠ 정보 전달하는 말하기 : 안내하기, 소개하기, 설명하기, 보고하기 등
㉡ 설득하는 말하기 : 주장하기, 건의하기 등
㉢ 친교를 위한 말하기 : 인사하기, 축하 · 칭찬하기, 위로 · 격려하기 등

7 연설문의 마지막 부분에서 '지구를 보호할 수 있는 방법 가운데 하나'라고 언급하고 있다. 즉, 이 글은 환경 문제를 해결하기 위한 방법을 사례를 들어 제시하고 있다고 보는 것이 적절하다.

8 담화 상황 구성 요소 … 말하는 목적, 말할 대상, 시간적 · 공간적 조건, 이야기의 흐름, 분위기

9 을은 교사 정년을 늘리는 것에 찬성하는 갑의 의견에 반대한다고 의견을 표현하였으나 왜 교사 정년을 늘리는 것에 반대하는 지에 대해서는 의견을 제시하지 않고 있다.

10 ③ 토론에 대한 설명이다. 토의는 어떤 문제에 대한 가장 바람직한 해결 방안을 구하기 위하여 집단 성원이 협동적으로 사고하는 과정이다.

11 ③ 토의의 주제로 적합하다.
※ 토론의 특징
㉠ 토론하는 양쪽의 입장이 대립적이다.
㉡ 특정 문제에 대한 의견, 해결안, 결론 등이 상호 대립 관계에 있다.
㉢ 자기주장의 근거를 제시함으로써 주장의 정당성을 상대방에게 인식시킨다.
㉣ 설득의 방법으로 주장하고 논리적으로 이야기를 전개한다.
㉤ 상대방의 주장이 불확실한 근거에 토대를 두고 있음을 논증한다.

12 ② 토론은 자기주장의 정당성을 상대방이 인정하도록 집단 의사로 결정하는데 목적이 있다.

13 토의와 토론의 공통점 … 집단 사고 과정을 통한 문제 해결 방법, 해결안 도출, 둘 이상의 참가자
①②③ 토론의 특성에 해당된다.

14 ④ 토론은 찬성이나 반대의 의견을 가진 사람들이 근거를 바탕으로 자기주장을 논리적으로 펼치는 말하기이므로, 주제는 대립성이 있어야 한다.

15 패널(Panel) … 배심 토의(대표 토의)라고도 하며 특정 문제를 해결하거나 해명하려는 목적으로, 주어진 문제나 화제에 대하여 특별히 관심이 있거나 정보와 경험이 있는 사람을 배심원으로 뽑아 청중 앞에서 각자의 지식, 견문, 정보를 발표하고, 여러 가지 의견을 제시하여 함께 생각하는 공동 토의이다.

02 쓰기

기출문제

문 '청소년 인터넷 중독의 현황과 문제 해결에 대한 글을 작성하고자 한다. 글의 내용으로 포함하기에 적절하지 않은 것은?

▶ 2020. 6. 13. 지방직/서울특별시

① 국내 최대 게임 업체의 고객 개인 정보가 유출되어 청소년들에게 성인 광고 문자가 대량 발송된 사건을 예로 제시한다.

② 인터넷에 중독되는 청소년의 비율이 해마다 증가한다는 통계를 활용하여 해당 사안이 시급히 해결되어야 할 문제임을 강조한다.

③ 사회성 결여, 의사소통 장애, 집중력 저하 등 인터넷 중독이 야기할 수 있는 부정적 현상들을 열거하여 문제의 심각성을 환기한다.

④ 청소년 대상 인터넷 중독 상담 프로그램의 개발 및 운영을 위해 할당된 예산이 부족하다는 전문가의 의견을 인용하여 해당 문제에 대한 대치가 미온적임을 지적한다.

Tip 글의 주제가 청소년 인터넷 중독의 현황과 문제점인데 ①은 개인정보 유출로 인한 스팸 문자 발송 사례로 작성 글의 주제와 무관하다.

정답 ①

section 1 좋은 글의 요건

쓸 것이 있고 쓸 가치가 있는 것으로 내용이 충실해야 한다.

(2) 독창성

표현·관점·주제면에서 개인의 창의력이 담겨 있어야 한다.

(3) 명료성

글의 내용이 분명해야 하며, 정확한 어휘를 구사해야 한다.

section 2 쓰기의 과정

(1) 계획하기(주제 설정)

① 글을 쓰는 목적과 글의 종류 … 정보 전달, 독자 설득, 정서의 표현 등의 목적에 따라 구체적인 글의 종류를 정한다.

② 주제 설정

　㉠ 주제의 뜻 : 주제란 글쓴이가 글을 통해서 나타내고자 하는 중심 생각을 말한다.

　㉡ 좋은 주제의 요건

　　• 너무 크거나 추상적이지 않고 구체적이어야 한다.

　　• 경험한 것이나 잘 알고 있는 것이어야 한다.

　　• 여러 사람이 공감할 수 있는 것이어야 한다.

　　• 개성 있고 참신한 것이어야 한다.

　㉢ 주제를 정하는 과정 : '무엇'에 대해 쓸 것인지를 결정한 뒤 그 '무엇'에 관해 떠오르는 생각이나 느낌을 정리한다. 그리고 정리한 생각이나 느낌 중에서 잘 쓸 수 있는 내용을 선택하여 선택한 생각이나 느낌을 하나의 문장으로 나타낸다.

③ 독자 분석 … 독자의 지적 수준, 나이, 성별, 요구나 관심 사항, 직업, 신분 등을 분석한다.

(2) 내용 생성하기(자료 수집과 선택)

① 생각의 발견 … 자유롭기, 질문하기 등의 방법이 있다.

Point 팁 소재와 제재
㉠ 소재 : 주제를 살리기 위해 사용되는 알맞은 이야깃거리로 글을 이루는 구체적인 재료이다.
㉡ 제재 : 소재 중에서 가장 중심이 되는 이야기이다.

② 재료 수집 … 내용에 관한 전문적인 지식이나 통계 자료 등을 책이나 도서관 등을 통해 수집한다.

Point 팁 재료가 갖추어야 할 요건
㉠ 주제를 뒷받침해야 한다.
㉡ 풍부하고 다양해야 한다.
㉢ 출처가 확실해야 한다.
㉣ 글쓴이와 독자의 관심거리이어야 한다.

③ 재료 선정 … 주제와의 관련성, 내용 전개 방법을 고려하여 선택한다.

(3) 내용 조직하기(개요 작성)

① 개요(outline) 작성 … 머릿속에서 이룬 구상을 체계적으로 도식화하여 표(개요표)로 나타낸다.

② 내용 구성의 원리
㉠ 통일성 : 주제를 직접 뒷받침하는 내용을 선정한다.
㉡ 단계성 : 부분에 따라 그 단계에 맞는 내용을 배치한다.
㉢ 응집성 : 내용을 긴밀하게 연결한다.

③ 내용 구성의 종류
㉠ 시간적 구성 : 사건의 시간적 순서에 따라 제재를 배열한다.
㉡ 공간적 구성 : 시선의 이동이나 사물이 놓인 순서에 따라 기술한다.
㉢ 인과적 구성 : 사건의 원인과 결과가 논리적인 필연성을 가지고 전개된다.

④ 논리적 구성
㉠ 연역적 구성 : 일반적인 내용(주장) + 구체적인 내용(근거)
㉡ 귀납적 구성 : 구체적인 내용(근거) + 일반적인 내용(주장)

⑤ 단계식 구성
㉠ 3단 구성 : 머리말 – 본문 – 맺음말, 서론 – 본론 – 결론
㉡ 4단 구성 : 기 – 승 – 전 – 결
㉢ 5단 구성 : 발단 – 전개 – 위기 – 절정 – 결말(대단원)

문 다음 글의 글쓰기 방식에 대한 설명으로 적절한 것은?
▶ 2019. 6. 15. 제1회 지방직

멕시코의 환경 운동가로 유명한 가브리엘 과드리는 1960년대 이후 중앙아메리카 숲의 25 % 이상이 목초지 조성을 위해 벌채되었으며 1970년대 말에는 중앙아메리카 전체 농토의 2/3가 축산 단지로 점유되었다고 주장했다. 실제로 1987년 이후로도 멕시코에만 1,497만 3,900 ha의 열대 우림이 파괴되었는데, 이렇게 중앙아메리카의 열대림을 희생하면서까지 생산된 소고기는 주로 유럽과 미국으로 수출되었다. 그렇지만 이 소고기들은 지방분이 적고 미국인의 입맛에 그다지 맞지 않아 대부분 햄버거의 재료로 사용되었다.

① 통계 수치를 활용하여 논거의 타당성을 높이고 있다.
② 이론적 근거를 나열하여 주장의 전문성을 강화하고 있다.
③ 전문 용어의 뜻을 쉽게 풀이하여 독자의 이해를 돕고 있다.
④ 예측할 수 없는 결과를 나열하여 사태의 심각성을 알리고 있다.

Tip 글쓰기 방식은 주제(내용)와 밀접한 관계가 갖고 있다. 이 글은 중앙아메리카 열대림 파괴의 심각성에 대해 통계 수치를 제시하면서 자신의 논거의 타당성을 높이고 있다.

▮정답 ①

문 다음 보도 기사별 마무리 표현으로 적절하지 않은 것은?

▶ 2020. 6. 13. 지방직/서울특별시

보도 기사	마무리 표현
소송이나 다툼에 관한 소식	㉠
어느 쪽이 옳다고 말하기 애매한 소식	㉡
사건이 터지고 결과가 드러나기 전 소식	㉢
연예 스캔들 소식	㉣

① ㉠ : 모쪼록 원만히 해결되기 바랍니다.

② ㉡ : 그 의미를 새삼 돌아보게 됩니다.

③ ㉢ : 현재 귀추가 주목되고 있습니다.

④ ㉣ : 호사가들의 입방아에 오르내리고 있습니다.

Tip ㉡의 '그 의미를 새삼 돌아보게 됩니다'는 대상이나 상황이 중요한 것이기 때문에 다시금 마음에 새기거나 교훈을 삼는다는 의미로 '어느 쪽이 옳다고 말하기 애매한 소식'의 마무리 표현으로 적절치 않다.

| 정답 ②

⑥ 문단의 구성 방식

㉠ 두괄식 : 중심 문장 | 뒷받침 문장들

㉡ 양괄식 : 중심 문장 + 뒷받침 문장들 + 중심 문장

㉢ 미괄식 : 뒷받침 문장들 + 중심 문장

㉣ 중괄식 : 뒷받침 문장들 + 중심 문장 + 뒷받침 문장들

㉤ 병렬식 : 중심 문장이 대등하게 나열되는 구성

(4) 표현하기(집필)

① 효과적 표현의 방법

㉠ 정확한 표현 : 정확한 단어를 선택해야 한다.

㉡ 명료한 표현 : 간결하고 어법에 맞는 문장을 사용해야 한다.

㉢ 개성적 표현 : 적절한 표현 기법을 이용해야 한다.

Point 팁 플로베르의 '일물일어설(一物一語說)'
하나의 사물이나 움직임을 가장 정확하게 표현할 수 있는 단어는 오직 하나의 명사나 동사밖에 없다는 주장으로, 정확한 표현의 중요성을 강조한다.

② 접속어와 지시어

㉠ 접속어의 종류

관계	내용	접속어의 예
순접	앞의 내용을 이어받아 연결시킴	그리고, 그리하여, 이리하여
역접	앞의 내용과 상반되는 내용을 연결시킴	그러나, 하지만, 그렇지만, 그래도
인과	앞뒤의 문장을 원인과 결과로, 또는 결과와 원인으로 연결시킴	그래서, 따라서, 그러므로, 왜냐하면
전환	뒤의 내용이 앞의 내용과는 다른 새로운 생각이나 사실을 서술하여 화제를 바꾸며 이어줌	그런데, 그러면, 다음으로, 한편, 아무튼
예시	앞의 내용에 대해 구체적인 예를 들어 설명함	예컨대, 이를테면, 예를 들면
대등·병렬	앞뒤의 내용을 같은 자격으로 나열하면서 이어줌	그리고, 또는, 및, 혹은, 이와 함께
첨가·보충	앞의 내용에 새로운 내용을 덧붙이거나 보충함	그리고, 더구나, 게다가, 뿐만 아니라
확언·요약	앞의 내용을 바꾸어 말하거나 간추려 짧게 요약함	요컨대, 즉, 결국, 말하자면

ⓛ 지시어 : 앞 문장에서 언급된 것을 지시함으로써 불필요한 반복을 피할 수 있게 해 주고, 뒷문장이 앞 문장에 긴밀하게 연결될 수 있게 해 준다.

　예 이것, 그것, 저것, 이렇게, 그렇게, 저렇게, 이, 그, 저, 이러하다, 그러하다, 저러하다

③ 내용 전개 방법

　㉠ 정태적 서술방식(시간의 흐름과 무관)
　　• 정의 : 사물의 범위와 본질을 밝힘
　　• 예시 : 구체적 실례를 제시해 일반적 원리를 밝힘
　　• 분류 : 여러 대상을 일정한 기준에 따라 구분함
　　• 분석 : 하나의 대상을 구성하는 세부적인 부분들을 나눔
　　• 묘사 : 그림을 그리듯 사물을 표현함
　　• 비교 : 대상 간의 공통점을 밝힘
　　• 대조 : 대상 간의 차이점을 밝힘
　　• 유추 : 대상이나 상황의 유사성에 기대어 어떠한 사실을 이끌어냄

　㉡ 동태적 서술방식(시간의 흐름과 연관)
　　• 서사 : 시간에 따른 행위나 사건의 변화에 초점을 둠
　　• 과정 : 특정 결과를 가져온 일련의 행동이나 기능 단계 등에 초점을 둠
　　• 인과 : 원인과 결과의 관계에 초점을 둠

④ 수사법(표현 기교, 표현 기법)

　㉠ 비유법 : 표현하고자 하는 대상을 다른 대상에 빗대어 나타내는 표현 기법이다.
　　예 직유법, 은유법, 의인법, 활유법, 의성법, 의태법, 풍유법, 대유법, 중의법 등

Point 팁 대유법
　㉠ 제유 : 일부로 전체를 나타낸다.
　　예 빵 – 식량, 십자가 – 교회
　㉡ 환유 : 사물의 특징이나 속성으로 그 사물 자체를 표현한다.
　　예 금수강산 – 우리나라

　㉡ 강조법 : 단조로운 문장을 강렬하고 절실하게 하는 표현 기법이다.
　　예 반복법, 과장법, 열거법, 점층법, 점강법, 비교법, 대조법, 억양법, 미화법, 연쇄법, 영탄법 등
　㉢ 변화법 : 단조롭거나 평범한 문장에 변화를 주어 표현하는 기법이다.
　　예 도치법, 대구법, 설의법, 인용법, 반어법, 역설법, 생략법, 문답법, 돈호법, 명령법 등

Point 팁 반어와 역설
　㉠ 반어(Irony) : 나타내려는 본의(本意)와는 정반대의 뜻으로 표현하는 방법이다.
　　예 어쩌면 아버님 생신을 잊는단 말씀이야요? 아무리 살림이 재미가 나시더라도!
　㉡ 역설(Paradox, 모순 형용) : 표면적으로 이치에 맞지 않는 듯하나 실은 그 속에 진리가 숨어 있는 표현법이다.
　　예 • 용서한다는 것은 최대의 악덕이다.
　　　• 님은 갔지마는 나는 님을 보내지 아니하였습니다.

문 다음에서 제시한 글의 전개 방식의 예로 가장 적절한 것은?
▶ 2020. 7. 11. 인사혁신처

'인과'는 원인과 결과를 서술하는 전개 방식이다. 어떤 현상이나 결과가 나타나게 된 원인이나 힘을 제시하고 그로 말미암아 초래된 결과를 나타내는 서술 방식이다.

② 온실 효과로 지구의 기온이 상승할 때 가장 심각한 영향은 해수면의 상승이다. 이러한 현상은 바다와 육지의 비율을 변화시켜 엄청난 기후 변화를 유발하며, 게다가 섬나라나 저지대는 온통 물에 잠기게 된다.

② 이 사회의 경제는 모두가 제로섬 요소로 구성되어 있다. 제로섬(zero-sum)이란 어떤 수를 합해서 제로가 된다는 뜻이다. 어떤 운동 경기를 한다고 할 때 이기는 사람이 있으면 반드시 지는 사람이 있게 마련이다.

③ 다음날도 찬호는 학교 담을 따라 돌았다. 그리고 고무신을 벗어 한 손에 한 짝씩 쥐고는 고양이 걸음으로 보초의 뒤를 빠져 팽이처럼 교문 안으로 뛰어들었다.

④ 벼랑 아래는 빽빽한 소나무 숲에 가려 보이지 않았다. 새털구름이 흩어진 하늘 아래 저 멀리 논과 밭, 강을 선물 세트처럼 끼고 들어앉은 소읍의 전경은 적막해 보였다.

Tip 인과(원인과 결과)의 전개 방식을 찾으라는 문제이다. ①에서 온실 효과로 인해 해수면이 상승한다고 했으므로 인과의 전개방식은 ①이 적절하다.
② 정의의 방식으로 제로섬의 개념을 설명하고, 운동 경기를 예로 들어 제로섬에 대한 이해를 돕고 있다.
③ 서사의 방식으로 창호가 학교로 몰래 들어가는 사건을 시간의 순서에 따라 서술하고 있다.
④ 소읍의 전경을 그림을 그리듯 묘사하고 있다. 또한 풍경을 '선물 세트'로 비유하고 있다.

▌정답 ①

문 다음 글의 ㉠~㉣에 대한 고쳐쓰기 방안으로 적절하지 않은 것은?

▶ 2020. 6. 13. 지방직/서울특별시

현재 리셋 중후군이 인터넷 중독의 한 유형으로 ㉠꼽혀지고 있다. 리셋 중후군 환자들은 현실에서 잘못을 하더라도 버튼만 누르면 해결될 수 있다고 생각해서 아무런 죄의식이나 책임감 없이 행동한다. ㉡리셋 중후군이라는 말은 1990년 일본에서 처음 생겨났는데, 국내에선 1990년대 말부터 쓰이기 시작했다. 리셋 중후군 환자들은 현실과 가상을 구분하지 못하여 게임에서 실행했던 일을 현실에서 저지르고 뒤늦게 후회하는 경우가 많다. 특히, 이러한 특성을 지닌 청소년들은 무슨 일이든지 쉽게 포기하고 책임감 없는 행동을 하며, 마음에 들지 않는 사람이 있으면 ㉢막다른 골목으로 몰 듯 관계를 쉽게 끊기도 한다. 리셋 중후군은 행동 양상이 명확히 나타나지 않는 편이라 쉽게 판별하기 어렵고 진단도 쉽지 않다. ㉣이와 같이 예방을 위해 지속적으로 주위 사람들과 대화를 나누고, 현실과 인터넷 공간을 구분하는 능력을 길러야 한다.

② 불필요한 이중 피동 표현으로 어법에 맞게 ㉠을 '꼽기'로 수정한다.

② 글의 맥락상 자연스럽지 않으므로 ㉡은 첫 번째 문장 뒤로 옮긴다.

③ 앞뒤 문맥을 고려할 때 ㉢은 '칼로 무를 자르듯'으로 수정한다.

④ 앞 문장과의 연결을 고려하여 ㉣을 '그러므로'로 수정한다.

> **Tip** ① '꼽혀지다'는 '꼽다'의 어간 '꼽-'에 피동 접미사 '-히-'가 결합하여 파생적 피동을 이룬 뒤, 피동 표현을 만드는 '-어지다'가 결합하여 통사적 피동을 하였으므로 이중 피동 표현이 쓰인 문장이다. 그러므로 '꼽히고'로 수정하는 것이 적절하다.

정답 ①

(5) 고쳐쓰기(퇴고)

① **고쳐쓰기의 뜻** … 처음 설정한 주제와 작성된 초고 사이의 차이를 발견하여 최초의 주제가 일관성 있고 명확하게 드러나도록 다듬는 글쓰기의 마지막 과정이다.

② **고쳐쓰기의 원칙**

㉠ **부가(附加)의 원칙** : 부족한 부분, 빠뜨린 부분을 첨가·보충하여 상세한 표현에 기여한다.

㉡ **삭제(削除)의 원칙** : 불필요한 부분, 과장이 심한 부분 등을 삭제하여 표현의 긴장감을 높인다.

㉢ **구성(構成)의 원칙** : 효과적인 내용 전개를 위해 글의 순서를 재구성하여 전개 방식에 논리성을 부여한다.

③ **고쳐쓰기의 방법**

㉠ **글 전체 수준에서 고쳐쓰기** : 제목의 적절성, 일관성 있는 주제 제시, 구성의 체계성 등을 살핀다.

㉡ **문단 수준에서 고쳐쓰기** : 문단에 중심 생각이 하나인지, 중심 생각이 주제문으로 잘 표현되었는지, 길이는 적절한지 등을 살핀다.

㉢ **문장 수준에서 고쳐쓰기** : 문장의 뜻, 어법, 문장의 길이 등을 살핀다.

㉣ **단어 수준에서 고쳐쓰기** : 단어의 적절성, 띄어쓰기, 맞춤법 등을 살핀다.

1 다음의 내용 전개 방식으로 가장 적절한 것은?

> 세계에서 언어가 사라져 가는 현상은 우리나라 지역 방언에서도 벌어지고 있다. 특히 지역 방언의 어휘는 젊은 세대 사이에서 빠르게 사라져 가고 있는 실정이다. 일례로 한 조사에 따르면 우리 지역의 방언 어휘 중 특정 단어들을 우리 지역 초등학생의 80% 이상, 중학생의 60% 이상이 '전혀 사용하지 않는다.'라고 답했다. 또한 2010년에 유네스코에서는 제주 방언을 소멸 직전의 단계인 4단계 소멸 위기 언어로 등록하였다.
>
> 지역 방언이 사라져 가는 원인은 복합적이다. 서울로 인구가 집중되면서 지역 방언을 사용하는 인구가 감소하였으며, 대중 매체의 영향으로 표준어가 확산되어 가는 것도 한 원인이다.
>
> 일부 학생들은 표준어로도 충분히 대화할 수 있다며 지역 방언이 꼭 필요하냐고 말할 수도 있다. 그럼에도 우리는 왜 지역 방언 보호에 관심을 가져야 하는 것일까? 그것은 지역 방언의 가치 때문이다. 지역 방언은 표준어만으로는 표현하기 어려운 감정과 정서의 표현을 가능하게 한다. 그리고 '다슬기' 외에 '올갱이, 데사리, 민물고둥'과 같이 동일한 대상을 지역마다 다르게 표현하는 지역 방언이 있는 것처럼 지역 방언은 우리말의 어휘를 더욱 풍부하게 만드는 바탕이 된다.
>
> 지역 방언은 우리의 소중한 언어문화 자산이다. 지역 방언의 세계문화유산 지정이 시급하다. 사라져 가는 지역 방언의 보호에 관심을 기울이자.

① 대상의 인과 관계에 초점을 맞추어 설명하고 있다.
② 구체적인 사례를 통해 자신의 주장을 뒷받침하고 있다.
③ 대상의 유사점을 중심으로 특징을 설명하고 있다.
④ 용어의 정의를 통해 정확한 개념 이해를 돕고 있다.

2 다음 글에 드러난 설명 방식이 아닌 것은?

다의어란 두 가지 이상의 의미를 가진 단어를 말한다. 다의어에서 기본이 되는 핵심 의미를 중심 의미라고 하고, 중심 의미에서 확장된 의미를 주변 의미라고 한다. 중심 의미는 일반적으로 주변 의미보다 언어 습득의 시기가 빠르며 사용 빈도가 높다. 그러면 다의어의 특징에 대해 좀 더 알아보자.

첫째, 주변 의미로 사용되었을 때는 문법적 제약이 나타나기도 한다. 예를 들면 '한 살을 먹다'는 가능하지만 '한살이 먹히다'나 '한살을 먹이다'는 어법에 맞지 않는다. 또한 '손'이 '노동력'의 의미로 쓰일 때는 '부족하다, 남다' 등 몇 개의 용언과만 함께 쓰여 중심 의미로 쓰일 때보다 결합하는 용언의 수가 적다.

둘째, 주변 의미는 기존의 의미가 확장되어 생긴 것으로서, 새로 생긴 의미는 기존의 의미보다 추상성이 강화되는 경향이 있다. '손'의 중심의미가 확장되어 '손이 부족하다', '손에 넣다'처럼 각각 '노동력', '권한이나 범위'로 쓰이는 것이 그 예이다.

줄 (명사)

① 새끼 따위와 같이 무엇을 묶거나 동이는 데에 쓸 수 있는 가늘고 긴 물건. 예) 줄로 묶었다.

② 길이로 죽 벌이거나 늘여 있는 것. 예) 아이들이 줄을 섰다.

③ 사회생활에서의 관계나 인연. 예) 내 친구는 그쪽 사람들과 줄이 닿는다.

셋째, 다의어의 의미들은 서로 관련성을 갖는다. 예를 들어 '줄'의 중심의미는 위의 ①인데 길게 연결되어 있는 모양이 유사하여 ②의 의미를 갖게 되었다. 또한 연결이라는 속성이나 기능이 유사하여 ③의 뜻도 지니게 되었다. 이때 ②와 ③은 '줄'의 주변의미이다.

① 정의   ② 예시

③ 묘사   ④ 대조

3 다음 글의 내용 전개 방식으로 적절한 것은?

> 유네스코 유산은 세계유산, 무형문화유산, 세계기록유산으로 나눌 수 있다. 세계문화유산은 또한 문화유산, 자연유산, 복합유산으로 나눌 수 있는데 문화유산은 기념물, 건조물군, 유적지 등이 해당하며, 자연유산은 자연지역이나 자연유적지가 해당된다. 복합유산은 문화유산과 자연유산의 특징을 동시에 충족하는 유산이다. 무형문화유산은 공동체와 집단이 자신들의 환경, 자연, 역사의 상호작용에 따라 끊임없이 재창해온 각종 지식과 기술, 공연예술, 문화적 표현을 아우른다. 기록유산은 기록을 담고 있는 정보 또는 그 기록을 전하는 매개물이다. 단독 기록일수 있으며 기록의 모음일수도 있다.

① 서사
② 과정
③ 인과
④ 분류

4 다음 중 주제를 정할 때 유의할 점이 아닌 것은?

① 범위가 명확하고 구체적이어야 한다.
② 다양한 내용이 담긴 주제이어야 한다.
③ 작성하려는 글의 내용이 담긴 주제이어야 한다.
④ 여러 사람이 공감할 수 있는 주제이어야 한다.

5 다음 중 ( ) 안에 들어갈 접속어로 알맞은 것은?

> 긴팔원숭이가 동료들을 불러 모으거나 위험을 알리기 위해 내는 특유의 외침소리와 꿀의 소재를 동료에게 알리는 소위 꿀벌의 춤과 같은 것은 동물에게도 의사전달 수단이 있음을 보여준다. ( ) 인간의 언어가 일정한 수의 음소가 결합된 형태소로써 뜻을 나타내고, 또 서로 다른 뜻을 나타내는 수천이 넘는 형태소를 지닌다는 특징은 다른 동물의 전달 수단에서는 찾아볼 수 없다. 이런 점에서 동물의 의사 전달 수단은 인간의 언어와 근본적으로 다르다고 할 수 있다.

① 그리고
② 그러나
③ 또한
④ 예컨대

6 다음 글에 대한 설명으로 적절하지 않은 것은?

> 우리 사회에 사형 제도에 대한 해묵은 논쟁이 다시 일고 있다. 그러나 지금까지 ㉠여론 조사 결과를 보면, 우리 국민의 70% 정도는 사형 제도가 범죄를 예방할 수 있다고 생각한다. 그러나 과연 그 믿음대로 사형 제도는 정의를 실현하는 제도일까?
>
> 세계에서 사형을 가장 많이 집행하는 미국에서는 연간 10만 건 이상의 살인이 벌어지고 있으며 좀처럼 줄어들지 않고 있다. 또한 ㉡2006년 미국의 범죄율을 비교한 결과 사형 제도를 폐지한 주의 범죄율이 유지하고 있는 주보다 오히려 낮았다. 이는 사형 제도가 범죄 예방 효과가 있을 것이라는 생각이 근거 없는 기대일 뿐임을 말해 준다.
>
> 또한 사형 제도는 인간에 대한 너무도 잔인한 제도이다. 사람들은 일부 국가에서 행해지는 돌팔매 처형의 잔인성에는 공감하면서도, 어째서 독극물 주입이나 전기의자 등은 괜찮다고 여기는 것인가? 사람을 죽이는 것에는 좋고 나쁜 방법이 있을 수 없으며 둘의 본질은 같다.

① '사형 제도 존폐 논란'을 문제 상황으로 삼고 있다.
② 필자의 주장은 '사형 제도는 폐지해야 한다.'이다.
③ ㉠은 필자의 주장을 뒷받침하는 근거 자료이다.
④ ㉡은 사형 제도를 찬성하는 대중의 통념을 반박하는 자료이다.

7 다음은 하나의 문장을 구성하는 문장들을 순서 없이 나열한 것이다. ㉠∼㉣ 중 주제문으로 가장 적당한 것은?

> ㉠ 범죄를 저지른 사람 중에는 나쁜 가정환경에서 자란 경우가 많다.
> ㉡ 인간됨이 이지러져 있을 때 가치 판단이 흐려지기 쉽다.
> ㉢ 범죄를 저지른 사람들은 대체로 자포자기의 상황에 처한 경우가 많다.
> ㉣ 인간의 범죄 행위의 원인은 개인의 인간성과 가정환경으로 설명될 수 있다.

① ㉠   ② ㉡
③ ㉢   ④ ㉣

8 다음 중 문단의 구성 요건으로 가장 중요한 것은?

① 형식상의 구성
② 하나의 완결된 생각
③ 참신한 용어의 사용
④ 주제의 구체적인 설명

9 다음은 '과소비의 문제점과 대책'이라는 제목으로 글을 쓰기 위해 개요를 작성한 것이다. (   ) 안에 들어갈 내용으로 알맞지 않은 것은?

> Ⅰ. 서론 : 현재의 과소비 실태 소개
> • 유명 상표 선호 현상
> • 고가 외제 물건 구매 현상
> Ⅱ. 본론 : 과소비의 문제점과 억제 방안 제시
>   1. 과소비의 문제점
>   (   )
>   2. 과소비의 억제 방안
>   • 근검절약의 사회 기풍 진작
>   • 과소비에 대한 무거운 세금 부과
>   • 건전한 소비 생활 운동 전개
> Ⅲ. 결론 : 건전한 소비문화의 정착 강조

① 소비재 산업의 기형적 발전
② 개방화에 따른 외국 상품의 범람
③ 충동구매로 인한 가계 부담의 가중
④ 저축률 하락으로 인한 투자 재원의 부족

10 다음 주제문을 뒷받침하는 내용으로 적절한 것은?

> 인간은 일상생활에서 다양한 역할을 수행한다.

① 교통과 통신의 발달로 멀리 있는 사람들 사이에도 왕래가 많아지며, 인간관계가 깊어지고 있다.

② 인간은 생활 속에서 때로는 화를 내며 상대를 미워하기도 하고, 때로는 웃으며 상대를 이해하기도 한다.

③ 누구나 가정에서는 가족의 일원, 학교에서는 학생의 일원, 그리고 지역 사회에서는 그 사회의 일원으로 생활하게 되어 있다.

④ 인간은 혼자가 아니라 사회 속에서 여러 사람과 더불어 살아가고 있기 때문에 개인의 행동은 사회에 영향을 끼칠 수밖에 없다.

11 다음 글의 설명 방식과 가장 가까운 것은?

> 여름 방학을 맞이하는 학생들이 잊지 말아야 할 유의 사항이 있다. 상한 음식이나 비위생적인 음식 먹지 않기, 물놀이를 할 때 먼저 준비 운동을 하고 깊은 곳에 들어가지 않기, 외출할 때에는 부모님께 행선지와 동행인 말씀드리기, 외출한 후에는 손발을 씻고 몸을 청결하게 하기 등이다.

① 이등변 삼각형이란 두 변의 길이가 같은 삼각형이다.

② 그 친구는 평소에는 순한 양인데 한번 고집을 피우면 황소 같아.

③ 나는 산·강·바다·호수·들판 등 우리 국토의 모든 것을 사랑한다.

④ 잣나무는 소나무처럼 상록수이며 추운 지방에서 자라는 침엽수이다.

12 〈보기 1〉은 〈보기 2〉의 글을 쓰기 위해 글쓴이가 작성한 개요이다. 개요와 글의 내용이 부합하지 않는 것은?

〈보기 1〉

(1) 재래시장 활성화 방안의 문제점
  ㉮ 획일적인 시설 현대화 사업 ·· ㉠
  ㉯ 정착에 어려움을 겪고 있는 상품권 사업 ·················· ㉡
(2) 재래시장 활성화를 위한 해결 방안
  ㉮ 장년층 고객 유도 방안 강구 ·································· ㉢
  ㉯ 상인들의 사고 변화와 외부의 지원 촉구 ·················· ㉣

〈보기 2〉

재래시장 활성화를 위해 현재 시행되고 있는 대표적인 방안은 시설 현대화 사업과 상품권 사업이다. 시설 현대화 사업은 시장의 지붕을 만드는 공사가 중심이었으나, 단순하고 획일적인 사업으로 효과를 내지 못하고 있다. 상품권 사업도 명절 때마다 재래시장 살리기를 호소하는 차원에서 이루어지기 때문에 사업이 정착되기까지는 많은 시간이 필요한 실정이다.

그렇다면 재래시장을 활성화할 근본 방안은 무엇일까? 기존의 재래시장은 장년층과 노년층이 주 고객이었다. 재래시장의 가치를 높이기 위해서는 젊은이들이 찾는 시장이어야 하며, 그러기 위해서는 대형 유통 업체와의 차별화가 중요하다. 또한 상인들은 젊은이들의 기호에 맞추려는 노력을 해야 한다. 다시 말해 주변 환경만 탓하지 말고 스스로 생존할 수 있는 힘을 길러야 한다. 이런 조건들이 갖추어졌을 때 대형 유통 업체와 경쟁할 수 있는 힘을 가지게 된다. 상인들 스스로 노력하여 신자유주의의 급변하는 파고 속에서도 물고기를 잡는 방법을 터득해야 한다. 여기에 정부나 지방 자치 단체의 행정적·재정적인 지원이 더해진다면 우리의 신명나는 전통이 묻어나는 재래시장이 다시 살아날 것이다.

① ㉠　　　　　　　　　　　　　② ㉡
③ ㉢　　　　　　　　　　　　　④ ㉣

13 다음 글의 논지전개과정으로 옳은 것은?

> 어떤 심리학자는 "언어가 없는 사고는 없다. 우리가 머릿속으로 생각하는 것은 소리 없는 언어일 뿐이다."라고 하여 언어가 없는 사고가 불가능하다는 이론을 폈으며, 많은 사람들이 이에 동조(同調)했다. 그러나 우리는 어떤 생각은 있으되 표현할 적당한 말이 없는 경우가 얼마든지 있으며, 생각만은 분명히 있지만 말을 잊어서 표현에 곤란을 느끼는 경우도 있는 것을 경험한다. 이런 사실로 미루어 볼 때 언어와 사고가 불가분의 관계에 있는 것은 아니다.

① 전제 – 주지 – 부연
② 주장 – 상술 – 부연
③ 주장 – 반대논거 – 반론
④ 문제제기 – 논거 – 주장

14 다음 괄호 안에 들어갈 알맞은 연결어를 순서대로 나열한 것은?

> '있다', '없다'는 동사 성격과 형용사 성격을 모두 공유하고 있는데, 이를 중요시하여 따로 존재사를 설정하는 경우가 있다. (   ), 동사에는 관형사형 어미 '–는'이 붙을 수 있고, 형용사에는 '–는'이 붙지 못하는 특성이 있는데, '있다', '없다'는 '있는', '없는'에서 보는 것처럼 둘 다 가능하다는 것이다. 그렇다고 이 둘이 의미상으로 동작의 움직임이나 과정을 나타내는 동사인가 하면, 그렇지도 않으니 동사, 형용사 품사 배정에 어려움이 있다는 것이다. (   ) 동시, 형용사 두 가지 특성을 보이는 새로운 품사로 존재사라는 것을 설정하는 것이다. (   ) 이 두 단어 때문에 새로운 품사를 설정하는 것은 바람직하지 않다고 본다.

① 예컨대 – 그러나 – 그래서
② 하지만 – 따라서 – 그럼에도 불구하고
③ 한편 – 그래서 – 하지만
④ 예를 들어 – 따라서 – 그러나

15 다음 글의 주제문으로 가장 적절한 것은?

> 밤하늘에 떠서 세상을 비춰 주는 물체는 반드시 [달]이라고 불러야 할 필연적인 이유가 있는 것은 아니다. 만약 필연적인 이유가 있다면 어떤 언어에서나 '달'이라고 해야 할 텐데 그렇지 않기 때문이다. 영어에서는 [문]이라고 하고 스페인어에서는 [루나], 헝가리어에서는 [홀드], 일본어에서는 [쓰키]라고 한다. 그것은 마치 붉은 교통 신호등이 정지를 표시하는 것과 같다. 붉은 색이 정지를 뜻해야 할 필연적인 이유는 없다. 푸른색을 정지, 붉은 색을 진행 표시로 정해도 상관없다. 그것은 약속으로 통용되기만 하면 된다. 교통신호는 색깔로 진행이나 정지를 표시하지만, 언어는 말소리로 어떤 뜻을 전달하는 것이다. 말소리는 그릇과 같은 것이요, 뜻은 거기에 담긴 내용이다.

① 언어는 자의적인 음성기호의 체계이다.
② 언어는 실천적 욕구의 소산이다.
③ 언어는 분절성과 불연속성을 가진다.
④ 언어는 끊임없이 생성, 발전하며 소멸된다.

정답및해설

1	②	2	③	3	④	4	②	5	②
6	③	7	④	8	②	9	②	10	③
11	③	12	③	13	③	14	④	15	①

1 화자는 구체적인 사례를 통해 지역 방언이 사라져 가고 있는 실정을 지적함은 물론 지역 방언의 필요성까지 설명하면서 자신의 주장을 뒷받침하고 있다.

2 ① 첫째 문단에서 다의어, 중심 의미, 주변 의미의 개념에 대해 정의하고 있다.
② 다의어의 특징에 대해 예를 들어 설명하고 있다.
④ 첫째 문단에서 중심 의미와 주변 의미에 대해 대조적으로 설명하고 있다.

3 유네스코 유산을 세계유산, 무형문화유산, 세계기록유산으로 분류하고, 다시 세계유산을 문화유산, 자연유산, 복합유산으로 분류하여 설명하고 있다.

4 ② 주제는 하나의 중심 생각으로 이루어져야 한다.
※ 좋은 주제의 요건
  ㉠ 너무 크거나 추상적이지 않고 구체적이어야 한다.
  ㉡ 경험한 것이나 잘 알고 있는 것이어야 한다.
  ㉢ 여러 사람이 공감할 수 있는 것이어야 한다.
  ㉣ 개성 있고 참신한 것이어야 한다.

5 앞부분에서는 동물의 의사전달 수단을 뒷부분에서는 인간 언어만의 고유성을 이야기하고 있으므로 역접 관계를 나타내는 '그러나'가 들어가야 한다.

6 필자의 주장은 사형 제도에 대해 부정적인 입장이지만 ㉠의 여론조사결과는 사형제도에 대한 긍정적인 입장을 담고 있기 때문에 근거자료로 적절치 않다.

7 주제문은 문단 전체의 내용을 포괄할 수 있는 내용이어야 한다.

8 문단(단락)
  ㉠ 문단의 뜻 : 여러 개의 문장이 모여 하나의 통일된 생각을 나타낸 글의 단위이다.
  ㉡ 문단 쓰기의 원리
  • 통일성 : 한 문단의 모든 화제는 한 주제에 수렴되어야 한다.
  • 완결성 : 주제문(추상적·일반적 진술) + 뒷받침 문장(구체적·특수적 진술의 형태)
  • 일관성 : 한 문단의 여러 문장은 서로 일관성을 유지하여야 한다.

9 ② '개방화에 따른 외국 상품의 범람'은 과소비를 부추기는 원인은 될 수 있으나 과소비의 문제점이라고는 할 수 없다.

10 '인간은 일상생활에서 다양한 역할을 수행한다.'라는 일반적 진술을 뒷받침하기 위해서는 다양한 역할이 무엇인지에 대한 구체화가 이어져야 한다.

11 제시문은 학생들이 잊지 말아야 할 유의사항들을 구체적 '예시'를 들어 설명하고 있으므로 답지도 이와 같이 '예시'로 이루어진 문장을 찾으면 된다.
① 정의 ② 비유 ③ 예시 ④ 비교

12 〈보기 2〉의 다섯 번째 줄 중간에 보면 "기존의 재래시장은 장년층과 노년층이 주 고객이었다."라는 말이 나오므로, '장년층 고객 유도 방안'은 재래시장 활성화 방안으로 적절치 않다. 또한 다섯 번째 줄 뒷부분에 "재래시장의 가치를 높이기 위해서는 젊은이들이 찾는 시장이어야 하며"라는 말이 나오는 것으로 보아 '청년층 고객 유도 방안'으로 고쳐야 한다.

13 제시된 글은 "언어가 없는 사고는 불가능하다."는 주장을 하다가 '표현할 적당한 말이 없는 경우와 표현이 곤란한 경우'의 논거를 제시하면서 "언어와 사고가 불가분의 관계에 있는 것이 아니다."라고 반론을 제기하고 있다.

14 첫 번째 괄호에는 '있다', '없다'가 동사와 형용사의 성격을 모두 공유하는 예가 이어지므로 '예컨대', '예를 들어'가 적절하며, 두 번째 괄호에는 인과관계를 나타내는 '따라서' 또는 '그래서'가 들어가야 한다. 마지막 괄호에는 앞의 문장에서 언급한 존재사 설정에 대한 반박의 문장이 이어지므로 '그러나' 등의 역접의 접속사가 오는 것이 적절하다.

15 제시문은 [달]의 예를 들어 언어의 자의적 특성을 보여주고 있다. 언어의 자의성이란 언어의 형식과 의미가 이루고 있는 관계가 필연적이지 않다는 것을 말한다.

03 읽기

문 다음 글의 주장으로 가장 적절한 것은?

▶ 2020. 6. 13. 지방직/서울특별시

우리에게 친숙한 동물들의 사소한 행동을 살펴보면 그들이 자신의 환경을 개조한다는 것을 알 수 있다. 가장 단순한 생명체는 먹이가 그들에게 헤엄쳐 오게 만들고, 고등동물은 먹이를 구하기 위해 땅을 파거나 포획 대상을 추적하기도 한다. 이처럼 동물들은 자신의 목적을 위해 행동함으로써 환경을 변형시킨다. 이러한 생존 방식을 흔히 환경에 적응하는 것으로 설명한다. 그러나 이러한 설명은 생명체들이 그들의 환경 개변(改變)에 능동적으로 행동한다는 중요한 사실을 놓치고 있다.

가장 고등한 동물인 인간도 다른 생명체와 마찬가지로 생존이나 적응을 넘어서 환경에 대해 적극성을 보인다. 이는 인간의 세 가지 충동 – 사는 것, 잘 사는 것, 더 잘 사는 것 – 으로 인하여 가능하다. 잘 살기 위한 노력은 순응적이기보다는 능동적인 모습으로 나타나게 된다. 인간도 생명체이다. 더 잘 살기 위해서는 환경에 순응할 수만은 없다.

① 인간은 환경에 적응해 왔다.
② 삶의 기술은 생존을 위한 것이다.
③ 생명체는 환경을 능동적으로 변형한다.
④ 인간은 잘 사는 것을 삶의 목표로 한다.

Tip 이 글은 앞 문단에서 동물들이 환경을 능동적으로 변화시키고 있음을 이야기 하고 뒤 문단에서 인간도 이와 마찬가지로 환경을 능동적으로 변화시키는 존재임을 강조하고 있다. 그러므로 이 글의 중심내용은 '생명체는 환경을 능동적으로 변형한다'가 된다.

┃정답 ③

---

section 1 읽기의 뜻과 과정

(1) 읽기의 뜻

읽기는 문자를 매개체로 하여 독자의 사전 지식이나 경험을 동원하고, 스스로 의미를 구성하는 인지적 상호 작용 과정이다.

(2) 주제 파악하기의 과정

① 형식 문단의 내용을 요약한다.

② 내용 문단으로 묶어 중심 내용을 파악한다.

③ 각 내용 문단의 중심 내용간의 관계를 이해한다.

④ 전체적인 주제를 파악한다.

(3) 주제를 찾는 방법

① 주제가 겉으로 드러난 글 … 설명문, 논설문 등이 있다.

　㉠ 글의 주제 문단을 찾는다. 주제 문단의 요지가 주제이다.

　㉡ 대개 3단 구성이므로 끝 부분의 중심 문단에서 주제를 찾는다.

　㉢ 중심 소재(제재)에 대한 글쓴이의 입장이 나타난 문장이 주제문이다.

　㉣ 제목과 밀접한 관련이 있음에 유의한다.

② 주제가 겉으로 드러나지 않는 글 … 문학적인 글이 이에 속한다.

　㉠ 글의 제재를 찾아 그에 대한 글쓴이의 의견이나 생각을 연결시키면 바로 주제를 찾을 수 있다.

　㉡ 제목이 상징하는 바가 주제가 될 수 있다.

　㉢ 인물이 주고받는 대화의 화제나, 화제에 대한 의견이 주제일 수도 있다.

　㉣ 글에 나타난 사상이나 내세우는 주장이 주제가 될 수도 있다.

　㉤ 시대적 · 사회적 배경에서 글쓴이가 추구하는 바를 찾을 수 있다.

(4) 세부 내용 파악하기

① 제목을 확인한다.

② 주요 내용이나 핵심어를 확인한다.

③ 지시어나 접속어에 유의하며 읽는다.

④ 중심 내용과 세부 내용을 구분한다.

⑤ 내용 전개 방법을 파악한다.

⑥ 사실과 의견을 구분하여 내용의 객관성과 주관성을 파악한다.

(5) 비판하며 읽기

① **비판하며 읽기의 뜻** … 글에 제시된 정보를 정확하게 이해하기 위하여 내용의 적절성을 비평하고 판단하며 읽는 것을 말한다.

② **비판하며 읽기의 효과** … 내용을 보다 정확하게 이해할 수 있고, 내용의 타당성을 판단할 수 있는 능력을 기를 수 있다.

(6) 추론하며 읽기

① **추론하며 읽기의 뜻** … 글 속에 분명하게 드러나지 않은 내용을 추측하거나 상상하며 읽는 것을 말한다.

② **추론하며 읽기의 방법**

　㉠ 문장의 연결 관계를 통하여 생략된 정보를 추측한다.

　㉡ 뜻이 분명하지 않은 문장의 의미를 자신의 배경 지식을 활용하여 정확하게 파악한다.

　㉢ 글에 제시되어 있는 내용을 바탕으로 글 속에 분명히 드러나 있지 않은 중심 내용이나 주제를 파악한다.

　㉣ 문맥의 흐름을 기준으로 문단의 연결 관계를 정확하게 파악한다.

　㉤ 글의 조직 및 전개 방식을 기준으로 글 전체의 계층적 구조를 정확하게 파악한다.

문 다음 글에서 파악할 수 있는 내용으로 가장 옳은 것은?

▶ 2017. 6. 17. 제1회 지방직

억양은 소리의 높낮이의 이어짐으로 이루어지는 일정한 유형이라고 할 수 있다. 동일한 문장이라도 억양을 상승 조로하느냐 하강 조로 하느냐에 따라 의문문도 되고 평서문도 된다. 이 경우 억양은 문장의 유형을 결정하는 문법적 기능을 담당한다. 또 억양은 이러한 문법적 기능 이외에 화자의 태도와 의미를 드러내기도 한다. 하강 억양은 완결의 뜻을, 상승 억양은 비판의 뜻을 나타낸다. 억양에는 이처럼 발화 태도와 의미가 드러나 있기 때문에, 이를 잘 이해해야 정확한 뜻을 전달할 수 있다.

① 억양을 잘 이해할수록 정확한 뜻을 전달하기가 어렵다.

② 억양은 문장의 어순을 결정하는 문법적 기능을 담당한다.

③ 상승 억양에는 화자의 비판적 태도와 의미가 담길 수 있다.

④ 같은 문장이라도 소리의 장단에 따라 문장 유형이 달라질 수 있다.

Tip ③ 제시문에서 하강 억양은 완결의 뜻을, 상승 억양은 비판의 뜻을 나타낸다고 언급하고 있다. 따라서 상승 억양에는 화자의 비판적 태도와 의미가 담길 수 있다.
① 억양을 잘 이해할수록 정확한 뜻을 전달하기 쉽다.
② 억양은 문장의 유형을 결정하는 문법적 기능을 담당한다.
④ 같은 문장이라도 억양의 차이에 따라 문장 유형이 달라질 수 있다.

∣정답 ③

section 2 독서와 읽기의 여러 가지 방법

(1) 효과적인 독서 방법(SQ3R)

로빈슨(H. M. Robinson)이 제창한 독서 지도법이다.

① **훑어보기(Survey)** … 글을 읽기 전에 글의 중요 부분만을 훑어보고 그 내용을 미리 생각해 본다.

② **질문하기(Question)** … 글의 제목이나 소제목 등과 관련지어 글의 중심 내용이 무엇인지 마음속으로 묻는다.

③ **자세히 읽기(Read)** … 글을 차분히 읽어 가면서 그 내용을 하나하나 확인하고 파악한다.

④ **되새기기(Recite)** … 읽은 글의 내용을 떠올리면서 마음속으로 정리해 본다.

⑤ **다시 보기(Review)** … 지금까지 읽은 모든 내용들을 살펴보면서 전체 내용을 정리해 본다.

(2) 읽기의 여러 가지 방법

① **음독(音讀)** … 시 낭송과 같이, 소리 내어 읽는 방법이다.

② **묵독(黙讀)** … 눈으로 조용히 읽어 가는 방법이다.

③ **정독(精讀)** … 내용을 자세히 파악해 가며 읽는 방법이다.

④ **통독(通讀)** … 단순한 내용일 때 전체를 가볍게 읽는 방법이다.

⑤ **속독(速讀)** … 빠른 속도로 읽는 방법이다.

⑥ **다독(多讀)** … 다양한 정보를 얻기 위해 많은 양이 책이나 글을 읽는 방법이다.

⑦ **발췌독(拔萃讀)** … 여러 책이나 글에서 필요한 부분만 뽑아서 읽는 방법이다.

⑧ **색독(色讀)** … 글귀나 문장을 있는 그대로 해석하는 방법이다.

기출문제

section 3 독서의 목적과 의의

(1) 독서의 목적

① 정보 · 지식의 획득 … 간접 경험을 통하여 어떤 사물에 대한 사실적 정보나 가치적 정보를 얻기 위함이다.

② 문학적 감동과 쾌락 … 문학적인 독서, 또는 오락적인 독서를 통하여 감동과 쾌락을 얻기 위함이다.

(2) 독서의 의의

① 간접 경험을 통해 지식, 정보, 감동, 쾌락을 제공한다.

② 정서를 순화하고 인격 및 건전한 가치관 형성에 기여한다.

③ 사고력을 신장시켜 준다.

④ 궁극적으로는 원만하고 바람직한 생활을 영위하게 한다.

section 4 독서와 배경 지식

(1) 배경 지식의 뜻

경험을 통해 습득되어 독자의 머릿속에 구조화되어 저장되어 있으면서 어떤 글의 독해 과정에서 독해의 밑바탕이 되는 지식으로, 사전 지식 또는 스키마(schema)라고도 한다.

(2) 배경 지식의 특징

① 배경 지식은 경험의 소산이며 어느 한 사상이나 개념에 대한 배경 지식은 사람마다 다르다.

② 배경 지식은 정보를 일관성 있게 재구성해 준다.

③ 배경 지식은 많은 정보 중에서 필요한 정보를 선택적으로 받아들이며, 그 내용을 재편집 · 요약하는 역할을 한다.

(3) 독해 능력과 배경 지식과의 관계

독해 능력은 배경 지식과 상호 보완적 관계에 놓여 있다. 올바른 독서를 위해서는 정통한 지식이 필수적이며 더욱 많은 지식을 갖추기 위해서는 독서가 필수적이다. 또한 배경 지식이 많을수록 독해 능력은 향상된다.

1 다음 글의 내용과 일치하지 않는 것은?

우리는 흔히 나무와 같은 식물이 대기 중에 이산화탄소로 존재하는 탄소를 처리해 주는 것으로 알고 있지만, 바다 또한 중요한 역할을 한다. 예를 들어 수없이 많은 작은 해양생물들은 빗물에 섞인 탄소를 흡수한 후에 다른 것들과 합쳐서 껍질을 만드는 데 사용한다. 결국 해양생물들은 껍질에 탄소를 가두어 둠으로써 탄소가 대기 중으로 다시 증발해서 위험한 온실가스로 축적되는 것을 막아 준다. 이들이 죽어서 바다 밑으로 가라앉으면 압력에 의해 석회석이 되는데, 이런 과정을 통해 땅속에 저장된 탄소의 양은 대기 중에 있는 것보다 수만 배나 되는 것으로 추정된다. 그 석회석 속의 탄소는 화산 분출로 다시 대기 중으로 방출되었다가 빗물과 함께 땅으로 떨어진다. 이 과정은 오랜 세월에 걸쳐 일어나는데, 이것이 장기적인 탄소 순환과정이다. 특별한 다른 장애 요인이 없다면 이 과정은 원활하게 일어나 지구의 기후는 안정을 유지할 수 있다.

그러나 불행하게도 인간의 산업 활동은 자연이 제대로 처리할 수 없을 정도로 많은 양의 탄소를 대기 중으로 방출한다. 영국 기상대의 피터 쿡스에 따르면, 자연의 생물권이 우리가 방출하는 이산화탄소의 영향을 완충할 수 있는 데에는 한계가 있기 때문에, 그 한계를 넘어서면 이산화탄소의 영향이 더욱 증폭된다. 지구 온난화가 걷잡을 수 없이 일어나게 되는 것은 두려운 일이다. 지구 온난화에 적응을 하지 못한 식물들이 한꺼번에 죽어 부패해서 그 속에 가두어져 있는 탄소가 다시 대기로 방출되면 문제는 더욱 심각해질 것이기 때문이다.

① 식물이나 해양생물은 기후 안정성을 유지하는 데에 기여한다.
② 생명체가 지니고 있던 탄소는 땅속으로 가기도 하고 대기로 가기도 한다.
③ 탄소는 화산 활동, 생명체의 부패, 인간의 산업 활동 등을 통해 대기로 방출된다.
④ 극심한 오염으로 생명체가 소멸되면 탄소의 순환 고리가 끊겨 대기 중의 탄소도 사라진다.

2 다음 글에서 언급한 스마트 팩토리의 특징으로 옳지 않은 것은?

최근 스포츠 브랜드인 아디다스에서 소비자가 원하는 디자인, 깔창, 굽 모양 등의 옵션을 적용하여 다품종 소량생산 할 수 있는 스피드 팩토리를 선보였고, 그밖에도 제조업을 비롯해 다양한 산업에서 스마트 팩토리를 도입하면서 미래형 제조 시스템인 스마트 팩토리에 대한 관심이 커지고 있다. 과연 스마트 팩토리 무엇이며 어떤 기술로 구현되고 이점은 무엇일까?

스마트 팩토리란 ICT기술을 기반으로 제품의 기획, 설계, 생산, 유통, 판매의 전 과정을 자동화, 지능화하여 최소 비용과 최소 시간으로 다품종 대량생산이 가능한 미래형 공장을 의미한다. 스마트 팩토리가 구현되기 위해서는 다양한 기술이 적용되는데, 먼저 클라우드 기술은 인터넷에 연결되어 축적된 데이터를 저장하고 IoT 기술은 각종 사물에 컴퓨터 칩과 통신 기능을 내장해 인터넷에 연결한다. 또한 데이터를 분석하는 빅데이터 기술, AI를 기반으로 스스로 학습하고 의사결정을 할 수 있는 차세대 로봇기술과 기계가 자가 학습하는 인공지능 기술을 비롯해 수많은 첨단 기술을 필요로 한다.

스마트 팩토리의 핵심 구현 요소는 디지털화, 연결, 스마트화이다. 디지털화는 공장 내 사물들 간에 소통이 가능하도록 물리적 아날로그 신호를 디지털 신호로 변환하는 것으로 디지털화를 하면 무한대로 데이터를 복사할 수 있어 데이터 편집이 쉬워지고 데이터 통신이 자유롭게 이루어진다. 연결화는 사람을 포함한 모든 사물, 즉 공장 안에 존재하는 부품, 완제품, 설비, 공장, 건물, 기기를 연결하는 것으로, 이더넷이나 유무선 통신으로 설비를 연결해 생산 현황과 이상 유무를 관리한다. 작업자가 제조 라인에 서면 공정은 작업자의 역량, 경험 같은 것을 참고하여 합당한 공정을 수행하도록 지도해 주는 것이 연결화의 예라고 할 수 있다. 스마트화는 사물이 사람과 같이 스스로 판단하고 행동하는 것을 말하는 것으로 지능화, 자율화와 같은 의미이다. 수집된 데이터를 분석하여 스스로 판단하는 스마트화는 스마트 팩토리의 필수 전제조건이다.

① 스마트 팩토리는 최소 비용과 최소 시간으로 다품종 대량생산을 추구한다.
② 스마트 팩토리가 구현되기 위해서는 클라우드 기술, IoT기술, 인공지능 기술 등이 요구된다.
③ 디지털화는 공장 내 사물들 간에 소통이 가능하도록 디지털 신호를 물리적 아날로그 신호로 변환하는 것이다.
④ 스마트화는 사물이 사람과 같이 스스로 판단하고 행동하는 것으로 스마트 팩토리의 필수 전제조건이다.

3 다음 글의 내용과 일치하지 않는 것은?

> 미국 코넬 대학교 심리학과 연구 팀은 1992년 하계 올림픽 중계권을 가졌던 엔비시(NBC)의 올림픽 중계 자료를 면밀히 분석했는데, 메달 수상자들이 경기 종료 순간에 어떤 표정을 짓는지 감정을 분석하는 연구였다. 연구 팀은 실험 관찰자들에게 23명의 은메달 수상자와 18명의 동메달 수상자의 얼굴 표정을 보고 경기가 끝나는 순간에 이들의 감정이 '비통'에 가까운지 '환희'에 가까운지 10점 만점으로 평정하게 했다. 또한 경기가 끝난 후, 시상식에서 선수들이 보이는 감정을 동일한 방법으로 평정하게 했다. 시상식에서 보이는 감정을 평정하기 위해 은메달 수상자 20명과 동메달 수상자 15명의 시상식 장면을 분석하게 했다.
>
> 분석 결과, 경기가 종료되고 메달 색깔이 결정되는 순간 동메달 수상자의 행복 점수는 10점 만점에 7.1로 나타났다. 비통보다는 환희에 더 가까운 점수였다. 그러나 은메달 수상자의 행복 점수는 고작 4.8로 평정되었다. 환희와 거리가 먼 감정 표현이었다. 객관적인 성취의 크기로 보자면 은메달 수상자가 동메달 수상자보다 더 큰 성취를 이룬 것이 분명하다. 그러나 은메달 수상자와 동메달 수상자가 주관적으로 경험한 성취의 크기는 이와 반대로 나왔다. 시상식에서도 이들의 감정 표현은 역전되지 않았다. 동메달 수상자의 행복 점수는 5.7이었지만 은메달 수상자는 4.3에 그쳤다.
>
> 왜 은메달 수상자가 3위인 동메달 수상자보다 결과를 더 만족스럽게 느끼지 못하는가? 이는 선수들이 자신이 거둔 객관적인 성취를 가상의 성취와 비교하여 주관적으로 해석했기 때문이다. 은메달 수상자들에게 그 가상의 성취는 당연히 금메달이었다.
>
> 최고 도달점인 금메달과 비교한 은메달의 주관적 성취의 크기는 선수 입장에서는 실망스러운 것이다. 반면 동메달 수상자들이 비교한 가상의 성취는 '노메달'이었다. 까딱 잘못했으면 4위에 그칠 뻔했기 때문에 동메달의 주관적 성취의 가치는 은메달의 행복 점수를 뛰어넘을 수밖에 없다.

① 연구 팀은 선수들의 표정을 통해 감정을 분석하였다.
② 연구 팀은 경기가 끝나는 순간과 시상식에서 선수들이 보이는 감정을 동일한 방법으로 평정하였다.
③ 경기가 끝나는 순간 동메달 수상자는 비통보다는 환희에 더 가까운 행복 점수를 보였다.
④ 동메달 수상자와 은메달 수상자가 주관적으로 경험한 성취의 크기는 동일하게 나타났다.

4 다음 글의 중심내용으로 가장 적절한 것은?

> 행랑채가 퇴락하여 지탱할 수 없게끔 된 것이 세 칸이었다. 나는 마지못하여 이를 모두 수리하였다. 그런데 그중의 두 칸은 앞서 장마에 비가 샌 지가 오래되었으나, 나는 그것을 알면서도 이럴까 저럴까 망설이다가 손을 대지 못했던 것이고, 나머지 한 칸은 비를 한 번 맞고 샜던 것이라 서둘러 기와를 갈았던 것이다. 이번에 수리하려고 본즉 비가 샌 지 오래된 것은 그 서까래, 추녀, 기둥, 들보가 모두 썩어서 못 쓰게 되었던 까닭으로 수리비가 엄청나게 들었고, 한 번밖에 비를 맞지 않았던 한 칸의 재목들은 완전하여 다시 쓸 수 있었던 까닭으로 그 비용이 많이 들지 않았다.
>
> 나는 이에 느낀 것이 있었다. 사람의 몸에 있어서도 마찬가지라는 사실을. 잘못을 알고서도 바로 고치지 않으면 곧 그 자신이 나쁘게 되는 것이 마치 나무가 썩어서 못 쓰게 되는 것과 같으며, 잘못을 알고 고치기를 꺼리지 않으면 해(害)를 받지 않고 다시 착한 사람이 될 수 있으니, 저 집의 재목처럼 말끔하게 다시 쓸 수 있는 것이다. 뿐만 아니라 나라의 정치도 이와 같다. 백성을 좀먹는 무리들을 내버려두었다가는 백성들이 도탄에 빠지고 나라가 위태롭게 된다. 그런 연후에 급히 바로잡으려 하면 이미 썩어 버린 재목처럼 때는 늦은 것이다. 어찌 삼가지 않겠는가.

① 모든 일에 기초를 튼튼히 해야 한다.
② 청렴한 인재 선발을 통해 정치를 개혁해야 한다.
③ 잘못을 알게 되면 바로 고쳐 나가는 자세가 중요하다.
④ 훌륭한 위정자가 되기 위해서는 매사 삼가는 태도를 지녀야 한다.

5   다음 글의 제목으로 가장 적절한 것은?

> 어느 대학의 심리학 교수가 그 학교에서 강의를 재미없게 하기로 정평이 나 있는, 한 인류학 교수의 수업을 대상으로 실험을 계획했다. 그 심리학 교수는 인류학 교수에게 이 사실을 철저히 비밀로 하고, 그 강의를 수강하는 학생들에게만 사전에 몇 가지 주의 사항을 전달했다. 첫째, 그 교수의 말 한 마디 한 마디에 주의를 집중하면서 열심히 들을 것. 둘째, 얼굴에는 약간 미소를 띠면서 눈을 반짝이며 고개를 끄덕이기도 하고 간혹 질문도 하면서 강의가 매우 재미있다는 반응을 겉으로 나타내며 들을 것.
>
> 한 학기 동안 계속된 이 실험의 결과는 흥미로웠다. 우선 재미없게 강의하던 그 인류학 교수는 줄줄 읽어 나가던 강의 노트에서 드디어 눈을 떼고 학생들과 시선을 마주치기 시작했고 가끔씩은 한두 마디 유머 섞인 농담을 던지기도 하더니, 그 학기가 끝날 즈음엔 가장 열의 있게 강의하는 교수로 면모를 일신하게 되었다. 더욱 더 놀라운 것은 학생들의 변화였다. 처음에는 실험 차원에서 열심히 듣는 척하던 학생들이 이 과정을 통해 정말로 강의에 흥미롭게 참여하게 되었고, 나중에는 소수이긴 하지만 아예 전공을 인류학으로 바꾸기로 결심한 학생들도 나오게 되었다.

① 학생 간 의사소통의 중요성
② 교수 간 의사소통의 중요성
③ 언어적 메시지의 중요성
④ 공감하는 듣기의 중요성

6   글을 읽고 주제를 찾는 방법으로 적절하지 않은 것은?

① 논설문의 경우 대개 3단 구성이므로 결론 부분의 중심 문단에서 주제를 찾는 것이 효과적이다.
② 글쓴이가 말하고자 하는 바를 정확하게 파악하기 위해서는 시대적·사회적 배경은 배제해야 한다.
③ 문학적인 글은 제목이 상징하는 바가 주제와 연관성을 갖기도 한다.
④ 인물이 주고받는 대화의 화제나, 화제에 대한 의견이 주제가 되기도 한다.

7 다음 문장들을 논리적 순서로 배열할 때 가장 적절한 것은?

> 영어 공용화 국가의 상황을 긍정적 측면에서 본다면 영어 공용화 실시는 인종 중심적 문화로부터 탈피하여 다원주의적 문화 정체성을 수립하는 계기가 될 수 있다.
>
>> ㉠ 특히, 싱가포르인들은 영어를 통해 국가적 통합을 이룰 뿐만 아니라 다양한 민족어를 수용함으로써 문화적 다원성을 일찍부터 체득할 수 있는 기회를 얻고 있다.
>> ㉡ 지금과 같은 세계화 시대에 다원주의적 문화 정체성은 반드시 필요한 것이기 때문에 이러한 점은 긍정적이다.
>> ㉢ 이는 말레이 민족 위주의 우월적 민족주의 경향이 생기면서 문화적 다원성을 확보하는 데 뒤처진 경험을 갖고 있는 말레이시아의 경우와 대비되기도 한다.
>
> 그러나 영어 공용화 국가는 모두 다민족 다언어 국가이기 때문에 한국과 같은 단일민족 단일모국어 국가와는 처한 환경이 다르다.

① ㉠㉡㉢

② ㉡㉢㉠

③ ㉡㉠㉢

④ ㉢㉠㉡

8 다음 중 '읽기'를 가장 바르게 말한 것은?

① 내용을 암기하고 체계화시키는 과정
② 소리를 내서 문자를 읽어 내려가는 과정
③ 객관적 사실이나 정보를 받아들이는 과정
④ 책 속의 글을 읽고 의미를 재구성하는 과정

9 다음 글을 통해 말하고자 하는 것은?

어머니의 저녁 식사

어린 시절, 줄곧 어머니는 모든 식구들이 남긴 음식을 없애야 상을 치우셨습니다. 시간이 지난 오늘에도 남은 음식을 남김없이 드셔야 하는 어머니의 모습……. 내가 남긴 밥 한 숟가락……. 만약, 어머님이 드시지 않았다면 음식물 쓰레기가 되었을 것입니다. 식구들이 먹을 만큼의 양이 상에 오르고, 식구들 모두 정성스레 차려진 음식들을 남김없이 먹는다면, 남긴 음식물을 드시는 어머니의 모습도 사라지고, 우리의 소중한 자연 환경도 보호될 것입니다.

① 음식 쓰레기를 줄여 환경을 보호하자.
② 음식물이 남지 않도록 알맞게 준비하사.
③ 보이지 않는 곳에서의 어머니의 사랑을 깨달아야 한다.
④ 어머니의 정성에 보답하려면 음식을 남기지 말아야 한다.

10 다음 주어진 지문의 내용과 일치하지 않은 것은?

> 이러한 특성은 흰 옷을 더욱 희게 만드는 세제에도 이용된다. 자외선을 흡수하여 파란색을 방출하는 형광물질을 세제에 사용하면, 세탁 후 옷감에 남아있는 형광물질이 빛의 삼원색인 빨강, 파랑, 초록 중 파란색의 가시광선을 방출함으로써 흰 색을 더욱 하얗게 보이도록 할 수 있다. 물질에 따라 방출하는 빛의 진동수가 달라지는 현상은 과학적 탐구에도 이용된다. 어떤 물질을 분석할 때 자외선을 쬐어 나오는 빛을 분석하면 물질의 구성원소를 알아낼 수 있으며 별빛을 분석하여 원소가 방출하는 고유한 빛을 통해 별을 이루고 있는 원소를 알 수 있다.

① 물질에 따라 빛의 진동수가 다르다.
② 흰 옷을 더욱 희게 만드는 세제는 자외선을 흡수하여 파란색을 방출하는 형광물질을 사용한다.
③ 어떤 물질의 빛을 분석하면 물질의 구성원소를 알 수 있다.
④ 물질에 따라 방출하는 빛의 진동수는 대부분 일정하기 때문에 과학적 탐구에도 이용된다.

11 다음 내용을 바탕으로 글을 쓸 때 그 주제로 알맞은 것은?

> ㉠ 경찰청은 고속도로 갓길 운행을 막기 위해 갓길로 운행하다 적발되면 30일 간의 면허 정지 처분을 내리기로 결정했다.
> ㉡ 교통사고 사망률 세계 1위라는 불명예는 작년에 이어 올해에도 계속되었다.
> ㉢ 교통사고의 원인으로는 운전자의 부주의와 교통 법규 위반의 비율이 가장 높다.
> ㉣ 교통 법규 위반자는 자신의 과실로 다른 사람에게 피해를 준다는 점에서 문제가 더욱 심각하다.
> ㉤ 우리나라는 과속 운전, 난폭 운전이 성행하고 있다. 이를 근절하기 위한 엄격한 법이 필요하다.

① 교통사고로 인한 사망률은 교통 문화 수준을 반영한다.
② 올바른 교통 문화 정착을 위한 운전자들의 의식변화가 필요하다.
③ 교통사고를 줄이기 위해서는 엄격한 법규체제가 필요하다.
④ 교통사고로 인한 사회적 손실이 막대하다.

12 다음 중 글의 구조에 대한 설명으로 옳지 않은 것은?

① 하위 구조가 상위 구조보다 더 잘 기억된다.

② 뒤바뀐 구조도 표준 구조에 따라 이해할 수 있다.

③ 논리적인 글도 구조적 특징에 따라 이해할 수 있다.

④ 해당 부분이 전체 구조 속에서 차지하는 위상에 따라 글의 내용이 달라진다.

13 ㉠, ㉡에 알맞은 독서 방법을 바르게 말한 것은?

> 독서를 효과적으로 하기 위해서 독자는 독서 목표를 분명히 세워야 한다. ㉠세부 내용을 파악하기 위한 독서와 ㉡중심 내용을 파악하기 위한 독서가 같을 수 없고, 객관식 시험에 대비하기 위한 독서와 주관식 시험에 대비하기 위한 독서가 같을 수도 없다.

① ㉠ 통독, ㉡ 다독   ② ㉠ 속독, ㉡ 묵독

③ ㉠ 정독, ㉡ 통독   ④ ㉠ 다독, ㉡ 정독

14 다음 독서의 과정에서 가장 먼저 일어나는 것은?

① 의미의 이해   ② 정보의 분석

③ 분석과 비판   ④ 문자의 지각

15 소설 「동백꽃」를 읽고 한 활동 중, 밑줄 친 ㉠부분과 관계있는 것은?

> 보편적인 독서 방법은 글을 다음과 같이 다섯 단계로 나누어 읽는 것이다. 먼저 글의 제목, 소제목, 첫 부분, 마지막 부분 등 글의 주요 부분만을 보고 그 내용을 짐작하는 훑어보기 단계. 훑어본 내용을 근거로 하여 글의 중심 내용이 무엇인지를 마음속으로 묻는 질문하기 단계, 글을 차분히 읽으며 그 내용을 하나하나 확인하고 파악하는 자세히 읽기 단계, 읽은 글의 내용을 떠올리며 마음속으로 정리하는 ㉠되새기기 단계, 지금까지 읽은 모든 내용들을 살펴보고 전체 내용을 정리하는 다시 보기 단계가 그것이다.

① 동백꽃이란 제목을 보면서 글의 내용을 파악한다.
② 소설에서 동백꽃의 의미는 무엇인지 스스로 질문해본다.
③ 이 소설이 전하고자 하는 주제가 무엇인지 곰곰이 생각해 본다.
④ 점순이와 나의 순박한 모습을 떠올리며 감상문을 썼다.

정답및해설

1	④	2	③	3	④	4	③	5	④
6	②	7	③	8	④	9	①	10	④
11	③	12	①	13	③	14	④	15	③

1 ④ 걷잡을 수 없어진 지구 온난화에 적응을 하지 못한 식물들이 한꺼번에 죽어 부패하면 그 속에 가두어져 있는 탄소가 대기로 방출된다고 언급하고 있다. 따라서 생명체가 소멸되면 탄소 순환 고리가 끊길 수 있지만, 대기 중의 탄소가 사라지는 것은 아니다.

2 ③ 디지털화는 공장 내 사물들 간에 소통이 가능하도록 물리적 아날로그 신호를 디지털 신호로 변환하는 것이다.
①② 두 번째 문단에서 언급하고 있다.
④ 세 번째 문단에서 언급하고 있다.

3 ④ 세 번째 문단을 보면 객관적인 성취의 크기로 보자면 은메달 수상자가 동메달 수상자보다 더 큰 성취를 이룬 것이 분명하나, 은메달 수상자와 동메달 수상자가 주관적으로 경험한 성취의 크기는 이와 반대로 나왔다고 언급하고 있다. 따라서 주관적으로 경험한 성취의 크기는 동메달 수상자가 은메달 수상자보다 더 큰 것을 알 수 있다.

4 첫 번째 문단에서 문제를 알면서도 고치지 않았던 두 칸을 수리하는 데 수리비가 많이 들었고, 비가 새는 것을 알자마자 수리한 한 칸은 비용이 많이 들지 않았다고 하였다. 또한 두 번째 문단에서 잘못을 알면서도 바로 고치지 않으면 자신이 나쁘게 되며, 잘못을 알자마자 고치기를 꺼리지 않으면 다시 착한 사람이 될 수 있다하며 이를 정치에 비유해 백성을 좀먹는 무리들을 내버려 두어서는 안 된다고 서술하였다. 따라서 글의 중심내용으로는 잘못을 알게 되면 바로 고쳐 나가는 것이 중요하다가 적합하다.

5 제시된 글은 실험을 통해 학생들의 열심히 듣기와 강의에 대한 반응이 교수의 말하기에 미친 영향을 보여 주고 있다. 즉, 경청, 공감 하며 듣기의 중요성에 대해 보여 주는 것이다.

6 ② 주제가 겉으로 드러나지 않는 글의 경우 시대적·사회적 배경을 고려함으로써 글쓴이가 추구하는 바를 제대로 파악할 수 있다.

7 ⓒ 영어 공용화를 통한 다원주의적 문화 정체성 확립 → ⊙ 영어 공용화를 바탕으로 다양한 민족어를 수용한 싱가포르의 예 → ⓒ 말레이 민족 우월주의로 문화적 다원성 확보에 실패한 말레이시아의 예

8 읽기는 문자를 매개체로 하여 독자의 사전 지식이나 경험을 동원하고, 스스로 의미를 구성하는 인지적 상호 작용 과정이다.

9 제시된 글은 공익 광고문이다. 식구들이 남긴 음식을 모두 드셨던 어머니의 모습을 떠올리게 하여, 음식물 쓰레기를 줄이고 소중한 자연 환경도 보호하자고 설득하고 있다.
※ 광고문을 읽을 때 유의할 점
⊙ 허위나 과장된 내용이 없는지 판단하며 읽는다.
ⓒ 객관적인 사실과 광고주의 의견을 구분한다.
ⓒ 광고주의 견해가 있으면 그에 대한 타당한 근거가 제시되었는지 살핀다.

10 본문에는 '물질에 따라 방출하는 빛의 진동수가 달라지는 현상은 과학적 탐구에도 이용된다.'고 나와 있다.
　① 보기의 내용은 지문의 내용과 일치한다.
　② 자외선을 흡수하여 파란색을 방출하는 형광물질을 세제에 사용한다.
　③ 마지막 문장을 통해 보기의 내용이 옳다는 것을 알 수 있다.

11 제시된 내용은 교통사고가 교통 법규를 제대로 지키지 않은 데서 발생하며, 이를 근절하기 위해 보다 엄격한 교통 법규가 필요함을 강조하고 있다.

12 ① 상위 구조가 하위 구조보다 더 잘 기억된다.

13 글의 세부 내용을 파악하기 위해서는 정확하고 자세하게 읽어야 하며 전체적인 구조와 짜임, 중심 내용을 파악하기 위해서는 세부 내용에 치중하기보다는 전체를 훑어보아야 한다.
　※ 독서의 여러 가지 방법
　　㉠ 통독(通讀) : 단순한 내용일 때 전체를 가볍게 읽는 방법으로 소설이나 신문 등을 읽을 때 사용된다.
　　㉡ 다독(多讀) : 많은 내용을 읽는 방법으로 연구 주제를 위한 참고 서적을 읽을 때 사용된다.
　　㉢ 속독(速讀) : 빠른 속도로 읽는 방법이다.
　　㉣ 묵독(默讀) : 눈으로 조용히 읽어 가는 방법이다.
　　㉤ 정독(精讀) : 내용을 자세히 파악해 가며 읽는 방법으로 양서, 교과서, 전문 서적 등을 읽을 때 사용된다.

14 독서의 과정
　㉠ 판독 : 글자 자체만을 읽을 수 있는 단계로 가장 초보적인 단계이다.
　㉡ 이해 : 글의 구조와 내용을 파악하고 정보 · 지식의 추출 단계이다.
　㉢ 해석 : 배경 지식, 경험을 활용한 의미의 재구성 단계로 배경 지식이 가장 많이 활용되는 단계이다.
　㉣ 반응 : 평가와 비판을 통한 독자의 사고 및 행동이 변화되는 단계이다.

15 ① 훑어보기 단계
　② 질문하기 단계
　④ 정리하기 단계

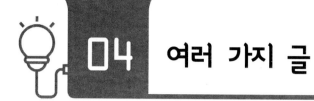

04 여러 가지 글

기출문제

section 1 논설문

(1) 논설문의 뜻

어떤 문제에 대하여 자기의 주장이나 의견을 이론적으로 체계를 세워 주장하는 글이다.

(2) 논설문의 종류

① **논증적 논설문** … 어떤 일이나 문제의 옳고 그름을 밝히기 위하여 여러 가지 객관적 논거를 제시하여 그 옳고 그름이 드러나게 하는 논설문으로 학술 논문 등에 쓰인다.

② **설득적 논설문** … 자기의 의견이나 견해를 타인에게 분명하고 조리 있게 주장하여 다른 사람들이 그 의견이나 견해에 찬동하여 따라 오게 하는 논설문으로 신문의 사설, 칼럼 등에 쓰인다.

(3) 논설문의 3요소

① **명제(命題)** … 의견이나 사상을 단적으로 내세우는 것을 말한다.
  - ㉠ **사실 명제** : 어떤 문제에 대한 진위 판단을 언어로 서술한 것이다.
    - 예 사람은 포유동물이다.
  - ㉡ **정책 명제** : 어떤 문제에 대한 해결책이나 바람직한 행동에 대한 판단을 언어로 서술한 것이다.
    - 예 사람은 법을 지켜야 한다.
  - ㉢ **가치 명제** : 어떤 대상에 대한 가치 판단을 내린 것이다.
    - 예 「홍길동전」은 명작이다.

② **논거(論據)** … 명제를 논리적으로 뒷받침해 주는 근거가 된다.
  - ㉠ **사실 논거** : 자신의 주장이 타당함을 증명해 보일 수 있는 구체적인 사실이다 (주로 예시의 방법 사용).
  - ㉡ **소견 논거** : 자신의 주장과 유사한 권위 있는 사람의 견해를 논거로 사용한 것이다(주로 인용의 방법 사용).

③ **추론(推論)** … 논거를 제시하여 명제가 진실임을 밝히는 과정이다.
  - ㉠ **귀납법(歸納法)** : 개별적인 많은 예들에서 공통된 일반 원리를 이끌어내는 방법이다(과학적인 논문 등에 자주 사용).

예 • 개별적 사실 : 공자는 죽었다.
　　• 개별적 사실 : 석가도 죽었다.
　　• 결론 : 그러므로 모든 사람은 죽는다.

ⓒ **연역법(演繹法)** : 일반적 원리에서 출발하여 논리적인 추리 과정을 거쳐 특수한 사실이 타당함을 증명하는 방법이다(3단 논법이 대표적임).

예 • 대전제 : 모든 사람은 죽는다.
　　• 소전제 : 공자는 사람이다.
　　• 결론 : 그러므로 공자는 죽는다.

ⓒ **변증법** : 모순적 부분을 가지고 있는 '정'과 그 모순을 깨트릴 수 있는 반대 의견을 가진 '반'을 합쳐 취할 것과 버릴 것을 구분해 '합'이라는 새로운 개념을 만드는 것. 이런 식으로 반복하다보면 진리에 가까워진다는 것으로 독일의 철학자 '헤겔'의 변증법을 도식화한 것이다.

예 • 정 : 수혈은 필요하지만 감염의 위험이 크다.
　　• 반 : 하지만 생명을 살리는 수술을 하기 위해서는 수혈이 꼭 필요하다.
　　• 합 : 그렇다면 수혈의 절차와 검사를 더 엄격하게 하자.

ⓒ **유추** : '유비 추리'의 준말로 두 사물 간의 여러 공통점에 비추어 특수한 예에서도 공통점이 있으리라고 추정하는 방법이다.

예 인생은 마라톤이다. 또는 자동차에 구조가 있듯이, 모든 글에도 구조가 있다.

(4) 논설문의 구성

① **서론** … 글을 쓰는 동기와 목적을 밝히고, 주제와 관련되는 문제를 제기한다.

② **본론** … 주장하려는 논거를 여러 가지 근거를 들어 증명하여 자기의 생각이나 주장을 발전시킨다.

③ **결론** … 본론의 논술을 근거로 하여 단정을 내리고, 자기의 의견이나 주장을 다시 한 번 확인하여 끝맺는다.

section 2 설명문

(1) 설명문의 뜻

어떤 대상에 대한 정보, 사실, 지식, 원리, 개념 등에 관하여 글쓴이가 알고 있는 바를 독자가 쉽게 이해할 수 있도록 풀어서 쓴 글이다.

(2) 설명문의 구성

① **머리말(도입)** … 설명할 대상, 배경, 동기, 목적, 방법 등을 제시하는 단계로 독자의 관심을 불러일으키는 구실을 한다(문제 제기).

기출문제

문 **다음 글과 같은 방식으로 논리를 전개한 것은?**

▶ 2015. 4. 18. 인사혁신처

진리가 사상의 체계에 있어 제일의 덕이듯이 정의는 사회적 제도에 있어 제일의 덕이다. 하나의 이론은 그것이 아무리 멋지고 간명한 것이라 하더라도 만약 참되지 않다면 거부되거나 수정되어야 한다. 이와 마찬가지로 법과 제도는 그것이 아무리 효율적으로 잘 정비되어 있다고 하더라도 만약 정의롭지 않다면 개혁되거나 폐기되어야 한다.

① 의지의 자유가 없는 사람에게는 책임을 물을 수 없다. 그런데 인간에게는 책임을 물을 수 있다. 그러므로 인간의 의지는 자유롭다고 보아야 한다.

② 여자는 생각하는 것이 남자와 다른 데가 있다. 남자는 미래를 생각하지만 여자는 현재의 상태를 더 소중하게 여긴다. 남자가 모험, 사업, 성 문제를 중심으로 생각한다면 여자는 가정, 사랑, 안정성에 비중을 두어 생각한다.

③ 우리 강아지는 배를 문질러 주면 등을 바닥에 대고 누워버려. 그리고 정말 기분 좋은 듯한 표정을 짓지. 그런데 내 친구 강아지도 그렇더라고. 아마 모든 강아지가 그런 속성을 가지고 있는 것 같아.

④ 인생은 여행과 같다. 간혹 험난한 길을 만나기도 하고, 예상치 않은 일을 당하기도 한다. 우연히 누군가를 만나고 그들과 관계를 맺기도 한다. 여행을 끝내고 집으로 돌아왔을 때 편안함을 느끼는 것처럼 생을 끝내고 죽음을 맞이할 때 우리는 더없이 편안해질 것이다.

Tip 제시문에 사용된 논리 전개 방식은 유추이다.
① 3단 논법(연역법)
② 대조
③ 귀납법

| 정답 ④

기출문제

문 다음은 기행문의 일부이다. 이 글을 통해 알 수 없는 내용은?

▶2013. 7. 27. 안전행정부

인천국제공항 광장에 걸린, '한민족의 뿌리를 찾자! 대한 고등학교 연수단'이라고 쓴 현수막을 보자 내 가슴은 마구 뛰었다.

난생 처음 떠나는 해외여행, 8월 15일 오후 3시 15분 비행기에 오르는 나는 한여름의 무더위도 잊고 있었다. 비행기가 이륙하자, 거대한 공항 청사는 곧 성냥갑처럼 작아졌고, 푸른 바다와 들판은 빙빙 돌아가는 듯했다. 비행기에서 내려다본 구름은 정말 아름다웠다. 뭉게뭉게 떠다니는 하얀 구름밭은 꼭 동화 속에서나 나옴직한 신비의 나라, 바로 그것이었다.

'나는 지금 어디로 가고 있을까, 꿈속을 헤매는 영원한 방랑자가 된 걸까?'

① 여행의 동기와 목적
② 출발할 때의 감흥
③ 출발할 때의 날씨와 시간
④ 여행의 노정과 일정

Tip ① '한민족의 뿌리를 찾자 대한 고등학교 연수단' 부분에서 여행의 동기와 목적을 알 수 있다.
② 두 번째 문단에서 비행기 이륙시의 감흥을 상세하게 묘사하였다. 또한 '나는 지금 어디로 가고 있을까, 꿈속을 헤매는 영원한 방랑자가 된 걸까?' 등으로 첫 해외여행의 출발에 대한 감흥을 나타내었다.
③ '8월 15일 오후 3시 15분~한여름의 무더위도~'라며 자세하게 설명하고 있다.

‖정답 ④

---

② **본문(전개)** … 다양한 설명 방법을 사용하여 사실과 지식을 이해하기 쉽게 풀이하는 단계이다(문제 풀이).

③ **맺음말(마무리)** … 본문에서 설명한 내용을 요약하고 정리하여 마무리 짓는 단계이다(문제 정리).

(3) 설명문의 기술 방법

① **추상적 진술** … 의견이나 주장 또는 일반적 사실을 말하는 부분이다. 구체적 진술 부분과 어울려 완전한 내용이 될 수 있다(주요 문단).

② **구체적 진술** … 추상적(일반적) 진술에서 언급된 내용에 대해 구체적이고 특수한 사실을 들어 진술하는 부분이다. 구체적 진술만으로 의사 전달이 이루어지지 않는다(보조 문단).

section 3 기행문

(1) 기행문의 종류

① **문장의 성격에 따른 종류**

  ㉠ 실용적 기행문 : 보고문 등과 같이 학술 자료가 될 수 있는 글이다.

  ㉡ 예술적 기행문 : 감상을 위주로 한 예술성이 드러난 글이다.

② **형식상 종류** … 일기체 기행문, 서간문체 기행문, 수필체 기행문, 보고문체 기행문, 안내기체 기행문 등이 있다.

③ **내용상 종류** … 감상 위주의 기행문, 풍경 묘사 위주의 기행문, 풍속 묘사 위주의 기행문, 인징·민심 등을 주로 한 기행문, 지리·역사 등 연구 위주의 기행문 등이 있다.

(2) 기행문의 구성 요소

① **여정(旅程)** … 언제 어디를 여행하였는가?

② **견문(見聞)** … 무엇을 보고, 무엇을 들었는가?

③ **감상(感想)** … 어떤 생각을 하고 무엇을 느꼈는가?

(3) 기행문의 짜임

① **출발(처음)** … 여행의 동기, 목적, 출발의 기쁨 등을 나타낸다.

② **여행(중간)** … 여행의 경로, 경험한 내용을 서술한다.

③ **귀로(끝)** … 여행에 대한 느낌과 감상을 적는다.

(4) 기행문에 많이 쓰이는 글의 구성 방식

시간적 구성, 공간적 구성, 추보식(시간 순서와 공간 순서가 함께 진행됨)구성 등이 있다.

(5) 기행문의 표현 방법

① 서사 ··· 동작, 동작의 과정, 시간의 경과, 이에 따른 사건의 변화 등을 서술한다.

② 묘사 ··· 대상이 된 사물, 장소 등을 그림을 그리듯이 자세히 표현한다.

section 4 전기문

(1) 전기문의 특징

진실성, 교훈성, 문학성, 현재성, 문학적 요소와 역사적 요소를 함께 지닌다.

(2) 전기문의 종류

① 전기 ··· 어떤 개인의 언행, 업적, 생애 등을 다른 사람이 쓴 글이다.

② 자서전 ··· 자기 생애의 일부 또는 전부를 자기 자신이 쓴 글이다.

③ 평전 ··· 비평을 겸한 전기, 즉 어떤 사람의 언행, 업적, 일생 등의 사실과 작가의 견해나 비평으로 된 전기를 말한다.

④ 열전 ··· 여러 사람들의 전기를 한데 모아서 차례로 기록한 글이다.

⑤ 회고록 ··· 인생에서 특히 중요한 부분만을 쓴 글이다.

(3) 전기문의 구성 요소

인물, 사건, 배경, 비평(견해) 등의 요소로 이루어진다.

(4) 전기문의 구성 방법

① 일대기적 구성 ··· 출생에서 사망까지 구성한다.

② 집중적 구성 ··· 중요한 시기만 집중적으로 구성한다.

기출문제

section 5 기사문

(1) 기사문의 특성

간결성, 객관성, 보도성, 명료성, 신속성, 시사성 등의 특성을 지닌다.

(2) 기사문 작성의 원칙

육하원칙(六何原則, 5W1H원칙)으로 이루어진다.

(3) 기사문의 구성

대개 역피라미드형의 구성을 취한다.

① **표제** … 기사의 핵심이며 제목이고 제일 중요한 내용을 압축적으로 표현한 것으로 내용의 윤곽을 제시한다.

② **부제** … 큰 기사일 때 사용하는데, 표제를 뒷받침하는 내용을 좀더 구체적으로 제시한다.

③ **전문** … 표제에서 제시한 내용을 요약문의 형식으로 하여 자세하게 밝힌다.

④ **본문** … 내용을 상세하게 적은 것으로 육하원칙에 따라 쓴다.

⑤ **해설** … 본문 뒤에 덧붙여 사건의 전망, 분석, 평가 등을 쓴다.

section 6 일기문

(1) 일기문의 특징

① 내용과 형식이 자유로운 글이다.

② 비공개적인 글이다.

③ 자기 독백, 자기 응시의 글이다.

④ 자기 역사의 기록이다.

⑤ 생활의 설계이다.

(2) 일기문의 목적

① 자신의 생활을 반성하고 미래를 계획함으로써 인격을 수양한다.

② 주의력, 관찰력, 비판적 안목을 함양한다.

③ 문장 표현을 향상시킨다.

(3) 일기문 쓰는 요령

① 솔직하게 사실 그대로 쓴다.

② 구체적으로 정확하게 기록한다.

③ 인상깊었던 사건을 중심으로 기록한다.

④ 나, 너, 오늘 등의 말은 쓰지 않는 것이 좋다.

section 7 광고문

(1) 광고문의 구성

① 서두 … 독자나 청자의 관심을 끌기 위한 부분이다.

　㉠ 캐치프레이즈 : 독자의 관심을 끄는 인상적이고 신선한 느낌의 짤막한 어구이다.

　㉡ 표어 : 선전 내용을 요약적으로 제시하는 내용 서술이다.

② 본문 … 선전 광고의 내용을 구체적으로 설명해 주는 부분으로, 독자의 관심을 구체화시킨다.

(2) 광고문의 요령(AIDA의 원칙)

① 주의(Attention) … 대중의 관심을 끌도록 참신하고 독창적이어야 한다.

② 흥미(Interest) … 참신하고 기발한 형식과 내용으로 흥미로워야 한다.

③ 욕망(Desire) … 대중의 욕구에 부응하여 구매 행위를 유발해야 한다.

④ 실행(Action) … 판매의 방법과 조건을 제시해야 한다.

여러 가지 글

┃1~2┃ 다음 글을 읽고 물음에 답하시오.

나는 왜놈이 지어준 몽우리돌대로 가리라 하고 굳게 결심하고 그 표로 내 이름 김구(金龜)를 고쳐 김구(金九)라 하고 당호 연하를 버리고 백범이라고 하여 옥중 동지들에게 알렸다. 이름자를 고친 것은 왜놈의 국적에서 이탈하는 뜻이요, '백범'이라 함은 우리나라에서 가장 천하다는 백정과 무식한 범부까지 전부가 적어도 나만한 애국심을 가진 사람이 되게 하자 하는 내 원을 표하는 것이니 우리 동포의 애국심과 지식의 정도를 그만큼이라도 높이지 아니하고는 완전한 독립국을 이룰 수 없다고 생각한 것이었다.

1 다음 글이 해당하는 전기문의 종류가 가장 옳은 것은?

① 회고록 ② 열전
③ 평전 ④ 자서전

2 위 글의 목적으로 알맞은 것은?

① 지식이나 정보의 전달 ② 독자의 생각과 행동의 변화촉구
③ 문학적 감동과 쾌락 제공 ④ 독자에게 간접체험의 기회 제공

3 다음이 설명하는 광고문의 요령은?

대중의 관심을 끌도록 참신하고 독창적이어야 한다.

① 주의(Attention) ② 흥미(Interest)
③ 욕망(Desire) ④ 실행(Action)

4 다음 밑줄 친 부분에 의미로 가장 거리가 먼 것은?

> 현재 텔레비전, 인터넷으로 상징되는 영상 매체와 컴퓨터 통신 매체의 급속한 발달 및 보급과 병행하여 고전적 정보 매체인 책의 발간도 양적으로 엄청난 증가를 보이고 있지만, 전자에 비해 후자의 역할은 상대적으로 위축되고 있음이 분명하다. 대부분의 사람들은 신문이나 책을 읽기보다 텔레비전 화면 앞에 앉아 더 많은 시간을 보내며, 편지를 펜으로 쓰기보다 인터넷을 통해 메일을 보내고자 한다. 이러한 경향에 비추어 볼 때, 책이라는 형식을 갖춘 정보 매체는 전자 영상 매체로 완전히 대체되어 골동품으로 남게 될지도 모른다는 생각이 들기도 한다.

① 사람들로부터 외면당한다. ② 기성세대만의 것이 된다.
③ 무가치한 존재가 될지 모른다. ④ 책꽂이에만 꽂혀 있게 될 것이다.

5 다음 문장에서 범하고 있는 오류는?

> 이것은 위대한 그림이다. 왜냐하면 모든 훌륭한 미술 평론가가 평하고 있기 때문이다. 훌륭한 미술 평론가란 이런 위대한 그림을 평하는 이이다.

① 논점 일탈의 오류 ② 순환 논증의 오류
③ 원칙 혼동의 오류 ④ 흑백 논리의 오류

6 다음에 제시된 문장과 같은 오류를 범하고 있는 것은?

> 비무장지대의 천연자원을 보라. 한반도는 천연자원의 보고이다.

① 너 오늘 수업에 늦었지? 아주 지각대장이구나.
② 당신의 결백을 증명할 수 있습니까? 증명할 수 없다면 당신이 범인입니다.
③ 이 화장품은 전 세계 120여 개 국가의 여성들에게 사랑받고 있습니다.
④ 오래된 술일수록 맛도 좋고 향기도 진하듯이, 지식도 오래된 지식이라야 더 가치가 있다.

∥7~8∥ 다음 글을 읽고 물음에 답하시오.

㉠ 걱정하는 마음으로 관심어린 어머니의
대답을 뒤로 방의 문을 잠그고 무얼 하는 건지
㉡ 사춘기의 시작은 이렇게 세상에 혼자 있는 듯한
㉢ 고민과 고독으로 시작됩니다.
어느 날 달라진 자녀의 모습을 보면서 걱정만 하시는 부모님
그러나 이젠 다시 태어나는 자녀의 모습을
흐뭇한 마음으로 지켜볼 때입니다.
"그래, 지금은 괴롭고 고민스러워도 잘 이겨내 보렴!"
"그래야 어른이 되는 거란다!"
하고 자녀를 격려해 줘야 할 때입니다.
㉣ 지나친 관심, 또 지나친 무관심이 어른으로
성장하려는 자녀에게 해가 되는 것입니다.
항상 애정 어린 대화로 자녀에게 관심을 보인다면
우리 청소년은 건강하게 성장할 것입니다.
청소년에겐 올바른 관심이 필요합니다.

---

7 이 글에 대한 설명으로 옳지 않은 것은?

① 설득적인 성격이 강하다.
② 매체를 접하는 대중을 상대로 쓴 글이다.
③ 이 글의 주제는 '청소년 스스로 사춘기의 고민을 극복해야 한다.'이다.
④ 구체적인 상황을 제시하고 이에 대한 해결책을 제시하고 있다.

8 ㉠~㉣의 잘못된 표현을 고친 것이다. 옳지 않은 것은?

① ㉠ 관형화 구성이 어색하므로 '관심을 갖고 걱정해 주는'으로 고친다.
② ㉡ 의미가 같은 말이 중복되어 쓰이므로 '사춘기는'으로 바꾼다.
③ ㉢ '고민'과 '고독'은 의미가 중복되기 때문에 둘 중 하나만 쓴다.
④ ㉣ 접속어가 어색하므로 '지나친 관심, 혹은 지나친 무관심이'로 고친다.

▌9~11▌ 다음 글을 읽고 물음에 답하시오.

> ㈎ 한국의 미술, 이것은 이러한 한국 강산의 마음씨에서 그리고 이 강산의 몸짓 속에서 벗어날 수는 없다. 쌓이고 쌓인 조상들의 긴 옛 이야기와도 같은 것, 그리고 우리의 한숨과 웃음이 뒤섞인 한반도의 표정 같은 것, 마치 묵은 솔밭에서 송이버섯들이 예사로 돋아나듯이 이 땅 위에 예사로 돋아난 조촐한 버섯들, 한국의 미술은 이처럼 한국의 마음씨와 몸짓을 너무나 잘 닮고 있다.
>
> ㈏ 길고 가늘고 가냘픈, 그리고 때로는 도도스럽기도 하고 슬프기도 한, 따스하기도 하고 부드럽기도 한 곡선의 조화, 그 위에 적당히 ㉠호사스러운 무늬를 안고 푸르고 맑고 총명한 푸른빛 너울을 쓴 아가씨, 이것이 고려의 청자이다. 의젓하기도 하고 어리숭하기도 하면서 있는 대로의 양심을 털어놓은 것, 선의와 ㉡치기(稚氣)와 소박한 천성의 아름다움, 그리고 못생기게 둥글고 솔직하고 정다운, 또 따뜻하고도 희기만한 빛, 여기에는 흰옷 입은 한국 백성들의 핏줄이 면면히 이어져 있다. 말하자면 ㉢방순한 진국 약주 맛일 수도 있고 털털한 막걸리 맛일 수도 있는 것, 이것이 조선 시대 자기의 세계이며, 조선 항아리의 예술이다.
>
> ㈐ 한국은 과거의 나라가 아니다. ㉣면면히 전통을 이어 온, 그리고 아직도 젊은 나라이다. 미술은 망하지도 죽지도 않았으며 과거의 미술이 아니라 아직도 씩씩한 맥박이 뛰고 있는 살아 있는 미술이다.

9 이 글의 내용과 일치하지 않는 것은?

① 한국 미술의 전통은 현대미술의 바탕이 되고 있다.　② 한국 미술의 멋은 소박함에 있다.

③ 한국 미술은 자연미에 바탕을 두고 있다.　④ 한국 미술은 과거의 그림자에서 벗어나지 못하고 있다.

10 ㈏에 쓰인 글의 전개 방식과 유사한 것은?

① 고전 소설이란 일반적으로 개화기 이전에 창작된 소설을 말하며 작품에는 「홍길동전」, 「구운몽」, 「춘향전」 등이 있다.

② 박원하가 하는 짓을 유심히 살펴보았다. 그 애는 힐끔힐끔 시험 감독을 나온 딴 반 담임을 훔쳐보며 방금 말끔히 지운 곳에 얼른 이름을 다 써 넣었는데 놀랍게도 그 이름은 엄석대의 것이었다.

③ 짐승같은 달의 숨소리가 손에 잡힐 듯이 들리며, 콩 포기와 옥수수 잎새가 한층 달에 푸르게 젖었다. 산허리는 온통 메밀밭이어서, 피기 시작한 꽃이 소금을 뿌린 듯이 흐뭇한 달빛에 숨이 막힐 지경이다.

④ 영화는 스크린이라는 일정한 공간 위에 시간적으로 흐르는 예술이며, 연극 또한 무대라는 제한된 공간 위에서 시간적으로 형상화되는 예술이다. 이 두 예술이 다 함께 시간과 공간의 예술이라는 점에서 다른 부문의 예술에 비하여 보다 가까운 위치에 놓여 있음을 알겠다.

11 ㉠~㉣의 뜻으로 옳지 않은 것은?

① ㉠ 호사(豪奢)스러운 : 호화롭게 사치하는 태도가 있는

② ㉡ 치기(稚氣) : 어리고 유치한 기분이나 감정

③ ㉢ 방순(芳淳)한 : 향기롭고 아름답거나 유순하고 부드러운

④ ㉣ 면면(綿綿)히 : 여러 면 또는 각 방면으로

▌12~14▐ 다음 글을 읽고 물음에 답하시오.

(가) 우리나라에도 몇몇 도입종들이 활개를 치고 있다. 예전엔 참개구리가 울던 연못에 요즘은 미국에서 건너온 황소개구리가 들어앉아 이것저것 닥치는 대로 삼키고 있다. 어찌나 먹성이 좋은지 심지어는 우리 토종 개구리들을 먹고 살던 뱀까지 잡아먹는다. 토종 물고기들 역시 미국에서 들여온 블루길에게 물길을 빼앗기고 있다. 이들이 어떻게 자기 나라보다 남의 나라에서 더 잘 살게 된 것일까?

(나) 도입종들이 모두 잘 적응하는 것은 결코 아니다. 사실, 절대 다수는 낯선 땅에 발도 제대로 붙여 보지 못하고 사라진다. 정말 아주 가끔 남의 땅에서 들풀에 붙은 불길처럼 무섭게 번져 나가는 것들이 있어 우리의 주목을 받을 뿐이다. 그렇게 남의 땅에서 의외의 성공을 거두는 종들은 대개 그 땅의 특정 서식지에 마땅히 버티고 있어야 할 종들이 쇠약해진 틈새를 비집고 들어온 것들이다. 토종이 제자리를 당당히 지키고 있는 곳에 쉽사리 뿌리내릴 수 있는 외래종은 거의 없다.

(다) 제 아무리 대원군이 살아 돌아온다 하더라도 더 이상 타 문명의 유입을 막을 길은 없다. 어떤 문명들은 서로 만났을 때 충돌을 면치 못할 것이고, 어떤 것들은 비교적 평화롭게 공존하게 될 것이다. 결코 일반화할 수 있는 문제는 아니겠지만 스스로 아끼지 못한 문명은 외래 문명에 텃밭을 빼앗기고 말 것이라는 예측을 해도 큰 무리는 없을 듯싶다. 내가 당당해야 남을 수용할 수 있다.

(라) 영어만 잘 하면 성공한다는 믿음에 온 나라가 야단법석이다. 한술 더 떠 일본을 따라 영어를 공용어로 하사는 주장이 심심찮게 들리고 있다. 영어는 배워서 나쁠 것 없고 국제 경쟁력을 키우는 차원에서 반드시 배워야 한다. 하지만 영어보다 더 중요한 것은 우리말이다. 우리말을 제대로 세우지 않고 영어를 들여오는 일은 우리 개구리들을 돌보지 않은 채 황소개구리를 들여온 우를 또다시 범하는 것이다.

(마) 영어를 자유롭게 구사하는 일은 새 시대를 살아가는 필수 조건이다. 하지만 우리말을 바로 세우는 일에도 소홀해서는 절대 안 된다. 황소개구리의 황소울음 같은 소리에 익숙해져 참개구리의 소리를 잊어서는 안 되는 것처럼.

12 이 글에서 글쓴이가 강조하고 있는 것은?

① 주체적인 태도
② 민족주의적 사고
③ 세계화에 대한 적응
④ 문화 민족으로서의 자부심

13 이 글에서 가장 두드러지게 사용된 내용 전개 방법은?

① 정의
② 분류
③ 유추
④ 분석

14 ㈎의 상황을 한자 성어로 나타낸 것으로 가장 알맞은 것은?

① 부화뇌동(附和雷同)
② 주객전도(主客顚倒)
③ 건곤일척(乾坤一擲)
④ 표리부동(表裏不同)

▌15~17▐ 다음 글을 읽고 물음에 답하시오.

(가) 네 소원(所願)이 무엇이냐 하고 하느님이 내게 물으시면, 나는 서슴지 않고,

"내 소원은 대한 독립(大韓獨立)이오."

하고 대답할 것이다. 그 다음 소원은 무엇이냐 하면, 나는 또

"우리나라의 독립이오."

할 것이요, 또 그 다음 소원이 무엇이냐 하는 세 번째 물음에도, 나는 더욱 소리를 높여서,

"나의 소원은 우리나라 대한의 완전한 자주 독립(自主獨立)이오."

하고 대답할 것이다.

(나) 그러므로 우리 민족으로서 하여야 할 최고의 임무(任務)는, 첫째로, 남의 절제(節制)도 아니 받고 남에게 의뢰(依賴)도 아니 하는, 완전한 자주 독립의 나라를 세우는 일이다. 이것이 없이는 우리 민족의 생활을 보장할 수 없을뿐더러, 우리 민족의 정신력(精神力)을 자유로 발휘(發揮)하여 빛나는 문화를 세울 수가 없기 때문이다. 이렇게 완전한 자주 독립의 나라를 세운 뒤에는, 둘째로 이 지구상의 인류가 진정한 평화(平和)와 복락(福樂)을 누릴 수 있는 사상을 낳아, 그것을 먼저 우리나라에 실현하는 것이다.

(다) 이러하므로, 우리 민족의 독립이란 결코 삼천 리 삼천만만의 일이 아니라, 진실로 세계의 전체의 운명에 관한 일이요, 그러므로 우리나라의 독립을 위하여 일하는 것이 곧 인류를 위하여 일하는 것이다.

만일, 우리의 오늘날 형편이 초라한 것을 보고 자굴지심(自屈之心)을 발하여, 우리가 세우는 나라가 그처럼 위대한 일을 할 것을 의심한다면, 그것은 스스로 모욕(侮辱)하는 일이다. 우리 민족의 지나간 역사가 빛나지 아니함이 아니나, 그것은 아직 서곡(序曲)이었다. 우리가 주연 배우(主演俳優)로 세계 역사의 무대(舞臺)에 나서는 것은 오늘 이후다. 삼천만의 우리 민족이 옛날의 그리스 민족이나 로마 민족이 한 일을 못 한다고 생각할 수 있겠는가!

(라) 내가 원하는 우리 민족의 사업은 결코 세계를 무력(武力)으로 정복(征服)하거나 경제력(經濟力)으로 지배(支配)하려는 것이 아니다. 오직 사랑의 문화, 평화의 문화로 우리 스스로 잘 살고 인류 전체가 의좋게, 즐겁게 살도록 하는 일을 하자는 것이다. 어느 민족도 일찍이 그러한 일을 한 이가 없으니 그것은 공상(空想)이라고 하지 마라. 일찍이 아무도 한 자가 없기에 우리가 하자는 것이다. 이 큰 일은 하늘이 우리를 위하여 남겨 놓으신 것임을 깨달을 때에 우리 민족은 비로소 제 길을 찾고 제 일을 알아본 것이다. 나는 우리나라의 청년 남녀(靑年男女)가 모두 과거의 조그맣고 좁다란 생각을 버리고, 우리 민족의 큰 사명(使命)에 눈을 떠서, 제 마음을 닦고 제 힘을 기르기로 낙(樂)을 삼기를 바란다. 젊은 사람들이 모두 이 정신을 가지고 이 방향으로 힘을 쓸진댄, 30년이 못 하여 우리 민족은 (㉠)하게 될 것을 나는 확신(確信)하는 바이다.

15 (가) ~ (라)의 제목으로 알맞지 않은 것은?

① (가) 나의 소원
② (나) 우리 민족의 임무
③ (다) 우리 역사에 대한 불신
④ (라) 우리 민족의 큰 사명

16 (가)의 표현 방식과 유사한 것은?

① 사람은 무엇엔가 흔들리는 존재다. 10대는 컴퓨터에, 20대는 사랑에, 30대는 일에.
② 신은 맹수에게는 날카로운 발톱을, 새에게는 날개를, 인간에게는 지혜를 주어 살아갈 수 있게 하였다.
③ 통일은 우리에게 평화를 줍니다. 통일은 이 나라에 평화를 줍니다. 통일은 우리 민족에게 평화를 줍니다.
④ 금강산은 사시사철 아름답습니다. 봄에는 신록이, 여름에는 녹음이, 가을에는 단풍이, 겨울에는 백설이 아름답습니다.

17 글의 내용으로 볼 때, ㉠에 들어갈 알맞은 한자 성어는?

① 괄목상대(刮目相對)
② 유비무환(有備無患)
③ 자강불식(自强不息)
④ 자수성가(自手成家)

▌18~19▌ 다음 글을 읽고 물음에 답하시오.

간디는 산업화의 확대, 또는 경제 성장이 참다운 인간의 행복에 기여한다고는 결코 생각할 수 없었다. 간디가 구상했던 이상적인 사회는 자기 충족적인 소농촌 공동체를 기본 단위로 하면서 궁극적으로는 중앙 집권적인 국가 기구의 소멸과 더불어 마을 민주주의에 의한 자치가 실현되는 공간이다. 거기에서는 인간을 도외시한 이윤을 위한 이윤 추구도, 물건과 권력에 대한 맹목적인 탐욕도 있을 수가 없다. 이것은 비폭력과 사랑과 유대 속에 어울려 살 때 사람은 가장 행복하고, 자기완성이 가능하다고 믿는 사상에 매우 적합한 정치 공동체라 할 수 있다.

물레는 간디에게 그러한 공동체의 건설에 필요한 인간 심성의 교육에 알맞은 수단이기도 하였다. 물레질과 같은 단순하지만 생산적인 작업의 경험은 정신노동과 육체노동의 분리 위에 기초하는 모든 불평등 사상의 문화적 · 심리적 토대의 소멸에 기여할 것이다. 뿐만 아니라 '자기 먹을 빵을 손수 마련해 먹는 창조적 노동'에의 참여와 거기서 얻는 기쁨은 소박한 삶의 가치를 진정으로 긍정할 수 있게 하는 토대를 제공해 줄 것이라고 간디는 생각하였다. 결국 간디의 사상은 욕망을 억지로 참아야 하는 금욕주의를 말하는 것이 아니라, 우리가 진정한 행복에 이르기 위해서 ㉠지금까지와는 근본적으로 다른 것을 욕망할 줄 알아야 한다는 것이었다.

㉡간디의 주장은 경제 성장의 논리에 대한 무비판적인 순종과 편의주의적 생활의 안이성에 깊숙이 젖어 있는 우리들에게 헛소리처럼 들릴지도 모른다. 그러나 온갖 생명에 위해를 가해 온 산업 문명이 인간 생존의 자연적 · 생물학적 기초 자체를 파괴하는 데까지 도달한 지금 그것이 정말 헛소리로 남는다면 우리의 장래는 어떻게 될 것인가?

18 밑줄 친 ㉠과 관계있는 것은?

① 내면의 평화　　　　　　　　　　② 물질적인 이익
③ 경제적인 성장　　　　　　　　　　④ 산업화의 확대

19 이 글의 내용으로 볼 때, ㉡의 예로 가장 적당한 것은?

① 밤샘 연구로 새로운 물질을 창조하였다.
② 환경 친화적 산업 발전을 위하여 헌신하였다.
③ 주민들의 사랑과 유대에 의한 자치 마을을 건설하였다.
④ 작업 공정을 효율화하여 제품의 생산성을 극대화하였다.

20 다음 글의 특징으로 옳지 않은 것은?

> 낮때쯤 하여 밭에 나갔더니 가겟집 주인 강 군이 시내에 들어갔다 나오는 길이라면서, 오늘 아침 삼팔 전선(三八全線)에 걸쳐서 이북군이 침공해 와서 지금 격전 중이고, 그 때문에 시내엔 군인의 비상소집이 있고, 거리가 매우 긴장해 있다는 뉴스를 전하여 주었다.
>
> 마(魔)의 삼팔선에서 항상 되풀이하는 충돌의 한 토막인지, 또는 강 군이 전하는 바와 같이 대규모의 침공인지 알 수 없으나, 시내의 효상(爻象)을 보고 온 강 군의 허둥지둥하는 양으로 보아 사태는 비상한 것이 아닌가 싶다. 더욱이 이북이 조국 통일 민주주의 전선(祖國統一民主主義戰線)에서 이른바 호소문을 보내어 온 직후이고, 그 글월을 가져오던 세 사람이 삼팔선을 넘어서자 군 당국에 잡히어 문제를 일으킨 것을 상기(想起)하면 저쪽에서 계획적으로 꾸민 일련의 연극일는지도 모를 일이다. 평화적으로 조국을 통일하자고 호소하여도 듣지 않으니 부득이 무력(武力)을 행사할 수밖에 없다고.

① 대개 하루 동안 일어난 일을 적는다.

② 개인의 삶을 있는 그대로 기록한 글이다.

③ 글의 형식이 일정하게 정해져 있지 않다.

④ 대상 독자를 고려하면서 이해하기 쉽도록 쓴다.

| 21~23 | 다음 글을 읽고 물음에 답하시오.

㉮ 吾等(오등)은 茲(자)에 我(아) 朝鮮(조선)의 獨立國(독립국)임과 朝鮮人(조선인)의 自主民(자주민)임을 宣言(선언)하노라. 此(차)로써 世界萬邦(세계만방)에 告(고)하야 人類平等(인류 평등)의 大義(대의)를 克明(극명)하며, 此(차)로써 子孫萬代(자손만대)에 誥(고)하야 民族自存(민족자존)의 正權(정권)을 永有(영유)케 하노라.

㉯ 半萬年(반만 년) 歷史(역사)의 權威(권위)를 仗(장)하야 此(차)를 宣言(선언)함이며, 二千萬(이천만) 民衆(민중)의 誠忠(성충)을 合(합)하야 此(차)를 佈明(포명)함이며, 民族(민족)의 恒久如一(항구여일)한 自由發展(자유 발전)을 爲(위)하야 此(차)를 主張(주장)함이며, 人類的(인류적) 良心(양심)의 發露(발로)에 基因(기인)한 世界改造(세계 개조)의 大機運(대기운)에 順應幷進(순응 병진)하기 爲(위)하야 此(차)를 提起(제기)함이니, 是(시)ㅣ 天(천)의 明命(명명)이며, 時代(시대)의 大勢(대세)ㅣ며, 全人類(전 인류) 共存同生權(공존동생권)의 正當(정당)한 發動(발동)이라, 天下何物(천하 하물)이던지 此(차)를 沮止抑制(저지 억제)치 못할지니라.

㉰ 舊時代(구시대)의 遺物(유물)인 侵略主義(침략주의), 强權主義(강권주의)의 犧牲(희생)을 作(작)하야 有史以來(유사 이래) 累千年(누천 년)에 처음으로 異民族(이민족) 箝制(겸제)의 痛苦(통고)를 嘗(상)한지 今(금)에 十年(십년)을 過(과)한지라, 我(아) 生存權(생존권)의 剝喪(박상)됨이 무릇 幾何(기하)ㅣ며, 心靈上(심령상) 發展(발전)의 障礙(장애)됨이 무릇 幾何(기하)ㅣ며, 民族的(민족적) 尊榮(존영)의 毁損(훼손)됨이 무릇 幾何(기하)ㅣ며, 新銳(신예)와 獨創(독창)으로써 世界文化(세계 문화)의 大潮流(대조류)에 寄與補裨(기여보비)할 機緣(기연)을 遺失(유실)함이 무릇 幾何(기하)ㅣ뇨.

㉱ 丙子修好條規(병자수호조규) 以來(이래) 時時種種(시시종종)의 金石盟約(금석맹약)을 食(식)하얏다 하야 日本(일본)의 無信(무신)을 罪(죄)하려 안이 하노라. 學者(학자)는 講壇(강단)에서, 政治家(정치가)는 實際(실제)에서, 我(아) 祖宗世業(조종세업)을 植民地視(식민지시)하고, 我(아) 文化民族(문화 민족)을 土昧人遇(토매인우)하야, 한갓 征服者(정복자)의 快(쾌)를 貪(탐)할 쑨이오, 我(아)의 久遠(구원)한 社會基礎(사회기초)와 卓犖(탁락)한 民族心理(민족 심리)를 無視(무시)한다 하야 日本(일본)의 少義(소의)함을 責(책)하려 안이 하노라. 自己(자기)를 策勵(책려)하기에 急(급)한 吾人(오인)은 他(타)의 怨尤(원우)를 暇(가)치 못하노라. 現在(현재)를 綢繆(주무)하기에 急(급)한 吾人(오인)은 ㉠宿昔(숙석)의 懲辨(징변)을 暇(가)치 못하노라.

㉲ 當初(당초)에 民族的(민족적) 要求(요구)로서 出(출)지 안이한 兩國倂合(양국 병합)의 結果(결과)가, 畢竟(필경) ㉡姑息的(고식적) 威壓(위압)과 差別的(차별적) 不平(불평)과 統計數字上(통계 숫자상) 虛飾(허식)의 下(하)에서 利害相反(이해상반)한 兩(양) 民族間(민족 간)에 永遠(영원)히 和同(화동)할 수 업는 怨溝(원구)를 去益深造(거익심조)하는 今來實績(금래 실적)을 觀(관)하라. 勇明果敢(용명 과감)으로써 舊誤(구오)를 廓正(확정)하고, 眞正(진정)한 理解(이해)와 同情(동정)에 基本(기본)한 友好的(우호적) 新局面(신국면)을 打開(타개)함이 彼此間(피차간) 遠禍召福(원화소복)하는 捷徑(첩경)임을 明知(명지)할 것 안인가.

21 ㈐의 내용 전개 방식으로 알맞은 것은?

① 대조   ② 예시

③ 분석   ④ 유추

22 ㉠에 나타난 작자의 의도를 바르게 말한 것은?

① 과거의 일은 중요하지 않다.

② 부끄러운 과거의 일은 이제 잊어버려야 한다.

③ 문제 해결을 위해 충분한 시간을 가져야 한다.

④ 과거의 잘잘못을 가리는 것보다 현재와 미래가 더욱 중요하다.

23 ㉡의 의미와 관련이 없는 것은?

① 임기응변(臨機應變)

② 부화뇌동(附和雷同)

③ 하석상대(下石上臺)

④ 미봉지책(彌縫之策)

24 다음 글에서 알 수 있는 글쓴이의 영화에 대한 관점을 바르게 말한 것은?

> 미국 영화가 전통적으로 당대의 시대정신과 문화를 반영하고 있다는 사실은 이미 잘 알려져 있지만, 그 중에서도 1990년에 개봉되어 대성공을 거둔 '나 홀로 집에(Home Alone)'와 '후크(Hook)'는 오늘날 미국 사회의 문제점을 잘 드러내 주고 있다.
>
> 매컬리 컬킨이라는 아역 배우를 일약 유명하게 만들어 준 '나 홀로 집에'는 케빈 맥컬리스터라는 여덟 살 난 소년이 우연히 홀로 집에 남겨져 겪게 되는 고독과 모험을 그린 영화다.
>
> … (중략) …
>
> 이 단순한 구성의 코미디 영화가 미국에서 1990년도 흥행 1위와 영화사상 흥행 3위를 차지한 이유의 이면에는, 그것이 현대 미국인들의 불안 심리에 호소하는 바가 컸기 때문이다. 왜냐하면 오늘날 미국 가정주부들의 대부분이 직장을 갖고 있으며, 그 결과 아이들은 '나 홀로 집에' 버려져 있는 경우가 허다하기 때문이다.

① 영화는 인간이 가볼 수 없는 환상의 세계를 보여 줌으로써, 꿈을 가질 수 있게 하는 장점을 가지고 있다.
② 영화는 영화가 상영되는 그 시대의 문화의 일부를 보여 준다는 점에서 우리 현실을 비추는 거울이라고 할 수 있다.
③ 현대 사회에서 영화는 대중들의 욕구를 대변하는 최고의 매체라는 점에서 대중문화의 총아라고 할 수 있다.
④ 영화는 모순적인 사회 현실을 개혁하려는 이들이 자신들의 사상을 전달하는 매체라는 점에서 중요한 의의가 있다.

25 다음 글의 성격에 대해 바르게 설명한 것은?

> 이십 세기 한국의 지성인의 지적 행위는 그들이 비록 한국인이라는 동양의 인종의 피를 받고 있음에도 불구하고 대체적으로 서양이 동양을 해석하는 그리한 틀 속에서 이루어졌다. 그러나 그 역방향 즉 동양이 서양을 해석하는 행위는 실제적으로 부재해 왔다. 이러한 부재 현상의 근본 원인은 매우 단순한 사실에 기초한다. 동양이 서양을 해석한다고 할 때에 그 해석학적 행위의 주체는 동양이어야만 한다. '동양은 동양이다.'라는 토톨러지(tautology)나 '동양은 동양이어야 한다.'라는 당위 명제가 성립하기 위해서는 동양인인 나는 동양을 알아야 한다. 우리는 동양을 너무도 몰랐다. 동양이 왜 동양인지, 왜 동양이 되어야만 하는지 아무도 대답을 할 수가 없었다. 동양은 버려야 할 그 무엇으로서만 존재 의미를 지녔다. 즉, 서양의 해석이 부재한 것이 아니라 서양을 해석할 동양이 부재했다.

① 어떤 대상에 대한 정보, 사실, 지식, 원리 등에 관하여 글쓴이가 알고 있는 바를 독자가 쉽게 이해할 수 있도록 풀어서 이야기한다.
② 여정, 견문, 감상의 요소가 시간적, 공간적 구성 속에 녹아 있다.
③ 어떤 문제에 대하여 자기의 주장이나 의견을 이론적으로 체계를 세워 주장한다.
④ 문학적 요소와 역사적 요소를 함께 지닌다.

정답및해설

1	④	2	②	3	①	4	②	5	②
6	①	7	③	8	③	9	④	10	③
11	④	12	①	13	③	14	②	15	③
16	③	17	①	18	①	19	③	20	④
21	②	22	④	23	②	24	②	25	③

1 ④ 제시된 글은 독립운동가이며, 정치가인 백범 김구(金九) 선생이 직접 쓴 자서전이다.

2 ② 김구의 「나의 소원」은 호소력 있는 글로 독자의 행동과 태도 변화를 촉구하고 있다.

3 AIDA의 원칙
㉠ 주의(Attention) : 대중의 관심을 끌도록 참신하고 독창적이어야 한다.
㉡ 흥미(Interest) : 참신하고 기발한 형식과 내용으로 흥미로워야 한다.
㉢ 욕망(Desire) : 대중의 욕구에 부응하여 구매 행위를 유발해야 한다.
㉣ 실행(Action) : 판매의 방법과 조건을 제시해야 한다.

4 영상 매체의 급속한 발달로 인쇄 매체가 상대적으로 위축되고 있음을 말하고 있다. 이는 세대와 관계없이 적용되는 현상이다.
※ 박이문의 「영상 매체 시대의 책」
㉠ 갈래 : 논설문
㉡ 주제 : 영상 매체 시대에 인쇄 매체인 책이 지니고 있는 의미
㉢ 성격 : 설득적, 논리적, 분석적
㉣ 특징 : 정보화 사회에서 영상 매체와 인쇄 매체의 특징을 비교하고, 궁극적으로 인쇄 매체의 우수성을 밝히고 있다

5 제시된 글의 '위대한 그람'이라는 말이 따로 입증되지 않고 순환되고 있는 것으로 '순환 논증의 오류'를 범하고 있음을 알 수 있다. 순환 논증의 오류는 전제를 바탕으로 결론을 논증하고 다시 결론을 바탕으로 전제를 논증하는 데에서 오는 오류를 말한다.
※ 논증의 오류
㉠ 자료적 오류 : 주장의 전제 또는 논거가 되는 자료를 잘못 판단하여 결론을 이끌어 내거나 원래 적합하지 못한 것임을 알면서도 의도적으로 논거로 삼음으로써 범하게 되는 오류이다.
• 성급한 일반화의 오류 : 제한된 정보, 불충분한 자료, 대표성을 결여한 사례 등 특수한 경우를 근거로 하여 이를 성급하게 일반화하는 오류이다.
• 우연의 오류(원칙 혼동의 오류) : 일반적으로 그렇다고 해서 특수한 경우에도 그러할 것이라고 잘못 생각하는 오류이다.
• 무지에의 호소 : 어떤 주장이 반증된 적이 없다는 이유로 받아들여져야 한다고 주장하거나, 결론이 증명된 것이 없다는 이유로 거절되어야 한다고 주장하는 오류이다.
• 잘못된 유추의 오류 : 부당하게 적용된 유추에 의해 잘못된 결론을 이끌어 내는 오류, 즉 일부분이 비슷하다고 해서 나머지도 비슷할 것이라고 생각하는 오류이다.
• 흑백 논리의 오류 : 어떤 주장에 대해 선택 가능성이 두 가지밖에 없다고 생각함으로써 발생하는 오류이다.
• 원인 오판의 오류(거짓 원인을 내세우는 오류, 선후 인과의 오류, 잘못된 인과 관계의 오류) : 단순히 시간상의 선후 관계만 있을 뿐인데 시간상 앞선 것을 뒤에 발생한 사건의 원인으로 보거나 시간상 뒤에 발생한 것을 앞의 사건의 결과라고 보는 오류이다.

- 복합 질문의 오류 : 둘 이상으로 나누어야 할 것을 하나로 묶어 질문함으로써, 대답 여하에 관계없이 대답하는 사람이 수긍할 수 없거나 수긍하고 싶지 않은 것까지도 수긍하는 결과를 가져오는 질문 때문에 발생하는 오류이다.
- 논점 일탈의 오류 : 원래의 논점에 관한 결론을 내리지 않고 이와 관계없는 새로운 논점을 제시하여 엉뚱한 결론에 이르게 되는 오류이다.
- 순한 논증의 오류(선결 문제 해결의 오류) : 논증하는 주장과 동의어에 불과한 명제를 논거로 삼을 때 범하는 오류이다.
- 의도 확대의 오류 : 의도하지 않은 행위의 결과를 의도가 있었다고 판단할 때 생기는 오류이다.
ⓛ 언어적 오류 : 언어를 잘못 사용하거나 잘못 이해하는 데에서 발생하는 오류이다.
- 애매어의 오류 : 두 가지 이상의 의미로 사용될 수 있는 단어의 의미를 명백히 분리하여 파악하지 않고 혼동함으로써 생기는 오류이다.
- 강조의 오류 : 문장의 한 부분을 불필요하게 강조함으로써 발생하는 오류이다.
- 은밀한 재정의의 오류 : 용어의 의미를 자의적으로 재정의하여 사용함으로써 생기는 오류이다.
- 범주 혼동의 오류 : 서로 다른 범주에 속한 것을 같은 범주의 것으로 혼동하는 데서 생기는 오류이다.
- '이다' 혼동의 오류 : 비유적으로 쓰인 표현을 무시하고 사전적 의미로 해석하거나 술어적인 '이다'와 동일성의 '이다'를 혼동해서 생기는 오류이다.
ⓒ 심리적 오류 : 어떤 주장에 대해 논리적으로 타당한 근거를 제시하지 않고 심리적인 면에 기대어 상대방을 설득하려고 할 때 발생하는 오류이다.
- 인신공격의 오류(사람에의 논증) : 논거의 부당성을 지적하기보다 그 주장을 한 사람의 인품이나 성격을 비난함으로써 그 주장이 잘못이라고 하는 데에서 발생하는 오류이다.
- 동정에 호소하는 오류 : 사람의 동정심을 유발시켜 동의를 꾀할 때 발생하는 오류이다.
- 피장파장의 오류(역공격의 오류) : 비판받은 내용이 비판하는 사람에게도 역시 동일하게 적용됨을 근거로 비판에서 벗어나려는 오류이다.
- 힘에 호소하는 오류 : 물리적 힘을 빌어서 논의의 종결을 꾀할 때의 오류이다.
- 대중에 호소하는 오류 : 군중들의 감정을 자극해서 사람들이 자기의 결론에 동조하도록 시도하는 오류이다.
- 원천 봉쇄에 호소하는 오류(우물에 독 뿌리기 식의 오류) : 반론의 가능성이 있는 요소를 원천적으로 비난하여 봉쇄하는 오류이다.
- 정황적 논증의 오류 : 주장이 참인가 거짓인가 하는 문제는 무시한 채 상대방은 그가 처한 정황 또는 상황으로 보아 자기의 생각을 받아들이지 않으면 안 된다고 주장하는 오류이다.

6 제시된 문장은 비무장 지대의 환경을 한반도 전체로 확대하여 결론을 내리고 있다. 이는 '성급한 일반화의 오류'이다.
② 무지에의 호소
③ 대중에의 호소
④ 잘못된 유추의 오류

▌7~8▐

「혼자 있고 싶어요」
㉠ 갈래 : 광고문(공익 광고), 실용문
㉡ 주제 : 청소년에 대한 부모의 올바른 관심 촉구
㉢ 성격 : 설득적, 계도적
㉣ 특징 : 공익 광고문의 일반적 성격인 '계몽, 설득'의 요소가 잘 드러나며, 평이하고 직설적인 언어를 주로 사용하고 있다.

7 ① 이 글은 설득적 성격이 강한 공익 광고이다.
② 광고는 매체(신문, 텔레비전 등)를 통해 일반 대중에게 메시지를 전달한다.
③ 이 글의 주제는 '부모들이 자녀에게 적절한 관심을 기울여야 한다.'이다.
④ 자녀들이 겪는 구체적 사건에 대해 부모로서 해야 할 해결책을 제시하고 있다.

8 ㉢의 경우, 수식하는 말이 '고독'이라는 말과 관계가 있으므로 '고민'을 삭제해야 한다.

▌9~11▌

최순우의 「우리의 미술」
㉠ 갈래 : 논설문(설명문적 논설문)
㉡ 주제 : 자연미에 바탕을 둔 한국 미술의 특징
㉢ 성격 : 주관적, 논리적
㉣ 특징 : 일반적으로 알고 있는 논설문의 문체와 달리 문체가 화려하고 부드럽다.

9 제시된 글은 자연미와 소박함에 바탕을 둔 한국 미술의 특징에 대해 쓴 글이다.

10 (나)는 고려의 청자와 조선의 자기를 마치 그림 그리듯 묘사하며 내용을 전개시키고 있다.
① 정의
② 서사
③ 묘사
④ 비교 · 대조

11 ④ '면면(綿綿)히'는 '끊어지지 않고 죽 잇따라 있는'의 뜻이며 '여러 면 또는 각 방면으로'는 '면면(面面)이'이다.

▌12~14▌

최재천의 「황소개구리와 우리말」
㉠ 갈래 : 논설문
㉡ 주제 : 우리말 바로 세우기의 필요성
㉢ 성격 : 유추적, 논리적, 설득적
㉣ 문체 : 건조체
㉤ 특징 : 유추의 방법으로 우리말에 대한 소중함을 일깨우고 있으며, 국어에 대한 사랑을 세계화 시대에 대응하기 위한 전략으로 제시하고 있다.

12 글쓴이는 영어 수용을 필요성에 대해 공감하면서도 그보다 앞서 우리말을 바로 살리기 위한 주체적인 노력이 필요함을 강조하고 있다.

13 글쓴이는 외래종인 블루길과 황소개구리가 토종 물고기와 참개구리를 집어삼키는 현상을, 영어가 우리 언어를 침범하는 현상으로 유추하여 내용을 전개하고 있다. 유추란 두 개의 사물이 여러 면에서 비슷하다는 것을 근거로 다른 속성도 유사할 것이라고 추론하는 방법을 말한다.

14 주객전도(主客顚倒)는 사물의 경중, 선후, 완급 따위가 서로 뒤바뀜을 이르는 말로 (가) 상황에 가장 적절하다.
① 부화뇌동(附和雷同) : 줏대 없이 남의 의견에 따라 움직임
③ 건곤일척(乾坤一擲) : 주사위를 던져 승패를 건다는 뜻으로, 운명을 걸고 단판걸이로 승부를 겨룸을 이르는 말
④ 표리부동(表裏不同) : 마음이 음흉하고 불량하여 겉과 속이 다름

│15～17│

> 김구의 「나의 소원」
> ㉠ 갈래 : 논설문
> ㉡ 주제 : 우리 민족의 완전한 자주 독립과 우리의 사명
> ㉢ 성격 : 설득적, 논증적
> ㉣ 문체 : 만연체, 건조체, 강건체
> ㉤ 특징 : 1947년 발표된 김구의 정치 철학과 사상을 밝힌 글로, 「백범 일지」 말미에 덧붙인 글이다. 우파 민족주의자, 자유주의자로서의 김구의 정치적 이념과 사상이 잘 드러난 글로 평가받고 있다.

15 (대)는 '우리 민족의 독립의 의약'를 밝히고 있는 문단이다.

16 (가)는 나의 소원이 대한의 독립임을 세 번 반복시키면서, 의미하고자 하는 바를 점점 더 강조하는 표현 효과를 거두고 있다.

17 '괄목상대'는 눈을 비비고 상대편을 본다는 뜻으로, 남의 학식이나 재주가 놀랄 만큼 부쩍 는 것을 이르는 말이다.
  ② 미리 준비가 되어 있으면 걱정할 것이 없음을 이르는 말
  ③ 스스로 힘써 몸과 마음을 가다듬어 쉬지 아니함
  ④ 물려받은 재산이 없이 자기 혼자의 힘으로 집안을 일으키고 재산을 모음

│18～19│

> 김종철의 「간디의 물레」
> ㉠ 갈래 : 중수필(비평문)
> ㉡ 주제 : 간디의 비폭력주의 사상과 물레의 의미
> ㉢ 성격 : 설득적, 논리적, 비평적, 교훈적
> ㉣ 문체 : 건조체, 간결체
> ㉤ 특징 : 비폭력·불간섭주의를 앞세워 인도의 독립 운동을 주도했던 간디의 사상을 유추의 방식으로 사고를 확산하여 논의를 전개시키고 있다.

18 간디는 비폭력·사랑·유대 속에 어울려 살 때 사람은 가장 행복하고, 자기완성이 가능하다고 믿었으며, 산업화의 확대, 경제 성장, 인간을 도외시한 이윤을 위한 이윤 추구, 물건·권력에 대한 맹목적 탐욕이 인간의 참다운 행복에 기여한다고 생각하지 않았다.

19 첫째 문단에서, 비폭력과 사랑과 유대 속에 어울려 살 때 사람은 가장 행복하고 자기완성이 가능하다고 하였다. 또한 마을 민주주의에 의한 자치가 실현되는 공간을 강조하고 있다.

20 제시된 글은 하루의 생활에서 보고, 듣고, 느낀 것 중 인상 깊고 의의 있었던 일을 사실대로 기록한 일기문에 해당한다. 일기문은 독자적·고백적인 글, 사적(私的)인 글, 비공개적인 글, 자유로운 글, 자기 역사의 기록, 자기 응시의 글의 특징을 지니고 있다.
  ④ 일기문은 자기만의 비밀 세계를 자기만이 간직한다는 것을 전제로 하는 비공개적인 글이다.
  ※ 김성칠의 「역사 앞에서」
    ㉠ 갈래 : 일기문
    ㉡ 주제 : 한국 전쟁 속에서의 지식인의 고뇌
    ㉢ 성격 : 사실적, 체험적

ⓔ 특징 : 역사의 격동기를 살다간 한 역사학자가 쓴 일기로, 급박한 상황 속에서 글쓴이가 가족의 안위에 대한 염려와 민족의 운명에 대한 고뇌를 담담히 술회한 내용을 담고 있다.

▌21~23 ▌

「기미독립선언서」
ⓣ 갈래 : 논설문, 식사문(式辭文), 선언문
ⓛ 주제 : 조선 독립의 선언과 민족의 결의 촉구
ⓒ 성격 : 논리적, 설득적, 의지적, 선동적
ⓔ 특징 : 객관적 사실에 근거하여 논리 정연하게 서술하며 웅변적 · 설득적 어조로 내용을 전개하고 있다.

21 (다)는 일제 식민지 지배를 받으면서 겪은 고통의 예를 들어 내용을 전개하고 있다.

22 ⓣ은 '묵은 옛 일을 응징하고 잘못을 가릴 겨를이 없다.'는 뜻이다. 즉, 우리의 현재와 미래를 수습하기에 급해서 과거의 잘잘못을 따질 틈이 없음을 이르는 말이다.

23 姑息的(고식적)은 '임시방편'이라는 뜻으로 '줏대 없이 남의 의견에 따라 움직임'을 뜻하는 '부화뇌동'과는 관련이 없다.

24 글쓴이는 '나 홀로 집에'라는 영화를 통해 미국 사회의 문화적 상황에 대해 설명하면서, 미국 영화는 당대의 시대정신과 문화를 반영하고 있다는 말을 하고 있다.
※ 김성곤의 「나 홀로 집에'와 잊혀진 아이들」
ⓣ 갈래 : 영화 평론(중수필)
ⓛ 주제 : 미국 영화에 반영된 미국 사회의 현실
ⓒ 성격 : 분석적, 비평적
ⓔ 특징 : 영화의 의미를 반영론적 관점에서 분석하고 있다.

25 제시문은 김용옥의 「동양학 어떻게 할 것인가」의 일부로, 논설문의 성격을 설명하고 있는 보기를 골라야 한다.
① 설명문에 대한 설명이다.
② 기행문에 대한 설명이다.
④ 전기문에 대한 설명이다.

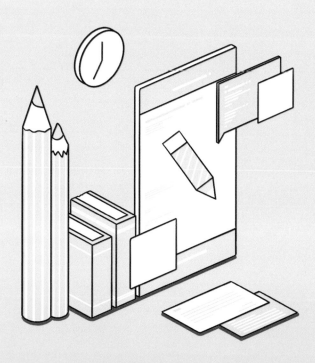

02

현대문법

01 언어와 국어

02 음운

03 단어

04 문장

05 의미

06 맞춤법과 표준어

01 언어와 국어

기출문제

문 다음 중 괄호 안에 들어갈 말로 가장 적절한 것은?

▶2017. 3. 18. 제1회 서울특별시

'ㆍ'가 현대 국어에서 더 이상 사용되지 않고, '믈[水]'이 현대 국어에 와서 '물'로 형태가 바뀌었으며, '어리다'가 '어리석다[愚]'로 쓰이다가 현대 국어에 와서 '나이가 어리다[幼]'의 뜻으로 바뀌어 쓰이는 것 등과 같은 예에서 알 수 있는 언어의 특성을 언어의 ( )이라고 한다.

① 사회성   ② 역사성
③ 자의성   ④ 분절성

Tip 언어의 특성

㉠ 기호성: 언어는 일정한 내용을 일정한 형식으로 나타내는 기호 체계
㉡ 자의성: 일정한 내용을 일정한 형식으로 나타낼 때, 내용과 형식 사이에는 필연적인 관련성이 없음
㉢ 사회성: 언어는 그 언어를 사용하는 사람들 사이의 약속이기 때문에, 개인이 임의로 바꿀 수 없음
㉣ 역사성: 언어는 시간의 흐름에 따라 끊임없이 사라지고 새로 생기고 변함
㉤ 규칙성: 언어에는 반드시 지켜야 하는 규칙이 있음
㉥ 창조성: 언어로 무한히 많은 말들을 만들어 표현할 수 있음

┃정답 ②

section 1 언어의 본질

(1) 언어의 정의

언어는 음성과 문자를 형식으로 일정한 뜻을 나타내는 사회적 성격을 띤 자의적(恣意的) 기호 체계이며, 창조력이 있는 무한한 개방적 기호 체계이다.

(2) 언어의 갈래

① 음성 언어 … 사람의 발음 기관을 통하여 나오는 말소리로 청각에 호소하는 언어이다. 보존이 불가능하며 전달 범위의 제약이 있다. 또한 준비ㆍ수정이 어렵다(직접적).

② 문자 언어 … 글자로 시각에 호소하는 언어로 반복ㆍ영속적인 보존이 가능하며, 먼 거리로도 전달될 수 있다(무제한적). 또한 준비ㆍ수정이 쉽다(간접적).

(3) 언어의 의미

① 언어기호(記號) … 특정한 의미와 연합되어 있는 음성적 기호의 체계적 집합이다.

② 언어활동(活動) … 음성이나 문자를 통해 표현하고 이해하는 일련의 활동이다.

(4) 언어의 사용

① 주체 … 오직 인간만이 언어를 사용한다[호모로퀜스(Homo Loquens ; 언어적 인간)].

② 내용 … 의미(사상ㆍ감정)가 포함되어 있다.

③ 형식 … 음성 기호로 사의성을 지닌다.

(5) 언어의 특성

① 기호성(記號性) … 언어는 일정한 내용(의미)을 일정한 형식(음성)으로 나타내는 기호(記號, sign)이다.

② 분절성(分節性) … 언어는 연속적인 자연의 세계를 불연속적으로 끊어서 사용한다. 단어와 단어 사이가 분절된다는 것이나 자음과 모음이 나누어진다는 것이 그 예이다.

③ 자의성(恣意性) … 형식(음성)과 내용(의미) 사이에는 아무런 필연성이 없다. 집단 언중(言衆)들이 임의적으로 결합시킨 것으로, 언어 사회(나라)마다 다르다.

④ **사회성(社會性)** … 언어는 사회적 약속이므로 개인이 임의로 고칠 수 없다[불역성(不易性), 불변성(不變性)].

⑤ **역사성(歷史性)** … 언어는 시대의 흐름에 따라 형태와 의미가 신생·성장·소멸한다[가역성(可易性), 가변성(可變性)].

　　㉠ **신생** : 스마트폰, 무선인터넷, 와이파이, 노트북 등

　　㉡ **성장** : 의미의 확대, 축소, 이동 등

　　㉢ **소멸** : 미르(용), 즈믄(천), 고뿔(감기) 등

⑥ **창조성(創造性)** … 한정된 음운이나 어휘를 가지고 무한한 단어와 문장을 만들어 낼 수 있다.

⑦ **법칙성(法則性)** … 모든 언어에는 일정한 규칙(문법)이 있다.

⑧ **추상성** … 언어는 의미가 같은 부류의 사물에서 공통적 속성을 뽑아내는 추상화 과정을 통해 형성된다.

　　예 고양이, 호랑이, 개, 말 → 동물

(6) 언어의 기능

① **표현적 기능** … 말하는 사람의 감정이나 태도를 나타내는 기능이다. 언어의 개념적 의미보다는 감정적인 의미가 중시된다.

　　예 느낌, 놀람 등 감탄의 말이나 욕설, 희로애락의 감정 표현, 폭언 등

② **정보 전달 기능** … 말하는 사람이 알고 있는 사실이나 지식, 정보를 상대방에게 알려 주기 위해 사용하는 기능이다.

　　예 설명, 신문 기사, 광고 등

③ **사교적 기능(친교적 기능)** … 상대방과 친교를 확보하거나 확인하여 서로 의사소통의 통로를 열어 놓아주는 기능이다.

　　예 인사말, 취임사, 고별사 등

④ **미적 기능** … 언어 예술 작품에 사용되는 것으로 언어를 통해 미적인 가치를 추구하는 기능이다. 이 경우에는 감정적 의미만이 아니라 개념적 의미도 아주 중시된다.

　　예 문학 작품, 특히 시에 사용되는 언어

⑤ **지령적 기능(감화적 기능)** … 말하는 사람이 상대방에게 지시를 하여 특정 행위를 하게 하거나, 하지 않도록 함으로써 자신의 목적을 달성하려는 기능이다.

　　예 법률, 각종 규칙, 단체 협약, 명령, 요청, 광고문 등의 언어

기출문제

section 2 국어의 이해

(1) 국어의 뜻

① 국어(國語)는 국가(國家)를 배경으로 하여 구체적으로 사용하는 개별 언어이다.

② 국어는 한 국가의 공용어이므로 표준어이어야 한다.

③ 국어는 한 국가에서 하나의 국어만을 사용하는 것이 원칙이다(둘 이상의 국어를 사용하는 경우도 있음).

(2) 국어의 분류

① 형태상 분류 … 교착어(첨가어·부착어)에 속한다.

② 계통상 분류 … 알타이(Altaic) 어족에 속한다.

③ 문자상 분류 … 표음 문자 중 단음 문자(음운 문자, 음소 문자)에 속한다.

Point 팁 단음 문자 … 자음, 모음으로 음절을 나눈다(한글, 영어 등).

① 국어의 문장

㉠ 정상적인 문장은 '주어 + 목적어 + 서술어'의 어순을 가진다.

㉡ 수식어는 수식을 받는 말 앞에 놓인다.

㉢ 주어의 생략이 많다.

㉣ 단수, 복수, 시제의 표시가 불분명하다.

㉤ 남녀의 성(性)의 구별이 없으며, 관사 및 관계 대명사가 없다.

㉥ 여러 개의 주어를 연속적으로 쓸 수도 있다.

㉦ 높임 체계가 발달했다.

② 국어의 단어

㉠ 문법적 관계를 나타내는 말(조사, 어미 등)이 풍부하다.

㉡ 조어 과정에서 배의성(配意性)에 의지하는 경향이 짙다.

㉢ 상징어, 존경어가 발달되어 있다.

㉣ 논리적인 어휘가 부족하고 감각어가 풍부하다.

Point 팁 배의성 … 기본어를 바탕으로 새로운 말이 합성되거나 파생되는 성질이다.
예 손 : 손 + 등 → 손등, 손 + 톱 → 손톱

교착어(膠着語)
실질 형태소에 형식 형태소(조사, 어미, 접사)가 붙음으로써 문법적 관계를 나타내는 언어이다.

알타이 어족
㉠ 알타이 어족에 속하는 언어 : 한국어, 만주어, 일본어, 터키어, 핀란드어, 몽고어, 퉁구스어 등
㉡ 특징
• 모음조화(母音調和)가 있다.
  예 아장아장
• 두음법칙(頭音法則)이 있다.
  예 노인, 여자
• 음절의 끝소리 규칙이 있다.
• 성(性) 구별과 관사, 전치사, 관계 대명사가 없다.
• 목적어가 서술어 앞에 놓인다.
  예 당신을 사랑합니다.
• 수식어는 피수식어 앞에 놓인다.
  예 푸른 하늘
• 형태상 교착어(첨가어)에 속한다(조사, 어미가 발달함).

③ 국어의 소리

　　㉠ 음절 구성은 '자음 + 모음 + 자음'의 유형이다.

　　㉡ 자음 중에 파열음과 파찰음은 예사소리, 된소리, 거센소리로 대립되어 3중 체계로 되어 있다.

　　㉢ 알타이 어의 공통 특질인 두음 법칙, 모음조화 현상이 있다.

　　㉣ 음절의 끝소리에 'ㄱ, ㄴ, ㄷ, ㄹ, ㅁ, ㅂ, ㅇ'의 일곱 자음 밖의 것을 꺼리는 끝소리 규칙이 있다.

　　㉤ 구개음화와 자음동화 현상이 있다.

(4) 표준어와 방언

① 표준어 … 한 나라 안의 표준이 되는 말로 국민 대다수의 통용어(通用語)가 되는 동시에 국가 통치상 공식어(公式語)가 되면서 국민 교육상 표준이 되는 말이다.

Point, 팁 표준어의 3대 원칙 … 계층적 조건(교양 있는 사람들), 시대적 조건(현대), 지역적 조건(서울말)

② 방언 … 어느 한 지방에서만 국한되어 쓰이는 말로 지방어 또는 사투리를 의미한다.

　　㉠ 구성원의 유대감을 돈독하게 해주며 지역의 정서와 특징을 표현할 수 있다.

　　㉡ 지역방언과 사회방언으로 나눌 수 있다.

　　㉢ 표준어와 방언에는 우열이 존재하지 않는다.

　　㉣ 문학작품에서의 방언은 가치를 높이기도 한다.

(5) 국어의 순화

① 국어 순화의 뜻 … 외래어, 외국어 등을 가능한 한 토박이말로 재정리하고, 비속한 말과 틀린 말을 고운 말과 표준어로 바르게 쓰는 것이다(우리말을 다듬는 일).

② 국어 순화의 이유

　　㉠ 개인이나 사회에 악영향을 주는 말의 반작용을 막기 위해서 국어를 순화해야 한다.

　　㉡ 말은 겨레 얼의 상징이며 민족 결합의 원동력이므로 겨레의 참된 삶과 정신이 투영된 말로 순화해야 한다.

　　㉢ 국어의 오염 현상을 인식시키는 '체'로서의 우리말 기능을 회복시키기 위해 국어는 순화되어야 한다.

③ 국어 순화의 대상 … 외국어, 외래어, 은어, 속어, 욕설 등을 불필요하게 남용한 경우

기출문제

🔲 **국어의 특징으로 가장 옳지 않은 것은?**
▶2018. 3. 24. 제1회 서울특별시
① 조사와 어미가 발달한 교착어적 특성을 보여 준다.
② '값과 같이 음절 말에서 두 개의 자음이 발음될 수 있다.
③ 담화 중심의 언어로서 주어, 목적어 등이 흔히 생략된다.
④ 가족 관계를 나타내는 친족어가 발달해 있다.

Tip ② 음절 말에서는 두 개의 자음이 발음될 수 없다. 음절의 끝소리가 'ㄱ, ㄴ, ㄷ, ㄹ, ㅁ, ㅂ, ㅇ' 중 하나로 변하여 발음되는 현상을 음절의 끝소리 규칙이라고 한다. '값'은 [갑]으로 발음된다.

┃정답 ②

(6) **국어의 연구**

① **주시경**(1879 ~ 1914) … 한글학자로 호는 한힌샘이며 황해도 봉산 출신이다. 애국 계몽 운동에 앞장서서 평생을 국어 문법의 연구와 보급에 힘썼다. 말과 글을 닦아야 민족이 융성한다는 어문 민족주의를 펴 '한글'이라는 말을 처음으로 사용하였다. 1896년 독립 협회 조직에 참여, 조선문동식회(朝鮮文同式會)를 결성하여 한글 기사체(記寫體)의 통일과 연구에 주력하였다. 1898년 「국어 문법(國語文法)」을 완성하였고, 1910년 이를 수정·발간하였다. 1907년 어윤적(魚允迪), 이능화(李能和) 등과 함께 학부(學部)의 국문연구소 위원을 역임하였다. 저서로는 「국어 문법」, 「안남망국사(安南亡國史)」, 「한문 초습(漢文初習)」, 「말의 소리」, 「말」 등이 있다.

② **조선어학회**

㉠ **의의** : 1921년 12월 3일에 '조선어 연구회'라는 이름으로 창립된 국어 연구 및 국어 운동 단체이다. 주시경의 영향을 받은 임경재, 최두선, 권덕규, 장지영, 심영균 등 20여 명이 창립 위원이다. 1931년 1월 '조선어 학회', 1949년 9월 '한글 학회'라는 이름으로 현재에 이르고 있다.

㉡ **주요 활동**
   • 한글날의 제정
   • 한글 강습회 활동
   • 잡지 「한글」 간행
   • 한글 맞춤법 통일안 공포
   • '사정(査定)한 조선어 표준말 모음' 발표
   • 외래어 표기법 발표
   • '큰 사전'의 편찬 등

 **단원평가** 언어와 국어

1 〈보기 1〉의 사례와 〈보기 2〉의 언어 특성이 가장 잘못 짝지어진 것은?

〈보기 1〉

㈎ '영감(令監)'은 정삼품과 종이품 관원을 일컫던 말에서 나이 든 남편이나 남자 노인을 일컫는 말로 의미가 변하였다.

㈏ '물'이라는 의미의 말소리 [물]을 내 마음대로 [불]로 바꾸면 다른 사람들은 '물'이라는 의미로 이해할 수 없다.

㈐ '물이 깨끗해'라는 말을 배운 아이는 '공기가 깨끗해'라는 새로운 문장을 만들어 낸다.

㈑ '어머니'라는 의미를 가진 말을 한국어에서는 '어머니'로, 영어에서는 'mother'로, 독일어에서는 'mutter'라고 한다.

〈보기 2〉

㉠ 규칙성 ㉡ 역사성
㉢ 창조성 ㉣ 사회성

① ㈎ – ㉡ ② ㈏ – ㉣
③ ㈐ – ㉢ ④ ㈑ – ㉠

2 다음 글의 내용이 나타내고 있는 언어의 특성을 바르게 짝지은 것은?

주연이는 프랑스 여행을 갔다가 프랑스에서는 '별'을 'étoile[에투왈]' 또는 'aster[아스터]'라고 부르는 것을 듣고 그 발음이 너무 마음에 들었다. 우리나라로 돌아온 주연이는 자신이 가장 자주 사용하는 단어인 '휴대폰'과 '커피'를 '에투왈'과 '아스터'로 부르기로 결심하고 "휴대폰 번호 좀 알려줘."가 아닌 "에투왈 번호 좀 알려줘.", "커피 한 잔 할래?"가 아닌 "아스터 한 잔 할래?"라고 말하였다. 주연이 주변 친구들은 주연이의 말을 좀처럼 알아들을 수 없었다.

① 역사성 – 자의성 ② 자의성 – 사회성
③ 사회성 – 분절성 ④ 분절성 – 창조성

3 한국어의 특성으로 맞지 않는 것은?

① 한국어는 첨가어이므로 접사나 어미가 발달되어 있다.

② 한국어에서는 주어가 잇달아 나타나는 문장 구성이 가능하다.

③ 한국어에서 관형어는 항상 체언 앞에 온다.

④ 한국어의 관형사는 형용사처럼 활용한다.

4 다음 중 국어에 대한 설명으로 옳지 않은 것은?

① 조사, 어미가 발달되어 있다.

② 형태상으로 굴절어에 속한다.

③ 높임 표현이 발달한 언어이다.

④ 자음 동화, 두음 법칙 현상이 있다.

5 다음 중 국어의 특징과 관계없는 것은?

① 관사 및 관계대명사가 없다.

② 형태상 첨가어, 계통상 알타이어에 속한다.

③ 분법 기능은 조사와 어미에 의해서 나타난다.

④ 서술어 중심의 문장으로 어순의 제약이 엄격하다.

6 다음의 설명과 관계있는 언어의 일반성은?

> 우리말은 일반적으로 '주어 + 목적어 + 서술어'의 어순을 가진다.

① 언어의 역사성   ② 언어의 창조성

③ 언어의 법칙성   ④ 언어의 자의성

7 다음 ( ) 안에 들어갈 말을 순서대로 알맞게 배열한 것은?

> • 언어의 가역성(可易性) – 언어에는 ( )이 있다.
> • 언어의 불역성(不易性) – 언어에는 ( )이 있다.

① 사회성 – 역사성   ② 역사성 – 사회성

③ 사회성 – 자의성   ④ 자의성 – 역사성

8 다음 중 언어의 기능이 다른 것은?

① 집회 및 시위에 관한 법률   ② 국군 장병 위문편지

③ 공익 광고문   ④ 엘리베이터 이용 중단 공고

9 다음 중 밑줄 친 외래어의 순화가 바르게 이루어지지 않은 것은?

① 대한민국 선수단의 골드러시가 계속 이어졌다. → 금메달 행진

② 그대로 진행하기에는 리스크가 너무 크다. → 위험

③ 그 영화는 3주간 박스오피스 정상을 차지하고 있다. → 흥행수익

④ 남산타워는 서울시의 랜드마크이다. → 자랑거리

10 국어의 순화에 대한 설명으로 옳지 않은 것은?

① 국어 순화는 외래어, 외국어 등을 가능한 한 토박이말로 재정리하는 일과 비속한 말과 틀린 말을 고운 말과 표준어로 바르게 쓰는 것을 포함한다.

② 국어의 순화를 통해 개인이나 사회에 악영향을 주는 말의 반작용을 막을 수 있다.

③ 국어의 순화를 통해 우리민족의 우월성을 고취시키고 타국어를 국어에서 배제시킨다.

④ 국어 순화는 국어의 오염현상을 인식시키는 '체'의 역할을 하며, 이를 통해 우리말 기능을 회복시킬 수 있다.

┃11~12┃ 다음 글을 읽고 물음에 답하시오.

언어에 의해서 분절(分節)이 이루어져 형성된 한 덩어리의 생각을 개념(概念)이라고 한다. 언어는 대부분의 경우에 이 개념을 단위로 하여 운용된다. 언어의 본질을 정확히 이해하려면 이 '개념'이라는 것에 대하여 정확히 인식해야 한다.

우리가 사용하는 명사 하나를 예로 들어 보자. 가령, '꽃'과 같이 매우 쉬운 단어라 할지라도 이는 상당한 수준의 추상화 과정을 거친 후에야 형성된 개념이다. 우리가 '꽃'이라고 부르는 대상들은 실제로는 '무궁화, 진달래, 개나리, 목련,……' 등의 다양한 모습으로 존재하고 있는 것으로서, 그 구체적인 실체를 가리키는 것이 아니다. 바꿔 말해서, '꽃'이라는 말의 의미 내용은 우리가 수많은 종류의 꽃들로부터 공통 속성만을 뽑아내는 과정, 즉 추상화의 과정을 통해서 형성된 것이다. 이러한 수많은 ㉠하위어(下位語)들을 묶어 표현하는 말들을 ㉡총칭어(總稱語)라고 하는데, 그 개념은 인간의 머릿속에만 존재하는 것이다. 이런 식으로 생각해 나간다면, 사실 하위어인 '무궁화'라는 단어 자체도 또한 추상된 개념에 해당한다. 무궁화의 종류도 많을 뿐만 아니라, 하나하나의 모양도 제각기 다르기 때문이다. 우리는 이미 말을 배울 때부터 이러한 추상화 과정에 너무나 익숙해 있기 때문에, 스스로도 잘 인식하지 못하고 있는 것이 보통이다. 그러나 실제로 ㉢고유 명사 같은 특별한 말들을 제외하고는 우리가 사용하는 단어들의 대부분은 이같이 고도로 추상화된 개념을 실어 나르고 있다.

언어는 이처럼 본질적으로 추상적이며, 이러한 추상화의 능력이야말로 인간만이 해낼 수 있는 능력이다. 개념은 추상화된 것이기 때문에 그 자체가 모호하거나, 언어 기호와 개념이 정확하게 일치하지 않는 경우가 많다. 따라서 정확한 의사소통을 위해서는 언어를 구사할 때에 명확한 표현이 되도록 노력하여야 한다.

11 다음 중 ㉠과 ㉡이 옳게 짝지어진 것은?

① 사과 – 바나나
② 비행기 – 자동차
③ 소파 – 의자
④ 동물 – 호랑이

12 ㉢을 통해 아래와 같이 말할 수 있는 이유로 가장 적당한 것은?

> 고유 명사는 추상화 과정을 거쳐 형성된 어휘가 아니다.

① 고유 명사는 지시 대상이 하나밖에 없으므로
② 고유 명사는 그 자체가 추상적 개념을 나타내므로
③ 고유 명사는 외부 세계를 드러내는 어휘가 아니므로
④ 고유 명사는 사람들이 많이 사용하지 않는 어휘이므로

13 다음 중 언어의 일반성(一般性)과 관계없는 것은?

① 언어의 형식은 음성이다.

② 언어에는 역사성이 있다.

③ 언어는 국가를 배경으로 한다.

④ 언어의 내면에는 사상이 포함되어 있다.

14 국어 연구 및 활동에 대한 다음 설명 중 옳지 않은 것은?

① 조선어 학회에서 한글날을 제정하였다.

② 최현배는 처음으로 '한글' 명칭을 사용하였다.

③ 주시경은 평생을 국어 문법의 연구와 보급에 힘쓴 한글학자이다.

④ 유길준의 「대한문전」은 서구적인 규범문법서로 최초의 근대적 국문법책이다.

15 다음 중 문자 언어와 관계없는 것은?

① 상징물을 사실화한 기호 체계이다.

② 음성 언어를 기록하는 기호 체계이다.

③ 구체적 사실을 추상화한 기호 체계이다.

④ 청각 언어를 시각 언어로 바꾼 기호 체계이다.

❚16~18❚ 다음 글을 읽고 물음에 답하시오.

(가) 상징어의 발달을 들 수 있다. 주로 소리, 동작, 형태를 모사(模寫)하는 것으로서, 구체적이고 감각적인 표현 수단 가운데의 하나이다. 상징어는 국어에 특히 발달되어 있고, 음상의 차이에 의해 다양하게 분화될 수 있다. 그뿐만 아니라, 이 ㉠음성 상징어는 음성 상징으로 끝나지 아니하고, 이에 접미사가 붙어 그 소리를 내는 사물이나 동물의 명칭을 나타내기도 하여 국어의 어휘를 더욱 풍성하게 한다.

(나) 우리말에는 감각어가 많이 발달되어 있다. 우리 민족은 본래 풍류를 즐기는 낙천적인 민족으로, 정서적이고, 감각적인 편이었다. 이러한 특징이 언어에 반영되어 우리말에 감각적인 어휘가 풍부하게 발달하게 되었다고 생각할 수 있다.

(다) 다량의 한자어들이 유입된 사실을 들 수 있다. 한자는 대략 기원전 3세기경에 이 땅에 전래되어, 신라가 삼국을 통일한 7세기경에는 이미 널리 사용되었던 것으로 보인다. 그리하여 신라 제22대 지증왕(智證王) 때와 제35대 경덕왕(景德王) 때에 각각 인명과 지명 등이 한자어로 바꾸었다. 이러한 ㉡한자어 사용의 확대는 그 후 고려 시대에 불교, 조선 시대에 유학이 융성함에 따라 더욱 많이 사용되었다. 그 뒤, 갑오경장 이후에는 근대화의 물결과 더불어 새로운 개념어를 많이 도입하였는데, 그 역시 대부분이 한자어였다.

(라) 국어에는 문법적 관계를 나타내는 조사와 어미가 다양하게 발달되어 있다. 이러한 조사와 어미는, 단순한 문법적 관계뿐만 아니라 미묘한 문체적 효과까지 드러낸다. 이런 점에서 국어는 교착어(膠着語)에 속하는 언어로 분류된다.

16 (가)~(라) 중 다음의 예와 관계있는 것은?

> 쿵쿵, 탕탕, 훨훨, 아장아장, 엉금엉금, 반짝반짝, 너울너울, 넘실넘실, 주룩주룩, 살금살금

① (가)
② (나)
③ (다)
④ (라)

17 ㉠이 들어 있는 표현은?

① 파랗게 고인 물이 만지면 출렁일 듯
② 삼베 무명 옷 입고 손마다 괭이 잡고
③ 슬픈 모가지를 하고 먼 데 산을 바라본다.
④ 두 볼에 흐르는 빛이 정작으로 고와서 서러워라.

18 ⓒ이 국어에 끼친 영향을 바르게 말한 것은?

① 상징어가 발달하였다.
② 국어 어순을 고정시켰다.
③ 고유어가 활발하게 사용되었다.
④ 낱말의 이중 구조가 형성되었다.

19 언어가 시간이 지남에 따라 변하는 이유로 적절하지 않은 것은?

① 새로운 대상이나 개념의 발생
② 개념이나 사물 자체의 의미 변화
③ 원래 쓰였던 대상이나 개념의 소멸
④ 경쟁 관계에 놓여 있는 언어적 상황

20 다음 중 언어의 자의적 특성이 가장 약하게 반영된 것은?

① '호랑이'와 '범'이라는 동의어가 존재한다.
② 중세어 '즘승'은 현대에 와서 '짐승'으로 바뀌었다.
③ 한국 사람들은 닭 울음소리를 [꼬끼오]로 발음한다.
④ '부추'의 방언으로는 '솔', '정구지' 등이 있다.

정답및해설

1	④	2	②	3	④	4	②	5	④
6	③	7	②	8	②	9	④	10	③
11	③	12	②	13	③	14	②	15	①
16	①	17	①	18	④	19	④	20	③

1 ④ (라)는 자의성과 관련된 사례이다. 자의성은 언어의 '의미'와 '기호' 사이에는 필연적인 관계가 없다는 특성이다.

2 같은 의미를 표현하는 데 있어 우리나라에서는 '별'이라고 하고 프랑스에서는 'étoile' 또는 'aster'라고 하는 것은 언어의 자의성과 관련 있다. 또한 주연이가 마음대로 '휴대폰'과 '커피'의 명칭을 바꿔 부르면서 의사소통이 되지 않은 것은 언어의 사회성과 연관된다.
 ※ 언어의 특성
  ㉠ 기호성: 언어는 의미라는 내용과 말소리 혹은 문자라는 형식이 결합된 기호로 나타난다.
  ㉡ 자의성: 언어에서 의미와 소리의 관계가 임의적으로 이루어진다.
  ㉢ 사회성: 언어가 사회적으로 수용된 이후에는 어느 개인이 마음대로 바꿀 수 없다.
  ㉣ 역사성: 언어는 시간의 흐름에 따라 변한다.
  ㉤ 규칙성: 모든 언어에는 일정한 규칙(문법)이 있다.
  ㉥ 창조성: 무수히 많은 단어와 문장을 만들 수 있다.
  ㉦ 분절성: 언어는 연속적으로 이루어져 있는 세계를 불연속적으로 끊어서 표현한다.

3 ④ 관형사는 체언 또는 체언형을 수식하는 역할을 하는 품사로, 활용하지 않는다는 점이 특징적이다.

4 ② 국어는 계통상으로 알타이 어족, 형태상으로 교착어에 해당한다. 교착어는 실질 형태소에 형식 형태소(조사, 어미, 접사)가 붙음으로써 문법적 관계를 나타내는 언어로 첨가어, 부착어라고도 한다.

5 ④ '주어 + 목적어 + 서술어'의 어순은 있으나, 제약이 엄격하지는 않다.

6 ③ 모든 언어에는 일정한 규칙(문법)이 있으며 이를 언어의 규칙성이라 한다.

7 언어는 사회적 약속이므로 개인이 주관적으로 좌우할 수 없는 사회성(언어의 불역성)이 있고, 시간의 경과에 따라 형태와 의미가 끊임없이 변화(신생·성장·사멸)하는 역사성(언어의 가역성)이 있다.

8 언어의 지령적 기능은 말하는 사람이 상대방에게 지시를 하여 특정 행위를 하게 하거나, 하지 않도록 함으로써 자신의 목적을 달성하려는 기능이다.
 ② 사교적 기능
 ①③④ 지령적 기능

9 ④ 랜드마크는 표지물, 표시로 순화할 수 있다.

10 ③ 말은 겨레 얼의 상징이며 민족 결합의 원동력으로 겨레의 참된 삶과 정신이 투영된 말로 순화해야 하는 것뿐, 타국어를 국어에서 배제시키는 것과는 거리가 멀다.

11 ③ 하위어를 묶어 추상화 과정을 거친 것을 총칭어라고 한다.

12 고유 명사는 하나의 대상에 대한 명칭으로 그 자체로 추상적 개념을 지니고 있다.

13 ③ 언어는 국가, 민족, 문화와 불가분의 관계에 있지 않다. 언어를 제약하는 것은 국가, 민족, 문화가 아니라 언어 사회이다.

14 ② '한글' 명칭을 처음으로 사용한 사람은 주시경이다.

15 문자 언어는 음성 언어를 보충하여 주기 위한 수단으로 어떤 사회 집단이 보통의 말을 유형적으로 정착시켜 표시하는 꺼호 체계이다. 문자 언어는 시각 인상에 의존하여 반복 · 영속적인 보존이 가능하며, 먼 거리로도 전달될 수 있고 준비 · 수정이 쉽다는 특징이 있다.

16 ① 제시된 말들은 소리와 동작을 모사한 의성어와 의태어이다. 이 같은 상징어의 발달은 국어의 어휘를 풍부하게 해준다.

17 ① '출렁'이 음성 상징어에 해당한다.

18 한자의 확대로 고유어와 한자어의 이중 구조를 형성하여 우리말의 어휘를 풍부하게 하였다.

19 언어는 새로운 대상이나 개념의 발생 · 소멸 또는 의미의 변화 등에 의해 변화가 일어난다. 특히, 한자의 유입으로 우리말에 한자어가 많이 생기면서 우리말에도 변화가 많이 일어났다. 이외에도 시대 상황의 변화, 인위적인 어휘의 생성 등 언어 변화의 원인은 다양하다.

20 자의성이란 언어의 형식과 의미가 이루고 있는 관계가 필연적이지 않다는 의미이다.
③ 의성어나 의태어는 소리나 형태에서 유사성이라는 필연성을 가지므로 그 자의성이 가장 약하다.

02 음운

section 1 음운의 개념

(1) 음성과 음운

① 음성 … 사람의 입을 통해 나오는 소리 중 말할 때 사용되는 구체적인 소리로, 말의 뜻을 구별해 주지는 못한다.

② 음운 … 말의 뜻을 구별해 주는 가장 작은 소리의 단위로 추상적·관념적이다. 음성에서 공통적인 요소만을 뽑아 머릿속에서 같은 소리로 인식하는 추상적인 말소리를 말한다.

(2) 최소 대립쌍

둘 이상의 단어가 같은 위치에 있는 하나의 음운 때문에 의미의 차이를 가져오는 짝

예 물 – 불 / 발 – 벌 / 곰 – 공

(3) 상보적 분포

서로 다른 자리에 나타나서 발음상의 차이는 있지만 뜻을 구별 짓는 기능은 하지 못하는 음성 또는 한 음운이 환경에 따라 음성적으로 달리 실현되는 소리를 말한다.

예 국어의 'ㄹ'은 모음 사이에서 [r]로 실현되고 음절 말 환경에서 [l]로 실현되는데 이것이 서로 바뀌어 나타나지 않는다.
다리[dari] – 달[dal]

(4) 음운의 종류

① 분절 음운 … 자음과 모음과 같이 다른 소리와 잘 나누이지면서 의미의 차이를 가져오는 음운이다.

② 비분절 음운 … 소리의 길이나 억양처럼 의미의 차이는 가져오지만 다른 소리와 잘 나누어지지 않는 음운이다.

section 2 국어의 음운

(1) 자음 체계(19개)

자음은 목청을 통과한 소리가 공기의 흐름이 막히거나 통로가 좁아져서 공기의 흐름의 장애를 입게 되어 만들어지는 소리로 조음 위치와 조음 방법에 따라 다음과 같이 나뉜다.

① 소리 내는 위치에 따라 … 입술소리(순음), 혀끝소리(설단음), 센입천장소리(경구개음), 여린입천장소리(연구개음), 목청소리(후음)로 나뉜다.

② 소리 내는 방법에 따라
- ㉠ 파열음 : 공기를 일단 막았다가 터뜨려서 내는 소리이다.
- ㉡ 마찰음 : 입 안이나 목청 사이의 통로를 아주 좁혀서 날숨이 그 사이를 간신히 비집고 나오면서 마찰하여 나는 소리이다.
- ㉢ 파찰음 : 처음에는 파열음, 나중에는 마찰음의 순서로 두 가지 성질을 다 가지는 소리이다.
- ㉣ 비음 : 입 안의 통로를 막고 날숨을 코로 내보내면서 내는 소리이다.
- ㉤ 유음 : 혀끝을 잇몸에 가볍게 대었다가 떼거나, 혀끝을 잇몸에 댄 채 공기를 그 양 옆으로 흘려 내보내면서 내는 소리이다.

③ 소리의 울림에 따라
- ㉠ 울림소리 : 발음할 때 목청의 울림이 일어나는 소리이다.
- ㉡ 안울림소리 : 발음할 때 목청의 울림이 일어나지 않는 소리이다.

④ 소리의 세기에 따라 … 예사소리, 된소리, 거센소리로 나뉜다.

[자음체계표]

소리 내는 방법		소리 나는 위치	두 입술 입술소리	윗잇몸 혀끝 혀끝소리	센입천장 혓바닥 구개음	여린입천장 혀뒤 연구개음	목청사이 목청소리
안울림 소리	파열음	예사소리 된소리 거센소리	ㅂ ㅃ ㅍ	ㄷ ㄸ ㅌ		ㄱ ㄲ ㅋ	
	파찰음	예사소리 된소리 거센소리			ㅈ ㅉ ㅊ		
	마찰음	예사소리 된소리		ㅅ ㅆ			ㅎ
울림 소리	콧소리(비음)		ㅁ	ㄴ		ㅇ	
	흐름소리(유음)			ㄹ			

기출문제

❓ 설명이 옳지 않은 것은?
▶ 2017. 4. 8. 인사혁신처

① 'ㄴ, ㅁ, ㅇ'은 유음이다.
② 'ㅅ, ㅆ, ㅎ'은 마찰음이다.
③ 'ㅡ, ㅓ, ㅏ'는 후설 모음이다.
④ 'ㅟ, ㅚ, ㅗ, ㅜ'는 원순 모음이다.

Tip ① 'ㄴ, ㅁ, ㅇ'은 입 안의 통로를 막고 코로 공기를 내보내면서 내는 소리인 비음이다.

정답 ①

기출문제

(2) 모음(21개)

모음이란 말할 때 공기의 흐름이 장애를 받지 않고 순조롭게 나오는 소리이다.

① 단모음 … 발음할 때 입술이나 혀가 고정되어 움직이지 않는 모음으로 'ㅏ, ㅐ, ㅓ, ㅔ, ㅗ, ㅚ, ㅜ, ㅟ, ㅡ, ㅣ'로 10개이다.

   ⓐ 혀의 앞뒤 위치에 따라 : 전설 모음, 후설 모음

   ⓑ 혀의 높이에 따라 : 고모음, 중모음, 저모음

   ⓒ 입술의 모양에 따라 : 원순 모음, 평순 모음

② 이중 모음 … 발음할 때 입술이나 혀가 움직이는 모음으로 'ㅑ, ㅒ, ㅕ, ㅖ, ㅘ, ㅙ, ㅛ, ㅝ, ㅞ, ㅠ, ㅢ'로 11개이다.

[모음체계표]

혀의 높이 ＼ 혀의 앞뒤	전설 모음		후설 모음	
	평순 모음	원순 모음	평순 모음	원순 모음
고모음	ㅣ	ㅟ	ㅡ	ㅜ
중모음	ㅔ	ㅚ	ㅓ	ㅗ
저모음	ㅐ		ㅏ	

(3) 소리의 길이

낱말의 뜻을 구별해 준다(비분절 음운).

① 긴소리는 일반적으로 단어의 첫째 음절에 나타난다.

  예 밤(夜) – 밤:(栗), 발(足) – 발:(簾), 굴(貝類) – 굴:(窟)
     솔(松) – 솔:(옷솔), 눈(目) – 눈:(雪), 벌(罰) – 벌:(蜂)
     배(梨, 腹, 梨) – 배:(倍), 거리(街) – 거:리(距離)
     밀다(卷) – 말:다(勿), 얻다(包) – 없:다

② 본래 길게 나던 단어도, 둘째 음절 이하에 오면 짧게 발음되는 경향이 있다.

  예 밤: → 알밤, 말: → 한국말, 솔: → 옷솔

section 3 음운의 변동

음운과 음운이 서로 영향을 주고받아 소리가 변화하는 현상을 말한다.

(1) 음절의 끝소리 규칙

국어에서는 'ㄱ, ㄴ, ㄷ, ㄹ, ㅁ, ㅂ, ㅇ'의 일곱 자음만이 음절의 끝소리로 발음된다.

① 음절의 끝자리의 'ㄲ, ㅋ'은 'ㄱ'으로 바뀐다.

  예 밖[박], 부엌[부억]

📖 제시된 말의 표준 발음이 옳지 않은 것은?
▶ 2011. 5. 14. 상반기 지방직

① 이원론[이: 원논]
② 동원령[동: 원녕]
③ 임진란[임: 진난]
④ 상견례[상: 견녜]

Tip ④ 상견례는 장음이 아닌 단음으로 [상견녜]로 발음된다.

② 음절의 끝자리 'ㅅ, ㅆ, ㅈ, ㅊ, ㅌ, ㅎ'은 'ㄷ'으로 바뀐다.

> 예 옷[옫], 젖[젇], 히읗[히읃]

③ 음절의 끝자리 'ㅍ'은 'ㅂ'으로 바뀐다.

> 예 숲[숩], 잎[입]

④ 음절 끝에 겹받침이 올 때에는 하나의 자음만 발음한다.

> ㉠ **첫째 자음만 발음** : ㄳ, ㄵ, ㄼ, ㄽ, ㄾ, ㅄ
>
> > 예 삯[삭], 앉다[안따], 여덟[여덜], 외곬[외골], 핥다[할따]
> >
> > 예외 … 자음 앞에서 '밟-'은 [밥], '넓-'은 '넓죽하다[넙쭈카다]', '넓둥글다[넙뚱글다]'의 경우에만 [넙]으로 발음한다.
>
> ㉡ **둘째 자음만 발음** : ㄺ, ㄻ, ㄿ
>
> > 예 닭[닥], 맑다[막따], 삶[삼], 젊다[점따], 읊다[읖따 → 읍따]

Point 팁 용언의 어간의 끝소리 'ㄺ'은 'ㄱ'으로 시작되는 어미 앞에서 [ㄹ]로 발음한다.

> 예 맑게[말께], 읽고[일꼬], 묽고[물꼬]

⑤ 다음에 모음으로 시작하는 음절이 올 경우

> ㉠ 조사나 어미, 접미사와 같은 형식 형태소가 올 경우 : 다음 음절의 첫소리로 옮겨 발음한다.
>
> > 예 옷이[오시], 옷을[오슬], 값이[갑씨], 삶이[살미]
>
> ㉡ 실질 형태소가 올 경우 : 일곱 자음 중 하나로 바꾼 후 다음 음절의 첫소리로 옮겨 발음한다.
>
> > 예 옷 안[옫안 → 오단], 값없다[갑업따 → 가법따]

(2) 자음동화

자음과 자음이 만나면 서로 영향을 주고받아 한쪽이나 양쪽 모두 비슷한 소리로 바뀌는 현상을 말한다.

예 밥물[밤물], 급류[금뉴], 몇 리[면니], 남루[남누], 난로[날로]

① 비음화 … 비음의 영향을 받아 원래 비음이 아닌 자음이 비음(ㄴ, ㅁ, ㅇ)으로 바뀌는 현상을 말한다.

> 예 밥물 → [밤물], 닫는 → [단는], 국물 → [궁물]

② 유음화 … 유음이 아닌 자음이 유음으로 바뀌는 현상으로, 'ㄴ'과 'ㄹ'이 만났을 때 'ㄴ'이 'ㄹ'로 바뀌는 것을 말한다.

> 예 신라 → [실라], 칼날 → [칼랄], 앓는 → [알는] → [알른]

Point 팁 동화의 종류

㉠ 정도에 따라
- 완전 동화 : 완전히 같은 소리로 변하는 것
  - 예 신라[실라], 밥물[밤물]
- 불완전 동화 : 비슷한 소리로 변하는 것
  - 예 종로[종노], 속는다[송는다]

㉡ 방향에 따라
- 순행 동화 : 앞에서 영향을 주어 뒤가 변하는 것
  - 예 칼날[칼랄], 종로[종노]
- 역행 동화 : 뒤에서 영향을 주어 앞이 변하는 것
  - 예 속는다[송는다], 얻는다[언는다], 난로[날로]
- 상호 동화 : 서로 영향을 주어 앞뒤 모두 변하는 것
  - 예 섭리[섬니], 백로[뱅노], 산책로[산챙노]

문 '깎다'의 활용형에 적용된 음운 변동에 대한 설명으로 옳은 것은?

▶ 2018. 4. 7. 인사혁신처

- 교체 : 한 음운이 다른 음운으로 바뀌는 현상
- 탈락 : 한 음운이 없어지는 현상
- 첨가 : 없던 음운이 생기는 현상
- 축약 : 두 음운이 합쳐서서 또 다른 음운 하나로 바뀌는 현상
- 도치 : 두 음운의 위치가 서로 바뀌는 현상

① '깎는'은 교체 현상에 의해 '깡는'으로 발음된다.
② '깎아'는 탈락 현상에 의해 '까까'로 발음된다.
③ '깎고'는 도치 현상에 의해 '깍꼬'로 발음된다.
④ '깎지'는 축약 현상과 첨가 현상에 의해 '깍찌'로 발음된다.

Tip ① 깎는→[깍는](음절의 끝소리 규칙)→[깡는](비음화) : 교체
② 깎아→[까까] : 연음
③ 깎고→[깍고](음절의 끝소리 규칙)→[깍꼬](된소리되기) : 교체
④ 깎지→[깍지](음절의 끝소리 규칙)→[깍찌](된소리되기) : 교체

정답 ①

(3) 구개음화

끝소리가 'ㄷ, ㅌ'인 형태소가 'ㅣ' 모음을 만나 구개음(센입천장소리)인 'ㅈ, ㅊ'으로 바뀌는 현상을 말한다.

예 해돋이[해도지], 붙이다[부치다], 굳히다[구치다]

(4) 모음동화

앞 음절의 'ㅏ, ㅓ, ㅗ, ㅜ' 등의 모음이 뒤 음절의 'ㅣ'와 만나면 전설 모음인 'ㅐ, ㅔ, ㅚ, ㅟ'로 변하는 현상을 말한다.

예 어미[에미], 고기[괴기], 손잡이[손재비]

(5) 모음조화

양성 모음(ㅏ, ㅗ)은 양성 모음끼리, 음성 모음(ㅓ, ㅜ)은 음성 모음끼리 어울리는 현상을 말한다.

① 용언의 어미 활용 ··· -아 / -어, -아서 / -어서, -았- / -었-
  예 앉아, 앉아서 / 베어, 베어서
② 의성 부사, 의태 부사에서 뚜렷이 나타난다.
  예 찰찰 / 철철, 졸졸 / 줄줄, 살랑살랑 / 설렁설렁
③ 알타이 어족의 공통 특질이며 국어의 중요한 특징이다.

(6) 음운의 축약 · 탈락과 첨가

① 축약 ··· 두 음운이 합쳐져서 하나의 음운으로 줄어 소리 나는 현상을 말한다.
  ㉠ 자음의 축약 : ㅎ + ㄱ, ㄷ, ㅂ, ㅈ → ㅋ, ㅌ, ㅍ, ㅊ
    예 넣고[나코], 좋다[조타], 잡히다[자피다], 맞히다[마치다]
  ㉡ 모음의 축약 : 두 모음이 만나 한 모음으로 줄어든다.
    예 보 + 아 → 봐, 가지어 → 가져, 사이 → 새, 되었다 → 됐다

② 탈락 ··· 두 음운이 만나면서 한 음운이 사라져 소리 나지 않는 현상을 말한다.

　ㄱ 자음의 탈락 : ㄹ 탈락, ㅅ 탈락, ㅎ 탈락 등

　　예 아들 + 님 → 아드님, 울 + 니 → 우니

　ㄴ 모음의 탈락 : ㅡ 탈락, ㅜ 탈락, ㅏ 탈락 등

　　예 쓰 + 어 → 써, 가 + 았다 → 갔다

③ 첨가 ··· 원래 없던 소리가 끼어드는 현상이다.

　ㄱ ㄴ 첨가 : 합성어 및 파생어에서 앞 단어나 접두사의 끝이 자음이고 뒤 단어나 접미사의 첫음절이 '이, 야, 여, 요, 유'인 경우 'ㄴ'을 첨가하여 '니, 냐, 녀, 뇨, 뉴'로 발음한다.

　　예 솜 + 이불 → [솜니불]

　ㄴ ㅂ 첨가, ㅎ 첨가, ㅅ 첨가

　　예 조 + 쌀 → [좁쌀]

(7) 된소리되기

두 개의 안울림소리가 서로 만나면 뒤의 소리가 된소리로 발음되는 현상(경음화)을 말한다. 'ㅅ'(사이시옷)은 소리가 첨가되었다는 표시이다.

예 먹고[먹꼬], 밥과[밥꽈], 앞길[압낄]

(8) 사잇소리 현상

명사와 명사가 결합하여 합성어를 이룰 때 그 사이에 소리가 덧나는 현상(이때 둘 중 하나는 고유어)을 말한다.

① 앞말이 울림소리로 끝나고 뒷말의 첫소리가 안울림 예사소리일 때 뒷말의 첫소리가 된소리로 나는 경우

　예 초 + 불 → 촛불[초뿔 / 촌뿔], 산 + 길 → [산낄], 봄 + 비 → [봄삐]
　　등 + 불 → [등뿔], 길 + 가 → [길까]

② 앞말이 모음으로 끝나고 뒷말이 'ㄴ, ㅁ'으로 시작될 때 'ㄴ'이 첨가되는 경우

　예 코 + 날 → 콧날[콘날], 이 + 몸 → 잇몸[인몸], 비 + 물 → 빗물[빈물]

③ 앞말 받침에 상관없이 뒷말이 모음 'ㅣ'나 반모음 'ㅣ(ㅑ, ㅕ, ㅛ, ㅠ)'로 시작될 때 'ㄴ' 또는 'ㄴ, ㄴ'이 첨가되는 경우

　예 집일[집닐 → 짐닐], 솜이불[솜니불], 물약[물냑 → 물략], 깨 + 잎 → 깻잎[깬닙]
　　뒤 + 일 → 뒷일[뒨닐], 나무 + 잎 – 나뭇잎[나문닙]

밑줄 친 부분이 어법에 맞는 것은?

▶ 2019. 6. 15. 제1회 지방직

① 이 가곡의 <u>노래말</u>은 아름답다.

② 그 집의 <u>순대국</u>은 아주 맛있다.

③ <u>하교길</u>은 늘 아이들로 북적인다.

④ 선생님은 간단한 <u>인사말</u>을 건넸다.

> **Tip** ④ '인사말'은 [인사말]로 발음되어 사이시옷 적기를 하지 않는다. 비슷한 예로 '머리말'이 있다.
> ① 노랫말[노랜말]
> ② 순댓국[순대꾹]
> ③ 하굣길[하교낄]

Point 팁

사이시옷의 표기

㉠ 사잇소리 현상이 일어나고 앞말이 모음으로 끝난 경우 사이시옷을 표기한다.

> 예 배＋사공 → 뱃사공
> 시내＋가 → 시냇가
> 나무＋가지 → 나뭇가지
> 장마＋비 → 장맛비
> 등교＋길 → 등굣길

㉡ 한자로만 이루어진 합성어의 경우 원칙적으로 사잇시옷을 표기하지 않으나 다음의 여섯 개의 단어는 예외적으로 사잇시옷을 표기한다.

- 원칙
  초점(焦點) – 촛점(×)
  내과(內科) – 냇과(×)
  개수(個數) – 갯수(×)
  제사상(祭祀床) – 제삿상(×)
  전세방(傳貰房) – 전셋방(×)
- 예외 ★★★★★
  곳간(庫間), 셋방(貰房), 숫자(數字), 찻간(車間), 툇간(間), 횟수(回數)

1 다음에서 알 수 있는 '나'의 이름은?

> 안녕하세요? 제 소개를 하겠습니다. 먼저 제 이름은 혀의 뒷부분과 여린입천장 사이에서 나오는 소리가 한 개 들어 있습니다. 비음은 포함되어 있지 않고 파열음과 파찰음이 총 세 개나 들어가 있어 센 느낌을 줍니다. 제 이름을 발음할 때 혀의 위치는 가장 낮았다가 조금 올라가면서 입술이 둥글게 오므려집니다. 제 이름은 무엇일까요?

① 정미   ② 하립
③ 준휘   ④ 백조

2 〈보기〉와 같이 발음할 때 적용되는 음운 변동 규칙이 아닌 것은?

> 〈보기〉
> 밭이랑→[반니랑]

① ㄴ 첨가   ② 두음법칙
③ 음절의 끝소리 규칙   ④ 비음화

3 국어의 주요한 음운 변동을 다음과 같이 유형화할 때 '홑이불'에 일어나는 음운 변동 유형으로 옳은 것은?

	변동 전		변동 후
㉠	XaY	→	XbY
㉡	XY	→	XaY
㉢	XabY	→	XcY
㉣	XaY	→	XY

① ㉠, ㉡

② ㉠, ㉣

③ ㉡, ㉢

④ ㉡, ㉣

4 다음 대한 설명으로 가장 적절한 것은?

㉠ 옷 안[오단]

㉡ 잡히다[자피다]

㉢ 국물[궁물]

㉣ 흙탕물[흑탕물]

① ㉠: 두 가지 유형의 음운 변동이 나타난다.

② ㉡: 음운 변동 전의 음운 개수와 음운 변동 후의 음운 개수가 서로 다르다.

③ ㉢: 인접한 음의 영향을 받아 조음 위치가 같아지는 동화 현상이 나타난다.

④ ㉣: 음절의 끝소리 규칙이 적용되었다.

5 '꽃다'의 기본형과 활용형에 적용된 음운 변동에 대한 설명으로 옳은 것은?

> • 교체 : 한 음운이 다른 음운으로 바뀌는 현상
> • 탈락 : 한 음운이 없어지는 현상
> • 첨가 : 없던 음운이 생기는 현상
> • 축약 : 두 음운이 합쳐져서 또 다른 음운 하나로 바뀌는 현상
> • 도치 : 두 음운의 위치가 서로 바뀌는 현상

① '꽃는'은 교체 현상에 의해 [꼰는]으로 발음된다.
② '꽃고'는 탈락 현상에 의해 [꼬꼬]로 발음된다.
③ '꽃아'는 탈락 현상에 의해 [꼬자]로 발음된다.
④ '꽃다'는 첨가 현상에 의해 [꼳따]로 발음된다.

6 다음 중 '/ㄷ/', '/ㄸ/', '/ㅌ/ 소리의 공통 자질로만 묶어 놓은 것은?

> ㉠ 공기가 코를 통과하면서 나오는 소리
> ㉡ 조음 기관의 어떤 부분이 장애를 받아 나는 소리
> ㉢ 혀의 앞부분이 딱딱한 입천장에 닿아서 나는 소리
> ㉣ 소리를 낼 때 공기가 빠져 나가면서 마찰이 나는 소리
> ㉤ 폐에서 나오는 공기를 일단 막았다가 그 막은 자리를 터뜨리면서 내는 소리

① ㉠, ㉣ ② ㉡, ㉤
③ ㉢, ㉣ ④ ㉣, ㉤

7 다음 중 입술소리로만 묶여 있는 것은?

① ㄱ, ㅋ
② ㅁ, ㅂ
③ ㄲ, ㄸ
④ ㅍ, ㅎ

8 모음을 다음과 같이 ㉠, ㉡으로 분류하였다. 그 기준이 되는 것은?

㉠ ㅗ, ㅚ, ㅜ, ㅟ   ㉡ ㅏ, ㅐ ㅓ, ㅔ, ㅡ, ㅣ

① 혀의 높이
② 입술 모양
③ 혀의 길이
④ 혀의 앞뒤 위치

9 다음 중 '음절 끝소리 규칙'이 적용된 예로 옳지 않은 것은?

① 낫으로[나스로]
② 꽃 위[꼬뒤]
③ 부엌[부억]
④ 낮[낟]

10 다음에서 설명하는 국어의 음운상 특질과 가장 관련이 있는 것은?

국어에는 다른 언어에서도 사용되는 음운이 있는가 하면 국어에서만 독특하게 사용되는 음운이 있기도 하다. / ㄱ, ㄲ, ㅋ /, / ㄷ, ㄸ, ㅌ /, / ㅂ, ㅃ, ㅍ /, / ㅈ, ㅉ, ㅊ /처럼 예사소리, 된소리, 거센소리가 셋씩 짝을 이루어 분화되어 있는 것은 국어 자음의 주요한 특징이다.

① 외국인 친구가 '공'과 '콩'을 잘 구분해서 발음하지 못한다.
② 음절끝소리법칙에 관한 설명이다.
③ 영수가 일기장에 '연세(年歲)'를 '년세(年歲)'로 잘못 적었다.
④ 오늘 국어 시간에 '밤길'이 '밤낄'로 발음되는 것이 사잇소리 현상이라고 배웠다.

11 다음 중 첫 음절의 끝 자음이 그대로 다음 음절의 첫소리로 발음되는 것은?

① 꽃을

② 옷 안

③ 겉옷

④ 맛없다

12 다음 중 발음이 옳지 않은 것은?

① 키읔[키윽]

② 다쳐[다처]

③ 깎아[깍아]

④ 늴리리[닐리리]

13 다음 중 겹받침의 발음이 바르게 표시된 것은?

① 넓다[넙따]

② 맑게[막께]

③ 넋이[넉시]

④ 닳지[달치]

14 다음 중에서 음운이 탈락되지 않은 것은?

① 부삽

② 가져

③ 따님

④ 소나무

15 다음 중 겹받침의 발음이 잘못된 것은?

① 밟다[밥따]

② 넓다[널따]

③ 읊다[읍따]

④ 흙과[흑꽈]

16 다음 낱말에 공통적으로 일어나는 음운의 변동은?

> 정성껏, 왔다, 바깥

① 구개음화   ② 자음 동화

③ 음운의 탈락   ④ 음절의 끝소리 규칙

17 다음 중 두 자음이 만나 양쪽 자음의 소리가 모두 바뀐 것은?

① 섭리   ② 찰나

③ 먹는   ④ 한라산

18 다음 중 구개음화와 관계없는 것은?

① 겉이   ② 잔디

③ 미닫이   ④ 가을걷이

19 다음 중 표준어로 인정되는 모음 동화는?

① 손잽이   ② 호랭이

③ 가재미   ④ 냄비

20 다음의 음운 규칙이 모두 나타나는 것은?

- 음절의 끝소리 규칙 : 우리말의 음절의 끝에서는 7개의 자음만이 발음됨.
- 비음화 : 끝소리가 파열음인 음절 뒤에 첫소리가 비음인 음절이 연결될 때, 앞 음절의 파열음이 비음으로 바뀌는 현상.

---

① 덮개[덥깨]   ② 문고리[문꼬리]
③ 꽃망울[꼰망울]   ④ 광한루[광할루]

정답및해설

1	④	2	②	3	①	4	②	5	①
6	②	7	②	8	②	9	①	10	①
11	①	12	③	13	④	14	②	15	①
16	④	17	①	18	②	19	④	20	③

1 • 허의 뒷부분과 여린입천장 사이에서 나오는 소리(연구개음) 한 개→ㅇ, ㄱ/ㄲ/ㅋ 중 한 개
  • 비음은 포함되어 있지 않음→ㄴ, ㅁ, ㅇ 포함되어 있지 않음
  • 파열음과 파찰음이 총 세 개→ㅂ/ㅃ/ㅍ, ㄷ/ㄸ/ㅌ, ㄱ/ㄲ/ㅋ 또는 ㅈ/ㅉ/ㅊ 중 총 세 개
  • 허의 위치는 가장 낮았다가 조금 올라가면서 입술이 둥글게 오므려짐→저모음에서 중모음, 원순모음으로 변화
  따라서 위의 조건에 모두 해당하는 이름은 '백조'이다.

2 밭이랑→[받이랑](음절의 끝소리 규칙)→[받니랑](ㄴ 첨가)→[반니랑](비음화)

3 ㉠ 교체, ㉡ 첨가, ㉢ 축약, ㉣ 탈락이다.
  홑이불→[혼이불](음절의 끝소리 규칙 : 교체)→[혼니불](ㄴ 첨가 : 첨가)→[혼니불](비음화 : 교체)

4 ㉠ 옷 안→[옫안](음절의 끝소리 규칙)→[오단](연음) : 연음은 음운 변동에 해당하지 않는다.
  ㉡ 잡히다→[자피다](축약) : 축약으로 음운 개수가 하나 줄어들었다.
  ㉢ 국물→[궁물](비음화) : 조음 방법이 같아지는 동화 현상이 나타난다.
  ㉣ 흙탕물→[흑탕물](자음군단순화) : 음절의 끝소리 규칙이 아닌 자음군단순화(탈락)이 적용된 것이다.

5 ① 꽃는→[꼳는](음절의 끝소리 규칙 : 교체)→[꼰는](비음화 : 교체)
  ② 꽃고→[꼳고](음절의 끝소리 규칙 : 교체)→[꼳꼬](된소리되기 : 교체)
  ③ 꽃아→[꼬자](연음)
  ④ 꽃다→[꼳다](음절의 끝소리 규칙 : 교체)→[꼳따](된소리되기 : 교체)

6 ② ㄷ, ㄸ, ㅌ은 조음위치에 따르면 치조음(齒槽音)에 해당하며, 조음방법에 따르면 장애음(ㄷ) 중 파열음(ㅁ)에 해당한다.

7 ② 입술소리는 'ㅁ, ㅂ, ㅃ, ㅍ'이 있다.

8 모음은 입술의 모양, 허의 앞뒤 위치, 허의 높낮이에 따라 분류할 수 있다. ㉠은 원순 모음이고 ㉡은 평순 모음으로 입술 모양에 따라 모음을 분류한 것이다.

9 ① '음절 끝소리 규칙'이 적용되는 단어들 뒤에 모음으로 시작하는 형식 형태소가 오면 '낫으로[나스로]'와 같이 앞 단어의 받침에 있던 소리들을 살려낸다.
  ※ 음절 끝소리 규칙 … 국어에서 음절의 끝에서 발음되는 자음은 'ㄱ, ㄴ, ㄷ, ㄹ, ㅁ, ㅂ, ㅇ' 일곱 개뿐이다. 따라서 음절 끝에 이 일곱 소리 이외의 자음이 오면 이 일곱 자음 중의 하나로 바꾸어 발음한다.

10 ① 국어는 파열음이 예사소리, 된소리, 거센소리의 삼중체계를 이루고 있어 울림소리와 안울림소리의 차이를 느끼지 못하고, 인도 – 유럽 계통의 언어는 이중체계이므로 'ㄱ, ㄲ, ㅋ'의 차이를 알아듣지 못하는 것이 일반적이다.

11 ① 꽃을[꼬츨]
② 옷 안[옫안 → 오단]
③ 겉옷[걷옫 → 거돋]
④ 맛없다[맏업따 → 마덥따]

12 홑받침이나 쌍받침이 모음으로 시작된 조사나 어미, 접미사와 결합되는 경우에는, 제 음가대로 뒤 음절 첫소리로 옮겨 발음한다.
③ 깎아[까까]

13 ① 넓다[널따]
② 맑게[말께]
③ 넋이[넉씨]
※ 겹받침의 발음
 ㉠ 음절 끝에 겹받침이 올 때에는 하나의 자음만 발음한다.
  • 첫째 자음만 발음 : ㄳ, ㄵ, ㄼ, ㄽ, ㄾ, ㅄ
  • 둘째 자음만 발음 : ㄺ, ㄻ, ㄿ
 ㉡ 겹받침이 모음으로 시작하는 음절과 만나면 겹받침의 둘째 자음은 다음 음절의 첫소리에서 발음한다.

14 '가져'는 '가지– + –어'의 형태로 음운 축약이 이루어진 경우이다.
① 불 + 삽
③ 딸 + 님
④ 솔 + 나무
※ 음운의 축약과 탈락
 ㉠ 음운의 축약 : 두 음운이 합쳐져서 하나의 음운으로 줄어 소리 나는 현상을 말한다.
 ㉡ 음운의 탈락 : 형태소와 형태소가 만나면서 한 음운이 아예 발음되지 않는 현상으로 용언이 활용할 때 또는 단어와 단어가 합쳐질 때 주로 나타난다.

15 ① '밟다'는 [밥따]로 발음한다. 원칙적으로 겹받침 'ㄼ'이 음절 끝에 올 때에는 첫째 자음만 발음하지만 예외적으로 자음 앞에서 '밟–'은 [밥]으로 발음한다.

16 정성껏[정성껃], 왔다[왇따], 바깥[바깓]은 음절 끝에 오는 자음이 'ㅅ, ㅆ, ㅌ'으로 모두 끝소리가 대표음인 [ㄷ]으로 소리 난다.

17 서로 영향을 주어 앞뒤 모두 다른 자음으로 바뀌는 상호 동화의 경우로 [심니]로 발음된다.
② [찰라] ③ [멍는] ④ [할라산]

18 구개음화란 끝소리가 'ㄷ, ㅌ'인 형태소가 'ㅣ' 모음을 만나 구개음(센입천장소리)인 'ㅈ, ㅊ'으로 바뀌는 현상을 말한다.
①③④는 구개음화에 의해 [거치], [미다지], [가을거지]로 발음된다.
② 한 형태소 안에서는 구개음화가 일어나지 않기 때문에 '잔디'는 [잔디]로 소리 난다.

19 'ㅣ'모음 역행동화에 의한 발음은 원칙적으로 표준 발음으로 인정하지 않으나 '냄비, −내기, 동댕이치다'는 표준어로 인정한다.
①②③ 손잡이, 호랑이, 가자미가 표준어이다.

20 ③ 꽃망울이 [꼰망울]로 발음되는 현상에서는 음절의 끝소리 규칙([꼰망울]의 '꼰'이 'ㄴ'받침으로 발음됨)과 비음화(원래 꽃망울은 [꼳망울]로 발음이 되나 첫음절 '꼳'의 예사소리 'ㄷ'과 둘째 음절 '망'의 비음인 'ㅁ'이 만나 예사소리 'ㄷ'이 비음인 'ㄴ'으로 바뀌게 됨)규칙이 모두 나타난다.

03 단어

section 1 음절과 어절

(1) 음절

한 번에 소리 낼 수 있는 소리마디를 가리킨다.

예 구름이 흘러간다. → 구∨르∨미∨흘∨러∨간∨다(7음절).

(2) 어절

끊어 읽는 대로 나누어진 도막도막의 마디로 띄어쓰기나 끊어 읽기의 단위가 된다.

예 학생은∨공부하는∨사람이다(3어절).

section 2 단어와 형태소

(1) 단어

자립하여 쓰일 수 있는 말의 단위로, 낱말이라고도 한다. 자립하여 쓰일 수 없는
말 중 '는', '이다' 등도 단어로 인정한다.

예 철호가 이야기책을 읽었다. → 철호 / 가 / 이야기책 / 을 / 읽었다(5단어).

(2) 형태소

뜻을 가진 가장 작은 말의 단위로 최소(最小)의 유의적(有意的) 단위이다.

예 철호가 이야기책을 읽었다. → 철호 / 가 / 이야기 / 책 / 을 / 읽 / 었 / 다(8형태소).

① **자립성의 유무에 따라**

   ㉠ **자립 형태소** : 홀로 쓰일 수 있는 형태소로 체언, 수식언, 감탄사가 해당된다.

   예 철호가 이야기책을 읽었다. → 철호, 이야기, 책

   ㉡ **의존 형태소** : 홀로 쓰일 수 없는 형태소로 어간, 어미, 접사, 조사가 해당된다.

   예 철호가 이야기책을 읽었다. → 가, 을, 읽-, -었-, -다

② **의미 · 기능에 따라**

   ㉠ **실질 형태소** : 실질적인 뜻을 지닌 형태소로 체언, 수식언, 감탄사, 용언의
   어근이 해당된다.

   예 철호가 이야기책을 읽었다. → 철호, 이야기, 책, 읽-

   ㉡ **형식 형태소** : 실질 형태소에 붙어서 문법적인 뜻을 나타내는 형태소로 조사,
   어미, 접사가 해당된다.

   예 철호가 이야기책을 읽었다. → 가, 을, -었-, -다

기출문제

🔔 다음 〈보기〉에 제시된 단어들과 단어 형성 원리가 같은 것은?

▶ 2017. 6. 24. 제2회 서울특별시

〈보기〉
개살구, 헛웃음, 낚시질, 지우개

① 건어물(乾魚物)
② 금지곡(禁止曲)
③ 한자음(漢字音)
④ 핵폭발(核爆發)

Tip 제시된 단어들은 파생어이다.
① 건(접두사) + 어물→파생어
② 금지 + 곡→합성어
③ 한자 + 음→합성어
④ 핵 + 폭발→합성어

‖정답 ①

section 3 단어의 형성

(1) 짜임새에 따른 단어의 종류

① 단일어 … 하나의 실질 형태소로 이루어진 말이다.

　例 땅, 하늘, 메아리

② 복합어 … 둘 이상의 형태소로 이루어진 말이다(파생어, 합성어).

　例 밤나무, 알밤

(2) 파생어

실질 형태소(어근) + 형식 형태소(접사)로 이루어진 말이다.

① 어근 … 형태소가 결합하여 단어를 형성할 때, 실질적인 의미를 나타내는 부분이다.

② 접사 … 어근에 붙어 그 뜻을 제한하는 부분이다.

　㉠ 접두사 : 어근 앞에 붙어 그 어근에 뜻을 더해 주는 접사

　　例 덧(접두사) + 버선(어근), 풋(접두사) + 고추(어근), 맏(접두사) + 아들(어근)

　㉡ 접미사 : 어근 뒤에 붙는 접사로 그 어근에 뜻을 더하기도 하고 때로는 품사를 바꾸기도 하는 접사

　　例 사냥(어근) + 꾼(접미사), 일(어근) + 하(접미사) + 다

(3) 합성어

실질 형태소(어근) + 실질 형태소(어근)로 이루어진 말이다.

① 합성법의 유형

　㉠ 통사적 합성법 : 우리말의 일반적인 단어 배열법과 일치하는 것으로 대부분의 합성어가 이에 해당된다.

　　例 작은형(관형사형 + 명사)

　㉡ 비통사적 합성법 : 우리말의 일반적인 단어 배열법에서 벗어나는 합성법이다.

　　例 늦더위('용언의 어간 + 명사로 이러한 문장 구성은 없음)

② 통사적 합성어와 구(句)

　㉠ 통사적 합성어는 구를 이룰 때의 방식과 일치하므로 구별이 어려울 때가 있다.

　㉡ 통사적 합성어는 분리성이 없어 다른 말이 끼어들 수 없다.

　　例 ・구 : 작은 아버지 → 작은 나의 아버지
　　　　・통사적 합성어 : 작은아버지 → 작은나의아버지(×)

　㉢ 통사적 합성어는 합성 과정에서 소리와 의미가 변화되기도 한다.

　　・의미 변화
　　　例 밤 + 낮 → 밤낮(늘)

- 소리 변화

  예 배 + 사공 → 뱃사공

③ **통사적 합성어와 비통사적 합성어의 구별**

  ㉠ 조사가 생략되면 통사적 합성어이다.

  예 손에 쉽다 → 손쉽다, 낯이 설다 → 낯설다, 길의 바닥 → 길바닥

  ㉡ 어미가 생략되면 비통사적 합성어이다.

  예 늦은 더위 → 늦더위, 굵고 주리다 → 굶주리다, 굳고 세다 → 굳세다

  ㉢ 부사가 용언을 꾸며주면 통사적 합성어, 체언을 꾸며주면 비통사적 합성어이다.

  ㉣ 용언과 용언이 결합할 때 보조적 연결어미 '아, 게, 지, 고'가 들어가면 통사적 합성어, 들어가지 않으면 비통사적 합성어이다.

④ **합성어의 의미상 갈래**

  ㉠ **대등 합성어(병렬 합성어)** : 어근이 대등하게 본래의 뜻을 유지하는 합성어

  예 팔다리, 서넛, 여닫다, 뛰놀다

  ㉡ **종속 합성어(유속 합성어)** : 한쪽의 어근이 다른 한쪽의 어근을 수식하는 합성어

  예 손수건, 가죽신, 쇠못, 소고기, 쇠사슬

  ㉢ **융합 합성어** : 어근들이 완전히 하나로 융합하여 새로운 의미를 나타내는 합성어

  예 피땀, 빈말, 집안, 바늘방석, 실마리, 종이호랑이

section 4 품사

[품사의 분류체계]

형태에 따라	기능에 따라	의미에 따라
불변어	체언	명사, 대명사, 수사
	수식언	관형사, 부사
	독립언	감탄사
	관계언	조사
가변어	용언	동사, 형용사, 서술격 조사(-이다)

(1) 체언

주어, 목적어, 보어 등으로 쓰이며, 그 형태가 변하지 않는다.

① **명사** … 사람이나 사물의 이름을 표시하는 단어를 말한다.

  ㉠ **보통 명사** : 사물에 두루 쓰이는 명사

  예 책상, 하늘

기출문제

밑줄 친 단어의 품사를 같은 것 끼리 묶은 것은?

▶ 2019. 4. 6. 인사혁신처

• 쌍둥이도 서로 성격이 ㉠다른 법이다.
• 날씨가 건조하면 나무가 잘 ㉡크 지 못한다.
• 남부 지방에 홍수가 ㉢나서 많 은 수재민이 생겼다.
• 그 사람이 농담은 하지만 ㉣허 튼 말은 하지 않는다.
• 상대에게 자유를 주는 것이 진정 한 사랑이 ㉤아닐까?

① ㉠, ㉡   ② ㉡, ㉢
③ ㉢, ㉣   ④ ㉣, ㉤

Tip ㉠ 다르다 : 비교가 되는 두 대 상이 서로 같지 아니하다. → 형용사
㉡ 크다 : 동식물이 몸의 길이 가 자라다. → 동사
㉢ 나다 : 홍수, 장마 따위의 자 연재해가 일어나다. → 동사
㉣ 허튼 : 쓸데없이 헤프거나 막 된 → 관형사
㉤ 아니다 : ('의문형으로 쓰여) 물음이나 짐작의 뜻을 나 타내는 말. 사실을 긍정적 으로 강조하는 효과가 있 다. → 형용사

▌정답 ②

118

㉡ **고유 명사** : 특정한 사람이나 사물을 가리키는 명사
예 절수, 농대문

㉢ **자립 명사** : 다른 말의 도움을 받지 않고 쓰이는 명사
예 집, 꽃, 동대문, 지하철

㉣ **의존 명사** : 다른 말에 기대어 쓰이는 명사
예 것, 줄, 수, 바, 데, 척, 채, 대로, 만큼, 나위

② **대명사** … 사람, 사물, 장소의 이름을 대신하여 가리키는 단어를 말한다.

㉠ **인칭 대명사** : 사람을 가리키는 대명사
예 나, 너, 우리, 그, 그녀

㉡ **지시 대명사** : 사물이나 장소를 가리키는 대명사
예 이것, 여기

Point 팁 **대명사와 관형사의 구분**(이, 그, 저)
㉠ 조사가 붙으면 대명사 : 이가, 저를, 그는
㉡ 조사 없이 뒤에 오는 체언을 수식하면 관형사 : 이 학생, 저 사람, 그 나무

③ **수사** … 수량이나 순서를 가리키는 단어를 말한다.
예 하나, 일, 첫째, 제일

Point 팁 **수사와 관형사의 구분**
㉠ 조사가 붙으면 수사 : 아이들 열이 모였다.
㉡ 수(數)가 단위를 나타내는 의존 명사 앞에 오면 관형사 : 배 한 척을 빌렸다.

(2) 용언

문장에서 주로 서술어로 쓰이고 그 형태가 변한다.

① **동사** … 사람이나 사물의 움직임을 나타내는 단어를 말한다.
예 뛰다, 걷다, 먹다, 날다

② **형용사** … 사람이나 사물의 상태나 성질을 나타내는 단어를 말한다.
예 맑다, 예쁘다, 이러하다

③ **본용언과 보조용언**

㉠ **본용언** : 실질적인 의미를 나타내며 단독으로 서술 능력을 가지는 용언
예 철수가 놀고 있다.

㉡ **보조용언** : 자립성이 없거나 약하여 본용언에 기대어 그 말의 뜻을 도와주는 용언
예 철수가 놀고 있다.

④ **활용** … 동사나 형용사의 어간에 여러 다른 어미가 붙어서 단어의 형태가 변하 는 것을 가리켜 활용이라 한다.
예 먹다 – 먹고, 먹어서, 먹을, 먹는 등

㉠ **규칙 용언** : 용언이 활용할 때에 어간과 어미의 모습이 일정한 대부분의 용언

ⓒ 불규칙 용언 : 국어의 일반적인 음운 규칙으로는 설명이 불가능하게 어간이나 어미의 모습이 달라지는 용언

　예　ㅅ 불규칙, ㄷ 불규칙, ㅂ 불규칙, ㅎ 불규칙, 우 불규칙, 러 불규칙, 르 불규칙, 여 불규칙, 거라 불규칙, 너라 불규칙

⑤ 어미

　㉠ 선어말 어미 : 어간과 어말 어미 사이에 오는 어미

　　• 높임 선어말 어미 : -시-(주체 높임)

　　　예　하시다

　　• 공손 선어말 어미 : -옵-, -오-

　　　예　바라옵건대

　　• 시제 선어말 어미 : -았- / -었-(과거), -는- / -ㄴ-(현재), -겠-(미래), -더-(회상)

　　　예　잡았다, 잡는다, 잡겠다, 잡더라

　㉡ 어말 어미 : 단어의 끝에 오는, 단어를 끝맺는 어미

　　• 종결 어미 : 평서형, 감탄형, 의문형, 명령형, 청유형

　　• 연결 어미 : 대등적, 종속적, 보조적 연결 어미

　　• 전성 어미 : 명사형, 관형사형 전성 어미

(3) 수식언

① 관형사 … 체언을 꾸며 주는 구실을 하는 단어를 말한다.

　예　새 책, 헌 옷

② 부사 … 주로 용언을 꾸며 주는 구실을 하는 단어를 말한다.

　예　빨리, 졸졸, 그러나

(4) 관계언(조사)

① 격조사 … 체언 뒤에 붙어 그 체언으로 하여금 일정한 문법적 자격을 가지게 하는 조사이다.

　예　이 / 가(주격), 이다(서술격), 을 / 를(목적격), 의(관형격), 이 / 가(보격), 에(부사격), 아 / 야(호격)

② 보조사 … 앞에 오는 체언에 특별한 의미를 더해 주는 조사이다.

　예　은 / 는(대조), 도(역시), 만(유일), 까지 / 마저 / 조차(극한, 한계, 첨가), 부터(출발), 마다(보편), 나 / 나마(최후, 선택)

③ 접속 조사 … 두 단어를 같은 자격으로 이어 주는 조사이다. 양쪽의 체언을 대등하게 연결하여 같은 문장성분이 되게 한다.

　예　와 / 과, (이)며, 하고, (이)랑

(5) 독립언(감탄사)

문장에서 독립적으로 쓰인다. 감정을 넣어 말하는 이의 놀람, 느낌, 부름, 대답을 나타내는 단어를 말한다.

　예　어머나, 아이쿠, 예

기출문제

문 밑줄 친 부분의 활용형이 옳지 않은 것은?

▶ 2020. 6. 13. 지방직/서울특별시

① 집에 오면 그는 항상 사랑채에 머물었다.

② 나는 고향 집에 한 사나흘 머무르면서 쉴 생각이다.

③ 일에 서툰 것은 연습이 부족한 까닭이다.

④ 그는 외국어가 서투르므로 해외 출장을 꺼린다.

Tip '머무르다'는 어간 '머무르-'에 모음 어미가 오면 '르'가 모음 어미 앞에서 'ㄹㄹ'로 바뀌는 '르' 불규칙 활용을 하므로 '머물렀다'로 적는 것이 옳다.

문 밑줄 친 단어의 품사로 가장 옳지 않은 것은?

▶ 2018. 6. 23. 제2회 서울특별시

① 나도 참을 만큼 참았다. 〈의존 명사〉

나도 그 사람만큼 할 수 있다. 〈조사〉

② 오늘은 바람이 아니 분다. 〈부사〉

아니, 이럴 수가 있단 말인가? 〈감탄사〉

③ 그 아이는 열을 배우면 백을 안다. 〈명사〉

열 사람이 백 말을 한다. 〈관형사〉

④ 그는 의지적이다. 〈명사〉

그는 의지적 인간이다. 〈관형사〉

Tip ③ 그 아이는 열을 배우면 백을 안다. → 수사(조사 '을' 결합)
열 사람이 백 말을 한다. → 관형사(체언 '말' 수식)

┃정답 ①, ③

1 다음 중 비통사적 합성어로만 짝지어진 것은?

① 작은형, 늦더위   ② 큰집, 뱃사공

③ 밤낮, 굶주리다   ④ 굳세다, 접칼

2 '꽃이 예쁘게 피었다.'라는 문장에 대한 설명으로 옳지 않은 것은?

① 단어의 수는 4개이다.   ② 8개의 음절로 되어 있다.

③ 실질 형태소는 4개이다.   ④ 3개의 어절로 되어 있다.

3 다음 문장을 형태소로 바르게 나눈 것은?

> 가을 하늘은 높고 푸르다.

① 가을 / 하늘은 / 높고 / 푸르다.   ② 가을 / 하늘 / 은 / 높고 / 푸르다.

③ 가을 / 하늘 / 은 / 높 / 고 / 푸르다.   ④ 가을 / 하늘 / 은 / 높 / 고 / 푸르 / 다.

4 다음 문장에서 의존 형태소이면서 실질 형태소인 것은?

> 영희가 책을 읽었다

① 영희   ② 읽-

③ -가   ④ -었-

5 다음 중 의존 형태소로만 이루어진 단어는?

① 감나무　　　　　　　　　　　② 사냥꾼
③ 달맞이꽃　　　　　　　　　　④ 내달리다

6 다음 중 단일한 형태소로 이루어진 단어가 아닌 것은?

① 나무　　　　　　　　　　　　② 어머나
③ 학교　　　　　　　　　　　　④ 부산

7 다음 중 밑줄 친 부분의 품사가 다른 하나는?

① 과연 이 일은 앞으로 어떻게 될 것인가?
② 전에는 그를 더러 보았지만 요새는 전혀 보이지 않는다.
③ 세월이 물과 같이 흐른다.
④ 원하는 대로 이루어졌다.

8 다음 중 의존 명사가 없는 문장은?

① 그는 할 만큼 했다.　　　　　　② 열심히 운동할 뿐이다.
③ 구름에 달 가듯이 가겠다.　　　④ 학생인 양 행동하지 마라.

9 다음 중 밑줄 친 낱말이 보조 용언으로 쓰인 것은?

① 아이들은 청소를 끝내고 갔다.　　② 내가 먼저 그 옷을 입어 보았다.
③ 그들은 어려운 이웃을 잘 돕는다.　④ 전철에서 아이들이 소리치며 웃었다.

10 다음 중 불규칙 활용을 하는 용언이 아닌 것은?

① 씻다

② 돕다

③ 흐르다

④ 노랗다

11 다음 밑줄 친 단어 중 관형사인 것은?

① 너 오늘 <u>아주</u> 멋지다.

② <u>세</u> 사람이 회의에 불참했다.

③ 우산 <u>셋</u>이 나란히 걸어옵니다.

④ 급한 마음에 문을 <u>쾅쾅</u> 두드렸다.

12 다음 글에서 밑줄 친 부분의 예로 옳은 것은?

> 파생어는 실질적 의미를 지닌 어근에 접사가 붙어서 형성된 단어를 일컫는다. 이때 접사는 그 위치에 따라 접두사와 접미사로 나뉘는데, 어근에 접두사와 접미사가 모두 붙어 단어가 만들어지기도 한다. 또한 접사는 기능에 따라 어근의 뜻만 한정하는 한정적 접사와 품사를 바꾸는 <u>지배적 접사</u>로 나누기도 한다.

① 지붕

② 덮개

③ 군소리

④ 선무당

13 밑줄 친 부분이 다음과 같은 성격을 가지는 품사에 속하지 않는 것은?

> • 체언 앞에 놓여서 체언, 주로 명사를 꾸며준다.
> • 조사와 결합할 수 없으며 형태가 변하지 않는다.
> • 체언 중 수사와는 결합할 수 없다.

① <u>새</u> 옷

② <u>외딴</u> 오두막집

③ <u>매우</u> 빠른

④ <u>순</u> 우리말

14 다음을 고려할 때, 단어 형성 방식이 나머지 셋과 다른 것은?

> 단어는 하나 이상의 형태소가 결합한 단위인데, '산, 강'처럼 하나의 어근으로 이루어진 단어를 단일어라고 한다. 한편 '풋사과'처럼 파생 접사와 어근이 결합하여 이루어진 단어를 파생어라고 하며, '밤낮'처럼 둘 이상의 어근이 결합하여 만들어진 단어를 합성어라고 한다.

① 군말
② 돌다리
③ 덧가지
④ 짓누르다

15 다음 국어사전의 정보를 참고할 때, 접두사 '군-'의 의미가 다른 것은?

> 군 - 접사 (일부 명사 앞에 붙어)
> ① '쓸데없는'의 뜻을 더하는 접두사
> ② '가외로 더한', '덧붙은'의 뜻을 더하는 접두사

① 그녀는 신혼살림에 군식구가 끼는 것을 원치 않았다.
② 이번에 지면 깨끗이 군말하지 않기로 합시다.
③ 건강을 유지하려면 운동을 해서 군살을 빼야 한다.
④ 그는 꺼림칙한지 군기침을 두어 번 해 댔다.

정답및해설

1	④	2	③	3	④	4	②	5	④
6	③	7	④	8	③	9	②	10	①
11	②	12	②	13	③	14	②	15	①

1 합성어
　㉠ 통사적 합성어 : 작은형, 큰집, 뱃사공, 밤낮
　㉡ 비통사적 합성어 : 늦더위, 굶주리다, 굳세다, 접칼

2 ① '꽃 / 이 / 예쁘게 / 피었다'로 단어의 수는 4개이다.
　② '꼬 / 치 / 예 / 쁘 / 게 / 피 / 어 / 따'로 8개의 음절로 되어 있다.
　③ '꽃, 예쁘-, 피-'로 실질 형태소는 3개이다.
　④ '꽃이 / 예쁘게 / 피었다'로 3개의 어절로 되어 있다.

3 용언의 어간과 어미는 각각 하나의 형태소 자격을 가지므로, '높고'와 '푸르다'는 각각 '높-고', '푸르-다'로 나누어야 한다.
　② 단어(낱말)로 나눈 것이다.

4 실질 형태소이면서 의존 형태소인 것은 '용언의 어간'이다.
　① 자립 형태소이면서 실질 형태소이다.
　③ 의존 형태소이면서 형식 형태소이다.
　④ 의존 형태소이면서 형식 형태소이다.

5 '내달리다'는 의존 형태소인 '내-, 달리-, -다'로 이루어진 단어이다.
　①②③ '감, 나무, 사냥, 달, 꽃은 홀로 쓰일 수 있는 자립 형태소이다.

6 ③ 한자어의 경우 본래 표의 문자이기 때문에 각각의 글자가 하나의 형태소가 된다.

7 '대로'는 '어떤 모양이나 상태와 같이'의 의미를 가지는 의존명사이다.
　① 부사 : 결과에 있어서도 참으로
　② 부사 : 전체 가운데 얼마쯤
　③ 부사 : 둘 이상의 사람이나 사물이 함께, 어떤 상황이나 행동 따위와 다름이 없이

8 ① 만큼
　② 뿐
　③ 가듯이 : 가(어간) + 듯이(어미)
　④ 양

9 보조 용언은 본용언의 뒤에서 그 말의 뜻을 도와주는 용언으로 자립성이 희박하거나 결여되어 있으며 생략해도 문장의 의미가 변하지 않는다.
② '보았다'를 생략해도 문장의 의미가 변하지 않으므로 보조 용언이며 본용언은 '입어'이다.

10 ① '씻다'는 규칙 활용을 하는 용언이다.
※ 불규칙 활용 … 보편적인 음운 규칙으로 설명되지 않는 활용이다.
㉠ 어간이 바뀌는 불규칙 : ㅅ · ㄷ · ㅂ · 르 불규칙
㉡ 어미가 바뀌는 불규칙 : 여 · 러 · 거라 · 너라 불규칙
㉢ 어간과 어미가 바뀌는 불규칙 : ㅎ 불규칙

11 '세'가 뒤에 오는 명사 '사람'을 수식하여 그 수량을 나타내므로 수관형사에 해당한다.
①④ 부사 ③ 수사

12 '덮다'라는 동사에 '개'라는 접사를 붙여 명사가 되었다.
①③④ 한정적 접사

13 ①②④ 관형사 ③ 부사

14 돌(어근)+다리(어근) → 합성어
① 군(접두사)+말(어근) → 파생어
③ 덧(접두사)+가지(어근) → 파생어
④ 짓(접두사)+누르다(어근) → 파생어

15 '가외로 더한', '덧붙은'의 의미를 가짐
②③④ '쓸데없는'의 의미를 가짐

04 문장

기출문제

section 1 문장의 기본구조

(1) 교육의 규범적 이해

문장의 의미는 크게 문장의 주체와 이를 서술하는 두 부분으로 나눌 수 있다.

① 누가(무엇이) + 무엇이다 (명사문)

　예 나는 학생이다.

② 누가(무엇이) + 어떠하다 (형용사문)

　예 꽃이 예쁘다.

③ 누가(무엇이) + 어찌하다 (동사문)

　예 새가 난다.

section 2 문장의 성분

(1) 주성분

① 주어 … 문장에서 설명하고자 하는 대상으로서 '누가', '무엇이'에 해당한다.

　예 하늘이 아름답다.

② 서술어

　㉠ 대상에 대한 설명으로서 '무엇이다', '어떠하다', '어찌하다'에 해당한다.

　　예 물이 흐른다.

　㉡ 환경에 따라 서술어는 자릿수가 달라진다. 서술어의 자릿수란 서술어가 요구하는 필수성분의 수를 말하며, 필수성분이란 주어, 목적어, 보어, 부사어이다.

　　예 아이들이 즐겁게 논다. (한 자리 서술어)
　　　 아이들이 윷을 논다. (두 자리 서술어)

🔍 밑줄 친 부분의 문장 성분이 다른 하나는?

▶ 2019. 6. 15. 제2회 서울특별시

① 그는 밥도 안 먹고 일만 한다.
② 몸은 아파도 <u>마음만은</u> 날아갈 것 같다.
③ 그는 그녀에게 <u>물만</u> 주었다.
④ 고향의 <u>사투리까지</u> 싫어할 이유는 없었다.

Tip '도, 만, 은, 까지'는 보조사로 문장성분을 드러내는 것이 아니라 '도(첨가), 까지(강조), 만(한정)' 등과 같이 의미를 첨가하는 역할을 한다. 이에 비해 격조사는 체언의 문장 성분을 드러내는 기능을 한다. 하지만 격조사는 생략 가능하며 보조사가 결합하는 경우 거의 생략을 하니 문장성분을 바로 파악할 수 없다. 이때는 서술어(용언)에 주목할 필요가 있다. 서술어의 성격에 따라 목적어, 보어, 부사어를 필요로 할 수 있기 때문이다. 이를 문법 개념으로 서술어의 자릿수라고도 한다. '먹다, 주다, 싫다'는 타동사로 목적어를 필요로 하지만 '날아가다'는 자동사로 목적어를 필요로 하지 않는다.
② '마음만은'은 '날아갈 것 같다'의 주어로, 보조사 '만'과 결합한 보조사 '은'이 주격 조사 대신 쓰여 문장의 주어 역할을 수행하고 있다. ①, ③, ④는 모두 목적어의 역할을 수행하고 있다.

정답 ②

[서술어의 자릿수]

종류	뜻	형태와 예
한 자리 서술어	주어만 요구하는 서술어	주어 + 서술어 예 새가 운다.
두 자리 서술어	주어 이외에 또 하나의 필수적 문장 성분을 요구하는 서술어	• 주어 + 목적어 + 서술어 예 나는 물을 마셨다. • 주어 + 보어 + 서술어 예 물이 얼음이 된다. • 주어 + 부사어 + 서술어 예 그는 지리에 밝다.
세 자리 서술어	주어 이외에 두 개의 필수적 문장 성분을 요구하는 서술어	• 주어 + 부사어 + 목적어 + 서술어 예 진희가 나에게 선물을 주었다. • 주어 + 목적어 + 부사어 + 서술어 예 누나가 나를 시골에 보냈다.

③ **목적어** … 서술어가 나타내는 동작이나 행위의 대상이 되는 말로서 '누구를', '무엇을'에 해당한다.

예 철수가 사과를 먹는다.

④ **보어** … 서술어 '되다', '아니다'가 주어 이외에 꼭 필요로 하는 성분으로서 '누가', '무엇이'에 해당한다. 보어는 서술어의 의미를 보충해 주는 구실을 한다.

예 철수가 회장이 되었다.

(2) 부속 성분과 독립 성분

① 부속 성분

㉠ 관형어 : 주로 사물, 사람과 같이 대상을 나타내는 말 앞에서 이를 꾸며 주는 역할을 한다.

예 새 구두가 예쁘다.

㉡ 부사어 : 일반적으로 서술어를 꾸며 그 의미를 자세히 설명해 주는 성분으로서, 다른 부사어나 관형어, 또는 문장 전체를 꾸며 주기도 한다.

예 철수가 꽃을 영희에게 주었다.

② **독립 성분(독립어)** … 다른 성분들과 직접적인 관계를 맺지 않고 독립적으로 쓰이는 성분으로서 부름, 감탄, 응답 등이 이에 속한다.

예 예, 제가 하겠습니다.

기출문제

사동법의 특징을 고려할 때 밑줄 친 단어의 쓰임이 옳은 것은?
▶ 2018. 5. 19. 제1회 지방직

① 그는 김 교수에게 박 군을 소개시켰다.
② 돌아오는 길에 병원에 들러 아이를 입원시켰다.
③ 생각이 다른 타인을 설득시킨다는 건 참 힘든 일이다.
④ 우리는 토론을 거쳐 다양한 사회적 갈등을 해소시킨다.

Tip 사동법은 문장의 주체가 자기 스스로 행하는 것이 아니라 남으로 하여금 어떤 동작이나 행동을 하게 하는 방법이다. '-시키다'는 사동의 뜻을 더하고 동사를 만드는 접미사이다.
② 문장에서 생략된 주어가 '아이'로 하여금 '입원'을 하게 한 문장이므로 사동법이 바르게 쓰였다.
① 소개시켰다 → 소개했다
③ 설득시킨다 → 설득한다
④ 해소시킨다 → 해소한다

│ 정답 ②

section ③ 문법의 요소

(1) 사동 표현

① **사동사** ⋯ 주어가 남에게 어떤 동작을 하도록 시키는 것을 나타내는 동사이다.
> 예 선생님이 영호에게 책을 읽히셨다.

② **주동사** ⋯ 주어가 직접 행하는 동작을 나타내는 동사이다.
> 예 영호가 책을 읽었다.

③ **사동 표현의 방법**
　㉠ 용언 어근 + 사동 접미사(-이-, -히-, -리-, -기-, -우-, -구-, -추-) → 사동사
> 예 죽다 → 죽이다, 익다 → 익히다, 날다 → 날리다

　㉡ 동사 어간 + '-게 하다'
> 예 선생님께서 영희를 가게 했다.

(2) 피동 표현

① **피동사** ⋯ 주어가 남의 행동을 입어서 행하게 되는 동작을 나타내는 동사이다.
> 예 토끼가 사냥꾼에게 잡히었다.

② **능동사** ⋯ 주어가 제 힘으로 행하는 동작을 나타내는 동사이다.
> 예 사냥꾼이 토끼를 잡았다.

③ **피동 표현의 방법**
　㉠ 동사 어간 + 피동 접미사(-이-, -히-, -리-, -기-) → 피동사
> 예 꺾다 → 꺾이다, 잡다 → 잡히다, 풀다 → 풀리다

　㉡ 동사 어간 + '-어 지다'
> 예 그의 오해가 철수에 의해 풀어졌다.

(3) 높임 표현

① **주체 높임법** ⋯ 용언 어간 + 선어말 어미 '-시-'의 형태로 이루어져 서술어가 나타내는 행위의 주체를 높여 표현하는 문법 기능을 말한다.
> 예 선생님께서 그 책을 읽으셨(시었)다.

② **객체 높임법** ⋯ 말하는 이가 서술의 객체를 높여 표현하는 문법 기능을 말한다 (드리다, 여쭙다, 뵙다, 모시다 등).
> 예 나는 그 책을 선생님께 드렸다.

③ **상대 높임법** … 말하는 이가 말을 듣는 상대를 높여 표현하는 문법 기능을 말한다.

㉠ **격식체**

등급	높임 정도	종결 어미	예
하십시오체	아주 높임	-ㅂ시오	여기에 앉으십시오.
하오체	예사 높임	-시오	여기에 앉으시오.
하게체	예사 낮춤	-게	여기에 앉게.
해라체	아주 낮춤	-아라	여기에 앉아라.

㉡ **비격식체**

등급	높임 정도	종결 어미	예
해요체	두루 높임	-아요	여기에 앉아요.
해체	두루 낮춤	-아	여기에 앉아.

Point 팁 공손한 뜻으로 높임을 나타낼 때는 선어말 어미 '-오-', '-사오-' 등을 쓴다.
예 변변치 못하오나 선물을 보내 드리오니 받아 주십시오.

(4) 시간 표현

① **발화시(發話時)와 사건시(事件時)**

㉠ **사건시** : 동작이나 상태가 일어난 시점

㉡ **발화시** : 말하는 이가 말하는 시점

② **시제** … 말하는 이의 발화시를 기준으로 어떤 일이 과거에 일어났는지, 현재에 일어나고 있는지, 미래에 일어날 것인지를 표시하는 문법 범주를 말한다.

㉠ **과거 시제** … 사건시가 발화시보다 앞설 때의 시제를 말한다.

• 선어말 어미 '-었-'에 의해 실현된다.
예 나는 사과를 먹었다.

• 관형사형 어미 '-ㄴ', '-은'에 의해 실현된다.
예 그 책을 읽은 사람들은 모두 감탄하였다.

Point 팁 **회상** … 과거의 경험을 돌이켜 생각하는 문법 기능으로, 선어말 어미 '-더-'에 의해 실현된다.
예 철수가 어제 책을 보더라.

㉡ **현재 시제** … 발화시와 사건시가 일치하는 시제를 말한다.

• 선어말 어미 '-는-'에 의해 실현된다.
예 그는 지금 밥을 먹는다.

• 관형사형 어미 '-는'에 의해 실현된다.
예 도서관은 책을 읽는 학생들로 붐빈다.

기출문제

문 다음 글의 괄호 안에 들어갈 문장으로 적절한 것은?
▶ 2019. 4. 6. 인사혁신처

국어의 높임법에는 말하는 이가 듣는 이에 대하여 높이거나 낮추어 말하는 상대 높임법, 서술어의 주체를 높이는 주체 높임법, 서술어의 객체를 높이는 객체 높임법 등이 있다. 이러한 높임 표현은 한 문장에서 복합적으로 실현되기도 하는데, (   )의 경우 대화의 상대, 서술어의 주체, 서술어의 객체를 모두 높인 표현이다.

① 아버지께서 할머니를 모시고 댁에 들어가셨다.

② 제가 어머니께 그렇게 말씀을 드리면 될까요?

③ 어머니께서 아주머니께 이 김치를 드리라고 하셨습니다.

④ 주민 여러분께서는 잠시만 제 이야기에 귀를 기울여 주시기 바랍니다.

Tip ③ 어머니께서(주체 높임법) 아주머니께(객체 높임법) 이 김치를 드리라고(객체 높임법) 하셨습니다(주체 + 상대 높임법).

┃정답 ③

ⓒ 미래 시제: 사건시가 모두 발화시 이후일 때의 시제를 말한다.

• 선어말 어미 '-겠-'에 의해 실현된다.

　예 내일은 비가 오겠다.

• 관형사형 어미 '-ㄹ'에 의해 실현된다.

　예 야영할 사람은 미리 신청해라.

• '-겠-'은 추측과 의지, 가능성을 나타내기도 한다.

　예 내일도 비가 오겠다. (추측)
　　　내가 먼저 가겠다. (의지)
　　　나도 그 정도의 문제는 풀겠다. (가능성)

(5) 부정 표현

① '안' 부정문 ··· '아니(안)', '아니다', '-지 아니하다(않다)'에 의한 부정문으로, 단순 부정이나 주체의 의지에 의한 부정을 나타낸다.

　㉠ 짧은 부정문: '아니(안)' + 용언

　　예 철수는 영희를 안 만났다.

　㉡ 긴 부정문: '용언 어간 + -지(보조적 연결 어미)' + 아니하다

　　예 철수는 영희를 만나지 않았다.

　㉢ 제약

　　• 음절이 긴 형용사는 짧은 부정문이 될 수 없다.

　　　예 할미꽃은 안 아름답다(×). → 할미꽃은 아름답지 않다(○).

　　• 깨닫다, 견디다, 알다 등의 동사는 '안' 부정문이 될 수 없다('안' 부정문은 주어의 의지와 관계된 말이며, 예로 든 동사는 의지의 방향이 긍정적으로만 작용할 수 있기 때문).

　　　예 안 깨닫다(×), 깨닫지 않았다(×), 깨닫지 못했다(○)

　　• 부정의 초점에 따라 부정의 대상이 달라진다(중의성).

　　　예 나는 철수를 때리지 않았다. 나는 철수를 안 때렸다.
　　　　　해석 1: 내가 철수를 때리지 않았다. 영수가 때렸다(주어 부정).
　　　　　해석 2: 내가 철수를 때리지 않았다. 영수를 때렸다(목적어 부정)
　　　　　해석 3: 내가 철수를 때리지 않았다. 떠밀기만 했다(서술어 부정).

　　• 중의성 제거 방법: 긴 부정문의 어미 '-지' + 보조사(서술어만 부정)

　　　예 나는 철수를 때리지 않았다.
　　　　　나는 철수를 때리지는 않았다(밀기만 했다).
　　　　　나는 철수를 때린 것은 아니다.

② '못' 부정문 ··· '못', '-지 아니하다'에 의한 부정문으로, 주체의 능력 부족이나 외부의 원인에 한 불가능을 나타낸다.

　㉠ 짧은 부정문: '못' + 용언

　　예 철수는 영희를 못 만났다.

　㉡ 긴 부정문: '용언 어간 + -지(보조적 연결 어미) + 못하다'

　　예 철수는 영희를 만나지 못했다.

ⓒ 제약

- 형용사가 서술어로 쓰일 때는 '못'을 안 쓰는 것이 원칙이다.
  예 운동장이 넓다. → 운동장이 못 넓다(×).
- 기대에 미치지 못함을 아쉬워할 때는 형용사를 긴 부정문으로 쓸 수 있다.
  예 운동장이 넓지 못하다.
- '고민하다, 걱정하다, 후회하다, 잃다, 당하다' 등의 동사는 '못' 부정문이 성립될 수 없다(의미의 충돌이 발생).
- '안' 부정문처럼 의미의 중의성을 가지고, 긴 부정문의 경우 어미 '-지'에 보조사를 결합하면 중의성이 제거된다.

③ '말다' 부정문 … 명령형이나 청유형에서 사용되어 금지를 나타낸다. 서술어가 동사인 경우에만 가능하나 일부 형용사에서 사용될 경우에는 '기원'의 의미를 지닌다.

예 영희를 만나지 마라. (금지)
집이 너무 작지만 마라. (기원)

section 4 문장의 짜임

(1) 홑문장

주어와 서술어의 관계가 한 번만 맺어지는 문장을 말한다.

예 첫눈이 내린다.

(2) 겹문장

주어와 서술어의 관계가 두 번 이상 맺어지는 문장으로, 안은문장과 이어진문장이 있다.

① 안은문장 … 독립된 문장이 다른 문장의 성분으로 안기어 이루어진 겹문장을 말한다.

ㄱ **명사절로 안김**: 한 문장이 다른 문장으로 들어가 명사 구실을 한다.
  예 영미가 그림에 소질이 있음이 밝혀졌다.

ㄴ **서술절로 안김**: 한 문장이 다른 문장으로 들어가 서술어 기능을 한다.
  예 곤충은 다리가 여섯 개다.

ㄷ **관형절로 안김**: 한 문장이 다른 문장으로 들어가 관형어 구실을 한다.
  예 그가 노벨 문학상을 받게 되었다는 소문이 있다.

ㄹ **부사절로 안김**: 파생 부사 '없이, 달리, 같이' 등이 서술어 기능을 하여 부사절을 이룬다.
  예 산 그림자가 소리도 없이 다가온다.

ㅁ **인용절로 안김**: 인용문이 다른 문장으로 들어가 안긴다.
  예 나폴레옹은 자기의 사전에 불가능은 없다고 말했다.

문 안긴문장이 없는 것은?
▶ 2020. 7. 11. 인사혁신처
① 나는 동생이 시험에 합격하기를 고대한다.
② 착한 영호는 언제나 친구들을 잘 도와준다.
③ 해진이는 울산에 살고 초희는 광주에 산다.
④ 아버지께서는 나에게 내일 가족 여행을 가자고 말씀하셨다.

Tip ③은 대등하게 이어진 문장이다. '해진이는 울산에 산다+초희는 광주에 산다'가 결합한 문장으로 '-고'라는 대등적 연결어미로 연결된 문장이다.
① '동생이 시험에 합격하기가' 명사절로 안긴문장이다.
② '(영호는) 착하다'가 관형절로 안긴문장이다.
④ '내일 가족 여행을 가자'에 간접 인용 조사 '고'가 붙어 인용절이 안긴문장이다.

문 안긴문장이 주성분으로 쓰이지 않은 것은?
▶ 2016. 4. 9. 인사혁신처
① 그 학교는 교정이 넓다.
② 농부들은 비가 오기를 학수고대했다.
③ 아이들이 놀다 간 자리는 항상 어지럽다.
④ 대화가 어디로 튈지 아무도 몰랐다.

Tip ③ '아이들이 놀다 가다'라는 안긴문장이 '자리'를 수식하는 관형어로 쓰였다.
① '교정이 넓다'라는 안긴문장이 전체 문장의 서술어로 쓰였다.
② '비가 오다'라는 안긴문장이 '-기'와 결합하여 목적어로 쓰였다.
④ '대화가 어디로 튀다'라는 안긴문장이 '-ㄹ지'와 결합하여 목적어로 쓰였다.

| 정답 ③, ③

기출문제

⊕ 다음 예문 중 문장 구조가 다른 하나는?

▶ 2014. 6. 28. 서울특별시

① 철수는 그 예쁜 소녀가 자꾸 생각났다.
② 농부들은 비가 오기를 고대했다.
③ 봄이 되니까 온 강산에 꽃이 가득 피었다.
④ 돌이는 지금이 중요한 때임을 직감했다.
⑤ 철수는 김 선생님이 돌아가셨다고 말했다.

> **Tip** ③ 종속적으로 이어진문장
> ① 관형절을 안은문장
> ②④ 명사절을 안은문장
> ⑤ 인용절을 안은문장

Point 팁 절 … '주어 + 서술어' 구조를 가지면서 다른 문장의 성분이나 재료로 사용되는 말이다.

② 이어진 문장 … 둘 이상의 독립된 문장이 연결 어미에 의해 이어져 이루어진 겹문장을 말한다.

  ㉠ 대등하게 이어진 문장 : 대등적 연결 어미인 '−고, −(으)며, (으)나, −지만, −든지, −거나'에 의해 이어진다.

    예 낮말은 새가 듣고 밤말은 쥐가 듣는다.

  ㉡ 종속적으로 이어진 문장 : 종속적 연결 어미인 '−어(서), −(으)니까, −(으)면, −거든, (으)ㄹ수록'에 의해 이어진다.

    예 너희는 무엇을 배우려고 학교에 다니니?

Point 팁 **대등하게 이어진 문장과 종속적으로 이어진 문장의 구별** … 연결 어미에 이끌리는 앞의 절이 뒤의 절 속으로 자리를 옮길 수 있으면 종속적인 연결로 본다.

  예 • 봄이 오니 날씨가 따뜻하다. → 날씨가 봄이 오니 따뜻하다(○). (종속적으로 이어진 문장)
    • 인생은 짧고 예술은 길다. → 예술은 인생은 짧고 길다(×). (대등하게 이어진 문장)

┃정답 ③

1 다음 중 의지부정문으로 쓸 수 없는 용언이 아닌 것은?

① 있다   ② 깨닫다
③ 견디다   ④ 알다

2 다음 중 기본 구조가 다른 문장은?

① 소나기가 쏟아진다.   ② 올림픽은 화합의 장이다.
③ 개미가 기어간다.   ④ 추석이 다가온다.

3 사건시와 발화시가 일치하는 문장은?

① 내일은 비가 올 것 같다.   ② 철수가 도서관에서 공부를 하더라.
③ 학생들은 지금 운동장에서 달리기를 한다.   ④ 다음에는 꼭 합격할 것이다

4 다음 중 주어와 서술어가 두 번 이상 나타나는 문장은?

① 나는 그만 울어 버렸다.   ② 세상은 아주 빨리 변하고 있다.
③ 저 사람이 그 도둑을 잡았다.   ④ 수소가 중력에 의해 응축되어 별이 탄생한다.

5 다음 밑줄 친 것 중 서술어 자릿수가 다른 것은?

① 우체통에 편지 좀 <u>넣어</u> 줄 수 있니?

② 너에게 고맙다는 말을 <u>전하고</u> 싶어.

③ 그 <u>두꺼운</u> 책을 다 읽었니?

④ 네가 <u>보낸</u> 선물은 잘 받았어.

6 다음 밑줄 친 서술어 중에 필요로 하는 문장 성분이 가장 많은 것은?

① 개나리꽃이 활짝 <u>피었다</u>.

② 철수는 훌륭한 의사가 <u>되었다</u>.

③ 영희는 철수에게 선물을 <u>주었다</u>.

④ 우리 강아지가 낯선 사람을 <u>물었다</u>.

7 다음 중 서술어의 자릿수가 가장 많은 것은?

① 아름다운 종소리가 멀리멀리 퍼진다.

② 나는 마침내 그의 말을 믿게 되었다.

③ 어머니는 내게 무한한 사랑을 주셨다.

④ 한국의 기후는 농사짓기에 아주 적합하다.

8 다음 중 밑줄 친 동사의 종류가 다른 것은?

① 금메달을 땄다는 낭보를 <u>알렸다</u>.

② 어머니가 아이에게 밥을 <u>먹인다</u>.

③ 그 사연이 사람들을 <u>울린다</u>.

④ 앞 차가 뒷 차에게 따라 <u>잡혔다</u>.

9 다음 중 문장의 구성 성분이 옳지 않은 것은?

① 민주가 노래를 부른다 – 주어 + 목적어 + 서술어
② 사람들이 바쁘게 다닌다 – 주어 + 부사어 + 서술어
③ 아이들이 파란 공을 찬다 – 주어 + 부사어 + 목적어 + 서술어
④ 그 사람은 학생이 아니다 – 관형어 + 주어 + 보어 + 서술어

10 다음 중 목적어가 들어 있지 않은 문장은?

① 시간을 아껴 써라.
② 사람은 빵으로만 살 수 없다.
③ 영철이는 노래도 잘 부른다.
④ 콩 심은 데 콩 나고 팥 심은 데 팥 난다.

11 ㉠~㉢의 밑줄 친 부분이 높이고 있는 인물은?

㉠ 할아버지께서는 아버지의 사업을 <u>도우신다</u>.
㉡ 형님이 선생님을 <u>모시고</u> 집으로 왔다.
㉢ 할머니, 아버지가 고모에게 전화하는 것을 <u>들었어요</u>.

	㉠	㉡	㉢
①	아버지	선생님	할머니
②	아버지	형님	아버지
③	할아버지	형님	아버지
④	할아버지	선생님	할머니

12 다음 중 높임 표현이 어색한 것은?

① 할머니는 귀가 밝으십니다.　　　② 아버지께서 출장을 가셨습니다.

③ 철수야, 할아버지께서 오시래.　　④ 할아버지께서 진지를 잡수십니다.

13 다음 중 피동 표현이 쓰이지 않은 것은?

① 창호지 문이 찢어졌다.

② 개그맨이 관객을 웃기고 있다.

③ 운동장의 잔디가 밟혀서 엉망이 되었다.

④ 많은 사람들에게 읽힌다고 좋은 소설은 아니다.

14 ㉠~㉣ 중 지시 대상이 같은 것끼리 묶인 것은?

> 철호 : 지난번 빌려갔던 ㉠의 책은 별로 재미가 없어. ㉡그 책은 어때?
>
> 영희 : 응. ㉢의 책은 꽤 재미있던데, 철호야 ㉣저 책 읽어봤니?
>
> 철호 : 아니, 저 책은 안 봤는데.

① ㉠, ㉢　　　　　　　　　　　② ㉠, ㉣

③ ㉡, ㉢　　　　　　　　　　　④ ㉡, ㉣

15 다음 중 접사에 의한 사동문을 만들 수 없는 용언은?

① 돋다　　　　　　　　　　　　② 벗다

③ 남다　　　　　　　　　　　　④ 노래하다

16 다음 중 높임 표현이 바르게 쓰인 것은?

① 할아버지, 아버지가 지금 막 집에 왔습니다. ② 그 분은 다섯 살 된 따님이 계시다.

③ 영수야, 선생님이 빨리 오시래. ④ 할머니께서는 이빨이 참 좋으십니다.

17 다음 중 높임의 방법이 다른 하나는?

① 도시락을 선생님께 드려라. ② 선생님께서 축구를 하십니다.

③ 아버지께서 점심을 드십니다. ④ 그 분은 환경 운동을 하십니까?

18 다음 중 홑문장인 것은?

① 커다란 달이 떠오른다. ② 코끼리는 코가 길다.

③ 영수는 야구와 농구를 좋아한다. ④ 그가 드디어 얼굴에 미소를 띠었다.

19 다음 중 겹문장의 성격이 다른 하나는?

① 영미가 그림에 소질이 있음이 밝혀졌다.

② 그가 노벨 문학상을 받게 되었다는 소문이 있다.

③ 낮말은 새가 듣고 밤말은 쥐가 듣는다.

④ 산 그림자가 소리도 없이 다가온다.

20 다음 중 밑줄 친 어구에 포함된 어미의 문법적 혹은 의미적 기능이 다른 것은?

① 산이 높고 물이 맑다. ② 철수는 큰데 영희는 작다.

③ 산은 높지만 물은 흐리다. ④ 라디오를 틀고 뉴스를 들었다.

정답및해설

1	①	2	②	3	③	4	④	5	③
6	③	7	③	8	④	9	③	10	②
11	④	12	③	13	②	14	③	15	④
16	①	17	①	18	④	19	③	20	④

1 '깨닫다', '견디다', '알다' 등의 동사는 의지의 방향이 긍정적으로만 작용할 수 있기 때문에 의지부정문인 '안' 부정문이 될 수 없다.

2 '무엇이 무엇이다'는 명사문이다.
①③④ 동사문

3 사건시와 발화시가 모두 현재이다.
① 사건시 < 발화시
② 사건시 > 발화시
④ 사건시 < 발화시

4 ④ 수소가(주어) + 중력에(부사어) + 의해(서술어) + 응축되어(서술어) + 별이(주어) + 탄생한다(서술어)

5 '두껍다'는 '무엇이 어찌하다'라는 한 자리 서술어이다.
① '누가 무엇을 어디에 넣다'라는 세 자리 서술어
② '누가 누구에게 무엇을 전하다'라는 세 자리 서술어
④ '누가 무엇을 누구에게 보내다'라는 세 자리 서술어

6 ① '피었다'는 주어(개나리꽃이)를 필요로 하는 한 자리 서술어이다.
② '되었다'는 주어(철수는)와 보어(의사가)를 필요로 하는 두 자리 서술어이다.
③ '주었다'는 주어(영희는)와 부사어(철수에게), 목적어(선물을)를 필요로 하는 세 자리 서술어이다.
④ '물었다'는 주어(강아지가)와 목적어(사람을)를 필요로 하는 두 자리 서술어이다.

7 서술어의 자릿수
① '퍼진다' - 한 자리 서술어
② '되었다' - 두 자리 서술어
③ '주다' - 세 자리 서술어
④ '적합하다' - 두 자리 서술어
※ 서술어의 자릿수
　㉠ 한 자리 서술어 : 주어만 요구하는 서술어
　㉡ 두 자리 서술어 : 주어 이외에 또 하나의 필수적 문장 성분을 요구하는 서술어
　㉢ 세 자리 서술어 : 주어 이외에 두 개의 필수적 문장 성분을 요구하는 서술어

8 '잡히다'는 '잡다'의 피동사로 주어가 남의 행동을 입어서 행하게 되는 동작을 나타내는 피동 표현이다.
①②③ 주어가 남에게 어떤 동작을 하도록 시키는 사동 표현이다.

9 ③ '파란'은 관형어이다. 따라서 '주어＋관형어＋목적어＋서술어'가 옳다.

10 ① 시간을
③ 노래도
④ 콩(을), 팥(을)

11 높임표현
㉠ 주체높임선어말어미 '-시-'는 문장의 주체인 '할아버지'를 높이기 위한 것이다.
㉡ 문장의 객체높임 동사인 '모시다'는 객체인 '선생님'을 높이기 위해 쓰인 것이다.
㉢ 문장의 명사절 '아버지가 고모에게 전화하는 것'에 '-시-'가 없는 것으로 보아, 화자가 압존법을 쓰고 있다는 것을 알 수 있다. 즉 화자는 명사절의 주체인 '아버지'는 높이지 않고 있다. 또한 서술어 행위를 하는 주체와 화자가 동일하기 때문에 서술어 '듣다'에 '-시-'를 붙여 높이지 않았다. 끝으로 화자가 서술어에서 상대높임 보조사 '요'를 쓴 이유는 청자인 할머니를 높이기 위해서이다. 따라서 ㉢ 문장의 밑줄 친 부분이 높이고 있는 인물은 할머니가 된다.

12 높임 표현은 말하는 이, 듣는 이, 문장 속에 등장하는 사람 사이의 관계를 고려하여 표현해야 한다.
③ '오다'의 동작의 주체는 할아버지가 아니라 철수이므로 '철수야, 할아버지께서 오라셔.'가 적합하다.

13 피동 표현이란 주어가 남의 행동의 영향을 받아서 행하게 되는 움직임을 나타내는 것이다.
① 찢어졌다 : 동사 어간 ＋ '-어 지다'
② 웃기다 : '웃다'에 사동 접미사 '-기-'를 더해 이루어진 사동 표현이다.
③ 밟힌다 : 동사 어간 ＋ 피동 접미사 '-히-'
④ 읽힌다 : 동사 어간 ＋ 피동 접미사 '-히-'

14 철호가 지칭하는 '그 책'과 동일한 책은 영희가 지칭하는 '이 책'이다. 철호의 말에 나오는 '이 책'은 철호가 빌려 갔던 책으로 철호가 별로 재미없게 읽은 책이며, 지금 철호 가까이에 있는 책이다. 그리고 영희의 말에 나오는 '저 책'은 철호가 읽지 않은 책이다.

15 '가다, 하다, 모으다, 닫다' 등의 대부분의 용언은 접사에 의해 사동문을 만들 수 없다.
① 돋우다 ② 벗기다 ③ 남기다
※ 사동 표현의 방법
  ㉠ 용언 어근 ＋ 사동 접미사(-이-, -히-, -리-, -기-, -우-, -구-, -추-) → 사동사
    예 날다 → 날리다, 비다 → 비우다, 웃다 → 웃기다
  ㉡ 동사 어간 ＋ '-게 하다'
    예 선생님께서 영희를 가게 했다.

16 청자인 할아버지가 아버지보다 높으므로 바른 표현이다.
② 계시다 → 있으시다.
③ 오시래 → 오라고 하셔.
④ 이빨 → 치아

17 ① 객체 높임 ②③④ 주체 높임

　※ 높임법

　　⑦ 주체 높임법 : 서술어가 나타내는 행위의 주체를 높여 표현하는 문법 기능을 말한다.

　　ⓒ 객체 높임법 : 말하는 이가 서술의 객체를 높여 표현하는 문법 기능을 말한다.

18 홑문장 … '주어 + 서술어'의 관계가 한 번 이루어져 있는 문장이다.

　① 관형절을 안은문장(겹문장)이다.

　② 서술절을 안은문장(겹문장)이다.

　③ 2개의 문장으로 분리가 가능하다(겹문장).

　④ 주어 + 서술어의 관계가 한 번 나타난다(홑문장).

19 ③은 이어진 문장이고 ①②④는 안은문장이다.

　① 명사절로 안긴문장

　② 관형절로 안긴문장

　③ 대등하게 이어진문장

　④ 부사절로 안긴문장

20 ④ 종속적으로 이어진 문장

　①②③ 대등하게 이어진 문장

05 의미

기출문제

section 1 단어들의 의미 관계

(1) 동의(同義) 관계

둘 이상의 단어가 소리는 다르나 의미가 같다(이음동의어).

예 책방 : 서점, 속옷 : 내의

(2) 이의(異義) 관계

둘 이상의 단어가 소리는 같으나 의미가 다르다(동음이의어).

예 눈(眼) : 눈(雪), 배(과일) : 배(복부) : 배(선박)

(3) 유의(類義) 관계

둘 이상의 단어가 소리는 다르면서 뜻이 비슷하다.

예 어머니 : 엄마 : 어머님

> Point 팁 **유의어와 동의어** ··· 유의어는 의미가 비슷하지만 지시 대상과 용법에 따라 쓰임이 다르다. 그래서 유의어와 동의어의 구별은 쉽지 않지만 쓰임의 선택 제약이 없는 것은 동의어이고, 선택 제약이 있는 것은 유의어이다.
> 예 꼬리 : 길짐승에만 쓰인다[닭꼬리(×)].
>   꽁지 : 깃을 가진 짐승에만 쓰인다[개꽁지(×)].

(4) 반의(反義) 관계

한 쌍의 단어가 서로 반대되는 의미를 갖는다.

예 남성 : 여성, 기쁘다 : 슬프다

① **상보적 반의어** ··· 반의 관계를 이루는 의미들 사이에 중간 단계가 없다.
   예 있다 – 없다, 참 – 거짓

② **등급적 반의어** ··· 반의 관계를 이루는 의미들 사이에 중단 단계가 있다.
   예 길다 – 짧다, 작다 – 크다

③ **상관적 반의어** ··· 서로 일정한 관계를 가지면서 상반된 자질을 보인다.
   예 주다 – 받다, 스승 – 제자

문 밑줄 친 말의 문맥적 의미가 같은 것은?
▶ 2017. 4. 8. 인사혁신처

고장 난 시계를 <u>고치다</u>.

① 부엌을 입식으로 <u>고치다</u>.
② 상호를 순 우리말로 <u>고치다</u>.
③ 정비소에서 자동차를 <u>고치다</u>.
④ 국민 생활에 불편을 주는 낡은 법을 <u>고치다</u>.

Tip 제시된 문장의 '고치다'는 '고장이 나거나 못 쓰게 된 물건을 손질하여 제대로 되게 하다'는 의미로 문맥적 의미가 같은 것은 ③이다.
① 본디의 것을 손질하여 다른 것이 되게 하다.
②④ 이름, 제도 따위를 바꾸다.

정답 ③

(5) 하의(下義) 관계

의미 관계로 보아 어떤 단어가 다른 단어에 포함되는 경우를 말한다.

① **상의어** … 다른 단어의 의미를 포함하는 단어를 말한다.

② **하의어** … 다른 단어의 의미에 포함되는 단어를 말한다.

> 예 • 상의어 : 꽃
> • 하의어 : 장미, 국화, 맨드라미, 수선화, 개나리 등

section 2 의미의 사용

(1) 중의적 표현

어느 한 단어나 문장이 두 가지 이상의 의미로 해석될 수 있는 표현을 말한다.

① **어휘적 중의성** … 어느 한 단어의 의미가 중의적이어서 그 해석이 모호한 것을 말한다.

② **구조적 중의성** … 한 문장이 두 가지 이상의 의미로 해석될 수 있는 것을 말한다.

③ **비유적 중의성** … 비유적 표현이 두 가지 이상의 의미로 해석되는 것을 말한다.

(2) 관용적 표현

두 개 이상의 단어가 그 단어들의 의미만으로는 전체의 의미를 알 수 없는, 특수한 하나의 의미로 굳어져서 쓰이는 경우를 말한다.

① **숙어** … 하나의 의미를 나타내는 굳어진 단어의 결합이나 문장을 말한다.

> 예 신혼살림에 깨가 쏟아진다 : 행복하거나 만족하다.

② **속담** … 사람들의 오랜 생활 체험에서 얻어진 생각과 교훈을 간결하게 나타낸 구나 문장을 말한다.

> 예 백지장도 맞들면 낫다 : 아무리 쉬운 일이라도 혼자 하는 것보다 서로 힘을 합쳐서 하면 더 쉽다.

(3) 간접적 표현

직접 표현하는 것이 아닌 상대가 유추할 수 있도록 돌려서 쓰는 경우를 말한다.

> 예 방이 덥다. → 창문 좀 열자.
> 펜 가지고 있니? → 펜 좀 빌려줘.

문 다음 중 고친 문장이 적절하지 않은 것은?

▶ 2015. 6. 27. 제1회 지방직

① 그는 창작 활동과 전시회를 열었다.
　→ 그는 창작 활동을 하고 전시회를 열었다.
② 그는 천재로 불려졌다.
　→ 그는 천재로 불렸다.
③ 그는 마음씨 좋은 할머니의 손자이다.
　→ 그는 마음씨가 좋은 할머니의 손자이다.
④ 나는 오늘 아침 나무에게 물을 주었다.
　→ 나는 오늘 아침 나무에 물을 주었다.

Tip ③ 제시된 문장은 중의성 표현이다. '마음씨가 좋은'사람이 '할머니'인지, '그'인지 명확하지 않다. 고친 문장의 조사 '가'를 추가하였어도 중의성을 해소시키진 못하였다.

정답 ③

section 3 의미의 변화

(1) 의미의 확장

어떤 사물이나 관념을 가리키는 단어의 의미 영역이 넓어짐으로써, 그 단어의 의미가 변화하는 것을 말한다.

예 겨레 ┌ 뜻 : 종친(宗親)
       └ 확장 : 동포 민족

(2) 의미의 축소

어떤 대상이나 관념을 나타내는 단어의 의미 영역이 좁아짐으로써, 그 단어의 의미가 변화하는 것을 말한다.

예 계집 ┌ 뜻 : 여성을 가리키는 일반적인 말
       └ 확장 : 여성의 낮춤말로만 쓰임

(3) 의미의 이동

어떤 대상이나 관념을 나타내는 단어의 의미 영역이 확대되거나 축소되는 일이 없이, 그 단어의 의미가 변화하는 것을 말한다.

예 주책 ┌ 뜻 : 일정한 생각
       └ 확장 : 일정한 생각이나 줏대가 없이 되는 대로 하는 행동

section 4 의미의 변화 원인

(1) 언어적 원인

언어적 원인에 의한 의미변화는 음운적, 형태적, 문법적인 원인에 의한 의미 변화로, 여러 문맥에서 한 단어가 다른 단어와 항상 함께 쓰임으로 인해 한 쪽의 의미가 다른 쪽으로 옮겨가는 것이다.

① **전염** … '결코', '전혀' 등은 긍정과 부정에 모두 쓰였지만, 부정의 서술어인 '~아니다', '~없다' 등과 자주 호응하여 점차 부정의 의미로 전염되어 사용되었다.

② **생략** … 단어나 문법적 구성의 일부가 줄어들고 그 부분의 의미가 잔여 부분에 감염되는 현상으로 '콧물>코', '머리털>머리', '아침밥>아침' 등이 그 예이다.

기출문제

📝 국어의 어휘 의미 변화에 대한 다음의 진술 중 올바르지 못한 것은?
▶ 2014. 6. 28. 서울특별시 시행

① '다리(脚)'가 사람이나 짐승의 다리만 가리켰으나 현대에는 '책상'에도 쓰인다.
② '짐승'은 '衆生'에서 온 말로 생물 전체를 가리켰으나 지금은 사람을 제외한 동물을 가리킨다.
③ '사랑하다'는 '생각하다'라는 의미가 있었으나 지금은 이 의미가 없다.
④ '어여쁘다'는 '조그맣다'라는 뜻이었으나 지금은 '아름답다'의 의미이다.
⑤ '어리다'는 '어리석다'의 뜻이었다가 지금은 '나이가 적다'의 의미로 쓰인다.

Tip ④ 중세 국어에서 '어여쁘다'는 '불쌍하다'라는 뜻을 가졌으나, 근대 국어에서는 '불쌍하다, 가엽다', '예쁘다, 사랑스럽다'의 두 가지 뜻으로 모두 쓰이다가 현대 국어에서 '아름답다'의 의미로만 쓰이고 있다.

┃정답 ④

문 **글의 내용을 구체적으로 설명하기 위한 예로 적절하지 않은 것은?**

▶ 2019. 4. 6. 인사혁신처

하나의 개념에 두 개 이상의 단어가 필요한 것은 아니다. 따라서 동의어는 서로 경쟁을 통해 하나가 없어지거나 각기 다른 의미 영역을 확보하는 등의 다양한 양상을 보인다. 현실 언어에서 동의어로 공존하면서 경쟁을 계속하는 경우가 있으며, 한쪽은 살아남고 다른 쪽은 소멸하는 경우가 있다. 동의 충돌의 결과 의미 영역이 바뀌는 경우도 있다. 이는 의미 축소, 의미 확대, 의미 교체 등으로 구분된다.

① '가을걷이'와 '추수'는 공존하며 경쟁하고 있다.
② '말미'는 쓰지 않고 '휴가'라는 말을 사용하고 있다.
③ '얼굴'은 '형체'의 뜻에서 '안면'의 뜻으로 의미가 축소되었다.
④ '겨레'는 '친척'의 뜻에서 '민족'의 뜻으로 의미가 확대되었다.

Tip ② '말미'는 '일정한 직업이나 일 따위에 매인 사람이 다른 일로 말미암아 얻는 겨를'이라는 뜻이고, '휴가'는 '직장·학교·군대 따위의 단체에서, 일정한 기간 동안 쉬는 일. 또는 그런 겨를'을 말한다. 유의어 관계에 있지만, '말미'를 쓰지 않고 '휴가'라는 말을 사용하는 것은 아니다.

┃정답 ②

(2) 역사적 원인

① **지시물의 실제적 변화**

> 예 신발(짚신＞고무신＞운동화, 구두)
> 차(수레＞자동차)

② **지시물에 대한 지식의 변화**

> 예 병(病)(악령이 침입하여 일어나는 현상＞병균에 의해 일어나는 현상)
> 해가 뜬다(천동설＞지동설)

③ **지시물에 대한 감정적 태도의 변화**

> 예 교도소(감옥소＞형무소＞교도소)
> 효도(절대적인 윤리＞최소한의 도리)

(3) 사회적 원인

사회적 원인에 의한 의미 변화는 사회를 구성하는 제 요소가 바뀜에 따라 관련 어휘가 변화하는 현상이다.

① **의미의 일반화** … 특수집단의 말이 일반적인 용법으로 차용될 때 그 의미가 확대되어 일반 언어로 바뀌기도 한다.

② **의미의 특수화** … 한 단어가 일상어에서 특수 집단의 용어로 바뀔 때, 극히 한정된 의미만을 남기게 되는 것이다.

(4) 심리적 원인

심리적 원인에 의한 의미 변화는 화자의 심리상태나 정신구조의 영속적인 특성에 의해 의미 변화가 일어나는 것으로, 대표적인 예로 금기에 관한 것들을 들 수 있다.

 **단원평가** **의미**

1 밑줄 친 말의 문맥적 의미가 같은 것은?

> 책상 위에 책을 어지럽게 <u>벌여</u> 두고 공부를 한다.

① 장기판을 <u>벌이다</u>.
② 읍내에 음식점을 <u>벌이다</u>.
③ 친구와 논쟁을 <u>벌이다</u>.
④ 생선 장수가 좌판을 <u>벌이다</u>.

2 다음에 제시된 단어의 의미에 맞게 쓴 문장으로 적절하지 않은 것은?

단어	의미	문장
밀다	일정한 방향으로 움직이도록 반대쪽에서 힘을 가하다.	㉠
	나무 따위의 거친 표면을 반반하고 매끄럽게 깎다.	㉡
	허물어 옮기거나 깎아 없애다.	㉢
	피부에 묻은 지저분한 것을 문질러 벗겨 내다.	㉣

① ㉠: 수레를 뒤에서 밀다.
② ㉡: 대패로 통나무를 밀다.
③ ㉢: 불도저로 야산을 밀다.
④ ㉣: 수염을 밀다.

3 다음 중 반의 관계의 성격이 다른 하나는?

① 쉽다 – 어렵다

② 뜨겁다 – 차갑다

③ 합격하다 – 떨어지다

④ 길다 – 짧다

4 다음 중 둘 이상으로 해석될 수 있는 문장은?

① 나는 눈이 큰 진영이의 언니를 선생님께 소개해 드렸다.

② 임금님의 귀가 당나귀의 귀와 비슷하다.

③ 일상생활에서도 관용적인 표현을 다양하게 사용할 수 있다.

④ 가을에는 쪽빛 하늘과 황금빛 들판이 맞닿는다.

5 다음 밑줄 친 '머리'와 같은 의미로 쓰인 것은?

> 머리만 가지고는 성숙한 인격자가 될 수 없으며, 행동으로 실천하는 생활 태도가 있어야 한다.

① 첫머리부터 잘 해야 한다.   ② 영수는 머리를 흔들었다.

③ 결론을 문장의 머리에 놓았다.   ④ 어려운 일은 머리를 잘 써야 해결된다.

6 다음 밑줄 친 말이 중심 의미로 사용된 것은?

① 책의 한 귀가 물에 젖었다.   ② 철수 씨가 제일 눈에 든다.

③ 눈 깜짝할 새 주먹이 날아들었다.   ④ 편안하게 한잠을 자고 일어났다.

7 다음 중 제시된 문장의 밑줄 친 부분과 같은 의미로 쓰인 것은?

> 연꽃이 물 위에 떠 있다.

① 새로운 즐거움에 눈을 떴다.　　　② 이미 해가 중천에 떠 있다.

③ 메주 뜨는 냄새가 고약하다.　　　④ 그 사람은 세상을 뜬 지 오래이다.

8 유의어의 종류가 다음과 같은 것은?

> 옥수수 – 강냉이

① 친구 – 벗　　　　　　　　　　　② 보조개 – 볼우물

③ 매니저 – 관리인　　　　　　　　④ 소금 – 염화나트륨

9 다음 중 의미에 모호성이 없는 문장은?

① 나는 영철이를 때리지 않았다.　　② 청중이 다 참석하지 않았다.

③ 철수는 영수와 닮았다.　　　　　④ 내가 사랑하는 영희의 동생 순이를 만났다.

10 다음 중 둘 이상의 의미로 해석되는 문장이 아닌 것은?

① 농촌 총각과 섬 처녀는 결혼하기 힘들다.

② 아름다운 고향의 바다에 가고 싶다.

③ 사람들이 많은 도시를 여행하고 있다.

④ 아름다운 옷을 차려 입은 소녀가 있다.

11 다음 중 제시된 문장의 밑줄 친 부분과 다른 의미로 쓰인 것은?

> 반죽을 공기 중에 장시간 노출하면 <u>굳어버린다.</u>

① 밥이 딱딱하게 <u>굳어서</u> 못 먹겠다.
② 시멘트가 <u>굳지</u> 않았으니 밟지 마시오.
③ 오늘 점심값은 <u>굳었다.</u>
④ 비 온 뒤에 땅이 <u>굳어진다.</u>

12 밑줄 친 단어가 다의어 관계인 것은?

① 이 방은 볕이 잘 <u>들어</u> 늘 따뜻하다.
　형사는 목격자의 증언을 증거로 <u>들었다.</u>
② 난초의 향내가 거실에 가득 <u>차</u> 있었다.
　그는 손목에 <u>찬</u> 시계를 자꾸 들여다보았다.
③ 운동을 하지 못해서 군살이 <u>올랐다.</u>
　아이가 갑자기 열이 <u>올라</u> 해열제를 먹였다.
④ 그는 조그마한 수첩에 일기를 <u>써</u> 왔다.
　대부분의 사람이 문서 작성에 컴퓨터를 <u>쓴다.</u>

13 다음 중 반의어의 성격이 다른 것은?

① 뜨겁다 – 차갑다　　　　　② 홀수 – 짝수
③ 삶 – 죽음　　　　　　　　④ 출석 – 결석

14 다음 중 관용적인 표현이 아닌 것은?

① 영수는 발이 넓다.

② 당신은 나의 태양입니다.

③ 낫 놓고 기역자도 모른다.

④ 신혼살림에 깨가 쏟아진다.

15 다음 중 의미 변화의 성격이 다른 것은?

① 목숨 : 목구멍으로 드나드는 숨 → 생명

② 겨레 : 종친 → 동포, 민족

③ 어리다 : 어리석다 → 나이가 어리다

④ 선생 : 학생을 가르치는 사람 → 남의 경칭

정답및해설

1	④	2	④	3	③	4	①	5	④
6	④	7	②	8	②	9	③	10	④
11	③	12	③	13	①	14	②	15	③

1 ④ 여러 가지 물건을 늘어놓다.
① 놀이판이나 노름판 따위를 차려 놓다.
② 가게를 차리다.
③ 전쟁이나 말다툼 따위를 하다.

2 ④ '수염을 밀다'의 '밀다'는 '머리카락이나 털 따위를 매우 짧게 깎다'는 의미이다. '피부에 묻은 지저분한 것을 문질러 벗겨 내다'의 뜻으로 사용된 예는 '때를 밀다'가 있다.

3 ③은 반의 관계에서 상호 배타적인 두 구역으로 철저히 양분되는 단어 쌍으로 상보 반의 관계이며, 나머지는 정도나 등급에서 대립을 이루고 있는 단어 쌍으로 정도 반의 관계이다.

4 ① 눈이 큰 것이 진영이인지 진영이의 언니인지 정확하지 않아 둘 이상의 의미로 해석될 여지가 있다.

5 주어진 글의 '머리'는 생각하고 판단하는 능력이란 의미로 사용되었다.
① 어떤 일의 시작
② 사람의 목 윗부분
③ 어떤 사물의 맨 처음, 맨 앞부분
④ 사물을 슬기롭게 판단하는 능력, 두뇌

6 중심 의미 … 단어가 가진 여러 의미 중, 가장 기본적이고 핵심적인 의미이다.

7 '물 위나 공중에 있거나 위쪽으로 솟아오르다'의 의미이다.

8 옥수수와 강냉이는 둘 다 고유어 이며 복수 표준어이다. 보조개와 볼우물도 둘 다 고유어이며 복수 표준어이다.
① 친구(한자어) – 벗(고유어)
③ 매니저(외래어) – 관리인(한자어)
④ 소금(고유어) – 염화나트륨(한자어+외래어, 화학적 명칭)

9 중의적 표현
① 나는 영철이를 밀었을 뿐이다. / 영철이를 때린 사람은 내가 아니다.
② 청중이 전혀 참석하지 않았다. / 청중이 전부 참석한 것은 아니다.
④ 사랑하는 대상이 영희인지, 순이인지 알 수 없다.

10 중의적 표현
① '농촌 총각'과 '섬 처녀'가 서로 결혼하기 힘든지, 각각 결혼하기 힘든지 알 수 없다.
② '아름다운'이 '고향'을 수식하는지 '바다'를 수식하는지 알 수 없다.
③ 많은 사람들이 살고 있는 도시를 여행하는지, 여러 도시를 여행하는지 알 수 없다.

11 제시된 문장에서 '굳다'는 '무른 것이 단단해진다'는 의미이다.
③ '돈 따위가 헤프게 없어지지 아니하고 계속 남는다'의 의미이다.

12 ①②④ 동음이의어(同音異議語)

13 '뜨겁다'와 '차갑다' 사이에는 '미지근하다'라는 중간 단계가 들어갈 수 있으므로 등급적 반의어에 해당한다.
②③④ 상보적 반의어

14 관용적인 표현은 두 개 이상의 단어가 그 단어들의 의미만으로는 전체의 의미를 알 수 없는, 특수한 하나의 의미로 굳어져서 쓰이는 경우로 숙어와 속담이 있다.
① 사교적이어서 아는 사람이 많다.
③ 아주 무식하다.
④ 행복하거나 만족하다.

15 ③ 의미의 이동
①②④ 의미의 확대

06 맞춤법과 표준어

기출문제

문 ㉠~㉣을 사전에 올릴 때 '한글 맞춤법 규정에 따른 순서로 적절한 것은?

▶ 2020. 7. 11. 인사혁신처

㉠ 곬   ㉡ 규탄
㉢ 곳간   ㉣ 광명

① ㉠→㉢→㉡→㉣
② ㉠→㉢→㉣→㉡
③ ㉢→㉠→㉡→㉣
④ ㉢→㉠→㉣→㉡

Tip 사전에 등재할 때는 초성 〉중성 〉종성 순으로 등재한다. 사전에 올릴 때의 자음의 순서는 'ㄱ, ㄲ, ㄴ, ㄷ, ㄸ, ㄹ, ㅁ, ㅂ, ㅃ, ㅅ, ㅆ, ㅇ, ㅈ, ㅉ, ㅊ, ㅋ, ㅌ, ㅍ, ㅎ'이고 사전에 올릴 때의 모음의 순서는 'ㅏ, ㅐ, ㅑ, ㅒ, ㅓ, ㅔ, ㅕ, ㅖ, ㅗ, ㅘ, ㅙ, ㅚ, ㅛ, ㅜ, ㅝ, ㅞ, ㅟ, ㅠ, ㅡ, ㅢ, ㅣ'이다.
'ㅗ' 다음에 'ㅠ'가 와야 하므로 ㉣은 가장 나중에 나와야 한다. 그러면 ②번과 ④번이 정답이 되는데, 'ㄹ'이 'ㅅ'보다 먼저이므로, '곬'이 '곳'보다 먼저 사전에 실린다. 그러므로 ②번이 정답이 된다.

문 다음 낱말을 국어사전의 올림말 (표제어) 순서에 따라 차례대로 배열하면?

▶ 2011. 5. 14. 제1회 지방직

㉠ 웬일   ㉡ 왜곡
㉢ 와전   ㉣ 외가

① ㉢→㉠→㉡→㉣
② ㉢→㉡→㉠→㉣
③ ㉢→㉡→㉣→㉠
④ ㉢→㉣→㉡→㉠

Tip 국어사전에서 낱말은 첫째 글자, 둘째 글자, 셋째 글자와 같이 글자의 순서대로 실린다. 또한 이렇게 나뉜 글자는 각각 첫소리, 가운뎃소리, 끝소리와 같이 글자의 짜임대로 실린다.

정답 ②, ③

section 1 한글 맞춤법

(1) 총칙

① 한글 맞춤법은 표준어를 소리대로 적되, 어법에 맞도록 함을 원칙으로 한다.

② 문장의 각 단어는 띄어 씀을 원칙으로 한다.

③ 외래어는 외래어 표기법에 따른다.

(2) 자모

사전에 올릴 적의 자모 순서는 다음과 같이 정한다.

① 첫소리 … ㄱ, ㄲ, ㄴ, ㄷ, ㄸ, ㄹ, ㅁ, ㅂ, ㅃ, ㅅ, ㅆ, ㅇ, ㅈ, ㅉ, ㅊ, ㅋ, ㅌ, ㅍ, ㅎ

② 가운뎃소리 … ㅏ, ㅐ, ㅑ, ㅒ, ㅓ, ㅔ, ㅕ, ㅖ, ㅗ, ㅘ, ㅙ, ㅚ, ㅛ, ㅜ, ㅝ, ㅞ, ㅟ, ㅠ, ㅡ, ㅢ, ㅣ

③ 끝소리 … ㄱ, ㄲ, ㄳ, ㄴ, ㄵ, ㄶ, ㄷ, ㄹ, ㄺ, ㄻ, ㄼ, ㄽ, ㄾ, ㄿ, ㅀ, ㅁ, ㅂ, ㅄ, ㅅ, ㅆ, ㅇ, ㅈ, ㅊ, ㅋ, ㅌ, ㅍ, ㅎ

section 2 한글 맞춤법과 규정 정리

(1) 소리에 관련된 것

① 자음 표기

㉠ 어원에서 멀어진 형태로 굳어진 경우는 그것을 표준어로 삼는다. 〈표준어 제5항〉

예 강낭콩, 고삿, 사글세, 울력성당 등

㉡ 된소리 표기

• 접미사에 된소리 표기를 인정한 것들〈맞춤법 제54항〉

예 일꾼, 빛깔, 뒤꿈치, 코빼기

• 한 단어 안에서 뚜렷한 까닭 없이 나는 된소리는 다음 음절의 첫소리를 된소리로 적는다. 〈맞춤법 제5항〉

－두 모음 사이에서 나는 된소리

예 소쩍새, 어깨, 오빠, 으뜸, 아끼다, 기쁘다 등

－'ㄴ, ㄹ, ㅁ, ㅇ'받침 뒤에서 나는 된소리

예 산뜻하다, 잔뜩, 살짝, 훨씬, 담뿍, 움찔, 몽땅, 엉뚱하다 등

다만, 'ㄱ, ㅂ' 받침 뒤에서 나는 된소리는, 같은 음절이나 비슷한 음절이 겹쳐 나는 경우가 아니면 된소리로 적지 아니한다.

　예 국수, 깍두기, 딱지, 색시, 싹둑(~싹둑), 법석, 갑자기, 몹시 등

ⓒ 의문을 나타내는 어미만 된소리로 적는다. 〈맞춤법 제53항〉

　예 -(으)ㄹ까?, -(으)ㄹ꼬?, -(스)ㅂ니까?, -(으)리까?, -(으)ㄹ쏘냐?

② 발음은 된소리, 표기는 예사소리

- 한자어에서, 'ㄹ' 받침 뒤의 'ㄷ, ㅅ, ㅈ'은 된소리로 발음한다. 〈표준 발음법 제26항〉

　예 갈등[갈뜽], 발동[발똥], 절도[절또], 말살[말쌀], 일시[일씨], 몰상식[몰쌍식] 등

　다만, 같은 한자가 겹쳐진 단어의 경우에는 된소리로 발음하지 않는다.

　예 허허실실[허허실실](虛虛實實), 절절-하다[절절하다](切切-)

- 관형사형 '-(으)ㄹ' 뒤에 연결되는 'ㄱ, ㄷ, ㅂ, ㅅ, ㅈ'은 된소리로 발음한다. 〈표준 발음법 제27항〉

　예 할 것을[할꺼슬], 갈 데가[갈떼가], 할 바를[할빠를], 만날 사람[만날싸람] 등

　다만, 끊어서 말할 적에는 예사소리로 발음한다.

ⓜ 표기상으로는 사이시옷이 없더라도, 관형격 기능을 지니는 사이시옷이 있어야 할 합성어의 경우에는, 뒤 단어의 첫소리 'ㄱ, ㄷ, ㅂ, ㅅ, ㅈ'을 된소리로 발음한다. 〈표준 발음법 제28항〉

　예 문-고리[문꼬리], 눈-동자[눈똥자], 신-바람[신빠람], 강-가[강까], 등-불[등뿔], 그믐-달[그믐딸], 손-재주[손째주], 잠-자리[잠짜리] 등

ⓗ 다음과 같은 경우에는 특별한 규정이 없다.

　예 문뜩(×) → 문득(○), 굳굳하게(×) → 꿋꿋하게(○), 쏘주(×) → 소주(○)

ⓢ 거센소리

- 다음 단어들은 거센소리를 가진 형태를 표준어로 삼는다. 〈표준어 제3, 4항〉

　예 끄나풀, 나팔꽃, 넉, 부엌, 살쾡이, 털어먹다 등

ⓞ 두 말이 어울릴 적에 'ㅂ' 소리나 'ㅎ' 소리가 덧나는 것은 소리대로 적는다. 〈맞춤법 제31항, 표준어 제7항〉

- 'ㅂ' 소리가 덧나는 것

　예 댑싸리(대ㅂ싸리), 멥쌀(메ㅂ쌀), 볍씨(벼ㅂ씨), 입때(이ㅂ때), 좁쌀(조ㅂ쌀) 등

- 수컷을 이르는 접두사는 '수-'로 통일한다.

　예 수꿩, 수나사, 수놈, 수소, 수은행나무 등

　다만 1. 다음 단어에서는 접두사 다음에 나는 거센소리를 인정한다.

　예 수탉, 수톨쩌귀, 수컷, 수키와, 수퇘지 등

　다만 2. 다음 단어의 접두사는 '숫-'으로 한다.

　예 숫양, 숫쥐, 숫염소 등

ⓩ 한자 구(句)가 붙어서 된 말은 구로 통일한다. 〈표준어 제13항〉

　예 구절, 경구, 대구, 인용구 등

　다만, '귀글', '글귀'는 예외로 한다.

기출문제

🔒 다음 중 한글 맞춤법에 따라 바르게 표기된 것은?

▶ 2015. 6. 13. 서울특별시

① 철수는 우리 반에서 키가 열둘째이다.

② 요즘 재산을 떨어먹는 사람이 많다.

③ 나는 집에 사흘 동안 머무를 예정이다.

④ 숫병아리가 내게로 다가왔다.

Tip ① 열둘째→열두째 : '열둘째'는 맨 앞에서부터 세어 모두 열두 개째가 됨을 이르는 말이고 '열두째'는 순서가 열두 번째가 되는 차례를 이르는 말이다.

② 떨어먹는 → 털어먹는 : 재산이나 돈을 함부로 써서 몽땅 없앤다는 의미를 가지는 말은 '털어먹다'이다.

④ 숫병아리 → 수평아리 : 접두사 '수-'다음에 거센소리를 인정하는 형태로 '수평아리'가 표준어이다.

정답 ③

153

문 밑줄 친 단어 중 우리말의 어문 규정에 따라 맞게 쓴 것은?

▶ 2010. 4. 10. 행정안전부

① 윗층에 가 보니 전망이 정말 좋다.
② 뒷편에 정말 오래된 감나무가 서 있다.
③ 그 일에 익숙지 못하면 그만두자.
④ 생각컨대, 그 대답은 옳지 않을 듯하다.

> **Tip** 어간의 끝음절 '하'가 아주 줄 적에는 준 대로 적는다〈한글 맞춤법 제40항 붙임2〉.
> ① 윗층 → 위층
> ② 뒷편 → 뒤편
> ④ 생각컨대 → 생각건대

문 다음 중 같은 음운 현상을 보이는 어휘들로 묶이지 않은 것은?

▶ 2010. 8. 14. 국회사무처

① 여자(女子), 유대(紐帶), 여유(餘裕)
② 찰랑찰랑, 칠렁칠렁, 졸졸, 줄줄
③ 바느질, 소나무, 따님
④ 해돋이, 굳이, 맏이
⑤ 밥물, 섭리, 국민

> **Tip** ① 여자(女子), 유대(紐帶)만 두 음법칙 적용
> ② 모음조화 적용
> ③ ㄹ탈락 현상
> ④ 구개음화 적용
> ⑤ 비음화 현상

정답 ③, ①

ⓒ 어간의 끝음절 '하'의 'ㅏ'가 줄고 'ㅎ'이 다음 음절의 첫소리와 어울려 거센소리로 될 적에는 거센소리로 적는다.〈맞춤법 제40항〉

('-하다'가 붙을 수 없거나, 끝소리가 'ㄱ, ㄷ, ㅂ, ㅅ'으로 끝날 때 ㅎ이 탈락한다.)

> 예 거북하지 → 거북지, 생각하건대 → 생각건대, 깨끗하지 않다 → 깨끗지 않다, 넉넉하지 않다 → 넉넉지 않다, 섭섭하지 않다 → 섭섭지 않다 등

다만 다음과 같은 부사는 소리대로 적는다.

> 예 결단코, 기필코, 무심코, 하여튼, 요컨대, 정녕코, 필연코, 하마터면, 한사코 등

② 모음 표기

㉠ 양성모음이 음성모음으로 바뀌어 굳어진 다음 단어는 음성모음 형태를 표준어로 삼는다.〈표준어 제8항〉

> 예 깡충깡충, 발가숭이, 보퉁이, 뻗정다리, 오뚝이 등

다만, 어원 의식이 강하게 작용하는 다음 단어에서는 양성모음 형태를 그대로 표준어로 삼는다.

> 예 부조(扶助), 사돈(査頓), 삼촌(三寸)

㉡ 다음 단어는 모음이 단순화한 형태를 표준어로 삼는다.〈표준어 제10항〉

> 예 괴팍하다, 미루나무, 미륵, 여느, 온달, 으레, 케케묵다, 허우대, 허우적허우적 등

㉢ 다음 단어에서는 모음의 발음 변화를 인정하여, 발음이 바뀌어 굳어진 형태를 표준어로 삼는다.〈표준어 제11항〉

> 예 깍쟁이, 나무라다, 미수가루, 바라다, 상추, 지루하다, 허드레 등

㉣ '웃-' 및 '윗-'은 명사 '위'에 맞추어 '윗-'으로 통일한다.〈표준어 제12항〉

다만 1. 된소리나 거센소리 앞에서는 '위-'로 한다.

다만 2. '아래, 위의 대립이 없는 단어는 '웃-'으로 발음되는 형태를 표준어로 삼는다.

㉤ 'ㅣ' 역행동화 현상에 의한 발음은 원칙적으로 표준 발음으로 인정하지 아니하되, 다만 다음 단어들은 그러한 동화가 적용된 형태를 표준어로 삼는다.〈표준어 제9항〉

> 예 서울내기, 풋내기, 신출내기, 냄비, 동댕이치다 등

㉥ **두음법칙표기**〈맞춤법 제10, 11, 12항〉: 첫소리에 'ㄹ'이나 'ㅣ' 계열 모음과 결합한 'ㄴ'은 올 수 없다.

> 예 녀자 → 여자, 롱구 → 농구

• 냥, 냥쭝, 년(年), 리(里), 리(理)와 같은 의존명사는 인정한다.
• 분리할 수 있는 한자어나, 전문용어는 분리하여 두음법칙이 되어 결합하므로 적용한다.
• 접두사, 합성어 붙을 때 뒷단어의 첫소리와 십진법 육은 무조건 적용한다.

> 예 남부+녀대 → 남부여대, 신+녀성 → 신여성, 육십육

• 고유 명사(이름), 외래어, 준말의 경우에는 인정한다.

> 예 신립, 라디오, 대한교련(본디말일 땐 대한교육연합회)

• 'ㄴ'이나 모음 뒤의 'ㄹ'은 'ㅇ'으로 적는다.

> 예 환율, 수열, 운율

③ 끝소리 표기

㉠ 받침소리로는 'ㄱ, ㄴ, ㄷ, ㄹ, ㅁ, ㅂ, ㅇ'의 7개 자음만 발음한다.〈표준 발음법 제8항〉

㉡ 받침 'ㄲ, ㅋ', 'ㅅ, ㅆ, ㅈ, ㅊ, ㅌ', 'ㅍ'은 어말 또는 자음 앞에서 각각 대표음 [ㄱ, ㄷ, ㅂ]으로 발음한다.〈표준 발음법 제9항〉

예 닦다[닥따], 키읔[키윽], 옷[옫], 있다[읻따], 젖[젇], 쫓다[쫀따], 솥[손] 등

㉢ 겹받침 'ㄳ', 'ㄵ', 'ㄼ, ㄽ, ㄾ', 'ㅄ'은 어말 또는 자음 앞에서 각각 [ㄱ, ㄴ, ㄹ, ㅂ]으로 발음한다.〈표준 발음법 제10항〉

예 넋[넉], 앉다[안따], 여덟[여덜], 외곬[외골], 핥다[할따], 값[갑] 등

다만, '밟-'은 자음 앞에서 [밥]으로 발음하고, '넓-'은 다음과 같은 경우에 [넙]으로 발음한다.

예 밟다[밥: 따], 밟소[밥: 쏘], 넓-죽하다[넙쭈카다], 넓-둥글다[넙뚱글다] 등

㉣ 겹받침 'ㄺ, ㄻ, ㄿ'은 어말 또는 자음 앞에서 각각 [ㄱ, ㅁ, ㅂ]으로 발음한다.〈표준 발음법 제11항〉

예 닭[닥], 흙과[흑꽈], 맑다[막따], 늙지[늑찌], 삶[삼:], 젊다[점: 따], 읊고[읍꼬] 등

다만, 용언의 어간 말음 'ㄺ'은 'ㄱ' 앞에서 [ㄹ]로 발음한다.

예 맑게[말께], 묽고[물꼬], 얽거나[얼거나] 등

㉤ 받침 'ㅎ'의 발음은 다음과 같다.〈표준 발음법 제12항〉

• 'ㅎ(ㄶ, ㅀ)' 뒤에 'ㄱ, ㄷ, ㅈ'이 결합되는 경우에는, 뒤 음절 첫소리와 합쳐서 [ㅋ, ㅌ, ㅊ]으로 발음한다.

예 놓고[노코], 좋던[조: 턴], 쌓지[싸치], 많고[만: 코], 않던[안턴], 닳지[달치] 등

• 받침 뒤 음절 첫소리 'ㅎ'과 결합되는 경우에도, 역시 두 음을 합쳐서 [ㅋ, ㅌ, ㅍ, ㅊ]으로 발음한다.

예 각하[가카], 먹히다[머키다], 밝히다[발키다], 좁히다[조피다], 앉히다[안치다] 등

• 규정에 따라 'ㄷ'으로 발음되는 'ㅅ, ㅈ, ㅊ, ㅌ'의 경우에도 이에 준한다.

예 옷 한 벌[오탄벌], 꽃 한 송이[꼬탄송이], 낮 한때[나탄때], 숱하다[수타다] 등

• 'ㅎ(ㄶ, ㅀ)' 뒤에 'ㅅ'이 결합되는 경우에는, 'ㅅ'을 [ㅆ]으로 발음한다.

예 닿소[다쏘], 많소[만: 쏘], 싫소[실쏘] 등

다만, 'ㄶ, ㅀ' 뒤에 'ㄴ'이 결합되는 경우에는 'ㅎ'을 발음하지 않는다.

예 않네[안네], 않는[안는], 뚫네[뚤네 → 뚤레], 뚫는[뚤는 → 뚤른] 등

• 'ㅎ(ㄶ, ㅀ)' 뒤에 모음으로 시작된 어미나 접미사가 결합되는 경우에는 'ㅎ'을 발음하지 않는다.

예 낳은[나은], 놓아[노아], 쌓이다[싸이다], 많아[마: 나], 않은[아는], 닳아[다라] 등

㉥ 겹받침이 모음으로 시작된 조사나 어미, 접미사와 결합되는 경우에는 뒤엣것만을 뒤 음절 첫소리로 옮겨 발음한다.(이 경우, 'ㅅ'은 된소리로 발음함)〈표준 발음법 제14항〉

예 넋이[넉씨], 앉아[안자], 닭을[달글], 젊어[절머], 곬이[골씨], 핥아[할타], 읊어[을퍼], 값을[갑쓸], 없어[업: 써] 등

문 밑줄 친 부분의 표준 발음으로 옳지 않은 것은?
▶ 2015. 3. 14. 사회복지직

① 길을 떠나기 전에 뱃속을 든든하게 채워 두자. - [배쏙]
② 시를 읽다 보면 마음이 편안해진다. - [일따]
③ 외래어를 표기할 때 받침에 'ㄷ'을 쓰지 않는다. - [디그슬]
④ 우리는 금융 위기를 슬기롭게 극복하였다. - [금늉]

Tip ② 읽대[일따] → 읽대[익따]

문 표준 발음에서 축약 현상이 나타나는 것은?
▶ 2016. 3. 19. 사회복지직

① 놓치다
② 헛웃음
③ 똑같이
④ 닫히다

Tip 축약이란 두 음운이 하나로 합치거나 두 음절이 한 음절로 줄어드는 음운현상으로 'ㅂ, ㄷ, ㄱ, ㅈ'과 'ㅎ'이 만나면 하나로 줄어들어 'ㅍ, ㅌ, ㅋ, ㅊ'이 되는 자음축약과 '보이다→뵈다'등의 모음축약이 있다.
④ '닫히다'는 'ㄷ'과 'ㅎ'이 만나 [다티다]가 되고 구개음화에 의해 [다치다]가 된다.
① [녿치다]: 음절의 끝소리 규칙
② [허두슴]: 음절의 끝소리 규칙, 연음법칙
③ [똑까치]: 된소리되기, 구개음화

정답 ②, ④

ⓐ 받침 뒤에 모음 'ㅏ, ㅓ, ㅗ, ㅜ, ㅟ'들로 시작되는 실질 형태소가 연결되는 경우에는 대표음으로 바꾸어서 뒤 음절 첫소리로 옮겨 발음한다. 〈표준 발음법 제15항〉

> 예 밭 아래[바다래], 늪 앞[느밥], 젖어미[저더미], 맛없다[마덥따], 겉옷[거돋] 등

다만, '맛있다, 멋있다'는 [마싣따], [머싣따]로도 발음할 수 있다.

겹받침의 경우에는 그 중 하나만을 옮겨 발음한다.

> 예 넋 없다[너겁따], 닭 앞에[다가페], 값어치[가버치], 값있는[가빈는] 등

ⓑ 한글 자모의 이름은 그 받침소리를 연음하되, 'ㄷ, ㅈ, ㅊ, ㅋ, ㅌ, ㅍ, ㅎ'의 경우에는 특별히 다음과 같이 발음한다. 〈표준 발음법 제16항〉

> 예 디귿이[디그시], 지읒이[지으시], 치읓이[치으시], 키읔이[키으기], 티읕이[티으시], 피읖이[피으비], 히읗이[히으시] 등

(2) 형태에 관한 것

① **사이시옷의 첨가** 〈맞춤법 제30항, 표준발음법 제29, 30항〉 : 사이시옷은 다음과 같은 경우에 받치어 적는다.

　㉠ 순 우리말로 된 합성어로서 앞말이 모음으로 끝난 경우

　　• 뒷말의 첫소리가 된소리로 나는 것

> 예 귓밥, 나룻배, 나뭇가지, 댓가지, 모깃불, 부싯돌, 찻집, 햇볕, 혓바늘 등

　　• 뒷말의 첫소리 'ㄴ, ㅁ' 앞에서 'ㄴ' 소리가 덧나는 것

> 예 멧나물, 아랫니, 텃마당, 아랫마을, 뒷머리, 잇몸, 깻묵, 냇물, 빗물 등

　　• 뒷말의 첫소리 모음 앞에서 'ㄴㄴ'소리가 덧나는 것

> 예 도리깻열, 뒷윷, 두렛일, 뒷일, 뒷입맛, 베갯잇, 욧잇, 깻잎, 나뭇잎, 댓잎 등

　㉡ 순 우리말과 한자어로 된 합성어로서 앞말이 모음으로 끝난 경우

　　• 뒷말의 첫소리가 된소리로 나는 것

> 예 귓병, 머릿방, 뱃병, 봇둑, 사잣밥, 샛강, 아랫방, 자릿세, 전셋집, 찻잔, 찻종, 촛국, 콧병, 탯줄, 텃세, 핏기, 햇수, 횟가루, 횟배 등

　　• 뒷말의 첫소리 'ㄴ, ㅁ' 앞에서 'ㄴ' 소리가 덧나는 것

> 예 곗날, 제삿날, 훗날, 툇마루, 양칫물 등

　　• 뒷말의 첫소리 모음 앞에서 'ㄴㄴ' 소리가 덧나는 것

> 예 가욋일, 사삿일, 예삿일, 훗일 등

　　• 두 음절로 된 다음 한자어

> 예 곳간(庫間), 셋방(貰房), 숫자(數字), 찻간(車間), 툇간(退間), 횟수(回數) 등

② **어간과 어미의 구별** 〈맞춤법 제15항〉 : 용언의 어간과 어미는 구별하여 적는다.

　㉠ 두 개의 용언이 어울려 한 개의 용어가 될 적에, 앞말의 본뜻이 유지되고 있는 것은 그 원형을 밝히어 적고, 그 본뜻에서 멀어진 것은 밝히어 적지 아니한다.

> 예 드러나다, 사라지다, 쓰러지다

　㉡ 종결형에서 사용되는 어미 '-오'는 '요'로 소리 나는 경우가 있더라도 그 원형을 밝혀 '오'로 적는다.

문 밑줄 친 부분이 어법에 맞는 것은?

▶ 2019. 6. 15. 제1회 지방직

① 이 가곡의 <u>노래말</u>은 아름답다.
② 그 집의 <u>순대국</u>은 아주 맛있다.
③ <u>하교길</u>은 늘 아이들로 북적인다.
④ 선생님은 간단한 <u>인사말</u>을 건넸다.

Tip ④ '인사말'은 [인사말]로 발음되어 사이시옷 적기를 하지 않는다. 비슷한 예로 '머리말'이 있다.
① 노랫말[노랜말]
② 순댓국[순대꾹]
③ 하굣길[하교낄]

▌정답 ④

③ 어근, 어간과 접미사의 구별

㉠ 어간에 '‒이'나 '‒음/‒ㅁ'이 붙어서 명사로 된것과 '‒이'나 '‒히'가 붙어서 부사로 된 것은 그 어간의 원형을 밝히어 적는다. 그 외에는 원형을 밝혀 적지 아니한다.〈맞춤법 제19항, 20항〉

예 길이, 걸음, 같이, 익히 등

다만, 어간에 '‒이'나 '‒음'이 붙어서 명사로 바뀐 것이라도 그 어간의 뜻과 멀어진 것은 그 원형을 밝히어 적지 아니한다.

예 굽도리, 다리[髢], 목거리(목병), 무녀리, 코끼리, 거름[비료], 고름[膿] 등

㉡ 명사나 혹은 용언의 어간 뒤에 자음으로 시작된 접미사가 붙어서 된 말은 그 명사나 어간의 원형을 밝히어 적는다.〈맞춤법 제21항〉

다만, 다음과 같은 말은 소리대로 적는다.

• 겹받침의 끝소리가 드러나지 아니하는 것

예 할짝거리다, 널따랗다, 널찍하다, 말끔하다, 말쑥하다, 말짱하다, 실쭉하다, 실큼하다, 알따랗다, 알팍하다, 짤따랗다, 짤막하다 등

• 어원이 분명하지 아니하거나 본뜻에서 멀어진 것

예 넙치, 올무, 골막하다, 납작하다 등

㉢ 용언의 어간에 다음과 같은 접미사들이 붙어서 이루어진 말들은 그 어간을 밝히어 적는다.〈맞춤법 제22항〉(피동, 사동 접사로 의미가 살아 있어야 하기 때문)

• '‒기‒, ‒리‒, ‒이‒, ‒히‒, ‒구‒, ‒우‒, ‒추‒, ‒으키‒, ‒이키‒, ‒애‒'가 붙는 것

다만, '‒이‒, ‒히‒, ‒우‒'가 붙어서 된 말이라도 본뜻에서 멀어진 것은 소리대로 적는다.

예 도리다(칼로 ~), 드리다(용돈을 ~), 바치다(세금을 ~), 부치다(편지를 ~) 등

• '‒치‒, ‒뜨리‒, ‒트리‒'가 붙는 것

예 놓치다, 덮치다, 떠받치다, 받치다, 밭치다, 부딪치다, 뻗치다, 엎치다, 부딪뜨리다/부딪트리다, 쏟뜨리다/쏟트리다, 젖뜨리다/젖트리다, 찢뜨리다/찢트리다, 흩뜨리다/흩트리다 등(뜨리/트리는 복수 표준어로 의미 강조)

• '‒업‒, ‒읍‒, ‒브‒'가 붙어서 된 말은 소리대로 적는다.

예 미덥다, 우습다, 미쁘다 등

㉣ '‒하다'나 '‒거리다'가 붙는 어근에 '‒이'가 붙어서 명사가 된 것은 그 원형을 밝히어 적는다.

• '‒하다'나 '‒거리다'가 붙을 수 없는 어근에 '‒이'나 또는 다른 모음으로 시작되는 접미사가 붙어서 명사가 된 것은 그 원형을 밝히어 적지 아니한다.

예 개구리, 귀뚜라미, 기러기, 깍두기, 부스러기, 뻐꾸기, 동그라미 등

㉤ '‒거리다'가 붙을 수 있는 시늉말 어근에 '‒이다'가 붙어서 된 용언은 그 어근을 밝히어 적는다.〈맞춤법 제24항〉

기출문제

문 밑줄 친 부분에 해당하는 것은?

▶ 2017. 12. 16. 지방직 추가선발

'‒ㅁ/‒음'은 'ㄹ'을 제외한 받침 있는 용언의 어간이나 어미 '‒었‒', '‒겠‒' 뒤에 붙어, 그 말이 명사 구실을 하게 하는 어미로 쓰이는 경우와, 어간 말음이 자음인 용언 어간 뒤에 붙어 명사를 만드는 접미사로 쓰이는 경우가 있다.

① 그는 수줍음이 많은 사람이다.
② 그는 죽음을 각오하고 일에 매달렸다.
③ 태산이 높음을 사람들은 알지 못한다.
④ 나라를 위해 젊음을 바친 사람이 애국자다.

Tip ③의 '‒음'은 그 말이 명사 구실을 하게 하는 어미인 '명사형 전성어미'이고, ①②④의 '‒음'은 명사를 만드는 접미사인 '명사화 파생 접미사'이다. 명사형 전성어미(서술기능 있음)와 명사화 파생 접미사(서술기능 없음)는 서술어의 기능을 가졌는가의 여부로 판단한다.

정답 ③

기출문제

▶ 2013. 9. 7. 국회사무처

문 다음 중 맞춤법에 맞는 표현은?

① 하던지 말던지 네 맘대로 해라.
② 답을 알아맞힌 분께는 푸짐한 상품을 드립니다.
③ 그의 얼굴에는 광대뼈가 들어나 있다.
④ 당신이 나를 믿음으로 나도 당신을 믿습니다.
⑤ 내 바램은 당신이 건강하게 사시는 것입니다.

> **Tip** ① 하던지 말던지→하든지 말든지
> ③ 들어나→드러나
> ④ 믿음으로→믿으므로
> ⑤ 바램→바람

문 밑줄 친 말의 기본형이 옳지 않은 것은?

▶ 2017. 4. 8. 인사혁신처

① 무를 강판에 <u>가니</u> 즙이 나온다. (기본형 : 갈다)
② 오래되어 <u>불은</u> 국수는 맛이 없다. (기본형 : 불다)
③ 아이들에게 위험한 데서 놀지 말라고 <u>일렀다</u>. (기본형 : 이르다)
④ 퇴근하는 길에 포장마차에 <u>들렀다가</u> 친구를 만났다. (기본형 : 들르다)

> **Tip** ② '불은'의 기본형은 '물에 젖어서 부피가 커지다'는 의미를 가진 '붇다'이다. '붇다'는 어간의 끝소리 'ㄷ'이 모음 앞에서 'ㄹ'로 바뀌는 'ㄷ'불규칙 동사이다.
> ① 'ㄹ'탈락
> ③ '르'불규칙
> ④ 'ㅡ'탈락

│정답 ②, ②

ⓗ '-하다'가 붙는 어근에 '-히'나 '-이'가 붙어서 부사가 되거나 부사에 '-이'가 붙어서 뜻을 더하는 경우에는 그 어근이나 부사의 원형을 밝히어 적는다. 〈맞춤법 제25항〉

• '-하다'가 붙는 어근에 '-히'나 '-이'가 붙는 경우
  예 급히, 꾸준히, 도저히, 딱히, 어렴풋이, 깨끗이 등

• '-하다'가 붙지 않는 경우에는 반드시 소리대로 적는다.
  예 갑자기, 반드시, 슬며시 등

• 부사에 '-이'가 붙어서 역시 부사가 되는 경우
  예 곰곰이, 더욱, 생긋이, 오뚝이, 일찍이, 해죽이 등

④ **어미(조사) 구별**

㉠ '-더라, -던'과 '-든지'는 다음과 같이 적는다.
• 지난 일을 나타내는 어미는 '-더라, -던'으로 적는다.
• 어느 것이나 상관없는 선택의 의미는 '(-)든지'로 적는다.

㉡ 다음과 같은 용언들은 어미가 바뀔 경우, 그 어간이나 어미가 원칙에 벗어나면 벗어나는 대로 적는다.
• 어간의 끝 'ㄹ'이 줄어들 때
  예 갈다 : 가니, 간, 갑니다, 가시다, 가오 등
  놀다 : 노니, 논, 놉니다, 노시다, 노오 등

• 어간의 끝 'ㅅ'이 줄어들 때
  예 긋다 : 그어, 그으니, 그었다
  낫다 : 나아, 나으니, 나았다
  잇다 : 이어, 이으니, 이었다 등

• 어간의 끝 'ㅎ'이 줄어들 때
  예 그렇다 : 그러니, 그럴, 그러면, 그럽니다, 그러오
  동그랗다 : 동그랄, 동그라면, 동그랍니다, 동그라오
  하얗다 : 하야니, 하얄, 하야면, 하얍니다 등

• 어간의 끝 'ㅜ, ㅡ'가 줄어들 때
  예 푸다 : 퍼, 펐다
  끄다 : 꺼, 껐다
  바쁘다 : 바빠, 바빴다 등

• 어간의 끝 'ㄷ'이 'ㄹ'로 바뀔 때
  예 걷다(步) : 걸어, 걸으니, 걸었다
  듣다(聽) : 들어, 들으니, 들었다
  묻다(問) : 물어, 물으니, 물었다 등

• 어간의 끝 'ㅂ'이 'ㅜ'로 바뀔 때
  예 깁다 : 기워, 기우니, 기웠다
  굽다(炙) : 구워, 구우니, 구웠다
  괴롭다 : 괴로워, 괴로우니, 괴로웠다 등

• 다만, '돕-, 곱-'과 같은 단음절 어간에 어미 '아-'가 결합되어 '와'로 소리 나는 것은 '-와'로 적는다.
  예 돕다 : 도와, 도와서, 도와도, 도왔다
  곱다 : 고아, 고와서, 고와도, 고왔다 등

- '하다'의 어미 활용에서 어미 '-아'가 '-여'로 바뀔 때
  - 예 하다 : 하여, 하여서, 하여도, 하여라, 하였다 등
- 어간의 끝음절 '르' 뒤에 오는 어미 '-어'가 '-러'로 바뀔 때
  - 예 이르다 : 이르러, 이르렀다
    - 푸르다 : 푸르러, 푸르렀다 등
- 어간의 끝음절 '르'의 '_'가 줄고, 그 위에 오는 어미 '-아/-어'가 '-라/-러'로 바뀔 때
  - 예 가르다(갈라/갈랐다), 구르다(굴러/굴렀다), 부르다(불러/불렀다), 오르다(올라/올랐다), 지르다(질러/질렀다) 등

⑤ 혼동되는 준말 표기

ㄱ 모음 'ㅗ, ㅜ'로 끝난 어간에 '-아/-어, -았-/-었-'이 어울려 'ㅘ/ㅝ, ㅘ/ㅝ'

- '놓아'가 '놔'로 줄 적에는 ㅎ탈락
- 'ㅚ' 뒤에 '-어, -었-'이 어울려 'ㅙ, ㅙ'으로 될 적에도 준 대로 적는다.
  - 예 괴어→괘, 되어→돼, 뵈었다→뵀다, 쇠었다→쇘다 등

ㄴ 'ㅣ' 뒤에 '-어'가 와서 'ㅕ'

ㄷ 'ㅏ, ㅕ, ㅗ, ㅜ, ㅡ'로 끝난 어간에 '-이-'가 와서 각각 'ㅐ, ㅖ, ㅚ, ㅟ, ㅢ'

ㄹ 'ㅏ, ㅗ, ㅜ, ㅡ' 뒤에 '-이어'가 어울려 줄어들 때에는 준 대로 적는다. 이미 '-지' 뒤에 '않-'이 어울려 '-잖-'이 될 때와 '-하지' 뒤에 '않-'이 어울려 '찮-'이 될 때에는 준 대로 적는다.

(3) 띄어쓰기 정리

① 조사 : 조사는 그 앞말에 붙여 쓴다. 〈맞춤법 제41항〉

② 의존 명사, 단위를 나타내는 명사 및 열거하는 말 등

ㄱ 의존 명사는 띄어 쓴다. 〈맞춤법 제42항〉
- 예 -것, -줄, -수, -데, -바, -지 등
  - 아는 것이 힘이다. / 나도 할 수 있다.

ㄴ 단위를 나타내는 명사는 띄어 쓴다. 〈맞춤법 제43항〉
- 예 한 개, 차 한 대, 금 서 돈, 소 한 마리, 옷 한 벌, 열 살, 집 한 채 등

다만, 순서를 나타내는 경우나 숫자와 어울리어 쓰이는 경우에는 붙여 쓸 수 있다.
- 예 두시 삼십분 오초, 제일과, 삼학년, 육층, 1445년 10월 9일, 2대대 등

ㄷ 수를 적을 적에는 '만(萬)' 단위로 띄어 쓴다. 〈맞춤법 제44항〉
- 예 십이억 삼천사백오십육만 칠천팔백구십팔, 12억 3456만 7898 등

ㄹ 두 말을 이어 주거나 열거할 적에 쓰이는 다음의 말들은 띄어 쓴다. 〈맞춤법 제45항〉
- 예 국장 겸 과장, 열 내지 스물, 청군 대 백군, 이사장 및 이사들 등

ㅁ 단음절로 된 단어가 연이어 나타날 적에는 붙여 쓸 수 있다. 〈맞춤법 제46항〉
- 예 그때 그곳, 좀더 큰것, 이말 저말, 한입 두입 등

기출문제

문 밑줄 친 단어 중 어문 규정에 맞지 않는 것은?
▶ 2012. 4. 7. 행정안전부

① 불 좀 쬐어야겠구나.
② 선배님, 다음에 봬요.
③ 점점 목을 죄여 오는 느낌이야.
④ 될 대로 되라는 식의 사고는 좋지 않아.

Tip ③ 본말이 '조이어'의 형태이기 때문에, 준말은 '조여' 또는 '죄어'가 맞다.

문 밑줄 친 부분의 띄어쓰기가 옳은 것은?
▶ 2020. 6. 13. 지방직/서울특별시

① 해도해도 너무한다.
② 빠른 시일 내 지원해 줄 것이다.
③ 이 그릇은 귀한 거라 손님 대접하는데나 쓴다.
④ 소비 절약을 호소하는 정공법 밖에 달리 도리는 없다.

Tip ② 의존 명사인 '내'는 앞말과 띄어 써야 한다.
① '해도 해도'는 '하다'에 어미 '-아도(여도)'가 결합하여 반복적으로 '-아도 아도'의 구성으로 쓰인 것으로, 앞선 행위나 상태를 강조할 때 쓴다. 일상생활에서 많이 쓰는 표현이지만, 표준국어대사전에 합성어로 등재되지 않았으므로 띄어 쓰는 것이 옳다.
③ 제시된 문장에서 '데'는 '대접하는 경우에나 쓰인다'는 뜻의 의존 명사이므로 띄어 쓴다.
④ 제시된 문장에서 '정공법밖에'는 명사 '정공' 뒤에 '그것 말고는'의 의미를 나타낸 보조사 '밖에'가 붙은 형태이며 조사는 그 앞말에 붙여 쓴다.

정답 ③, ②

159

문 외래어 표기 용례로 올바른 것은?

▶ 2019. 6. 15. 제2회 서울특별시

① dot – 다트
② parka – 파카
③ flat – 플래트
④ chorus – 코루스

> **Tip** ① 다트→도트(도트프린터)/닷
> (닷컴)
> ③ 플래트→플랫
> ④ 코루스→코러스

문 다음 밑줄 친 외래어의 표기가 올바르게 된 것은?

▶ 2019. 8. 31. 제2차 경찰공무원

① 철수는 <u>리더쉽</u>이 뛰어난 학생이다.
② 철수는 거의 매달 <u>비즈니스</u> 문제로 중국에 간다.
③ 영희는 다음 주에 있을 <u>프리젠테이션</u> 준비에 열심이다.
④ 민수는 생일인 영수를 위해 <u>케일</u>을 준비했다.

> **Tip** ① 리더쉽→리더십
> ③ 프리젠테이션
>   →프레젠테이션
> ④ 케잌→케이크

∥정답 ②, ②

③ **보조 용언** : 보조 용언은 띄어 씀을 원칙으로 하되, 경우에 따라 붙여 씀도 허용한다.〈맞춤법 제47항〉 다만, 앞말에 조사가 붙거나 앞말이 합성 동사인 경우, 그리고 중간에 조사가 들어갈 적에는 그 뒤에 오는 보조 용언은 띄어 쓴다.

> 예 잘도 놀아만 나는구나, 네가 덤벼들어 보아라, 그가 올 듯도 하다, 책을 읽어도(조사) 보고, 강물에 떠내려가(합성도사) 버렸다 등

④ **고유 명사 및 전문 용어**

  ㉠ 성과 이름, 성과 호 등은 붙여 쓰고, 이에 덧붙는 호칭어, 관직명 등은 띄어 쓴다.〈맞춤법 제48항〉

  다만, 성과 이름, 성과 호를 분명히 구분할 필요가 있을 경우에는 띄어 쓸 수 있다.

> 예 남궁억/남궁 억, 독고준/독고 준, 황보지봉(皇甫芝峰)/황보 지봉 등

  ㉡ 고유 명사, 전문용어는 단어별로 띄어 씀을 원칙으로 하되, 단위별로 띄어 쓸 수 있다.〈맞춤법 제49, 50항〉(띄어 씀 원칙으로 하고, 붙여 씀 허용함)

(4) 외래어 표기법

① **개념** … 외래어를 우리 글로 적는 방법을 나타낸 규정이다.

② **표기의 기본 원칙**

  제1항 외래어는 국어의 현용 24자모만으로 적는다.

> 예 [v]는 국어에는 없는 소리여서 현용 국어자음으로 바꿔 쓴다.

  제2항 외래어의 1음운은 원칙적으로 1기호로 적는다.

> 예 [f] 는 'ㅎ'이나 'ㅍ'으로 소리나지만 이중 1개의 기호로 적는다.

  제3항 받침에는 'ㄱ, ㄴ, ㄹ, ㅁ, ㅂ, ㅅ, ㅇ'만을 쓴다.

> 예 받침 [t]는 [ㄷ]처럼 소리나지만 표기에서는 [ㄷ]으로 쓸 수 없다. internet은 '인터넫'이 아닌 '인터넷'으로 적는다.

  제4항 파열음 표기에는 된소리를 쓰지 않는 것을 원칙으로 한다.

> 예 [p]는 발음이 된소리 [ㅃ]으로 나기도 하지만 된소리로 적지 않는다.

  제5항 이미 굳어진 외래어는 관용을 존중하되 그 범위와 용례는 따로 정한다.

> 예 외래어 표기법에 따르면 '모델(model)'은 '마들'로 라디오(radio)는 '레이디오'로 바꿔 적어야 하지만 이미 오래 전부터 쓰여 굳어졌으므로 관용을 존중한다.

(5) 로마자 표기법

① **개념** … 국어를 로마자로 표기하는 방법을 나타낸 규정으로, 외국인들이 우리나라의 말을 편리하게 읽도록 도와주기 위함을 목적으로 한다.

② **표기의 기본 원칙**

  제1항 국어의 로마자 표기는 국어의 표준 발음법에 따라 적는 것을 원칙으로 한다.
  제2항 로마자 이외의 부호는 되도록 사용하지 않는다.

㉠ 모음은 다음 각 호와 같이 적는다.

• 단모음

ㅏ	ㅓ	ㅗ	ㅜ	ㅡ	ㅣ	ㅐ	ㅔ	ㅚ	ㅟ
a	eo	o	u	eu	i	ae	e	oe	wi

• 이중 모음

ㅑ	ㅕ	ㅛ	ㅠ	ㅒ	ㅖ	ㅘ	ㅙ	ㅝ	ㅞ	ㅢ
ya	yeo	yo	yu	yae	ye	wa	wae	wo	we	ui

–'ㅢ'는 'ㅣ'로 소리 나더라도 'ui'로 적는다.

예 광희문 Gwanghuimun

–장모음은 표기하지 않는다.

㉡ 자음은 다음 각 호와 같이 적는다.

• 파열음

ㄱ	ㄲ	ㅋ	ㄷ	ㄸ	ㅌ	ㅂ	ㅃ	ㅍ
g, k	kk	k	d, t	tt	t	b, p	pp	p

• 파찰음

ㅈ	ㅉ	ㅊ
j	jj	ch

• 마찰음

ㅅ	ㅆ	ㅎ
s	ss	h

• 비음

ㄴ	ㅁ	ㅇ
n	m	ng

• 유음

ㄹ	r, l

③ 로마자 표기의 유의점

제1항 음운의 변화가 일어날 때는 변화의 결과에 따라 적는다. (글자와 발음이 상이한 경우에는 발음을 기준으로 표기함)

예 해돋이[해도지](haedoji)

제2항 발음상의 혼동의 우려가 있을 때에는 음절 사이에 붙임표(–)를 쓸 수 있다.

예 중앙(jung–ang)

제3항 고유명사는 첫 글자를 대문자로 적는다.

예 부산(Busan)

기출문제

문 〈보기〉의 ㉠~㉣을 현행 로마자 표기법에 따라 표기한 것으로 가장 적절한 것은?

▶ 2019. 6. 15. 제2회 서울특별시

〈보기〉

㉠ 다락골   ㉡ 국망봉
㉢ 낭림산   ㉣ 한라산

① ㉠ – Dalakgol
② ㉡ – Gukmangbong
③ ㉢ – Nangrimsan
④ ㉣ – Hallasan

Tip 로마자 표기법은 우리말 소리(발음)를 알파벳으로 적은 것으로, 외국인들이 우리나라의 말을 편리하게 읽도록 도와주어 보다 원활한 의사소통을 하게 하기 위함이다.
① Dalakgol → Darakgol
② Gukmangbong → Gungmangbong
③ Nangrimsan → Nangnimsan

정답 ④

기출문제

제4항 인명은 성과 이름의 순서로 띄어 쓴다. 이름은 붙여 쓰는 것을 원칙으로 하되 음절 사이에 붙임표(-)를 쓰는 것을 허용한다.

예 한복남(Han Boknam, Han Bok-nam)

제5항 '도, 시, 군, 읍, 면, 리, 동'의 행정구역 단위와 '가'는 각각 'do, si, gun, eup, myeon, ri, dong, ga'로 적고 그 앞에는 붙임표(-)를 넣는다. 붙임표 앞 뒤에서 일어나는 음운변화는 표기에 반영하지 않는다.

예 제주도(jeju-do)

제6항 자연 지형물, 문화재명, 인공 축조물명은 붙임표(-) 없이 쓴다.

예 남산(Namsan), 독도(Dokdo)

제7항 인명, 회사명, 단체명 등은 규정에 맞지 않더라도 그동안 써 온 표기를 쓸 수 있다.

예 현대(Hyundai), 삼성(Samsung)

(6) 문장 부호

① 문장 부호의 필요성 … 문장의 의미를 더욱 풍부하고 정확하게 표현할 수 있게 해 준다.

② 문장 부호의 종류

부호	이름	용법
.	마침표, 온점	• 서술, 명령, 청유 등을 나타내는 문장의 끝에 쓴다. • 연월일을 표시하거나 특정한 의미가 있는 날을 나타낼 때 쓴다.
?	물음표	• 의문문이나 물음을 나타내는 어구의 끝에 쓴다. • 적절한 말을 쓰기 어렵거나 모르는 내용임을 나타낼 때 쓴다.
!	느낌표	• 감탄문이나 강한 느낌을 나타내는 어구의 끝에 쓴다.
,	쉼표, 반점	• 어구를 나열하거나 문장의 연결 관계를 나타낼 때 쓴다. • 문장에서 끊어 읽을 부분임을 나타낼 때 쓴다.
·	가운뎃점	• 둘 이상의 어구를 하나로 묶어서 나타낼 때 쓴다.
:	쌍점	• 표제나 주제에 대하여 구체적인 사례나 설명을 붙일 때 쓴다. • 시와 분, 장과 절 등을 구별할 때 쓴다.
/	빗금	• 대비되는 둘 이상의 어구를 묶어서 나타낼 때 쓴다.
" "	큰따옴표	• 대화를 표시하거나 직접 인용한 문장임을 나타낼 때 쓴다.
' '	작은따옴표	• 마음속으로 한 말이거나 인용문 속의 인용문임을 나타낼 때 쓴다. • 문장 내용 중에서 특정한 부분을 특별히 드러내 보일 때 쓴다.
( )	소괄호	• 주석이나 보충적인 내용을 덧붙일 때 쓴다. • 항목의 순서나 종류를 나타낼 때 쓴다.
{ }	중괄호	• 같은 범주에 속하는 여러 요소들을 묶어서 보일 때 쓴다.

문 묶음표의 쓰임이 잘못된 것은?

▶ 2015. 6. 27. 제1회 지방직

① 나는 3·1 운동(1919) 당시 중학생이었다.

② 그녀의 나이(年歲)가 60세일 때 그 일이 터졌다.

③ 젊음[희망(希望)]의 다른 이름]은 가장 아름다운 꽃이다.

④ 국가의 성립 요소 { 국토 국민 주권 }

Tip ② 고유어에 대응하는 한자어를 함께 보일 때는 대괄호를 쓴다. 따라서 '나이[年歲]'로 써야 한다.

정답 ②

[ ]	대괄호	• 괄호 안에 또 괄호를 쓸 필요가 있을 때 바깥쪽의 괄호로 쓴다. • 원문에 대한 설명이나 논평 등을 덧붙일 때 쓴다.
『 』	겹낫표	• 책의 제목이나 신문 이름 등을 나타낼 때 쓴다.
「 」	낫표	• 소제목, 예술 작품의 제목, 상호, 법률 등을 나타낼 때 쓴다.
《 》	겹화살괄호	• 책의 제목이나 신문 이름 등을 나타낼 때 쓴다.
〈 〉	홑화살괄호	• 소제목, 예술 작품의 제목, 상호, 법률 등을 나타낼 때 쓴다
―	줄표	• 제목 다음에 표시하는 부제를 나타낼 때 쓴다. • 문장 중간에 끼어든 어구를 나타낼 때 쓴다.
-	붙임표	• 차례대로 이어지거나 밀접한 관련이 있는 어구를 묶어서 나타낼 때 쓴다.
~	물결표	• 기간이나 거리 또는 범위를 나타낼 때 쓴다.
˙	드러냄표	• 문장 내용 중에서 특정한 부분을 특별히 드러내 보일 때 쓴다.
＿	밑줄	• 문장 내용 중에서 특정한 부분을 특별히 드러내 보일 때 쓴다.
○, ×	숨김표	• 금기어나 비속어 또는 비밀임을 나타낼 때 쓴다.
□	빠짐표	• 글자가 들어갈 자리임을 나타낼 때 쓴다.
……	줄임표	• 할 말을 줄이거나 말이 없음을 나타낼 때 쓴다.

Point 팁 문장 부호 규정은 현실적인 쓰임에 맞도록 허용 규정을 대폭 확대하여 개정되었다. 2015년 1월 1일부터 시행되는 문장부호 규정은 이전 규정에 맞추어 쓰더라도 틀리지 않도록 하며 사용자의 편의와 활용성을 높이는 데 중점을 두었다.

section 3 올바른 어법

(1) 말 다듬기

① 높임 표현의 오류

㉠ **간접높임** : 주체 높임법은 주어가 말하는 이보다 나이가 많거나 사회적 지위가 높을 때, 주어를 높이는 표현이다. 그러나 높임의 대상이 주어가 아닌 주어의 신체나 사물이나, 혹은 관련된 사물일 경우에는 주어에만 사용하는 특수 어휘를 사용하지 않는다.

　예 아버지께서 회사에 가시려고 한다.(직접 높임)
　　할아버지께서는 아직 귀가 밝으십니다.(간접 높임)

㉡ **인용문 오류** : 너, 선생님께서 오시래.(오라셔 : 오라 하셔의 줄임말)

㉢ **압존법** : 청자가 행위의 주체보다 높을 때 주어를 높이지 않는다.

　예 할아버지, 아버지께서 돌아오셨습니다.(아버지가 돌아왔습니다)

기출문제

문 문장 부호를 옳게 사용한 것은?
　　▶ 2011. 5. 14. 상반기 지방직

① 예로부터 "민심은 천심이다"라고 하였다.

② 너는 언제 왔니, 어디서 왔니, 무엇하러?

③ 문장 부호―마침표·쉼표·따옴표·묶음표 등

④ 나는, 솔직히 말하면, 그 말이 별로 탐탁하지 않소.

Tip 문장 중간에 삽입된 구절 앞뒤에는 '반점(,)'을 쓴다.
② 너는 언제 왔니? 어디서 왔니? 무엇하러?
③ 문장 부호 : 마침표, 쉼표, 따옴표, 묶음표 등.
※ 문제 출제 당시 직접 인용한 문장의 끝에 마침표를 쓰는 것이 원칙이었으나 2015년 맞춤법 부호 개정에 의해 쓰지 않는 것도 허용하여 ①번도 정답이 될 수 있다.

정답 ①, ④

기출문제

☞ ⑦~②의 고쳐 쓰기 방안으로 적절하지 않은 것은?

▶ 2020. 7. 11. 인사혁신처

⑦ 공사하는 기간 동안 안전사고가 일어나지 않도록 유의해 주십시오.

ⓛ 오늘 오후에 팀 전체가 모여 회의를 갖겠습니다.

ⓒ 비상문이 열려져 있어 신속하게 대피할 수 있었다.

② 지난밤 검찰은 그를 뇌물 수수 혐의로 구속했다.

① ⑦ : '기간'과 '동안'은 의미가 중복되므로 '공사하는 기간 동안'은 '공사하는 동안'으로 고쳐 쓴다.

② ⓛ : '회의를 갖겠습니다'는 번역 투이므로 '회의하겠습니다'로 고쳐 쓴다.

③ ⓒ : '열려져'는 '-리-'와 '-어지다'가 결합한 이중 피동 표현이므로 '열려'로 고쳐 쓴다.

④ ② : 동작의 대상에게 행위의 효력이 미친다는 의미를 제시해야 하므로 '구속했다'는 '구속시켰다'로 고쳐 쓴다.

Tip ④ ②의 문장은 '검찰이 그를 가두었다'는 의미이므로 '법원이나 판사가 피의자나 피고인을 강제로 일정한 장소에 잡아 가두다.'라는 뜻의 '구속하다'를 쓰는 것이 적절하다. '구속시키다'는 '구속하게 하다'로 해석이 되는 사동 표현이다.
① 의미가 중복된 경우이므로 맞게 고친 경우이다.
② 영어식 표현을 우리말답게 고친 경우이다.
③ 이중 피동 표현을 맞게 고친 경우이다.

┃ **정답** ④

② 잘못된 피동과 사동 표현

　⑦ 잘못된 이중 피동 표현 : 피동 접미사 '-이-, -히-, -리-, -기-'가 결합하여 이미 피동이 된 단어에 '-아/-어지다'가 붙어서 한 번 더 피동이 되거나 이미 피동의 의미를 가지고 있는 단어인데도 피동 표현을 쓴 경우를 말한다. 국어에서 이중 피동은 잘못된 표현이므로 쓰지 않도록 주의해야 한다.

　　예 책이 잘 읽혀지지 않는다.(→ 읽히지)
　　　그는 과장으로 불려진다.(→ 불린다)
　　　이 문은 잘 열려지지 않는다.(→ 열리지)

　ⓛ 잘못된 사동 표현 : 사동(시키다)의 의미가 없는데 사동 접사를 사용하거나, '-하다'를 쓸 수 있는 곳에 '-시키다'를 쓴 경우를 말한다.

　　예 출입을 금지시키다 → 금지하다
　　　길을 헤메이다 → 헤매다
　　　환경을 개선시켜야 한다. → 개선해야
　　　친구 한 명을 소개시켜 줄게 → 소개해
　　　그는 학생들에게 국어를 교육시키는 분이다. → 교육하는

③ 잘못 적기 쉬운 말

　⑦ 잘못된 동사의 활용

　　예 설레이다 → 설레다, 설레임 → 설렘, 거칠은 → 거친, 바램 → 바람 등

　ⓛ 형용사의 잘못된 사용

　　예 건강하세요 → 건강하게 지내세요('건강'은 형용사이므로 명령이나 청유형으로 사용할 수 없다.)
　　　나이에 걸맞는 → 나이에 걸맞은('걸맞다'는 형용사이므로 현재형 '-ㄴ(는)'은 결합할 수 없다.

　ⓒ 조사의 잘못된 사용

　• 보조사 '은/는'은 안긴문장이나, 문장 첫머리에서는 주로 주격 '이/가'를 사용한다.
　　예 그는 시험에 합격했는지 궁금하다. → 그가 시험에 합격했는지 궁금하다.

　• 관형격 조사의 무리한 사용이나 생략
　　예 나의 살던 고향은~ → 내가 살던 고향은~

　• 인용격 조사 '라고/라'의 사용
　　예 우승하겠다라는 생각을 하신 적이 있습니까? → 우승하겠다는 생각을 하신 적이 있습니까?

　• '~같아요'의 남용 : 우리말에서는 자신의 판단이나 감정 등에는 단정적 표현을 사용한다. 다만 막연한 회상이나, 추측에는 사용할 수 있다.
　　예 우승을 하여 기분이 좋은 것 같아요. → 우승을 하여 기분이 좋아요.

(2) **문장 다듬기**

① 문장 성분의 생략

　⑦ 주어 또는 목적어, 서술어의 생략

　• 도로 공사가 언제부터 시작되고, 언제 개통될지는 불투명하다.(주어의 생략) → 도로 공사가 언제부터 시작되고, 도로가 언제 개통될지는 불투명하다.

　• 이 영화는 수해를 당한 현장에서 감동적인 장면을 담고 있다.('영화는'의 서술어가 없음) → 이 영화는 수해를 당한 현장에서 촬영되어 감동적인 장면을 담고 있다.

- 날씨가 점점 서늘해져 가고 있지만, 청결히 하는 마음은 변치 말아야겠다.('청결히 하는'의 목적어 없음) → 날씨가 점점 서늘해져 가고 있지만, 주위 환경을 청결히 하는 마음은 변치 말아야겠다.

   ⓛ 관형어와 부사어의 생략
- 인간은 환경을 지배하기도 하고, 순응하면서 산다.(부사어 없음)
   → 인간은 환경을 지배하기도 하고, 환경에 순응하면서 살기도 한다.
- 철수가 시험에 합격한 것은 기쁨이 되었다.('기쁨'의 주체인 관형어가 없음) → 철수가 시험에 합격한 것은, 우리 가족의 기쁨이 되었다.

② 문장 성분의 호응

   ㉠ 주어와 서술어의 호응
- 내일은 비가 예상됩니다.('예상'은 '내일'과 호응하지만, '비'에 호응하는 서술어가 없어 어색함.) → 내일은 비가 올 것으로 예상됩니다.
- 내가 하고 싶은 말은 다름이 아니라, 아직 늦지 않았으니 새로 시작하기를 바란다.(사물 주어가 오면 그와 호응하는 사물 서술어가 와야 한다.) → 내가 하고 싶은 말은 다름이 아니라, 아직 늦지 않았으니 새로 시작하기를 바란다는 것이다.

   ㉡ 부사어와 서술어의 호응
- 비록 ~ -ㄹ지라도(-라도, -지만, -어도)
   예 비록 그것이 사실이라 하더라도 믿어지지 않는다.
- 결코 ~지 않겠다(아니다)
   예 아무리 어려워도 결코 물러서지 않겠다.
- 하물며 ~랴(-ㄴ가)
   예 짐승도 은혜를 알거든 하물며 사람이랴.
- 왜냐 하면 ~ 때문이다.
   예 오늘은 매우 피곤하다. 왜냐 하면 어제 잠을 제대로 못 잤기 때문이다.
- 만약 ~이면(라면)
   예 내가 만약 시인이라면 그대 위해 노래할 텐데.
- 모름지기(마땅히) ~해야 한다.
   예 학생은 모름지기 학업에 힘써야 한다.
- 절대로 ~ 않다.(마라, 말아라, 마세요)
   예 그는 내키지 않는 일은 절대로 하지 않는다.

   ㉢ 수식어와 피수식어의 호응
- 한결같이 어려운 이웃을 돕는 사람이 많다.(의미상 '한결같이'는 사람을 수식해야 함) → 어려운 이웃을 돕는 한결같은 사람이 많다.
- 이것은 우리 아버지의 그림이다.(아버지가 그린 그림, 아버지를 그린 그림, 아버지가 소유한 그림으로 해석될 수 있으므로 수식을 정확히 해야 한다.) → 이것은 아버지께서 가지고 계신 그림이다.

기출문제

🔲 문장 성분의 호응이 자연스러운 것은?

▶ 2020. 7. 11. 인사혁신처

① 내가 강조하고 싶은 점은 우리가 고유 언어를 가졌다.
② 좋은 사람과 대화하며 함께한 일은 즐거운 시간이었다.
③ 내 생각은 집을 사서 이사하는 것이 좋겠다고 결정했다.
④ 그는 내 생각이 옳지 않다고 여러 사람 앞에서 말을 하였다.

Tip ④ '그는 ~고 말을 하였다.'는 주어와 서술어의 호응이 자연스러운 문장이다. 또한 인용 조사를 활용한 인용절도 주절과 자연스럽게 어울리고 있다.
  ① 주어(점은)와 서술어(가졌다)의 호응이 적절치 못하다. '내가 강조하고 싶은 점은 우리가 고유 언어를 가졌다는 것이다'로 고쳐야 한다.
  ② 주어(일은)와 서술어(시간이었다)의 호응이 적절치 못하다. '좋은 사람과 대화하며 즐거운 시간을 함께 보냈다'로 고쳐야 한다.
  ③ 주어(내 생각은)와 서술어(결정했다)의 호응이 적절치 못하다. '내 생각은 집을 사서 이사하는 것이 좋겠다는 것이다.'로 고쳐야 한다.

정답 ④

문 다음에 해당하는 사례로 적절하지 않은 것은?

▶ 2020. 6. 13. 지방직/서울특별시

'역전 앞'과 마찬가지로 '피해(被害)를 당하다'에도 의미의 중복이 나타난다. '피해'의 '피(被)'에 이미 '당하다'라는 의미가 포함되어 있기 때문이다.

① 형부터 먼저 해라.
② 채훈이는 <u>오로지</u> 빵<u>만</u> 좋아한다.
③ 발언자마다 <u>각각</u> <u>다른</u> 주장을 편다.
④ 그는 예의가 바를 <u>뿐더러</u> <u>무척</u> 부지런하다.

> **Tip** 제시된 사례는 의미의 중복에 대한 내용이다.
> ④ '~ㄹ뿐더러'는 연결어미로 어떤 일이 그것만으로 그치지 않고 나아가 다른 것이 더 있음을 의미한다. '무척은 다른 것과 견줄 수 없이 라는 의미가 있으므로 '~ㄹ뿐더러'와 '무척'은 의미의 중복이 나타나지 않는다.

문 〈보기〉의 문장은 구조상 중의성(여러 가지 뜻을 갖는 성질)을 가지고 있다. 이 문장의 구조로부터 형성되는 의미로 적절하지 않은 것은?

▶ 2018. 3. 24. 제1회 서울특별시

봄이면, 아름다운 서울의 공원과 거리의 나무에서 봄꽃들이 활짝 피어난다.

① 봄꽃은 아름답다.
② 서울은 아름답다.
③ 거리의 나무는 아름답다.
④ 서울의 공원은 아름답다.

> **Tip** '아름다운'은 '서울', '서울의 공원', '거리의 나무'를 수식할 수 있다.
> ① '봄꽃'은 수식하지 않는다.

정답 ④, ①

② 접속 문장의 호응 : 두 문장의 구조가 논리적으로 대등한 구조를 가질 때 문장을 연결하거나, 문장 성분을 생략할 수 있다. 따라서 접속문장은 문장을 둘로 나누어 대등한 구조로 만든 후에 생략된 성분이 적절한지를 따져야 한다.

• 그들은 날마다 적당한 운동과 체육 이론을 열심히 공부하였다.('적당한 운동'과 '열심히 공부하였다'가 호응하지 않음) → 그들은 날마다 적당한 운동을 하고, 체육 이론을 열심히 공부하였다.
• 철수는 공부를 하고, 순이는 얼굴이 예쁘다.(두 문장은 논리적으로 연관이 없다.)

③ 불필요한 중복 표현

㉠ 동일한 단어의 중복

> **예** 그 선수의 장점은 경기 흐름을 잘 읽고, 다른 선수들에게 공을 잘 보내준다는 것 이 큰 장점이다.('장점'의 반복) → 그 선수의 장점은 경기 흐름을 잘 읽고, 다른 선수들에게 공을 잘 보내준다는 것이다.

㉡ 의미의 중복

> **예** 방학 기간 동안 축구를 실컷 했다. (기간과 동안은 같은 의미이다.)
> → 방학 동안 축구를 실컷 했다.

㉢ 어휘의 중복 사례 : 처갓집 → 처가, 생일날 → 생일, 약숫물 → 약수, 따뜻한 온정(溫情) → 따뜻한 정, 해변가 → 해변, 역전(驛前)앞 → 역전, 새 신랑(新郎) → 신랑, 박수치다('拍'과 '치다' 중복) → 박수하다/손뼉치다, 어려운 난관(難關) → 난관, 축구차다('蹴'과 '차다' 중복) → 공을 차다/축구하다, 겪은 경험(經驗) → 경험, 넓은 광장(廣場) → 광장 등

(3) 중의적 표현

① 어휘의 중의성

> **예** 말이 많다. (동음이의어 말(言)/말(馬))

② 문장의 구조

㉠ 사동 표현의 중의성

> **예** 그녀가 그녀의 딸에게 옷을 입혔다.(옷을 입혀 주다 / 옷을 입도록 시키다)

㉡ 주어의 범위

> **예** 내 동생은 나보다 축구를 더 좋아한다. → 내 동생은 내가 축구를 좋아하는 것 보다 더 축구를 좋아한다./내 동생은 나를 좋아하는 것 보다 축구를 더 좋아한다.

㉢ 주어의 모호성

> **예** 선생님이 보고 싶은 학생이 많다.('보고 싶은'의 주어가 모호함) → 선생님을 보고 싶어 하는 학생이 많다.

㉣ 부정 표현의 중의성

> **예** 사람들이 다 오지 않았다.(전부 오지 않았다/일부만 왔다)

㉤ 수식의 모호성

> **예** 눈이 예쁜 그녀의 딸이 고등학교에 들어갔다.(눈이 예쁜 그녀/눈이 예쁜 딸)

기출문제

③ 비유로 인한 **중의적 표현** … 비유에 쓰인 보조 관념의 속성이 다양해서 문장의 의미가 여러 가지로 해석된다.

> 예 영희는 천사다.(영희는 천사처럼 착하다, 영희가 연극 등에서 천사 역할을 맡다, 영희가 천사처럼 꾸몄다 등)

(4) 외국어식 표현

① 영어식 표현

㉠ **사물 주어 문장** : 우리말은 사물 주어보다는 사람 주어를 취하는 경우가 많다. 무리하게 사물 주어를 사용하면 문장이 어색해진다.

> 예 적당한 운동은 우리를 건강하게 한다. → (우리가) 적당하게 운동하면 건강할 것이다.

㉡ **시제 표현** : 우리말은 시제 개념이 분명하지 않다. 특히 영어의 대과거 '-었었/았었'은 시제 표현이라기보다 과거와의 단절을 의미하므로 대과거 표현은 주의해야 한다.

> 예 어제는 참 재미있게 놀았었다. → 어제는 재미있게 놀았다.

㉢ **어휘나 관용구를 직역한 표현**

- ~과 함께(with) 시간 순서에 따라 표현한다.
  > 예 그의 등장과 함께 관객의 분위기가 가라앉았다. → 그가 등장하자, 분위기가 가라앉았다.

- ~을 가지다(have a~). → ~을 하다.
  > 예 오늘 오후 1시에 회의를 가집시다. → 오늘 오후 1시에 회의를 합시다.

- 이것을 고려해 넣는다면(take account of ~, take account into~)→이것을 고려한다면
  > 예 비용을 고려해 넣는다면 신중하게 선택해야 한다. → 비용을 고려한다면 신중하게 선택해야 한다.

- ~할 예정으로 있다(be going to ~)→~할 예정이다, ~할 것이다, ~할 참이다.
  > 예 내일 출국할 예정으로 있다. → 내일 출국할 예정이다.

- 아무리 강조해도 지나치지 않다.(It is not to much to~)→~지나침이 없다. ~함이 당연하다.
  > 예 불조심을 하는 것은 아무리 강조해도 지나치지 않다. → 불조심은 아무리(늘) 강조해도 지나침이 없다.

② 일어식 표현

㉠ **불필요한 번역투의 표현**

- ~에 있어서 → -에서, -을 때
  > 예 나에게 있어서 낙방은 고배가 아니라 축배다. → 나에게(나의) 낙방은 고배가 아니라 축배다.

- ~에 의하여 〔의해, ~에 의하면 → -으로
  > 예 노동 쟁의를 공권력에 의해 진압하고 → 노동 쟁의를 공권력으로 진압하고

- ~(으)로부터 → ~에게서, ~에서
  > 예 그 소식을 동생으로부터 들었다. → 그 소식을 동생에게서 들었다.

- 서로의, 와/과의, 에의, 으로의, 에서의, 으로서의, (으)로부터의, 에로의, 에게서→불필요한 음절 생략
  > 예 서로의 주장이 달라→서로 주장이 달라

ⓛ 관용구를 직역한 표현

• ~에 다름 아니다. → ~과(나) 다름이 없다.

  예 그는 선각자에 다름 아니다. → 그는 선각자나 다름없다/그는 선각자라 할 만하다

• 주목에 값한다. → 주목할 만하다/주목받을 만하다.

  예 이 밖에 민족 현실과 김수영 문학의 소시민적 한계도 주목에 값한다.
  → 이 밖에 민족 현실과 김수영의 소시민적 한계도 주목할 만하다.

• ~에 대하여 ~관심을 기울이다 → ~에게 관심을 두다.

  예 나는 학생들에 대하여 많은 관심을 기울이고 있다.
  → 나는 학생들에게 관심을 많이 두고 있다.

section 4 비슷한 형태의 어휘

① 가늠 / 가름 / 갈음

  ㉠ 가늠 : 어떤 목표에 맞고 안 맞음을 헤아리다. 예 이번 성적을 가늠해 보아라.

  ㉡ 가름 : 둘로 나누다. 양분하다. 예 편을 가름은 좋지 않다.

  ㉢ 갈음 : 교체하다. 대체하다. 예 새 책상으로 갈음하였다.

② 가르치다 / 가리키다

  ㉠ 가르치다 : 지식이나 기예를 알게 하여 주다. 예 글을 가르치다.

  ㉡ 가리키다 : 무엇이 있는 곳을 말이나 손짓 등으로 알려 주다. 예 방향을 가리키다.

③ 가없다 / 가엾다

  ㉠ 가없다 : 끝이 안 보이게 넓다. 예 부모님의 사랑은 가없다.

  ㉡ 가엾다(가엽다) : 딱하고 불쌍하다. 예 지하철 계단에 있는 거지가 가엾다.

④ 갖은 / 가진

  ㉠ 갖은 : 고루 갖춘, 가지가지의 예 갖은 방법을 다 동원해 보았다.

  ㉡ 가진 : 가지고 있는 예 손에 가진 것이 국어책입니까?

⑤ 개발 / 계발

  ㉠ 개발 : 개척하여 발전시키다. (양적) 예 경제 개발

  ㉡ 계발 : 지능, 정신을 깨우쳐 열어주다. (질적) 예 능력 계발

⑥ 갱신 / 경신

  ㉠ 갱신 : 다시 새롭게 하다. 기간을 연장하다. 예 주민등록증 갱신

  ㉡ 경신 : 이제까지 있던 것을 새롭게 하다. 예 세계 기록 경신

기출문제

🔒 밑줄 친 단어가 바르게 쓰인 것은?

▶ 2012. 9. 22. 하반기 지방직

① 나는 너하고 틀려.

② 저는 위원장님 말씀에 의의(意義) 있습니다.

③ 이번 발표 내용 중 특기(特記)할 사항은 별로 없다.

④ 그 나무의 둘레가 도무지 갈음이 되지 않는다.

  Tip 특기(特記) … 특별히 다루어 기록함 또는 그런 기록
  ① 틀려 → 달라
  ② 의의(意義) → 의의(疑意)
  ④ 갈음 → 가늠

▌정답 ③

⑦ 거치다 / 걷히다

    ㉠ 거치다 : 경유하다. 무엇에 걸리어 스치다. 예 대전을 <u>거쳐</u> 서울에 도착했다.

    ㉡ 걷히다 : '걷다'의 피동사 예 안개가 <u>걷힌다</u>.

⑧ 걷잡다 / 겉잡다

    ㉠ 걷잡다 : (잘못 치닫거나 기우는 형세 따위를) 붙들어 바로잡다.

        예 번지는 불길을 <u>걷잡지</u> 못하다.

    ㉡ 겉잡다 : 대강 어림잡다. 예 <u>겉잡아</u> 두 말은 되겠다.

⑨ 겨누다 / 겨루다

    ㉠ 겨누다 : 목적물 있는 곳의 방향과 거리를 똑바로 잡다. 예 함부로 총을 <u>겨누지</u> 마라.

    ㉡ 겨루다 : 둘 이상의 사물의 우열을 따지다 예 힘을 <u>겨루는</u> 씨름

⑩ 그저 / 거저

    ㉠ 그저 : 무조건, 아주 예 너를 보니 <u>그저</u> 반갑기만 하구나.

    ㉡ 거저 : 공짜로 예 연주회 관람권을 <u>거저</u> 얻었다.

⑪ 금세 / 금새

    ㉠ 금세 : '금시에'의 준말 예 떡 한 접시를 <u>금세</u> 먹어 치웠다.

    ㉡ 금새 : 물가의 높낮이 정도 예 <u>금새</u>를 알아보다.

⑫ 깃들다 / 깃들이다

    ㉠ 깃들다 : 아늑히 서려 있다. 예 건전한 신체에 건전한 정신이 <u>깃든다</u>.

    ㉡ 깃들이다 : 새나 짐승이 보금자리를 만들어 살다. 예 뒷산에는 산짐승들이 <u>깃들여</u> 있다.

⑬ 깐보다 / 깔보다

    ㉠ 깐보다 : 마음 속으로 가늠해 보다. 예 일을 <u>깐보아</u> 가며 대처해야겠다.

    ㉡ 깔보다 : 남을 업신여겨 우습게 보다. 예 어린이라 <u>깔보지</u> 마라.

⑭ 깨치다 / 깨우치다

    ㉠ 깨치다 : 깨달아 사물의 이치를 알게 되다. 예 우리 동생을 이제 구구단을 <u>깨쳤어요</u>.

    ㉡ 깨우치다 : 모르는 사리를 깨닫게 하여 주다. 예 진리를 <u>깨우치다</u>.

① 나가다 / 나아가다

    ㉠ 나가다 : 안에서 밖이나 앞쪽으로 가다. 예 내 방에서 <u>나가</u>!

    ㉡ 나아가다 : 앞으로 향하다. 일이 잘 되어가다. 병이 나아가다. 예 감기가 점점 <u>나아간다</u>.

기출문제

문 밑줄 친 단어의 쓰임이 옳은 것은?
▶ 2020. 6. 13. 지방직/서울특별시

① <u>하노라고</u> 한 것이 이 모양이다.

② 물품 대금은 나중에 예치금에서 자동으로 <u>결재된다</u>.

③ 예산을 대충 <u>걷잡아서</u> 말하지 말고 잘 뽑아 보세요.

④ 행운이 가득하기를 기원하는 것으로 치사를 <u>가름합니다</u>.

Tip ① '-노라고'는 '자기 나름대로 꽤 노력했음을 나타내는 연결 어미'로 동사 '하다' 뒤에 어미 '-노라고'가 결합한 '하노라고'를 적는 것이 적절하다.

정답 ①

기출문제

🔵 밑줄 친 말을 잘못 고친 것은?
▶ 2013. 7. 27. 안전행정부
② 그는 굉장한 사업 수단으로 재산을 빠른 속도로 <u>늘렸다</u>. → 늘였다.
② 좀 전에 제시한 것으로 의견 표명을 <u>가름</u>하겠습니다. →갈음
③ 이 사건은 의협과 용기<u>로서</u> 대처해야 한다. → 로써
④ 나에 대한 너의 판단은 <u>달랐어</u>. → 틀렸어.

Tip ① 늘리다/늘이다 : '늘리다'는 물체의 길이, 넓이나 부피 등을 본래보다 커지게 하는 것이며 '늘다'의 사동사이다. 반면 '늘이다'는 본래보다 길게 한다는 뜻으로 선이나 길이에 관해서만 사용한다. 따라서 재산의 경우 '늘였다'가 아닌 '늘렸다'가 맞는 표현이다.

정답 ①

② 너비 / 넓이
   ㉠ 너비 : 폭 **예** 이 상자의 <u>너비</u> 좀 재봐
   ㉡ 넓이 : 면적. 넓은 정도 **예** 운동장 <u>넓이</u>가 어느 정도 되니?

③ 노느다 / 나누다
   ㉠ 노느다 : 물건을 여러 몫으로 나누다. **예** 집에 놀러온 아이들에게 연필 한자루씩 <u>노나</u> 주었다.
   ㉡ 나누다 : 둘 또는 그 이상으로 가르다. **예** 사과 한 개를 세 쪽으로 <u>나누다</u>.

④ 느리다 / 늘이다 / 늘리다
   ㉠ 느리다 : 속도가 빠르지 못하다. **예** 속도가 너무 <u>느리다</u>.
   ㉡ 늘이다 : 길게 하다. 아래로 길게 처지게 하다(길이). **예** 고무줄을 <u>늘인다</u>.
   ㉢ 늘리다 : (세력이나 양 따위를) 많게 하다. 팽창시키다. **예** 목표량을 더 <u>늘렸다</u>.

ㄷ

① 다리다 / 달이다
   ㉠ 다리다 : 구겨진 것을 펴려고 문지르다. **예** 옷을 <u>다린다</u>.
   ㉡ 달이다 : 끓여서 우러나도록 하다. **예** 약을 <u>달인다</u>.

② 다치다 / 닫히다 / 닫치다
   ㉠ 다치다 : 부딪쳐서 상하다. **예** 깨진 병에 발을 <u>다쳤다</u>.
   ㉡ 닫히다 : '닫다'의 피동사 **예** 창문이 바람에 <u>닫혔다</u>.
   ㉢ 닫치다 : '닫다'의 강세어 (문이나 창 따위를) 힘주어 닫다. **예** 문을 힘껏 <u>닫쳤다</u>.

③ 단박 / 대번
   ㉠ 단박(에) : 그 자리에서 바로 **예** 그가 나를 <u>단박</u> 알아 보았다.
   ㉡ 대번(에) : 서슴지 않고 단숨에 **예** 산 정상까지 <u>대번에</u> 올라왔다.

④ 담그다 / 담다
   ㉠ 담그다 : 액체 속에 넣어 두다. **예** 김치 한 항아리를 <u>담갔다</u>.
   ㉡ 담다 : 그릇 속에 물건을 넣다. 욕을 입에 올리다. 그림이나 글 따위에 나타내다. **예** 주머니에 <u>담아라</u>.

⑤ 돋구다 / 돋우다
   ㉠ 돋구다 : 안경 따위의 도수를 더 높게 하다. **예** 안경 도수를 <u>돋구다</u>.
   ㉡ 돋우다 : 기분 등을 자극하다. 입맛이 좋아지게 하다. **예** 새우젓을 입맛을 <u>돋우게</u> 한다.

⑥ 던(지) / 든(지)

 ㉠ 던(지) : 과거회상 예 얼마나 좋던지.

 ㉡ 든(지) : 선택 예 하든지 말든지.

⑦ 띠다 / 띄다

 ㉠ 띠다 : 지니다. 예 미소를 띠고 있던 그녀

 ㉡ 띄다 : 눈에 얼핏 보이다. 사이를 띄게 하다. 예 영수가 내 눈에 띄었다. 글을 쓸 때는
올바르게 띄어 써야 한다.

ㄹ

① ~러 / ~려

 ㉠ ~러 : 목적 예 영화 보러 간다.

 ㉡ ~려 : 의도 예 사용하려 한다.

② (으)로서 / (으)로써

 ㉠ (으)로서 : 자격, 신분 예 학생으로서

 ㉡ (으)로써 : 도구, 수단 예 말로써

ㅁ

① 마치다 / 맞히다

 ㉠ 마치다 : 마지막으로 끝내다. 마무리 짓다. 예 회의를 마치다.

 ㉡ 맞히다 : 목표에 맞게 하다. (눈이나 비 따위를) 맞게 하다. 예 여러 문제를 더 맞혔다.

② 막역 / 막연

 ㉠ 막역 : 허물없이 친하게 지내다. 예 막역한 친구

 ㉡ 막연 : 분명하지 못하고 어렴풋하다. 예 그 사실을 막연하게 알려져 있다.

③ 목거리 / 목걸이

 ㉠ 목거리 : 목이 부어서 신열이 나는 아픈 병 예 목거리가 덧났다.

 ㉡ 목걸이 : 목에 거는 장식품 예 금 목걸이를 샀다.

④ 몹쓸 / 못쓸

 ㉠ 몹쓸 : 몹시 악독하고 고약한 예 이런 몹쓸 놈

 ㉡ 못쓸 : 쓰지 못함. 좋지 않은 예 못쓸 물건을 버려라.

⑤ (으)므로 / (ㅁ, 음)으로(써)

 ㉠ (으)므로 : 이유. 예 그가 나를 믿으므로 나도 그를 믿는다.

 ㉡ (ㅁ, 음)으로(써) : 도구 예 그는 믿음으로(써) 산 보람을 느꼈다.

기출문제

 맞춤법이 가장 옳지 않은 것은?

 ▶ 2018. 3. 24. 제1회 서울특별시

① 철수는 열심히 일함으로써 보
람을 느꼈다.

② 이제 각자의 답을 정답과 맞혀
보도록 해라.

③ 강아지가 고깃덩어리를 넙죽 받
아먹었다.

④ 아이가 밥을 먹었을는지 모르
겠어.

 Tip ② 맞혀 → 맞춰, 맞추어

 • 맞추다 : (주로 '보다'와 함께
쓰여) 둘 이상의 일정한 대
상들을 나란히 놓고 비교하
여 살피다.

 • 맞히다 : '맞다'의 사동사

|정답 ②

문 다음 중 밑줄 친 단어가 바르게 쓰인 것은?

▶ 2014. 3. 15. 제1차 경찰공무원(순경)

② 학생들은 공책에 책받침을 받치고 쓴다.

② 마을 이장이 소에게 바쳐서 꼼짝을 못한다.

③ 신에게 제물을 발쳐 우리 부락의 안녕을 빌었다.

④ 이것을 돌절구에 빻아 가는 체로 받혀서 다시 가져오겠다.

Tip ② 바쳐서→받혀서(받히다 : 머리나 뿔 따위로 세차게 부딪치다의 뜻을 갖는 '받다'의 피동)

③ 발쳐→바쳐(바치다 : 신이나 웃어른에게 정중하게 드리다.)

④ 받혀서→받쳐서(받치다 : 어떤 물건의 밑에 다른 물체를 올리거나 대다.)

문 밑줄 친 어휘 중 잘못 사용된 것은?

▶ 2012. 5. 12. 상반기 지방직

② 체로 술을 받친다.

② 요즘 영수는 수영에 흥미를 붙이고 있다.

③ 이것으로 축사를 갈음합니다.

④ 고무줄을 더 늘이면 끊어질 것이다.

Tip ① 받치다 → 밭다

② 붙이다 : 어떤 감정이나 감각이 생겨나다.

③ 갈음하다 : 다른 것으로 바꾸어 대신하다.

④ 늘이다 : 본디보다 더 길게 하다.

┃정답 ①, ①

① 바치다 / 받치다

㉠ 바치다 : 드리다. **예** 출세를 위해 청춘을 바쳤다.

㉡ 받치다 : 밑을 다른 물건으로 괴다. (우산이나 양산 따위를) 펴서 들다. **예** 책받침을 받친다.

② 받히다 / 밭치다

㉠ 받히다 : '받다'의 피동사 **예** 쇠뿔에 받혔다.

㉡ 밭치다 : (술 따위를) 체로 거르다. **예** 술을 체에 밭친다.

③ 반드시 / 반듯이

㉠ 반드시 : 꼭 **예** 반드시 시간에 맞추어 오너라.

㉡ 반듯이 : 반듯하게 **예** 관물을 반듯이 정리해라.

④ 벌이다 / 벌리다

㉠ 벌이다 : 일을 베풀어 놓다. 시설을 차리다. 물건을 늘어놓다. **예** 일단 벌인 일은 끝내야 한다. 나도 가게를 벌였다.

㉡ 벌리다 : 떼어서 넓게 하다. 우그러진 것을 펴다. **예** 의자와 의자 사이를 벌리어 놓아라

⑤ 보전 / 보존

㉠ 보전 : 온전하도록 잘 지키다. **예** 길이 보전하세

㉡ 보존 : 잘 지니어 상하지 않게 하다. **예** 환경 보존

⑥ 부딪치다 / 부딪히다

㉠ 부딪치다 : '부딪다'의 강세어 **예** 차와 차가 마주 부딪쳤다.

㉡ 부딪히다 : '부딪다'의 피동사 **예** 미차가 화물차에 부딪혔다.

⑦ 부치다 / 붙이다

㉠ 부치다 : (편지나 물건 따위를) 보내다. 논밭을 다루어서 농사를 짓다.

예 힘이 부치는 일이다. 편지를 부친다. 논밭을 부친다. 빈대떡을 부친다. 식목일에 부치는 글. 회의에 부치는 안건. 인쇄에 부치는 원고. 삼촌 집에 숙식을 부친다.

㉡ 붙이다 : 두 물체를 밀착시키다.

예 우표를 붙인다. 벽보를 붙인다. 책상을 벽에 붙인다. 싸움은 말리고 흥정은 붙인다. 불을 붙인다. 마음을 붙이고 산다. 별명을 붙인다. 조건을 붙인다.

⑧ 비추다 / 비치다

㉠ 비추다 : 빛을 보내어 밝게 만들다. **예** 손전등을 비춰봐라.

㉡ 비치다 : 빛이 드러나다. 말을 약간 꺼내다. 잠깐 동안 참석하다. **예** 햇빛이 수평선 위로 비치다.

기출문제

ㅅ

① 시키다 / 식히다

    ㉠ **시키다** : 하게 하다. 예 일을 <u>시킨다</u>.

    ㉡ **식히다** : 식게 하다. 예 끓인 물을 <u>식힌다</u>.

② 삭이다 / 삭히다

    ㉠ **삭이다** : '삭다(먹은 음식물이 소화되다)'의 사동사, '삭다(긴장이나 화가 풀려 마음이 가라앉다)'의 사동사, '삭다(기침이나 가래 따위가 잠잠해지거나 가라앉다)'의 사동사 예 분을 <u>삭이다</u>. 기침을 <u>삭이다</u>.

    ㉡ **삭히다** : 삭다(김치나 젓갈 따위의 음식물이 발효되어 맛이 들다)의 사동사 예 김치를 <u>삭히다</u>.

ㅇ

① 아름 / 알음 / 앎

    ㉠ **아름** : 두 팔을 벌려서 껴안은 둘레의 길이 예 세 <u>아름</u> 되는 둘레

    ㉡ **알음** : 아는 것 예 전부터 <u>알음</u>이 있는 사이

    ㉢ **앎** : '알음'의 축약형 예 <u>앎</u>이 힘이다.

② 안 / 않

    ㉠ **안** : '아니'의 준말 예 <u>안</u> 하다.

    ㉡ **않** : '아니하'의 준말 예 <u>않</u>았다.

③ 안치다 / 앉히다

    ㉠ **안치다** : 솥이나 냄비에 넣다. 예 밥을 <u>안친다</u>.

    ㉡ **앉히다** : 앉게 하다. 예 윗자리에 <u>앉힌다</u>.

④ 애끊다 / 애끓다

    ㉠ **애끊다** : 몹시 슬퍼서 창자가 끊어질 듯하다. 예 <u>애끊는</u> 피리 소리

    ㉡ **애끓다** : 너무 걱정이 되어 속이 끓는 듯하다. 예 자식 걱정에 <u>애끓는</u> 부모의 마음

⑤ ~오 / ~요

    ㉠ **~오** : 종결형 예 이것은 책이<u>오</u>.

    ㉡ **~요** : 연결형 예 이것은 책이<u>요</u>, 저것은 공책이다.

⑥ 웃- / 윗-

    ㉠ **웃-** : 위아래 구분이 없을 때 예 <u>웃</u>어른

    ㉡ **윗-** : 위아래로 구분할 때 예 <u>윗</u>집

🔖 **다음 중 표준어가 아닌 것은?**

▶ 2014. 4. 19. 안전행정부

① 윗목　　　② 윗돈

③ 위층　　　④ 웃옷

> **Tip** ② 상하의 구별이 없는 경우에는 '웃-'으로 표기한다. 따라서 '웃돈'이 표준어이다.
> ① 상하의 구분이 있는 경우에는 '윗-'으로 표기한다.
> ③ 뒷말의 첫소리가 된소리나 거센소리일 경우 '위-'로 표기한다.
> ④ 겉옷을 뜻하는 표준어이며 상의(上衣)를 뜻할 때에는 '윗옷'이 맞는 표기이다.

‖정답 ②

⑦ 웬 / 왠

    ㉠ 웬 : 어찌, 무슨, 어떤, what 예 웬 일(무슨 일).

    ㉡ 왠 : 왜, why 예 왠지(왜인지).

⑧ 원만하다 / 웬만하다

    ㉠ 원만하다 : 너그럽다. 일의 진행이 순조롭다. 예 인품이 원만하다.

    ㉡ 웬만하다 : 어지간하다. 예 웬만해야 눈감아 주지.

⑨ 이따가 / 있다가

    ㉠ 이따가 : 조금 뒤에 예 이따가 말해 줄게.

    ㉡ 있다가 : 존재하다가, 소지(소유)하다가 예 돈은 있다가도 없다.

⑩ 일절 / 일체

    ㉠ 일절 : 아주, 도무지 예 일절 없다.

    ㉡ 일체 : 모든, 통틀어 예 일체를 갖추다.

⑪ 잊다 / 잃다

    ㉠ 잊다 : 기억하지 못하다. 예 나는 그의 이름을 잊었다.

    ㉡ 잃다 : 분실하다. 예 길에서 지갑을 잃어버렸다.

① 작다 / 적다

    ㉠ 작다 : 크지 않다(크기, 규모). 예 그는 키가 작다.

    ㉡ 적다 : 많지 않다(양). 예 적은 돈으로 세상에서 살아가다.

② 잘못하다 / 잘 못하다

    ㉠ 잘못하다 : 틀리거나 그릇되게 하다. 예 계산을 잘못하여 손해를 보다.

    ㉡ 잘 못하다 : 잘하지 못하다. 예 공부를 잘 못하다.

③ -장이 / -쟁이

    ㉠ -장이 : 기술자에게 붙임 예 미장이

    ㉡ -쟁이 : 성격, 버릇 따위에 붙임 예 개구쟁이

④ 장사 / 장수

    ㉠ 장사 : 물건을 사고파는 상행위 예 그는 생선 장사를 하고 있다.

    ㉡ 장수 : 상인(商人) 예 그는 생선 장수이다.

⑤ 저리다 / 절이다

    ㉠ 저리다 : 살이나 뼈마디가 오래 눌리어 피가 잘 돌지 못해서 힘이 없고 감각
이 둔하다. 예 다친 다리가 저린다.

    ㉡ 절이다 : '절다'의 사동사. 염분을 먹여서 절게 하다. 예 김장 배추를 절인다.

기출문제

⑥ 조리다 / 졸이다

　㉠ **조리다** : 어육(魚肉)이나 채소 따위를 양념하여 국물이 바특하게 바싹 끓이다.

　　예 생선을 조린다.

　㉡ **졸이다** : 속을 태우다시피 마음을 초조하게 먹다. 예 마음을 졸인다.

⑦ 좇다 / 쫓다

　㉠ **좇다** : 그대로 따르다. 예 우리는 그의 의견을 좇았다.

　㉡ **쫓다** : 못 오게 몰다. 예 그는 논둑에서 새를 쫓았다.

⑧ 주검 / 죽음

　㉠ **주검** : 시체 예 봄볕 포근한 무덤에 주검들이 누웠네.

　㉡ **죽음** : 죽는 일 예 그 젊은 죽음을 통곡하노라.

⑨ 주리다 / 줄이다

　㉠ **주리다** : 먹을 만큼 먹지 못하여 배곯다. 예 여러 날을 주렸다.

　㉡ **줄이다** : '줄다'의 사동사. 줄게 하다. 예 비용을 줄인다.

⑩ 지그시 / 지긋이

　㉠ **지그시** : 눈을 슬그머니 감는 모양, 느리고도 힘있게 당기는 모양

　　예 윗부분을 지그시 눌러 주세요.

　㉡ **지긋이** : 지긋하게 예 나이가 지긋이 든 노신사

⑪ 지양 / 지향

　㉠ **지양** : 〈철학〉두 개의 모순 개념이 서로 관련하여 한층 높은 단계에서 조화

　　시키고자 하는 작용. 변증법

　　예 통합점을 찾기 위해 두 대상을 지양해야 합니다.

　㉡ **지양** : 더 높은 단계로 오르기 위하여 어떤 것을 하지 않다.

　　예 권위주의를 지양하다.

　㉢ **지향** : 일정한 목적을 향하여 나아가다. 예 우리는 정상을 지향했다.

ㅊ

① 추기다 / 축이다 / 추키다

　㉠ **추기다** : 선동하다. 예 달콤한 말로 추기다.

　㉡ **축이다** : 물을 적셔서 축축하게 하다. 예 말에게 목을 축여라.

　㉢ **추키다** : 위로 끌어 올리다. 예 그만 추켜 세워. 어지럽다.

① 한참 / 한창

　㉠ **한참** : 시간이 상당히 지나는 동안 <u>예</u> 그가 오기를 <u>한참</u> 기다렸다.

　㉡ **한창** : 가장 활기가 있을 때 <u>예</u> 모내기가 <u>한창</u>이다.

② 해지다 / 헤(어)지다

　㉠ **해지다** : 닳아서 떨어지다. <u>예</u> 이 양복을 벌써 <u>해졌다.</u>

　㉡ **헤(어)지다** : 흩어지다. 이별하다. 살갗이 갈라지다. <u>예</u> 입안에 <u>헤졌다.</u>

③ 홀몸 / 홑몸

　㉠ **홀몸** : 형제나 배우자가 없는 사람 <u>예</u> 그는 <u>홀몸</u>인 쓸쓸한 신세야.

　㉡ **홑몸** : 아이를 배지 아니한 몸 <u>예</u> 아가야, <u>홑몸</u>도 아닌데, 이제 그만 들어가렴.

④ 흔전만전 / 흥청망청

　㉠ **흔전만전** : 아주 흔하고 넉넉한 모양 <u>예</u> 그는 재산이 <u>흔전만전</u>하다.

　㉡ **흥청망청** : (물건, 돈을) 함부로 써 버리는 모양 <u>예</u> <u>흥청망청</u> 돈을 쓰다.

단원평가 맞춤법과 표준어

1 밑줄 친 부분의 표준 발음으로 옳지 않은 것은?

① 두 사람 사이에 정치적 연계가 있는 것이 분명했다.→[연계]
② 반복되는 벽지 무늬가 마치 나의 하루와 같아 보였다.→[무니]
③ 그는 하늘을 뚫는 거대한 창을 가지고 나타났다.→[뚤는]
④ 그는 모든 물건을 정해진 자리에 놓는 습관이 있었다.→[논는]

2 밑줄 친 부분의 표기가 바르지 않은 것은?

① 그는 우표 수집에 있어서는 마니아 수준이다.
② 어머니께서 마늘쫑으로 담그신 장아찌를 먹고 싶다.
③ 그녀는 새침데기처럼 나에게 한 마디 말도 하지 않았다.
④ 그 제품에 대한 라이선스를 획득한 일은 우리에겐 행운이었다.

3 다음 중 맞춤법에 맞게 쓰인 말은?

① 회수(回數)　　　　　　② 갯수(個數)
③ 셋방(貰房)　　　　　　④ 전셋방(傳貰房)

4 다음 중 표기가 바르지 않은 것은?

① 상추　　　　　　　　② 아무튼
③ 비로서　　　　　　　④ 부리나케

5 다음 중 표준어가 아닌 것은?

① 수평아리
② 숫염소
③ 수키와
④ 숫은행나무

6 다음 중 맞춤법에 맞게 쓰인 문장은?

① 일이 잘 됬다.
② 저 산 너머 바다가 있다.
③ 오늘 경기는 반듯이 이겨야 한다.
④ 골목길에서 그만 놓히고 말았다.

7 다음 중 표준어로만 옳게 짝지어진 것은?

① 웃입술, 냄비, 주책없다
② 깡총깡총, 네째, 강낭콩
③ 끄나풀, 괴팍하다, 소금장이
④ 미장이, 수평아리, 숫염소

8 다음 중 표준어가 아닌 것은?

① 으레
② 쌍둥이
③ 사글세
④ 아지랭이

9 다음 중 옳지 않은 것은?

① 나는 손가락으로 하늘을 가르쳤다.
② 선배들의 의견을 좇기로 했다.
③ 이 공원에는 살진 비둘기가 많다.
④ 오래된 노래라서 그 제목을 잊었다.

10 다음 밑줄 친 말 중 표준어인 것은?

① 어머니께서 시원한 <u>미싯가루</u>를 타 주셨다.
② 내가 의사가 되는 것이 아버지의 <u>바램</u>이다.
③ 그렇게 <u>게을러</u> 빠져서 장차 무슨 일을 하겠니?
④ 철수는 합격자 발표 날이 다가올수록 <u>안절부절했다</u>.

11 다음 중 표준 발음이 아닌 것은?

① 밟지[밥찌]   ② 늙지[늘찌]
③ 옳다[올따]   ④ 읽고[일꼬]

12 다음 중 복수 표준어가 아닌 것은?

① 서럽다 – 섫다   ② 엿가락 – 엿가래
③ 철딱서니 – 철때기   ④ 나부랭이 – 너부렁이

13 밑줄 친 부분을 잘못 고친 것은?

> 제목 : 통일 교육 자료집 배부 알림
> 호국안보의 달을 맞이하여 각 학교의 통일 교육의 수월성에 <u>기여하고져</u>, 통일 교육 관련 자료집을 <u>학교 당</u> <u>1권 씩</u> 배부하오니 각 학교에서는 교육 자료로 활용하여 주시고, 교육 지원청에서는 이전 회의에서 <u>말씀드린바</u>와 같이 관내 학교로 배부하여 주시기 바랍니다.

① 기여하고져 → 기여하고저   ② 학교 당 → 학교당
③ 1권 씩 → 1권씩   ④ 말씀드린바 → 말씀드린 바

14 다음 중 띄어쓰기가 바르지 않은 것은?

① 모르는 것이 약이다.

② 그가 떠난 지 벌써 1년이 지났다.

③ 어떻게 네가 나한테 그럴 수 있니?

④ 이상은 위에서 지적한 바와 같습니다.

15 다음 중 띄어쓰기가 옳지 않은 것은?

① 착하기는커녕 잘난 척만 한다.

② 볼펜 한 자루를 샀다.

③ 이사장및 이사들의 회의가 시작됐다.

④ 한시 삼십분까지 식사를 하세요.

16 다음 중 국어의 로마자 표기법에 따라 바르게 표기하지 않은 것은?

① 대관령 Daegwallyeong

② 세종로 Sejong-ro

③ 샛별 saetbyeol

④ 오죽헌 Ojukeon

17 다음 중 문장 부호의 사용이 바르지 않은 것은?

① 그것 참 훌륭한(?) 태도야.

② 너는 한국인이냐? 중국인이냐?

③ 철수가, 내가 제일 좋아하는 친구이다.

④ 철수 · 영이, 영수 · 순이가 서로 짝이 되어 윷놀이를 하였다.

18 다음 〈보기〉의 표준 발음법 규정에 비추어 이중 모음의 발음이 바르지 않은 것은?

〈보기〉

제5항 'ㅑ, ㅒ, ㅕ, ㅖ, ㅘ, ㅙ, ㅛ, ㅝ, ㅞ, ㅠ, ㅢ'는 이중 모음으로 발음한다.

다만 1. 용언의 활용형에 나타나는 '져, 쪄, 쳐'는 [저, 쩌, 처]로 발음한다.

다만 2. '예, 례' 이외의 'ㅖ'는 [ㅔ]로도 발음한다.

다만 3. 자음을 첫소리로 가지고 있는 음절의 'ㅢ'는 [ㅣ]로 발음한다.

다만 4. 단어의 첫음절 이외의 '의'는 [ㅣ]로, 조사 '의'는 [ㅔ]로 발음함도 허용한다.

① 우리의[우리에]

② 계시다[게:시다]

③ 귀띔[귀뜸]

④ 차례[차레]

19 다음 중 외래어 표기가 바르게 된 것으로만 짝지어진 것은?

① cyber − 싸이버, contents − 콘텐츠

② family − 훼밀리, original − 오리지널

③ aircon − 에어컨, chocolate − 초콜렛

④ shop − 숍, remocon − 리모컨

20 사이시옷의 표기에 대한 이해로 적절하지 않은 것은?

제30항 사이시옷은 다음과 같은 경우에 받치어 적는다.
1. 순 우리말로 된 합성어로서 앞말이 모음으로 끝난 경우
　(1) 뒷말의 첫소리가 된소리로 나는 것 ·· ㉠
　(2) 뒷말의 첫소리 'ㄴ, ㅁ' 앞에서 'ㄴ' 소리가 덧나는 것 ····························· ㉡
　(3) 뒷말의 첫소리 모음 앞에서 'ㄴㄴ' 소리가 덧나는 것
2. 순 우리말과 한자어로 된 합성어로서 앞말이 모음으로 끝난 경우
　(1) 뒷말의 첫소리가 된소리로 나는 것 ·· ㉢
　(2) 뒷말의 첫소리 'ㄴ, ㅁ' 앞에서 'ㄴ' 소리가 덧나는 것
　(3) 뒷말의 첫소리 모음 앞에서 'ㄴㄴ' 소리가 덧나는 것 ····························· ㉣

① '모깃불'의 사이시옷은 ㉠에 의한 것이다.
② '뒷머리'의 사이시옷은 ㉡에 의한 것이다.
③ '선짓국'의 사이시옷은 ㉢에 의한 것이다.
④ '예삿일'의 사이시옷은 ㉣에 의한 것이다.

정답및해설

1	③	2	②	3	③	4	③	5	④
6	②	7	④	8	④	9	①	10	③
11	②	12	③	13	①	14	②	15	③
16	④	17	②	18	③	19	④	20	③

1 ③ 'ㄶ, ㅀ' 뒤에 'ㄴ'이 결합되는 경우에는, 'ㅎ'을 발음하지 않는다. 또한 'ㄴ'은 'ㄹ'의 앞이나 뒤에서 [ㄹ]로 발음한다. 따라서 '뚫는'은 [뚤른]으로 발음한다.
① '예, 례' 이외의 'ㅖ'는 [ㅔ]로도 발음한다. 따라서 연계[연계/연게]로 발음한다.
② 자음을 첫소리로 가지고 있는 음절의 'ㅢ'는 [ㅣ]로 발음한다.
④ 'ㅎ' 뒤에 'ㄴ'이 결합되는 경우에는, [ㄴ]으로 발음한다.

2 ② 마늘쫑 → 마늘종

3 한자어에는 사이시옷을 붙이지 않는 것을 원칙으로 하되, '곳간(庫間), 셋방(貰房), 숫자(數字), 찻간(車間), 툇간(退間), 횟수(回數)'는 사이시옷을 받치어 적는다.
① 회수 → 횟수(回數)
② 갯수 → 개수(個數)
④ 전셋방 → 전세방(傳貰房)

4 ③ 비로서 → 비로소
※ 어간에 '-이'나 '-음' 이외의 모음으로 시작된 접미사가 붙어서 다른 품사로 바뀐 것은 그 어간의 원형을 밝히어 적지 아니한다〈한글 맞춤법 제19항〉.
예 귀머거리, 너머, 비렁뱅이, 도로, 비로소, 차마

5 ④ 숫은행나무 → 수은행나무

6 ① 됐다 → 됐다
③ 반듯이 → 반드시
④ 놓히고 → 놓치고

7 ① 웃입술 → 윗입술
② 깡총깡총, 넷째
③ 소금장이 → 소금쟁이
• 깡총깡총 → 깡충깡충, 양성 모음이 음성 모음으로 바뀌어 굳어진 단어는 음성 모음 형태를 표준어로 삼는다〈표준어 규정 제8항〉.
예 깡충깡충, 막둥이, 쌍둥이, 바람둥이, 발가숭이, 오뚝이, 뻗정다리
• 네째 → 넷째, 다음 단어들은 의미를 구별함 없이, 한 가지 형태만을 표준어로 삼는다〈표준어 규정 제6항〉.
예 돌(생일, 주기), 둘째, 셋째, 넷째, 빌리다

8 ④ 아지랭이 → 아지랑이, '아지랑이'는 'ㅣ' 역행 동화가 일어나지 아니한 형태를 표준어로 삼는다.

9 ① 가르쳤다 → 가리켰다
※ '가르치다'와 '가리키다'
　　㉠ 가르치다 : 일깨워 알게 하다
　　　 예 학교에서 국어를 가르친다.
　　㉡ 가리키다 : 집어서 이르다. 알리다.
　　　 예 저 산을 가리켰다

10 ① 미싯가루 → 미숫가루
② 바램 → 바람
④ 안절부절했다 → 안절부절못했다
- 모음의 발음 변화를 인정하여, 발음이 바뀌어 굳어진 형태를 표준어로 삼는다〈표준어 규정 제11항〉.
　 예 나무라다(나무래다×), 상추(상치×), 지루하다(지리하다×), 바람(바램×), 미숫가루(미싯가루×), 허드레(허드래×)
- 의미가 똑같은 형태가 몇 가지 있을 경우, 그 중 어느 하나가 압도적으로 널리 쓰이면, 그 단어만을 표준어로 삼는다〈표준어 규정 제25항〉.
　 예 새앙손이, 쌍동밤, 주책없다, 안절부절못하다, 칡범

11 ② [늘찌] → [늑찌]
※ 겹받침 'ㄺ, ㄻ, ㄿ'은 어말 또는 자음 앞에서 각각 [ㄱ, ㅁ, ㅂ]으로 발음한다〈표준 발음법 제11항〉.
　 예 흙과[흑꽈], 맑다[막따], 늙지[늑찌], 삶[삼ː], 젊다[점ː따], 읊고[읍꼬], 읊다[읍따]
　 단, 'ㄺ'이 'ㄱ'으로 시작하는 어미 앞에서는 대표음 [ㄹ]로 발음한다.
　 예 읽고[일꼬], 맑고[말꼬]

12 ③ '철때기'는 비표준어이다. '철따구니 / 철딱서니 / 철딱지'는 모두 표준어이다.
※ 복수 표준어 … 한 가지 의미를 나타내는 여러 형태의 단어가 표준어로 인정되는 것을 말한다〈표준어 규정 제26항〉.
　 예 넝쿨 / 덩굴, 고린내 / 코린내, 거슴츠레하다 / 게슴츠레하다, 가락엿 / 가래엿, 꼬까옷 / 때때옷/고까옷, 눈대중 / 눈어림 / 눈짐작, 닭의
　 장 / 닭장, 벌레 / 버러지, 부침개질 / 부침질 / 지짐질, 생 / 새앙 / 생강, 아무튼 / 어떻든 / 어쨌든 / 하여튼 / 여하튼, 여쭈다 / 여쭙다,
　 우레 / 천둥, 자물쇠 / 지물통, 중신 / 중매, 한딕내다 / 한턱하나

13 ① 기여하고져 → 기여하고자

14 ② 떠난지 → 떠난 지, 문장 내에서 '지'는 '어떤 일이 있었던 때로부터 지금까지의 동안'을 나타내는 의존명사로 띄어 쓴다.

15 두 말을 이어 주거나 열거할 때 쓰이는 말들은 띄어 쓴다〈한글맞춤법 제45항〉.
③ 이사장및 이사들의 → 이사장 및 이사들의

16 ④ 오죽헌의 바른 표기는 Ojukheon이다.

17 문장부호
① 물음표(?)는 특정한 어구 또는 그 내용에 대하여 의심이나 빈정거림, 비웃음 등을 표시할 때, 또는 적절한 말을 쓰기 어려운 경우에 소괄호 안에 쓴다.
② 한 문장에서 몇 개의 선택적인 물음이 이어질 때에는 맨 끝의 물음에만 물음표를 쓴다.
③ 쉼표(,)는 문맥상 끊어 읽어야 할 곳에 쓴다.
④ 쉼표로 열거된 어구가 다시 여러 단위로 나누어질 때에는 가운뎃점(·)을 쓴다.

18 ③ '귀띔'은 다만 3에 해당하는 예로 [귀띔]으로 발음한다.

19 외래어 표기
① 싸이버→사이버, 외래어는 된소리 표기를 하지 않는다.
② 훼밀리→패밀리, 'f'는 모음 앞에서 'ㅍ'으로 표기한다.
③ 초콜렛→초콜릿, 두 번째 음절 이하에서 '이'로 쓸 것을 '에'로 잘못 표기했다.

20 ③ 선짓국[선지꾹/선짇꾹] : 선지(순우리말) + 국(순우리말) 따라서 ㉠의 예에 해당한다.
① 모깃불[모 : 기뿔/모 : 긷뿔] : 모기(순우리말) + 불(순우리말)
② 뒷머리[뒨 : 머리] : 뒤(순우리말) + 머리(순우리말)
④ 예삿일[예 : 산닐] : 예사(例事–한자어) + 일(순우리말)

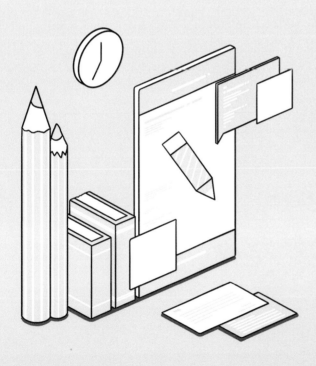

03

고전문법

01 음운
02 국어의 변천

음운

기출문제

🔎 훈민정음의 28 자모(字母) 체계에 들지 않는 것은?

▶ 2017. 4. 8. 인사혁신처

① ㆆ   ② ㅿ
③ ㅠ   ④ ㅸ

Tip ㅸ 순경음은 훈민정음의 28 자모에 해당하지 않는다.

section 1 훈민정음(訓民正音)의 음운 체계

(1) 훈민정음(訓民正音)

1443년(세종 25년) 창제되어 1446년(세종 28년) 한글이 처음 반포되었을 때의 이름으로, 훈민정음은 '예의'와 '해례'로 구성되어 있다.

(2) 훈민정음의 창제 정신

창제 정신	근거	훈민정음 '언해본'의 해당 부분
자주정신	중국 문자와 우리말의 차이를 인식하고 있다는 점	나·랏:말쓰·미中듕國·귁·에달·아
애민정신	문자 생활을 못하는 백성을 배려한다는 점	제·ᄠ·들시·러펴·디:몯홇·노·미하·니·라·내·이·를爲·윙·ᄒᆞ·야:어엿·비너·겨
실용정신	사용하기 쉽고 편리한 문자를 제작했다는 점	:수·비니·겨·날·로·ᄡᅮ·메便뼌安한·킈ᄒᆞ·고·져
창조정신	독창적인 글자를 새롭게 만들었다는 점	·새·로·스·믈여듧字·ᄍᆞ·를밍·ᄀᆞ노·니

(3) 훈민정음의 제자 원리

① 초성(자음, 17자) … 발음 기관 상형 및 가획(加劃)

명칭	기본자	가획자	이체자
아음(牙音)	ㄱ	ㅋ	ㆁ
설음(舌音)	ㄴ	ㄷ, ㅌ	ㄹ(반설)
순음(脣音)	ㅁ	ㅂ, ㅍ	
치음(齒音)	ㅅ	ㅈ, ㅊ	ㅿ (반치)
후음(喉音)	ㅇ	ㆆ, ㅎ	

② 중성(모음, 11자) … 삼재(三才:天, 地, 人)의 상형 및 기본자의 합성

구분	기본자	초출자	재출자
양성 모음	ㆍ	ㅗ, ㅏ	ㅛ, ㅑ
음성 모음	ㅡ	ㅜ, ㅓ	ㅠ, ㅕ
중성 모음	ㅣ		

③ 종성(자음) … 따로 만들지 않고 초성을 다시 쓴다[종성부용초성(終聲復用初聲)].

정답 ④

188

(3) 훈민정음 문자 체계

① 초성(자음) 체계

소리의 성질 \ 명칭	전청(全淸) (예사소리)	차청(次淸) (거센소리)	불청불탁 (不淸不濁) (울림소리)	전탁(全濁) (된소리)
어금닛소리(牙音)	ㄱ	ㅋ	ㆁ	ㄲ
혓소리(舌音)	ㄷ	ㅌ	ㄴ	ㄸ
입술소리(脣音)	ㅂ	ㅍ	ㅁ	ㅃ
잇소리(齒音)	ㅅ, ㅈ	ㅊ		ㅆ, ㅉ
목구멍소리(喉音)	ㆆ	ㅎ	ㅇ	ㆅ
반혓소리(半舌音)			ㄹ	
반잇소리(半齒音)			ㅿ	

㉠ 전탁음은 훈민정음 28자(초성 17자 체계)에 속하지 않는다.

㉡ 순경음은 훈민정음 28자(초성 17자 체계)에 속하지 않는다(ㅸ, ㆄ, ㅹ, ㅱ).

㉢ 'ㆆ, ㆁ'은 한자음을 표기하기 위한 것이었으므로, 국어의 음운 단위에서는 형식적인 자음이고 실질적 자음은 아니다. 따라서 음운 단위로 볼 수 없다.

② 중성(모음) 체계

소리의 성질 \ 명칭	양성 모음	중성 모음	음성 모음
단모음	ㆍ, ㅏ, ㅗ	ㅣ	ㅡ, ㅓ, ㅜ
이중 모음	ㅑ, ㅛ		ㅕ, ㅠ

(4) 훈민정음의 글자 운용

① 연서법(니서쓰기, 이어쓰기)

㉠ 순음 'ㅂ, ㅍ, ㅁ, ㅃ' 아래에 'ㅇ'을 이어 쓰면 각각 순경음 'ㅸ, ㆄ, ㅱ, ㅹ'이 된다.

㉡ 'ㆄ, ㅱ, ㅹ'은 한자음 표기에 쓰였다.

㉢ 우리말에 쓰이던 'ㅸ'이 15세기에 소멸되었으므로 현대 국어에서 연서법은 적용되지 않는 규정이다.

② 병서법(굴바쓰기, 나란히쓰기)

㉠ 초성(첫소리, 자음)을 합하여 사용할 때는 나란히 쓴다. 종성도 같다.

㉡ 각자 병서(各自竝書) : 같은 자음을 두 번 반복해서 쓰는 법

例 ㄲ, ㄸ, ㅃ, ㅉ, ㅆ, ㆅ (주로 한자음에 사용)

189

문 다음에서 설명하는 훈민정음 제자 원리에 해당하는 것은?

▶ 2015. 6. 13. 서울특별시

'ㄱ, ㄷ, ㅂ, ㅅ, ㅈ, ㅎ' 등을 가로로 나란히 써서 'ㄲ, ㄸ, ㅃ, ㅆ, ㅉ, ㆅ'을 만드는 것인데, 필요한 경우에는 'ㅺ, ㅼ, ㅽ, ㅳ, ㅄ, ㅵ, ㅶ, ㅷ' 등도 만들어 썼다.

① 象形   ② 加畫
③ 竝書   ④ 連書

Tip 제시문은 훈민정음 글자 운용법으로 나란히 쓰기인 병서에 대한 설명이다. 병서는 'ㄲ, ㄸ, ㅃ, ㅆ'과 같이 서로 같은 자음을 나란히 쓰는 각자병서와 'ㅺ, ㅼ, ㅶ'과 같이 서로 다른 자음을 나란히 쓰는 합용병서가 있다.
① 象形(상형) : 훈민정음 제자 원리의 하나로 발음기관을 상형하여 기본자를 만들었다.
② 加畫(가획) : 훈민정음 제자 원리의 하나로 상형된 기본자를 중심으로 획을 더하여 가획자를 만들었다.
④ 連書(연서) : 훈민정음 글자 운용법의 하나로 이어쓰기의 방법이다.

정답 ③

ⓒ 합용 병서(合用竝書) : 다른 자음을 나란히 쓰는 법으로, 이중병서와 삼중병서가 있다. 합용 병서의 'ㅂ, ㅄ' 계열은 임진왜란 이후 'ㅅ' 계열로 통합된다.

예 ㅺ, ㅼ, ㅽ, ㅾ, ㅳ, ㅄ, ㅶ, ㅷ, ㅴ, ㅵ, ㅪ, ㅫ, ㅬ, ㅩ, ㅦ, ㅧ

③ 부서법(브텨쓰기, 붙여쓰기)

ⓐ 자음에 모음을 붙여 쓴다. 즉 초성과 중성이 합쳐서 글자를 이룰 때, 자음과 모음이 모여서 음절을 이룰 때, 모음이 놓이는 위치를 규정한 것이다.

ⓑ 종류

• 하부서(下附書) : ㆍ, ㅡ, ㅗ, ㅜ, ㅛ, ㅠ는 첫소리 아래 붙여 쓴다.
• 우부서(右附書) : ㅣ, ㅏ, ㅓ, ㅑ, ㅕ는 오른쪽에 붙여 쓴다.

④ 성음법(음절 이루기) … 모든 글자는 반드시 어울려야 음절이 된다. 우리말에서 음절이 성립되기 위해서는 자음과 모음이 반드시 어울려야 한다는 규정이다.

(5) 훈몽자회(訓蒙字會)의 음운 체계

① 초성 체계와 명칭 … 16자(ㆆ 제외)

글자	ㄱ	ㄴ	ㄷ	ㄹ	ㅁ	ㅂ	ㅅ	ㅇ
초성종성 통용 8자	其役	尼隱	池(末)	梨乙	眉音	非邑	時(衣)	異凝
	기역	니은	디귿	리을	미음	비읍	시옷	이응
글자	ㅋ	ㅌ	ㅍ	ㅈ	ㅊ	ㅿ	ㅇ	ㅎ
초성 독용 8자	(箕)	治	皮	之	齒	而	伊	屎
	키	티	피	지	치	ㅿㅣ	이	히

Point 팁 (末), (衣), (箕)는 한자음이 아닌 우리말로 읽는다.

② 중성 체계와 명칭 … 11자

글자	ㅏ	ㅑ	ㅓ	ㅕ	ㅗ	ㅛ	ㅜ	ㅠ	ㅡ	ㅣ	ㆍ
	아	야	어	여	오	요	우	유	으	이	ㆍ
자명	阿	也	於	余	吾	要	牛	由	應不用終聲	伊只用中聲	思不用初聲

③ 훈몽자회의 특징

ⓐ 중종 때 최세진 편찬한 어린이 한자 학습서이다.
ⓑ 우리글의 명칭을 '반절'이라 칭했다.
ⓒ 한글 자모의 명칭을 최초로 부여, 자모의 순서를 정했다(오늘날과 유사함).
ⓓ 8종성법을 사용하였다.
ⓔ 우리말에 필요 없는이 'ㆆ'이 소멸되었다.

section 2 표기법

(1) 표음적 표기법

① 8종성법 … 종성에서는 'ㄱ, ㄷ, ㄴ, ㄹ, ㅁ, ㅂ, ㅅ, ㅇ'의 8자만 허용되는 것이 원칙인데, 이는 체언과 용언의 기본 형태를 밝히지 않고 소리 나는 대로 적는 것으로 표음적 표기라 할 수 있다.

> 예 밭[받], 높고[놉고], 곶[곳], 놓습고[노씁고]

② 이어적기(연철) … 받침 있는 체언이나 용언의 어간에 모음으로 시작되는 조사나 어미가 붙을 때는 그 받침을 조사나 어미의 초성으로 이어 적었다.

> 예 ᄇᆞᄅᆞ매(ᄇᆞᄅᆞᆷ + 애), 시미(심 + 이), 기픈(깊 + 은), 그츨씨(긏 + 을씨)

(2) 표의적 표기법

① 8종성법의 예외(종성부용초성)

　　㉠ 용비어천가와 월인천강지곡에 주로 나타나는데, 체언과 용언의 기본 형태를 밝혀 적은 일이 있다.

> 예 곶, 됴코, 딮동

　　㉡ 반치음과 겹받침이 종성으로 적혀지는 일이 있었다.

> 예 ᅀᆞᆶ 업스시니, ᄒᆞᆰ 구들, ᄣᅡ 넓듯

② 끊어적기(분철) … 월인천강지곡에 나타나는 예로서 'ㄴ, ㄹ, ㅁ, ㅇ' 등의 받침소리에 한해 끊어 적는 일이 있었다.

> 예 눈에, 일옳, 꿈을, 죵올, 안아, 담아

(3) 사잇소리(관형격 촉음)

① 명사와 명사가 연결될 때 그 사이에 들어가는 소리이다.

② 관형격 조사와 같은 구실을 한다(-의).

③ 울림소리(유성음) 뒤에서만 사용한다.

> 예 엄쏘리(엄 + ㅅ + 소리)

④ 15세기(세종, 세조) 때는 그 용법이 매우 복잡하였다.

⑤ 성종 때(두시언해 초간본)부터는 'ㅅ'으로 통일되었다.

⑥ 형태

　　㉠ 고유어 뒤에서

앞 체언의 끝	사잇소리	뒤 체언의 처음
울림소리	ㅅ	안울림소리
울림소리	ㅿ	울림소리

문 〈보기〉는 중세국어의 표기법에 대한 설명이다. 이에 따른 표기로 가장 옳지 않은 것은?

▶ 2018. 3. 24. 제1회 서울특별시

중세국어 표기법의 일반적 원칙은 표음적 표기법으로, 이는 음운의 기본 형태를 밝혀 적지 않고 소리 나는 대로 적는 표기를 말한다. 이어적기는 이러한 원리에 따른 것으로 받침이 있는 체언이나 받침이 있는 용언 어간에 모음으로 시작하는 조사나 어미가 붙을 때 소리 나는 대로 이어 적는 표기를 말한다.

① 불휘 기픈

② ᄇᆞᄅᆞ매 아니 뮐씨

③ 쟝긔판ᄂᆞᆯ 밍ᄀᆞ러놀

④ 바ᄅᆞ래 가ᄂᆞ니

Tip ③ 중세국어 표기법은 소리 나는 대로 적는 표기를 원칙으로 하여 이어적기를 하므로 '쟝긔파ᄂᆞᆯ 밍ᄀᆞ러ᄂᆞᆯ'로 적어야 한다.

정답 ③

ⓒ 한자어 뒤에서

앞 말의 끝		시잇소리		뒤 말의 처음
불청불탁 (不淸不濁)	ㅇ	전청 (全淸)	ㄱ	안울림소리
	ㄴ		ㄷ	
	ㅁ		ㅂ	
	ㅱ		ㅸ	
	ㆁ		ㆆ	
울림소리		ㅿ		울림소리

예 君군ㄷ字쫑, 侵침ㅂ字쫑, 斗듈ㅸ字쫑, 兄형ㄱ뜯, 先考선공ㆆ뜯, 天子천ᄌᆞㅿ무숨

(4) 동국정운식(東國正韻式) 한자음(漢字音)

① 동국정운

　ⓐ 세종 29년(1447)에 완성되었다(전 6 권).

　ⓑ 중국의 운서인 홍무정운(洪武正韻) 체계를 모방하였다.

② 한자음 표기의 방법

　ⓐ 반드시 '초성 + 중성 + 종성'의 3성 체계를 갖추었다. 현대 한자음에 받침이 없는 글자는 종성으로 'ㅇ'나 'ㅱ'이 쓰였다.

　　예 虛헝, 那낭, 步뽕, 斗듈, 漂푷

　ⓑ 초성에 'ㆆ, ㅿ'이 쓰였는데, 이들은 현대 한자음에서 발음되지 않는다.

　　예 挹흠, 日ᅀᅵᆯ

　ⓒ 이영보래(以影補來) : 「동국정운」의 서문에 나오는 설명으로 'ㆆ'로써 'ㄹ'을 보완한다는 뜻인데, 당시 한자음에서(지금도 마찬가지) 'ㄹ' 종성을 지닌 한자의 중국음은 'ㄷ'에 가까운 입성(入聲)이었던 것이라 본토 발음에서 멀어진 'ㄹ' 종성을 교정하여 입성임을 표시하기 위해 'ㆆ'을 보탠 것이다.

　　예 月윓, 戌슗, 佛뿛, 八밣

　ⓓ 세조 때까지 주로 쓰이었다.

　ⓔ 한자음은 한자 오른쪽에 작게 적었다.

　　예 中듕國귁

Point 팁 「월인천강지곡」만은 한글을 먼저 크게 적고, 작은 크기의 한자를 달았으며, 형식적인 종성 'ㅇ, ㅱ'을 쓰지 않았다.
　　예 셰世존尊

　ⓕ 「용비어천가」와 「두시언해」에서는 한자음을 달지 않았다.
　　예 海東 六龍이 ᄂᆞᄅᆞ샤

문 다음 중 한글 창제 당시 초성 17자에 포함되지 않는 글자가 쓰인 것은?

▶ 2017. 6. 24. 제2회 서울특별시

① 님금　　② 늣거사
③ 바올　　④ 가ᄇᆞ야본

Tip ④ 'ㅸ'은 'ㅂ' 아래 'ㅇ'을 상하로 결합하는 연서(連書)에 의한 표기이다. 동국정운식 한자음 표기에만 사용된 'ㅱ, ㆄ, ㅹ'과 달리 'ㅸ'은 순수 국어 표기에 사용되었으나 동국정운에서 채택되지 않아 초성 체계에서 제외되었다.

┃정답 ④

기출문제

(5) 사성법(四聲法)

음의 높낮이를 표시하기 위해 글자의 왼쪽에 점을 찍는다. 현대에 와서는 장단으로 바뀌었다.

① 의미 분화의 기능이 있으며, 중세 국어의 상성은 오늘날 장음이다. 따라서 오늘날 장음은 중세 국어에서는 상성이었다.

② 상성은 평성과 거성이 합쳐진 복합 성조라 할 수 있다.

③ 입성은 촉급한 소리로 무성음에 해당한다.

④ 유희는 「언문지」에서 '사성무용론'을 주장하였다.

⑤ 임진왜란 이전의 문헌에만 쓰였다(임란 이후 소멸).

　　㉠ 15세기 : 성조 체계가 분명하다.

　　㉡ 16세기 : 「훈몽자회」 같은 문헌에서 의미가 약화되었다.

　　㉢ 16세기 말 : 방점의 표기가 문란해지며 성조체계가 무너졌다.

성조	방점	성질(해례본)	훈민정음 언해본
평성(平聲)	없음	안이화(安而和)	뭇 ᄂᆞᆺ가ᄫᆞᆫ 소리
상성(上聲)	2점	화이거(和而擧)	처서미 ᄂᆞᆺ갑고 乃終(내종) 노픈 소리
거성(去聲)	1점	거이장(擧而壯)	뭇 노픈 소리
입성(入聲)	없음, 1 · 2점	촉이색(促而塞)	ᄲᆞᆯ리 긋 듣는 소리

Point 팁 　사성의 계승

　㉠ 상성 : 장음으로 발음 → 밤(栗), 솔(刷), 발(簾), 말(言), 배(培), 눈(雪)

　㉡ 거성 · 평성 : 단음으로 발음 → 밤(夜), 솔(松), 발(足), 말(馬), 배(梨 · 舟 · 復), 눈(眼)

(6) 소실 문자

소실 문자	명칭	발음	소멸 시기	변천 과정
ㆆ	여린 히읗	[h] 성대 파열음	세조 이후(15C 중엽)	없어짐
ㅸ	ㅂ 순경음	[β] 양순마찰울림소리	세조 이후(15C 중엽)	ㅂ > ㅸ > 오 / 우 또는 ㅇ
ㆅ	쌍히읗	[h?] ㅎ과 ㅋ의 중간음	세조 이후(15C 중엽)	ㆅ > ㅋ, ㅆ ㆅ > ㅎ
ㆀ	쌍이응	성문음	세조 이후(15C 중엽)	ㆀ > ㅇ
ㅿ	반치음	[z] 치조 마찰음	임진란 이후(16C 중엽)	ㅅ > ㅿ > ㅇ (표준어에서)
ㆁ	옛이응	[ŋ] 연구개음	임진란 이후(16C 말엽)	ㆁ > ㅇ
ㆍ	아래 아	[ʌ] ㅏ와 ㅗ의 중간음	폐기 : 1933년 음가 : 18C	ㆍ > ㅡ, ㅏ, ㅗ, ㅓ, ㅜ

section 3 음운 현상

(1) 원순 모음화(圓脣母音化)

순음 'ㅁ, ㅂ, ㅍ' 아래 평순 모음 'ㅡ'가 오면 순음을 닮아 원순 모음 'ㅜ'로 변화하는 음운 현상이다.

① 18세기(영·정조)에 대폭적으로 일어났다.

② 일종의 순행 동화이다.

> **예** 블 > 불, 믈 > 물, 븐는 > 붇는(붙는), 블근 > 불근(붉은), 허믈 > 허물

(2) 전설 모음화(前舌母音化)

치음 'ㅅ, ㅈ, ㅊ' 뒤에서 후설 모음 'ㅡ'가 'ㅅ, ㅈ, ㅊ'을 닮아 전설 모음인 'ㅣ'로 변화하는 음운 현상이다.

① 18세기(영·정조)에 일어났다.

② 일종의 순행 동화이다.

> **예** 즛 > 짓(모습), 슳다 > 싫다, 어즈러이 > 어지러이, 거츨다 > 거칠다, 츰 > 칡, 슴겁다 > 심겁다, 즈레 > 지레(미리), 아츰 > 아츰 > 아침, 즁싱 > 즘싱(이화) > 즘승(유추) > 짐승(전설모음화)

(3) 이화(異化)

음운의 성질이 같거나 비슷한 자음과 모음이 이어서 오면 발음이 불분명하므로 뒤에 오는 자음이나 모음을 다른 성질의 음운으로 바꾸는 현상을 말한다.

> **예** 붚 > 북, 거붑 > 거북, 브섭 > 부엌, 서르 > 서로, 처섬 > 처엄 > 처음, ᄂᆞᄅᆞ > 나루, ᄀᆞᄅᆞ > 가루, 보롬 > 보름, 소곰 > 소금

(4) 강화(强化)

청각 인상을 강하게 하려는 목적으로 불분명한 음운을 강하게 발음하던 현상을 말한다.

① 된소리되기 … 불휘 > 뿌리, 곳 > 꽃, 싯다 > 씻다, 사호다 > 싸호다

② 거센소리되기 … 고 > 코, 갈 > 칼, 블 > 팔, 시기다 > 시키다

③ 모음 강화 … 펴어 > 펴아

  ㉠ 'ㅂ-ㅂ' : 같은 음운을 'ㅂ-ㄱ'으로 바꾸는 면에서는 이화 작용

  ㉡ '거붑'보다는 '거북'이라는 발음이 분명히 나므로 바뀌었다고 보면 강화 작용

이화와 강화는 불가분의 관계에 있다. 즉 이화의 모든 현상은 발음을 분명히 하려는 의도에서는 강화에 해당된다.

기출문제

(5) 유추(類推)

기억의 편리를 위해 혼란한 어형을 기준형으로 통일시키려는 경향을 말한다.

> 예 사올 > 사흘, 나올 > 나흘 (기준형 '열흘'을 닮음)
> 아호 > 아홉 (기준형 '여듧, 닐곱'을 닮음)
> 서르 > 서로 (부사는 대체로 '-로' 끝남)
> 처섬 > 처엄 > 처음 (명사는 '-음'으로 끝남)

(6) 단모음화(單母音化)

치음 'ㅅ, ㅈ, ㅊ' 뒤에 'ㅑ, ㅕ, ㅛ, ㅠ'가 올 때 치음의 영향으로 'ㅏ, ㅓ, ㅗ, ㅜ'의 단모음으로 변화하는 음운 현상이다.

① 18세기 말에 일어났다.

② Umlaut 현상이 그 증거이다.

> 예 지팡이 > 지평이, 삿기 > 식기, 머기다 > 메기다(食)

(7) 'ㅣ' 모음 동화

'ㅣ' 모음이나 'ㅣ' 후행 이중 모음 다음에 단모음이 올 때 앞의 'ㅣ' 모음을 닮아 이중 모음으로 발음되는 현상이다.

① 순행 동화 … 15세기에는 철저히 지켜졌다.

> 예 드외 + 아 = 드외야, 픠 + 어 = 픠여, 쉬 + 우 + ㅁ = 쉬윰, 혜 + 우 + ㅁ = 혜윰

② 역행 동화 … 조선 후기에 일어났다.

> 예 져비 > 제비, 겨시다 > 계시다, 겨집 > 계집, 갈머기 > 갈메기

(8) 구개음화(口蓋音化)

치조음 'ㄷ, ㅌ'이 'ㅣ' 또는 'ㅣ' 선행 모음 앞에서 구개음인 'ㅈ, ㅊ'으로 변화하는 음운 현상이다.

> 예 디다(落) > 지다(負), 됴다 > 죻다 > 좋다(好), 부텨 > 부쳐 > 부처(佛), 뎔 > 졀 > 절(寺院), ㅅ뭇디 > ㅅ뭇지, 댱샹 > 쟝샹 > 장상(長常), 뎌긔 > 져긔 > 저기, 힘힘하다 > 심심하다, 혈믈 > 썰물

(9) 유음화(流音化)

모음 사이에서 'ㄷ'이 유음 'ㄹ'로 바뀌는 현상이다.

① 체언에서 … 추뎨(次第) → 추례, 도댱(道場) → 도량(절), 낟악 → 나락

② 'ㅣ' 모음 아래에서 'ㄷ'이 모음을 닮아 유음인 'ㄹ'로 변화한다.

> 예 우레더니 → 우레러니, 흐리도소니 → 흐리로소니, 소리도다 → 소리로다, 뉘더시니잇가 → 뉘러시니잇가

⑽ 울림소리되기

안울림소리인 'ㅂ'과 'ㅅ'이 울림소리 사이에 놓이면 울림소리가 되어 'ㅸ'과 'ㅿ'으로 변화한다. 용언의 경우는 불규칙 용언일 때만 적용된다.

① 다른 형태소 뒤에 합성될 때

> 예 범 : 대 + 범 = 대뱜(大虎), 밤 : 알 + 밤 = 알밤, 비 : ▽ᄅ + 비 = ▽ᄅ비(細雨)

② ㅂ 불규칙 용언의 경우

> 예 쉽다 : 쉽 + 이 = 쉬비 > 수비 > 수이 > 쉬
> 긇다(나란히 하다) : 긇 + 아 = 굴바 > 굴와
> 가비얍다 : 가비얍 + 은 = 가비야ᄫ > 가비야온
> 엷다 : 엷 + 은 = 열ᄫ > 열운

③ ㅅ 불규칙 용언의 경우

> 예 낫다(進) : 낫 + 아 = 나ᅀ > 나아
> 짓다(作) : 짓 + 어 = 지ᅀ > 지어
> 붓다(注) : 붓 + 어 = 브ᅀ > 브어

⑾ 모음 충돌(hiatus) 회피 현상

① 탈락 … 모음끼리 충돌하면 그 중 약한 모음이 탈락한다.

> 예 ᄐ + 아 = 타, 쓰 + 어 = 쪄

② 축약 … 단모음과 단모음이 충돌하면 이를 회피하기 위하여 이중 모음이 된다.

> 예 가히 > 가이 > 개, 버히다 > 버이다 > 베다, 자히다 > 자이다 > 재다, 부리 + 옴 > 부룜

③ 매개 자음의 삽입

> 예 쇼아지 > 송아지, 됴히 > 됴이 > 죠이 > 조이 > 종이

⑿ 도치

① 음운 도치 … 앞뒤 음운이 뒤바뀌는 현상이다.

> 예 빗복 > 빗곱(ㅂ - ㄱ), 이륵이륵ᄒ다 > 이글이글ᄒ다(ㄹ - ㄱ), 하야로비 > 해야로비 > 해오라비(ㅑ - ㅗ) > 해오라기

② 음절 도치 … 앞뒤 음절이 뒤바뀌는 현상이다.

> 예 시혹 > 혹시, ᄒ거시늘 > ᄒ시거늘, ᄒ더시니 > ᄒ시더니

⒀ 첨가

① 어두음 첨가 … 마 > 장마, 납 > 진납

② 어중음 첨가 … 호자 > 혼자, 더디다 > 던디다, 졈다 > 젊다, 넙다 > 넓다

③ 어말음 첨가 … 싸 > 쌍, 긷 > 기둥

1 〈보기〉의 밑줄 친 ㉠에 해당하는 글자가 아닌 것은?

〈보기〉

한글 중 초성자는 기본자, 가획자, 이체자로 구분된다. 기본자는 조음 기관의 모양을 상형한 글자이다. ㉠가획자는 기본자에 획을 더한 것으로, 획을 더할 때마다 그 글자가 나타내는 소리의 세기는 세어진다는 특징이 있다. 이체자는 획을 더한 것은 가획자와 같지만 가획을 해도 소리의 세기가 세어지지 않는다는 차이가 있다.

① ㄹ ② ㅋ
③ ㅍ ④ ㅎ

2 다음 중 ㉠에 대한 설명으로 옳지 않은 것은?

나·랏:말쏘·미 中듕國·귁·에 달·아, 文문字·쫑·와·로 서르 스뭇·디 아·니홀·씨·이런 젼·ᄎ·로 어·린 百·빅姓·셩·이 니르·고·져·홇·배 이·셔·도, ᄆ·ᄎᆞᆷ:내 제·ᄠ·들 시·러 펴·디:몯홇·노·미 하·니·라·내·이·ᄅᆞᆯ 爲·윙·ᄒ·야:어엿·비 너·겨·새·로㉠·스·믈여·듧字·쫑·ᄅᆞᆯ 밍·ᄀᆞ노·니, :사ᄅᆞᆷ:마·다:ᄒᆡ·ᅇᅧ:수·비 니·겨·날·로·ᄡᅮ·메 便뼌安한·킈ᄒ·고·져 홇ᄯᆞᄅᆞ·미니·라.

① 초성은 발음기관을 상형하여 'ㄱ, ㄴ, ㅁ, ㅅ, ㅇ'을 기본자로 했다.
② 초성은 'ㆁ, ㅿ, ㆆ, ㅸ'을 포함하여 모두 17자이다.
③ 중성은 '·, ㅡ, ㅣ, ㅗ, ㅏ, ㅜ, ㅓ, ㅛ, ㅑ, ㅠ, ㅕ'의 11자이다.
④ 현대 국어에서 쓰이지 않는 문자는 'ㆁ, ㅿ, ㆆ, ·'의 4가지이다.

3 다음 중 초성(자음)의 기본자가 아닌 것은?

① ㄱ

② ㅁ

③ ㅇ

④ ㆆ

4 다음 중 훈민정음 창제 당시의 기본 28자가 아닌 것은?

① ㅸ

② ㆁ

③ ㅿ

④ ㆆ

5 다음 중 밑줄 친 낱말의 15세기 표기는?

므울히 다나 든니노니

① 마을

② 무실

③ 무술

④ 마술

6 다음 중 사성법에 대한 설명으로 옳지 않은 것은?

① 상성은 현대국어의 장음과 관련이 있다.

② 거성은 높고 짧은 소리를 의미한다.

③ 국어의 사성법은 임진란 이후 소멸했다.

④ 평성은 높고 낮음을 표시하는 방점 하나를 찍는다.

7 다음 중 소실 문자 중 가장 늦게 없어진 것은?

① ㆆ
② ㅇ
③ ㆍ
④ ㅿ

8 다음 중 '서르→ 서로'로 변한 것과 관계없는 음운 현상은?

① 믈→물
② 불휘→뿌리
③ 거붑→거북
④ 즁싱→즘싱→즘승→짐승

9 다음은 자음을 분류한 것이다. 이 중 옳지 않은 것은?

① 치음 – ㆆ, ㆅ, ㅇ
② 아음 – ㄱ, ㅋ, ㄲ, ㆁ
③ 설음 – ㄷ, ㅌ, ㄸ, ㄴ
④ 순음 – ㅂ, ㅍ, ㅃ, ㅁ

10 다음 현상 중 일어난 시기가 빠른 순서대로 바르게 적은 것은?

㉠ 음의 완전 소실	㉡ 치음 뒤 'ㅑ'의 단모음화
㉢ 초성글자 'ㆆ'의 소실	㉣ 구개음화

① ㉠㉢㉡㉣
② ㉡㉣㉢㉠
③ ㉢㉣㉠㉡
④ ㉣㉠㉢㉡

정답및해설

1	①	2	②	3	④	4	①	5	③
6	④	7	③	8	①	9	①	10	③

1 초성자는 자음을 가리킨다. 한글 창제 원리를 담고 있는 해례본을 보면 자음은 발음기관을 상형하여 기본자(ㄱ, ㄴ, ㅁ, ㅅ, ㅇ)를 만든 후 획을 더해 나머지를 글자를 만들었다. 그리고 이체자는 획을 더하는 것은 가획자와 같지만 가획을 해도 소리의 세기가 세어지지 않는다고 정리하고 있다. ㅋ은 ㄱ의 가획자, ㅍ은 ㅁ의 가획자, ㅎ은 ㅇ으로부터 가획된 글자이다.
① ㄹ은 이체자이다.

2 ② 순경음 'ㅸ'은 초성에 포함되지 않는다.

3 자음의 기본자 … ㄱ, ㄴ, ㅁ, ㅅ, ㅇ
④ 'ㅎ'는 가획자(加劃字)이다.

4 ① 순경음은 훈민정음 28자(초성 17자 체계)에 속하지 않는다(ㅸ, ㆄ, ㅹ, ㅱ).

5 ᄆᆞᅀᆞᆯ > ᄆᆞᄋᆞᆯ > ᄆᆞ을 > 마을

6 ④ 평성은 낮은 소리로 방점을 찍지 않는다.

7 소실 문자가 없어진 순서 … ㆆ → ㅸ → ㆅ → ㅇㅇ → ㅿ → ㅇ → ·

8 '서르'가 '서로'로 변한 것은 이화 · 유추 · 강화 현상과 관계있다.
① 원순모음화
② 강화
③ 이화, 강화
④ 쥬ᇰ솅 > 즘싱(이화) > 즘승(유추) > 짐승(전설모음화)

9 ① 'ㆆ, ㆅ, ㅇ'은 목구멍 소리인 '후음'에 해당한다.

10 ·(아래 아)음이 완전히 소실되는 것은 18세기 중엽이며, 단모음화는 18세기 후반에 일어났다. 초성글자 'ㆆ'의 소실은 15세기 중엽에 일어났으며, 구개음화는 대체로 17세기 말~18세기 초에 나타난다.
※ '가르치다'와 '가르키다'
  ㉠ 가르치다 : 일깨워 알게 하다
    예 학교에서 국어를 가르친다.
  ㉡ 가리키다 : 집어서 이르다. 알리다.
    예 저 산을 가리켰다

02 국어의 변천

section 1 어사의 시대 구분

국어	고대 국어	중세 국어	근대 국어	현대 국어
시기	~10세기	10~16세기	17~19세기	20세기~

section 2 고대 국어

(1) 표기

한자를 빌려 우리말을 표기함

① **고유 명사 표기** … 한자의 음과 뜻을 이용하여 인명, 지명, 관직명 등을 표기하였다.

> 예 赫居世(한자의 뜻, 음 이용) = 弗矩內(한자의 음만 이용)
> 붉을 혁, 살 거, 누리(뉘) 세   아닐 불, 곱자 구, 안 내

② **서기체 표기** … 한문을 우리말 어순에 맞게 변형하여 사용하였다.

> 예 '天前誓(= 하늘 앞에 맹세한다)'는 우리말 어순에 따라 서술어를 뒤로 배열하는 등의 변화를 주어 표기한 것이다. 天: 하늘 천, 前: 앞 전, 誓: 맹세할 서

③ **이두, 구결, 향찰**

> ㉠ **이두** : 한자의 음과 뜻을 빌려 우리말을 적은 표기법으로, 일반적으로는 한자를 국어의 문장 구성법에 따라 어순을 조정하고 이에 토를 붙인 것이다.
>
> > 예 '以'는 조사 '(으)로', '旀'는 어미 '-며'를 표시하는 데 사용되었다.
>
> ㉡ **구결** : 한문을 읽을 때 그 의미를 쉽게 파악할 수 있도록 각 구절 아래 해당 부분에 조사, 어미 등의 문법적 요소를 표기한 것이다.
>
> > 예 'ᄒᆞ니'를 '爲尼'로 표기하였다. '爲'의 뜻이 'ᄒᆞ-'이고 '尼'의 소리가 '니'이다.
>
> ㉢ **향찰** : 한자의 음과 뜻을 빌려 국어 문장 전체를 적은 표기법으로, 향가 표기에 사용되었다. 한자를 이용하되 우리말 어순으로 배열하여 우리말 문장을 전면적으로 기록한 표기 체계이다.
>
> > 예 '善花公主主隱'의 두 번째 '主(님 주)'는 한자의 뜻을 빌려, '隱(숨길 은)'은 한자의 음을 빌려 '선화공주님은'을 적은 것이다.

> **Point 팁**　**향찰의 표기 원칙** … 일반적으로 단어의 실질적인 의미를 가진 부분(체언, 용언 어간)은 한자의 뜻을 빌려 적고, 문법적 의미를 가진 부분(조사, 어미)은 한자의 음을 빌려 적었다.

(2) 음운

① 자음…평음(예시소리)과 걱음(기센소리)만 있었으며, 음절 말의 자음들이 제 음가대로 발음되었을 것으로 추정된다.

② 모음…'ㆍ, ㅡ, ㅣ, ㅏ, ㅗ, ㅓ, ㅜ'가 있었을 것으로 추정된다.

(3) 문법

① 조사

　　㉠ 주격 조사 : 이[伊, 是]

　　㉡ 목적격 조사 : (으)ㄹ[乙]

　　㉢ 보조사 : (으)ㄴ[隱]

② 어미

　　㉠ 관형사형 어미 : −ㄹ[尸], −ㄴ[隱]

　　㉡ 연결 어미 : −고[古], −며[旀]

　　㉢ 종결 어미 : −다[如]

　　㉣ 주체 높임 선어말 어미 : −시−[賜]

(4) 어휘

중세 국어의 어형과 일치하는 단어들이 많이 발견된다. '붇[筆], 먹[墨]' 등 중국어 차용어와 '미륵(彌勒)' 등 불교계 외래어가 들어오기 시작하였다.

section 3 중세 국어

(1) 표기

① 종성 표기…종성에서 발음되는 자음의 종류가 8가지(ㄱ, ㄴ, ㄷ, ㄹ, ㅁ, ㅂ, ㅅ, ㅇ)이었기 때문에 받침에도 그 8가지의 자음이 표기되었다. (8종성법)

② 이어 적기…기본 형태를 밝혀 적지 않고 소리 나는 대로 적었으므로, 원칙적으로 받침이 있는 용언의 어간이나 체언에 모음으로 시작되는 조사나 어미가 붙을 때 받침에 있는 종성을 다음 자의 초성으로 내려서 썼다.
예 기퍼(깊어), 기프니(깊으니), 느저(늦어), 느즈니(늦으니), 바티라(밭이라) 등

③ 띄어쓰기…띄어쓰기를 하지 않았다.
예 이런전ᄎᆞ로어린百姓(백성)이니르고져홇배이셔도

Point 팁 성조 표기 … 15세기 국어는 소리의 고저(높낮이)를 이용하여 단어의 뜻을 구분했다. 이러한 소리의 고저를 '성조'라고 부른다. 성조는 방점으로 표기되었으며 평성(무점), 거성(한 점), 상성(두 점)이 존재했다.

(2) 음운

① 자음

　㉠ 경음(된소리) 계열이 등장하였다.

　　예 쑴(> 꿈), 쫄(> 딸), 쌜(> 뿔)

　㉡ 파찰음 'ㅈ, ㅊ'이 현대 국어와 달리 경구개음이 아니었다.

　㉢ 'ㅳ, ㅄ' 등과 같은 어두 자음군이 존재하였다.

　　예 뜯(> 뜻), 쭐(> 꿀)

　㉣ ㅸ(순경음 ㅂ), ㅿ(반치음) 등 현대 국어에 없는 자음이 쓰였다.

② 모음

　㉠ 7개의 단모음(‧ , ㅡ, ㅣ, ㅏ, ㅗ, ㅓ, ㅜ)과 다양한 이중 모음(ㅐ, ㅔ, ㅚ, ㅢ, ㅖ, ㅟ, ㅑ, ㅛ, ㅕ, ㅠ, ㅘ, ㅝ 등)이 존재하였다.

　㉡ 모음조화 : ' ‧ , ㅏ, ㅗ, ㅓ, ㅐ, ㅚ, ㅑ, ㅛ, ㅘ'는 양성 모음, 'ㅡ, ㅓ, ㅜ, ㅔ, ㅢ, ㅕ, ㅠ, ㅝ, ㅟ'는 음성 모음, 'ㅣ'는 중성 모음이다. 현대 국어와는 달리 '체언 + 조사'나 '어간 + 어미' 결합에서 모음조화가 비교적 잘 지켜졌다.

　　예 꿈 + 을 → 쑤믈, 쫄 + 올 → 쌘룰

(3) 문법

① 조사

　㉠ 주격 조사 '이'가 환경에 따라 '이, ㅣ, ∅(zero)'의 세 가지 형태로 실현되었다. '가'는 존재하지 않았다.

　　• 자음 뒤 : '이'　예) 말쑤미(말쑴 + 이),

　　• 모음 'ㅣ'나 반모음 'j' 이외의 모음 뒤 ' ㅣ '　예) 부톄(부텨 + ㅣ)

　　• 모음 'ㅣ'나 반모음 'j' 뒤 : '∅'　예) 불휘(불휘 + ∅)

　㉡ 목적격 조사는 '올/룰, 을/를, ㄹ'로 실현되었다. 선행 체언이 자음으로 끝날 때는 '올/을', 모음으로 끝날 때는 '룰/를'로 나타났으며, 모음으로 끝나는 체언 뒤에서 '룰/를' 대신 'ㄹ'이 사용되기도 하였다.

　　예 바볼(밥 + 올), 나롤(나 + 롤), 뜨들(뜯 + 을), 너를(너 + 를), 머릴(머리 + ㄹ)

　㉢ 관형격 조사는 '이/의' 계열과 'ㅅ' 계열이 존재하였다.

　　• 이/의 : 평칭의 유정 명사

　　　예 사스미(사슴 + 이) 갗
　　　거부븨(거붑 + 의) 터리

　　• ㅅ : 높임의 유정 명사　예 부텻(부텨 + ㅅ) 모미

　　　무정 명사　예 나못 (나모 + ㅅ) 불휘

기출문제

성조의 변화
• 중세 국어의 상성은 시간의 흐름에 따라 긴소리로 변화하였다.
• 현대 국어에서 경상도, 함경도와 같은 지역에 따라 성조가 남아 있는 곳도 더러 있다.

문 〈보기〉는 중세국어의 표기법에 대한 설명이다. 이에 따른 표기로 가장 옳지 않은 것은?
▶ 2018. 3. 24. 제1회 서울특별시

〈보기〉
중세국어 표기법의 일반적 원칙은 표음적 표기법으로, 이는 음운의 기본 형태를 밝혀 적지 않고 소리 나는 대로 적는 표기를 말한다. 이어적기는 이러한 원리에 따른 것으로 받침이 있는 체언이나 받침이 있는 용언 어간에 모음으로 시작하는 조사나 어미가 붙을 때 소리 나는 대로 이어 적는 표기를 말한다.

① 불휘 기픈
② ㅂ로매 아니 뮐씨
③ 쟝긔판놀 밍글어놀
④ 바로래 가느니

Tip ③ 중세국어 표기법은 소리 나는 대로 적는 표기를 원칙으로 하여 이어적기를 하므로 '쟝긔파놀 밍ㄱ러놀'로 적어야 한다.

정답 ③

기출문제

문 밑줄 친 부분에 대한 설명으로 적절한 것은?

▶ 2018. 4. 7. 인사혁신처

말ᄊᆞᄆᆞᆯ ㉠ᄉᆞᆯᄫᆞ리 하ᄃᆡ 天命을 疑心ᄒᆞ실ᄊᆡ ᄭᅮ므로 ㉡뵈아시니 놀애ᄅᆞᆯ 브르리 ㉢하ᄃᆡ 天命을 모ᄅᆞ실ᄊᆡ ᄭᅮ므로 ㉣알외시니

(말씀을 아뢸 사람이 많지만, 天命을 의심하시므로 꿈으로 재촉하시니 노래를 부를 사람이 많지만, 天命을 모르므로 꿈으로 알리시니)

–「용비어천가」 13장 –

① ㉠에서 '-이'는 주격을 나타내는 조사로 기능한다.
② ㉡에서 '-아시-'는 높임을 나타내는 선어말 어미로 기능한다.
③ ㉢에서 '-ᄃᆡ'는 이유를 나타내는 연결 어미로 기능한다.
④ ㉣에서 '-외-'는 사동을 나타내는 접미사로 기능한다.

Tip ① '이'는 '사람'을 의미하는 명사다.
② '뵈아시니'에서 주체 높임 선어말 어미는 '-시-'이다
③ '하ᄃᆡ'의 뜻은 '많지만'이므로 이유를 나타내는 연결 어미는 아니다.

| 정답 ④

② 의문문 표현

㉠ 의문사에 대한 대답을 요구하는 설명 의문문은 체언 뒤에 바로 의문 보조사 '고/오'가 붙거나, '-뇨', '-료' 등의 종결 어미에 의해 실현되었다.

예 이 엇던 사ᄅᆞᆷ고 / 므슴 마ᄅᆞᆯ 니ᄅᆞᄂᆞ뇨

㉡ 가부(可否)를 묻는 판정 의문문은 체언 뒤에 바로 의문 보조사 '가/아'가 붙거나, '-녀', '-려' 등의 종결 어미에 의해 실현되었다.

예 이 ᄯᆞ리 너희 죵가 / 져므며 늘구미 잇ᄂᆞ녀

③ 객체 높임표현 … 목적어나 부사어의 지시 대상인 객체를 높이는 선어말 어미(-ᅀᆞᆸ-/-ᄌᆞᆸ-/-ᄉᆞᆸ-)가 존재하였다.

예 나도 이제 너희 스승니믈 보ᅀᆞᆸ고져 ᄒᆞ노니
→ 목적어의 지시 대상 '스승님'을 높이기 위해 '-ᅀᆞᆸ-'을 사용
세존ᄭᅴ안부 묻ᄌᆞᆸ고
→ 부사어의 지시 대상인 '세존'을 높이기 위해 '-ᄌᆞᆸ-'을 사용

(4) 어휘

① 고유어 … 현대 국어에서 한자어로만 쓰이는 어휘 중 고유어로 쓰인 예가 있다.

예 뫼 → 산(山), ᄀᆞᄅᆞᆷ → 강(江), 슈룹 → 우산(雨傘)

② 한자어 및 외래어

㉠ 한자어와 고유어, 한자어와 한자어가 유의 관계를 이룬 경우가 많았다.

예 중(中) – 가ᄫᆞᆫᄃᆡ, 빈궁(貧窮)ᄒᆞ다 – 가난(艱難)ᄒᆞ다

㉡ 몽골어, 여진어 등에서 어휘가 차용되기도 하였다.

예 보라매 : '보라'는 몽골어에서 차용한 것이다.

section 4 근대 국어

(1) 표기

① 종성표기 … 'ㄱ, ㄴ, ㄹ, ㅁ, ㅂ, ㅅ, ㅇ'의 7개 글자를 주로 사용하였다. 발음상으로는 종성의 'ㅅ'이 'ㄷ'으로 발음되었으나, 표기상으로는 오히려 'ㄷ' 대신 'ㅅ'을 사용하였다.

예 밋어(믿어)

② 거듭 적기 … 중세의 이어 적기 방식이 현대의 끊어 적기 방식으로 바뀌어 가는 과도기적 표기가 나타났다.

예 니믈(이어 적기), 님믈(거듭 적기), 님을(끊어 적기)

Point 팁 성조와 방점의 소멸
㉠ 16세기 후반부터 동요하던 성조가 사라짐에 따라 점차 방점 표기가 없어졌다.
㉡ 성조의 소멸로 의미를 변별하기 어렵게 되었고, 이 때문에 '소리의 길이(장음, 단음)'라는 운소가 등장하게 되었다.

(2) 음운

① 자음

㉠ 'ㅿ'이 16세기부터 약화되다가 소실되었다.

  예 ᄆᆞᅀᆞᆯ > ᄆᆞᅀᆞᆯ > ᄆᆞᄋᆞᆯ > 마을, 어버ᅀᅵ > 어버이

㉡ 'ㆁ'이 종성에서만 실현되고 글꼴도 'ㅇ'으로 변화하였다.

  예 바ᅌᅩᆯ > 방올(방울)

㉢ 'ㅄ'계, 'ㅴ'계 어두 자음군이 사라지면서 된소리로 바뀌었다.

  예 ᄢᅢ > ᄯᅢ(때), ᄠᅳᆮ > ᄯᅳᆮ(뜻)

㉣ 격음화(거센소리되기)와 경음화(된소리되기)가 나타났다.

  예 고키리 > 코키리(코끼리), 곳 > 꽃(꽃)

㉤ 두음 법칙에 변화가 나타나 모음 'ㅣ'나 반모음 'j' 앞에 오는 어두의 'ㄴ'이 탈락되기 시작했다.

  예 님금 > 임금

㉥ 'ㅈ, ㅊ'이 치음에서 구개음으로 변화하였다.

㉦ 17~18세기에 구개음화가 점진적으로 나타났다.

  예 티다 > 치다

㉧ 종성에서 발음되는 자음의 종류가 7개(ㄱ, ㄴ, ㄷ, ㄹ, ㅁ, ㅂ, ㅇ)로 줄어들었다.

② 모음

㉠ 중세 국어에서 이중 모음이었던 'ㅐ, ㅔ'가 단모음화하여 8개의 단모음 체계(ㅡ, ㅣ, ㅏ, ㅗ, ㅓ, ㅜ, ㅐ, ㅔ)가 되었다. 19세기에는 'ㅚ, ㅟ'의 단모음화가 일어났다.

㉡ 'ㆍ'가 16세기부터 둘째 음절 이하에서 주로 'ㅡ'로 바뀌고, 18세기 무렵 첫째 음절에서 'ㅏ'로 변화하였다.

  예 ᄀᆞᄅᆞ치다 > ᄀᆞ르치다 > 가르치다

㉢ 이중 모음이던 'ㅐ'와 'ㅔ'가 각각 단모음화하였다.

㉣ 양순음 아래에서 평순 모음인 'ㅡ'가 원순 모음 'ㅜ'로 변화하였다.

  예 믈 > 물, 블 > 불, 븕다 > 붉다

기출문제

(3) 문법

① **주격 조사** ⋯ '가'가 등장하였다. '가'는 초기에는 반모음 'j'로 끝나는 체언 뒤에 오다가 점차 모음으로 끝나는 체언 전체로 확대되어 현대 국어와 같은 모습을 보이게 되었다.

> 예 빅가 올 거시니

② **불규칙 활용** ⋯ 'ㅿ'이 소실되면서 'ㅅ' 불규칙 활용으로 변하였다.

> 예 지서> 지어

③ **겸양 선어말 어미** ⋯ 객체 높임 선어말 어미 '-습-/-줍-/-숩-'이 화자의 겸양을 나타내는 선어말 어미 '-수오-/-주오-/-오-'로 변하였다.

④ **과거 시제 선어말 어미** ⋯ 과거 시제 선어말 어미 '-앗-/-엇-'이 확립되었다.

(4) 어휘

중국을 통해 서구 문물이나 사상이 유입되면서 '자명종(自鳴鐘), 천주교(天主敎)' 등 관련 어휘들이 유입되었다.

1 한자의 음과 뜻을 빌려 국어 문장 전체를 적은 표기법으로, 향가 표기에 사용된 표기법은?

① 이두   ② 구결
③ 향찰   ④ 연철

2 〈보기〉에서 중세 국어의 특징을 모두 고른 것은?

〈보기〉

㉠ 'ㅐ, ㅔ'는 이중 모음으로 발음되었다.
㉡ 이어 적기 방식이 일반적으로 사용되었다.
㉢ 받침에는 주로 7개의 글자만 적도록 하였다.
㉣ 중국어, 몽골어, 여진어에서 온 외래어가 존재했다.

① ㉠, ㉡   ② ㉠, ㉢
③ ㉠, ㉡, ㉢   ④ ㉠, ㉡, ㉣

┃3~5┃ 다음 글을 읽고 물음에 답하시오.

世·솅宗종御·엉製·졩訓·훈民민正·졍音흠

나·랏 ㉠:말쏨·미 ㉡中듕國·귁·에 달·아 文문字·쫑·와·로 서르 스뭇·디 아·니홀·씨 ·이런 젼·
ᄎ·로 어·린 百·빅姓·셩·이 니르·고·져 ·홇 ·배 이·셔·도 무·춤:내 제 ㉢·ᄠ·들 시·러 펴·디 :몯
홇 ·노·미 하·니·라 ·내 ·이·를 ㉣爲·윙·ᄒ·야 :어엿·비 너·겨 ·새·로 ·스·믈여·듧 字·쫑·를
ᄆᆡᇰ·ᄀᆞ노·니 :사름:마·다 :ᄒᆡ·여 :수·비 니·겨 ·날·로 ·ᄡᅮ·메 便뼌安한·킈 ᄒ·고·져 홇 ᄯᆞᄅᆞ·미니·
라

– 『세종어제훈민정음』의 「어제 서문」

| 현대어 풀이 |
우리나라 말이 중국과 달라 한자와는 서로 통하지 아니하여서 이런 까닭으로 어리석은 백성이 말하고자 하는 바
가 있어도 마침내 제 뜻을 능히 펴지 못하는 사람이 많다. 내가 이것을 가엾게 생각하여 새로 스물여덟 글자를 만
드니, 모든 사람들로 하여금 쉽게 익혀서 날마다 쓰는 데 편하게 하고자 할 따름이다.

3 ㉠~㉤에서 찾을 수 있는 중세 국어의 특징으로 적절하지 않은 것은?

① ㉠ : 이어 적기 방식이 일반적이었다.

② ㉡ : 비교의 부사격 조사의 쓰임이 현대 국어와 달랐다.

③ ㉢ : 받침으로 7개의 글자만이 사용되었다.

④ ㉣ : 발음하지 않는 받침을 표기하기도 하였다.

4 이 글에 쓰인 단어의 변화를 설명한 것으로 적절하지 않은 것은?

① 어리다 : 중세 국어 시기에는 '어리석다'는 뜻을 지닌 단어였는데, 지금은 '나이가 적다'는 뜻으로 바뀌었다.

② 놈 : 중세 국어 시기에는 '사람 전체'를 의미하는 말이었는데 지금은 '남자'를 비하하는 의미를 갖게 되었다.

③ 하다 : 중세 국어 시기에는 '많다'와 '하다'의 뜻을 모두 가진 단어였는데 지금은 '하다'의 뜻만을 갖게 되었다.

④ 어엿브다 : 중세 국어 시기에는 '가엾다'는 뜻이었는데 지금은 '예쁘다'라는 의미를 갖게 되었다.

5 〈보기〉는 위 글에 사용된 단어들이다. 아래 표의 각 항목에 해당되는 단어를 찾아 바르게 분류한 것은?

〈보기〉
어·린, ·노·미, :어엿·비

	의미의 이동	의미의 축소
①	·노·미	어·린, :어엿·비
②	·노·미, 어·린	:어엿·비
③	어·린	·노·미, :어엿·비
④	어·린, :어엿·비	·노·미

6 중세 국어의 음운상의 특징에 해당하지 않는 것은?

① 된소리가 존재했다.　　　　　　　② 어두 자음군이 있었다.
③ 모음조화 현상이 잘 지켜졌다.　　④ 원순 모음화와 구개음화가 진행되었다.

7 다음에서 중세 국어의 문법상 특징을 모두 고른 것은?

> ㉠ 주격 조사는 '이'만 사용되었다.
> ㉡ 명사형 어미는 주로 '-기'가 사용되었다.
> ㉢ 높임의 선어말 어미가 현대 국어보다 다양하게 발달되어 있었다.
> ㉣ 객체 높임의 선어말 어미가 차츰 쓰이지 않게 되었다.

① ㉠, ㉡　　　　　　　　　　　② ㉠, ㉢
③ ㉠, ㉣　　　　　　　　　　　④ ㉡, ㉢

8 다음 중 성조의 소멸로 그 역할을 대신하게 된 운소로 적절한 것은?

① 소리의 강약   ② 소리의 길이

③ 억양   ④ 문장의 종류

9 다음 중 밑줄 친 ㉠은 무슨 조사인가

> 孔·공子·ᄌ ㉠ㅣ 曾증子·ᄌ두·려 닐·러 글ᄋᆞ·샤·딕, ·몸·이며 얼굴·이며 머·리털·이·며· 술·흘 父·부母:모·씌 받ᄌᆞ·온 거·시·라.

① 주격 조사   ② 서술격 조사

③ 관형격 조사   ④ 부사격 조사

10 다음 〈보기〉에서 설명하는 표기 변화와 관련한 국어의 시기로 적절한 것은?

> 〈보기〉
> 'ㅂ'계, 'ㅄ'계 어두 자음군이 사라지면서 된소리로 바뀌었다.
> 예) ᄢᅦ > 께(때), ᄠᅳᆮ > 쁟(뜻)

① 고대국어   ② 중세국어

③ 근대국어   ④ 현대국어

정답및해설

1	③	2	④	3	③	4	③	5	④
6	④	7	②	8	②	9	①	10	③

1 한자를 이용하되 우리말 어순으로 배열하여 우리말 문장을 전면적으로 기록한 표기 체계가 향찰표기로 신라의 향가에 주로 사용된 표기법이다.

2 중세 국어에서는 현대 국어에서는 단모음인 'ㅐ, ㅔ'가 이중 모음으로 발음되었고(ㄱ), '말ᄊᆞ미(말ᄊᆞᆷ + 이)', '기프니(깊- + -으니)'처럼 이어 적기 방식이 일반적으로 사용되었다(ㄴ). 또한 이웃 나라와 접촉하는 과정에서 중국어(예 붇[筆]), 몽골어(예 바톨[勇男]), 여진어(예 투먼[豆滿])에서 온 외래어가 사용되었다(ㄹ). 그러나 받침에는 주로 'ㄱ, ㄴ, ㄷ, ㄹ, ㅁ, ㅂ, ㅅ, ㆁ'의 여덟 글자를 사용하였다.(ㄷ)

3 중세 국어에서는 'ㄱ, ㄴ, ㄷ, ㄹ, ㅁ, ㅂ, ㅅ, ㆁ'의 8개의 글자가 받침으로 주로 사용되었다.('ᄭᆞᆺ·ᄆᆞᆯ여·ᄃᆞᆲ'에서는 예외적으로 표의적 표기의 모습도 보인다.)
① ':말ᄊᆞ·미(말ᄊᆞᆷ +이)'를 통해 이어 적기 방식이 사용되었음을 알 수 있다.
② 현대 국어에서는 '다르다'라는 서술어 앞에 비교의 부사격 조사 '와/과'가 사용되는데 이 글에서는 '에'가 사용되었다.
④ '爲·윙'을 보면 발음되지 않는 받침 'ㅇ'이 사용되었다.

4 중세 국어 시기의 '하다'는 '많다'는 뜻만을 지닌 단어였다. 'ᄒᆞ다'가 현대 국어의 '하다[爲]'라는 뜻을 지닌 단어였다.

5 '어린'은 중세 국어에서는 '어리석은'의 의미였지만 현대 국어에서는 '나이가 적은'으로 의미가 이동되었다. '놈'은 중세 국어에서는 '사람 전체'를 의미하였지만, 현대 국어에서는 '남자를 낮잡아 이르는 말'로 의미가 축소되었다. '어엿비'는 중세 국어에서는 '불쌍하게, 가엾게'의 의미였지만 현대 국어에서는 '예쁘게'로 의미가 이동되었다

6 원순 모음화(순음 'ㅁ, ㅂ, ㅍ' 뒤에 오는 모음 'ㅡ'가 'ㅜ'로 바뀌는 현상 예 믈 > 물)와 구개음화('ㄷ, ㅌ, ㅎ, ㆅ'이 'ㅣ' 계열 모음 앞에서 구개음 'ㅈ, ㅊ, ㅅ, ㅆ'으로 바뀌는 현상 예 뎡직 > 정직)가 진행된 시기는 근대 국어 시기이다. 나머지 특징은 중세 국어의 음운상 특징에 해당한다.

7 중세 국어 시기에는 주격 조사는 '이'만 사용되었고(ㄱ), 높임의 선어말 어미가 주체 높임의 선어말 어미 '-시-/-샤-', 객체 높임의 선어말 어미 (-ᅌᆞᆸ-/-ᄌᆞᆸ-/-ᅀᆞᆸ-), 상대 높임의 선어말 어미 '-이-/-잇-' 등 현대 국어보다 다양하게 발달되어 있었다(ㄷ). 그러나 명사형 어미는 주로 '-옴/-움'이 사용되었고(ㄴ), 객체 높임의 선어말 어미 '-ᅌᆞᆸ- / -ᄌᆞᆸ- / -ᅀᆞᆸ-/―'이 차츰 쓰이지 않게 된 때는 근대 국어 시기이다(ㄹ).

8 근대 국어 이후 성조의 소멸과 더불어 의미를 변별하기 어렵게 되고 이 때문에 '소리의 길이(장음, 단음)'라는 운소가 등장하게 되었다.

9 ㉠은 주격 조사이다. 자음 아래에서는 '이'가 쓰였으며, 모음 아래에서는 'ㅣ'가 쓰였다.

10 근대 국어로 오면서 어두 자음군이 사라지며 된소리로 바뀌게 된다.

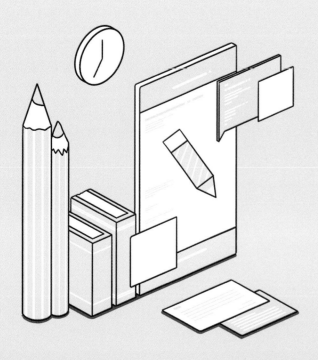

04

현대문학

01 문학의 이해

02 시

03 소설

04 수필

05 희곡 · 시나리오 · 비평

06 현대 문학사

01. 문학의 이해

section 1 문학의 본질과 특성

(1) 문학의 정의

작가의 체험을 통해 얻은 진실을 언어를 통해 표현하는 언어 예술이다.

① 문학은 언어 예술이다.

② 문학은 개인의 체험을 함축적으로 표현한다.

③ 문학이 추구하는 세계는 허구와 개연성의 세계이다.

④ 문학 작품은 모든 요소들이 유기적으로 결합된, 하나의 독자적 구조물로서 일정한 짜임새를 지닌 조직체이다.

(2) 문학의 본질

① **언어 예술** … 문학은 언어를 표현 매체로 하며 동시에 그것을 예술적으로 가다듬은 것이어야 한다.
   ㉠ 문학의 표현 수단은 언어이다.
   ㉡ 문학이 언어로 된 것이라는 것은 문학을 다른 예술과 구분해 주는 본질적 요소이다.
   ㉢ 구비 문학과 기록 문학이 모두 문학에 포함된다.

② **개인 체험의 표현** … 개인의 특수한 체험이면서, 인류의 보편적 삶과 합일하는 체험이어야 한다.

③ **사상과 정서의 표현** … 미적으로 정화되고 정서화된 사상의 표현만이 문학이 될 수 있다.

④ **상상의 세계** … 작가의 상상에 의해 허구화된 세계의 표현이다.

⑤ **통합된 구조** … 모든 요소들이 유기적으로 결합되어 하나의 작품이 이루어진다.

(3) 문학의 기능

① **교시적(教示的) 기능(교훈적 기능)** … 문학은 독자들에게 교훈을 주고 인생의 진실을 보여 주어 삶의 의미를 깨닫게 한다는 입장이다.

② **쾌락적(快樂的) 기능** … 문학은 독자에게 고차원적인 정신적 즐거움이나 미적 쾌감을 준다는 입장이다.

③ **종합적(綜合的) 기능** … 참다운 문학의 기원은 교훈설과 쾌락설, 어느 하나에 치우치지 않은 종합적인 것으로 이해되어야 한다는 입장이다.

(4) 문학의 언어

① **정서적인 언어** … 문학은 언어를 통해 정서를 표현하고, 독자의 정서에 호소하여 영원한 감동을 준다.

② **구체적 언어** … 문학은 사물에 대한 체험을 여실하게 전달하기 위하여 언어를 통해 감각의 구체성을 드러낸다.

③ **함축적 언어** … 문학의 언어는 작가의 창의력에 의해 독자들이 상상력을 자극할 수 있도록 언어에 함축되어 있는 의미를 활용한다.

(5) 문학의 갈래

① **언어 형태에 따른 갈래**

  ㉠ **운문 문학** : 언어에 리듬감을 부여하여 정서적 · 감성적인 효과를 가져오는 문학이다.

  ㉡ **산문 문학** : 언어에 리듬감이 없는 산문으로 된 문학이다.

② **언어의 전달 방식에 따른 갈래**

  ㉠ **구비 문학** : 문자라는 기록 수단이 발명되기 이전에 입에서 입으로 전해진 문학이다.

  ㉡ **기록 문학** : 구비 문학을 기록하는 것에서 출발하여 본격적인 개인의 창의가 반영되는 문학이다.

③ **표현 양식에 따른 갈래**

  ㉠ 3분법

   • 서정(抒情) 양식 : 객관적 세계와 작가의 체험이 자아에 의해 흡수되고 정서화된 표현으로, '시'가 대표적 장르이다.

   • 서사(敍事) 양식 : 일련의 사건을 객관적으로 서술하여 간접적으로 전달하는 것으로, '소설'이 대표적 장르이다.

   • 극(劇) 양식 : 인간의 행위와 사건의 전개를 눈앞에서 직접 연출해 보이는 것으로, '희곡'이 대표적 장르이다.

  ㉡ 4분법 : 시, 소설, 수필, 희곡

Point 팁

4분법(조동일)

㉠ 서정 : 작품 외적 세계의 개입 없이 이루어지는 세계의 자아화

㉡ 서사 : 작품 외적 자아의 개입으로 이루어지는 자아와 세계의 대결

㉢ 교술 : 작품 외적 세계의 개입으로 이루어지는 자아의 세계화

㉣ 극 : 작품 외적 자아의 개입이 없이 이루어지는 자아와 세계의 대결

기출문제

문 〈보기〉에 나타난 작품 감상의 관점으로 가장 옳은 것은?

▶ 2018. 6. 23. 제2회 서울특별시

나는 지금도 이광수의 『무정』 작품을 읽으면 가슴이 뜨거워지는 것을 느껴. 특히 결말 부분에서 주인공 이형식이 "옳습니다. 우리가 해야지요! 우리가 공부하러 가는 뜻이 여기 있습니다. 우리가 지금 차를 타고 가는 돈이며 가서 공부할 학비를 누가 주나요? 조선이 주는 것입니다. 왜? 가서 힘을 얻어오라고, 지식을 얻어 오라고, 문명을 얻어 오라고…… 그리해서 새로운 문명 위에 튼튼한 생활의 기초를 세워 달라고…… 이러한 뜻이 아닙니까?"라고 부르짖는 부분에 가면 금방 내 가슴도 울렁거려 나도 모르게 "네, 네, 네"라고 대답하고 싶단 말이야. 이 작품은 이 소설이 나왔던 1910년대 독자들의 가슴만이 아니라 아직 강대국에 싸여 있는 21세기 우리 시대 독자들에게도 조국을 생각하는 마음에 큰 감동을 주고 있다고 생각해.

① 반영론적 관점
② 효용론적 관점
③ 표현론적 관점
④ 객관론적 관점

Tip 작품을 대하는 독자의 수용 양상을 중시하는 관점이므로 효용론적 관점이다.

∥정답 ②

section 2 문학 작품의 해석

(1) 문학 작품 이해의 실제 방법

① **표현론적 관점(생산론)** … 작품을 생산자인 작가의 체험과 밀접하게 관련시켜 해석하는 관점을 말한다.

> **예** 1920년대 초기 시들과 모더니즘 시에 애수와 비애가 나타나는 것은 작가들이 겪은 식민지 시대의 역사적 경험에서 비롯된다.

② **효용론적 관점(수용론)** … 작가가 제시한 예술적 체험과 수용자의 일상적 경험이 맺고 있는 관계를 중심으로 작품을 해석하고, 작품을 대하는 독자의 수용 양상을 중시하는 관점을 말한다.

> **예** 박지원의 「허생전」을 읽고 허생의 진취적이고 진보적인 세계관에 대해 긍정적인 동의를 하는 반면, 허생이 축재를 하는 과정에서 보여 주었던 건전하지 못한 상행위를 현재의 관점에서 비판할 것이다. 이러한 과정을 통해 독자는 삶에 대한 새로운, 혹은 더욱 명확한 자신의 인식을 획득하게 된다.

③ **반영론적 관점(모방론)** … 작품에 나타난 현실과 실제의 현실이 맺고 있는 관련성에 초점을 맞추는 해석 방법을 말한다.

> **예** 윤동주의 시에는 식민지 시대의 고통이 뚜렷이 반영되어 있으므로 1940년 전후의 역사적 상황과 관련시켜 이해하여야 한다.

④ **구조론적 관점(절대주의론)** … 작품을 구성하는 부분들의 상호 관계를 통해 전체의 의미를 해석하는 방법으로, 그 상호 관계는 언어의 결합 방식인 구조적 특성을 중요시한다.

> **예** '고향'이라는 단어는 대개 어린 시절을 보낸 지역이며, 그리움의 대상으로 받아들여진다. 그러나 현진건의 「고향」에서는 고향의 개념이 식민지 지배로 인해 철저하게 파괴된 세계로 인식되고 평가되고 있다.

⑤ **종합주의적 관점** … 인간의 모든 면을 다루고 있는 문학의 세계는 어느 하나의 관점으로 설명될 수 없을 만큼 깊고 복잡한 것이기 때문에 다각도에서 총체적으로 접근하려는 관점이다.

(2) 작품 감상의 관점

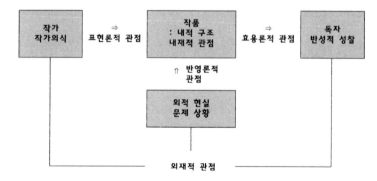

section 3 문예 사조

(1) 고전주의(古典主義, Classicism)

① 특징 … 17 ~ 18세기 아리스토텔레스의 「시학」에 대한 면밀한 주석과 함께 시작되었고, 고대 그리스 · 로마의 고전 작품들을 모범으로 삼고 거기에 들어 있는 공통적인 특징들을 재현하려는 경향이다.

② 대표작 … 단테의 「신곡」, 괴테의 「파우스트」, 라신의 「소송광」, 몰리에르의 「수전노」, 셰익스피어의 「햄릿」, 벤존슨의 「말 없는 여자」, 실러의 「군도」, 드라이든의 「경이의 해」 등이 있다.

(2) 낭만주의(浪漫主義, Romanticism)

① 특징 … 고전주의의 몰개성적 성격에 반발하여 독일, 프랑스에서 일어나 영국으로 전파되었다. 이성적이기보다는 감정적이고, 객관적이기보다는 주관적이며, 현실적이기보다는 낭만적인 경향을 띤다.

② 대표작 … 워즈워드의 「수선화」, 노발리스의 「밤의 찬가」, 뒤마의 「몽테크리스토 백작」, 바이런의 「차일드 하롤드의 순례」, 괴테의 「젊은 베르테르의 슬픔」, 발자크의 「농부」, 호손의 「주홍 글씨」, 위고의 「레미제라블」, 우리 나라의 경우는 「폐허」, 「백조」 동인들이 이 경향을 띤다.

(3) 사실주의(寫實主義, Realism)

① 특징 … 낭만주의의 비현실적 성격에 반발하여 19세기에 일어난 사조로, 사물을 있는 그대로 정확하게 관찰하고 객관적으로 묘사하려는 경향이다.

② 대표작 … 모파상의 「비계덩어리」, 플로베르의 「보봐리 부인」, 스탕달의 「적과 흑」, 발자크의 「인간 희극」, 투르게네프의 「첫사랑」, 도스토예프스키의 「죄와 벌」· 「카라마조프의 형제들」, 디킨스의 「올리버 트위스트」, 우리 나라는 「창조」를 중심으로 일어나 김동인, 현진건 등에 의해 쓰여졌다.

(4) 자연주의(自然主義, Naturalism)

① 특징 … 19세기 사실주의의 급진적인 경향으로 자연 과학적 결정론에 바탕을 두고 있다. 인간도 자연물처럼 인과율이라는 자연 법칙에 따라 환경 본능 유전 인자 등에 의해 그 일생이 운명적으로 결정된다고 보는 사상을 배경으로 한다.

② 대표작 … 에밀 졸라(창시자)의 「목로 주점」, 입센의 「인형의 집」, 모파상의 「여자의 일생」· 「진주 목걸이」, 하디의 「테스」, 존스타인 백의 「분노의 포도」, 염상섭의 「표본실의 청개구리」 등이 있다.

기출문제

(5) 상징주의(象徵主義, Symbolism)

① 특징 ⋯ 19세기 말에서 20세기 초에 걸쳐 프랑스에서 일어난 사조로, 사물, 정서, 사상 등을 상징을 통해 암시적으로 표현하려는 경향이다.

② 대표작 ⋯ 말라르메의 「목신의 오후」·「반수신의 오후」, 베를렌의 「화려한 향연」, 랭보의 「지옥의 계절」, 게오르그의 「동맹의 별」, 다눈치오의 「새로운 노래」, 우리나라의 경우는 황석우, 주요한, 김억 등이 이 경향을 띤다.

(6) 유미주의(唯美主義, Aestheticism)

① 특징 ⋯ 미의 창조를 목표로 19세기 후반에 나타난 사조이고, 이는 탐미주의라고도 하며 넓은 의미의 낭만주의에 포함된다.

② 대표작 ⋯ 포우의 작품, 보들레르의 「악의 꽃」, 오스카 와일드의 「살로메」, 다눈치오의 「죽음의 승리」, 김동인의 「광화사」·「광염소나타」 등이 있다.

(7) 초현실주의(超現實主義, Surrealism)

① 특징 ⋯ 프로이드의 정신분석학의 영향으로, '자동 기술법'을 바탕으로 하여 무의식의 세계를 표출하려는 경향인 초현실주의가 다다이즘을 흡수하여 일어났다.

② 대표작 ⋯ 제임스 조이스의 「율리시스」, 버지니아 울프의 「세월」, 마르셀 프루스트의 「잃어버린 시간을 찾아서」, 이상의 「날개」 등이 있다.

(8) 실존주의(實存主義)

① 특징 ⋯ 전후의 허무 의식에서 벗어나려는 실존적 자각(자아 발견)과 건설적인 휴머니즘을 추구한다.

② 대표작 ⋯ 사르트르의 「구토」, 카뮈의 「이방인」, 카프카의 「변신」 등이 있다.

(9) 다다이즘

① 특징 ⋯ 20세기에 들어와서 현실적 속박으로부터 해방되려는 의지를 보인 사조로, 현대 지식인의 정신적 불안과 공포에 대한 저항이 프랑스를 중심으로 전개되었다.

② 대표 인물 ⋯ 트리스탄 짜라, 장코, 센벡 등이 있다.

⑽ **모더니즘(Modernism)**

① **특징** … 19세기 말엽부터 유럽의 소시민적 지식인들 사이에 일어나 20세기 이후에 크게 성행한 사조로서 기존의 사실주의와 유물론적 세계관, 전통적 신념으로부터 벗어나려는 전반적인 새로운 문화 운동으로 극단적인 개인주의, 도시 문명이 가져다 준 인간성 상실에 대한 문제 의식 등에 기반을 둔 다양한 문예 사조를 통칭한다(상징주의, 초현실주의, 입체파, 미래파, 다다이즘, 표현주의, 인상주의, 주지주의, 이미지즘).

② **한국의 모더니즘**

　　㉠ **이미지즘, 주지주의로 대표됨**: 최재서의 주지주의 평론, 김기림의 모더니즘 운동

　　　　• 1930년대 : 정지용, 김기림, 김광균
　　　　• 김규동 : 「나비와 광장」
　　　　• 「후반기」 동인 : 김수영, 김경린, 박인환

　　㉡ 영 · 미 계통의 시인 · 평론가인 흄, 파운드, 엘리어트의 영향을 받았고, 단단한 형식 · 지성(知性)에 의한 감정의 통제 등을 표방하였다.

1 ㈎의 관점에서 ㈏를 감상할 때 가장 적절한 것은?

㈎ 반영론은 문학 작품이 사회를 반영하여 현실의 문제를 비판적으로 성찰할 수 있게 하는 매개체라는 관점을 취한 비평적 입장이다.

㈏ 남으로 창을 내겠소.
　밭이 한참갈이
　괭이로 파고
　호미론 김을 매지요.

　구름이 꼬인다 갈 리 있소.
　새 노래는 공으로 들으랴오.
　강냉이가 익걸랑
　함께 와 자셔도 좋소.

　왜 사냐건
　웃지요.

① 전통적 민요의 율격을 바탕으로 한 정형적 형식을 통해 정제된 시상이 효과적으로 드러났군.
② 삶의 고통스러운 단면을 외면한 채 유유자적한 삶만을 그린 것은 아닌지 비판할 여지가 있군.
③ 낭만적 감성을 불러일으키는 시적 분위기가 시조에서 보이는 선경후정과 비슷한 양상을 띠는군.
④ 해질 무렵 강가를 거닐며 조망한 풍경의 이미지가 한 폭의 그림을 보는 듯한 감각을 자아내는군.

2 다음 중 문학의 본질에 대한 설명으로 옳지 않은 것은?

① 문학의 표현 수단은 언어이다.

② 작가의 상상에 의해 재 창조된 세계의 표현이다.

③ 민담이나 민요는 문학의 범주에 포함되지 않는다.

④ 개인의 체험을 함축적으로 표현한다.

3 다음 중 초현실주의 작가와 작품을 바르게 연결한 것은?

① 이상(李箱)의 「날개」　　　　　　② 김동인의 「배따라기」

③ 현진건의 「운수 좋은 날」　　　　④ 염상섭의 「표본실의 청개구리」

4 다음 시에 영향을 미친 서구의 문예 사조는?

> 아무도 그에게 수심(水深)을 일러 준 일이 없기에
> 흰 나비는 도무지 바다가 무섭지 않다.
>
> 청(靑)무우밭인가 해서 내려 갔다가는
> 어린 날개가 물결에 절어서
> 공주처럼 지쳐서 돌아온다.
>
> 삼월달 바다가 꽃이 피지 않아서 서글픈
> 나비 허리에 새파란 초생달이 시리다.

① 사실주의　　　　　　　　　　　② 모더니즘

③ 실존주의　　　　　　　　　　　④ 낭만주의

5 다음에 나타난 작품 감상의 관점으로 가장 옳은 것은?

> 이 소설의 서술자인 성인 '나'는 주로 세 가지 서술방식을 활용한다. 첫째는 서술자가 등장인물의 내면 심리나 사건을 설명하는 것이다. 이 경우 독자는 서술자의 해석을 통해 사건을 이해하게 된다. 둘째는 서술자가 인물의 외양이나 행위만을 묘사하는 것이다. 이 경우 독자는 그 묘사가 갖는 의미를 스스로 해석해야 한다. 셋째는 서술자가 유년 '나'로 시선을 제한하여 유년 '나'의 눈에 보이는 다른 인물의 외양이나 행위를 묘사하는 것이다. 이 경우 독자는 사건의 현장을 직접 보는 듯한 느낌을 가질 수 있으며, 둘째 방식에서처럼 그 묘사에 대해 해석해야 한다. 셋째 방식에 유년 '나'의 심리가 함께 서술되면 독자는 인물의 심리에 쉽게 공감하게 된다.

① 반영론적 관점
② 효용론적 관점
③ 표현론적 관점
④ 절대론적 관점

정답및해설

| 1 | ② | 2 | ③ | 3 | ① | 4 | ② | 5 | ④ |

1 (개)의 반영론의 핵심은 문학 작품이 인간의 삶의 현실을 드러내고 있다고 보는 것이다.
①③④ 내재적 관점(절대론)

2 ③ 문학은 '언어'를 사용하여 표현하는 예술 양식으로 '문자'로 나타내는 기록문학과 '말'로 나타내는 구비문학을 모두 포함한다.

3 초현실주의 … 프로이드의 정신분석학의 영향으로, '자동 기술법'을 바탕으로 하여 무의식의 세계를 표출하려는 경향이다. 대표작에 제임스 조이스의 「율리시스」, 버지니아 울프의 「세월」, 마르셀 프루스트의 「잃어버린 시간을 찾아서」, 이상의 「날개」 등이 있다.
② 낭만주의 ③ 사실주의 ④ 자연주의

4 제시된 시는 김기림의 「바다와 나비」로 1930년대 모더니즘 문학의 대표작이다.

5 절대론적 관점은 내재적 관점으로 문학 작품의 외재적 요인들은 배제한 채, 작품의 언어적 특징, 갈등 구조, 비유, 문체, 정서 따위의 내재적 요소들에 근거하여 해석하는 관점이다. 제시된 내용은 서술자가 작품의 내용을 전개해 나가는 서술방식에 대한 감상이므로 내재적 관점에 해당한다.

02 시

기출문제

section 1 시의 본질

(1) 시의 정의

인간의 사상(생각)이나 감정(느낌, 정서)을 운율이 있는 언어로 압축하여 표현한 운문 문학이다.

(2) 시의 특징

① 시는 대표적인 언어 예술이다.

② 시에는 운율이 있다(언어의 음악성 활용).

③ 시는 사상과 정서를 표현한 창작 문학이다.

④ 시는 압축된 형식미를 갖추고 있다.

⑤ 시는 심상, 비유, 상징 등에 형상화된다.

⑥ 시는 시인의 은밀한 독백으로 '엿듣는 문학이다.

⑦ 시는 작품의 문맥에 의해 그 의미가 파악되는, 언어의 내포적 기능에 의존한다.

(3) 시의 요소

① **시의 3요소**

  ㉠ **운율**(음악적 요소) : 시에 쓰인 말의 가락, 시에 흐르는 리듬

  ㉡ **심상**(회화적 요소) : 시를 읽을 때 마음 속에 떠오르는 감각적인 표현

  ㉢ **주제**(의미적 요소) : 시에 담긴 중심 생각이나 의미

② **시의 내용 요소** … 소재, 주제, 이미지 등이 있다.

③ **시의 형식 요소** … 시어, 시행, 연, 리듬(운율), 어조 등이 있다.

section 2 시의 갈래

(1) 형식상 갈래

① **정형시** … 일정한 형식을 갖고 있는 시를 말한다.

② **자유시** … 형식적 제약이 없이 자유롭게 쓰여진 시를 말한다.

③ **산문시** … 행과 연의 구분 없이 외형상 산문처럼 쓰여진 시를 말한다.

(2) 내용상 갈래

① **서정시** … 개인의 주관적 감정을 표현한 시를 말한다.

② **서사시** … 역사적 사건이나 영웅의 생애를 객관화시켜 표현한 시를 말한다.

③ **극시** … 시로 쓰여진 희곡을 말한다.

(3) 성격상 갈래

① **순수시** … 개인의 순수한 정서를 형상화한 시로 작품 자체의 예술적 가치를 중시한다.

② **사회시(참여시)** … 특정 이념이나 사상·교훈을 전달하여 정치적·사회적 목적을 이루려는 시를 말한다.

(4) 주제에 따른 갈래

① **주정시** … 감정이나 정서를 그 내용으로 하는 개인적·주관적 성격의 시로서 좁은 의미의 서정시는 대개 주정시를 일컫는다.

② **주지시** … 인간의 감정을 억제·조정하고 지성의 표현을 주로 다루어 기질, 풍자, 아이러니, 역설 등으로 표출되며, 현대 문명 비판 의식이 중요한 요소이다.

③ **주의시** … 목적이나 의도를 지닌 의지적인 내용을 표현한 시를 말한다.

문 (가)~(라)에 대한 설명으로 적절하지 않은 것은?

▶ 2019. 6. 15. 제1회 지방직

(가) 고인(古人)도 날 몰 보고 나
도 고인(古人) 몰 뵈
고인(古人)을 몰 뵈도 녀던
길 알픠 잇늬
녀던 길 알픠 잇거든 아니
녀고 엇멸고

(나) 술은 어이ᄒᆞ야 됴ᄒᆞ니 누룩
섯글 타시러라
국은 어이ᄒᆞ야 됴ᄒᆞ니 염매
(鹽梅) 틀 타시러라
이 음식 이 뜯을 알면 만수
무강(萬壽無疆) ᄒᆞ리라

(다) 우레ᄀᆞ치 소ᄅᆞ나는 님을 번기
ᄀᆞ치 번뜻 만나
비ᄀᆞ치 오락기락 구름ᄀᆞ치 헤
여지니
흉중(胸中)에 ᄇᆞ름ᄀᆞᄐᆞᆫ 흔슘
이 안기 피둣 ᄒᆞ여라

(라) 하하 허허 흔들 내 우음이 정
우움가
하 어쳑 업서서 늣기다가 그
리 되게
벗님ᄂᆡ 웃디들 말구려 아귀
쯔여디리라

① (가): 연쇄법을 활용하여 고인
의 길을 따르겠다는 의지를 드
러내고 있다.
② (나): 문답법과 대조법을 활용
하여 임의 만수무강을 기원하
고 있다.
③ (다): '곳치'를 반복적으로 표현
하여 운율감을 더하고 있다.
④ (라): 냉소적 어조를 통해 상대
에 대한 불편한 심기를 표출하
고 있다.

Tip ② 초장과 중장 사이에 대구
법을 써서 운율감을 형성하
고 누룩과 염매를 강조하는
효과를 드러내고 있다.
① 연쇄법은 끝말잇기 방식으
로 시상이 전개되는 것을
가리킨다.
③ 운율감의 기본은 반복과 생략
그리고 변주에 있다. 같은 말
을 반복하는 것은 운율감을
더하는 효과를 가져 온다.
④ 시조의 종장에는 화자가 말
하고자 하는 주제가 담긴
다. 벗들의 조롱에 대한 불
편한 심기를 드러내고 있다.

∥정답 ②

section 3 시의 운율

(1) 운율의 뜻

시에서 음악성을 나타나게 해 주는 것으로 자음과 모음을 규칙적으로 반복하는 운(韻)과 소리의 고저·장단·강약을 주기적으로 반복하는 율격(律格)으로 나뉜다.

(2) 운율의 갈래

① 외형률 ··· 시어의 일정한 규칙에 따라 생기는 운율로 시의 겉모습에 드러난다.
  ㉠ 음수율: 시어의 글자 수나 행의 수가 일정한 규칙을 가지는 데에서 오는 운율(3·4조, 4·4조, 7·5조 등)이다.
  ㉡ 음위율: 시의 일정한 위치에 일정한 음을 규칙적으로 배치하여 만드는 운율(두운, 요운, 각운)이다.
  ㉢ 음성률: 음의 길고 짧음이나, 높고 낮음, 또는 강하고 약함 등을 규칙적으로 배치하여 만드는 운율이다.
  ㉣ 음보율: 우리 나라의 전통시에서 발음 시간의 길이가 같은 말의 단위가 반복됨으로써 생기는 음의 질서(평시조 4음보격, 민요시 3음보격)이다.

② 내재율 ··· 일정한 규칙이 없이 각각의 시에 따라 자유롭게 생기는 운율로, 시의 내면에 흐르므로 겉으로는 드러나지 않는다.

(3) 운율을 이루는 요소

① 동음 반복 ··· 특정한 음운을 반복하여 사용한다.

② 음수 반복 ··· 일정한 음절 수를 반복하여 사용한다.

③ 의성어, 의태어 사용 ··· 감각적 반응을 일으킨다.

④ 통사적 구조 ··· 같거나 비슷한 문장의 짜임을 반복하여 사용한다.

section ④ 시의 표현

(1) 비유(比喩, metaphor)

말하고자 하는 사물이나 의미를 다른 사물에 빗대어 표현하는 방법이다. 여기에서 전자를 원관념, 후자를 보조관념이라 한다.

① **직유법** … 연결어(~처럼, ~같이, ~양 등)를 써서 두 사물의 유사성을 비겨서 표현한다.

　예 순정은 물결같이 바람에 나부끼고

② **은유법** … 비교되는 두 사물을 동일 관계로 표현한다.

　예 내 마음은 호수요.

③ **의인법** … 사람이 아닌 생물이나 무생물을 사람처럼 표현하는 방법이다.

　예 고향 집 마당귀 바람은 잠을 자리.

④ **풍유법** … 속담, 격언 등과 같이 원관념은 나타내지 않고 보조 관념만 드러내어 본래의 뜻을 미루어 짐작하게 하는 표현 방법이다.

　예 까마귀 싸우는 골에 백로야 가지 마라.

⑤ **대유법** … 어떤 대상의 부분, 속성, 특징 등으로 전체를 대신하는 표현 방법(환유, 제유)이다.

　예 칼보다 펜이 강하다.

(2) 상징(象徵, Symbol)

어떤 사물이 그 자체의 뜻을 유지하면서, 더 포괄적이고 내포적인 다른 의미까지 나타내는 표현 방법이다.

① 상징은 간결한 시어를 통해 깊고 풍부한 의미와 정서를 드러낸다.

② 상징은 일상 언어의 상징보다 더 함축적이고 암시적이다.

　예 태극기가 우리 나라를 상징함

③ 비유에서는 원관념 … 보조 관념은 1 : 1의 유추적 관계를 보이지만 상징에서는 1 : 다수의 다의적 관계이다.

④ 상징의 갈래

　㉠ **관습적 상징**(고정적 · 사회적 · 제도적 상징) : 일정한 세월을 두고 사회적 관습에 의해 공인되고 널리 보편화된 상징을 말한다.

　　예 십자가→기독교, 비둘기→평화

　㉡ **개인적 상징**(창조적 · 문화적 상징) : 관습적 상징을 시인의 독창적 의미로 변용시켜 문화적 효과를 얻는 상징을 말한다.

　　예 윤동주의 「십자가」에서 십자가의 의미→윤동주 자신의 희생 정신

문 ㉠~㉢ 중 내포적 의미가 다른 하나는?

▶ 2015. 3. 14. 사회복지직

이것은 소리 없는 아우성
저 푸른 ㉠해원(海原)을 향하여 흔드는
영원한 노스텔지어의 ㉡손수건
순정은 물결같이 바람에 나부끼고
오로지 맑고 곧은 이념의 푯대 끝에
㉢애수는 백로처럼 날개를 펴다.
아! 누구인가?
이렇게 슬프고도 애닯은 ㉣마음을
맨 처음 공중에 달 줄 안 그는.
　　　　　　　　　　－ 유치환, '깃발' －

① ㉠　　　　② ㉡
③ ㉢　　　　④ ㉣

Tip ①은 '이상향을 의미하는 시어이며 ②③④는 '깃발'을 의미한다.

정답 ①

227

section 5 시의 심상(心象)

(1) 심상(이미지, image)의 뜻

심상은 시어에 의해 마음 속에 그려지는 감각적인 모습이나 느낌을 말한다.

(2) 심상의 갈래

① **시각적 심상** … 색깔, 모양, 명암, 동작 등의 눈을 통한 감각적 표현을 말한다.
　　예 치마 밑으로 하얀 외씨버선이 고와라.

② **청각적 심상** … 귀를 통한 소리의 감각적 표현을 말한다.
　　예 뒷문 밖에는 갈잎의 노래

③ **후각적 심상** … 코를 통한 냄새의 감각적 표현을 말한다.
　　예 꽃 피는 사월이면 진달래 향기

④ **촉각적 심상** … 살갗을 통한 감촉의 감각적 표현을 말한다.
　　예 아름다운 영원을 내 주름 잡힌 손으로 어루만지며

⑤ **미각적 심상** … 혀를 통한 맛의 감각적 표현을 말한다.
　　예 모밀묵이 먹고 싶다. 그 싱겁고도 구수하고

⑥ **공감각적 심상** … 두 개 이상의 감각이 결합되어 표현되는 심상을 말한다.
　　예 옳거니! 새벽까지 시린 귀뚜라미 울음소리 들으며 여물었나니(촉각 + 청각 → 청각을 촉각화하여 표현).

section 6 현대시조

(1) 정의

한국의 시조 문학사에서 19세기 말 현대문학의 성립 이후(개화기 이후)에 등장한 시조를 통칭하는 말이다.

이전 고전문학의 시조를 계승하여 현대적 감각에 맞게 형식상 또는 내용상의 변화를 주어 창작된 우리나라 고유의 문학 장르 양식이다.

(2) 형식상의 특징

① 음절수에서 파격을 보인다. 3·4조 내지 4·4조의 기본 자수에서 벗어나는 경우가 많으나 종장 제1구 3음절은 변화시키지 않는 원칙을 따른다.

② 시행(구와 장)의 배열 방법이 다양하다. 구별 배행, 음보별 배행 등이 현대 시조에서 나타난다.

③ 연시조의 형태를 많이 취한다. 현대인의 복잡한 생활과 감정을 이전의 단시조 형태로 드러내기에는 부족한 부분이 있어 좀 더 긴 연시조의 형태를 취한 것이 많다.

(3) 내용상의 특징

① 전문적인 창작 정신이 드러난다. 고시조가 여러 계층의 사람들이 두루 부른 노래였다면 현대 시조는 전문적인 창작 정신에 의해 지어진 작품이다.

② 다양한 표현 기교를 사용해 개성적이고 참신한 이미지를 제시한다. 기존 고시조의 어려운 한자어 사용이나 상투어 등을 피하고 가급적 고유어를 선택하여 표현과 주제를 생생하게 잘 드러내준다.

③ 제목이 있다. 기존 고시조의 경우 대부분은 제목이 없다는 것에 반해 현대시조는 제목이 있다.

1 다음 시에 대한 설명으로 옳지 않은 것은?

> 모란이 피기까지는
> 나는 아직 나의 봄을 기둘리고 있을 테요
> 모란이 뚝뚝 떨어져 버린 날
> 나는 비로소 봄을 여읜 설움에 잠길 테요
> 오월 어느 날 그 하루 무덥던 날
> 떨어져 누운 꽃잎마저 시들어 버리고는
> 천지에 모란은 자취도 없어지고
> 뻗쳐오르던 내 보람 서운케 무너졌느니
> 모란이 지고 말면 그뿐 내 한 해는 다 가고 말아
> 삼백예순 날 하냥 섭섭해 우옵네다
> 모란이 피기까지는
> 나는 아직 기둘리고 있을 테요
> 찬란한 슬픔의 봄을

① 수미상관의 구조를 통해 기다림의 정서를 강조하고 있다.

② 모란이 낙화하는 모습을 감각적으로 묘사하여 지는 모습마저 아름다운 모란을 찬양하고 있다.

③ 과장법을 사용히고 있다.

④ 화자는 모란에 대한 복합적인 감정을 역설법을 사용하여 표현하고 있다.

┃2~3┃ 다음 시를 읽고 물음에 답하시오.

까마득한 날에
하늘이 처음 열리고
어디 닭 우는 소리 들렸으랴.

모든 산맥(山脈)들이
바다를 연모(戀慕)해 휘달릴 때에도
차마 이 곳을 범(犯)하던 못하였으리라.

끊임없는 광음(光陰)을
부지런한 계절(季節)이 피어선 지고
큰 강물이 비로소 길을 열었다.

지금 눈 나리고
매화(梅花) 향기(香氣) 홀로 아득하니
내 여기 가난한 노래의 씨를 뿌려라.

다시 천고(千古)의 뒤에
백마(白馬) 타고 오는 초인(超人)이 있어
이 광야(曠野)에서 목놓아 부르게 하리라.

2   이 시에 대한 설명으로 옳지 않은 것은?

① 상징 기법이 두드러진다.
② 대륙적인 풍모와 기상이 드러나 있다.
③ 시간의 흐름에 따른 추보식 구조이다.
④ 일제하의 참담한 현실 상황에 절망하고 있다.

3   이 시의 시상 전개 방식을 바르게 말한 것은?

① 공간 이동의 방법을 써서 시상을 나열하고 있다.
② 감정의 흐름에 따라 시상을 점층적으로 전개하였다.
③ 과거와 미래를 대비시켜 현재의 고난을 강조하는 방법을 썼다.
④ 시간의 흐름에 따른 구성을 통해 시상을 발전적으로 전개시켰다.

4 다음 시의 시적 화자의 태도로 옳은 것은?

> 관이 내렸다.
> 깊은 가슴 안에 밧줄로 달아내리듯.
> 주여,
> 용납하옵소서.
> 머리맡에 성경을 얹어 주고
> 나는 옷자락에 흙을 받아
> 좌르륵 하직(下直)했다.

① 감상에 젖어 자신을 책망하고 있다.
② 감정을 토로하면서 슬픔을 극복하고 있다.
③ 절망적인 마음으로 대상을 원망하고 있다.
④ 담담한 어조로 상황을 수용하고 있다.

|5~7| 다음 시를 읽고 물음에 답하시오.

> 죽는 날까지 하늘을 우러러
> 한 점 부끄럼이 없기를
> 잎새에 이는 ㉠바람에도
> 나는 괴로워했다.
> ⓐ별을 노래하는 마음으로
> 모든 죽어 가는 것을 사랑해야지.
> 그리고 나한테 주어진 길을
> 걸어가야겠다.
>
> 오늘 밤에도 별이 ㉡바람에 스치운다.

5 이 시에 드러난 화자의 태도와 거리가 먼 것은?

① 소명의식을 가지고 있다.

② 순수한 삶을 지향하고 있다.

③ 미래에 대한 희망을 잃지 않고 있다.

④ 현실에 대한 원망과 강렬한 저항의식을 가지고 있다.

6 ⓐ의 내포적 의미와 관계없는 것은?

① 희망   ② 꿈과 이상

③ 순수한 자아   ④ 식민지 현실

7 ㉠과 ㉡의 차이로 가장 바른 것은?

① ㉠ : 내면적 갈등   ㉡ : 현실의 시련

② ㉠ : 현실의 괴로움   ㉡ : 미래에 대한 희망

③ ㉠ : 현실적 한계   ㉡ : 이상적 가치

④ ㉠ : 내면적 성찰   ㉡ : 문제 극복 의지

┃8~9┃ 다음 시를 읽고 물음에 답하시오.

매운 계절(季節)의 채찍에 갈겨
마침내 북방(北方)으로 휩쓸려오다.

하늘도 그만 지쳐 끝난 고원(高原)
서릿발 칼날진 그 위에 서다.

어데다 무릎을 꿇어야 하나
한 발 재겨 디딜 곳조차 없다.

이러매 눈감아 생각해 볼밖에
㉠ 겨울은 강철로 된 무지갠가 보다.

---

8 이 시에 대한 설명으로 옳지 않은 것은?

① 계절적 이미지를 사용하여 시대적 상황을 상징적으로 드러내고 있다.

② '기 – 승 – 전 – 결'의 구조이다.

③ 절망적 상황을 초극하려는 의지를 표출하고 있다.

④ 강렬한 색채 이미지의 대비를 통해 생동감을 부여한다.

9 ㉠의 표현 방법과 유사하지 않은 것은?

① 이것은 소리 없는 아우성 / 저 푸른 해원(海原)을 향하여 흔드는 / 영원한 노스탤지어의 손수건

② 나는 아직 기다리고 있을 테요, 찬란한 슬픔의 봄을

③ 퇴색한 성교당의 지붕 위에선 / 분수처럼 흩어지는 푸른 종소리

④ 밤에 홀로 유리를 닦는 것은 / 외로운 황홀한 심사이어니

┃10~12┃ 다음 시를 읽고 물음에 답하시오.

유리(琉璃)에 차고 슬픈 것이 어른거린다.
열없이 붙어 서서 입김을 흐리우니
길들은 양 언 날개를 파다거린다.
지우고 보고 지우고 보아도
새까만 밤이 밀려나가고 밀려와 부딪히고,
물 먹은 별이, 반짝, 보석처럼 박힌다.
밤에 홀로 유리를 닦는 것은
㉠외로운 황홀한 심사이어니,
고운 폐혈관(肺血管)이 찢어진 채로
아아, 늬는 산(山)ㅅ새처럼 날아갔구나!

10 **이 시의 표현상의 특징과 거리가 먼 것은?**

① 감각적 언어로 표현하였다.　　　　② 선명한 이미지를 제시하였다.
③ 삶과 죽음을 선명하게 대비시켰다.　④ 감상적 정서를 절제하여 표현하고 있다.

11 **다음 중 죽은 아이의 영상과 관계 깊은 시어로 짝지어진 것은?**

① 별, 산새　　　　　　　　　　② 입김, 산새
③ 날개, 밤　　　　　　　　　　④ 물, 폐혈관

12 **㉠과 같은 표현 방법을 사용한 예가 아닌 것은?**

① 모란이 피기까지는
　나는 아직 기다리고 있을 테요,
　찬란한 슬픔의 봄을.
③ 깊이깊이 새겨지는 네 이름 위에
　네 이름의 외로운 눈부심 위에
　살아오는 삶의 아픔.

② 이것은 소리 없는 아우성
　저 푸른 해원을 향하여 흔드는
　영원한 노스탤지어의 손수건.
④ 당신을 사랑할 때의 내 마음은
　눈부시지 않은 갈꽃 한 송이를
　편안히 바라볼 때와 같습니다.

13 다음 중 ㉠~㉣이 나타내는 것으로 옳지 않은 것은?

어두운 방 안엔
바알간 숯불이 피고

외로이 늙으신 할머니가
애처로이 잦아드는 어린 목숨을 지키고 계시었다.

이윽고 눈 속을
아버지가 약을 가지고 돌아오시었다.

아, 아버지가 눈을 헤치고 따 오신
그 붉은 ㉠산수유 열매-

나는 한 마리 ㉡어린 짐생,
젊은 아버지의 서느런 옷자락에
열로 상기한 볼을 말없이 부비는 것이었다.

이따금 뒷문을 눈이 치고 있었다.
그 날 밤이 어쩌면 성탄제의 밤이었을지도 모른다.

어느새 나도
그때의 아버지만큼 나이를 먹었다.

옛것이라곤 거의 찾아볼 길 없는
성탄제 가까운 거리에는,
이제 소리없이 반가운 ㉢그 옛날의 것이 내리는데

서러운 서른 살 나의 이마에
불현듯 아버지의 ㉣서느런 옷자락을 느끼는 것은,

눈 속에 따 오신 산수유 붉은 알알이
아직도 내 혈액 속에 녹아 흐르는 까닭인가.

① ㉠-아버지의 사랑   ② ㉡-보호가 필요한 연약한 존재
③ ㉢-눈   ④ ㉣-엄하셨던 아버지

┃14~15┃ 다음 시를 읽고 물음에 답하시오.

(가) 바릿밥 남 주시고 잡숫느니 찬 것이며
　　두둑히 다 입히고 겨울이라 엷은 옷을
　　솜치마 좋다시더니 보공(補空)되고 말어라.

　　안방에 불 비치면 하마 님이 계시온 듯
　　닫힌 창 바삐 열고 몇 번이나 울었던고
　　산 속에 추위 이르니 님을 어이 하올고.

(나) 진주(晉州) 장터 생어물(生魚物)전에는
　　바닷밑이 깔리는 해 다 진 어스름을,

　　울엄매의 장사 끝에 남은 고기 몇 마리의
　　빛 발(發)하는 눈깔들이 속절없이
　　은전(銀錢)만큼 손 안 닿는 한(恨)이던가.
　　울엄매야 울엄매,

　　별밭은 또 그리 멀리
　　우리 오누이의 머리 맞댄 골방 안 되어
　　손시리게 떨던가 손시리게 떨던가,

　　진주(晉州) 남강(南江) 맑다 해도
　　오명 가명
　　신새벽이나 별빛에 보는 것을,
　　울엄매의 마음은 어떠했을꼬,
　　달빛 받은 옹기전의 옹기들같이
　　말없이 글썽이고 반짝이던 것인가.

14 (가), (나)의 공통점으로 알맞은 것은?

① 대상을 비유적으로 표현하고 있다.
② 대상의 부재(不在)를 안타까워하고 있다.
③ 대상에 대한 깊은 애정이 바탕에 깔려 있다.
④ 대상에 대한 예찬의 마음이 나타나 있다.

15 (가)에 대한 설명으로 옳지 않은 것은?

① 감각적인 시어를 사용하였다.
② 우리의 고유한 전통 윤리를 담고 있다.
③ 시행의 배열이 고시조의 전통을 따랐다.
④ 시조의 운율을 고려하여 시어를 다듬어 사용하였다.

정답및해설

1	②	2	④	3	④	4	④	5	④
6	④	7	①	8	④	9	③	10	③
11	①	12	④	13	④	14	③	15	①

1 ② '뚝뚝'이라는 부사어를 사용하여 모란이 지는 모습을 감각적으로 묘사하면서 모란이 지는 큰 절망감과 상실감을 강조하고 있다.
① 수미상관의 구조를 통해 봄을 기다리는 화자의 정서를 강조하고 있다.
③ '모란이 지고 말면 그뿐 내 한 해는 다 가고 말아'에서 모란이 지는 것을 인생을 잃는 것으로 과장하여 표현하고 있다.
④ '찬란한 슬픔의 봄을'이라는 역설적인 표현을 통해 모란 피는 기쁨과 모란이 지는 슬픔이 공존하는 복합적인 감정을 표현하고 있다.
※ 김영랑 「모란이 피기까지는」
㉠ 갈래 : 자유시, 서정시, 순수시
㉡ 성격 : 낭만적, 상징적
㉢ 제재 : '모란'의 개화와 낙화
㉣ 주제 : 소망에 대한 바람과 기다림

┃2~3┃

이육사의 「광야」 … 광막한 공간과 아득한 시간을 배경으로 일제 강점기의 혹독한 현실에 맞서려는 선구자적 태도와 '초인'으로 표상되는 미래 지향적 역사의식이 드러나 있는 이육사 시인의 대표적인 작품이다.

2 ④ 일제 강점기의 상황을 극복하고자 하는 굳센 의지를 드러내고 있다.

3 1~3연은 과거, 4연은 현재, 5연은 미래의 상황을 다루고 있으므로, 과거 – 현재 – 미래의 시간적 흐름에 따라 시상이 전개되고 있다.

4 박목월 「하관(下棺)」 … 친동생의 죽음과 매장을 직접 겪으면서 깨닫게 된 인생의 허무함을 묘사한 작품으로, 절제된 슬픔의 표현은 그 속에 담긴 정서와 그것을 참고 견디려는 화자의 간절한 노력을 보여준다.

5 이 시는 윤동주의 「서시」로 식민지 상황에 처해 있는 젊은 지식인의 고뇌와 그것을 극복하려는 의지를 고백적으로 표현하고 있다.

6 별은 외로운 양심의 표상이자 구원의 지표로 희망과 이상 세계를 상징하고 있다.

7 ㉠의 '바람'이 잎새처럼 나약한 내면을 흔드는 갈등이라면 ㉡의 '바람'은 나에게 괴로움을 안겨주는, 현실적인 시련, 시대상을 의미한다.

8 이육사의 「절정」 … 암담한 식민지 시대의 절망적 상황 속에서 그것을 초극하려는 의지를 표현한 작품이다.

9 ㉠의 '강철로 된 무지개'는 시의 표면적 진술과 내적 의미 사이에 모순이 있는 역설법이다. ③의 '분수처럼 흩어지는 푸른 종소리'는 공감각적 이미지(청각의 시각화)이다.

┃10~12┃

정지용의 「유리창 1」 … 어린 자식의 죽음에 대한 아버지의 애절한 슬픔을 노래한 작품으로 감정의 절제가 두드러진 작품이다. 이 시에서는 감정의 절제가 '감정의 대위법'과 '선명하고 감각적인 이미지의 사용', 시적 정서를 대상에 투영시켜 객관적 상관물(차고 슬픈 것, 언 날개, 물 먹은 별, 산새)을 통해 표현하는 시적 형상화의 방법에 의해 잘 나타나고 있다.

10 ③ 삶과 죽음의 대비는 나타나지 않았다.

11 ① 죽은 아이의 영상을 '물 먹은 별(눈에 가득 고인 눈물을 통해 바라본 별)', '산새(나뭇가지에 잠시 머물다 날아가 버린 산새)'에 빗대어 표현하고 있다. 이외에도 죽은 아이의 영상을 나타내는 시어에는 '차고 슬픈 것', '언 날개'가 있다.

12 ㉠은 자식을 잃은 외로움과 죽은 자식의 영상을 보는 황홀함이 얽힌 상태로 언어 표현의 앞뒤가 서로 모순되는 역설적 표현(모순 형용)이 사용되었다.
  ① 찬란한 슬픔의 봄
  ② 소리 없는 아우성
  ③ 외로운 눈부심

13 ㉣의 아버지가 화자를 위해 추운 겨울날 산수유 열매를 따오신 아버지의 서느런 옷자락에서 아버지의 사랑을 느낄 수 있다.
  ※ 김종길 「성탄제」
    ㉠ 갈래 : 자유시, 서정시
    ㉡ 성격 : 회상적, 감각적
    ㉢ 주제 : 아버지 사랑에 대한 그리움, 사랑이 없는 도시 문명에 대한 비판

┃14~15┃

(가) 정인보의 「자모사」
  ㉠ 갈래 : 평시조, 연시조, 현대 시조, 서정시
  ㉡ 주제 : 어머니의 자애와 희생에 대한 회고와 그리움
  ㉢ 성격 : 회고적, 추모적
  ㉣ 작자 : 정인보(1892~1950) - 시조 시인. 역사학자. 자는 경업(經業). 호는 담원·미소산인(薇蘇山人). 아호 위당(爲堂). 저서에 「조선사 연구」, 「담원 시조집」 등이 있다.
(나) 박재삼의 「추억에서」
  ㉠ 갈래 : 자유시, 서정시
  ㉡ 주제 : 어린 시절 가난했던 어머니의 삶과 추억
  ㉢ 성격 : 회고적, 애상적, 향토적
  ㉣ 작자 : 박재삼(1933~1997) - 시인. 전통적 가락에 향토적 서정과 서민 생활의 고단함을 실은 시를 주로 썼다. 시집에 「춘향이 마음」, 「햇빛 속에서」 등이 있다.

14 (가)에는 자식들을 위해 희생하셨던 돌아가신 어머니에 대한 애정이, (나)에는 추억 속에 남아 있는 어린 시절의 어머니에 대한 애정이 바탕에 깔려 있다.

15 ① 의고적(고풍적)인 시어를 사용하였다.

03 소설

기출문제

section 1 소설의 본질

(1) 소설의 정의

현실 세계에 있음직한 일을 작가의 상상에 따라 꾸며낸 이야기로, 독자에게 감동을 주고 인생의 진리를 나타내는 산문 문학이다.

(2) 소설의 특징

① 산문성 … 대표적인 산문 문학이다.

② 허구성 … 작가의 상상력에 의해 있을 수 있는 사실을 꾸며낸 이야기(fiction)이다.

③ 예술성 … 예술미와 형식미를 지닌 창조적인 언어 예술이다.

④ 진실성 … 궁극적으로 인생의 진실을 추구하며, 인생의 진정한 의미를 깨닫게 한다.

⑤ 서사성 … 인물, 사건, 배경이 있는 이야기의 문학이다.

⑥ 모방성 … 현실에서 제재를 취하는 현실 사회의 반영이다.

(3) 소설의 3요소

① 주제(theme) … 작가가 작품을 통하여 나타내고자 하는 인생관이나 중심 사상을 말한다.

② 구성(plot) … 주제를 효과적으로 드러내기 위하여 사건을 인과 관계에 의해 배열하는 것을 말한다(이야기 줄거리의 짜임새).

　　㉠ 인물 : 작품 속에 등장하는 사람이나 그 사람의 성격을 말한다.

　　㉡ 사건 : 인물이 작품 속에서 겪고 일으키는 일이나 행동을 말한다.

　　㉢ 배경 : 인물이 행동하거나 사건이 일어나는 시간, 장소, 상황을 말한다.

Point 팁　배경의 기능
　㉠ 사건의 전개와 인물의 행동에 생동감, 사실성(reality)을 부여한다.
　㉡ 작품의 분위기를 조성한다.
　㉢ 배경 자체가 상징적 의미로 주제를 암시하기도 한다.
　㉣ 사건 전개의 기본 바탕을 제공함과 동시에 인물의 행동과 사건 전개의 제약 조건이 되기도 한다.
　㉤ 배경은 주로 묘사와 서술에 의해 제시된다.

③ 문체(style) … 작품에 구체적으로 나타나는 개성적 언어의 특징을 말한다.

section 2 소설의 갈래

(1) 길이상 갈래

① **장편 소설** ··· 복합적 구성과 다양한 인물의 등장으로 사회의 총체적 모습을 그린다(원고지 1,000매 이상).

② **중편 소설** ··· 장편과 단편의 특징을 절충한 것으로 구성은 장편 소설과 비슷하다(원고지 200 ~ 500매).

③ **단편 소설** ··· 단일한 구성으로 인생의 단면을 그리며 압축의 기교를 필요로 한다(원고지 50 ~ 100매).

④ **콩트(Conte)** ··· 장편 소설(掌篇小說)이라고도 하며 구성이 극도로 압축된다(원고지 50매 안팎).

(2) 내용상 갈래

농촌 소설, 계몽 소설, 사회 소설, 역사 소설, 추리 소설, 공상 소설

(3) 시대상 갈래

고대 소설, 신소설, 현대 소설

(4) 성격상 갈래

① **순수 소설** ··· 작품의 예술성을 추구하는 본격 소설로 예술적 가치 이외의 것은 거부한다.

② **목적 소설** ··· 예술적 기교보다는 작품 내용의 효용성, 정치적 목적성 등을 더 중시한다.

③ **대중(통속) 소설** ··· 남녀의 사랑이나 사건 중심으로 쓴 흥미 본위의 소설로 상업성을 추구하며 예술성보다는 쾌락성이나 효용성을 더 중시한다.

section 3 소설의 구성(plot)

(1) 구성의 5단계

① 발단(exposition) … 소설의 첫머리로 인물과 배경이 소개되고 사건의 실마리가 설정되는 부분이다.

② 전개(complication) … 발단된 사건이 차차 진전되어 이야기가 복잡하게 얽히고 갈등이 표면화되는 부분이다.

③ 위기(crisis) … 극적인 발전을 가져오는 계기의 단계로서, 새로운 사태가 발생하기도 하며 위기감이 고조되고 절정을 유발하는 부분이다.

④ 절정(climax) … 인물의 성격, 행동, 갈등 등이 최고조에 이르러 잘 부각되고 주제가 선명하게 드러나는 부분이다.

⑤ 결말(conclusion) … 작품의 대단원에 해당되는 부분으로, 갈등과 위기가 해소되고 사건의 윤곽과 주인공의 운명이 분명해지는 해결의 단계이다.

복선(伏線) … 사건의 비약이나 극적인 전환을 위하여 때때로 어떤 소재나 동기적 행동을 미리 제시하는 것을 말한다.

(2) 구성의 유형

① 단순 구성 … 단일한 사건으로 구성되며, 주로 단편 소설에 쓰인다. 통일된 인상, 압축된 긴장감을 나타내는 구성 방법이다.

    예 주요섭의 「사랑손님과 어머니」, 이효석의 「메밀꽃 필 무렵」

② 복합 구성 … 둘 이상의 사건이 복잡하게 짜여 구성되며, 주로 중편 소설이나 장편 소설에 쓰인다.

    예 염상섭의 「삼대」, 박경리의 「토지」

③ 액자식 구성 … 소설(外話) 속에 또 하나의 이야기(內話)가 포함되어 있는 구성이다.

    예 황순원의 「목넘이 마을의 개」, 이문열의 「사람의 아들」

사건 진행 순서에 따른 구성 방법
㉠ 평면적 구성 : 시간의 흐름에 따라 소설이 진행되어 가는 구성이다.
㉡ 입체적 구성 : 시간의 흐름에 관계없이 소설이 진행되어 가는 구성이다.

④ 피카레스크식 구성 … 독립할 수 있는 여러 개의 사건이 인과 관계에 의한 종합적 구성이 아니라 산만하게 나열되어 있는 연작 형식의 구성이다.

    예 보카치오의 「데카메론」, 조세희의 「난장이가 쏘아올린 작은 공」

section 4 소설의 인물(character)

(1) 인물의 유형

① **평면적 인물** ⋯ 작품 속에서 처음부터 끝까지 성격이 변화하지 않고 주위의 어떠한 변화에도 영향을 받지 않는 인물로 정적 인물(static character)이라고도 한다.
> 예 「흥부전」의 '흥부' – 착하기만 함, 「토끼전」의 '자라' – 우직하고 충성스럽기만 함

② **입체적 인물** ⋯ 한 작품 속에서 성격이 발전하고 변화하는 인물로 원형적 인물, 또는 발전적 인물(developing character)이라고도 한다.
> 예 김동인의 「감자」의 복녀, 황순원의 「카인의 후예」의 도섭 영감

③ **전형적 인물** ⋯ 사회의 어떤 집단이나 계층을 대표하는 인물로 성격의 공시적(共時的)인 보편성을 뜻한다.
> 예 「춘향전」의 '춘향' – 열녀, 「흥부전」의 '놀부' – 악인

④ **개성적 인물** ⋯ 개인으로서 독자적 성격과 개성을 지닌 인물로 현대 소설에 많이 등장한다. 바람직한 인간형은 전형성의 바탕 위에 개성을 지닌 인물이다.
> 예 김동인의 「감자」의 복녀, 이상의 「날개」의 나

⑤ **주동적 인물** ⋯ 작품의 주인공이자 사건의 주체로서 소설의 이야기를 이끌며 주제를 부각시키는 긍정적 성격의 인물이다.
> 예 「심청전」의 심청, 「흥부전」의 흥부

⑥ **반동적 인물** ⋯ 작품 속에서 주인공의 의지, 행위에 대립하여 갈등을 일으키는 부정적 성격의 인물이다.
> 예 「춘향전」의 변학도, 「흥부전」의 놀부

(2) 인물의 성격 제시방법

① **직접적 제시방법**(Telling) ⋯ 작중 화자가 직접 설명하는 방법으로 해설적 방법, 또는 분석적 방법이라고도 한다. 이 방법은 작가의 견해 제시가 용이하나 추상적 설명이 되기 쉬우며, 전지적 작가 시점의 소설이나 고대 소설에서 많이 사용한다.

② **간접적 제시방법**(Showing) ⋯ 인물의 말이나 행동 등을 보여줌으로써 묘사하는 방법으로 극적 방법이라고도 한다. 이 방법은 인물의 성격이 생생하게 드러나고 독자와의 거리가 좁혀지며, 작가 관찰자 시점의 소설이나 현대 소설에서 많이 사용된다.

section 5 소설의 갈등

(1) 내적 갈등

주인공과 환경, 상황 및 심리 의지의 대립으로 한 인물의 내면에서 일어나는 심리적 갈등을 말한다.

예 김동인의 「감자」에서 복녀가 도덕적 타락을 하기 전의 갈등

(2) 외적 갈등

주인공과 다른 인물의 대립으로 성격과 생각이 대립되는 등장인물 사이의 갈등을 말한다.

① 주인공과 대립적 인물의 갈등(개인과 개인의 갈등)
　　예 김유정의 「동백꽃」의 나와 점순이의 갈등
② 주인공과 사회적 환경의 갈등(개인과 사회의 갈등)
　　예 채만식의 「레디 메이드 인생」의 인텔리 주인공과 식민지 사회와의 갈등
③ 개인이 운명적으로 겪는 갈등(개인과 운명의 갈등)
　　예 김동리의 「역마」

section 6 소설의 시점(point of view)

(1) 시점의 뜻

소설 속의 이야기를 누가 어떤 태도로 서술해 가느냐 하는 관점으로, 서술의 각도, 위치 등을 말한다.

(2) 시점의 갈래

① 1인칭 주인공(서술자) 시점

　㉠ 주인공인 '나'가 자신의 이야기를 서술하는 시점으로 주관적이다.
　㉡ 서술자와 주인공이 일치하여 등장인물의 내면세계를 묘사하는 데 효과적인 시점이다.
　㉢ 독자에게 신뢰감과 친근감을 주며 이야기에 신빙성을 부여하나, 객관성을 유지하기는 어렵다.
　㉣ 고백소설, 성장소설, 일기체소설, 심리소설 등에 나타난다.
　㉤ **작품 :** 알퐁스 도데의 「별」, 이상의 「날개」

서술자 … 작가가 만든 허구적 대리인으로 서사 내용과 독자 사이에 개입하는 작중 화자로서, 서술자의 관점에 따라 이야기의 서술 방식과 효과가 달라진다.

② 1인칭 관찰자 시점

    ㉠ 등장인물(부수적 인물)인 '나'가 주인공에 대해 이야기하는 시점으로 객관적인 관찰을 통해서 이루어진다.

    ㉡ '나'는 관찰자일 뿐이며 작품 전편의 인물의 초점은 주인공에게 있다.

    ㉢ '나'의 눈에 비친 외부 세계만을 다루어 '나'가 주인공의 모습과 행동을 묘사할 뿐 주인공의 내면은 알 수 없다.

    ㉣ **작품** : 주요섭의 「사랑손님과 어머니」, 김동인의 「붉은 산」

③ 3인칭(작가) 관찰자 시점

    ㉠ 서술자의 주관을 배제하는 가장 객관적인 시점으로 서술자가 등장인물을 외부 관찰자의 위치에서 이야기하는 시점이다.

    ㉡ 사건을 객관적으로 묘사하는 데 효과적이며, 서술자와 주인공의 거리가 가장 멀다.

    ㉢ **작품** : 황순원의 「소나기」, 이범선의 「학마을 사람들」

④ 전지적 작가 시점

    ㉠ 서술자가 인물과 사건에 대해 전지전능한 신의 입장에서 이야기하는 시점으로, 작중 인물의 심리를 분석하여 서술한다.

    ㉡ 서술자의 광범위한 참여로 독자의 상상적 참여가 제한된다.

    ㉢ 작가의 사상과 인생관이 직접 드러나며, 장편 소설에 주로 쓰인다.

    ㉣ 등장인물의 운명까지 알 수 있으며, 아직 등장하지 않은 인물까지도 묘사한다.

    ㉤ **작품** : 「춘향전」, 염상섭의 「삼대」

기출문제

245

1 다음 글에 대한 이해로 가장 적절한 것은?

> 어느 날이었다. 아버지와 나는 앞서거니 뒤서거니 하면서 그 정부미 자루를 날라 왔다. 그런데 집에 도착해 한숨을 돌린 뒤 자루를 풀고 물건을 정리해 보니 스무 병이 와야 할 소주가 두 병이 모자란 채 열여덟 병만 온 것이었다.
>
> 아버지의 얼굴은 맞보기가 민망할 정도로 금세 하얗게 질렸다. 왜냐하면 그 덜 온 두 병을 빼고 나면 나머지 것들을 몽땅 팔아 봤자 결국 본전치기일 뿐이었기 때문이다. 아버지는 내 등을 떼밀어 물건을 받아 온 수도상회의 혹부리 영감한테 내려 보냈다. 아버지는 말주변도 말주변이었지만 중풍 후유증 때문에 약간의 언어 장애가 있어 일부러 나를 보냈던 것이다.
>
> "뭐 하러 왔네?"
>
> 가게 안에 북적거리는 손님들에게 셈을 치러 주느라 몇 번이고 주판알을 고르는 데 바쁜 혹부리 영감의 눈길을 잡아 두는 데 성공한 나는 더듬더듬 자초지종을 말했다. 그러나 귓등에 연필을 꽂은 채 심술이 덕지덕지 모여 이뤄진 듯한 왼쪽 이마빡의 눈깔사탕만 한 혹을 어루만지며 듣던 혹부리 영감은 풍기 때문에 왼쪽으로 힐끗 돌아간 두터운 입술을 떠들쳐 굵은 침방울을 내 얼굴에 마구 튀겼다. 애초 자기 눈앞에서 까보이지 않은 것은 인정할 수 없다며 막무가내였다. 나중엔 아버지까지 함께 내려가서 하소연을 해 봤지만 돌아온 대답은 정 그렇게 우기면 거래를 끊겠다는 협박성 경고뿐이었다. 거래가 끊긴다면 아버지한테는 큰 타격이 아닐 수 없었다.
>
> 혹부리 영감은 아버지한테 무슨 큰 특혜를 내려 주듯이 거래를 터 준다고 허락을 놓았었다. 같은 함경도 동향이기 때문이라는 말을 덧붙이면서. 하긴 혹부리 영감한테는 매번 소주 열 병 안짝에다 새우깡 열 봉지, 껌 대여섯 개, 빵 예닐곱 개 등 일반 소매가격 구매자보다 더 많은 물건을 떼어 가지도 않으면서 부득부득 도맷값으로 해 달라고 통사정을 해 쌓는 아버지 같은 사람 하나쯤 거래를 끊어도 장부상 거의 표가 나지 않을 것이었다.
>
> 결국 아버지는 자신의 과오를 인정하지 않을 수 없었다. 당신의 자그마한 구멍가게로 돌아와 나머지 열여덟 병의 소주를 넋 나간 사람처럼 쓰다듬던 아버지는 기어코 아들인 내 앞에서 눈물을 보이고 말았다.

① 혹부리 영감의 위협적인 경고 때문에, 아버지는 혹부리 영감의 주장을 따를 수밖에 없었다.

② 아버지는 소주 두 병을 덜 받아 왔기 때문에 곤란했지만, '나'에게 당황한 내색을 하지 않았다.

③ 아버지는 처음부터 자신이 직접 나서 혹부리 영감과의 잘못된 거래는 바로잡으려고 했다.

④ 혹부리 영감은 가게 일로 바빴지만, '나'의 자초지종을 듣고 마지못해 '나'의 염려를 덜어주었다.

2 다음 작품의 구성방식으로 가장 적합한 것은?

> 그들 아비 딸은 달포 동안이나 머물러 있으며 그림도 그리고 자기네의 지난 이야기도 자세히 하소연했다고 한다. 할아버지께서는 그들이 떠나는 날에, 이 불행한 아비 딸을 위하여 값진 비단과 충분한 노자를 아끼지 않았으나, 나귀 위에 앉은 가련한 소녀의 얼굴에는 올 때나 조금도 다름없는 처절한 슬픔이 서려 있었을 뿐이라고 한다.
> 소녀가 남기고 간 그림 – 이것을 할아버지께서는 '무녀도(巫女圖)'라 불렀지만 – 과 함께 내가 할아버지로부터 전해들은 이야기는 다음과 같다.
> 경주읍에서 성 밖으로 오 리쯤 나가서 조그만 마을이 있었다. 여민촌 혹은 잡성촌이라 불리어지는 마을이었다.

① 단순구성   ② 복합구성
③ 피카레스크식 구성   ④ 액자구성

3 소설의 특징에 대한 다음 설명 중 옳지 않은 것은?

① 역사 소설은 역사적 사실의 기록이다.
② 개연성 있는 사건을 제시하여 감동을 준다.
③ 모든 소설은 작가가 꾸며낸 가공의 세계이다.
④ 예술미와 형식미를 지닌 창조적인 언어 예술이다.

4 다음 중 소설의 배경의 기능과 관계없는 것은?

① 분위기를 형성한다.
② 사건에 진실성을 부여한다.
③ 인물의 의식 형성에 영향을 준다.
④ 인물 사이의 갈등, 사건의 전개를 담당한다.

5 다음 글의 시점에 대한 설명으로 가장 적절한 것은?

> 파도는 높고 하늘은 흐렸지만 그 속에 솟구막 치면서 흐르는 나의 머릿속을 스치고 지나가는 영상은 푸르고 맑은 희망이었다. 나는 어떻게 누구의 손에 의해서 구원됐는지도 모른다. 병원에서 내 의식이 회복되었을 땐 다만 한 쪽 다리에 관통상을 입었다는 것을 알았을 뿐이다.

① 주인공 '나'가 자신의 체험을 이야기하고 있다.
② 작가가 주인공 '그'에 대해 관찰하여 서술하고 있다.
③ 작가가 제3의 인물 '그'에 대해 자세히 묘사하고 있다.
④ 주인공 '나'가 다른 인물에 대해 관찰하여 서술하고 있다.

6 소설의 시점 중 작자와 작중 인물과의 거리가 가장 먼 것은?

① 1인칭 주인공 시점　　　　　② 1인칭 관찰자 시점
③ 3인칭 관찰자 시점　　　　　④ 전지적 작가 시점

7 다음 설명과 관계 있는 작품은?

> 이 작품은 식민지 체제 아래에서 한 집안이 어떻게 몰락하고, 당대의 청년들이 어떤 의식을 지녔는가를 사실적으로 파헤친 작품이다. 이를 통해 독자들은 사회적 변동 속에서 세대교체의 실상을 분명하게 느낄 수 있다.

① 김동인의 「감자」
② 염상섭의 「삼대」
③ 윤홍길의 「장마」
④ 주요섭의 「사랑 손님과 어머니」

8 다음 글에 대한 설명으로 옳지 않은 것은?

> "장인님! 인제 저 ……"
>
> 내가 이렇게 뒤통수를 긁고, 나이가 찼으니 성례를 시켜 줘야 하지 않겠느냐고 하면 대답이 늘,
>
> "이 자식아! 성례구 뭐구 미처 자라야지!"
>
> 하고 만다.
>
> 이 자라야 한다는 것은 내가 아니라 내 아내가 될 점순이의 키 말이다.
>
> 내가 여기에 와서 돈 한 푼 안 받고 일하기를 삼 년하고 꼬박이 일곱 달 동안을 했다. 그런데도 미처 못
> 자랐다니까 이 키는 언제야 자라는 겐지 짜장 영문 모른다. 일을 좀더 잘해야 한다든지, 혹은 밥을 많이 먹
> 는다고 노상 걱정이니까 좀 덜 먹어야 한다든지 하면 나도 얼마든지 할말이 많다. 허지만 점순이가 안직 어
> 리니까 더 자라야 한다는 여기에는 어쩔 볼 수 없이 고만 빙빙하고 만다.

① 토속적 정감의 표현
② 농촌의 궁핍상 고발
③ 우직하고 순박한 인물의 등장
④ 희극적이고 과장된 상황 설정

9 다음 중 단편 소설의 특징이 아닌 것은?

① 근대 서사 문학을 대표한다.
② 주제와 사상성에 역점을 둔다.
③ 전체를 알 수 있는 인생의 한 단면을 보여 준다.
④ 단일한 주제, 구성, 문체로 단일한 효과를 거둔다.

┃10~11┃ 다음 글을 읽고 물음에 답하시오.

"누군 뭐 들어오고 싶어서 들어왔나? 피치 못할 사정 땜에 어쩔 수 없이……."

나는 강도를 안심시켜 편안한 맘으로 돌아가게 만들 절호의 기회라고 판단했다.

"그 피치 못할 사정이란 게 대개 그렇습디다. 가령 식구 중에 누군가가 몹시 아프다든가 빚에 몰려서……."

그 순간 강도의 눈이 의심의 빛으로 가득 찼다. 분개한 나머지 이가 딱딱 마주칠 정도로 떨면서 그는 대청마루를 향해 나갔다. 내 옆을 지나쳐 갈 때 그의 몸에서는 역겨울 만큼 술 냄새가 확 풍겼다. 그가 허둥지둥 끌어안고 나가는 건 틀림없이 갈기갈기 찢어진 한 줌의 자존심일 것이었다. 애당초 의도했던 바와는 달리 내 방법이 결국 그를 편안케 하긴 커녕 외려 더욱더 낭패케 만들었음을 깨닫고 나는 그의 등을 향해 말했다.

"어렵다고 꼭 외로우란 법은 없어요. 혹 누가 압니까, 당신도 모르는 사이에 당신을 아끼는 어떤 이웃이 당신의 어려움을 덜어 주었을지?"

"개수작 마! 그따위 이웃은 없다는 걸 난 똑똑히 봤어! 난 이제 아무도 안 믿어!"

그는 현관에 벗어 놓은 구두를 신고 있었다. 그 구두를 보기 위해 전등을 켜고 싶은 충동이 불현듯 일었으나 나는 꾹 눌러 참았다. 현관문을 열고 마당으로 내려선 다음 부주의하게도 그는 식칼을 들고 왔던 자기 본분을 망각하고 엉겁결에 문간방으로 들어가려 했다. 그의 실수를 지적하는 일은 훗날을 위해 나로서는 부득이한 조치였다.

"대문은 저쪽입니다."

문간방 부엌 앞에서 한동안 망연해 있다가 이윽고 그는 대문 쪽을 향해 느릿느릿 걷기 시작했다. 비틀비틀 걷기 시작했다. 대문에 다다르자 그는 상체를 뒤틀어 이쪽을 보았다.

㉠"이래 봬도 나 대학까지 나온 사람이오."

누가 뭐라고 그랬나? 느닷없이 그는 자기 학력을 밝히더니만 대문을 열고는 보안등 하나 없는 칠흑의 어둠 저편으로 자진해서 삼켜져 버렸다.

나는 대문을 잠그지 않았다. 그냥 지쳐 놓기만 하고 들어오면서 문간방에 들러 권 씨가 아직도 귀가하지 않았음과 깜깜한 방 안에 어미 아비 없이 오뉘만이 새우잠을 자고 있음을 아울러 확인하고 나왔다. 아내는 잠옷 바람으로 팔짱을 끼고 현관 앞에 서 있었다.

"무슨 일이라도 있었어요?"

"아무것도 아냐."

잃은 물건이 하나도 없다. 돼지 저금통도 화장대 위에 그대로 있다. 아무것도 아닐 수밖에. 다시 잠이 들기 전에 나는 아내에게 수술 보증금을 대납해 준 사실을 비로소 이야기했다. 한참 말이 없다가 아내는 벽 쪽으로 슬그머니 돌아누웠다.

"뗄 염려는 없어, 전셋돈이 있으니까."

"무슨 일이 있었군요?"

아내가 다시 이쪽으로 돌아누웠다. 우리 집에 들어왔던 한 어리숙한 강도에 관해서 나는 끝내 한마디도 내비치지 않았다.

10 강도가 ⊙과 같이 말한 이유로 옳은 것은?

① 자신의 신분을 밝혀 선처를 구하기 위해

② 자신이 매우 위협적인 인물임을 선포하기 위해

③ 자신의 정체가 탄로 났지만 마지막 자존심을 지키기 위해

④ 마지막까지 자신의 신분을 숨기기 위해

11 주어진 글에 대한 설명으로 옳은 것은?

① 서술자가 직접 등장하여 자신이 직접 겪은 사건에 대한 판단을 제시하고 있다.

② 현재와 과거의 사건이 액자식 구성으로 전개되고 있다.

③ 순수한 화자의 시점을 통해 어른들의 이야기를 묘사한다.

④ 화자가 등장인물의 내면세계까지 설명하며 이야기를 이끌어 나간다.

▌12~13▌ 다음 글을 읽고 물음에 답하시오.

그들은 나무 의자에 기대어 한 시간쯤 잤다. 깨어 보니 대합실 바깥에 다시 눈발이 흩날리고 있었다. 기차는 연착이었다. 밤차를 타려는 시골 사람들이 의자마다 가득 차 있었다. 두 사람은 말없이 담배를 나눠 피웠다. 먼 길을 걷고 나서 잠깐 눈을 붙였더니 더욱 피로해졌던 것이다. 영달이가 혼잣말로,

"쳇, 며칠이나 견디나……."

"뭐라구?"

"아뇨, 백화란 여자 말요. 저런 애들……. 한 사날두 시골 생활 못 배겨나요."

"사람 나름이지만 하긴 그럴 거요. 요즘 세상에 일이 년 안으루 인정이 휙 변해 가는 판인데……."

정씨 옆에 앉았던 노인이 두 사람의 행색과 무릎 위의 배낭을 눈여겨 살피더니 말을 걸어 왔다.

"어디 일들 가슈?"

"아뇨, 고향에 갑니다."

"고향이 어딘데……."

"삼포라구 아십니까?"

"어 알지, 우리 아들놈이 거기서 도자를 끄는데……."

"삼포에서요? 거 어디 공사 벌릴 데나 됩니까. 고작해야 고기잡이나 하구 감자나 매는데요."

"어허! 몇 년 만에 가는 거요?"

"십 년."

노인은 그렇겠다며 고개를 끄덕였다.

"말두 말우 거긴 지금 육지야. 바다에 방둑을 쌓아 놓구, 추럭이 수십 대씩 돌을 실어 나른다구."

"뭣 땜에요?"

"낸들 아나, 뭐 ㉠관광 호텔을 여러 채 짓는담서 복잡하기가 말할 수 없데."

"동네는 그대루 있을까요?"

"그대루가 뭐요. 맨 천지에 ㉡공사판 사람들에다 장까지 들어 섰는 걸."

"그럼 나룻배두 없어졌겠네요."

"바다 위로 ㉢신작로가 났는데, 나룻배는 뭐에 쓰오. 허허 사람이 많아지니 변고지, 사람이 많아지면 하늘을 잊는 법이거든."

작정하고 벼르다가 찾아가는 고향이었으나, 정씨에게는 풍문마저 낯설었다. 옆에서 잠자코 듣고 있던 영달이가 말했다.

"잘 됐군. 우리 거기서 공사판 일이나 잡읍시다."

그때에 ㉣기차가 도착했다. 정씨는 발걸음이 내키질 않았다. 그는 마음의 정처를 잃어버렸던 때문이었다. 어느 결에 정씨는 영달이와 똑같은 입장이 되어 버렸다.

기차는 눈발이 날리는 어두운 들판을 향해서 달려갔다.

12 윗글에 대한 학생들의 감상이다. 작품의 내재적 의미에만 주목하고 있는 것은?

① 우리에게 교훈을 주는 작품이야. 개발 붐에 의해 '삼포'가 과거의 흔적도 없이 변해버렸거든.

② 작가의 다른 작품도 읽어보아야겠어. 그러면 작가의 작품 세계를 이해하는데 도움이 될 거야.

③ 결말 처리 방식이 인상적이야. 여운을 통해 등장 인물의 내면 세계를 간접적으로 그리고 있거든.

④ 작가는 마음이 따뜻한 사람일 거야. 삶의 터전을 잃고 떠돌아다니는 사람들에게 관심을 보이고 있거든.

13 ㉠~㉣ 중 상징적 의미가 다른 것은?

① ㉠   ② ㉡

③ ㉢   ④ ㉣

|14~15| 다음 글을 읽고 물음에 답하시오.

이야기를 다 마치고 외할머니는 불씨가 담긴 그릇을 헤집었다. 그 위에 할머니의 흰 머리를 올려놓자 지글지글 끓는 소리를 내면서 타오르기 시작했다. 단백질을 태우는 노린내가 멀리까지 진동했다. 그러자 눈 앞에서 벌어지는, 그야말로 희한한 광경에 놀라 사람들은 저마다 탄성을 올렸다. 외할머니가 아무리 타일러도 그 때까지 움쩍도 하지 않고 그토록 오랜 시간을 버티던 그것이 서서히 움직이기 시작한 것이다. 감나무 가지를 친친 감았던 몸뚱이가 스르르 풀리면서 구렁이는 땅바닥으로 툭 떨어졌다. 떨어진 자리에서 잠시 머뭇거린 다음 구렁이는 꿈틀꿈틀 기어 외할머니 앞으로 다가왔다. 외할머니가 한쪽으로 비켜 서면서 길을 터 주었다. 이리저리 움직이는 대로 뒤를 따라가며 외할머니는 연신 소리를 질렀다. 새막에서 참새 떼를 쫓을 때처럼

"쉬이! 쉬이!"

하고 소리를 지르면서 손뼉까지 쳤다. 누런 비늘가죽을 번들번들 뒤틀면서 그것은 소리 없이 땅바닥을 기었다. 안방에 있던 식구들도 마루로 몰려나와 마당 한복판을 가로질러 오는 기다란 그것을 모두 질린 표정으로 내려다보고 있었다. 꼬리를 잔뜩 사려 가랑이 사이에 감춘 워리란 놈이 그래도 꼴값을 하느라고 마루 밑에서 다 죽어 가는 소리로 짖어 대고 있었다. 몸뚱이의 움직임과는 여전히 따로 노는 꼬리 부분을 왼쪽으로 삐딱하게 흔들거리면서 그것은 방향을 바꾸어 헛간과 부엌 사이 공지를 천천히 지나갔다.

14 다음 중 이 소설에 대한 설명으로 옳지 않은 것은?

① 분단과 전쟁으로 인한 아픔을 다루고 있다.
② 이념 대립으로 인한 분단의 원인을 논리적으로 분석하고 있다.
③ 좌익, 우익의 이념적 갈등을 대리인을 통하여 표현하고 있다.
④ 이 작품의 시간적 배경인 '장마'는 이념의 대립이 몰고 온 6·25 전쟁과 분단을 상징한다.

15 다음 중 밑줄 친 '구렁이'의 함축적 의미로 알맞은 것은?

① 공포 ② 갈등
③ 전통 ④ 외세

정답및해설

1	①	2	④	3	①	4	④	5	①
6	③	7	②	8	②	9	②	10	③
11	①	12	③	13	④	14	②	15	②

1 ② 두 번째 문단 첫 문장인 '아버지의 얼굴은 맞보기가 민망할 정도로 금세 하얗게 질렸다.'를 통해 볼 때, 당황한 내색을 하지 않았다는 것은 옳지 않다.
③ 아버지는 처음에는 '나'를 보내었고 나중에 함께 내려가서 하소연을 하였다.
④ 혹부리 영감은 나의 자초지종을 들었지만, 자기 눈앞에서 까 보이지 않은 것은 인정할 수 없다며 막무가내였다.

2 김동리의 「무녀도」… 한국의 전통적 믿음인 샤머니즘과 기독교와의 대립을 그린 작품으로, 액자구성을 취한다.
④ 겉 이야기인 외화(外話) 속에 또 하나의 이야기인 내화(內話)가 포함되어 있는 구성이다.
① 주로 단편 소설에 쓰이는 유형으로 단일한 사건으로 구성된다.
② 둘 이상의 사건이 복잡하게 짜여 구성되며, 주로 중·장편 소설에 쓰인다.
③ 독립할 수 있는 여러 개의 사건이 산만하게 나열되어 있는 연작 형식의 구성이다.

3 ① 역사 소설은 역사적 사건이나 인물, 풍속 등 사실(史實)을 제재로 구성한 허구적인 이야기이다.

4 ④ 소설의 요소 중 구성에 대한 설명이다.

5 지문은 1인칭 주인공 시점이다.

6 ③ 3인칭(작가) 관찰자 시점은 작가가 인물에 개입하여 설명, 분석, 해석할 수 없다.

7 ② 염상섭의 「삼대」는 1920년대 서울을 배경으로 만석꾼인 조씨 일가의 할아버지, 아버지, 아들 3대가 서로 다른 가치관 아래서 어떻게 살아가는가를 그린 장편 소설이다.

8 김유정의 「봄봄」… 일제 치하의 궁핍한 농촌 현실을 배경으로 하면서도 짙은 향토성과 해학, 풍자를 통해 현실을 따뜻하게 감싸 안고 있는 소설이다. 1인칭 주인공 시점으로 감각적·구어적 토속어를 생생하게 사용한 작품이다.

9 ② 주제와 사상성은 중편 소설, 장편 소설에서 중시된다.

10 강도는 자신의 정체를 들켰다는 것을 인지하지만 마지막까지 자신의 자존심을 지키기 위해 ⊙과 같은 말을 하는 것으로 이해할 수 있다.

※ 윤흥길 「아홉켤레 구두로 남은 사내」
⊙ 갈래 : 현대소설, 중편소설, 세태소설
ⓛ 성격 : 사실적, 비판적, 사회 고발적
ⓒ 시점 : 1인칭 관찰자 시점
ⓔ 제재 : 도시 개발 과정에서 밀려난 가난한 이의 삶과 자존심
ⓜ 주제 : 산업화 과정에서 소외된 계층의 어려운 삶과 부조리한 현실 고발

11 '내 방법이 결국 그를 편안케 하기는커녕 외려 더욱더 낭패게 만들었음을 깨닫고 나는 그의 등을 향해 말했다.' 등을 통해 서술자인 '나'가 직접 등장하여 자신이 직접 겪은 사건에 대한 판단을 제시하고 있다.

12 ①은 효용론 ②, ④는 표현론
③은 내재적 관점에서 작품을 감상했다고 볼 수 있다.

※ 황석영 「삼포가는 길」
⊙ 갈래 : 현대소설
ⓛ 성격 : 현실 비판적, 사실적
ⓒ 배경 : 1970년대 겨울, 삼포로 가는 길
ⓔ 제재 : 산업화 과정에서 소외된 사람들의 삶
ⓜ 주제 : 급속한 산업화 속에서 고향을 상실하고 떠돌아다니는 뜨내기들의 애환과 연대의식

13 ⊙~ⓒ은 '삼포'라는 정씨의 고향이 개발되고 있는 것을 상징적으로 파악한 것이다. 기차는 상징적 의미보다는 정씨가 정착하지 않고 유랑하는 의미를 여운있게 처리한 장치라 할 수 있다.

▌14~15▐

> 윤흥길의 「장마」… 한국 전쟁을 배경으로 하여 남한과 북한의 이데올로기 갈등을 어느 시골의 가족 문제로 압축하여 표현한 소설이다. 좌익의 할머니쪽과 우익의 외할머니쪽으로 갈라진 가족의 갈등을 이데올로기가 아닌 토속적인 방식으로 풀어나갔다는 점에서 주목받는 작품이다.

14 ② 이 소설은 설화적 상상력이 바탕이 되고 있으며, 분단의 원인을 논리적으로 분석하고 있다는 지적은 적절하지 않다.

15 이 작품에서 구렁이는 죽은 삼촌의 현신으로 여겨지며 외할머니가 할머니를 대신하여 구렁이를 달래 보냄으로써 두 할머니의 갈등이 해소되는 계기가 된다.

04 수필

기출문제

🔍 다음 글을 순서에 맞게 배열한 것은?

▶ 2010. 8. 14. 국회사무처(8급)

㉮ 나는 그믐달을 몹시 사랑한다. 그믐달은 요염하여 감히 손을 댈 수도 없고, 말을 붙일 수도 없이 깜찍하게 예쁜 계집 같은 달인 동시에 가슴이 저리고 쓰리도록 가련한 달이다.

㉯ 객창한등(客窓寒燈)에 정든 임 그리워 잠 못 들어 하는 분이나, 못 견디게 쓰린 가슴을 움켜잡은 무슨 한 있는 사람이 아니면, 그 달을 보아 주는 이가 별로 없을 것이다. (중략) 어떻든지, 그믐달은 가장 정 있는 사람이 보는 중에, 또한 가장 한 있는 사람이 보아 주고, 또 가장 무정한 사람이 보는 동시에 가장 무서운 사람들이 많이 보아 준다.

㉰ 내가 만일 여자로 태어날 수 있다 하면, 그믐달 같은 여자로 태어나고 싶다.

㉱ 서산 위에 잠깐 나타났다 숨어 버리는 초승달은 세상을 후려 삼키려는 독부가 아니면 철모르는 처녀 같은 달이지마는, 그믐달은 세상의 갖은 풍상을 다 겪고, 나중에는 그 무슨 원한을 품고서 애처롭게 쓰러지는 원부와 같이 애절하고 애절한 맛이 있다.

㉲ 보름에 둥근 달은 모든 영화와 끝없는 숭배를 받는 여왕과 같은 달이지마는, 그믐달은 애인을 잃고 쫓겨남을 당한 공주와 같은 달이다. 초승달이나 보름달은 보는 이가 많지마는, 그믐달은 보는 이가 적어 그만큼 외로운 달이다.

section 1 수필의 본질

(1) 수필의 정의

인생이나 자연의 모든 사물에서 보고 듣고 느낀 것이나 경험한 것을 형식상의 제한이나 내용상의 제한을 받지 않고 붓 가는 대로 쓴 글이다.

(2) 수필의 특징

① **개성적인 문학** … 작가의 심적 상태, 개성, 취미, 지식, 인생관 등이 개성 있는 문체로 드러나 보이는 글이다.

② **무형식의 문학** … 짜임에 제약이 없고 다른 문장 형식을 자유로이 이용할 수 있다.

③ **제재의 다양성** … 인생이나 사회, 역사, 자연 등 세상의 모든 일이 제재가 될 수 있다.

④ **비전문적인 문학** … 작가와 독자가 전문적인 지식이나 훈련을 필요로 하지 않는 가장 대중적인 글이다.

⑤ **체험과 사색의 문학** … 글쓴이의 생활이나 체험, 생각이나 느낌을 붓 가는 대로 솔직하게 서술한 글이다.

⑥ **비교적 짧은 산문** … 주로 200자 원고지 5~10매 정도로, 다른 신문 양식에 비해 짧고 간결하다.

⑦ **자기표현의 글** … 작가의 인생관이나 사상, 감정을 잘 드러낸다.

⑧ **유머, 위트, 비평 정신이 있는 글** … 유머, 위트, 비평 정신은 수필의 개성적인 특성을 부각시켜 주는 요소로 작품의 평면성 또는 건조성을 구제해 주며, 아름다운 정서에 지적 작용을 더해 준다.

(3) 수필의 구성 요소

① **주제** … 수필 구조의 중심으로, 작품에 드러난 지은이의 주된 생각이나 느낌이다.

② **구성** … 글의 짜임을 말하며, 보통 3단 구성으로 되어 있으나 4단 구성인 경우도 있다.

③ **문체** … 문장상에 나타나는 지은이의 개성적인 표현의 특이성이다.

④ **글감(제재, 소재)** … 글의 재료를 말한다.

section 2 수필의 갈래

(1) 진술 방식에 따른 갈래

① **교훈적 수필** … 필자의 오랜 체험이나 깊은 사색을 바탕으로 하는 교훈적인 내용을 담은 수필을 말한다.

> 예 이양하의 「나무」, 조지훈의 「지조론」, 이희승의 「딸깍발이」

② **희곡적 수필** … 필자 자신이나 다른 사람이 체험한 어떤 사건을 생각나는 대로 서술하되, 그 사건의 내용 자체에 극적인 요소들이 있어서, 대화나 작품의 내용 전개가 다분히 희곡적으로 이루어지는 수필을 말한다.

> 예 계용묵의 「구두」, 김소운의 「가난한 날의 행복」

③ **서정적 수필** … 일상생활이나 자연에서 느끼고 있는 감상을 솔직하게 주정적·주관적으로 표현하는 수필을 말한다.

> 예 이효석의 「화초」, 이양하의 「신록예찬」, 김진섭의 「백설부」

④ **서사적 수필** … 인간 세계나 자연계의 어떤 사실에 대하여 대체로 필자의 주관을 개입시키지 않고, 객관적으로 서술하는 수필을 말한다.

> 예 최남선의 「심춘순례」, 윤오영의 「방망이 깎던 노인」

(2) 태도에 따른 갈래

① **경수필**(miscellany, 비형식적 수필, 인포멀 에세이) … 우리가 보는 보통의 수필처럼 정서적인 경향을 띠는 수필로 개성적이고 체험적이며 예술성을 내포한 예술적인 글이다.

② **중수필**(essay, 형식적 수필, 포멀 에세이) … 가벼운 논문처럼 지적이며 논리적이고 객관적인 경향을 띠는 수필을 말한다.

기출문제

① (가) — (라) — (마) — (나) — (다)
② (가) — (마) — (나) — (라) — (다)
③ (가) — (다) — (나) — (라) — (마)
④ (가) — (마) — (라) — (나) — (다)
⑤ (가) — (나) — (다) — (라) — (마)

Tip (가) 다음에는 그믐달과 대조되는 초승달과 보름달에 대한 이야기가 이어져야 한다. (마)의 마지막에서 그믐달을 외로운 달이라고 한 것을 보아 그 뒤로는 (나)가 이어지는 것이 적절하며, 전체 결론으로 볼 수 있는 (다)가 마지막으로 와야 한다.

정답 ①

1~2 다음 글을 읽고 물음에 답하시오.

(가) 겨울이 오니 땔나무가 있을 리 만무하다. 동지 설상(雪上) 삼척 냉돌에 변변치도 못한 이부자리를 깔고 누웠으니, 사뭇 뼈가 저려 올라오고 다리 팔 마디에서 오도독 소리가 나도록 온몸이 곱아 오는 판에, 사지를 웅크릴 대로 웅크리고, 안간힘을 꽁꽁 쓰면서 이를 악물다 못해 박박 갈면서 하는 말이,

"요놈, 요 괘씸한 추위란 놈 같으니, 네가 지금은 이렇게 기승을 부리지마는, 어디 내년 봄에 두고 보자."

하고 벼르더란 이야기가 전하지마는, 이것이 옛날 남산골 '딸깍발이'의 성격을 단적으로 가장 잘 표현한 이야기다. 사실로 졌지마는, 마음으로 안 졌다는 앙큼한 자존심, 꼬장꼬장한 고지식, 양반은 얼어 죽어도 겻불은 쬐지 않는다는 지조, 이 몇 가지들이 그들의 생활 신조였다.

(나) 그런데, 이 남산골 샌님이 마른 날 나막신 소리를 내는 것은 그다지 애깃거리가 될 것도 없다. 그 소리와 아울러 그 모양이 퍽 초라하고 궁상(窮狀)이 다닥다닥 달려 있는 것이 문제인 것이다.

인생으로서 한 고비가 겨워서 머리가 희끗희끗할 지경에 이르기까지, 변변하지 못한 벼슬이나마 한 자리 얻어 하지 못하고(그 시대에는 소위 양반으로서 벼슬 하나 얻어 하는 것이 유일한 욕망이요, 영광이요, 사업이요, 목적이었던 것이다.), 다른 일, 특히 생업에는 아주 손방이어서, 아예 손을 댈 생각조차 아니하였기 때문에, 경제적으로는 극도로 궁핍한 구렁텅이에 빠져서, 글자 그대로 삼순구식(三旬九食)의 비참한 생활을 해 가는 것이다. 그 꼬락서니라든지 차림차림이 여간 장관(壯觀)이 아니다.

1 (가)에서 두드러지게 나타나는 수필의 특성은?

① 냉철한 비판 의식
② 개성적인 자기 표현
③ 해학(諧謔)과 기지(奇智)
④ 생활에서 우러나온 산문

2 (나)의 밑줄 친 '겨워서'의 문맥적인 의미와 유사한 것은?

① 요즘엔 그나마 철이 겨워 소출이 하나도 없다.
② 세파를 헤쳐 나가기에는 아직 힘에 겨운 나이다.
③ 아들의 합격 소식을 듣자, 흥에 겨워 만세를 불렀다.
④ 나는 그대의 이름을 부르노라. 설움에 겹도록 부르노라.

┃3~5┃ 다음 글을 읽고 물음에 답하시오.

(가) 이튿날 아침, 고단한 마련해선 일찌감치 눈이 떠진 것은 몸에 지닌 기쁨이 하도 컸던 탓이었을까. 안타깝게도 간밤에 볼 수 없던 영봉(靈峰)들을 대면하려고 새댁같이 수줍은 생각으로 밖에 나섰으나, 계곡은 여태 짙은 안개 속에서, 준봉(峻峰)은 상기 깊은 구름 속에서 용이하게 자태를 엿보일 성싶지 않았고, 다만 가까운 데의 전나무, 잣나무들만이 대장부의 기세로 활개를 쭉쭉 뻗고, 하늘을 찌를 듯이 솟아 있는 것이 눈에 뜨일 뿐이었다. 모두 근심 없이 자란 나무들이었다. ㉠청운(靑雲)의 뜻을 품고 하늘을 향하여 밋밋하게 자란 나무들이었다. 꼬질꼬질 뒤틀어지고 외틀어지고 한 야산 나무밖에 보지 못한 눈에는, 귀공자와 같이 기품이 있어 보이는 나무들이었다.

(나) 이름도 정다운 백마봉(白馬峰)은 바로 지호지간(指呼之間)에 서 있고, 내일 오르기로 예정된 비로봉(毗盧峰)은 단걸음에 건너뛸 정도로 가깝다. 그 밖에도, 유상무상(有象無象)의 허다한 봉들이 전시(戰時)에 할거(割據)하는 군웅(群雄)들처럼 여기에서도 불끈 저기에서도 불끈, 시선을 낮춰 아래로 굽어보니, 발밑은 천인단애(千仞斷崖), 무한제(無限際)로 뚝 떨어진 황천 계곡에 단풍이 선혈(鮮血)처럼 붉다. ㉡우러러보는 단풍이 새색시 머리의 칠보단장(七寶丹粧) 같다면, 굽어보는 단풍은 치렁치렁 늘어진, 규수의 붉은 치마폭 같다고나 할까. 수줍어 수줍어 생글 돌아서는 낯붉힌 아가씨가 어느 구석에서 금방 튀어나올 것도 같구나!

---

3 이 글에 대한 설명으로 옳지 않은 것은?

① 여행에서의 체험을 기록한 글이다.
② 상황을 드러내기 위해 반어적 표현을 사용하였다.
③ 구체적이고 감각적인 느낌을 주는 비유를 동원하고 있다.
④ 사물에 대한 글쓴이의 섬세한 관찰력과 진지한 태도가 잘 드러난다.

4 ㉠의 표현 기법과 유사한 것은?

① 그리운 얼굴들이, 흐르는 낙화(落花) 송이같이 떠돌았다.
② 정말 우리도 한 떨기 단풍에 지나지 않아 보인다. 다리는 줄기요, 팔은 가지인 채 피부는 단풍으로…….
③ 설 자리를 삼가, 구중심처가 아니면 살지 않는 자작나무는 무슨 수중(樹中) 공주이던가!
④ 단풍은 마치 이랑이랑으로 섞바꾸어가며 짜 놓은 비단결같이 봉에서 골짜기로 퍼덕이며 흘러내리는 듯하다.

5 ⓒ에 대한 설명으로 옳지 않은 것은?

① 참신하고 개성 있는 표현이다.

② 내면 심리를 자연물에 의탁하여 표현하고 있다.

③ 비유를 사용하여 대상의 인상을 제시하고 있다.

④ 병렬적 구조를 사용하여 리듬감을 느끼게 한다.

▌6~7▌ 다음 글을 읽고 물음에 답하시오.

1921. 6. 24.(금)

비 오다 그치다. 익채(益采)군이 찾아와 그 중형(仲兄)의 공판이 오늘이라기에 용해 군을 데리고 재판소로 갔다. 비는 쫙쫙 쏟아진다. 제8호 법정에서 공판을 열다. 벌써 만원이라고 순사가 소리를 지르며 못 들어가게 하는 것을 어거지쓰고 들어갔다. 최익한(崔益翰) 군이 나를 쳐다보며 빙긋이 웃는다. 군자금 1,600원 모집해 주었다는 것을 강도범(强盜犯), 경찰범(警察犯)으로 몰아서 징역 8년이라고 검사가 말한다. 익한 군의 말대답이며 변호사 김병로(金炳魯)의 변론이 다 바르고 분명하다. 그러나 어떻게 판결할는지 오는 7월 1일에 다시 공판을 연다니, 그 때 보자. 쓸쓸한 판사의 얼굴은 아무리 보아도 따뜻한 정이 없는 듯, 맨 뒤에 익한 군의 하고자 하는 말을 마구 바사뜨린다. 간수는 곧 대들어 손목에 수갑을 채우고 머리에 용수를 씌우고 노로 허리를 묶어 가지고 나간다.

6 이 글과 같은 글의 필수 요소가 아닌 것은?

① 사건   ② 본문

③ 갈등   ④ 날짜

7 다음 중 시대적 배경을 알 수 있게 해주는 것끼리 묶인 것은?

① 용수, 변호사   ② 공판, 재판소

③ 강도범, 법정   ④ 순사, 군자금

8 다음 글의 ㉠과 ㉡의 차이가 생겨나는 원인은?

> 한 줄기 퍼부을 듯 하늘이 끄무레하면 그 하늘을 형용해서 ㉠'아침 굶은 시어머니 같다.'고 한다. 이런 하늘을 두고 ㉡'폼페이 최후의 날 같다.'고 형용하는 서구 사람들에 비겨 통찰을 요구하는 형용임을 알 수가 있겠다. 화산재에 뒤덮인 폼페이 최후의 하늘은 우중충하기에 그것은 통찰이 필요 없는 일차원적인 비유다. 그러나 아침 굶은 시어미 얼굴을 하늘색에 비기기에는 3차원적인 육감의 작용 없이 불가능하다. 은폐가 심하기에 통찰도 발달했다. 우리 한국의 가정이나, 직장이나, 사회는 이 말없는 통찰의 의사소통이 말로 하는 의사소통의 분량보다 한결 많다는 점에서 특수성을 찾아볼 수가 있다.
>
> 우중충한 그 하늘에서 비가 내리기 시작했다. 지금 며느리는 아이에게 젖을 물린 채 다림질을 하고 있다. 방에 있던 시어머니가 말을 건네 온다.
>
> "아가, 할미가 업어 줄까?"
>
> 이 말은 할미가 젖을 빠는 손자에게 하는 말이 아니라 비가 뿌리는 밖에 널려 있는 빨래를 빨리 거둬들이라는, 시어머니가 며느리에게 하는 분부인 것이다. 며느리는 그 말을 통찰력으로 알아듣고 빨래를 거둬들인다.

① 내면 심리가 다르다.

② 발화의 의도가 다르다.

③ 문화적인 배경이 다르다.

④ 대상과의 친밀도가 다르다.

▌9~10▐ 다음 글을 읽고 물음에 답하시오.

수필은 청자(靑瓷) 연적(硯滴)이다. 수필은 난(蘭)이요, 학(鶴)이요, 청초(淸楚)하고 몸맵시 날렵한 여인이다. 수필은 그 여인이 걸어가는 숲 속으로 난 평탄하고 고요한 길이다. 수필은 가로수 늘어진 포도(道)가 될 수도 있다. ㉠그 길은 깨끗하고 사람이 적게 다니는 주택가에 있다.

수필은 청춘의 글은 아니요, 중년 고개를 넘어선 완숙한 사람의 글이며, 정열이나 심오한 지성을 내포한 문학이 아니요 그저 수필가가 쓴 단순한 글이다.

수필은 흥미를 주지마는 읽는 사람을 흥분시키지 아니한다. 수필은 마음의 산책(散策)이다. 그 속에는 인생의 향취와 여운이 숨어 있는 것이다.

수필의 빛깔은 황홀 찬란하거나 진하지 아니하며, 검거나 희지 않고, 퇴락하여 추하지 않고, 언제나 온아(溫雅)하며 우미(優美)하다. 수필의 빛은 비둘기빛이거나 진주빛이다. 수필이 비단이라면 번쩍거리지 않는 바탕에 약간의 무늬가 있는 것이다. 그 무늬는 읽는 사람의 얼굴에 미소를 띠게 한다.

9 ㉠의 의미로 가장 적절한 것은?

① 수필은 모든 것을 소재로 삼을 수 있다.
② 수필은 특별한 형식을 필요로 하지 않는 글이다.
③ 수필은 가치 있는 일상 체험을 소재로 삼는다.
④ 수필은 자기의 내면을 드러내는 고백적 성격이 강하다.

10 다음 중 화자가 수필의 속성으로 강조한 바가 아닌 것은?

① 고아함   ② 그윽함
③ 산뜻함   ④ 화려함

정답및해설

1	③	2	①	3	②	4	③	5	②
6	③	7	④	8	③	9	③	10	④

▌1~2▐

이희승의 「딸깍발이」 … 강직한 의기를 신조로 하였던 '딸깍발이'의 삶을 통해 지나치게 이해 타산적인 우리 현대인들의 반성을 촉구하고, 나아가 그들의 선비 정신을 배울 것을 주장한 교훈적이고 사회적인 내용을 담고 있는 수필이다.

1 '딸깍발이'가 겨우살이를 하는 모습은 해학적이고, 그의 독백은 기지가 넘친다.

2 (나)의 '겨워'는 '철이나 때가 기울거나 늦다.'라는 의미로 ①의 '겨워'의 의미와 유사하다.
② 정도에 지나쳐 감당하기 힘들다.
③④ 어떤 감정이나 기분에 흠뻑 젖어 있다.

▌3~5▐

정비석의 「산정무한」
㉠ 갈래 : 기행 수필, 경수필
㉡ 주제 : 금강산 기행에서 느낀 무한한 산정(山情)
㉢ 성격 : 낭만적, 서정적, 감상적, 회고적
㉣ 문체 : 화려체, 만연체, 우유체
㉤ 표현상의 특징
• 금강산의 절경을 참신하면서도 감각적으로 묘사하고 있다.
• 섬세한 표현과 탄력적인 문장으로 서경과 서정을 잘 조화시켰다.
• 운문을 차용하여 산문의 단조로움을 탈피하고 정서적 공감을 확장시켰다.
• 다양한 표현 기법을 사용한 화려한 필치, 참신한 비유와 독창적인 어휘 구사가 돋보인다.
㉥ 작자 : 정비석(1911~1991) – 시인, 소설가, 수필가. 시로 먼저 등단한 후, 단편 소설 「졸곡제(卒哭祭)」와 「성황당(城隍堂)」으로 다시 등단하였다. 작품에 「애증도(愛憎道)」, 「저기압(低氣壓)」 등이 있다.

3 ② 반어적 표현은 사용되지 않았다.

4 ㉠은 사람이 아닌 사물에 인격을 부여하여 사람처럼 표현하는 의인법이 사용되었다.
① 직유법 ② 은유법 ③ 의인법 ④ 직유법

5 ② 황천 계곡의 단풍에 대한 글쓴이의 감상이 비유와 시각적 이미지를 통해 대비적으로 제시되고 있을 뿐, 자신의 정서를 이에 기대어 표현하고 있지는 않다.

6~7

이병기의 「가람 일기」
㉠ 갈래 : 수필(일기)
㉡ 주제 : 식민지 시대를 살아가는 지식인의 일상사
㉢ 성격 : 체험적, 사실적, 반성적
㉣ 특징 : 40년이 넘는 긴 세월 동안 쓴 일기 중 1920년대 초의 몇 편으로, 일상생활의 간결한 기록 사이에 힘겨운 시대를 살아가는 한 지식인의 고뇌에 찬 모습을 알 수 있다.

6 일기문의 필수 요소에 갈등은 포함되지 않는다.

7 「가람 일기」의 시대적 배경은 일제 강점기이다.

8 같은 현상을 두고 다르게 표현한 것은 두 집단 사이에 문화적인 배경의 차이가 존재하기 때문이다.
   ※ 이규태의 「헛기침으로 백 마디 말을 한다」
      ㉠ 갈래 : 중수필
      ㉡ 주제 : 우리말이 지닌 통찰의 의사소통의 특수성을 이해해야 한다.
      ㉢ 성격 : 예증적, 분석적
      ㉣ 특징 : 우리와 서양의 의사소통 문화가 다르다는 것을, 예를 들어 쉽고 설득력 있게 논증하고 있다.

9~10

피천득의 「수필」
㉠ 갈래 : 수필
㉡ 주제 : 수필의 본질과 특성
㉢ 성격 : 주관적, 비유적, 설득적, 서정적
㉣ 문체 : 간결체, 우유체
㉤ 특징 : 수필이라는 문학 장르에 대한 개념적 지식을 비유적 언어로 친절하게 서술하고 있다.

9 수필의 소재는 일상 체험에서 얻을 수 있지만 그 체험은 특수하고 가치 있는 것이라야 한다.

10 ④ '수필의 빛깔은 황홀 찬란하거나 진하지 아니하며~'에서 알 수 있듯이 수필은 화려하진 않지만 은은한 매력을 가진 글임을 알 수 있다.

05 희곡 · 시나리오 · 비평

section 1 희곡

(1) 희곡의 정의

무대에서 배우가 공연하는 것을 목적으로 한 연극의 대본으로 산문 문학의 한 갈래이면서 동시에 연극의 한 요소가 된다.

(2) 희곡의 특징

① **무대 상연의 문학** … 희곡은 무대 상연을 전제로 한 문학, 즉 연극의 각본이다.

② **행동의 문학** … 희곡에서의 행동은 압축과 생략, 집중과 통일이 이루어져야 하며, 배우의 연기에 의해 무대에서 직접 형상화된다.

③ **대사의 문학** … 소설에서는 마음껏 묘사와 설명을 할 수 있지만, 희곡에서는 오직 극중 인물의 대사와 행동만으로 이루어진다.

④ 현재화된 인생을 보여 주는 문학이다.

⑤ 내용이 막(幕, act)과 장(場, scene)으로 구분되는 문학이다.

⑥ 시간적 · 공간적 제약을 받는 문학이다.

⑦ 의지의 대립 · 갈등을 본질로 하는 문학이다.

(3) 희곡의 형식적 구성 요소

① **해설** … 희곡의 첫머리 부분으로 막이 오르기 전후에 필요한 무대 장치, 인물, 배경(시간적, 공간적) 등을 설명하는 글을 말한다.

② **지문** … 배경, 효과, 조명, 등장인물의 행동, 표정, 심리 등을 지시하고 설명하는 글로 '바탕글'이라고도 하며 현재형으로 쓴다.

③ **대사** … 등장인물이 하는 말로 모든 극적인 주제와 사건은 대사를 바탕으로 이루어진다.

기출문제

(4) 희곡의 구성(plot)

① 희곡의 형식적 구분 단위

㉠ 장(場, scene) : 막의 하위 단위이며 희곡의 기본 단위이다. 전체 가운데 한 독립된 장면으로, 하나의 막 가운데에서 어떤 하나의 배경으로 진행되는 장면의 구분이다.

㉡ 막(幕, act) : 몇 개의 장으로 이루어지며, 휘장을 올리고 내리는 것으로 생기는 구분이다. 연극 및 희곡의 길이와 행동을 구분하는 개념이 된다.

② 희곡의 구성 유형

㉠ 3분법(3막극) : 발단 → 상승(전개·위기) → 해결(결말)

㉡ 4분법(4막극) : 발단 → 전개 → 전환(위기·절정) → 결말

㉢ 5분법(5막극) : 발단 → 상승(전개) → 절정(위기) → 하강(반전) → 결말(대단원)

전통적인 것은 호라티우스의 5막 구성이지만 19세기에 와서는 입센과 체홉의 영향을 받아 4막이 주류를 이루었으며, 현대에는 3막 형식이 대부분이다.

Point 팁 희곡의 삼일치(三一致)의 법칙 … 아리스토텔레스의 「시학(詩學)」에서 비롯된 법칙(고전극의 법칙)이다.

㉠ 시간의 통일(unity of time) : 모든 사건은 하루(24시간)를 넘어서는 안 된다는 제한

㉡ 장소의 통일(unity of place) : 모든 사건은 한 장소에서 이루어져야 한다는 제한

㉢ 행동의 통일(unity of action) : 일정한 주제와 줄거리 안에서 필연적 관계를 가지도록 통일되어야 한다는 제한

(5) 희곡의 갈래

① 내용에 따른 갈래

㉠ 희극(喜劇, comedy) : 인생의 즐거운 면을 내용으로 하는 희곡으로, 기지, 풍자, 해학의 수법으로 세태를 표현하는 골계미(滑稽美)가 있다. 지적이며 행복한 결말을 맺는다.
예 몰리에르의 「수전노」, 셰익스피어의 「말괄량이 길들이기」

㉡ 비극(悲劇, tragedy) : 인생의 불행한 면을 내용으로 하는 희곡으로 처음부터 비극을 예감하게 하는 비극적 성격자를 주인공으로 하여 불행하게 끝맺는다.
예 소포클레스의 「오이디프스왕」, 셰익스피어의 「햄릿」·「리어왕」·「맥베드」·「오델로」, 아더 밀러의 「세일즈맨의 죽음」

㉢ 희비극(喜悲劇, tragicomedy) : 비극과 희극이 합쳐진 극으로 대체로 처음에는 비극적으로 전개되나 작품의 전환점에 이르러 희극적인 상태로 전환되는 것이 많다.
예 셰익스피어의 「베니스의 상인」

② 장·막에 따른 갈래

㉠ 단막극 : 1막으로 끝나는 희곡

㉡ 장막극 : 2막 이상으로 끝나는 희곡

③ 창작 의도에 따른 갈래

    ㉠ 창작 희곡(original drama) : 무대 상연을 목적으로 창작한 희곡이다.

    ㉡ 각색 희곡 : 소설, 시나리오 등을 기초로 각색한 희곡이다.

    ㉢ 레제드라마(lese drama) : 무대 상연을 목적으로 하지 않고, 읽히기 위한 목적으로 쓴 희곡이다.

(6) 희곡과 소설의 비교

구분	희곡	소설
공통점	• 허구적인 사건을 통해 자아와 세계의 갈등을 다룸 • 플롯의 전개(일정한 사건을 다룸) • 대화의 사용, 배경 설정 등	
차이점	객관적인 문학 양식	객관과 주관을 겸한 문학 양식
	시간적 · 공간적 제약이 있음	자유로운 사건 전개
	등장인물의 수가 제한되고 인물의 성격적 대립이 뚜렷함	인물의 수나 성격에 제한이 없음
	관객의 육체적 · 정신적 지속력과 흥미의 연속성에 제한을 받음	길이에 제한이 없음
	대화, 즉 대사에 의한 문학	서술, 묘사 및 대화로 표현
	현재 시제를 씀	시제의 제한이 없음
	읽고 감상하는 측면도 있으나 말과 동작으로 보여 주기 위한 문학	작가가 사건을 이야기로 꾸며 독자로 하여금 읽게 하기 위한 문학

section 2 시나리오

(1) 시나리오의 정의

영화로 상연할 것을 목적으로 작가가 상상한 이야기를 장면의 차례, 배우의 대사, 동작, 배경, 카메라의 작동, 화면 연결 등을 지시하는 형식으로 쓴 영화의 대본이다.

(2) 시나리오의 특징

① 화면에 의하여 표현되므로 촬영을 고려해야 하고, 특수한 시나리오 용어가 사용된다.

② 주로 대사로 표현된다.

③ 시간적 · 공간적 배경의 제한을 적게 받는다.

④ 등장인물의 수에 제한을 받지 않는다.

기출문제

🔑 〈보기〉에 대한 설명으로 가장 옳은 것은?

▶ 2018. 3. 24. 제1회 서울특별시

〈보기〉

감독관 : 원고! 원고!
교수 : (일어나며) 네, 곧 됩니다. 또 독촉이군.
감독관 : (책상 쪽을 가리키며) 원고! 원고!
교수, 소파 한구석에 있던 가방을 집어 갖고서 황급히 책상에가 앉는다. 가방에서 원고를 끄집어내고 책을 펼친다.
감독관 : 원고! 원고!
이윽고 교수는 번역을 시작한다. 감독관이 창문을 닫고 사라진다. 처가 들어온다. 큰 자루를 손에 들고 있다.
처 : 어머나! 그렇게 벌거벗고 계시면 어떡해요.
막대기에 감긴 철쇄를 줄줄 끌어다 교수의 허리에 감아 준다.

① 전통적인 사실주의 극문학이다.
② 반공주의적인 목적극의 대본이다.
③ 근대극이 뿌리를 내린 시기에 창작되었다.
④ 사회 현실을 풍자한 부조리극이다.

Tip 〈보기〉는 이근삼의 희곡인 「원고지」(1960)이다. 이 작품은 반복되는 일상 속에서 진정한 삶의 의미를 망각하고 방향감각과 도덕적 판단을 상실한 채 일상에 매몰되어 살아가는 현대인의 모습을 풍자한 부조리극이다.

정답 ④

기출문제

⑤ 시퀀스(sequence)나 화면(cut)과 장면(scene)을 단위로 한다.

⑥ 직접적인 심리 묘사가 불가능하고, 장면과 대상에 의하여 간접적으로 묘사된다.

(3) 시나리오의 표현 요소

① **장면 지정** … 장면(scene) 번호가 붙는다. 사건의 배경이 되는 장면이 설정된다.

② **대사** … 등장인물 간의 대화를 말한다.

③ **지문** … 여러 가지 촬영 방법과 영화의 상황을 지시하는 것으로 약정된 부호를 사용해야 한다.

(4) 시나리오의 갈래

① **창작(original) 시나리오** … 작가의 상상에 의해 새로 지은 시나리오를 말한다.

② **각색(脚色) 시나리오** … 소설, 희곡, 수기, 실화 등을 시나리오 형식으로 고친 것을 말한다.

③ **레제(lese) 시나리오** … 오로지 문학 작품으로서 감상시킬 목적으로 창작한 시나리오를 말한다.

(5) 희곡과 시나리오의 비교

구분	희곡	시나리오
공통점	• 사건을 대사와 지문으로 전개한다. • 다른 예술을 위한 대본이다. • 직접적인 심리 묘사가 불가능하다.	
차이점	연극의 대본	영화의 대본
	무대에서 상연	스크린을 통해 상영
	막과 장이 단위	신과 시퀀스가 단위
	행위 예술로 입체적임	영상 예술로 평면적임
	문학적 독자성이 강함	문학적 독자성이 약함
	등장인물 수의 제약	등장인물 수의 제약이 없음
	초점화된 행동, 집약적	확산된 행동, 유동미

(6) 시나리오의 용어

① S#(scene number) … 장면 번호

② shot … 하나하나의 짧은 장면으로 카메라의 회전을 중단하지 않고 촬영한 이어진 필름

③ NAR(narration) … 해설

기출문제

④ M.(music) ··· 효과 음악

⑤ E.(effect) ··· 효과음

⑥ O.L.(over lap) ··· 한 장면 위에 다음 장면이 겹치면서 장면이 전환되는 것

⑦ F.I.(fade in) ··· 어두운 화면이 점점 밝아지는 것

⑧ F.O.(fade out) ··· 밝은 화면이 점점 어두워지는 것

⑨ C.U.(close up) ··· 어떤 인물이나 장면을 크게 확대하여 찍는 것

⑩ D.E.(double exposure) ··· 하나의 화면에 다른 화면이 겹쳐서 이루어지는, 이중 노출법에 의한 합성 화면

⑪ W.O.(wipe out) ··· 한 화면의 일부가 닦아내는 듯이 없어지면서 다른 화면이 나타나는 수법

⑫ PAN(panning) ··· 카메라를 상하 좌우로 이동하는 것

⑬ conti(continuity) ··· 시나리오를 기초로 하여 영화감독이 만든 촬영 대본으로, 장면마다 카메라의 위치, 각도, 거리, 배우의 연기, 효과 등을 적어놓는다.

section 3 비평

(1) 비평의 정의

사회, 문화, 정치, 경제, 예술, 학술 및 그 외의 인생 전반에 걸쳐서 작가의 비평적인 견해를 논리적으로 체계를 세워 진술한 글이다.

(2) 비평의 3단계

① 감상의 단계 ··· 작품 이해

② 해석의 단계 ··· 작품의 의미 구조와 작품의 외적인 요소

③ 평가의 단계 ··· 미적 의미 부여

(3) 비평의 종류

① 외재적(外在的) 방법 ··· 그 작품이 쓰인 역사나 사회, 작가의 경향, 작품에 나타난 도덕 · 철학 등을 중심으로 비평하는 것을 말한다(표현론, 모방론, 효용론).
 예 역사주의 비평, 심리주의 비평, 신화 비평, 사회 · 윤리적 비평

② 내재적(內在的) 방법 ··· 오로지 그 작품 자체만 가지고 하는 비평으로, 작품을 구성하고 있는 언어, 구조, 이미지, 운율, 행, 연 등을 중심으로 하는 비평을 말한다(절대론).
 예 형식주의 비평(신비평)

1 다음 중 소설과 비교한 희곡의 특징으로 옳지 않은 것은?

① 서술자의 개입이 없다.

② 등장인물의 수에 제한을 받는다.

③ 표현은 주로 대사로만 이루어진다.

④ 인물에 대한 직접적인 심리 분석이 가능하다.

2 다음 중 희곡에서 대사가 지닌 기능이 아닌 것은?

① 사건을 서술한다.

② 갈등을 표현한다.

③ 극의 분위기를 형성한다.

④ 인물의 성격을 부각시킨다.

3 다음 중 시나리오에서 쓰이는 용어가 잘못된 것은?

① O.L. – 두 가지의 화면이 겹쳐지는 것

② PAN – 카메라를 상하 좌우로 이동하는 것

③ F.O. – 어두운 화면이 점점 밝아지는 것

④ C.U. – 어떤 인물이나 장면을 크게 확대하여 찍는 것

4 다음 중 밑줄 친 부분이 희곡에서 하는 기능으로 옳지 않은 것은?

다 : 뭘 망설이시죠?

촌장 : 아냐. 아무 것두……난 아직 안심이 안 돼서 그래. <u>(온화한 얼굴에서 혀가 낼름 나왔다가 들어간다.)</u> 지금 사람들은 도끼까지 들구 온다잖니? 망루를 부순 다음엔 속은 것에 더욱 화를 낼 거야! 아마 날 죽이려구 덤빌지도 몰라. 아니 꼭 그럴 거다. 그럼 뭐냐? 지금까진 이리에게 물려 죽은 사람은 단 한 명도 없었는데, 흰구름의 첫날 살인이 벌어진다.

① 배경을 제시한다.

② 인물의 표정을 나타낸다.

③ 갈등을 표출시킨다.

④ 음향이나 효과를 지시한다.

5 다음 비평의 종류 중 내재적 방법에 속하는 것은?

① 신비평

② 신화 비평

③ 역사주의 비평

④ 심리주의적 비평

┃6~7┃ 다음 글을 읽고 물음에 답하시오.

맹 노인 : 엑기! 불측불효한 무리들! 무슨 대꾸가 그리 수다스러우냐. 이제나 저제나 경각에 있는 늙은것에게 돈으로 사서 바치는 경사도 아니어늘 ……. 그래도 냉큼 서두르지를 못할까?

맹 진사 : 참봉! (하고 내닫는다.)

　　　　 (맹효원, 한씨, 근친 갑, 을, 잠깐 구수)

맹 진사 : (실심해 등장)

김명정 : 허 …… 사둔님?

맹 진사 : (껑충 놀라뛰며) 네, 네?

김명정 : 거참 이상합니다. 여태 그냥들 계시니 아니 뭐가 또 생겼습니까?

맹 진사 : 네? 아니올시다. 뭐가 생기긴요. 저 ……, 신부가 갑재기 가슴아리가 아니 치통이 나설랑 …….

김명정 : 거, 더욱이나 이상합니다. 아까는 조부님께서 참례하시기를 기다리신다드니만 …….

맹 진사 : 네, 네, 아까는 아버님 때문에 …….

김명정 : 그런데, 이번엔 또 신부께서 갑자기 치통이시라뇨?

맹 진사 : 네, 별안간에, 별안간에 …….

김명정 : 사둔님, 정말이신가요?

맹 진사 : 네, 아 그럼요, 사둔님께서도 …….

김명정 : 헛헛헛! 혹 노새를 기다리기에 지치신 사둔님 자신의 병환이나 아니신지요?

맹 진사 : 노새?

김명정 : 사둔님! 혼인의 의식이란 자고로 엄숙한 것이며 인륜의 대사입니다 혹시 신랑이 불만이시다면 모든 것을 없던 것으로 하고 물러가겠습니다.

맹 진사 : 어이구, 아니올시다. 그런 거 아니에요. (이때 실심해 돌아오는 참봉을 좇아간다.) 참봉!

참봉 : …….

맹 진사 : 참봉!

참봉 : 네!

맹 노인 : 신부 데려 내오게. 내 마지막 경사인 이 초롓랑 내 손으로 올려야겠다. 오냐, 너희들도 그걸 바랬든 모양이지? 에이, 그렇다구 진작 말을 해야잖느냐. 자 참봉.

참봉 : (비명) 어유, 진사님.

6 이와 같은 갈래의 문학이 갖는 특성으로 옳은 것은?

① 서술자가 인물과 사건을 제시한다.

② 작중 인물이 직접 행동으로 보여 준다.

③ 개인적 체험과 사색을 독자에게 고백하는 형식이다.

④ 역사적 기록을 토대로, 과거 서술형 어미를 사용한다.

7 이 글에 대한 설명으로 옳지 않은 것은?

① 전래 민담인 「뱀신랑 설화」와 소재면에서 유사하다.

② 인간의 거짓됨과 진실을 대비시켜 미묘한 심리 세계를 파헤치고 있다.

③ 권력 지향적인 인물들의 허욕과 위선적 행동을 해학과 풍자를 통해 형상화하고 있다.

④ 세속적 욕망을 위해 수단과 방법을 가리지 않는 인물의 비극적 종말을 그린 비극이다.

8 다음 ㉠의 상황에서 사용할 수 있는 효과로 가장 적절한 것은?

> S#30. 골목길(밤)
>
> 남자와 여자가 벤치에 앉아 대화를 나누고 있다.
>
> 남자 : 우리 처음 만났을 때 기억해?
>
> 여자 : (남자를 바라보며 웃으면서) 당연하지. 너 그때 입고 있었던 파란색 촌스러운 셔츠 얼마나 웃겼는데.
>
> ㉠ 두 사람, 하늘을 바라본다.
>
> (과거 회상)
>
> 남자 : 안녕하세요? 이몽룡입니다.
>
> 여자 : 아, 안녕하세요. 성춘향이에요.

① NAR

② C.U.

③ O.L.

④ conti

9 다음 글의 시대적 배경과 가장 밀접하게 관련되는 것은?

명서의 처 : (소리만) 후어! 저 놈의 닭들 좀 봐라! 후어! 에그 속상해.

명서의 아내, 왼쪽 입구에서 등장. 호미와 바구니를 든 것을 보면 그가 밭에서 일하고 오는 것이 분명하다. 나이에 비하여 아직 기력이 좋아서 능히 자기의 노동을 담당하는 것이다.

명서의 처 : (들어서면서) 아이, 세상이 약으니까, 닭들꺼정 약아서 사람의 소리를 겁을 내야지. (금녀에게) 이년아, 넌 집에 있으문서 닭두 좀 못 쫓나?
금녀 : 집에 있으문 누가 노우? 어머니두 참, 밭이나 다 매고 왔우?
명서의 처 : (몸의 흙을 떨면서) 아랫밭만 맸지. (남편을 보고) 당신은 그걸 여태 들구 앉았우? 오늘두 끝을 못 내구……. 아이구, 편지 한 장에 며칠이 걸린단 말유?
명서 : …….
명서의 처 : 그렇게 천장만 쳐다보구, 눈만 까무락거리문 뭣이 나오우? 얼른 써유. 삼조가 곧 올 텐데. 일본 간다구. 금녀야, 내 없는 동안에 삼조가 혹 왔다 가진 않았니?
금녀 : 아뉴, 아직.
명서의 처 : 아까 밭에서 보니까 벌써 보퉁이를 들구 나가더라던데. (남편에게) 그애더러 금년에는 꼭 나오라구 그러쥬. 그리구 나올 때는 돈 좀 가지구 나오구. 그렇게 썼우?
명서 : 왜 이 수선야? 정신 헷갈리게.
명서의 처 : 돈이 있어야 사람이 좀 허리를 펼 게 아뉴?
명서 : 편지라는 건 그리 쉽게 되는 게 아니어.
명서의 처 : 대관절 이 편지를 들구 앉은 지가 오늘이 며칠이우?

① 인물의 행동 ② 인물의 이름
③ 방언의 사용 ④ 궁핍한 생활상

10 다음 중 밑줄 친 ㉠과 유사한 사례는?

> 다 : 촌장님은 이리가 무섭지 않으세요?
>
> 촌장 : 없는 걸 왜 무서워하겠니?
>
> 다 : 촌장님도 아시는군요?
>
> 촌장 : 난 알고 있지.
>
> 다 : 아셨으면서 왜 숨기셨죠? 모든 사람들에게, 저 덫을 보러 간 파수꾼에게, 왜 말하지 않는 거예요?
>
> 촌장 : 말해 주지 않는 것이 더 좋기 때문이다.
>
> 다 : 거짓말 마세요, 촌장님! 일생을 이 쓸쓸한 곳에서 보내는 것이 더 좋아요? 사람들도 그렇죠! '이리 떼가 몰려온다.'이 헛된 두려움에 시달리는데 그게 더 좋아요?
>
> 촌장 : ㉠애야, 이리 떼는 처음부터 없었다. 없는 걸 좀 두려워한다는 것이 뭐가 그렇게 나쁘다는 거냐? 지금까지 단 한 사람도 이리에게 물리지 않았단다. 마을은 늘 안전했어. 그리고 사람들은 이리 떼에 대항하기 위해서 단결했다. 그들은 질서를 만든 거야. 질서, 그게 뭔지 넌 알기나 하니? 모를 거야, 너는. 그건 마을을 지켜 주는 거란다. 물론 저 충직한 파수꾼에겐 미안해. 수 천 개의 쓸모없는 덫들을 보살피고 양철북을 요란하게 두들겼다. 허나 말이다. 그의 일생이 그저 헛되다고만 할 순 없어. 그는 모든 사람들을 위해 고귀하게 희생한 거야. 난 네가 이러한 것들을 이해해 주기 바란다. 만약 네가 새벽에 보았다는 구름만을 고집한다면, 이런 것들은 모두 허사가 된다. 저 파수꾼은 늙도록 헛북이나 친 것이 되구, 마을의 질서는 무너져 버린다. 애야, 넌 이렇게 모든 걸 헛되게 하고 싶진 않겠지?

① 회사의 경영 실적이 나아졌음에도 불구하고 이를 숨기고 노동자에게 고통 분담만을 강요하는 경영주
② 자신의 판단 착오로 회사에 손해를 끼쳤음에도 이를 하급 직원의 탓으로 돌리는 상사
③ 선거 직전에 타 정당에 대한 비판적 자세를 옹호적 자세로 바꾸는 정치인
④ 무죄를 주장하는 용의자에게 형량을 경감해 줄 테니 자백하라고 회유하는 형사

정답및해설

1	④	2	①	3	③	4	③	5	①
6	③	7	④	8	③	9	④	10	①

1 ④ 희곡은 대사와 행동을 통해 인물의 심리가 간접적으로 드러나지만, 소설은 세세한 심리 분석과 내면 탐구가 가능하다.

2 ① 희곡에서 대사는 사건을 전개시키는 기능을 한다.
   ※ 대사의 기능
   ㉠ 사건을 진행시킨다.
   ㉡ 인물의 생각, 성격, 사건의 상황을 드러낸다.
   ㉢ 사건의 분위기를 형성한다.
   ㉣ 주제를 제시한다.

3 ③ F.O.는 밝은 화면이 점점 어두워지는 것이며, 어두운 화면이 점점 밝아지는 것을 가리키는 용어는 F.I.이다.

4 ③ 극 중 인물의 갈등을 표출시키며 사건을 진행시키는 것은 대사이다.

5 비평의 내재적(內在的) 방법은 오로지 그 작품 자체만 가지고 하는 비평(절대론)으로, 작품을 구성하고 있는 언어, 구조, 이미지, 운율, 행, 연 등을 중심으로 하는 비평을 말한다. 형식주의 비평(신비평)이 여기에 속한다.
②③④ 외재적 방법

┃6~7┃

오영진의 「맹 진사 댁 경사」 … 전래 민담인 「뱀신랑 설화」를 바탕으로 인간의 허욕과 권력 지향성 등을 해학적으로 풍자, 비판한 희극이다. 권선징악적 주제를 가지고 있으며, 정(正)과 사(邪)의 대결에서 정이 이긴다는 점에서 민담의 구조를 취하고 있다.

6 ② 「맹 진사 댁 경사」는 희곡으로 '행동의 학'을 그 특성으로 한다.

7 ④ 제시된 글은 권선징악적 주제를 가지고 있는 희극(喜劇)이다.

8 시나리오 용어
   ③ O.L.(over lap) : 한 장면 위에 다음 장면이 겹치면서 전환되는 것
   ① NAR(narration) : 해설
   ② C.U.(close up) : 어떤 인물이나 장면을 크게 확대하여 찍는 것
   ④ conti(continuity) : 시나리오를 기초로 영화 감독이 만든 촬영대본

9 제시된 유치진의 「토막」의 배경은 1920년대 어느 농촌 마을로, 이 작품은 1920년대 궁핍한 한국 농촌의 현실을 묘사한 사실주의적 희곡의 전형으로 꼽힌다.

　　※ 유치진의 「토막」

　　　ㄱ 갈래 : 희곡(사회 문제극, 비극, 장막극, 사실극)

　　　ㄴ 주제 : 일제의 악랄한 수탈 속에서 황폐해져 가는 한국의 참담한 현실

　　　ㄷ 성격 : 현실 고발적, 비판적, 사실적

　　　ㄹ 배경 : 1920년대 어느 빈한한 농촌 마을

　　　ㅁ 특징 : 일제 강점기인 1920년대를 시대적 배경으로 하여 일본의 수탈과 가혹한 통치 아래 파멸되어 가는 민족의 현실을 그리고 있는 작품이다.

10 ① ㉠은 사회적 위기를 조장하거나 과장하고 거기에 대비한다는 이유로 지배층이 구성원의 기본권을 제약하는 사례이다.

　　※ 이강백의 「파수꾼」

　　　ㄱ 갈래 : 희곡, 단막극

　　　ㄴ 성격 : 교훈적, 상징적, 우화적

　　　ㄷ 주제 : 진실이 통용되기 어려운 비극적 사회

　　　ㄹ 짜임 : 발단 - 전개 - 위기 - 절정 - 결말

　　　ㅁ 작자 : 이강백(1947 ~), 희곡작가. 1971년 「다섯」으로 등단

06 현대 문학사

section 1 개화기 문학사(1894~1907)

(1) 시대 개관

① 시대적 배경

ㄱ 갑오개혁(1894)에서 국권피탈 이전까지 개화 계몽기의 문학을 일컬으며 개화기 또는 신문학기라고 부르기도 한다.

ㄴ 고전 문학에서 현대 문학으로의 이행이 본격적으로 이루어지는 시기이자 서구 열강의 침입에 맞서 민족 문학으로서의 사명을 다해야만 했던 중요한 시기이다.

② 특징

ㄱ 문어체 문장에서 언문일치에 가까운 문장으로 바뀐다.

ㄴ 자주 정신의 각성으로 개화 계몽 사상이 주류를 이룬다.

ㄷ 시가에서는 창가와 신체시, 산문에서는 신소설과 역사 전기 문학, 개작 번안 소설, 무서명(無署名) 소설이 나타난다.

(2) 개화 가사

① 정의 … 개화기 초기의 시가로 가사의 전통적 형식인 4·4조의 율조에 개화기의 새로운 사상을 담은 노래이다.

② 형성 … 조선 후기의 천주교 가사와 동학 가사인 최제우의 「용담유사」의 영향을 많이 받아 형성되었다.

③ 내용 … 자주 독립과 애국, 신문명 찬양, 부국강병, 국위 선양 등을 내용으로 한다.

④ 주요 작품

작품	작자	연대	발표지	내용
독립가	최병헌	1895	독립신문	독립 찬송
동심가	이중원	1896	독립신문	문명개화
애국가	이용우	1896	독립신문	애국 사상의 고취

(3) 창가(唱歌)

① **정의** … 개화 가사에 기원을 두고 찬송가 및 일본의 영향 아래 새로운 시가 형태를 취한 노래로서 가사에서 신체시로 옮겨 가는 과도기적 시가 형태로 '창가 가사'라고도 한다.

② **형식** … 초기에는 주로 가사체(歌辭體)의 4·4조였고, 후기에 7·5, 8·5, 6·5조 등으로 자유로운 리듬이 나타났다.

③ **내용** … 애국사상, 평등사상, 개화사상, 독립사상, 신교육 사상 등으로 다양하다.

④ **주요 발표지** … 〈독립신문〉, 〈소년〉, 〈청춘〉 등의 신문이나 잡지

⑤ **주요 작품**

작품	작자	연대	발표지	내용
경부철도가	최남선	1904	단행본	경부 철도의 개통을 보고 신문명을 찬양한 노래
한양가	최남선	1905	단행본	서울을 찬양, 애국 사상을 고취
대한 조선	최남선	1908	소년	소년들의 이상과 기개를 노래
태백산가	최남선	1910	소년	태백산을 제재로 민족정기를 노래
세계일주가	최남선	1914	청춘	세계의 역사와 지리를 소개
표모가	미상	미상	창가집	빨래하는 여인을 노래
권학가	미상	미상	창가집	학문 권장

(4) 신체시(新體詩)

① **정의** … 한국의 신문학 초창기에 쓰인 새로운 형태의 시가(詩歌)로 '신시'라고도 한다. 그 전의 창가(唱歌)와 이후의 자유시 사이에 위치하는 것으로, 시조나 가사와는 달리 당대의 속어(俗語)를 사용하고, 서유럽의 근대시나 일본의 신체시의 영향을 받은 한국 근대시의 초기 형태이다.

② **형식** … 3·4조가 기본이 되는 구형을 깨뜨리고 7·5조 또는 3·4·5조의 새로운 형태를 취하고 있다. 자유시에 한 발 다가선 형태이다.

③ **내용** … 개화 의식, 자주 독립과 민족정신, 신교육, 남녀평등 등의 사상을 담고 있는 것이 대부분이다.

④ **의의**
　㉠ 갑오개혁을 분수령으로 하여 그 이전의 시가와 구분하는 뜻에서 부르게 된 것으로, 창가 가사보다 율조면(律調面)에서 자유로운 시의 형태이기는 하나, 완전한 자유시로서의 근대시에는 이르지 못하는 형태를 지녔다.
　㉡ 창가(唱歌) 가사와 근대시의 과도기적 형태이다.

기출문제

창가와 개화 가사의 구분
㉠ 가창성 : 창가가 부르기 위한 목적이라면 개화 가사는 읽기 위한 목적이었다.
㉡ 율격의 변화 : 개화 가사의 4·4조 중심에서 창가의 7·5조로 율격의 변화가 나타난다.

⑤ 주요 작품 … 최남선의 「해에게서 소년에게」(1908 〈소년〉, 최초의 신체시) · 「신대한 소년」(1909) · 「구작 3편」(1909), 이광수의 「우리 영웅」(1910) · 「옥중호걸」 등이 있다.

(5) 신소설(新小說)

① 정의 … 이인직의 「혈의 누」(1906) 이후 개화기에 성행했던 계몽 문학의 하나로 고대 소설과 현대 소설을 잇는 과도기적 소설 양식이다.

② 특징 … 현대 소설적 요소를 보이나, 고대 소설의 요소를 완전히 탈피하지는 못하였다.

③ 주제

  ㉠ 근대적 문명에 대한 동경

  ㉡ 신교육 사상의 고취

  ㉢ 기성 인습에 대한 비판 : 미신 타파, 자유 결혼

  ㉣ 민족의 자주와 독립에 대한 염원

④ 주요 작품

  ㉠ 창작 신소설

- 이인직 : 「혈의 누」(1906), 「모란봉」(1913), 「귀의성」(1906), 「치악산」(1908), 「은세계」(1908)
- 안국선 : 「공진회」, 「금수회의록」(1908)
- 이해조 : 「빈상설」(1908), 「자유종」(1910)
- 최찬식 : 「추월색」(1912), 「안의성」(1912)

  ㉡ 번안 신소설

- 이해조 : 「철세계」(1908)
- 구연학 : 「설중매」(1908)
- 조중환 : 「장한몽」(1913)
- 이상협 : 「해왕성」(1916)

  ㉢ 고대 소설의 개작 : 이해조의 「소양정(昭陽亭)」(1912, 소양정기), 「옥중화(獄中花)」(1912, 춘향전), 「강상련(江上蓮)」(1912, 심청전), 「연(燕)의 각(脚)」(1913, 흥부전), 「토(兎)의 간(肝)」(1916, 별주부전)

신소설의 양면성

㉠ 고대 소설의 잔재 : 사건의 우연성, 문어체, 진행적(순차적) 구성, 평면적 인물

㉡ 현대 소설의 성격 : 허구성, 언문일치 접근, 묘사성, 산문성

⑤ 고대 소설 · 신소설 · 현대 소설의 비교

구분	고대 소설	신소설	현대 소설
주제	권선징악	계몽사상	새 인간형의 탐구 및 창조
구성	순행적 · 일대기적 구성, 행복한 결말	역전적(역순행적), 해피엔딩이 많음	역전적(인과 관계), 다양한 결말
인물	전형적 · 유형적 · 평면적 · 비범한 인간	선구자적	다양한 인간형, 개성적 · 입체적 · 일상적 인간
문체	운문적이며 상투어가 많음. 문어체, 설화체, 담화체, 구송체, 서술체, 설명체, 과장	언문일치의 방향으로 나아감. 묘사체, 산문체	완전한 언문일치, 묘사체, 산문체
사건	비현실적, 전기적, 우연적	현실적, 우연적	진실한 사건, 합리적, 필연적
배경	비현실적, 추상적, 중국이 많음	현실적 장소와 세계	현실적, 구체적, 진실의 세계
체제	주인공의 일대기	한 과제를 다루려 함	사건의 필연적인 전개

(6) 역사 · 전기 소설

① 정의 ··· 당시의 암울한 시대적 분위기를 극복하기 위해 국내외의 역사상의 영웅과 일생을 그린 소설이다.

② 특징

   ㉠ 어려운 상황과 고난을 극복해낸 국가 또는 인물의 기록을 통해 민족의식을 고취하였다.

   ㉡ 소설로서의 허구성, 심미적 요소는 약하지만 친일적 경향을 띠었던 신소설과 달리 민족주의적 저항 문학으로서 구체적 애국 계몽 운동에 기여하였다.

③ 주요 작품 ··· 신채호의 「이순신전」, 「을지문덕」 · 「이태리 건국 삼걸전」, 장지연의 「애국 부인전」 등이 있다.

(7) 창극과 신파극

① 창극 ··· 판소리를 분창(分唱)하여 배역을 나누어서 대화창으로 공연하는 극으로 원각사, 연흥사 등의 극장에서 「춘향가」, 「심청가」, 「은세계」 등이 공연되었다.

② 신파극 ··· 일본 신파극을 국내에 이식한 것으로 재래의 형식과 전통을 깨뜨리고 창극의 테두리를 벗어나서 현대의 세상 풍속과 인정 비화 등을 제재로 한 통속적인 연극이다. 「육혈포강도」, 「장한몽」 등이 인기를 누렸다.

기출문제

(8) 신문

① 개화기 문학의 발표 무대가 되어 문학 발전에 큰 공헌을 하였다.

② **최초의 신문** … 〈한성순보(漢城旬報)〉(1883. 10 ~ 1884)

③ **최초의 본격 월간지** … 〈소년〉(1908)

④ 민간 주도로 만들어진 〈독립신문〉은 민중의 의식을 대변하고 계몽시키는 개화 운동에 앞장섰다.

⑤ 주요 신문

신문	발행인	발행 기간	내용
한성순보	민영목	1883. 10 ~ 1884	최초의 신문, 관보, 통리아문박문국 발행
한성주보	김윤식	1885 ~ 1888	일반인에게 구독 기회 제공
독립신문	서재필 윤치호	1896. 4 ~ 1899. 12	독립 협회 기관지
매일신문	양흥묵	1898. 1 ~ ?	최초의 일간 신문, 민중의 대변지
제국신문	이종일	1898. 8 ~ 1910	대중 및 부녀자 대상
황성신문	남궁억 장지연	1898. 9 ~ 1910	장지연의 「시일야방성대곡」 게재. 항일 애국적 논조
대한매일신보	베델 양기탁	1904. 7 ~ 1910	철저한 항일 운동지. 합방 조선 총독부가 〈매일신보〉로 개명하여 기관지로 이용
만세보	오세창	1906. 6 ~ 1907	이인직의 「혈의 누」 연재

Point 팁 **최초의 민간 신문**〈독립신문〉

㉠ 순 국문을 사용하였다.

㉡ 개화 운동을 적극적으로 전개하였다.

㉢ 민중 의식을 대변하고 애국심을 함양하였다.

㉣ 문학 작품을 발표할 수 있는 공간을 제공하였다.

㉤ 1883년에 간행된 〈한성순보〉가 한문으로 표기되고 정부 기관에 의해 주관된 것에 반해, 순 국문으로 표기된 민간 신문이다.

section 2 1910년대의 문학(1908 ～ 1919)

(1) 시대 개관

① 일제 강점기로서 민족의식이 제고(提高)되던 때로, 신문학의 흐름이 계속되면서 도 서구 문학의 영향을 받아 새로운 기법과 의식을 담은 현대 문학이 출현하였다.

② 민족 계몽 의식을 주제로 한 문학이 등장하였다.

③ 서구 문학의 기법과 의식이 수용되었고, 「태서문예신보」를 통하여 서구 문예 사조가 소개되기 시작하였다.

④ **신체시와 자유시의 등장** … 1908년 최남선의 「해에게서 소년에게」라는 신체시가 등장하였으며, 〈태서문예신보〉에 김억의 「봄은 간다」, 1919년 주요한의 「불놀 이」가 발표되면서 자유시가 등장하게 되었다.

⑤ **현대 소설의 등장** … 1917년 이광수의 장편 소설 「무정(無情)」이 〈매일 신보〉에 연재되면서 본격적인 현대 소설의 문이 열렸다.

⑥ **신극 운동의 전개** … 1908년에 극단 '원각사'의 출현으로 신극 운동이 막을 올린 후 '혁신단', '문수성' 등의 극단이 잇달아 창단되면서 초보적인 신극 운동이 전개 되었다.

⑦ 육당 최남선과 춘원 이광수에 의해 문학 활동이 주도되어 2인 문단 시대라고 한다.

(2) 시

① 특징

　㉠ 김억, 황석우 등이 프랑스의 상징시를 번역·소개하였다.

　㉡ 주요한, 김억 등이 자유시를 창작하여 하나의 시 형태로 정착시켰다.

② **내용** … 계몽성과 비예술성에 의존한 초기의 신체시에서 벗어나 개인의 정서를 주로 읊었다.

김억 「봄은 간다」
① 갈래 : 자유시, 서정시
② 운율 : 각운(3·4조, 4·4조의 형식)
③ 성격 : 상징적, 감상적, 독백적
④ 심상 : 공감각적 심상
⑤ 제재 : 봄밤의 슬픈 감정
⑥ 주제 : 봄의 애상/ 상실한 자의 애상적 정서

③ 주요 작품

작품	작자	연대	발표지	내용
봄은 간다	김억	1919	태서문예신보	봄밤에 느끼는 알 수 없는 상실감을 주제로, 자아의 서정적 의식을 상징과 감각적 심상을 통해 나타낸 작품
불놀이	주요한	1919	창조	최초의 자유시
벽모의 묘	황석우	1920	폐허	탐미적 상징성을 특징으로 함

기출문제

이광수 「무정」
① 갈래 : 장편소설, 계몽소설
② 성격 : 계몽적, 민족주의적, 사실적
③ 시점 : 전지적 작가 시점
④ 배경
　㉠ 시간–일제 강점하의 개화기
　㉡ 공간–서울, 평양, 삼랑진 등
⑤ 주제
　㉠ 자유연애와 민족의식의 고취
　㉡ 세속적 사랑의 계몽적 민족주의로의 승화
　㉢ 민족적 현실의 자각과 새로운 사회에 대한 열망

(3) 소설

① 특징

　㉠ 언문일치에 가깝다.

　㉡ 사건, 인물의 묘사가 사실적이다.

　㉢ 내용상 계몽성(신교육, 자유연애 등)을 띠었다.

② 단편 소설 … 이광수의 「어린 희생」(1910)·「소년의 비애」(1917)·「어린 벗에게」(1917), 현상윤의 「한의 일생」(1914)·「핍박」(1917) 등이 발표되었다.

③ 장편 소설 … 최초의 현대 장편 소설인 「무정」이 〈매일신보〉(1917)에 연재되었다.

(4) 희곡

① 특징

　㉠ 신파극이 주류를 이루었지만, 초보적인 수준의 신극도 등장하였다.

　㉡ 개인의 내면적 갈등을 다룬 작품이 발표되기도 하였다.

② 주요 작품 … 최초의 창작 희곡인 조중환의 「병자 3인」(1912), 윤백남의 「운명」, 이광수의 「규한」 등이 발표되었다.

(5) 주요 발표지

〈소년〉(1908), 〈청춘〉(1914), 〈학지광〉(1914), 〈유심〉(1918), 〈태서문예신보〉(1918)

section 3 1920년대의 문학(1920~1930)

(1) 시대 개관

① 3·1 운동, 좌익 이데올로기의 등장, 본격적인 서구 문예 사조의 유입 등이 문학에 상당한 영향을 끼쳤다.

② 1920년 〈조선일보〉와 〈동아일보〉가 창간되었고, 〈창조〉, 〈백조〉, 〈개벽〉 등 동인지와 종합지가 간행됨으로써 문학의 저변이 확대되었으며, 전문 문학인의 등장으로 문학적 기반이 확립되었다(본격적인 현대 문학이 모색됨).

③ 예술로서의 문학 추구 … 문학을 계몽의 수단으로부터 분리시켜 예술 본연의 문학으로 위상을 정립시켰다. 이 시기의 전반기에는 낭만주의의 경향을 보였으나, 후반기에는 이를 극복하고 현실을 객관적으로 인식하려는 사실주의의 경향을 보였다.

④ **계급 문학의 대두와 국민 문학파의 등장** … 좌익 이데올로기를 바탕으로 '신경향파'가 등장하자, 민족주의에 바탕을 두고 우리의 전통을 계승하고자 하는 '국민 문학파'가 등장하여 '신경향파'를 계승한 '카프'와 대립하였다.

Point 팁 **계급주의 문학과 국민 문학파**

㉠ 계급주의 문학(예맹파, 프로 문학)
- 신경향파(新傾向派) : 1923년 경 낭만주의에 반동하여 사회주의적 사상을 배경으로 나타난 유파로 이들의 작품 내용상 특징은 계급주의 의식, 무산 계급의 문학으로서 빈곤, 반항, 투쟁 등이다. 김기진, 박영희, 최서해, 주요섭 등의 작가가 있으며 주로 〈개벽〉을 중심으로 활동하였다.
- 카프(KAPF, 조선 프롤레타리아 예술가 동맹) : 1925년 신경향파가 조직한 보다 조직적이며 목적성을 갖춘 단체이다. 소위 '예술을 무기로 하여 조선 민족의 계급적 해방을 목적으로 한다.'는 행동 강령을 내세워 전투적인 태세를 갖추었다. 1935년 해산되었으며, 김기진, 박영희, 임화, 백철, 안함광, 조명희, 한설야, 이기영, 권한 등이 참여하였다.

㉡ 국민 문학파 : 계급 문학의 세력에 대항하여 민족주의 문학을 주장하고, 전통을 존중하여 국민적인 공동 의식을 중시하던 문학 활동을 지칭한다. 주요 작가로는 최남선, 이광수, 김동인, 양주동, 이병기, 이은상 등이 있으며 〈조선 문단〉을 중심으로 활동하였다.

(2) 시

① **낭만적·퇴폐적 상징시의 유행** … 3·1 운동의 실패에 따른 좌절과 이 시대에 소개된 낭만주의, 상징주의, 퇴폐주의 등의 영향으로 감상적·퇴폐적 상징시가 유행하였다.

② **신경향파 시의 등장** … 카프 결성 후 박영희, 김기진 등에 의해 시도되었으나, 지나친 사회주의적 이념의 강조로 문학적으로는 실패하였다.

③ **자유시의 확립** … 최초의 자유시인 주요한의 「불놀이」가 〈창조〉의 창간호에 발표된 이후로 활발하게 전개되었다.

④ **민요시 운동** … 홍사용은 민요시를 통해 민족 문학의 현대적 계승을 시도하였고, 이외에 이상화와 김억, 김소월에 의해 시도되었다.

Point 팁 **만해 한용운과 김소월** … 개인적 정서와 민족적 율조를 깊이 있게 결합시켰다.

⑤ **시조 부흥 운동의 전개** … 최남선, 이병기, 정인보, 이은상 등에 의해 현대 시조의 길이 열렸다.

계급주의 시는 매우 거친 언어를 사용한 약점은 있으나, 당대 현실의 문제를 수용하여 시의 영역을 넓혔다는 점에서 문학사적으로 가치가 있다고 평가할 수 있다.

⑥ 주요 작자와 작품

작자	작품 경향	주요 작품
김억	초기의 감상적인 시에서 민요시로 전환	오뇌의 무도(최초의 근대 번역 시집), 해파리의 노래(최초의 근대 개인 시집)
주요한	초기에는 감상적 경향, 후기에는 민요적 경향	빗소리, 불놀이(상징주의 영향)
김소월	전통적 정한의 세계 표출, 〈영대〉 동인	진달래꽃, 산유화, 접동새, 초혼
이상화	초기에 탐미적·관능적 경향의 낭만시, 후기에 민족주의적 저항시를 씀	나의 침실로, 빼앗긴 들에도 봄은 오는가
홍사용	감상적·낭만적·이상적 경향. 〈백조〉 동인	나는 왕이로소이다
박영희	현실 도피적이고 퇴폐적인 감상주의	월광으로 짠 침실
김동환	향토색 짙은 민족 정서를 바탕으로 한 애국적 시를 많이 지음	국경의 밤(최초의 현대 서사시)
한용운	불교적 명상을 통한 자연에의 몰입, 어두운 시대에서도 절망하지 않는 믿음과 종교적 신념을 역설적 구조와 산문시적으로 표현	님의 침묵, 알 수 없어요, 찬송, 나룻배와 행인, 복종

(3) 소설

① 개성의 자각으로 현대 소설이 확립되었다.

  ㉠ 완전한 언문일치가 확립되었다(김동인).

  ㉡ 묘사가 치밀해졌디(치밀한 구성, 인상적 결말 처리).

  ㉢ 사실주의 수법이 등장하였다.

② 단편 소설의 확립 … 김동인, 현진건, 나도향 등에 의해 개성의 자각과 시대의 괴로움을 포착하는 단편 소설이 확립되었다.

③ 계급주의 문학으로 큰 성과를 거두었다.

  ㉠ 소재를 궁핍한 생존 문제에 두고 가진 자와 못 가진 자를 대립시켰다.

  ㉡ 폭력으로 결말을 삼는 경향이 많았다(진정한 계급주의 문학으로 성장하기 위해서는 긴 시간이 필요하였음).

④ 주요 작자와 작품

작자	작품 경향	주요 작품
김동인	현대 단편 소설을 확립에 기여. 이광수의 계몽주의에 대립하여 순수 문학을 주장	감자, 배따라기, 운현궁의 봄
전영택	인도주의적 · 사실주의적 경향	화수분
염상섭	식민지의 암울한 상황에 처한 지식인의 고뇌, 도시 중산층의 일상적인 생활 등을 사실주의 수법으로 표현	표본실의 청개구리, 삼대, 만세전, 두파산
현진건	치밀한 구성과 객관적 묘사로 사실주의적 단편 소설을 씀	빈처, 운수 좋은 날, 불
나도향	낭만적 감상주의, 어두운 농촌 현실을 묘사	뽕, 물레방아, 벙어리 삼룡이
주요섭	초기에는 신경향파 문학에서 출발하여 후기에는 서정적 단편으로 옮겨감	사랑손님과 어머니, 아네모네 마담
최서해	체험을 바탕으로 하층민의 가난을 주요 문제로 다룬 경향 문학의 선구자	탈출기, 기아와 살육, 박돌의 죽음, 홍염

(4) 희곡과 시나리오

① 신극 단체가 결성되고 근대 희곡이 창작되었다.

② 영화의 분립과 시나리오가 창작되었다.

Point 팁 **1923년경부터 본격화** ··· 나운규의 「아리랑」, 심훈의 「먼동이 틀 때」 등의 작품과 「춘향전」, 「운영전」 등의 작품이 각색되었다.

③ '극예술협회', '토월회' 등의 연극 단체가 결성되었다.

④ 주요 작자와 작품

　㉠ **창작 희곡** : 신파극의 단계를 극복한 근대 희곡으로 박승희의 「산 서낭당」 · 「아리랑 고개」, 김우진의 「정오」 · 「산돼지」, 윤백남의 「제야의 종소리」 · 「파멸」 등이 있다.

　㉡ **시나리오** : 나운규의 「아리랑」, 심훈의 「먼동이 틀 때」 등이 있다.

(5) 수필

① 현대 수필의 초창기로서 수필의 형태가 아직 정립되지 못하였다.

② 우리 국토에 대한 애정을 담은 기행 수필이 많았다.

③ 국민 문학파에 의해 주도되었다.

④ **주요 작가와 작품** ··· 민태원의 「청춘 예찬」, 방정환의 「어린이 찬미」, 최남선의 「심춘 순례」 · 「백두산 근참기」, 이광수의 「금강산유기」, 이병기의 「낙화암을 찾는 길에」 등이 있다.

기출문제

※ **극예술협회**
① 일본 유학생이었던 김우진, 조명희 등이 리얼리즘 극 도입을 제창하면서 발족하였다.
② 지성인이 참여한 최초의 신극 운동 단체로 순회 극단을 조직하였다.
③ 신파극 일변도였던 당시의 기성극계에 새로운 연극 운동을 주창하였다.

※ **토월회**
① 박승희, 김기진 등이 중심이 된 현대극 단체였다.
② 다채로운 신극 운동을 전개하여 한국 극예술의 새로운 경지를 개척하였다.
③ 근대극을 정착시키는 데 주도적 역할을 했으며, 번역극을 주로 상연하였다.

기출문제

(6) 비평

① 이광수는 「문학이란 하(何)오」, 「현상소실신고여언」 등을 통해 근대 비평을 형성하였으며 문학을 정적 분자를 포함한 문장으로 정감론을 펼쳤다.

② 탈 계몽주의 … 이광수의 계몽적 교훈주의에 반발한 김동인의 순수 문학 논의는 소설의 자율성을 강조한 것이다.

③ 계급 사상을 강조한 프로 문학계와 문학의 자율성을 강조한 민족주의 계열의 내용·형식 논쟁이 전개되었다. 양주동, 염상섭 등 국민 문학파는 절충론을 내세웠다.

④ 창작 방법론 … 1920년대 말경, 문학의 대중화와 더불어 창작 방법론이 구체적으로 거론되기 시작하였다.

(7) 주요 동인지 및 잡지

잡지	창간 연대	주요 동인	특징
창조	1919	김동인, 주요한, 전영택	최초의 순 문예 동인지. 구어체 문장의 확립. 이광수·최남선의 계몽 문학 배척, 예술적 순수 문학 지향. 소설에서의 사실주의·자연주의 도입, 시에서는 상징주의·낭만주의를 추구. 김동인의 처녀작 「약한 자의 슬픔」, 주요한의 「불놀이」가 실림
개벽	1920	박영희, 김기진	월간 교양 잡지. 천도교에서 발행. 「진달래꽃」, 「빼앗긴 들에도 봄은 오는가」, 「표본실의 청개구리」가 실림
폐허	1920	황석우, 오상순, 염상섭, 김억	퇴폐성 문학의 대표적 동인지. 시 중심의 활동
장미촌	1921	황석우, 변영로, 박종화, 박영희	최초의 시 전문 동인시. 〈폐허〉와 〈백조〉의 교량적 역할을 함
백조	1922	박종화, 현진건, 이상화, 나도향, 홍사용, 박영희	시에서 감상적 낭만주의가 주조를 이루었고, 소설에서는 사실주의 경향을 띰
금성	1923	양주동, 이장희	시 중심 동인지
영대	1924	주요한, 김억, 김소월, 이광수	순 문예지. 〈창조〉의 후신
조선 문단	1924	방인근, 이광수	동인지의 성격을 탈피하고, 추천제를 둔 문예 종합지. 국민 문학파가 활동, 시조 부흥 운동 전개
해외 문학	1927	김진섭, 정인섭, 김광섭, 이하윤	외국 문학에 대한 최초의 본격적인 번역 소개지. 해외 문학파가 활동. 순수 문학의 모태. 극예술 연구회 조직

section 4 1930년대의 문학(1931∼1944)

(1) 시대 개관

① 문학 활동의 기반이 확충되고 예술적 기교가 발달하였다.

② 신문이나 잡지의 수가 늘어나 작품이 발표될 수 있는 지면이 확대되어 활발한 문학 활동이 이루어졌다.

③ 말기에는 일제의 광적인 탄압으로 문학 활동이 크게 위축되었다.

④ **목적 문학의 퇴조와 순수 문학의 발달** … 일제의 좌익 세력에 대한 탄압과 자체의 비판으로 카프(KAPF)가 해산되고 문학의 순수성과 예술성을 지향하는 '시문학파'와 '구인회'의 활동이 활발하였다.

⑤ **현실에 대한 지적 인식을 바탕으로 한 주지적 경향** … 인간의 문제, 생사의 문제, 도시 문명의 모습, 농촌과 도시의 삶 등을 다룬 작품들이 많이 발표되었다.

⑥ **문학적 기교의 성숙** … 문학에 대한 시각이 다양화되고, 서구 문학과 사조(주지주의, 다다이즘)를 수용함으로써 전대의 문학에 비해 한층 성숙된 문학적 기교를 구사하였다.

⑦ **새로운 기법의 등장** … 「날개」의 작가 이상의 초현실주의가 대표적이다. 그리고 현실 비판을 위주로 했던 리얼리즘도 다양해졌는데, 박태원의 「천변 풍경」은 '리얼리즘의 확대와 심화'라는 평가를 받기도 하였다.

(2) 시

① **순수 서정시에의 지향**

　㉠ 〈시문학〉을 중심으로 박용철, 김영랑, 정지용, 정인보, 신석정, 이하윤 등이 카프의 계급주의에 반발하여 순수시를 썼다.

　㉡ 〈구인회〉도 목적 문학에 반대하여 예술성과 문장의 형식미를 중시하였다.

　㉢ 순수시의 특징

　　• 언어의 선택이 매우 엄격하였다.

　　• 영롱한 언어미를 추구하고 세련된 기교를 사용하였다.

　　• 예술 지상주의, 유미주의적 경향을 보인다.

　　• 새로운 공감각적 기법을 사용하였다.

Point 팁 순수시 계열의 동인지 … 〈시문학〉, 〈문예 월간〉, 〈문학〉 등

問 다음은 어떤 소설의 마지막 부분이다. 이 소설에 대한 설명으로 바른 것은?

▶ 2011. 6. 11. 서울특별시

그러나 나는 이 발길이 아내에게로 돌아가야 옳은가 이것만은 분간하기가 좀 어려웠다. 가야하나? 그럼 어디로 가나?

이때 뚜우 하고 정오 사이렌이 울었다. 사람들은 모두 네 활개를 펴고 닭처럼 푸드덕거리는 것 같고 온갖 유리와 강철과 대리석과 지폐와 잉크가 부글부글 끓고 수선을 떨고 하는 것 같은 찰나! 그야말로 현란을 극한 정오다.

나는 불현듯 겨드랑이가 가렵다. 아하, 그것은 내 인공의 날개가 돋았던 자국이다. 오늘은 없는 이 날개. 머릿속에서는 희망과 야심이 말소된 페이지가 딕셔너리 넘어가듯 번뜩였다.

나는 걷던 걸음을 멈추고 그리고 일어나 한 번 이렇게 외쳐보고 싶었다. 날개야 다시 돋아라.

① 작가는 '봉별기', '종생기', '지주회시'를 썼다.
② 1인칭 관찰자 시점을 활용하고 있다.
③ 1930년대 발표된 풍자소설이다.
④ 개인의 일상적인 문제에 관심이 맞추어져 있다.
⑤ 해학성과 토속성을 적절히 구사함으로서 따뜻한 인간애와 함께 날카로운 사회적 통찰력을 보여준다.

> **Tip** 제시된 작품은 이상의 '날개'이다.
> ① 1인칭 주인공 시점을 활용하고 있다.
> ③ 1930년대에 발표되기는 했지만, 풍자적 성격의 소설로 보기는 어렵다. 의식의 흐름 기법을 통해 주인공의 심리를 보여주는 심리 소설이자 모더니즘 소설이다.
> ④ 개인의 일상을 통해, 1930년대 지식인의 고뇌를 보여주고자 하였다.
> ⑤ 봄봄, 동백꽃 등을 쓴 김유정에 대한 설명에 가깝다.

|정답 ①

ㄹ 주요 작자와 작품

작자	작품 경향	주요 작품
김영랑	투명한 감성의 세계를 감각적인 시어와 가락으로 표현	모란이 피기까지는, 내 마음 아실 이
박용철	삶에 대한 회의를 감상적인 가락으로 표현	떠나가는 배, 싸늘한 이마
정지용	고향에의 향수를 감각적인 시어를 구사하여 표현	향수, 고향, 유리창
이하윤	해외 시의 소개와 서정시 운동	들국화, 물레방아

② 모더니즘의 주지적 경향

㉠ 1926년 이후 주지주의, 다다이즘, 초현실주의 등 이미지를 중시하는 새로운 움직임이 전개되었다.

㉡ 감성 위주의 '음악성'에서 지성 위주의 '회화성'으로의 변모를 보였다.

㉢ 대표 작가와 경향

- 영·미의 이미지즘 수용: 김광균, 장만영, 김기림, 정지용 등
- 프랑스의 초현실주의 수용: 이상, 이시우 등
- 김기림(金起林): 모더니즘 시론(詩論)을 시로써 실험
- 김광균(金光均): 이미지즘이라는 신선한 기법으로 시단에 충격을 줌
- 이상(李縮): 다다이즘, 초현실주의 시와 소설. 의식의 흐름 수법 사용

㉣ 주요 작자와 작품

작자	작품 경향	주요 작품
김기림	주지주의 문학의 이론을 도입하여 모더니즘 시 운동 전개	기상도, 아침 송가, 바다와 나비
김광균	공감각적·시각적인 언어를 통하여 참신한 이미지 표현	외인촌, 설야, 데생, 추일서정, 와사등
장만영	농촌을 중심으로 한 자연을 소재로 하여 선명한 이미지 표현	바다로 가는 여인, 달·포도·잎사귀
김해경 (이상)	〈구인회〉에 참여하여 '시와 소설 편집. 다다이즘·초현실주의 경향의 실험적인 작품 시도	꽃나무, 오감도, 거울

③ 생명파의 등장

㉠ 1936년 창간된 〈시인 부락〉의 동인이었던 서정주, 김동리 등과 〈생리〉에서 활동한 유치환을 가리키며 '인생파'라고도 한다.

㉡ 생명 의식의 고양과 인생의 궁극적 의미의 추구에 주력하였다.

㉢ 주요 작자와 작품

작자	작품 경향	주요 작품
서정주	인간의 원죄 의식과 근원적 문제인 생명성 탐구. 〈시인 부락〉 동인	국화 옆에서, 귀촉도, 춘향유문, 화사, 자화상
유치환	허무와 의지의 시인. 〈생리〉 동인	바위, 깃발, 생명의 서

④ 청록파의 등장
　㉠ 박목월, 조지훈, 박두진을 일컫는 명칭으로 '자연파'라고도 한다.
　㉡ 1940년 경 거의 같은 시기에 〈문장〉으로 등단하였다.
　㉢ 해방 후 「청록집」(1946)이라는 합동 시집을 간행하였다.
　㉣ 각각 작품 경향은 다르나 전통적인 율감으로 한국적 자연관을 표출하였다.
　㉤ 주요 작자와 작품

작자	작품 경향	주요 작품
박목월	향토적, 목가적	나그네, 청노루, 윤사월
박두진	기독교적 이상	낙엽송, 해, 향현
조지훈	선(禪)적, 불교적, 전통적	봉황수, 승무, 고풍 의상

⑤ 반(反)도시적 경향의 전원적 목가시(牧歌詩) … 목가적 전원시를 쓴 일련의 시인들이 등장하여 도시적 삶에서 벗어나 농촌 또는 자연의 세계에 대한 동경을 표현함으로써 자연 친화적인 태도를 보였다.

작자	작품 경향	주요 작품
김동명	민족적 비애를 담은 전원시	파초, 내 마음, 진주만
신석정	목가적인 시풍. 이상향에의 동경을 노래	그 먼 나라를 알으십니까, 촛불
김상용	자연 친화적, 전원적	남으로 창을 내겠소

⑥ 저항과 참회의 시인 … 이육사와 윤동주는 일제 말기의 문학적 공백기에 민족적인 의지와 양심을 지켜 준 대표적 시인이며, 일제 치하에 한국 저항시의 맥을 형성하고 있다.

작자	작품 경향	주요 작품
심훈	격정적 언어와 예언자적 어조를 통해 해방의 열망을 노래	그 날이 오면
이육사	고도의 상징성과 절제된 언어. 강렬한 대결 정신, 지사적·대륙적 풍모, 남성적 어조를 드러냄	광야, 절정, 청포도, 교목, 황혼
윤동주	도덕적 순결성 지향, 자기 참회와 반성, 자기희생적 인간애를 표현	서시, 참회록, 십자가, 자화상, 또 다른 고향, 별 헤는 밤

⑦ 여류 시인의 본격적 등장 … 여성적인 정념(情念)의 표출을 주로 한 모윤숙, 절제의 아름다움을 보인 노천명 등과 같은 여류 시인이 등장하였다.

기출문제

(3) 소설

① **소설의 다양화**

    ㉠ 토속성의 탐구 → 농촌과 농민의 생활

    ㉡ 순수 문학 → 〈구인회〉의 성립

    ㉢ 역사의 재조명 → 역사 소설의 발흥과 야담으로서의 전락

    ㉣ 지식인의 고민 → 심리 소설

    ㉤ 도시 생활의 관심 → 세태, 풍속 소설, 관찰 문학론

② **장편 소설의 창작** … 장편 소설의 창작에 대한 관심이 높아지면서, 깊이 있는 현실 탐구와 사회적 전형의 창조가 이루어졌다. 대표적인 작품으로 염상섭의 「삼대(三代)」, 심훈의 「상록수」, 채만식의 「탁류」·「태평천하」, 현진건의 「무영탑」, 강경애의 「인간 문제」 등이 있다.

③ **농촌 소설의 등장과 확산**

    ㉠ **농촌 계몽 소설** : 1931년부터 일어난 브나로드 운동의 영향을 받아 계몽 운동이 전개되면서 이광수의 「흙」, 심훈의 「상록수」 등의 작품이 발표되었다.

    ㉡ **향토적 농촌 소설** : 향토색 짙은 농촌의 삶과 자연과의 합일을 지향한 이효석의 「메밀꽃 필 무렵」, 김유정의 「동백꽃」, 이무영의 「제1과 제1장」 등이 발표되었다.

    ㉢ **현실 비판적 농촌 소설** : 일제 강점하에서 고통스러운 현실을 드러낸 김정한의 「사하촌(寺下村)」·「옥심이」 등의 작품이 발표되었다.

④ **역사 소설의 창작** … 역사에서 제재를 취하여 허구성과 통속성을 부여한 소설로, 일제의 검열을 피하면서도 민족의식을 고취하려는 의도에서 쓰였다. 이광수의 「마의 태자」, 김동인의 「운현궁의 봄」, 박종화의 「금삼의 피」, 현진건의 「무영탑」 등이 있다.

⑤ **도시 공간을 무대로 한 도시 소설** … 도시성(都市性)이 내포하고 있는 병리적인 제요소와 도시적인 세태를 제시하고 관찰하고자 한 소설이다. 이상의 「날개」, 박태원의 「천변 풍경」, 「소설가 구보 씨의 일일」, 채만식의 「레디 메이드 인생」, 이효석의 「장미 병들다」, 유진오의 「김 강사와 T 교수」 등이 있다.

⑥ **가족사 소설의 등장** … 역사적 흐름 속에 놓인 가족의 운명을 그린 소설들이 쓰였다. 염상섭의 「삼대」, 채만식의 「태평천하」 등이 있다.

⑦ **카프(KAPF) 문학 등 사회주의 경향의 작품의 퇴조** … 1930년대 들어 일제의 탄압이 가혹해짐에 따라 카프가 해산되었다. 이후 카프에 소속된 문인들은 세태나 풍속을 비판하는 소설, 자기의 내면을 반성하는 소설 등으로 주제를 바꾸었다.

⑧ 주요 작자와 작품

작자	작품 경향	주요 작품
김유정	〈구인회〉동인. 토속적이고 해학적으로 농촌을 묘사. 골계미	봄봄, 동백꽃, 금 따는 콩밭, 소나기, 만무방
채만식	초기에는 동반자 작가였으나, 이후 식민지 사회 현실을 풍자적 수법으로 다룸	태평천하, 탁류, 치숙, 레디 메이드 인생
유진오	지식인의 고뇌를 표현. 동반자 작가	김 강사와 T 교수
이효석	인간 본능의 순수성을 서정적인 문체로 표현. 소설을 시적 수필의 경지로 승화	메밀꽃 필 무렵, 산, 들, 벽공무한, 돈(豚)
이상	초현실주의·심리주의 소설. '의식의 흐름' 기법 사용	날개, 종생기, 봉별기, 지주회시
계용묵	서민의 애환을 관조적이고 방관자적인 입장으로 서술	백치 아다다
김동리	토속적, 무속적, 신비주의적	무녀도, 황토기, 등신불, 사반의 십자가, 역마, 바위
김정한	낙동강 일대를 배경으로 하여 농촌 현실 고발	사하촌
황순원	범생명적인 휴머니즘의 추구	카인의 후예, 학, 목넘이 마을의 개, 독 짓는 늙은이
정비석	순수 소설에서 대중 소설로 전환	성황당, 자유 부인
심훈	민족주의·사실주의적 경향의 농촌 계몽 소설	상록수, 영원의 미소
안수길	민족적 비극의 서사적 전개	북간도

(4) 희곡과 시나리오

① 해외 문학파를 중심으로 근대 사실주의극 단체인 '극예술연구회(劇藝術研究會)(1931)'가 결성되고, 본격적 현대극이 공연되었다.

② 민족의식을 고취하기 위한 사실주의 희곡이 창작·공연되었다.

③ 희곡 작품으로 유치진의 「토막」·「소」를 극예술연구회에서 공연하였다.

④ 임선규의 「사랑에 속고 돈에 울고」 등의 통속극과 대중 영화가 활발히 제작되었다.

⑤ 인생의 깊은 의미보다는 사건 전개의 흥미와 감정의 자극 및 흥분에 치중하는 신파극이 유행하였다.

기출문제

(5) 수필

① **본격적인 수필 이론의 소개** … 해외 문학파와 외국 문학을 전공한 이양하 등에 의해 외국의 수필 및 그 이론이 도입되었다.

② **전문적인 수필가의 등장** … 수필이 독자적 장르로 인식되고 전문적인 수필가가 등장하면서, 수필이 하나의 독립된 장르로 자리를 잡았다.

③ **주요 작자와 작품** … 이양하의 「신록 예찬」, 김진섭의 「인생 예찬」, 이희승의 「청춘 수제」 등의 수준 높은 작품들이 발표되었다.

(6) 비평

① **순수 문학의 옹호** … 1920년대에 유행하였던 목적 문학에 대한 반발로써 예술의 독자성을 강조하는 태도가 제시되었다. 박용철, 백철, 김환태, 김문집 등에 의해 주도되었다.

② **휴머니즘론의 전개** … 백철, 김오성을 중심으로 전개된 이러한 주장은 인간의 개성을 무시한 집단과 사회를 묘사하는 대신, 사회적 실천 관계에서 개인적 인간을 통일적으로 묘사해야 한다는 '인간 묘사론'의 입장에 선 것이다. 그 후, 이러한 심리적 인간 묘사론이 비판되자 개성적인 것의 극치가 창작상에 서는 보편성을 얻을 수 있다는 식으로 체계화되었다.

③ **주지주의 문학론** … 영·미 계통의 문학을 전공한 최재서, 김기림 등에 의해 엘리어트, 리차즈 등의 이론이 받아들여져 대상을 대하는 태도가 지적(知的)이어야 함을 주장하였다.

④ **풍자 문학론**이 대두되었다.

⑤ **작가론** … 개별 작가에 대한 연구도 관심의 한 분야였는데, 김동인의 「춘원 연구」를 대표적으로 들 수 있다.

(7) 주요 동인지 및 잡지

잡지	창간 연대	주요 동인	특징
시문학	1930	박용철, 김영랑 신석정, 이하윤 정지용	시 전문 동인지. 1920년대의 목적 문학에 반발하여 언어의 미감과 음악성을 추구하는 순수 서정시를 지향하여 시의 수준을 높임. 〈문예 월간〉(1931), 〈시원〉(1935) 등으로 계승됨
문학	1934	박용철	순수 문학을 주장한 문예지
시원	1935	모윤숙, 노천명, 김광섭, 김상용	순수 문학을 추구한 시 전문지
시인 부락	1936	서정주, 김동리	시 전문 동인지. 인간과 생명 자체의 근원성에 대한 집요한 관심을 보임
자오선	1937	김광균, 이육사	시 전문지. 모든 경향과 유파 초월
문장	1939	이병기	월간 종합 문예지. 범문단적인 작품 발표 및 고전 발굴에 주력. 특히 신인 추천 제도를 두어 우수한 신인을 발굴. 청록파와 김상옥, 이호우 등 시조 시인 배출
인문 평론	1939	최재서	월간 문예지로 최재서가 주도. 작품 발표 및 비평 활동에 주력하여 우리 문학의 수준을 높이는 데 공헌함. 후에 〈국민 문학〉으로 개칭하여 친일 어용지로 전락

문 〈보기〉의 문학적 사실들을 발생 순서대로 배열한 것은?

▶ 2016. 6. 25. 서울특별시

〈보기〉
㉠ 「삼대」, 「흙」, 「태평천하」 등 다양한 장편소설들이 발표되었다.
㉡ 이광수의 「무정」이 『매일신보』에 연재되어 세간의 화제를 불러 일으켰다.
㉢ 『창조』, 『백조』, 『폐허』 등의 동인지가 등장하고 『조선일보』, 『동아일보』와 같은 민간 신문들이 발행되었다.
㉣ 『인문평론』, 『문장』 등 유수한 문학잡지들과 한글 신문 등의 발행이 어려워지게 되었다.
㉤ 이인직의 「혈의 누」, 이해조의 「자유종」과 같은 소설들이 발표되었다.

① ㉡ - ㉤ - ㉠ - ㉢ - ㉣
② ㉡ - ㉤ - ㉢ - ㉣ - ㉠
③ ㉤ - ㉡ - ㉢ - ㉠ - ㉣
④ ㉤ - ㉢ - ㉠ - ㉡ - ㉣

Tip ㉤ 「혈의 누」(1906), 「자유종」(1910)
㉡ 「무정」(1917)
㉢ 『창조(1919)』, 『백조(1922)』, 『폐허(1920)』, 『조선일보(1920)』, 『동아일보(1920)』
㉠ 「삼대」(1931), 「흙」(1932~1933), 「태평천하」(1938)
㉣ 『인문평론』(1939), 『문장』(1939)

| 정답 ③

기출문제

section 5 해방 이후의 문학(1945년 해방 이후)

(1) 해방 공간의 문학(광복 ~ 6 · 25)

① 시대 개관

　㉠ 이념의 논쟁의 심화 : 우리 문학계는 좌익과 우익으로 분열되어, '민족 문제와 계급 문제', '문학의 순수성과 시대성 현실성 문제'를 보는 시각차를 드러냄으로써 논쟁이 심화되어 대립적 갈등을 나타내었다.

　㉡ 문학의 발전의 저해 : 이데올로기의 갈등은 문학가들을 양분시켰고, 이로 인해 양 진영은 민족 문학과 계급 문학으로 나뉘어 대립함으로써 순수한 문학 발전의 저해 요인으로 작용하였다.

　㉢ 일제 치하에서의 절박한 삶의 체험과 고향을 잃은 자들의 귀향 의식을 표현하는 작품들이 많았다.

② 시

　㉠ 민족주의적 경향 : 민족주의 계열에서는 조국과 민족에 대한 애정을 주조로 하는 작품을 발표하였다.

　　예 박종화의 「청자부」, 정인보의 「담원 시조」, 김억의 「민요 시집」, 김상옥의 「초적(草笛)」

　㉡ 청록파의 시집 발간 : 해방 전에 등단하여 자연과의 교감을 추구하던 박목월, 박두진, 조지훈 등이 「청록집」(1946)을 내어 해방 전의 시와 해방 후의 시를 연결하는 역할을 하였다.

　㉢ 유고 시집의 발간 : 일제 강점하에서 끝까지 민족혼을 노래했던 고인들의 시집이 간행되었다.

　　예 이육사의 「육사 시집」, 이상화의 「상화 시집」, 윤동주의 「하늘과 바람과 별과 시」

　㉣ 생명파의 시집 발간 : 1930년대 후빈, 생명 의식의 앙양을 부르짖고 나왔던 생명파의 시인들이 시집을 내놓아, 이후 시사(詩史)의 중요한 골격을 이루었다.

　㉤ 모더니즘의 계승 : 1930년대 중반 모더니즘 경향을 계승해 도시와 문명을 소재로, 시각적 이미지와 관념의 조화를 시도한 〈후반기〉 동인이 생겨 「새로운 도시와 시민들의 합창」(1949)이라는 공동 시집을 간행하였다. 김경린, 박인환, 김수영 등이 대표적 문인이다.

기출문제

③ 소설

　㉠ **귀향 의식의 반영** : 해방 후 해외 동포들이 귀환하게 되면서 고향을 찾게 되는 의식을 그린 작품으로, 당시의 사회 현실을 반영한 작품들이 많이 창작되었다.
　　예 김동리의 「혈거 부족(穴居部族)」, 정비석의 「귀향」, 엄흥섭의 「귀향일지」

　㉡ **식민지의 삶을 극복하고자 하는 작품** : 고통스러웠던 일제 강점기를 반성의 체험으로 승화시키고자 한 작품이다.
　　예 채만식의 「논 이야기」, 계용묵의 「바람은 그냥 불고」

　㉢ **분단 의식의 형상화** : 삼팔선의 분단 문제 및 미군의 주둔과 소련군의 군정을 그렸다.
　　예 채만식의 「역로」, 염상섭의 「삼팔선」·「이합(離合)」, 계용묵의 「별을 헨다」

　㉣ **순수 의식, 순수 문학의 지향** : 문학의 사회적 기능이나 관계는 고려함이 없이 평범하거나 보편적인 문제를 다룬 작품이다.
　　예 염상섭의 「두 파산(破産)」, 김동리의 「역마」·「달」

　㉤ 해방 직후부터 대한민국 정부 수립(1948. 8. 15)까지의 사회적 혼란, 좌·우 이데올로기의 대립을 다룬 작품이 양산되었다. 채만식의 「민족의 죄인」이나 이태준의 「해방 전후」는 일제 때 친일파로 행세하던 자들이 해방을 맞이하면서 민족의 죄인이 되어 겪어야 했던 당혹감에 대한 내용과 양심적인 문인들이 소극적으로나마 친일의 행적을 남겼던 일에 대한 자기 반성적인 소설이다.

④ **수필** … 수필집이 간행되었다.
　　예 박종화의 「청태집(靑笞集)」, 이광수의 「돌베개」, 김진섭의 「인생 예찬」, 이양하의 「이양하 수필집」

⑤ **희곡** … 일제 강점기 이래 침체를 벗어나지 못했으나, 일제 강점기의 삶과 항일 투쟁을 재구성하는 데 주력하였다.
　　예 유치진의 「조국」·「원술랑」, 오영진의 「살아 있는 이중생 각하」, 김영수의 「혈맥」, 김동식의 「유민가」, 함세덕의 「고목」, 이광래의 「독립군」, 시나리오로 윤봉춘의 「유관순」

(2) 1950년대의 문학

① **시대 개관**

　㉠ **전쟁 체험의 문학 등장** : 전쟁의 체험과 전후의 사회 현실에 대한 인식을 바탕으로, 전쟁으로 인한 물질적 피해와 정신적인 피폐, 인간성 상실의 문제, 분단 현실의 아픔, 절망적인 시대 상황 등을 형상화한 작품들이 쓰였다.

　㉡ 전쟁의 체험을 바탕으로 한 현실 참여의 주지주의 문학과 전통 지향적인 순수 문학의 두 가지 커다란 흐름을 형성하였다.

　㉢ **실존주의 문학의 영향** : 서구의 실존주의 문학을 수용하면서 인간의 본질 문제, 실존의 탐구 등을 다룬 작품들이 발표되었다.

문 다음 중 〈보기〉와 작품 속 시대적 배경이 같은 것은?

▶ 2016. 4. 9. 인사혁신처

〈보기〉
오호, 여기 줄지어 누웠는 넋들은
눈도 감지 못하였겠구나.
어제까지 너희의 목숨을 겨눠
방아쇠를 당기던 우리의 그 손으로
썩어 문드러진 살덩이와 뼈를 추려
그래도 양지 바른 두메를 골라
고이 파묻어 떼마저 입혔거니
죽음은 이렇듯 미움보다도 사랑보다도
더욱 너그러운 것이로다.

① 김주영의 「객주」
② 이범선의 「오발탄」
③ 박경리의 「토지」
④ 황석영의 「장길산」

Tip 〈보기〉는 구상의 '초토의 시 8-적군 묘지 앞에서'이다. 이 시의 작품 속 시대적 배경은 6·25 한국전쟁이다.
② 이범선의 「오발탄」: 6·25 후의 암담한 현실을 리얼하게 부각시킨 작품이다.
① 김주영의 「객주」: 1878~1885년경 경상도 울진을 중심으로 부보상인 천봉신의 일상을 그렸다.
③ 박경리의 「토지」: 구한말부터 일제강점기까지 한 가문의 몰락과 다시 일어서는 과정을 그리고 있다.
④ 황석영의 「장길산」: 조선 숙종조에 실재했던 인물인 장길산을 주인공으로 한 역사 소설이다.

② 시

㉠ **전쟁 체험의 형상화**: 6·25리는 전쟁 체험을 시로 형상화하였으며 전후의 가치관 또는 새로운 인간상을 제시하였다.

예 유치환의 「보병과 더불어」, 조지훈의 「다부원에서」, 구상의 「적군 묘지 앞에서」, 김종문의 「벽(壁)」

㉡ **현실 참여 의식의 반영**: 모더니스트 중에는 1950년대 후반 이후 사회 참여 의식을 강하게 드러내는 시를 쓰는 경향이 증폭되었다. 이러한 경향은 이후 '순수와 참여'라는 문학 논쟁의 중요한 문제가 되었다.

예 박인환의 「목마와 숙녀」, 김수영의 「달나라의 장난」, 조향의 「바다의 층계」 등

㉢ **문명 비판적 성향의 시**: 전후의 비참한 현실이나 사회 부조리, 불안 의식 등을 작품화하였다.

예 구상, 신동문, 신동엽 등

㉣ **전통적 순수시의 추구**: 현실 인식의 주지적 경향과 함께 한국 현대시의 맥을 형성한 것은 전통적 순수시를 계승·발전시킨 것이다.

예 유치환, 박목월, 박두진, 박성룡, 서정주, 박재삼, 이성교 등

㉤ **주지적 서정시의 발표**: 현실에 대한 지적 인식을 바탕으로 도회적 서정시를 썼다. 기법면에서 주지주의적 경향을 보이면서도 주로 서정성을 추구하는 데 초점을 맞추었다.

예 김광림, 전봉건, 김종삼 등

㉥ **기타**
• 이동주 : 애(哀), 원(怨), 한(恨)이라는 한국의 전통적 정서를 추구하였다.
• 송욱 : 현실 생활에서 비뚤어진 모습을 반영하는 비시적 일상어를 대담하게 시 속에 끌어들이는 특성을 보였다.
• 조병화 : 현실 긍정, 인간성 옹호의 인생파적 로맨티시즘을 형성하였다.

㉦ **주요 작자와 작품**

작자	작품 경향	주요 작품
김수영	인간주의에 바탕을 두고 있으면서 1950년대의 사회적 풍토를 풍자적으로 시화함. 저항 정신에 뿌리박은 참여파의 전위적 역할을 함	달나라의 장난, 눈, 풀, 폭포, 병풍
송욱	풍자와 익살을 통한 현실 비판의 정신	하여지향, 장미
김춘수	말과 존재의 관계를 지적인 이해를 토대로 하여 나타낸 인식(認識)의 시인. 이미지의 시인	꽃, 꽃을 위한 서시, 부다페스트에서의 소녀의 죽음

|정답 ②

③ 소설

㉠ 전쟁을 배경으로 한 작품이 많이 쓰였다.

> 예 황순원의 장편 「카인의 후예」·「나무들 비탈에 서다」, 단편 「곡예사」·「학」, 이범선의 「학마을 사람들」, 김동리의 「귀환 장정」·「흥남 철수」

㉡ 전후 사회와 현실에 대한 다양한 인식과 새로운 인간상을 제시하였다.

> 예 김동리의 「밀다원 시대」, 황순원의 「카인의 후예」, 안수길의 「제3 인간형」, 손창섭의 「비 오는 날」, 김성한의 「백지의 기록」, 이범선의 「학마을 사람들」, 하근찬의 「수난 이대」

㉢ 부조리한 현실을 고발하고 적극적 참여 의식을 보였다.

> 예 김성한의 「바비도」, 오상원의 「모반」, 전광용의 「꺼삐딴 리」, 선우휘의 「불꽃」, 박경리의 「불신 시대」, 송병수의 「쑈리킴」, 김광식의 「212호 주택」, 이호철의 「파열구」

㉣ 인간의 본질적인 삶을 다룬 순수 소설도 쓰였다.

> 예 오영수의 「갯마을」, 한무숙의 「감정이 있는 심연」, 전광용의 「흑산도」, 강신재의 「절벽」 등

㉤ 주요 작자와 작품

작자	작품 경향	주요 작품
장용학	실존주의적 경향	요한 시집
손창섭	소외된 인간상을 피학적 어조로 묘사	잉여 인간, 비오는 날
김성한	토속적 순수 공간의 파괴와 지성적 기법	바비도, 5분간, 암야행
선우휘	인간의 행동적 의지 강조	불꽃
오영수	토속적 서정의 세계	갯마을, 머루
박경리	사실적·서정적 경향	토지, 암흑 시대, 김약국의 딸들
전광용	현실 고발과 휴머니즘 추구	꺼삐딴 리
이범선	사회와 현실에 대한 비판과 풍자	오발탄, 학마을 사람들
서기원	전후의 모럴 문제를 주로 다루다가 풍자·역사 소설로 전환	암사지도, 달빛과 기아, 잉태기

④ 희곡

㉠ 서구의 표현 기법을 도입하여 다양하고 새롭게 발전하였다.

㉡ 전후의 현실 인식과 현실 참여 의식을 보였다.

㉢ 인간의 삶과 감동을 다룬 순수 희곡도 발표되었다.

㉣ **주요 작품** : 유치진의 「나도 인간이 되련다」, 임희재의 「꽃잎을 먹고 사는 기관차」, 차범석의 「불모지」, 하유산의 「젊은 세대의 백서」, 이용찬의 「가족」 등이 있다.

기출문제

⑤ 수필

　㉠ 문학적 향기가 높은 작품들이 많이 발표되었다.

　㉡ 사회적 불안이나 가치관의 상실을 다룬 교훈적 수필이 발표되었다.

　㉢ 예술적 기교를 바탕으로 한 서정적 수필도 발표되었다.

　㉣ **주요 작품** : 이희승의 「벙어리 냉가슴」, 피천득의 「산호와 진주」, 조지훈의 「지 조론(志操論)」, 유달영의 「인간 발견」 등이 있다.

⑥ 비평 … 서구의 구조주의(構造主義) 비평 방법이 유입되면서 작품의 예술적 가치를 규명하려는 경향이 우세하였다. 순수 참여의 문제, 전통의 계승 문제, 현대 문학의 기점 문제 등의 논쟁이 활발하게 논의되었다.

(3) 1960년대 이후의 문학

① 시대 개관

　㉠ 4·19와 5·16이라는 정치적 격동기를 겪으면서, 이를 배경으로 1950년대의 문학을 계승·발전시키면서 보다 성숙된 현대 문학으로의 발전을 꾀했다.

　㉡ 문학의 현실 참여 문제에 관심이 고조되었다.

　㉢ 민족 분단에 대한 인식이 새롭게 전개되었다.

　㉣ 사실주의 경향의 문학이 주류를 이루었다.

　㉤ 문학의 순수성을 지향하는 서정주의와 기교주의의 문학이 뚜렷한 맥을 형성하였다

　㉥ 1960년대 순수·참여 논쟁 : 문학과 정치·사회 상황과의 관련에 대하여 이형기, 이어령, 유종호가 '순수'를, 김우종, 김병걸 등이 '참여'적 입장을 견지하였다.

② 시

　㉠ 사회 부패에 대한 고발과 비판의 기능을 수행하였다.

　　예 김수영의 「어느 날 고궁을 나오면서」·「풀」·「거대한 뿌리」, 신동문의 「비닐 우산」, 신동엽의 「껍데기는 가라」, 신경림의 「농무」, 조태일의 「황포」, 김지하의 「타는 목마름으로」 등

　㉡ 순수 서정과 시의 예술적 기교를 추구하기도 하였다.

　　예 •시의 전통성 계승 : 서정주, 김광섭, 박두진, 조지훈, 박목월, 박재삼, 이동주, 김남조, 조병화, 박성룡 등
　　　•시의 예술적 기교 추구 : 김춘수, 전봉건, 송욱, 신동엽, 문덕수, 김광림 등

　㉢ 현대 시조가 발달하였다.

　　예 김상옥의 「사향」·「봉선화」, 이호우의 「개화」, 정완영의 「조국」, 이영도의 「낙화」

문 1960년대 한국 문학의 특징으로 가장 옳지 않은 것은?

▶ 2018. 6. 23. 제2회 서울특별시

① 전후 문학의 한계에 대한 극복이 주요한 과제로 제기되었다.
② 4·19혁명의 영향으로 현실비판문학이 가능하게 되었다.
③ 참여문학과 순수문학 진영 간의 논쟁이 발생하였다.
④ 민족문학과 민중문학에 대한 논의가 활발히 전개되었다.

Tip ④ 민중문학에 대한 논의가 활발하게 전개된 것은 1970년대 한국 문학의 특징이다.

③ 소설

　㉠ 전쟁의 상흔과 민족의 비극을 조명하였다.

　　例 황순원의 「나무들 비탈에 서다」, 오상원의 「황선 지대」, 강용준의 「철조망」

　㉡ 현실 비판 인식이 확산되었다.

　　例 김정한의 「모래톱 이야기」, 손창섭의 「부부」, 전광용의 「꺼삐딴 리」, 이호철의 「소시민」, 선우휘의 「망향」, 하근찬의 「왕릉과 주둔군」, 이문구의 「장한몽」, 유현종의 「불만의 도시」

　㉢ 역사에 대한 반성으로 현실에 대한 각성을 촉구하였다.

　　例 안수길의 「북간도」, 김정한의 「수라도」, 김성한의 「이성계」, 서기원의 「혁명」, 유주현의 「조선 총독부」, 하근찬의 「일본도」

　㉣ 순수 지향의 소설이 발표되었다.

　　例 김동리의 「등신불」, 오영수의 「머루」·「메아리」, 박영준의 「종각」, 박경리의 「시장과 전장」, 강신재의 「임진강의 민들레」, 김승옥의 「서울, 1964년 겨울」, 이청준의 「병신과 머저리」, 박태순의 「연애」

문 다음 예문에 제시된 시사(詩史)의 전개가 순서에 맞게 배열된 것은?

▶ 2017. 6. 24. 제2회 서울특별시

㉠ 농민의 애환을 다룬 신경림의 농무 를 비롯하여, 고은이나 김지하 등 참여 시인들의 작품은 현실에 저항하는 문학의 실천성을 보여주었다.

㉡ 한용운의 시집 님의 침묵 이 출간되어 이 시기를 대표하는 시인으로 떠올랐고, 다른 한편으로는 조선 프롤레타리아 예술가 동맹(KAPF)이 결성되어 리얼리즘 계열의 시가 창작되기도 했다.

㉢ 전쟁에 참여한 시인들은 선전 선동시 등을 창작하기도 했으나 구상의 초토의 시 처럼 황폐화된 국토의 모습을 통해 전쟁이 남긴 비극을 그려내는 작품들이 나타났다.

㉣ 모더니즘 시운동을 선도한 시인들이 도시적 감수성을 세련된 기교로 노래했다. 김기림은 장시 기상도를 통해 현대 문명을 비판했다.

① ㉡ - ㉣ - ㉠ - ㉢
② ㉡ - ㉣ - ㉢ - ㉠
③ ㉣ - ㉡ - ㉠ - ㉢
④ ㉣ - ㉡ - ㉢ - ㉠

Tip ㉡ 「님의 침묵」 1926년, KAPF 1925년 결성
　　㉣ 「기상도」 1936년, 모더니즘 시운동 1930년대
　　㉢ 「초토의 시」 1956년, 한국 전쟁 1950년대
　　㉠ 「농무」 1973년

정답 ②

1 다음 중 19세기 말 문학의 특징과 관계없는 것은?

① 문어체에서 언문일치체에 접근하였다.

② 고전 문학과 현대 문학의 교량적 역할을 하였다.

③ 운문에는 신체시, 산문에는 창가가 등장하였다.

④ 자주적 각성에 의한 계몽사상이 나타났다.

2 신소설에 대한 설명으로 옳지 않은 것은?

① 고대소설과 근대소설의 과도기적 양식이다.

② '고대소설'에 반대되는 새로운 소설이라는 의미를 가지고 있다.

③ 신문, 잡지 등의 창간으로 인한 발표지면의 확대에 따라 등장했다.

④ 외국소설의 영향을 전혀 받지 않은 독자적인 장르이다.

3 다음 중 1910년대의 시문학에 대한 설명으로 옳지 않은 것은?

① 시의 전문성이 확립되던 시기이다.

② 자유시의 정립을 위한 모색기이다.

③ 민요 율격에 바탕을 둔 김소월, 김억이 활동했던 시기이다.

④ 계몽적 성격에서 벗어나 개인 정서를 표현하는 방향으로 나아갔다.

4 다음 중 3·1 운동 이후 우리 문단에 나타난 현상과 거리가 먼 것은?

① 다수 동인지 시대가 되었다.

② 완전한 언문일치 문장이 나왔다.

③ 시는 낭만적 경향, 소설은 사실적 경향을 띠었다.

④ 계급 문학이 퇴조하고 순 문학이 대두되었다.

5 다음 중 1920년대의 시의 흐름과 관계없는 것은?

① 전통시 운동   ② 목적시의 등장

③ 자유시의 본격적인 전개   ④ 모더니즘 계열 시인의 활동

6 다음 중 같은 문학사적 업적을 이룬 작가는?

- 결정론에 의거한 자연주의 문학을 도입
- 최초의 문예동인지 〈창조〉를 간행
- 완전한 언문일치와 개성적인 문체 확립

① 이광수   ② 염상섭

③ 김동인   ④ 이인직

7 다음 중 1930년대의 문학의 특징과 거리가 먼 것은?

① 시조 부흥 운동이 전개되었다.

② 역사 소설이 많이 창작되었다.

③ 순수 문학 계열의 작품이 발표되었다.

④ 모더니즘 계열의 작품이 많이 등장하였다.

8   다음 중 1930년대의 농촌 계몽 소설과 관계있는 것은?

① 황순원의 「소나기」
② 정한숙의 「금당벽화」
③ 오영수의 「갯마을」
④ 심훈의 「상록수」

9   다음 중 1930년대 문학의 두드러진 특징으로 볼 수 없는 것은?

① 카프문학의 목적성에 대한 반발로 문학적 관심이 다원화되었다.
② 박용철, 김영랑, 정지용 등이 중심이 된 시문학파가 등장했다.
③ 대중소설이 대두했으며 장편소설에 대한 논의가 동시에 이루어졌다.
④ 모국어를 사용한 민족문학의 재건이 본격적으로 이루어졌다.

10   1930년대 문단의 상황에 대한 다음 진술 중 잘못된 것은?

〈보기〉
㉠ 「삼대」, 「흙」, 「태평천하」등 다양한 장편소설들이 발표되었다.
㉡ 이광수의 「무정」이 매일신보에 연재되어 세간의 화제를 불러 일으켰다.
㉢ 창조, 백조, 폐허 등의 동인지가 등장하고 조선일보, 동아일보와 같은 민간 신문들이 발행되었다.
㉣ 인문평론, 문장등 유수한 문학잡지들과 한글 신문 등의 발행이 어려워지게 되었다.
㉤ 이인직의 「혈의 누」, 이해조의 「자유종」과 같은 소설들이 발표되었다.

① 김동리, 김유정 등 동반자 작가들이 활동했다.
② 예술성을 강조하는 순수 문학이 크게 유행했다.
③ 모더니즘 문학이 도입되고 다양한 기법이 실험되었다.
④ 전원파, 청록파, 생명파 등이 등장했다.

정답및해설

1	③	2	④	3	③	4	④	5	④
6	③	7	①	8	④	9	④	10	①

1 ③ 운문에는 창가·신체시, 산문에는 신소설이 등장하였다.

2 ④ 중국 및 일본을 통해서 접하게 된 서구문학은 신소설의 형성에 영향을 주었다.

3 ③ 1920년대의 문학에 대한 설명이다.

4 ④ 계급 문학은 1930년대에 등장하였다.

5 ④ 1930년대의 특징이다.

6 김동인의 문학사적 업적
　㉠ 결정론에 근거한 자연주의 문학의 기틀 마련
　㉡ 문예동인지 〈창조〉와 〈영대〉등을 간행
　㉢ 간결체의 개성적인 문체와 언문일치 확립
　㉣ 용언에서의 과거 시제 도입

7 ① 최남선, 이병기, 정인보, 이은상 등에 의해 1920년대에 시조 부흥 운동이 전개되었다.

8 농촌을 제재로 한 소설들…심훈의 「상록수」, 이광수의 「흙」, 박화성의 「한귀(旱鬼)」, 이무영의 「제1과 제1장」, 박영준의 「모범 경작생」, 김정한의 「사하촌」 등

9 ④ 1940년대 후반 국권회복과 함께 모국어를 되찾으면서 민족문학 연구가 활발히 이루어졌다.

10 동반자 작가…프롤레타리아문학에 동조한 작가들의 총칭. 정식 카프(KAPF, 조선프롤레타리아 예술가동맹)의 회원은 아니었으나 사상적으로 그 방향을 같이하며, 또 자연생성적인 작품을 써서 카프의 뒤를 따르려고 하는 작가들을 동반자 작가라고 하였다. 실제로 카프에서는 동반자작가로 이효석과 유진오 정도를 꼽는다.

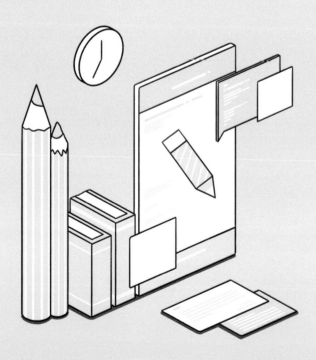

05

고전문학 &
고전문학사

01 고대 문학
02 고려시대 문학
03 조선 전기의 문학
04 조선 후기의 문학

01 고대 문학

기출문제

(1) 시대 개관

① 문학의 태동(胎動)기 … 상고 시대부터 통일 신라 멸망까지 이루어진 문학이다.

② 상대(上代)의 문학 … 음악, 무용, 시가(詩歌)가 분화되지 않은 원시 종합 예술이다.

③ 서사(敍事) 문학과 서정 문학으로 분화된 시기이다.

④ 고유 정서를 바탕으로 만들어진 향가(鄕歌)가 출현하였다.

⑤ 한문학의 발달 … 중국 문화가 유입되어 한자를 사용하게 되었고 그로 인해 한문학이 발전하였다.

Point 팁 원시 종합 예술의 분화 과정

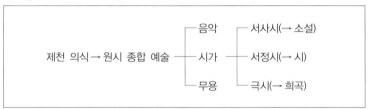

(2) 설화 문학(서사 문학)

① 정의 … 일정한 구조를 가진 꾸며낸 이야기로 설화 문학(說話文學)이라고도 하며, 신화·전설·민담(민간설화 또는 설화) 등을 포괄하는 개념이다. 고대 설화는 패관(稗官)문학과 가전(假傳)을 거쳐 소설로 발전하였다.

② 갈래

　㉠ 신화 : 민족신이나 건국신에 대한 신앙 상징으로써 신성하고 진실한 것으로 믿는 이야기이다.

　　예 단군, 해모수, 금와, 동명왕, 박혁거세, 수로왕 등의 조국(肇國) 신화

　㉡ 전설 : 비범한 인물의 위대한 업적이 산, 나무, 바위 등 구체적인 증거물과 결합되어 전해지며, 역사성·진실성이 있는 것으로 믿어지는 이야기이다.

　　예 온달 설화, 연오랑 세오녀 설화

ⓒ 민담 : 흥미와 교훈 위주의 이야기로 조상의 슬기와 기지와 해학이 담겨 있으
며 허구성과 독창성을 지닌 이야기이다.

구분	내용	성격	시간과 장소	증거	주인공	전승범위	심미성
신화	부족의 염원	신성성 신비성 민족성	신성한 곳	관념적 포괄적	절대적 존재	민족적 부족적	숭고미
전설	사실적 경험	역사성 지역성 사실성	구체적인 시공간	실증적 개별적	비범한 인간	일정한 지역	비장미
민담	허구적 인간사	흥미성 보편성 독창성	불분명한 시공간	증거가 없음	운명적 인간	민족·지역 초월	해학미

Point 팁

근원 설화

ⓐ 구토 설화→별주부전

ⓑ 방이 설화→흥부전

ⓒ 연권녀 설화(효녀 지은)→심청전

ⓓ 열녀 설화(도미의 처, 설씨녀 설화), 신원 설화, 암행어사 설화→춘향전

ⓔ 조신 설화→몽유록계 소설(구운몽 등)

ⓕ 지하국 대적 퇴치 설화→홍길동전

(3) 고대가요(古代歌謠)

① **개념** … 향찰로 표기된 향가가 나타나기 이전까지 우리 민족이 영위하던 집단
서사적인 내용에서 개인적이고 서정적인 내용으로 분화된 시가를 총칭한다.

② **특징**

ⓐ **전승** : 배경 설화 속에 삽입되어 전하다가 후대에 한역되었다.

ⓑ **형식** : 두 토막씩 네 줄 또는 네 토막씩 두 줄로 되어있다.

ⓒ **기록** : 당시에는 기록의 수단이 없어서 구전 되다가 후대에 한자나 이두, 한
글로 기록되는 과정에서 형태가 많이 변형되었을 것으로 추정된다.

ⓓ **변천** : 의식요·노동요의 성격을 지닌 집단 가요에서 점차 개인적인 서정을
노래한 개인 서정가요로 변천하였다.

기출문제

문 **이 글의 갈래에 대한 설명이 아닌 것은?**

▶ 2011. 6. 11. 서울특별시

주몽의 신이한 잉태는 신이한 출생으로 이어진다. 어느 날 금와왕은 강가에서 하백의 딸유화를 만난다. 금와왕은 유화가 해모수를 만나 사귀었으며, 이 때문에 화가 난 부모가 자신을 이곳으로 귀양살이 보냈다는 사정을 듣고 유화를 거두어 궁실에서 살게 하였다. 이때 햇빛이 방안의 유화에게 비추면서 따라왔다. 유화가 아무리 피하려 해도 햇빛은 집요하게 쫓아오는 것이었다. 이 때문에 태기가 있더니 닷 되 정도 크기의 알을 낳았다. 괴이하게 여긴 금와왕은 알을 길거리에 버려 개와 돼지에게 주니, 짐승들이 먹지도 않고 밟지도 않았으며, 새들은 날아와 날개로 덮어주었다. 심지어 쪼개려 해도 되지 않자 그제야 유화에게 다시 돌려주었다. 우여곡절 끝에 어미 곁으로 돌아와 알을 깨고 태어난 아이가 주몽이다.

① 설화문학 하위의 한 갈래에 속한다.

② 상징적인 언어를 사용한다.

③ 인간 이상의 능력을 가진 존재를 그린다.

④ 이야기의 진실성을 드러내는 증거물이 있다.

⑤ 새로운 질서의 시작이 되는 이야기다.

Tip 제시문은 고구려의 시조인 주몽에 대한 설화이다. 설화는 신화, 전설, 민담의 세 갈래로 나뉘는데 주몽 설화는 신화에 속한다.
④ 진실성과 증거물은 전설에 해당하는 특징이다.

정답 ④

③ 주요 작품

작품명	작가	연대	형식	내용	출전
공무도하가	백수광부의 아내	고조선	4언 4구체	임과의 사별을 슬퍼함	해동역사
구지가	구간 등	신라 유리왕 19년	4언 4구체	임금의 강림을 기원함	삼국유사
황조가	유리왕	고구려 유리왕	4언 4구체	짝을 잃은 외로움과 슬픔	삼국사기
정읍사	어느 행상인의 아내	백제	3장 6구 (후렴구제외)	행상 나간 남편의 안전을 기원함	악학궤범
해가	순정공 등	신라 성덕왕	7언 4구체	수로부인의 무사 귀환을 기원함	삼국유사

㉠ 공무도하가(公無渡河歌)

公無渡河(공무도하)

公竟渡河(공경도하)

墮河而死(타하이사)

當奈公何(당내공하)

[현대어 풀이]

임이시여, 그 물을 건너지 마시오.

임은 기어이 그 물을 건너시네.

물에 빠져 돌아가시니

장차 이 임을 어찌할 거나.

㉡ 구지가(龜旨歌)

龜何龜何(구하구하)

首其現也(수기현야)

若不現也(약불현야)

燔灼而喫也(번작이끽야)

[현대어 풀이]

거북아, 거북아

머리를 내어라.

내어 놓지 않으면

구워서 먹겠다.

① 갈래 … 한역가(漢譯歌), 서정시, 개인적인 서정 가요

② 연대 … 고조선(古朝鮮)

③ 주제 … 임을 여읜 슬픔, 남편의 죽음을 애도

④ 성격 … 개인적, 서정적

⑤ 의의 … 「황조가」와 함께 우리나라 최고의 서정 가요이며 원시적·집단적 서사시에서 서정시로 옮아가는 과도기적 작품이다.

⑥ 작자 … 백수 광부(白首狂夫)의 처(妻)

① 갈래 … 4구체, 한역 시가

② 연대 … 신라 유리왕 19년(42)

③ 주제 … 수로왕의 강림 기원

④ 성격 … 주술요(呪術謠), 노동요(勞動謠), 집단 무가

⑤ 의의 … 현재 전하는 가장 오래된 집단 무가(巫歌)이며 주술성을 가진 현전 최고의 노동요(勞動謠)이다.

⑥ 작자 … 구간(九干)

ⓒ 황조가(黃鳥歌)

翩翩黃鳥(편편황조)

雌雄相依(자웅상의)

念我之獨(염아지독)

誰其與歸(수기여귀)

[현대어 풀이]

훨훨 나는 저 꾀꼬리는

암수 다정히 노니는데

외롭구나, 이 내 몸은

뉘와 함께 돌아가리.

ⓔ 정읍사(井邑詞)

들하 노피곰 도ᄃ샤

어긔야 머리곰 비취오시라.

어긔야 어강됴리

아으 다롱디리

져재 녀러신고요

어긔야, 즌 ᄃ욜 드듸욜셰라.

어긔야 어강됴리

어느이다 노코시라.

어긔야, 내 가논 ᄃ 졈그룰셰라.

어긔야 어강됴리

아으 다롱디리

[현대어 풀이]

달님이시여 높이높이 돋으시어

멀리멀리 비춰 주십시오.

시장에 계신가요?

진 곳을 디딜까 두렵습니다.

어느 곳에나 놓으십시오.

그대 가는 곳이 저물까 두렵습니다.

기출문제

작품 해석

① 갈래 … 4언 4구의 한역시가, 개인적 서정시
② 연대 … 유리왕 3년
③ 주제 … 짝을 잃은 슬픔과 외로움
④ 의의 … 공무도하가와 함께 현전하는 최고의 개인적 서정시
⑤ 작자 … 고구려 2대 유리왕

작품 해석

① 갈래 … 백제 가요, 속요(俗謠)
② 연대 … 백제 시대(고려 시대로 보는 설도 있음)
③ 주제 … 행상 나간 남편의 무사 귀환(안전)을 기원
④ 성격 … 민요적
⑤ 의의
　ⓐ 현전하는 유일한 백제의 노래이다.
　ⓑ 한글로 기록되어 전하는 가장 오래된 노래이다.
　ⓒ 시조 형식의 원형을 가진 노래이다(4음보의 형태).
⑥ 작자 … 어느 행상의 처

삼대목(三代目) … 진성여왕 2년, 각간 위홍과 대구 화상에 지었다는 향가집이나 현재는 전하지 않는다.

(4) 향가

① 개념 … 한자의 음과 뜻을 빌려 문장을 우리말 어순대로 적은 향찰로 표기한 신라의 노래를 말한다.

　㉠ 본래 중국의 노래에 대한 우리말 노래를 지칭하는 것이다.

　㉡ 향가는 사뇌가, 사내가 등의 여러 명칭으로도 사용되었다.

　㉢ 신라 26대 진평왕조 전후부터 고려시대 광종까지 지어졌다.

　㉣ 향가의 완성 형식인 10구체 향가를 특히 '사뇌가'라 하였다.

　㉤ 〈삼국유사〉에 14수 〈균여전〉에 11수 등 다수가 전해진다.

② 특징

　㉠ 작가 : 승려·화랑·여성 등 여러 계층에 걸쳐 작가 층이 분포하며, 현전 작품의 작가로는 승려가 많다.

　㉡ 종류 : 민요와 동요 〈서동요〉, 축사(逐邪)의 노래 〈처용가〉, 설도(說道)의 노래 〈보현십원가〉, 화랑을 추모하는 노래 〈찬기파랑가〉, 안민(安民)·치국(治國)의 노래 〈안민가〉, 불교신앙의 노래 〈원왕생가〉 등이 있다.

　㉢ 형식 : 4구체, 8구체, 10구체 등이 있다. 4구체의 향가는 민요가 정착된 노래이고 8구체 향가는 4구체가 2배로 늘어난 과도기 형태의 노래이다. 10구체 향가는 가장 정제된 형태의 노래로 '사뇌가'라고 불린다.

③ 삼국유사에 전하는 향가 14수

작품명	작가	연대	형식	내용
서동요	서동	진평왕	4구체	선화공주에 대한 서동의 은밀한 사랑
도솔가	월명사	경덕왕	4구체	산화 공덕을 통해 두 개의 해의 출현을 막고자 함
풍요	성의 백성	선덕여왕	4구체	부처상을 만들 때 남녀들이 진흙을 나르며 부름
헌화가	어느 노인	성덕왕	4구체	수로부인에기 사랑을 고백함
모죽지랑가	득오	효소왕	8구체	죽지랑에 대한 추모의 정
처용가	처용	헌강왕	8구체	아내를 범한 역신을 감복 시켜 물러나게 함
원가	신충	효성왕	10구체	약속을 지키지 않은 임금을 원망함
원왕생가	광덕	문무왕	10구체	극락왕생에 대한 간절한 염원
제망매가	월명사	경덕왕	10구체	죽은 누이의 명목을 빎
안민가	충담사	경덕왕	10구체	나라를 다스리는 임금의 올바른 자세
찬기파랑가	충담사	경덕왕	10구체	기파랑의 높은 인격을 추모함
도천수대비가	희명	경덕왕	10구체	아들의 눈을 뜨게 해주기를 빎
혜성가	융천사	진평왕	10구체	혜성의 변괴를 없애고 왜군의 침입을 막음
우적가	영재	원성왕	10구체	영재가 군도를 만나 이 노래로 회개시킴

㉠ 서동요(薯童謠)

善花公主主隱
他密只嫁良置古
薯童房乙
夜矣卯乙抱遺去如

[현대어 풀이]
선화 공주님은
남 몰래 결혼하고
맛둥서방을
밤에 몰래 안고 가다.

㉡ 처용가(處容歌)

東京明期月良
夜入伊遊行如可
入良沙寢見昆
脚烏伊四是良羅
二肹隱吾下於叱古
二肹隱誰支下焉古
本矣吾下是如馬於隱
奪叱良乙何如爲理古

[현대어 풀이]
서울 밝은 달에
밤 늦도록 놀려 다니다가
들어와 자리를 보니
다리가 넷이로구나.
둘은 내 것이었고,
둘은 누구의 것인가?
본디 내 것이지마는
빼앗은 것을 어찌하리오.

기출문제

작품 해석

① 갈래 … 4구체 향가
② 연대 … 신라 진평왕 때
③ 주제 … 선화 공주의 은밀한 사랑, 선화 공주를 꾀어내기 위한 참요
④ 성격 … 참요(讖謠 : 있지도 않은 사실을 날조하여 헐뜯는 노래), 동요(童謠)
⑤ 의의
　㉠ 현전 최고(最古)의 향가 작품이다.
　㉡ 배경 설화에 신화적인 요소가 있는 향가이다.
　㉢ 향가 중 민요체를 대표하는 작품이다.
⑥ 작자 … 서동(백제 무왕)

작품 해석

① 갈래 … 8구체 향가
② 연대 … 신라 헌강왕 5년(879)
③ 주제 … 축신(逐神 : 사악한 귀신을 물리쳐 내쫓음)
④ 성격 … 축사(逐邪)의 노래
⑤ 의의
　㉠ 벽사 진경(辟邪進慶 : 사악한 귀신을 물리치고 경사를 맞이함)의 소박한 민요에서 형성된 무가이다.
　㉡ 현전하는 신라 최후의 향가이다.
　㉢ 고려와 조선조에 걸쳐 의식무(儀式舞) 또는 연희(演戱)로 계승되었다.
⑥ 작자 … 처용

작품 해석

① 갈래 … 10구체 향가
② 연대 … 신라 경덕왕 때
③ 주제 … 죽은 누이에 대한 추모의 정
④ 성격 … 추도가(追悼歌), 애상적, 종교적(불교적)
⑤ 의의
　　㉠ 향가 중 「찬기파랑가」와 함께 표현 기교 및 서정성이 뛰어나다.
　　㉡ 불교의 윤회 사상이 기저를 이루고 있다.
　　㉢ 정제된 10구체 향가로 비유성이 뛰어나 문학성이 높다.
⑥ 작자 … 월명사

㉢ 제망매가(祭亡妹歌)

生死路隱
此矣有阿米次 兮伊遣
吾隱去內如辭叱都
毛如云遣去內尼叱古
於內秋察早隱風未
此矣彼矣浮良落尸葉如
一等隱枝良出古
去奴隱處毛冬乎丁
阿也 彌陀刹良逢乎吾
道修良待是古如

[현대어 풀이]
생사의 길은
여기 있으므로 두려워하고,
‘나는 간다’는 말도
못 다 이르고 어찌 갑니까?
어느 가을 이른 바람에
여기저기 떨어질 잎처럼
한 가지에 나고서도
가는 곳 모르는구나.
아, 극락에서 다시 만날 나는
불도를 닦으며 기다리겠노라.

(5) 한문학

① 형성 … 한자는 기원전 2세기경에 우리나라에 전해진 이래 삼국 시대부터 뛰어난 한문학 작품이 나오게 되었다.

② 주요 작품

작품	작자	연대	형식	내용
여수장 우중문시	을지문덕	영양왕 23년	오언 한시	살수대첩과 관련하여 수의 장수를 희롱하고 고구려인의 기개를 암유한 노래, 「삼국사기」
치당태평송	진덕여왕	진덕여왕 4년	오언 한시	비단 바탕에 글자를 짜 넣어, 김춘추의 아들 법민을 시켜 당고종에게 보낸 치욕적인 송시(頌詩)
화왕계	설총	신문왕	설화	왕은 참다운 충신을 가까이 해야 함을, 장미와 백두옹을 빌어 우언적으로 나타냄. 「동문선」에는 '풍왕서'로 수록
화랑세기	김대문	성덕왕	설화	설화 문학서로 「계림잡편」 「고승전」 등에 있었다고 하나, 내용이 전하지 않음
고승전	김대문	성덕왕	전기	저명한 스님에 대한 전기를 적은 것이라고 하나 전하지 않음
왕오천 축국전	혜초	성덕왕	기행문	인도의 오국과 인근의 여러 나라를 순례하고 나라에 돌아와서 적은 여행기. 전 3권
계원필경	최치원	신라말	문집	20권 4책으로 된 문집으로, 현재 전하는 개인 문집으로는 우리나라 최초의 것

┃1~2┃ 다음 글을 읽고 물음에 답하시오.

善化公主主隱	선화공주님은
他密只嫁良置古	남 몰래 시집가서
薯童房乙	서동방을
夜矣卯乙抱遣去如	밤이면 안고 간다.

1 이 작품에 대한 설명으로 옳지 않은 것은?

① 삼국유사에 전해지고 있다.

② 배경 설화가 있다.

③ 향가 중 민요체를 대표한다.

④ 엄격한 형식적 제한이 있다.

2 이 작품과 형식이 다른 것은?

① 풍요   ② 도솔가

③ 헌화가   ④ 안민가

▮3~4▮ 다음 글을 읽고 물음에 답하시오.

龜何龜何	거북아 거북아
㉠首其現也	머리를 내어라
若不現也	내놓지 않으면
燔灼而喫也	구워서 먹으리.

3 다음 중 밑줄 친 ㉠의 상징적 의미로 옳지 않은 것은?

① 수로왕의 머리

② 풍부한 재물

③ 생명의 근원

④ 강력한 군주

4 이 작품의 내용 전개 방식으로 가장 바른 것은?

① 주체의 소망을 점층적으로 표현하였다.

② 현실에 대한 좌절을 우의적으로 표현하였다.

③ 상반되는 대상을 통해 주제를 명확하게 제시하였다.

④ 사건의 순차적인 발전을 제시하였다.

5 다음 중 국문학의 기원과 관계없는 것은?

① 종합 예술

② 제천 의식

③ 집단의 가무

④ 개인의 서정

6 다음 중 국문학의 기원을 알 수 있는 제천 의식(祭天儀式)을 기록하고 있는 가장 오래된 문헌은?

① 삼국사기
② 삼국유사
③ 시용향악보
④ 위지 동이전

7 고대 가요의 대한 다음 설명 중 옳지 않은 것은?

① 모두 개인이 서정을 노래하였다.
② 설화 속에 삽입 가요로 전승되었다.
③ 원시 종합 예술에서 분화되어 발전하였다.
④ 현존하는 최고의 서정시는 「공무도하가」이다.

8 다음 중 고대가요와 수록된 문헌의 연결이 바르지 않은 것은?

① 황조가 – 삼국사기
② 구지가 – 삼국유사
③ 정읍사 – 삼국유사
④ 공무도하가 – 해동역사

9 다음 중 전설의 특징으로 옳지 않은 것은?

① 권선징악과 인과응보적인 교훈을 강조한다.
② 특정한 증거물이 실존한다.
③ 구체적인 시간과 장소가 제시된다.
④ 전승 범위가 세계 각 지역에 분포되어 있다.

10 「공무도하가」에 대한 다음 설명 중 옳지 않은 것은?

① 지은이는 곽리자고의 아내 여옥이다.

② 원래 중국의 노래였다고 주장하는 학자도 있다.

③ 조선 정조 때 한치윤의 「해동역사」에 그 설화가 전한다.

④ '공무도하'의 구절은 '임이시여, 강을 건너지 마오'라고 번역할 수 있다.

11 다음 중 신라 이후부터 고려 초까지 우리말 순서에 따라 문장 전체를 적던 표기법은?

① 이두   ② 향찰

③ 언문   ④ 구결

12 다음 중 향가가 수록된 문헌을 바르게 짝지은 것은?

① 삼국유사, 균여전

② 악학궤범, 악장가사

③ 삼국사기, 삼대목

④ 시용향악보, 청구영언

13 다음 중 가장 완성된 형태의 향가는?

① 풍요   ② 헌화가

③ 처용가   ④ 제망매가

14 다음 중 「제망매가」에 대한 설명으로 옳지 않은 것은?

① 의식요의 성격을 엿볼 수 있다.

② 도교적 신앙을 바탕으로 한 추모시이다.

③ 인생의 무상함이 잘 드러나 있다.

④ 유한자인 인간의 한계를 종교적 믿음으로 극복하고 있다.

15 다음 중 향가에 대한 설명으로 옳지 않은 것은?

① 「삼국유사」에 14수가 전하고 있다.

② 가장 정제된 형식은 10구체이다.

③ 한자로 기록된 우리나라 최고의 시가이다.

④ 좁은 개념으로는 향찰로 표기된 신라 시대의 노래를 지칭한다.

정답및해설

1	④	2	④	3	②	4	①	5	④
6	④	7	①	8	③	9	④	10	①
11	②	12	①	13	④	14	②	15	③

┃1~2┃

「서동요」
㉠ 갈래 : 향가(사뇌가)
㉡ 주제 : 선화 공주에 대한 서동의 연모의 정
㉢ 성격 : 예언적, 민요적, 동요적, 참요적
㉣ 특징 : 현전하는 최고(最古)의 향가

1 ④ 4구체 향가는 입에서 입으로 전하던 민요나 동요 등이 정착된 초기 형태로서 비교적 형식이 자유롭다.

2 ①②③ 4구체 향가이다.
④ 10구체 향가이다.

┃3~4┃

구지가
㉠ 갈래 : 한역시가, 집단요, 의식요, 노동요
㉡ 성격 : 주술적
㉢ 주제 : 수로왕의 강림기원
㉣ 특징 : 우리나라 최초의 집단적 서사시

3 '머리', 또는 '목'의 뜻으로 보아 '생명' 또는 강력한 우두머리를 의미한다.

4 ① 1, 2행이 머리를 내놓으라는 요구였다면 3, 4행은 머리를 내놓지 않으면 구워 먹겠다는 위협조로 그 강도가 높아졌다.

5 국문학의 기원은 제천 의식에서 찾아볼 수 있는데, 제천 의식에서 집단 가무가 행해졌고, 이것은 문학의 모태가 되는 원시 종합 예술이다.

6 중국의 진수가 지은 「위지 동이전」은 우리 고대 민족들의 생활상과 풍속을 포함하여 여러 가지 사실을 비교적 상세하게 전한다는 점에서 고대사 연구에 중요한 문헌으로 이용된다. 이로써 고대사회의 제천 의식 등 농경의례의 모습과 정치조직의 발전 정도를 알 수 있다.

7 ① 집단의식을 드러내는 시가도 있다. 대표적으로 「구지가」가 있다.

8 ③ 「정읍사」는 백제의 가요로 「악학궤범」에 전한다.

9 ④ 전설의 전승범위는 일정한 지역에 한정된다는 특징이 있다.

10 ① 「공무도하가」는 어느 백수광부의 처가 물에 빠져 죽은 남편을 애도하며 지어 부른 노래이다. 이 사실을 목격한 곽리자고가 자기의 아내 여옥에게 알려주니 그녀는 공후를 뜯으면서 그것을 이웃집 여자 여용에게 가르쳐줌으로써 세상에 널리 퍼지게 되었다.

11 ② '향찰'은 한자의 음과 훈을 빌려 문장 전체를 적은 신라 시대의 우리말 표기법이다.

12 향가는 「삼국유사」에 14수, 「균여전」에 11수가 전하고 있다.

13 완성된 형식의 향가는 10구체 향가로 가장 정제된 형식이다.
① 4구체 ② 4구체
③ 8구체 ④ 10구체

14 「제망매가」는 불교적 윤회사상을 바탕으로 한 작품이다.

15 ③ 향가는 향찰로 표기된 우리 고유의 시가이다.

02 고려시대의 문학

기출문제

(1) 시대 개관

① **한문학의 융성** … 광종 때 문학을 통해 능력을 평가하는 과거제 도입, 숙종 때 국가 교육 기관인 국자감 강화 등이 원인이 되었다.

② 설화에서 발전한 패관 문학과 가전체 작품이 소설로 접근해 갔다.

③ 향가가 쇠퇴하고, 고려 가요가 평민층에서 애송되었다.

④ 귀족 문학인 경기체가(景幾體歌)가 발달하고, 시조가 발생하였다.

⑤ 내용이 진솔하고 소박하였다.

⑥ **과도기적 문학** … 향가의 낡은 형식과 내용에 싫증을 느꼈으나 새로운 시형을 찾지 못하고, 경기체가, 속요는 그 수명이 길지 못했으며, 시조는 조선조에 와서 꽃을 피웠다.

⑦ **불교 문학의 발달** … 불교를 국교로 삼았다(균여, 의천, 탄면, 지눌, 혜심 등). 그러나 후반기에는 무신 정권 이후 귀족 계층의 변화로 성리학을 도입하였다.

⑧ 내외의 환란이 계속되어 현실 도피와 순간적인 향락을 표현하였다.

(2) 고려가요

① **개념** … 향가의 쇠퇴 이후 고려의 귀족층이 한문학으로 문단을 이끌어 가자 평민층에 새로이 나타난 노래(민요적 시가)로 속요, 고속가(古俗歌), 여요, 장가라고도 한다.

② **특징**
  ㉠ **작가** : 구전되다가 한글 창제 후에 문자로 기록되어 정확한 저작 연대, 작가 등을 알기 어렵다.
  ㉡ **내용** : 평민들이 부르던 노래로 소박하고 풍부한 서민들의 정서가 진술하게 드러난다.
  ㉢ **형식** : 대체로 분절체(分節體)이고 후렴구가 발달되어 있다.
  ㉣ **운율** : 율격이 고정된 것은 아니지만 3·3·2조의 3음보 율격이 많이 나타난다.
  ㉤ **의의** : 아름다운 우리말 표현 율조의 유려함 소박하고 꾸밈없는 감정의 표출 등으로 국문학사상 백미(白眉)로 평가된다.

③ 주요 작품

작품명	형식	내용	출전
동동(動動)	전 13연	달마다 행하는 세시풍속과 임에 대한 연모	악학궤범
처용가(處容歌)	단연	향가인 〈처용가〉에서 발전한 축사(逐邪)의 노래	악학궤범 악장가사
정과정(鄭瓜亭)	10구체	귀양살이의 억울함과 연군의 정	악학궤범
청산별곡(靑山別曲)	전 8연	삶의 고뇌와 비애를 느끼고 이상향을 그리는 심정	악장가사
가시리	전 4연	사랑하는 이와 이별한 슬픔	악장가사
서경별곡(西京別曲)	전 3연	대동강을 배경으로 한 이별의 정한	악장가사 시용향악보
정석가(鄭石歌)	전 6연	임금 또는 임에 대한 변함없는 사랑	악장가사 시용향악보
사모곡(思母曲)	단연	어머니에 대한 지극한 사랑을 농기구에 비유해 노래함	악장가사 시용향악보
쌍화점(雙花店)	전 4연	남녀 간의 자유로운 애정 행각	악장가사
이상곡(履霜曲)	단연	남녀 간의 사랑	악장가사
만전춘(滿殿春)	전 5연	변치 않는 사랑에 대한 소망	악장가사
유구곡(維鳩曲)	단연	비둘기와 울음에 비교해 연정을 읊음	시용향악보
상저가(相杵歌)	단연	방아를 찧으면서 부모에 대한 효도를 읊음	시용향악보

㉠ 정과정(鄭瓜亭)

내 님믈 그리ᅀᅡ와 우니다니
산(山) 졉동새 난 이슷ᄒᆞ요이다.
아니시며 거츠르신 ᄃᆞᆯ 아으
잔월효성(殘月曉星)이 아ᄅᆞ시리이다.
넉시라도 님은 ᄒᆞᆫᄃᆡ 녀져라 아으
벼기더시니 뉘러시니잇가.
과(過)도 허믈도 천만(千萬) 업소이다.
ᄆᆞᆯ 힛마리신뎌
ᄉᆞᆯ읏븐뎌 아으
니미 나ᄅᆞᆯ ᄒᆞ마 니ᄌᆞ시니잇가.
아소 님하, 도람 드르샤 괴오쇼셔.

작품 해석

① 갈래 … 비연시(10구체), 향가계 시가
② 연대 … 고려 의종
③ 주제 … 임금을 그리워하는 정
④ 성격 … 유배 문학, 충신 연군 지사
⑤ 의의 … 한글로 전하는 고려 속요 가운데 작자가 분명한 유일한 작품으로 형태와 내용면에서 향가의 맥을 잇고 있다.
⑥ 작자 … 정서

[현대어 풀이]

내 님을 그리며 울고 지내니

산 접동새와 난 (처지가) 비슷합니다.

(나에 대한 참소가 진실이) 아니며 거짓이라는 것을 아!

지는 달 새벽 별만이 아실 것입니다.

넋이라도 님과 함께 가고파라 아!

(내 죄를) 우기던 이, 그 누구입니까.

(나는) 잘못도 허물도 전혀 없습니다.

뭇 사람들의 거짓말이여

슬프구나 아!

님이 나를 벌써 잊으셨나이까.

아! 님이여, 내 사연 들으시고 다시 아껴주소서.

ⓛ 가시리

가시리 가시리잇고 나ᄂᆞᆫ

ᄇᆞ리고 가시리잇고 나ᄂᆞᆫ.

위 증즐가 대평셩ᄃᆡ(大平盛代)

날러는 엇디 살라 ᄒᆞ고

ᄇᆞ리고 가시리잇고 나ᄂᆞᆫ.

위 증즐가 대평셩ᄃᆡ(大平盛代)

잡ᄉᆞ와 두어리마ᄂᆞᄂᆞᆫ

선ᄒᆞ면 아니 올셰라.

위 증즐가 대평셩ᄃᆡ(大平盛代)

셜온 님 보내ᄋᆞᆸ노니 나ᄂᆞᆫ

가시ᄂᆞᆫ 듯 도셔 오쇼셔 나ᄂᆞᆫ.

위 증즐가 대평셩ᄃᆡ(大平盛代)

[현대어 풀이]

가시려 가시렵니까

버리고 가시렵니까

날러는 어찌 살라하고

버리고 가시렵니까

님 잡아 둘 것이지만

서운하면 아니 올까봐

서러운 님 보내옵나니

가시는 듯 돌아 오소서

ⓒ 청산별곡

살어리 살어리랏다 청산(靑山)애 살어리랏다.

멀위랑 ᄃᆞ래랑 먹고 청산(靑山)애 살어리랏다.

얄리얄리 얄랑셩 얄라리 얄라

기출문제

작품 해석

① 갈래 … 고려 가요
② 연대 … 고려 시대
③ 주제 … 이별의 정한
④ 형태 … 전 4 연의 연장체(분연체)
⑤ 운율 … 3 · 3 · 2조의 3음보
⑥ 성격 … 이별의 노래, 민요풍
⑦ 의의 … 이별의 애달픔을 소박한 정조로 노래한 이별가의 절조
⑧ 작자 … 미상

기출문제

작품 해석

① 갈래 … 고려 가요, 장가, 서정시
② 연대 … 고려 시대
③ 주제 … 삶의 고뇌와 비애, 실연(失戀)의 애상, 현실에의 체념
④ 형태 … 전 8연의 분절체, 매연 4구 3 · 3 · 2조의 3음보
⑤ 성격 … 평민 문학, 도피 문학
⑥ 의의 … 고려 가요 중 비유성과 문학성이 가장 뛰어나다.
⑦ 작자 … 미상

우러라 우러라 새여 자고 니러 우러라 새여.
널라와 시름 한 나도 자고 니러 우니로라.
얄리얄리 얄라셩 얄라리 얄라
가던 새 가던 새 본다 믈 아래 가던 새 본다.
잉 무든 장글란 가지고 믈 아래 가던 새 본다.
얄리얄리 얄라셩 얄라리 얄라
이링공 뎌링공 ᄒᆞ야 나즈란 디내와숀뎌.
오리도 가리도 업슨 바므란 쏘 엇디 호리라.
얄리얄리 얄라셩 얄라리 얄라
어늬라 더디던 돌코 누리라 마치던 돌코.
믜리도 괴리도 업시 마자셔 우니노라.
얄리얄리 얄라셩 얄라리 얄라
살어리 살어리랏다 바ᄅᆞ래 살어리랏다.
ᄂᆞᄆᆞ자기 구조개랑 먹고 바ᄅᆞ래 살어리랏다.
얄리얄리 얄라셩 얄라리 얄라
가다가 가다가 드로라 에졍지 가다가 드로라.
사ᄉᆞ미 짒대예 올아셔 ᄒᆡ금(奚琴)을 혀거를 드로라.
얄리얄리 얄라셩 얄라리 얄라
가다니 ᄇᆡ브른 도긔 설진 강수를 비조라.
조롱곳 누로기 ᄆᆡ와 잡ᄉᆞ와니 내 엇디 ᄒᆞ리잇고.
얄리얄리 얄라셩 얄라리 얄라

[현대어 풀이]

살겠노라. 살겠노라. 청산에서 살겠노라.
머루랑 다래랑 먹고 청산에서 살겠노라.
우는구나 우는구나 새여, 자고 일어나 우는구나 새여.
너보다 시름이 많은 나도 자고 일어나 우는구나.
가던 새 가던 새를 보았느냐. 물 아래쪽 들판으로 가던 새를 보았느냐.
이끼 묻은 쟁기를 가지고 들판을 지나던 새를 보았느냐.
이럭저럭하여 낮일랑은 지내왔건만
올 사람도 갈 사람도 없는 밤은 또 어찌 하리요.
어디에 던지려던 돌인가. 누구를 맞히려던 돌인가.
미워할 이도 사랑할 이도 없이 맞아서 울며 지내노라.
살겠노라. 살겠노라. 바다에서 살겠노라.
나문재와 굴조개를 먹고 바다에서 살겠노라.
가다가 가다가 듣는다. 외딴 부엌 지나다가 듣는다.
사슴으로 분장한 광대가 장대에 올라서 해금을 켜는 것을 듣는다.
가는데 불룩한 술독에 독한 술을 빚는다.
조롱박꽃 모양의 누룩이 매워 나를 붙잡으니 내 어찌하겠느냐.

기출문제

(3) 경기체가

① **정의** … 고려 고종 때 발생하여 조선 선조 때까지 이어진 귀족 문학의 대표적 시가로 경기하여(景幾何如)라는 구절이 들어 있기 때문에 '경기체가' 혹은 '경기하여가'라 불린다.

② **성격**

　㉠ 무신난 이후 새롭게 정계에 등장한 신흥 사대부들에 의해 향유된 노래로 교술적 성격을 지닌 문학이다.

　㉡ 고려 가요가 평민 문학인 데 반해 경기체가는 귀족 문학이며, 그들의 풍류적인 삶을 노래한 것이다.

Point 팁 ┃ **고려 가요와 경기체가의 공통점과 차이점**

구분	고려 가요	경기체가
공통점	3음보의 율격, 분연체, 후렴구	
차이점	서정 장르, 평민 문학, 비정형, 구비성	교술 장르, 귀족 문학, 정형, 기록성

③ **형식**

　㉠ 음수율은 1·2행이 3·3·4조, 3·4행은 4·4·4조, 5·6행은 4·4·4·4조로 고정되어 있으며, 음보율은 3음보이다.

　㉡ 각 연은 4행의 전대절과 2행의 후소절로 나뉜다.

　㉢ 분연체(분장체)이며 각 연의 끝에 '경(景)긔 엇더ᄒ니잇고' 또는 '경기하여'라는 후렴구가 붙는다.

④ **내용** … 대체로 고답적, 풍류적, 향락적인 내용을 담고 있다.

⑤ **의의** … 경기체가는 운율적으로는 음악적이지만 내용에 문학성이 없으며, 한시도 우리나라의 시도 아닌 중간적인 존재로써 일종의 기형적인 문학이다. 그러나 한국적인 자연스러운 운율과 정제된 형식미를 갖추고 있어 조선 시대까지 한학자들이 애용한 시 형식이다.

⑥ **주요 작품**

작품	작자	연대	출전	내용
한림별곡	한림제유	고종	악장가사 고려사	시부, 서적, 병필, 병주, 화훼(花卉), 음악, 누각, 추천의 8장으로 되어 있음. 현실 도피적·향락적인 성격
관동별곡	안축	충숙왕	근재집	관동의 절경을 노래. 전 8 연
죽계별곡	안축	충숙왕	근재집	작자의 고향 풍기 땅의 경치를 노래. 전 8 연

(4) 한시(漢詩)

① 개념 … 한문으로 이루어진 정형시로 원래 중국의 시가 양식이지만 한글 창제 이전에 우리나라 사람이 지었거나 한문을 주로 사용하던 상류계층이 지은 한시는 우리문학에 포함한다.

② 한시의 종류 … 크게 고체시와 근체시로 나눈다. 고체시는 당나라 이전의 한시 형식이고 근체시는 당나라 때부터 발달한 시체이다.

　㉠ 고체시 : 당나라 이전에 널리 쓰인 시의 형태로 한시의 작법 제약이 없이 자유로운 형태이다.

Point 팁 고시(古詩) … 근체시(近體詩)가 형성되기 이전까지의 시의 형태로 5언 고시와 7언 고시가 있다. 한 문장이 다섯 또는 일곱자로 구성됨이 기본이지만 더 길거나 더 짧게 자유롭게 구성할 수 있다. 동일한 글자를 쓰는 것이 허용되었으며 율시와 같은 엄격한 법칙이 없었다.

　㉡ 근체시(近體詩) : 당나라 이후에 널리 쓰였던 시의 형태로 한시의 작법이 엄격했던 한시의 형태이다.

　　• 5언 절구 : 한 문장이 다섯 자로 구성되고 4행으로 이루어진다.
　　• 5언 율시 : 한 문장이 다섯 자로 구성되고 8행으로 이루어진다.
　　• 5언 배율 : 한 문장이 다섯 자로 구성되고 12행으로 이루어진다.
　　• 7언 절구 : 한 문장이 일곱 자로 구성되고 4행으로 이루어진다.
　　• 7언 율시 : 한 문장이 일곱 자로 구성되고 8행으로 이루어진다.
　　• 7언 배율 : 한 문장이 일곱 자로 구성되고 12행으로 이루어진다.

③ 주목 해야 할 작품 … 송인(정지상), 여수장우중문시(을지문덕), 사리화(이제현), 빈녀음(허난설헌), 부벽루(이색), 탐진촌요(정약용) 등

　㉠ 송인(送人)

　　雨歇長堤草色多
　　送君南浦動悲歌
　　大同江水何時盡
　　別淚年年添綠波

　　[현대어 풀이]
　　비 개인 긴 언덕에는 풀빛이 푸른데,
　　그대를 남포에서 보내며 슬픈 노래 부르네.
　　대동강 물은 그 언제 다할 것인가,
　　이별의 눈물 해마다 푸른 물결에 더하는 것을.

© 부벽루(浮碧樓)

昨過永明寺
暫登浮碧樓
城空月一片
石老雲千秋
麟馬去不返
天孫何處遊
長嘯倚風磴
山靑江自流

[현대어 풀이]

어제 영명사를 지나다가
산은 오늘도 푸르고 강은 절로 흐르네.
잠시 부벽루에 올랐네.
텅 빈 성엔 조각달 떠 있고
천 년 구름 아래 바위는 늙었네.
기린마는 떠나간 뒤 돌아오지 않으니
천손은 지금 어느 곳에 노니는가?
돌계단에 기대어 길게 휘파람 부노라니

(5) 언해(諺解)

① 개념 … 한문으로 된 책을 조선시대 한글 창제 이후 우리말로 번역한 것을 말한다.

② 특징

　㉠ 중세 국어 연구의 중요한 문헌적 자료이다.

　㉡ 한문학의 소개와 대중화로 우리문학의 영역을 넓히는 데 영향을 주었다.

③ 주목해야 할 작품 … 춘망, 강촌, 등고, 귀안, 강남봉이구년, 등악양루(두보)

　㉠ 두보의 〈강촌〉

　　　물군 ᄀᆞ롮 ᄒᆞᆫ 고비 ᄆᆞ슬ᄒᆞᆯ 아나 흐르ᄂᆞ니,
　　　긴 녀롮 강촌(江村)애 일마다 유심(幽深)ᄒᆞ도다.
　　　절로 가며 절로 오ᄂᆞᆫ 집 우흿 져비오,
　　　서르 친(親)ᄒᆞ며 서르 갓갑ᄂᆞᆫ 믌 가온딧 ᄀᆞᆯ며기로다.
　　　늘근 겨지븐 죠희ᄅᆞᆯ 그려 쟝긔파ᄂᆞᆯ 밍ᄀᆞᆯ어ᄂᆞᆯ,
　　　져믄 아ᄃᆞᄅᆞᆫ 바ᄂᆞᆯ 두드려 고기 낫굴 낙술 밍ᄀᆞᄂᆞ다.
　　　한 병(病)에 얻고져 ᄒᆞ논 바ᄂᆞᆫ 오직 약물(藥物)이니,
　　　져구맛 모미 이 밧긔 다시 므스글 구(求)ᄒᆞ리오.

작품 해석

① 해제 … 작가가 고구려 유적지인 평양성을 지나면서 읊은 시로, 인간 역사의 유한함에서 오는 무상감을 변함없는 자연과 대조하는 한편 영웅을 동경하는 화자의 일면에서 고려의 국운 회복에 대한 소망을 드러내었다.
② 갈래 … 한시
③ 형식 … 오언율시
④ 성격 … 회고적, 서경적, 애상적
⑤ 표현 … 자연과 인간의 대조, 대구법
⑥ 주제 … 인간 역사의 무상함과 고려 국운 회복에의 소망
⑦ 작가 … 이색
⑧ 출전 … 〈목은집〉

작품 해석

① 해제 … 두보가 성도에 띠집을 짓고 한가로이 지내던 때의 시로 한가로운 강촌 마을의 풍경과 그 속에서 안분지족하는 화자의 삶이 조화롭게 그려졌다.
② 갈래 … 언해
③ 형식 … 한시(칠언 율시)
④ 성격 … 서정적 한정적 회화적 묘사적
⑤ 표현
　㉠ 대구
　㉡ 묘사적 시각적 심상
　㉢ 선경후정
　㉣ 시선의 이동(원근법)
⑥ 주제 … 여름날 강촌의 한가로운 정경

[현대어 풀이]

맑은 강물의 한 굽이가 마을을 안고 흐르나니
긴 여름의 강촌에 일마다 운치가 그윽하도다.
저절로 갔다고 저절로 오는 것은 집 위에 깃들인 제비요,
서로 친하며 서로 가깝게 노니는 것은 물 가운데의 갈매기로다.
늙은 아내는 종이에 그려 장기판을 만들고 있고
어린 아이들은 바늘을 두드려 고기 낚을 낚시를 만들고 있구나.
많은 병에 얻고자 하는 것은 오직 약물이니
이 천한 몸이 이것 밖에 다시 무엇을 구하리오.

ⓒ **절구**(絕句)

ᄀᄅ미 프르니 새 더욱 히오,	江碧鳥逾白
뫼히 퍼러ᄒᆞ니 곳 비치 블 븓ᄂᆞᆫ 듯도다.	山靑花欲燃
옰보미 본ᄃᆡᆫ ᄯᅩ 디나가ᄂᆞ니,	今春看又過
어느 나리 이 도라갈 히오.	何日是歸年

[현대어 풀이]

강이 파라니 새는 더욱 희고,
산이 푸르니 꽃빛이 불불는 듯하다.
보건대 올 봄이 또 지나가니,
어느 날이 돌아갈 해인가.

작품 해석

① 갈래 … 서정시, 기·승·전·결의 오언 절구
② 주제 … 고향에 돌아가지 못하는 아쉬움, 향수(鄕愁), 수구초심(首邱初心)
③ 특징
　ᄀ 대구(기구와 승구), 색채(靑과 紅)의 대조
　ⓒ 선경후정(先景後情) : 봄을 맞는 푸른 강, 푸른 산의 정경과 시적 자아의 심상

(6) 시조

① **개념** … 고려 중엽에 발생하여 고려 말엽에 완성된 정형시로 현대까지 이어지고 있는 유일한 민족문학의 갈래이다. 단가(短歌), 신조(新調), 가요(歌謠) 등으로 불려오다가 조선 영조 때 가객 이세춘에 의해 '시절가조(時節歌調)' 즉 시조(時調)라 불리게 되었다.

② **발생과 의의**
　ᄀ 발생 : 10구체 향가, 민요, 무당의 노랫가락 등의 영향을 받아 발생하였다고 본다.
　ⓒ 작가 : 임금부터 양반, 부녀자, 기녀에 이르기까지 다양하다.
　ⓒ 의의 : 우리나라 고유의 정형시 형태이며 현대시조로 계승되었다.

③ **형식**
　ᄀ 형식 : 3장 6구 45자 내외가 일반적인 평시조의 형식이다.
　ⓒ 운율 : 3·4조 내지 4·4조의 음수율, 4음보가 기본이며 1, 2음절의 가감이 가능하다.
　ⓒ 종장의 형식 : 종장의 첫 구절은 3음절로 고정되어 있다.

④ 종류

 ㉠ **평시조** : 3장 6구 45자 내외의 글자로 구성된 정형시이다. 평시조가 한 수로 되어있으면 '단시조'라고 하고 2수 이상이 모여 한 작품을 이루면 '연시조'라고 한다.

 ㉡ **엇시조** : 평시조의 형식에서 종장의 첫 구절을 제외하고 어느 한 구절이 평시조보다 길어지는 형태이다.

 ㉢ **사설시조** : 평시조의 형식에서 두 구절 이상이 길어지는 형태이다. 엇시조와 마찬가지로 길어지는 구절의 글자 수는 10자 이상이다.

⑤ 시조 문학의 흐름

 ㉠ **고려 말의 시조** : 주요 작가로는 우탁, 이조년, 이색, 최영, 정몽주, 이방원, 길재, 원천석 등이 있다. 왕조 교체기의 위국충정(爲國忠情), 패망한 나라에 대한 회고, 간신에 대한 풍자 등의 내용을 주로 담고 있다.

 ㉡ **조선 전기의 시조** : 고려 말에 형태가 갖추어진 시조는 조선 초기에 와서 양반 사대부의 새로운 문학 양식으로 확고한 자리를 차지하게 된다. 이는 시조 형식의 간결함이 당시 유학자들의 검소함과 담백한 정서를 표현하는데 적절하였기 때문이다. 조선 전기의 시조는 단형 시조, 연시조가 주류를 형성하였으며 한 부분에서는 고려 유신들의 회고가 등이 창작되기도 하였다. 주요 작가로는 길재, 원천석, 맹사성, 김종서, 유응부, 이개, 왕방연, 황진이, 송순, 계량, 이황 등이 있다.

 ㉢ **조선 후기의 시조** : 조선 후기의 임진왜란과 병자호란을 전후하여 나타나는 시조는 우국충정(憂國衷情), 현실에 대한 경세(警世) 등의 내용을 담고 있다. 영조 때에는 가객(歌客) 이세춘의 시조창을 비롯하여 많은 평민 가객들이 등장하고 시조창이 널리 애호 보급되었다. 그리하여 김천택. 김수장을 중심으로 한 경정산가단(敬亭山歌壇)과 고종 때 박효관 안민영을 중심으로 한 승평계 등의 가단이 형성되어 한 시대를 풍미하게 된다. 또한 이 시기에는 산문정신의 발달로 사설시조가 나타나게 된다. 사설시조는 대부분의 작품이 작가 연대 미상이며 서민적인 소작한 생활감정을 진솔하게 표현하고 있다는 점이 특징이다.

⑥ 주요 작품

 ㉠ **이방원의 시조**

  이런들 엇더ᄒᆞ며 져런들 엇더ᄒᆞ리.
  만수산(萬壽山) 드렁츩이 얼거진들 긔 엇더ᄒᆞ리.
  우리도 이ᄀᆞᆺ치 얼거져 백 년(百年)까지 누리리라.

기출문제

작품 해석

① 갈래 … 평시조
② 주제 … 이성계 일파에 동참하기를 회유(懷柔)
③ 성격 … 하여가(何如歌), 회유가

작품 해석

① 갈래 … 평시조
② 주제 … 절개
③ 성격 … 단심가(丹心歌), 충의적

문 다음 글에서 의인화하고 있는 사물은?

▶ 2020. 6. 13. 지방직/서울특별시

姓은 楮이요, 이름은 白이요, 字는 無玷이다. 회계 사람이고, 한나라 중상시 상방령 채륜의 후손이다. 태어날 때 난초탕에 목욕하여 흰 구슬을 희롱하고 흰 띠로 꾸렸으므로 빛이 새하얗다. … (중략) … 성질이 본시 정결하여 武人은 좋아하지 않고 文士와 더불어 노니는데, 毛學士가 그 벗으로 매양 친하게 어울려서 비록 그 얼굴에 점을 찍어 더럽혀도 씻지 않았다.

① 대나무 ② 백옥
③ 엽전   ④ 종이

Tip 이 글은 이첨의 〈저생전〉으로 종이를 의인화한 가전체 문학이다.
'성질이 본시 정결하여 무인은 좋아하지 않고 문사와 더불어 노니는데'라는 구절에서 선비가 주로 사용하는 종이임을 추론할 수 있고, 붓을 의인화한 '모학사'가 '얼굴에 점을 찍어 더럽혀도 씻지 않았다' 등의 표현에서도 종이임을 알 수 있다.

| 정답 ④

332 |

ⓛ 정몽주의 시조

이 몸이 죽어 죽어 일백 번(一百 番) 고쳐 죽어

백골(白骨)이 진토(塵土) 되여 넉시라도 잇고 업고

님 향(向)흔 일편단심(一片丹心)이야 가싈 줄이 이시랴.

(7) 패관 문학

① 정의 … 패관 문학은 민간의 가담항설(街談巷說) 등을 주제로 한 문학을 가리킨다.

Point 팁 패관(稗官) … 원래에는 한나라 시대에 있었던 관직으로 항간에 떠도는 소문들을 수집·기록하여 조정에 보고하고 정사(政事)에 반영토록 했던 벼슬 이름이다.

② 특징 … 소설의 전신으로 개인 창작이 아니며, 내용도 다양하다(채록자의 생각이 가미됨).

③ 주요 작품

작품	연대	작자	내용
수이전	문종	박인량	부전(不傳). 최초의 순수 설화집. 연오랑 세오녀, 호원 등 9편이 「삼국유사」, 「해동고승전」에 전함
백운소설	고종	이규보	시화, 문담(文談)을 기록
파한집	고종	이인로	시화, 문담, 기사, 고사를 기록
보한집	고종	최자	파한집의 자매편. 사실(史實), 기녀의 이야기
역옹패설	고려 말	이제현	「익재난고」 권말에 수록. 기문(異聞), 기사(奇事), 시문, 서화, 인물에 대한 이야기

(8) 가전체 문학

① 정의 … 계세징인(戒世懲人)을 목적으로 사물을 의인화하여 傳(전)의 형식으로 지은 것을 말한다.

② 특징 … 어떤 사물을 역사적 인물처럼 의인화시켜서 그 가계와 생애 및 개인의 성품 등을 기록하는 전의 양식이다(개인 창작, 설화와 소설의 교량적 역할).

③ 주요 작품

작품	연대	작자	내용
국순전	인종	임춘	술을 의인화하여 술이 사람에게 미치는 영향을 씀
공방전	인종	임춘	엽전을 의인화하여 탐재(貪財)를 경계함
국선생전	고종	이규보	술을 의인화하여 군자(君子)의 처신을 경계함
청강사자 현부전	고종	이규보	거북을 의인화하여 어진 사람의 행적을 그림
죽부인전	공민왕	이곡	죽부인을 의인화하여 절개를 나타냄

(9) 한문학

① 한문학 융성의 배경 … 고려 시대는 과거 제도의 실시, 불교 문학의 발달, 주자학의 도입, 국자감·수사원의 설치 등으로 국문학사상 한문학이 가장 융성했던 시기이다.

② 주요 작품

작품	연대	작자	내용
동명왕편	명종 23년	이규보	장편 영웅 서사시로 서사 문학의 백미
제왕운기	충렬왕	이승휴	상권에는 중국 역대 사적을 칠언시로, 하권은 우리나라 역대 사적을 칠언과 오언으로 엮은 민족 서사시
동국이상국집	고종	이규보	전 53권의 문집으로, 전집에는 부(賦), 시(時), 송(頌) 등이, 후집에는 시, 찬(讚), 서(書), 기(記) 등이 수록
해동고승전	고종 2년	각훈	고구려·신라 때의 고승의 전기. 우리나라 최초의 승전(僧傳)

1 다음 한시의 형식적 갈래로 적절한 것은?

> 雨歇長堤草色多　비 갠 긴 둑엔 풀빛이 짙어 가는데
> 送君南浦動悲歌　남포에서 임 보내며 슬픈 노래 부르네
> 大同江水何時盡　대동강 물은 어느 때 마르려는지
> 別淚年年添綠波　해마다 이별 눈물 푸른 강물에 더해지네

① 5언 절구 　　　　　　　　　② 5언 율시
③ 7언 절구 　　　　　　　　　④ 7언 율시

2 국문학 사상 최초의 월령체 형식으로 송도지사(頌禱之詞)를 담고 있는 고려가요는?

① 사모곡 　　　　　　　　　　② 동동
③ 상저가 　　　　　　　　　　④ 정석가

3 다음 중 고려 가요(속요)에 대한 설명으로 옳지 않은 것은?

① 고려 시대 평민들이 부르던 민요적 시가이다.
②「악학궤범」,「악장가사」등에 전하고 있다.
③ 구전되다가 조선 초에 훈민정음으로 기록되었다.
④ 작품으로「서경별곡」,「가시리」,「한림별곡」등이 있다.

┃4~5┃ 다음 글을 읽고 물음에 답하시오.

(가) 잡ᄉᆞ와 두어리마ᄂᆞᆫ
　　선ᄒᆞ면 아니 올셰라.
　　위 증즐가 대평셩ᄃᆡ(大平盛代)
　　셜온 님 보내ᄋᆞᆸ노니 나ᄂᆞᆫ
　　㉠가시ᄂᆞᆫ 듯 도셔 오쇼셔 나ᄂᆞᆫ.
　　위 증즐가 대평셩ᄃᆡ(大平盛代)

(나) 서경(西京)이 아즐가
　　서경(西京)이 셔울히 마르ᄂᆞᆫ
　　위 두어렁셩 두어렁셩 다링디리
　　닷곤 ᄃᆡ 아즐가
　　닷곤 ᄃᆡ 쇼셩경 고ᄋᆡ마른
　　위 두어렁셩 두어렁셩 다링디리
　　여ᄒᆡ므론 아즐가
　　여ᄒᆡ므론 질삼뵈 ᄇᆞ리시고
　　위 두어렁셩 두어렁셩 다링디리
　　괴시란ᄃᆡ 아즐가
　　괴시란ᄃᆡ 우러곰 좃니노이다.
　　위 두어렁셩 두어렁셩 다링디리

---

4 밑줄 친 ㉠의 문맥상의 의미는?

① 가시는 것처럼　　　　　　　② 가시자마자 곧
③ 가시는 듯하다가　　　　　　④ 가시는 듯 마는 듯

5 (나)에 나타난 내용이 아닌 것은?

① 떠나는 임에 대한 애원　　　② 부절한 사랑과 믿음에 대한 맹세
③ 애소(哀訴)를 넘어선 절제와 체념　　④ 별리를 아쉬워하는 연모의 지정

6 다음 중 어머니의 지극한 사랑을 칭송하고 있는 일명 '엇노리'라고 하는 고려 가요는?

① 사모곡   ② 정석가

③ 정읍사   ④ 청산별곡

7 다음 중 고려 가요와 경기체가의 공통점은?

① 한문구의 나열이 많다.

② 남녀 간의 애정을 묘사한 작품이 많다.

③ 향유 계층이 동일하다.

④ 대체로 분절체이며, 후렴구를 가졌다.

8 다음 중 「가시리」의 후렴구는?

① 위 덩더둥셩

② 아으 동동(動動)다리

③ 위 증즐가 대평성대(大平盛大)

④ 얄리얄리 얄라셩 얄라리 얄라

9 다음 중 「한림별곡」에 대한 설명으로 옳지 않은 것은?

① 현존하는 최고(最古)의 경기체가이다.

② 가사문학에 영향을 주었다.

③ '위 경(景)긔 엇더하니잇고'라는 후렴구가 쓰였다.

④ 고려시대 서민들의 진솔한 정서를 표출하고 있다.

10 다음 설명과 관계있는 작품은?

• 현실 도피적(現實逃避的)인 노장적 퇴폐 사상을 주조(主潮)로 한다.

• 고려 후기 신흥 사대부들의 활기찬 감정과 의식세계를 노래하였다.

• 사물이나 경치를 나열함으로써 신흥 사대부들의 호탕한 기상을 드러내고 있다.

---

① 성산별곡　　　　　　　　　　② 면앙정가

③ 한림별곡　　　　　　　　　　④ 서경별곡

정답및해설

1	③	2	②	3	④	4	②	5	③
6	①	7	④	8	③	9	④	10	③

1 정지상의 '송인'은 한 구가 일곱 자로 이루어진 7언 절구이다. 절구는 기(起) · 승(承) · 전(轉) · 결(結)의 네 구로 이루어진 한시 형식이다. 율시는 여덟 구로 이루어진 것을 말한다.

2 ②「동동」은 1년 열두 달로 나뉘어 구성된 형식의 시가로 이러한 형식을 '달거리' 또는 '월령체'라고 한다.

3 ④「한림별곡」은 경기체가이다.

▎4~5▎

> (개)「가시리」: 간결하고 소박한 언어로 감정을 절제하여 이별의 정한을 노래한 고려 가요이다.
> (내)「서경별곡(西京別曲)」
> ㉠ 갈래 : 고려 가요
> ㉡ 주제 : 이별의 정한
> ㉢ 형태 : 전 3연, 3 · 3 · 3조의 3음보
> ㉣ 특징 : 각 구절 앞의 동일어를 반복(운율감)하고 있으며, 2연은「정석가」의 6연과 같다. 절제와 체념의 감정은 없다.
> ㉤ 작자 : 미상

4 '듯'은 '~하자마쟈'의 뜻으로, '가시는 듯 도셔 오쇼셔'는 '가실 때 그리 총총 떠나시는 것과 같이 가시자마자 곧 돌아오소셔로 해석할 수 있다.

5 ③ 사랑과 행복을 중시하는 적극적인 여인의 삶의 정서를 노래하고 있다.

6「사모곡」은 어머니의 사랑을 예찬한 비연시로, 신라 때의「목주가」의 후신이라고도 하는 작품이다.

7 고려 가요와 경기체가의 공통점 … 3음보, 후렴구 발달, 분장체(분절체)

8 ①「사모곡」 ②「동동」 ③「가시리」 ④「청산별곡」
※ 고려 가요의 후렴구
㉠「사모곡」: 위 덩더둥셩
㉡「청산별곡」: 알리알리 알라셩 알라리 알라
㉢「가시리」: 위 증즐가 대평셩대(大平聖代)
㉣「동동」: 아으 동동(動動)다리
㉤「서경별곡」: 위 두어렁셩 두어렁셩 다링디리
㉥「이상곡」: 다롱디우셔 마득사리 마득너즈세 너우
㉦「쌍화점」: 더링둥셩 다리러디러 다리러디러 다로러 거디러 다로러
㉧「정읍사(백제)」: 어긔야 어강됴리 아으 다롱디리

9 ④ 「한림별곡」은 귀족들의 향락적 풍류생활과 유생들의 학문적 자부심을 그리고 있다.

10 경기체가에 대한 설명이다.
① 가사
② 가사
③ 경기체가
④ 고려 가요

03 조선 전기의 문학

기출문제

(1) 시대 개관

① 조선 건국(14세기 말)부터 임진왜란(16세기 말)까지의 문학을 포괄한다.

② 훈민정음의 창제로 새로운 정음 문학이 발흥하고, 각종 구비 문학이 문자로 정착되었으며 한문 전적(典籍)이 번역됨에 따라 국문학이 발전되었다.

③ **악장의 출현** … 조선 왕조의 건국 위업을 찬양하고 왕실의 무궁한 발전을 축원하는 악장이 발생하였다.

④ 설화의 발전과 중국 소설의 영향으로 전기체 소설이 등장하였다(한문 소설).

⑤ 경기체가가 붕괴되고 가사가 출현하였으며 시조와 더불어 형식면에서 운문 문학이 지배적이었다.

⑥ 문학 향유 계층은 귀족, 양반 계층이 주축이 되었다.

⑦ **사상적 배경** … 유교 · 불교 사상을 바탕으로 하였고, 성리학(性理學)이 도입되었다.

(2) 악장

① **정의** … 조선 초 궁중의 연락(宴樂)이나 종묘제악(宗廟祭樂)에 쓰인 주악(奏樂)의 가사로, 일정한 형태상 특징보다는 조선 왕조를 송축하는 내용에 의해 설정된 장르이다.

② **작가** … 귀족 계급(신흥 사대부), 조선 건국 사대부(士大夫)들이 창작하였다.

③ **형식** … 기본형으로 2절 4구의 형식을 갖춘 것이 전형적인 악장(용비어천가, 월인천상시곡)이시만, 변조형으로 기존 문학 형식에 송축적 내용 또는 종묘제악용 가사만을 붙인 악장들이 있다(속요체, 경기체가체, 한시체).

④ **내용** … 조선 건국의 정당성 홍보, 새로운 문물제도 찬양, 임금의 만수무강 기원, 자손 번영을 축원하였다(목적성이 강한 문학, 송축의 노래).

⑤ **소멸** … 궁중 연회 등 특수한 목적에 사용하여 귀족 계층만 향유하였고 평민층에 확대되지 않아 소멸되었다.

⑥ 주요 작품

형식	작품	연대	작자	내용
신체	용비어천가	세종 27년	정인지 안지 권제	조선 6조의 건국 창업을 노래
	월인천강지곡	세종 29년	세종	석보상절(釋譜詳節)의 석가 공덕을 보고 지은 석가모니의 찬송가
속요체	신도가	태조 3년	정도전	새로운 도읍지 예찬과 태조의 만수무강 찬양
	감군은	명종 1년	상진	임금의 성덕과 성은 찬양
경기체가체	상대별곡	태종 9년	권근	사헌부(상대)의 생활을 통해 조선 창업의 위대함을 찬양
	화산별곡	세종 7년	변계량	조선의 개국 창업을 찬양
한시체	문덕곡	태조 2년	정도전	태조의 문덕(文德)을 찬양
	정동방곡	태조 2년	정도전	태조의 위화도 회군을 찬양
	납씨가	태조 2년	정도전	태조가 야인을 격파한 무공을 찬양
	봉황음	세종 11년	윤회	조선의 문물과 왕가의 태평 기원

(3) 번역 문학

① 정의 … 중국에서 들어온 불경(佛經), 경서(經書), 문학(文學)류 등을 훈민정음 창제와 더불어 우리말로 번역한 것을 말한다.

② 의의

　㉠ 중국 문학이 소개되어 우리 문학 영역이 확대되었다.

　㉡ 조선 초기 국어 연구의 귀중한 자료가 된다.

　㉢ 국문학과 중국 문학의 비교 연구 자료가 된다.

③ 주요 번역서

　㉠ 운서 : 운회번역(韻會飜譯), 홍무정운역훈(洪武正韻譯訓) — 집현전, 언문청

　㉡ 불경

　　• 「석보상절(釋譜詳節)」 : 석가모니의 일대기를 산문체로 번역한 전기 문학

　　• 「월인석보(月印釋譜)」 : 월인천강지곡(세종) + 석보상절(세조)

　　• 「능엄경언해」, 「묘법연화경언해(妙法蓮華經諺解)」

　㉢ 경서 : 「내훈(內訓)」, 「삼강행실도언해(三綱行實圖諺解)」, 「번역소학(飜譯小學)」, 「효경언해(孝經諺解)」, 「사서언해(四書諺解)」

기출문제

다음 시조와 가장 유사한 정서가 나타난 것은?

▶ 2015. 6. 13. 서울특별시

방안에 혓는 촛불 눌과 이별 ᄒ엿관ᄃᆡ
겻츠로 눈물 디고 속 타는 줄 모르는고
뎌 촛불 날과 갓트여 속 타는 줄 모르도다

① 이화에 월백ᄒ고 은한이 삼경인 제 / 일지춘심을 자규야 알랴마는 / 다정도 병인냥ᄒ여 ᄌᆞᆷ 못 드러 ᄒ노라

② ᄒᆞᆫ 손에 막ᄃᆡ 잡고 ᄯᅩ ᄒᆞᆫ 손에 가ᄉᆡ 쥐고 / 늙는 길은 가ᄉᆡ로 막고 오는 백발은 막ᄃᆡ로 철엿튼이 / 백발이 제 몬져 알고 지름길로 오건야

③ 이화우 훗색릴 제 울며 잡고 이별ᄒᆞᆫ 님 / 추풍낙엽에 저도 날 싱각는가 / 천리에 외로운 ᄭᅮᆷ!만 오락가락 ᄒ노매

④ ᄆᆞᆯ 사름들아 올ᄒᆞᆫ 일 ᄒᆞ쟈ᄉᆞ라 / 사름이 되어 나서 올티옷 못ᄒᆞ면 / ᄆᆞ쇼룰 갓 곳갈 싀워 밥머기나 다르랴

Tip 제시문의 시조는 이개의 시조로 단종과 이별하는 슬픔을 나타내고 있다. 이와 같은 정서를 가지고 있는 보기는 ③이다. ③은 계량의 이별가이다.
① 이조년의 시조로 봄밤의 정서를 시각적·청각적 이미지의 대비를 통해 형상화하고 있다.
② 우탁의 시조로 늙음에 대한 한탄을 나타내고 있다.
④ 송강 정철의 훈민가로 사람이 지켜야 할 기본적인 예절을 알려주고 있다.

정답 ③

ᄅ 문학

- 「분류두공부시언해(分類杜工部詩諺解)」: 성종(초간본), 인조(중간본), 조위, 의침이 난세를 맞이하여 어려운 생애를 보내면서도 임금을 생각하고 나라를 사랑하는 마음을 잘 나타낸 당나라 두보(杜甫)의 시 1,451편을 번역하였다.
- 「연주시격언해(聯珠詩格諺解)」: 성종, 서거정, 노사신, 유윤겸이 번역하였다[부전(不傳)].
- 「황산곡시집언해(黃山谷詩集諺解)」: 성종, 서거정, 노사신, 유윤겸이 송나라 황정견의 시를 번역하였다.

(4) 시조

① **전개** … 고려 말에 완성된 시조는 한글 창제와 더불어 사대부들의 교양물로 널리 애창되면서 국문학의 대표적인 장르가 되었다.

② **특징**

ᄀ **영역 확대**: 처음에는 충의(忠義)를 주제로 출발하여 점차 애정과 도학의 세계에까지 나아갔다.

ᄂ **자연미의 발견(자연에 도학적 의미 부여)**: 정국이 안정되고 왕조의 기틀이 잡힌 뒤로는 유교 사상과 함께 노장(老莊)의 무위자연(無爲自然)에 영향을 받아 자연 속에서 한가롭고 평화로운 자연미를 완성하게 되었다.

ᄃ **강호가도(江湖歌道)**: 자연에 도학적인 의미를 부여하여 그것과의 일치를 추구하였다.

- 영남가단(嶺南歌壇): 심성(心性)을 닦는 것을 우위로 내세웠다. 시문보다 선비로서 마땅히 실행해야 할 도리를 찾자는 강호가도를 구현하였다(이현보, 주세붕, 이황, 권호문).
- 호남가단(湖南歌壇): 풍류(風流) 중심으로 자기 합리화의 성명 없이 작품을 통해 감회를 드러내있고, 도리를 따지지 않고 풍류를 자랑하였다(송순, 김인후, 김성원, 정철).

ᄅ **교방 시조의 발전**: 기녀들의 고독과 한의 정서가 정교하고 아름답게 표현되었다.

ᄆ 연시조가 등장하였다.

③ **주요 작품**

작품	형식	연대	작가	내용
강호사시가	연시조	세종	맹사성	4수. 최초의 연시조. 일명 「사시한정가」. 강호에서 자연을 즐기며 임금의 은혜를 생각함
오륜가	연시조	중종	주세붕	6수. 삼강오륜(三綱五倫)을 노래한 교훈적인 내용
어부가	연시조	명종	이현보	5수. 윤선도의 「어부사시사(漁父四時詞)」에 영향을 줌
자상특사 황국옥당가	평시조	명종	송순	명종이 옥당에 보낸 국화를 보고 지어 바친 즉흥 시조. 단시조(1수)

도산십이곡	연시조	명종	이황	12수. 전 6곡 – 언지(言志), 후 6곡 – 언학(言學). 자연의 관조와 학문의 길
고산구곡가	연시조	선조	이이	10수. 일명 「석담구곡가」. 주자의 「무이구곡가(武夷九曲歌)」를 본뜸
훈민가	연시조	선조	정철	16수. 오륜의 내용으로서 「경민편(警敏篇)」에 전함
장진주사	사설시조	선조	정철	이백의 「장진주(將進酒)」에서 영향을 받은 권주가. 최초의 사설시조

기출문제

㉠ 황진이의 시조

어져, 내일이야, 그릴 줄을 모로ᄃ냐.

이시라 ᄒ더면 가랴마ᄂ, 제 구ᄐ여

보내고 그리ᄂ 정(情)은 나도 몰라 ᄒ노라.

작품 해석
① 갈래 … 평시조
② 주제 … 임을 그리워하는 마음
③ 성격 … 감상적, 여성 편향적, 연정가, 이별가

㉡ 성혼의 시조

말 업슨 청산(靑山)이요, 태(態) 업슨 유수(流水) ㅣ로다.

갑 업슨 청풍(淸風)이요, 님ᄌ 업슨 명월(明月)이라.

이 중(中)에 병(病) 업슨 이 몸이 분별(分別) 업시 늙으리라.

작품 해석
① 갈래 … 평시조
② 주제 … 자연 속에서 한가롭게 살아가려는 마음
③ 성격 … 강호 한정

㉢ 맹사성의 강호사시가(江湖四時歌)

강호(江湖)에 봄이 드니 미친 흥(興)이 절로 난다.

탁료 계변(濁醪溪邊)에 금린어(錦麟魚) ㅣ 안쥐로다.

이 몸이 한가(閑暇)히옴도 역군은(亦君恩)이샷다.

작품 해석
① 갈래 … 평시조, 연시조(전 4 수)
② 주제 … 강호 한정(江湖閑情), 안분지족하는 은사의 유유자적한 생활과 임금의 은혜에 감사함
③ 성격 … 강호가, 강호 한정가, 강호 연군가
④ 의의 … 국문학사상 최초의 연시조(聯時調)로서 이황의 「도산십이곡」과 이이의 「고산구곡가」에 영향을 준 작품이다.

㉣ 윤선도의 어부사시사(漁父四時詞)

우ᄂ 거시 벅구기가 프른 거시 버들숩가

이어라 이어라

어촌(漁村) 두어 집이 닛 속의 나락들락

지국총(至匊悤) 지국총(至匊悤) 어사와(於思臥)

말가ᄒ 기픈 소희 온갇 고기 뛰노ᄂ다

작품 해석
① 갈래 … 연시조[춘 · 하 · 추 · 동 각 10수(전 40 수)]
② 주제 … 강호의 한정(閑情). 철 따라 펼쳐지는 자연의 경치와 어부(漁父) 생활의 흥취
③ 성격 … 강호한정가

(5) 가사

① 개념 … 고려 말에서 조선 초에 형태를 갖춰 시조와 함께 주로 사대부들이 창작하여 부른, 운문과 산문의 중간 형태의 노래이다.

② 발생과 형식

　ㄱ 발생 : 경기체가 기원설, 민요 기원설, 시조 기원설 등이 있다. 종래의 문학 형태인 경기체가와 시조가 지닌 형식적 제약에서 벗어나 자유롭게 생활 감정을 표현하기 위해 새로운 형식을 만들어 낸 것으로 추정된다.

　ㄴ 형식

　　• 3 · 4조의 4 · 4조의 연속체 4음보로 되어있다.

　　• 마지막 행은 대체로 시조 종장의 율격과 일치한다.(시조의 종장과 일치하면 정격 가사, 그렇지 않으면 변격가사라고 함)

　ㄷ 내용 : 조선 전기에는 자연 속에서 유유자적하는 심정, 임금에 대한 연모의 정, 기행을 통해 얻게 된 견문 등을 다룬 작품들이 주였다면 조선 후기에는 작가층이 확대되면서 평민들이 자신들의 생활을 사실적으로 표현한 작품들도 나타났다.

　ㄹ 종류

　　• 은일(隱逸) 가사 : 관계를 떠나 자연에 묻혀 사는 선비의 생활을 다룬 가사로, 정극인의 〈상춘곡〉, 송순의 〈면앙정가〉, 박인로의 〈누항사〉 등이 이에 속한다.

　　• 내방(內房) 가사 : 규방 가사, 규중 가사라고도 하며 부녀자에 의해 지어져 전해지는 가사를 총칭하는 말이다. 작가와 연대가 미상인 작품이 대부분이며 특히 영남 지방에서 성행하였다. 허난설헌의 〈규원가〉 등이 이에 속한다.

　　• 기행(紀行) 가사 : 여행 중에 얻은 견문과 소감을 적은 가사로 내용에 따라 관유(觀遊) 가사, 사행(使行) 가사 등으로 나뉜다. 관유 가사는 산천 명승지를 구경하면서 견문을 기록하거나 타향 생활을 묘사한 것이고 사행 가사는 사신 행차의 일원으로 외국을 다니며 본 경물(景物)의 느낌을 기록한 것이다.

　　• 유배(流配) 가사 : 기행 가사의 일종으로 귀양살이를 여행의 동기로 삼아 새로이 얻은 경험과 견문을 읊은 것이다. 대체로 정치적인 이유로 유배 생활을 하였기 때문에 자기의 무죄와 정적(政敵)에 대한 복수심, 임금에 대한 일편단심을 표출하는 것이 공통된 특징이다.

③ 조선 전기의 주요 가사 작품

작품명	작가	연대	내용
상춘곡(賞春曲)	정극인	성종	태인에 은거하며 안빈낙도의 삶을 노래
면앙정가(俛仰亭歌)	송순	중종19년	면앙정 주위의 아름다움을 노래함
관서별곡(關西別曲)	백광홍	명종11년	관서지방의 아름다움을 노래함
성산별곡(星山別曲)	정철	명종15년	성산의 사계절 장관과 식영정 주인의 풍류
관동별곡(關東別曲)	정철	선조13년	관찰사로서의 포부 관동지방의 아름다움
사미인곡(思美人曲)	정철	선조	임금에 대한 연모의 정을 노래함
속미인곡(續美人曲)	정철	선조	임금에 대한 연모의 정을 두 여인의 문답 형식으로 노래
규원가(閨怨歌)	허난설헌	선조	홀로 규방을 지키는 여인의 한을 노래함

㉠ 상춘곡(賞春曲)

홍진(紅塵)에 뭇친 분네 이내 생애(生涯) 엇더ᄒᆞ고. 녯 사ᄅᆞᆷ 풍류(風流)ᄅᆞᆯ 미ᄎᆞᆯ가 못 미ᄎᆞᆯ가. 천지간(天地間) 남자(男子) 몸이 날만ᄒᆞᆫ 이 하건마ᄂᆞᆫ, 산림(山林)에 뭇쳐 이셔 지락(至樂)을 ᄆᆞ를 것가. 수간 모옥(數間茅屋)을 벽계수(碧溪水) 앏픠 두고, 송죽(松竹) 울울리(鬱鬱裏)예 풍월 주인(風月主人) 되여셔라.

되어엇그제 겨을 지나 새봄이 도라오니, 도화 행화(桃花杏花)ᄂᆞᆫ 석양리(夕陽裏)예 퓌여 잇고, 녹양 방초(綠楊芳草)ᄂᆞᆫ 세우 중(細雨中)에 프르도다. 칼로 믈아 낸가, 붓으로 그려 낸가, 조화 신공(造化神功)이 물물(物物)마다 헌ᄉᆞ롭다. 수풀에 우ᄂᆞ 새ᄂᆞᆫ 춘기(春氣)ᄅᆞᆯ 못내 계워 소ᄅᆡ마다 교태(嬌態)로다. 물아 일체(物我一體)어니, 흥(興)이이 다ᄅᆞᆯ소냐. 시비(柴扉)예 거러 보고, 정자(亭子)애 안자 보니 소요 음영(逍遙吟詠)ᄒᆞ야, 산일(山日)이 적적(寂寂)ᄒᆞᄃᆡ, 한중 진미(閒中眞味)ᄅᆞᆯ 알 니 업시 호재로다.

이바 니웃드라, 산수(山水) 구경 가쟈스라. 답청(踏靑)으란 오늘 ᄒᆞ고, 욕기(浴沂)란 내일(來日) ᄒᆞ새. 아ᄎᆞᆷ에 채산(採山)ᄒᆞ고, 나조ᄒᆡ 조수(釣水)ᄒᆞ새. ᄀᆞᆺ 괴여 닉은 술을 갈건(葛巾)으로 밧타 노코, 곳나모 가지 것거, 수 노코 먹으리라. 화풍(和風)이 건ᄃᆺ 부러 녹수(綠水)ᄅᆞᆯ 건너오니, 청향(淸香)은 잔에 지고, 낙홍(落紅)은 옷새 진다.

기출문제

작품 해석
① 갈래 ··· 강호 가사, 양반 가사, 정격 가사
② 연대 ··· 창작 – 성종(15세기), 표기 – 정조(18세기)
③ 주제 ··· 봄 경치의 완상과 안빈낙도(安貧樂道)
④ 형태 ··· 39행, 79구, 매행 4음보(단, 제12행은 6음보)의 정형 가사로, 4음보 연속체
⑤ 성격 ··· 묘사적, 예찬적, 서정적
⑥ 의의 ··· 가사 문학의 효시, 송순의 「면앙정가」에 영향을 주었다.
⑦ 작자 ··· 정극인(1401 ~ 1481) – 성종 때의 학자. 문인. 호는 불우헌

[현대어 풀이]

세상에 묻혀 사는 분들이여, 이 나의 생활이 어떠한가. 옛 사람들의 운치 있는 생활을 내가 미칠까 못 미칠까. 세상의 남자로 태어난 몸으로서 나만한 사람이 많건마는 왜 그들은 자연에 묻혀 사는 지극한 즐거움을 모르는 것인가. 몇 간쯤 되는 초가집을 맑은 시냇물 앞에 지어 놓고, 소나무와 대나무가 우거진 속에 자연의 주인이 되었구나.

엊그제 겨울이 지나가고 새봄이 돌아오니, 오얏꽃과 살구꽃은 저녁놀 속에 피어 있고, 푸른 버드나무와 꽃다운 풀은 가랑비 속에 푸르구나. 이 봄 경치는 칼로 말아 내었는가, 아니면 붓으로 그려낸 것인가(조각품과도 같이 그림과도 같이 아름답다). 조물주의 신비로운 솜씨가 삼라만상에 야단스럽게 드러났다. 수풀 속에 우는 새는 춘흥을 못내 이겨 소리마다 아양을 부리는 듯하구나. 자연에 몰입되어 자연과 내가 한 몸이니 저 새들의 흥과 나의 흥이 다르겠는가. 사립문 쪽으로 걸어보고 정자에 앉아도 보고, 천천히 거닐며 시를 읊어, 산 속의 나날이 고요한데, 한가한 생활 속의 참된 재미를 아는 사람 없이 나 혼자 즐기는구나.

여보게 이웃 사람들아, 산수 구경 가자꾸나. 푸른 봄풀을 밟는 들놀이는 오늘 하고, 냇물에서 목욕하는 일은 내일 하세. 아침에 산나물을 캐고, 저녁에 물고기를 낚으세. 이제 막 익어서 괴는 술을 갈포 두건으로 걸러 놓고, 꽃나무 가지를 꺾어 잔 수를 세면서 먹으리라. 화창한 봄바람이 문득 불어 푸른 물을 건너오니, 맑은 향기는 술잔에 스며들고, 붉은 꽃잎은 옷에 떨어진다.

ⓛ 관동별곡(關東別曲)

江강湖호애 病병이 깁퍼 竹듁林님의 누엇더니, 關관東동 八팔百빅 里니에 方방面면을 맛디시니, 어와 聖셩恩은이야 가디록 罔망極극ᄒ다. 延연秋츄門문 드리드라 慶경會회 南남門문 ᄇ라보며, 下하直직고 믈너나니 玉옥節졀이 알픠 셧다. 平평丘구驛역 ᄆᆯ을 ᄀᆞ라 黑흑水슈로 도라드니, 蟾셤江강은 어듸메오, 雉티岳악이 여긔로다. 昭쇼陽양江강 ᄂᆞ린 믈이 어드러로 든단 말고. 孤고臣신 去거國국에 白빅髮발도 하도 할샤. 東동州쥐 밤 계오 새와 北븍寬관亭뎡의 올나ᄒ니, 三삼角각山산 第뎨一일峰봉이 ᄒᆞ마면 뵈리로다. 弓궁王왕 大대闕궐 터희 烏오鵲쟉이 지지괴니, 千쳔古고 興흥亡망을 아ᄂ다 몰ᄋᆞ는다. 淮회陽양 녜 일홈이 마초아 ᄀᆞ틀시고. 汲급長댱孺유 風풍彩치를 고텨 아니 볼 게이고. 營영中듕이 無무事ᄉ호고 時시節졀이 三삼月월인 제, 花화川쳔 시내길히 楓풍岳악으로 버더 잇다. 行힝裝장을 다 썰티고 石셕逕경의 막대 디퍼, 百빅川쳔洞동 겨팅 두고 萬만瀑폭洞동 드러가니, 銀은 ᄀᆞᄐᆫ 무지게 玉옥 ᄀᆞᄐᆫ 龍룡의 초리, 섯돌며 쑴ᄂᆞ 소리 十십 里리의 ᄌᆞ자시니, 들을 제ᄂᆞ 우레러니 보니ᄂᆞ 눈이로다.

작품 해석

① 갈래 … 기행 가사, 정격 가사, 양반 가사
② 연대 … 창작 – 선조 13년(1580), 표기 – 숙종
③ 주제 … 관동 지방의 절경과 풍류
④ 형태 … 3·4조의 4음보(295구)
⑤ 문체 … 가사체, 운문체, 화려체
⑥ 의의 … 서정적인 기행 가사로 우리말의 아름다움을 승화시킨 작품이다.
⑦ 작자 … 정철(1536~1593) – 시인. 호는 송강

[현대어 풀이]

자연을 사랑하는 마음이 고치지 못할 병처럼 되어 은서지(隱棲地)인 전라도 창평(昌平)에서 한가로이 지내고 있었는데, (임금님께서) 800리나 되는 강원도의 관찰사 직분을 맡기시니, 아, 임금님의 은혜야말로 갈수록 그지없다. 연추문으로 달려 들어가 임금님을 뵈옵고, 경회루 남쪽 문을 바라보며 임금님께 작별 인사를 드리고 (어전을) 물러나니, 이미 관찰사의 신표가 앞에 서 있다. 평구역(양주)에서 말을 갈아타고 흑수(여주)로 돌아드니, 섬강(원주)은 어디인가. 여기가 치악산(원주)이로다. 소양강의 흘러내리는 물이 어디로 흘러든다는 말인고? (이 물이 흘러드는 서울의 한강을 생각하니) 임금님 곁을 떠나는 외로운 신하가 도읍지를 떠남에 (나라 일로) 근심 걱정이 많기도 많구나. 철원의 (임금을 그리는 정으로) 하룻밤을 겨우 밝히고 북관정에 오르니 서울의 삼각산 높은 봉이 웬만하면 보일 것도 같도다. 옛날 태봉국을 세웠던 궁예왕의 대궐 터에 까막까치가 지저귀니 (너희들은) 먼 옛날부터의, 국가의 흥망성쇠의 역사를 아느냐 모르느냐? 옛날 한(漢)나라에 있었던 회양이라는 고을 이름과 이 곳 금강산 부근의 회양이라는 고을 이름이 마침 공교롭게도 같구나. (그러니) 한나라 무제 때에 회양에서 행정을 잘하였다던 회양 태수 급장유의 모습을 다시 보아야 하지 않겠는가[급장유가 베풀었던 선정(善政)을 다시 아니 볼 것인가]? 감영(監營) 안이 무사하고 시절이 춘삼월(春三月)인 때에, 화천 고을의 시내를 따라 난 길이 금강산으로 뻗어 있다. 행장을 다 떨어버리고 차림새를 가볍게 하여, 좁은 돌길에 지팡이를 짚어 백천동 옆을 지나 만폭동 계곡으로 들어가니, 은과 같이 하얀 무지개, 옥과 같이 고운 용의 꼬리, 이런 폭포가 섞어 돌며 뿜는 소리가 십 리 밖에까지 퍼졌으니, 먼 데서 들을 때에는 우렛소리와 같더니, 가까이 가 보니 눈같이 흰 물이로다.

ⓒ 사미인곡(思美人曲)

이 몸 삼기실 제 님을 조차 삼기시니, 흔 싱 연분(緣分)이며 하늘 모를 일이런가. 나 ㅎ나 졈어 잇고 님 ㅎ나 날 괴시니, 이 ᄆᆞ음 이 ᄉᆞ랑 견졸 ᄃᆡ 노여 업다. 평생(平生)애 원(願)ᄒ요ᄃᆡ 흔ᄃᆡ 녜쟈 ᄒᆞ얏더니, 늙거야 므ᄉᆞ 일로 외오 두고 글이ᄂᆞᆫ고. 엇그제 님을 뫼셔 광한뎐(廣寒殿)의 올낫더니 그 더ᄃᆡ 엇디ᄒᆞ야 하계(下界)예 ᄂᆞ려오니, 올 저긔 비슨 머리 헛틀언디 삼 년(三年)일쇠. 연지(臙脂) 분(粉) 잇ᄂᆞ마ᄂᆞᆫ 눌 위ᄒᆞ야 고이 홀고. ᄆᆞ음의 ᄆᆡ친 실음 텹텹(疊疊)이 ᄡᅡ혀 이셔, 짓ᄂᆞ니 한숨이오 디ᄂᆞ니 눈물이라.

작품 해석

① 갈래 … 연군 가사, 서정 가사
② 연대 … 선조 21년(1588)
③ 주제 … 연군의 정. 충신연주지사
④ 형태 … 3 · 4조 4음보의 연속체
⑤ 의의 … 「속미인곡」과 더불어 가사 문학의 극치를 이룬 작품이며, 고려 가요 「정과정」의 맥을 잇는 연군지사이다.
⑥ 작자 … 정철(1536 ~ 1593) – 시인. 호는 송강

다음 밑줄 친 부분의 현대어 풀이로 잘못된 것은?

▶ 2011. 6. 11. 서울특별시

㉠ 이 몸 삼기실 제 님을 조차 삼기시니,
   ᄒ싱 緣연分분이며 하늘 모를 일이런가.
㉡ 나 ᄒᆞ나 졈어 잇고 님 ᄒᆞ나 날 괴시니,
   이 ᄆᆞᆷ 이 ᄉᆞ랑 견졸 ᄃᆡ 노여 업다.
㉢ 平평生싱애 願원ᄒᆞ요ᄃᆡ 혼ᄃᆡ 녜쟈 ᄒᆞ얏더니,
㉣ 늙거야 므ᄉᆞ 일로 외오 두고 글이ᄂᆞᆫ고,
   엇그제 님을 뫼셔 廣광寒한殿뎐의 올낫더니,
㉤ 그 더ᄃᆡ 엇디ᄒᆞ야 下하界계예 ᄂᆞ려오니,
   올적의 비슨 머리 얼킈연디 三삼年년이라.

① ㉠ 이 몸 태어날 때 임을 따라 태어나니
② ㉡ 나 혼자만 젊어있고 임은 홀로 나를 괴로이 여기시니
③ ㉢ 평생에 원하되 임과 함께 살아가려 했더니
④ ㉣ 늙어서야 무슨 일로 외따로 그리워하는고?
⑤ ㉤ 그 동안에 어찌하여 속세에 내려왔는가?

> **Tip** ② '괴시니'의 기본형은 '괴다'로 사랑한다는 의미이다. 따라서 ㉡의 밑줄 친 부분은 '나는 오직 젊어 있고, 임은 오직 나를 사랑하시니'로 풀이해야 한다.

정답 ②

[현대어 풀이]

이 몸이 태어날 때에 임을 따라 태어나니, 한평생 함께 살아갈 인연이며 이 또한 하늘이 어찌 모를 일이던가. 나는 오직 젊어 있고, 임은 오직 나를 사랑하시니, 이 마음과 사랑을 비교할 곳이 다시없다. 평생에 원하되 임과 함께 살아가려 하였더니, 늙어서야 무슨 일로 외따로 두고 그리워하는고. 엊그제에는 임을 모시고 광한전에 올라 있었더니, 그 동안에 어찌하여 속세에 내려왔느냐. 내려올 때에 빗은 머리 헝클어진 지 3년일세. 연지와 분이 있지마는 누구를 위하여 곱게 단장할꼬. 마음에 맺힌 근심이 겹겹으로 쌓여 있어서 짓는 것이 한숨이요, 흐르는 것이 눈물이라.

(6) 고대 소설

① **정의** … 설화(신화, 민담, 전설), 패관 문학, 가전체 등을 바탕으로 구전되다가 (구비 문학) 중국의 전기(傳寄), 화본(話本) 등의 영향을 받아 생겨난 산문 문학이다.

② **특징**

㉠ 낭독하기에 알맞은 4·4조의 가사체투를 갖추었다.
㉡ 전형적인 인물이 설정되었다.
㉢ 문장 표현이 문어체(文語體)로써 사물을 극히 미화시켰다.
㉣ 주제가 권선징악이며, 일상적·현실적인 것과 거리가 먼 신비로운 것을 그렸다.
㉤ 사건의 전개가 우연적이고, 사건의 결말은 행복하게 끝나는 것이다.

③ **주요 작품**

작품	연대	작자	내용
금오신화	세조	김시습	최초의 고대 소설. 생육신인 작자가 만년에 금오산에서 창작한 5편의 한문 단편 소설. 구우의 「전등신화」에서 영향을 받음
화사	선조	임제	국가와 군신을 꽃에 비유하여 치국 흥망의 역사를 기록한 의인체 한문 소설. 일설 남성중(南聖重)의 작품
수성지	선조	임제	마음의 세계를 의인화하여 당시 사회의 부조리를 풍자한 의인체 한문 소설
원생몽유록	선조	임제	생육신의 한 사람인 남효온의 처지를 슬퍼하여 쓴 전기 소설. 세조의 왕위 찬탈을 배경으로 한 정치 권력의 모순을 폭로함

(7) 한문학

① 특징 ··· 성리학을 배경으로 윤리, 도덕에 치중하는 도학파와 문학성을 중시하는 사장파가 대립되었다가, 사장파가 승리함에 따라 예술을 중심으로 철학이 가미된 순정 문학파로 발전하였다.

② 주요 작품

작품	형식	연대	작자	내용
필원잡기	패관 문학	성종	서거정	설화, 수필, 야사(野史). 군왕 및 역대 인물의 언행, 문장, 고사 등을 흥미 위주로 쓴 글
동문선	시문집	성종	서거정	신라 때부터 조선 초까지의 시문을 모아 엮은 책
용재총화	패관 문학	성종	성현	시(時), 서(書), 문(文), 역사와 인물에 관한 이야기를 모음. 수필 문학의 백미
패관잡기	패관 문학	명종	어숙권	설화를 해설하여 엮은 책

(8) 조선 전기의 국어

① 국어의 발전

㉠ 훈민정음의 창제로 진정한 의미의 국문학이 정립되었다.

㉡ 훈민정음 창제 후 「용비어천가」, 「월인천강지곡」 등 악장류의 창작과 함께 언문청과 간경도감을 두고 한글 보급과 번역 사업이 활발히 전개되었다.

㉢ 「동국정운」, 「사성통고」 등이 편찬되어 국어 연구가 활기를 띠었다.

② 주요 문헌

문헌	연대	작자	내용
훈민정음해례	세종 25년	세종과 집현전 학자	훈민정음에 관한 해설서. 한문본
동국정운	세종 29년	집현전 학자	당시에 쓰던 한자음을 중국의 원음에 따라 정리한 우리 나라 최초의 운서(韻書)
사성통고	세종	신숙주	한자를 사성(四聲)에 따라 구별하고, 한글로 뜻과 음을 적음
훈민정음 언해본	세조	집현전 학자	훈민정음 해례본 중의 「예의」 부분만 우리말로 번역
훈몽자회	중종	최세진	어린이 한자 학습서. 자모의 명칭을 최초로 부여했으며, 자모의 순서를 오늘날과 유사하게 바꿈

▌1~3▐ 다음 시조를 읽고 물음에 답하시오.

> (가) 우는 거시 벅구기가 프른 거시 버들숩가
> 이어라 이어라
> 어촌(漁村) 두어 집이 닛속의 나락들락
> 지국총(支局悤) 지국총(支局悤) 어사와(於思臥)
> 말가흔 기픈 소희 온갇 고기 뛰노ᄂᆞ다.
>
> (나) 나모도 아닌 거시 플도 아닌 거시
> 곳기는 뉘 시기며 속은 어이 뷔연ᄂᆞ다.
> 뎌러코 사시(四時)에 프르니 그를 됴하ᄒᆞ노라.
>
> (다) 이런들 엇더ᄒᆞ며 져런들 엇더ᄒᆞ리.
> 만수산(萬壽山) 드렁츩이 얼거진들 긔 엇더ᄒᆞ리.
> 우리도 이ᄀᆞ치 얼거져 백 년(百年)까지 누리리라.
>
> (라) 창(窓) 내고쟈 창(窓)을 내고쟈 이 내 가슴에 창(窓)을 내고쟈.
> 고모장지 세살장지 들장지 열장지 암돌져귀 수돌져귀 비목걸새 크나큰 쟝도리로 똥닥 바가 이 내 가슴에 창
> (窓) 내고쟈.
> 잇다감 하 답답ᄒᆞᆯ 제면 여다져 볼가 ᄒᆞ노라.

1 (가)~(라) 중 연대가 가장 빠른 작품은?

① (가)　　　　　　　② (나)
③ (다)　　　　　　　④ (라)

2 ㈎에 대한 설명으로 옳지 않은 것은?

① 원작은 각 계절별로 10수씩 모두 40수로 되어 있다.

② 어촌의 경치와 어부의 생활을 형상화하고 있다.

③ 각 장 사이의 후렴구를 제외하면 시조의 형식이 된다.

④ 자연에 몰입하는 가운데에서도 유교적 이념을 구체화하고 있다.

3 ㈏의 주제로 알맞은 것은?

① 성실   ② 효성

③ 절개   ④ 청빈

❚4~5❚ 다음 글을 읽고 물음에 답하시오.

> 화란춘성(花欄春城)하고 ㉠만화방창(萬化方暢)이라. 때 좋다 벗님네야, 산천경개(山川景槪)를 구경을 가세. ㉡죽장망혜(竹杖芒鞋) 단표자(單瓢子)로 천리 강산을 들어를 가니, 만산홍록(滿山紅綠)들은 ㉢일년일도(一年一度) 다시 피어 춘색을 자랑노라 색색이 붉었는데, 창송취죽(蒼松翠竹)은 ㉣창창울울(蒼蒼鬱鬱)한데 기화요초(琪花瑤草) 난만 중에 꽃 속에 잠든 나비 자취 없이 날아난다.

4 위 글에 대한 설명으로 옳지 않은 것은?

① 조선 전기에 쓰인 가사작품이다.   ② 봄 경치에 대한 완상을 담고 있다.

③ 4음보의 율격을 보인다.   ④ 예찬적 어조이다.

5 ㉠ ~ ㉣에 대한 풀이로 옳지 않은 것은?

① 따뜻한 봄날에 만물(萬物)이 나서 자람   ② 대나무 지팡이를 들고 나아가 싸움

③ 한 해에 한 번씩 돌아옴   ④ 큰 나무들이 아주 빽빽하고 푸르게 우거짐

정답및해설

1	③	2	④	3	③	4	①	5	②

┃1~3 ┃

(가) 윤선도의 「어부사시사(漁父四時詞)」 중 춘사(春詞) 4 : 조선 효종 2년(1651)

(나) 윤선도의 「오우가(五友歌)」 : 조선 인조 20년(1642)

(다) 이방원의 「하여가(何如歌)」 : 고려 말엽(1392)

(라) 작자 미상의 사설시조로 사설시조는 조선 후기에 성행하였다.

1　③ 고려의 중추적인 충신인 정몽주를 이성계 일파에 동참하기를 회유하기 위해 이방원(조선 태종)이 지은 노래이다.

2　④ 자연에 묻혀 한가롭게 살아가는 여유와 흥을 노래하고 있다.

3　윤선도의 「오우가(五友歌)」는 물, 돌, 솔, 달, 대나무를 노래한 연시조이다. 그 중에서 (나)는 대나무의 절개를 찬양하고 있는 부분이다.

4　① 조선 후기 가사의 정형이 무너지고 새로운 시가 형식을 모색하는 과정을 보여주는 잡가(雜歌) 형식의 작품이다.

　　※ 작자미상 〈유산가〉

　　　㉠ 경기 십이잡가의 하나로 한국의 절경을 중국의 명승지와 여러 고사를 이용하여 비교하며 읊은 노래

　　　㉡ 주제 : 봄 경치의 완상과 예찬

5　② 대지팡이와 짚신이라는 뜻으로, 먼 길을 떠날 때의 간편한 차림을 이르는 말이다.

04 조선 후기의 문학

(1) 시대 개관

① 임진왜란 이후 평민 의식의 성장에 따라 현실과 양반 계급에 대한 비판이 일어나면서 평민 문학이 발전하기 시작하였다.

② 실학 사상의 대두로 구체적이고 사실적인 서민 문학이 발달하였다.

③ 관념적인 운문 문학에서 사실적인 산문 문학으로 발전하였다.

④ 한글 소설이 발생하여 크게 발달하였다.

⑤ 시조집의 편찬, 가단 형성, 사설시조의 등장, 평민 시인이 배출되었다.

⑥ 평민 가사, 내방 가사, 장편 기행 가사가 성행하였다.

⑦ 판소리, 탈춤, 잡가가 성행하였다.

⑧ 작가의 범위가 확대되었다(평민, 부녀자 중심).

(2) 시조

① 전개 … 평민 의식과 산문 정신의 성장으로 사설시조가 등장하였다.

> **Point 팁** 사설시조 … 조선 후기에 성행한 평민 문학의 백미로 3장 중 2구 이상이 평시조보다 길며 이야기가 담겨 있다. 최초의 작품은 정철의 「장진주사」이다.

② 명칭 … 영조 때 이세춘에 의해 시조라는 명칭이 확립되었다.

> **Point 팁** 단가(短歌), 영언(永言), 신조(新調) → 시절가조(時節歌調) → 시조(時調)

③ 특징

　㉠ 평민들의 참여로 산문화 경향을 띠었다.

　㉡ 시조창 : 18세기에 새로 등장한 대중적 창법으로 전문 가객이 아니더라도 쉽게 부를 수 있는데, 이후 문학상의 명칭으로 쓰였다.

　㉢ 전문 가객의 등장 : 시조를 창작하고 곡조를 얹어 부르는 한편, 가단을 형성하고 시조집을 편찬하여 시조 부흥에 기여하였다.

　㉣ 가단의 형성 : 시조가 창곡(唱曲) 위주로 변모해 갔다[경정산 가단(김천택, 김수장), 승평계 가단(박효관, 안민영), 노가재 가단(김수장 중심) 등].

기출문제

문 다음과 같은 종류의 시조에 대한 설명으로 적절하지 않은 것은?
　　　　▶ 2010. 6. 12. 서울특별시

붉가버슨 兒孩(아해)ㅣ들리 거믜쥴 테를 들고 기川(천)으로 往來(왕래)ㅎ며,
붉가숭아 붉가숭아, 져리 가면 죽ㄴ니라. 이리 오면ㅅㄴ니라. 부로나니 붉가숭이로다.
아마도 世上(세상) 일이 다 이러ㅎᆫ가 ᄒ노라.

① 구체적이고 서민적인 소재가 많이 쓰였다.
② 강렬한 애정과 육욕적인 표현이 많다.
③ 비판과 풍자적인 내용이 경향을 이룬다.
④ 서경적이고 영탄적 속성이 강하다.
⑤ 자기 폭로적인 묘사와 암유의 표현을 많이 썼다.

> **Tip** 위 작품은 이정신의 사설시조이며, ①②③⑤는 사설시조의 특징이나 ④는 일반 조선전기 평시조에서 주로 볼 수 있는 경향이다.

정답 ④

④ 주요 시조집

시조집	연대	편자	작품 수	분류
청구영언(靑丘永言)	영조 4년	김천택	시조 998수, 가사 17편	곡조별
해동가요(海東歌謠)	영조 39년	김수장	시조 883수	작가별
고금가곡(古今歌曲)	영조 40년	송계연월옹	시조 294수, 가사 11편	주제별
가곡원류(歌曲源流)	고종 13년	박효관, 안민영	시조 839수	곡조별

Point 팁 3대 시조집 … 청구영언, 해동가요, 가곡원류

⑤ 주요 작품

작품	연대	작자	내용
조홍시가(早紅杮歌)	선조	박인로	4수. 어버이를 추모하는 사친가(思親歌)
우후요(雨後謠)	광해군	윤선도	1수. 유배 때 지은 한정가
산중신곡(山中新曲)	인조	윤선도	18수. 오우가 6수 등이 실려 있음. 한정가
어부사시사 (漁父四時詞)	효종	윤선도	40수. 춘·하·추·동 각 10수. 전남 해남의 부용동에서 은거할 때 지은 한정가
영매가(詠梅歌)	고종	안민영	8수. 스승인 박효관이 가꾼 매화를 보고 지은 것이라 함. 일명 「매화사」

㉠ 작품 1

창(窓) 내고쟈 창(窓)을 내고쟈 이 내 가슴에 창(窓) 내고쟈.

고모장지 셰살장지 들장지 열장지 암돌져귀 수돌져귀 빈목걸새 크나큰 쟝도리로 쏭당 바가 이 내 가슴에 창(窓) 내고쟈.

잇다감 하 답답홀 제면 여다져 볼가 ᄒ노라.

[현대어 풀이]

창을 내고 싶다 창을 내고 싶다 이내 가슴에 창을 내고 싶다.

고모장지, 세살장지, 들장지, 열장지, 암톨쩌귀, 수톨쩌귀, 배목걸새, 크나큰 장도리로 뚝딱 박아 이내 가슴에 창을 내고 싶다.

가끔 몹시 답답할 때면 여닫아 볼까 하노라.

① 갈래 … 사설시조
② 주제 … 마음 속에 쌓인 답답한 심정
③ 성격 … 해학적
④ 작자 … 미상

ⓛ 작품 2

댁(宅)들에 동난지이 사오. 져 쟝스야, 네 황화 긔 무서시라 웨는다. 사쟈.

외골 내육(外骨內肉), 양목(兩目)이 상천(上天), 전행 후행(前行後行), 소(小)아리 팔족(八足) 대(大)아리 이족(二足), 청장(淸醬) ㅇ스슥ㅎ는 동난지이 사오.

쟝스야, 하 거복이 웨지 말고 게젓이라 ᄒ렴은.

[현대어 풀이]

여러분들 동난지를 사시오. 저 장사야, 네 물건 그 무엇이라 외치는가. 사자.

겉은 뼈요, 속은 고기, 두 눈은 하늘을 향하고, 앞으로 가고 뒤고 가고 작은 다리 여덟 큰 다리 둘, 간장 맛이 아스슥한 동난지 사시오.

장사야, 그리 거북하게 외치지 말고 게젓이라 하려무나.

ⓒ 작품 3

두터비 픠리를 물고 두험 우희 치드라 안자

것넌 산(山) ᄇ라보니 백송골(白松骨)이 ᄶ 잇거늘, 가슴이 금즉ᄒ여 풀덕 ᄶ여 내ᄃ다가 두험 아래 잣바지거고.

모쳐라, 늘낸 낼싀만졍 에헐질 번ᄒ괘라.

[현대어 풀이]

두꺼비 파리를 물고 두엄 위에 뛰어올라 앉아

건너편 산을 바라보니 송골매가 떠 있어서, 가슴이 섬뜩하여 펄쩍 뛰어 내리다가 두엄 아래 자빠졌구나.

마침 내가 날래기 망정이지 멍이 들 뻔했구나.

ⓔ 작품 4

붉가버슨 兒孩(아해)ㅣ들리 거믜줄 테를 들고 개川(천)으로 往來(왕래)ᄒ며,

붉가숭아 붉가숭아 져리 가면 죽ᄂ니라. 이리 오면 ᄉᄂ니라. 부로나니 붉가숭이로다.

아마도 世上(세상) 일이 다 이러ᄒᆞᆫ가 ᄒ노라.

[현대어 풀이]

벌거벗은 아이들이 거미줄 체를 들고 개천으로 오고가며,

'잠자리야 잠자리야 저리 가면 죽느니라. 이리 오면 사느니라.' 부르는 사람이 벌거숭이로다.

아마도 세상 일이 다 이러한가 하노라.

기출문제

작품 해석

① 갈래 … 사설시조
② 주제 … 서민들의 희극적인 상거래 장면을 통해 허장성세를 풍자
③ 성격 … 해학적, 풍자적
④ 작자 … 미상

작품 해석

① 갈래 … 사설시조
② 주제 … 약자에게는 강한 체 뽐내고, 강자 앞에서는 비굴한 양반 계층을 풍자
③ 성격 … 우의적(寓意的)
④ 작자 … 미상

작품 해석

① 갈래 … 사설시조
② 주제 … 서로 속이고 모함하는 세태 풍자
③ 성격 … 풍자적
④ 작자 … 이정신

기출문제

(3) 가사

① 특징

   ㉠ 현실적인 문제에 대한 관심의 확대 : 기행 가사와 유배 가사

   ㉡ 여성 및 평민 작자 층의 성장 : 사대부 부녀자들에 의해 창작·향유된 규방 가사와 평민층의 가사

   ㉢ 주제와 표현 양식이 다변화되었다.

② 갈래

   ㉠ 기행 가사 : 중국과 일본, 국내를 다녀와서 견문을 기록한 가사이다.

     예 김인겸의 「일동장유가」, 홍순학의 「연행가」 등

   ㉡ 유배 가사 : 유배지의 체험을 기록한 가사이다.

     예 인조환의 「만언사」, 김진형의 「북천가」, 송주석의 「북관곡」, 이수광의 「조천가」 등

   ㉢ 전쟁 가사 : 전쟁의 체험을 읊은 가사로, 왜적에의 적개심이 드러나며 평화를 추구하였다.

     예 박인로의 「태평사」, 「선상탄」 등

   ㉣ 내방 가사 : 규방의 부녀자들에 의해 창작되고 향수된 가사로 여인들의 섬세한 감정과 현실 생활을 노래한다.

     예 「계녀가」, 「사친가」, 「화전가」, 「이별가」 등

   ㉤ 평민 가사 : 서민 생활을 주제로 하는 작자 미상의 가사이다.

     예 「상사별곡」, 「권주가」, 「춘면곡」 등

③ 주요 작품

작품	연대	작자	내용
고공가	임란 직후	허전	나라 일을 농사에 비겨 관리들의 부패를 비판
고공답주인가	임란 직후	이원익	「고공가」의 답가. 나라를 다스리는 도리를 농사에 비유하여 풍자
태평사	선조 31년	박인로	전쟁 가사. 왜구의 토벌과 태평을 길구
선상탄	선조 38년	박인로	전쟁 가사. 임진왜란 뒤 전쟁의 비애와 평화를 추구
누항사	광해군 3년	박인로	안빈낙도(安貧樂道)를 노래
영남가	인조 13년	박인로	이근원의 선정을 백성들이 숭앙함을 표현
일민가	숙종	윤이후	전원생활에 대한 심경과 임금에 대한 정을 읊음
일동장유가	영조 39년	김인겸	일본 통신사로 갔다 견문한 바를 적은 장편 기행 가사
만언사	정조	안조환	추자도에 귀양 가서 노래한 장편 유배 가사
농가월령가	헌종	정학유	농가의 월중 행사와 세시 풍속을 읊은 가사. 월령체 노래
연행가	고종 3년	홍순학	청나라 북경에서의 견문을 적은 장편 기행 가사
용부가	조선 후기	미상	여자가 지녀야 할 바람직한 태도에 대한 깨우침
치산가	조선 후기	미상	실생활의 안정추구, 부에 대한 염원을 담은 서민가사

㉠ 연행가(燕行歌)

집집이 호인들은 길의 나와 구경ㅎ니

의복기 괴려ㅎ여 처음 보기 놀납도다.

머리ᄂ 압흘 싹가 뒤만 ᄯᅩㅎ 느리쳐서

당ᄉ실노 당긔ᄒ고 말 익이을 눌너 쓰며,

일 년 삼백육십 일에 양치 한 번 아니ㅎ여

이샐은 황금이오 손톱은 다섯 치라.

[현대어 풀이]

집집마다 만주 사람들은 길에 나와 구경하니,

옷차림이 괴이하여 처음 보기에 놀랍도다.

머리는 앞을 깎아 뒤만 땋아 늘어뜨려

당사실로 댕기를 드리고 마래기라는 모자를 눌러 쓰며,

일 년 삼백육십 일에 양치질 한 번 아니하여

이빨은 황금빛이요 손톱은 다섯 치라.

㉡ 유산가(遊山歌)

화란춘성(花欄春城)하고 만화방창(萬化方暢)이라. 때 좋다 벗님네야, 산천경개(山川景漑)를 구경을 가세. 죽장망혜(竹杖芒鞋) 단표자(單瓢子)로 천리 강산을 들어를 가니, 만산홍록(滿山紅綠)들은 일년일도(一年一度) 다시 피어 춘색(春色)을 자랑노라 색색이 붉었는데, 창송취죽(蒼松翠竹)은 창창울울(蒼蒼鬱鬱)한데, 기화요초(琪花瑤草) 난만중(爛漫中)에 꽃 속에 잠든 나비 자취 없어 날아난다.

[현대어 풀이]

봄이 오자 성 안에 꽃이 활짝 피어 화려하고, 따뜻한 봄날에 만물은 바야흐로 한창 기를 펴고 자라나는구나. 시절이 좋구나, 벗님들이여, 산천의 경치를 구경가자꾸나. 대나무 지팡이와 한 소쿠리의 밥, 물을 들고 천리 강산을 들어가니, 온 산의 꽃들은 일 년에 한 번 다시 피어나서 봄빛을 자랑하느라고 색깔마다 붉었는데, 푸른 소나무와 대나무는 울창하고, 아름다운 꽃과 풀은 화려한 가운데 꽃 속에 나비는 노닐고 있도다.

기출문제

작품 해석

① 갈래 … 장편 기행 가사, 사행 가사, 양반 가사
② 연대 … 고종 3년(1886) 직후
③ 주제 … 청나라를 다녀 온 견문과 여정
④ 형태 … 3 · 4조 4음보
⑤ 의의 … 유교 사상과 숭명 반청(崇明反淸) 의식에 입각, 민족주의적 인식의 단초가 보인다.
⑥ 작자 … 홍순학(1842 ~ 1892) – 문장가

작품 해석

① 갈래 … 잡가, 교술 시가, 평민 가사 계통의 잡가
② 연대 … 조선 후기(18세기로 추정)
③ 주제 … 봄 경치의 완상과 예찬
④ 형태 … 4음보격의 가사와 비슷
⑤ 의의 … 가사의 정형이 무너지고 새로운 시가 형식을 모색하는 과정을 보여 주며 조선 후기 유행한 잡가(雜歌) 중 대표작이다.
⑥ 작자 … 미상

(4) 고대 소설

① 전개

㉠ 평민의 자각, 산문 정신, 현실주의 사고 등의 영향으로 한층 발달하였다.

㉡ 최초의 국문 소설인 「홍길동전」이 나오면서 한글 소설이 나타났다.

㉢ 숙종 때 김만중의 「구운몽」과 「사씨남정기」가 나오면서 소설의 수준이 한층 격상되었다.

㉣ 영·정조 시대에 박지원의 풍자 단편과 평민 소설이 나타나면서 고대 소설의 전성기를 이루었다.

② 특징

㉠ 주제 : 대부분이 권선징악(勸善懲惡)이다.

㉡ 구성 : 평면적 구성, 일대기적 구성, 행복한 결말

㉢ 문체 : 문어체, 설화체, 역어체, 담화체, 구송체, 서술체 등

㉣ 인물 : 평면적·전형적·유형적·비범한 인물

㉤ 사건 : 비현실적, 우연적

㉥ 배경 : 중국(양반 소설), 우리나라(평민 소설), 시간적으로 과거

㉦ 사상 : 무속화된 유·불·선 사상

㉧ 묘사 : 구체적 사실의 결여, 지극히 상투적·추상적

㉨ 작자·연대 : 대부분 미상(未詳)

③ 주요 작품

㉠ 설화 소설

작품	연대	작자	내용
심청전	미상	미상	심청이의 효행을 그림. 연권녀 효녀 지은 설화에서 유래
장끼전	미상	미상	꿩을 의인화. 판소리계 소설. 「웅치전」이라고도 함
흥부전	미상	미상	「방이 설화(旁㐌說話)」, 「박타는 처녀」에서 발전
왕랑반혼전	현종	보우(?)	불교 설화를 소설화한 작품. 한문본도 있음

㉡ 사회 소설

작품	연대	작자	내용
홍길동전	광해군	허균	수호지 등의 영향을 받음. 최초의 한글 소설. 봉건적 사회 제도의 개혁. 영웅 소설의 전형을 확립
전우치전	미상	미상	전우치가 도술을 써서 지방 관청의 부패상을 시정하고 백성을 구제한다는 내용. 「홍길동전」의 아류작

ⓒ 군담 소설

작품	연대	작자	내용
임진록	임란 후	미상	서산대사와 사명당의 도술로 왜병을 물리친 내용. 「삼국지연의」의 영향을 받음. 한문본도 있음
곽재우전	임란 후	미상	임진왜란 때 홍의 장군 곽재우가 의병을 일으켜 왜병을 무찌른 무용담
임경업전	미상	미상	전기적 소설. 「임장군전」이라고도 함
박씨전	미상	미상	병자호란을 배경으로 한 박씨 부인의 전기적 소설

ⓔ 가정 소설

작품	연대	작자	내용
사씨남정기	숙종	김만중	숙종이 인현왕후를 쫓아냄을 풍자한 소설이라고도 함
장화홍련전	숙종 ~ 철종	미상	계모가 전처의 자식을 학대함으로써 생긴 가정 비극을 그린 작품. 주제는 권선징악

ⓜ 염정 소설

작품	연대	작자	내용
춘향전	영조 ~ 정조	미상	완판본 열녀춘향수절가. 열녀·암행어사 설화
옥단춘전	영조 ~ 정조	미상	이혈룡과 옥단춘의 사랑을 그림. 춘향전의 아류작
운영전	선조	미상	원본은 한문본. 일명 「수성궁 몽유록」. 유일한 비극 소설
구운몽	숙종	김만중	인간의 부귀·영화·공명 등이 일장춘몽임을 그림. 몽자류 소설의 효시. 주제는 인생무상, 사상은 유·불·선
옥루몽	숙종	남익훈	「구운몽」의 아류작. 한문본도 있음

ⓗ 풍자 소설

작품	연대	작자	내용
배비장전	순조 ~ 철종(?)	미상	양반의 위선적인 생활을 풍자한 것. 판소리계 소설. 「발치 설화」와 연관됨
이춘풍전	영조 ~정조	미상	무력한 남편과 거세된 양반을 풍자한 것으로 새로운 여성상을 제시함

문 다음 중 창작군담소설(일명 영웅소설)의 특징이 아닌 것은?

▶ 2014. 6. 28. 서울특별시

① 영웅의 일생 이라는 전형적 구조로 되어 있다.
② 대중소설적 성격이 강하다.
③ 비현실적인 요소가 많다.
④ 시·공간적 배경은 16~17세기 조선인 경우가 대부분이다.
⑤ 조선 후기에 활발하게 창작되었다.

Tip ④ 창작군담소설의 공간적 배경은 중국인 경우가 대부분이다.

┃정답 ④

작품 해석

① 갈래 ··· 고대 소설, 국문 소설, 영웅 소설, 사회 소설, 전기 소설(傳奇小說)
② 연대 ··· 조선 광해군(17세기 초)
③ 주제 ··· 봉건적 계급 타파, 탐관오리 응징과 빈민 구제, 해외 진출 사상
④ 배경 ··· 세종 때, 조선, 율도국
⑤ 시점 ··· 전지적 작가 시점
⑥ 의의 ··· 국문 소설의 효시이며 사회 제도의 불합리성을 고발한 저항 현실 참여 문학의 첫 작품이다.
⑦ 작자 ··· 허균(1569 ~ 1618) – 광해군 때의 문인. 호는 교산

작품 해석

① 갈래 ··· 고대 소설, 국문 소설, 염정 소설, 몽자류 소설, 영웅 소설
② 연대 ··· 숙종 15년(1689) 남해 유배시
③ 주제 ··· 인생무상의 자각과 불법에의 귀의
④ 배경 ··· 당나라 때, 중국
⑤ 시점 ··· 전지적 작가 시점
⑥ 의의 ··· 몽자류 소설의 효시
⑦ 작자 ··· 김만중(1637 ~ 1692)

④ 주요 작품의 이해

㉠ 홍길동전(洪吉童傳)

길동이 점점 주라 팔세 되매, 총명이 과인ᄒ여 흔아흘 드르면 빅을 통ᄒ니, 공이 더욱 익즁ᄒ나 근본 쳔싱이라, 길동이 미양 호부호형ᄒ면 문득 쑤지져 못ᄒ게 ᄒ니, 길동이 십세 넘도록 감히 부형을 부르지 못ᄒ고, 비복 등이 쳔디ᄒ믈 각골통한ᄒ여 심수를 졍치 못ᄒ더니, 츄구월 망간을 당ᄒᄆᆡ, 명월은 죠요ᄒ고 청풍은 쇼슬ᄒ여 사룸의 심회를 돕는지라, 길동이 셔당의셔 글을 닑다가 문득 셔안을 밀치고 탄왈,

"ᄃᆡ쟝뷔 셰샹의 나ᄆᆡ, 공밍을 본밧지 못ᄒ면, 찰아리 병법을 외와 대쟝닌을 요하의 빗기ᄎᆞ고 동졍셔벌ᄒ여, 국가의 ᄃᆡ공을 셰우고 일홈을 만ᄃᆡ의 빗ᄂᆡ미 쟝부의 쾌사라. 나는 엇지ᄒ여 일신이 젹막ᄒ고, 부형이 이시되 호부호형을 못ᄒ니 심쟝이 터질지라, 엇지 통한치 아니리오!"

ᄒ고 말을 맛츠며 ᄯᅳᆯ의 ᄂᆞ려 검슐을 공부ᄒ더니, 맛춤 공이 ᄯᅩᄒᆞᆫ 월식을 구경ᄒᆞ다가 길동의 빈회ᄒᄆᆞᆯ 보고 즉시 불너 문왈,

"네 무슴 흥이 이셔 야심토록 잠을 ᄌᆞ지 아니ᄒᆞᄂᆞᆫ다?"

길동이 공경 ᄃᆡ왈,

"쇼인이 맛춤 월식을 사랑ᄒᆞ미여니와, 대개 하늘이 만물을 ᄂᆡ시ᄆᆡ 오직 사룸이 귀ᄒᆞ오나, 쇼인의게 니르러는 귀ᄒᆞ오미 업ᄉᆞ오니, 엇지 사룸이라 ᄒᆞ오리잇가?"

— 「경판본 홍길동전」 —

㉡ 구운몽(九雲夢)

승상(丞相)이 성은(聖恩)을 감격하여 고두사은(叩頭謝恩)하고 거가(擧家)하여 취미궁(翠微宮)으로 옮아가니, 이 집이 종남산 가운데 있으되, 누대의 장려(壯麗)함과 경개(景槪)의 기절(奇絕)함이 완연(宛然)히 봉래(蓬萊) 선경(仙境)이니, 왕 학사(王學士)의 시에 가로되,

"신선의 집이 별로 이에서 낫지 못할 것이니, 무슨 일 통소를 불고 푸른 하늘로 향하리오?"

하니, 이 한 글귀로 가히 경개를 알리러라.

승상이 정전(正殿)을 비워 조서(詔書)와 어제(御製) 시문(詩文)을 봉안(奉安)하고 그 남은 누각대사(樓閣臺榭)에는 제 낭자가 나눠 들고, 날마다 승상을 모셔 물을 임(臨)하며 매화(梅花)를 찾고 시를 지어 구름 낀 바위에 쓰며 거문고를 타 솔바람을 화답(和答)하니, 청한(淸閑)한 복(福)이 더욱 사람을 부뤄할 배러라.

승상이 한가한 곳에 나아간 지 또한 여러 해 지났더니, 팔월(八月) 염간(念

間)은 승상 생일이라. 모든 자녀 다 모다 십 일을 연(連)하여 설연(設宴)하니 번화성만(繁華盛滿)함이 예도 듣지 못할러라. 잔치를 파(破)하고 제자 (諸子)가 각각 흩어진 후 문득 구추가절(九秋佳節)이 다다르니, 국화(菊花) 봉오리 누르고 수유 열매가 붉었으니 정히 등고(登高)할 때라. 취미궁 서녘에 높은 대(臺) 있으니, 그 위에 오르면 팔백 리(里) 진천(秦川)을 손바닥 금 보듯이 하여 가린 것이 없으니, 승상이 가장 사랑하는 땅이러라.

(5) 고대 수필

① 특징

㉠ 민간과 궁중에서 함께 쓰였다.

㉡ 처음에는 한문, 나중에는 순 한글로 쓰였다.

㉢ 궁중 수필은 여성 특유의 섬세·우아한 표현으로 곡진한 정서와 인간미가 넘친다.

② 의의

㉠ 내간체·역어체·담화체 문장이 형성되었다.

㉡ 양란 전후를 구분 짓는 특성, 즉 운문에서 산문으로 흐르는 하나의 맥을 짚을 수 있다.

③ 갈래

㉠ 한글 수필 : 조선 후기의 운문적인 어투에서 탈피하려는 각성에 의해 이루어졌으며, 일기·기행·내간 등이 이에 속한다.

㉡ 한문 수필 : 고려조와 조선 전기의 패관 문학 작품들을 비롯하여 조선 후기의 문집이 이에 속한다. 홍만종의 「시화총림」·「순오지」, 김만중의 「서포만필」, 박지원의 「열하일기」 등이 유명하다.

④ 주요 작품

분류	작품	연대	작가	내용
궁정 수상	계축일기	광해군 5년	궁녀	광해군이 영창대군을 죽이고 선조의 계비인 인목대비를 폐하여 서궁에 감금했던 사실을 일기체로 기록
	한중록	정조 20년 ~ 순조 4년	혜경궁 홍씨	남편 사도세자의 비극과 궁중의 음모, 당쟁, 자신의 기구한 생애를 회고하여 적은 자전적 회고록
	인현왕후전	숙종 ~ 정조	궁녀	인현왕후의 폐비 사건과 숙종과 장희빈의 관계를 그림

일기	산성일기	인조	궁녀	병자호란을 중심으로 한 치욕적인 사건을 객관적으로 그린 작품
	의유당일기	순조	연안 김씨	순조 29년 함흥 판관에 부임하는 남편 이희찬을 따라가 그 부근의 명승고적을 찾아다니며 보고 듣고 느낀 바를 적은 글
전기	윤씨행장	숙종 16년	김만중	김만중이 돌아가신 어머니를 추념하여 생전의 행장(行狀)을 지어 여자 조카들에게 나누어 준 글
기행	무오연행록	정조 22년	서유문	서장관으로 중국에 갔다가 그 견문, 감상을 자세히 기록한 완전한 산문체 작품
제문	조침문	순조 4년	유씨	미망인으로서 바느질로 생계를 이어오다가 바늘을 부러뜨려 그 섭섭한 심회를 적은 글
기타	요로원 야화기	숙종 4년	박두세	당시 선비 사회의 병폐를 대화체로 풍자
	어우야담	광해군	유몽인	민간의 야담과 설화를 모아 엮음. 해학과 기지가 넘치는 작품
	규중칠우 쟁론기	미상	미상	규중 부인들의 손에서 떨어지지 않는 바늘, 실, 자, 가위, 인두, 다리미, 골무 등의 쟁공(爭功)을 쓴 글

(6) 판소리

① **정의** … 전문 예술가인 광대가 부르는 구비 서사시를 뜻한다. '판'은 일정한 원리에 따라 소리를 구성하는 것을 의미한다.

② **유래** … 그 기원에 관해서도 많은 논란이 있는데, 현재까지는 전라도 중심의 세습무들이 부르는 서사 무가에서 나왔다는 견해가 가장 유력하다.

③ **특징**

　㉠ 서민들의 현실적인 생활을 주로 그리고 있다.

　㉡ 창가의 내용에는 극적 요소가 많고 민속적이며, 그 체제는 희곡적이며, 문체는 운문체이다.

　㉢ 풍자와 해학 등 골계적인 내용과 비장미, 숭고미 등이 드러나 있다.

　㉣ 판소리는 구비 문학이기 때문에 부분의 독자성이 성립한다.

　㉤ 주제는 크게 이면적 주제와 표면적 주제로 나눌 수 있다.

　㉥ 평민 계층이 사용하는 욕설이나 비속어 등과 양반 계층이 주로 사용하는 한문구나 한자 성어 등이 공존한다.

기출문제

④ 가창 방식

㉠ 창자인 광대와 반주자인 고수의 두 사람에 의해 진행된다.

㉡ 광대는 고수의 장단에 맞춰 창과 아니리를 섞어가며 노래를 하면서 사설에 맞춰 너름새를 곁들이고, 고수는 추임새로 광대의 흥을 돋우어 준다.

㉢ 사건의 전개에 꼭 필요한 서사 부분은 주로 아니리로 하며, 서정이나 묘사 부분은 창으로 한다.

⑤ 용어

㉠ 광대 : 노래를 부르는 사람

㉡ 고수 : 북을 치며 장단을 맞추는 사람

㉢ 아니리 : 노래 도중에 말로 하는 부분

㉣ 너름새(발림) : 노래를 부르며 하는 몸동작

㉤ 추임새 : 고수나 청중들이 창 도중에 흥에 겨워 내는 탄성

Point 팁 | **판소리 구성의 3대 요소와 4대 요소**
㉠ 3대 요소 : 창(唱), 아니리, 너름새(발림)
㉡ 4대 요소 : 창(唱), 아니리, 너름새(발림), 추임새

⑥ **장단** … 진양조 < 중몰이(중모리) < 중중몰이(중중모리) < 잦은몰이(자진모리) < 휘몰이(휘모리)

⑦ **의의**

㉠ 양반 문학과 서민 문학을 통합하는 근대 문학적 위치에 있다.

㉡ 판소리계 소설로 이행하여 설화를 소설로 정착시켰다.

⑧ **작품**

㉠ 판소리 12마당 : 춘향가, 심청가, 흥보가, 수궁가, 적벽가, 변강쇠 타령, 배비장 타령, 강릉매화전, 옹고집전, 장끼 타령, 왈짜 타령(무숙이 타령), 가짜 신선 타령(숙영낭자전)

㉡ 판소리 6마당 : 춘향가, 심청가, 흥보가, 수궁가, 적벽가, 변강쇠 타령

㉢ 판소리계 소설 : 흥부전, 심청전, 별주부전(토끼전), 춘향전, 변강쇠전(가루지기전), 장끼전, 배비장전, 옹고집전

(7) 가면극

① **정의** … 배우가 가면(탈)을 쓰고 하는 연극으로 우리 고유의 전통극이다.

② **전개** … 삼국 시대의 기악(伎樂)이나 오기(五伎)에 그 연원을 두고, 고려 시대의 산대잡극, 조선 시대의 산대도감극 등의 여러 형태로 전승되었다.

기출문제

③ 내용 … 양반 계층에 대한 풍자, 승려의 파계에 대한 조소, 처첩 간의 갈등, 서민들의 빈궁상 등 평민들의 저항 의식을 담고 있다.

④ 특징

　㉠ 시간과 공간을 자유롭게 선택·변화시킬 수 있으며, 두 개의 사건을 한 무대에서 보여줄 수 있다.

　㉡ 관중이나 악사는 극에 개입함으로써 극적 환상이 차단되고, 이에 따라 관중은 객관적 비판자의 입장에 서게 된다.

　㉢ 대사는 말과 노래가 섞여 있고 극적 요소(춤, 행동)가 풍부하다.

　㉣ 언어는 일상적인 구어를 기초로 하며, 관용적인 한문구나 직설적인 비속어가 사용되는 등 양반성과 평민성이 함께 드러난다.

　㉤ 새로운 사회로 지향하고자 하는 민중 의식이 드러난다.

⑤ 갈래

　㉠ 농촌 탈춤 : 하회 별신굿 탈놀이, 강릉 관노 가면극, 북청 사자놀이 등

　㉡ 도시 탈춤 : 양주 별산대 놀이, 봉산 탈춤, 통영의 오광대, 들놀음 등

⑥ 주요 작품 – 봉산 탈춤

말뚝이 : (벙거지를 쓰고 채찍을 들었다. 굿거리장단에 맞추어 양반 3형제를 인도하여 등장)

양반들 : [말뚝이 뒤를 따라 굿거리장단에 맞추어 점잔을 피우나, 어색하게 춤을 추며 등장. 양반 3형제 맏이는 샌님(生員), 둘째는 서방님(書房), 끝은 도련님(道令)이다. 샌님과 서방님은 흰 창옷에 관을 썼다. 도련님은 남색 쾌자에 복건을 썼다. 샌님과 서방님은 언청이이며(샌님은 언청이 두 줄, 서방님은 한 줄이다.) 부채와 장죽을 가지고 있고, 도련님은 입이 삐뚤어졌고 부채만 가졌다. 도련님은 일절 대사는 없으며, 형들과 동작을 같이 하면서 형들의 면상을 부채로 때리며 방정맞게 군다.]

말뚝이 : (가운데쯤에 나와서) 쉬이. (음악과 춤 멈춘다.) 양반 나오신다아! 양반이라고 하니까 노론(老論), 소론(少論), 호조(戶曹), 병조(兵曹), 옥당(玉堂)을 다 지내고 삼정승(三政丞), 육판서(六判書)를 다 지낸 퇴로 재상(退老宰相)으로 계신 양반인 줄 아지 마시오. 개잘량이라는 '양'자에 개다리 소반이라는 '반'자 쓰는 양반이 나오신단 말이오.

양반들 : 야아, 이놈, 뭐야아!

말뚝이 : 가면극아, 이 양반들, 어찌 듣는지 모르갔소. 노론, 소론, 호조, 병조, 옥당을 다 지내고 삼정승, 육판서 다 지내고 퇴로 재상으로 계신 이 생원네 3형제분이 나오신다고 그리하였소.

기출문제

(8) 민요

① 정의 ··· 과거로부터 내려오는 전통적 운율감을 기초로 민중의 생활·감정·사상을 솔직하게 나타내는 노래로 사람의 입을 통하여 전해진 노래를 말한다.

② 특징

　㉠ 구전성 : 설화와 마찬가지로, 문자에 의한 기록과 무관하게 입에서 입으로 전승되었다.

　㉡ 서정성 : 농축된 정서를 직접적으로 표출한다.

　㉢ 서민성 : 서민의 생활 감정이 포함된 비전문적인 양식이다.

　㉣ 형식미 : 부르기 적합하도록 율격이나 형식이 일정한 정형성을 띤다.

③ 형식

　㉠ 두 연이 대칭 구조를 이룬다.

　㉡ 3·4조 또는 4·4조의 율격을 지닌다.

　㉢ 민속·음악·문학의 복합체이다.

　㉣ 가창 형식과 시가 형태가 긴밀한 관계를 가진다.

　㉤ 가창 방식은 선후창, 교환창, 독창, 합창으로 구분된다.

④ 내용

　㉠ 민중들의 일상생활의 정한이 잘 나타나 있다.

　㉡ 노동요에는 일하는 즐거움과 보람이 꾸밈없이 소박하게 나타난다.

　㉢ 생활상의 고통도 드러난다.

　㉣ 비기능요에는 남녀 이별의 정한이 주조를 이룬다.

⑤ 주요 작품

　㉠ 노동요 : 논매기 노래, 타작 노래, 해녀 노래 등

　㉡ 의식요 : 지신밟기요, 상여 노래, 달구질 노래 등

　㉢ 유희요 : 강강술래, 줄다리기 노래, 널뛰기 노래, 놋다리 노래 등

　㉣ 비기능요 : 아리랑, 강원도 아리랑, 정선 아리랑, 밀양 아리랑 등

(9) 잡가

① 정의 ··· 조선 후기에 발생하여 개화기까지 불리었던 창곡의 한 형태로, 주로 하류 계층의 유흥적인 노래를 말한다(가사, 민요, 시조의 영향을 받아 발생).

② 형식 ··· 4·4조의 가사 형식이지만 파격이 심하고 한자어나 중국 고사 등의 유식한 표현이 많다.

③ 내용 ··· 자연의 경치, 남녀 간의 애정, 풍자, 익살, 해학, 삶의 애환 등

기출문제

④ 향유 계층 … 서민층에서 향유되었고, 사당패나 광대 등의 전문적인 소리꾼에 의해 불리어졌다.

⑤ 주요 작품

작품	내용
유산가	한국의 절경을 중국의 명승지에 비교하면서 부른 노래이다.
적벽가	판소리 적벽가와 마찬가지로 적벽대전에 관련된 내용으로 전쟁에 패한 조조가 과우에게 목숨을 구걸하는 장면을 노래하도 있다.
소춘향가	전반은 춘향이 이도령에게 자기 집을 알려 주는 내용이고, 후반은 이에 대한 남성의 연정을 노래하는 내용이 어이진다.
집장가	판소리 춘향가 중 춘향이 변학도 앞에 끌려 나와 매 맞는 장면에서 집장 사령의 행동을 가극화한 것이다.
형장가	판소리 춘향가 중에서 춘향이 형장을 맞고 옥중에서 고생하는 대목을 독립시켜 만든 노래이다.
달거리	매달 돌아오는 명절 정경과 함께 먼저 가신 님과의 옛정을 노래하고 있다.
평양가	4~5연으로 분절되는 사랑의 노래이다.

⑽ 한문학

① 순정 문학파와 실학 문학파의 대립
  ㉠ 순정 문학파 : 예술 + 철학→한학 4대가 중심(이정구, 신흠, 장유, 이식)
  ㉡ 실학 문학파 : 예술 + 현실→실학 4대가 중심(이덕무, 유득공, 박제가, 이서구)

② 주요 작품

작품	연대	작자	내용
순오지	헌종	홍만종	정철, 송순의 시가와 서유기에 대한 평론과 부록으로 130여 종의 속담을 실음
서포만필	숙종	김만중	제자백가 가운데 의심스러운 점을 밝히고, 신라 이후의 유명한 시에 대하여 평론한 것을 붙임
열하일기	정조	박지원	열하에 이르러 그 곳 문인들과 사귀고 연경 문물제도를 견문하고 풍속, 경제, 병사, 천문, 문학 등의 분야로 나누어 기록한 책
목민심서	순조	정약용	예로부터의 지방 장관의 사적을 수록하여, 지방 장관의 치민(治民)에 관한 도리를 논한 책. 공무원의 수신서

▮1~3▮ 다음 글을 읽고 물음에 답하시오.

옛 글에 이르기를 부자와 귀인의 처지에 있어서는 부자와 귀인으로 지내고 가난하고 미천한 처지에 있어서는 가난하고 미천한 대로 지낸다고 했네. 대체 처지란 것은 이미 정해져 버린 것이야. 또 시경(詩經)에 이르기를, 아침저녁 공무를 같이 보는 데도 분복이 저마다 다르다고 했네. 분복이란 것은 타고 난 것이란 말이지. 대체 모든 사람이 이 세상에 태어날 때 각기 정해진 분복이 있는 것이니 제 분복을 가지고 누구를 원망하겠는가? ㉠새우젓을 먹게 되니 달걀찌개가 생각나고, 갈옷을 입고 나면 모시옷이 부럽게 되는 것일세. 천하가 여기서부터 어지러워지고 백성들이 와 하고 들고일어나서 논밭을 서로 빼앗으며 이에 밭이랑이 황폐해지네.

진승, 오광, 항적의 무리가 그 해 농사일이나 하는 데만 만족하고 말 사람들이었는가? 주역(周易)에서 짐질 것도 있고 탈 것도 있어서 도적을 불러들인다고 한 것이 바로 이것을 두고 이른 말일세. 그렇기 때문에 굉장한 벼슬자리에는 깨끗하지 못한 구석이 있으며 제 힘으로 번 것이 아니고는 부호가 재산가의 칭호도 더러운 것일세.

본래 사람의 숨이 떨어지면 입안에 구슬을 넣어 주는 것도 깨끗이 가란 뜻일세 그려. 저 엄 행수는 똥과 거름을 져 날라서 스스로 먹을 것을 장만하기 때문에, 그를 '지극히 조촐하지는 않다'고 말할는지는 모르겠네. 그러나 그가 먹을거리를 장만하는 방법은 지극히 향기로웠으며, 그의 몸가짐은 지극히 더러웠지만 그가 정의를 지킨 자세는 지극히 고항(高抗)했으니, 그의 뜻을 따져 본다면 비록 만종(萬種)의 녹(錄)을 준다고 하더라도 바꾸지 않을 걸세. 이런 것들로 살펴본다면 세상에는 깨끗하다면서 깨끗하지 못한 자도 있고, 더럽다면서 더럽지 않은 자도 있단 말일세. 내가 먹고 입는 데서 견디기 어려운 처지에 다다르면 항상 나만도 못한 처지의 사람을 생각하게 되는데 엄 행수에 이르러는 견디기 어려운 처지란 것이 없네.

진심으로 도적질 할 마음이 없기로 말하면 엄 행수 같은 분이 없다고 생각하네. 이 마음을 더 키워 나간다면 성인(聖人)도 될 수 있을 것일세. 대체 선비가 좀 궁하다고 해서 궁기(窮氣)를 떨어도 수치스러운 노릇이요, 출세한 다음 제 몸만 받들기에 급급해도 수치스러운 노릇일세. 아마 엄 행수를 보기에 부끄럽지 않을 사람이 거의 드물 것일세. 그렇기 때문에 나는 엄 행수를 선생으로 모시려고 하고 있단 말일세. 어떻게 감히 벗으로 사귀겠다고 할 것인가? 그렇기 때문에 나는 ㉡엄 행수를 감히 그 이름을 부르지 못하고 예덕 선생이라고 일컫는 것일세.

1 화자의 말하기 방식으로 옳지 않은 것은?

① 옛 문헌을 인용하여 자신의 주장을 뒷받침하고 있다.

② 적절한 비유를 들어 우회적으로 이야기를 전개하고 있다.

③ 인정에 호소하여 상대방을 설득하고 있다.

④ 대상의 특성을 부각시켜 상대방의 생각을 일깨워주고 있다.

2 ㉠을 뜻하는 속담으로 가장 적절한 것은?

① 말 타면 종 두고 싶다.

② 갖바치에 풀무는 있으나 마나.

③ 가랑비에 옷 젖는 줄 모른다.

④ 우물에 가서 숭늉 찾는다.

3 ㉡을 통해서 화자가 궁극적으로 전달하고자 하는 바가 아닌 것은?

① 무실역행(務實力行)

② 안분지족(安分知足)

③ 실천궁행(實踐躬行)

④ 허례허식(虛禮虛飾)

4 다음 글의 밑줄 친 부분의 문맥적 의미는?

> 음식이란 목숨만 이어 가면 되는 것이다. 아무리 맛있는 고기나 생선이라도 입 안으로 들어가면 더러운 물건이 되어 버린다. 삼키기 전에 벌써 사람들은 싫어한다.
>
> 인간이 이 세상에서 귀하다고 하는 것은 정성 때문이니, 전혀 속임이 있어서는 안 된다. 하늘을 속이면 제일 나쁜 일이고, 임금이나 어버이를 속이거나 농부가 같은 농부를 속이고 상인이 동업자를 속이면 모두 죄를 짓게 되는 것이다. 단 한 가지 <u>속일 수 있는 일</u>이 있다면 그건 자기의 입과 입술이다. 아무리 맛없는 음식도 맛있게 생각하여 입과 입술을 속여서 잠깐 동안만 지내고 보면 배고픔은 가셔서 주림을 면할 수 있을 것이니, 이러해야만 가난을 이기는 방법이 된다.

① 속여도 좋은 일

② 속여야 하는 일

③ 속이려고 하는 일

④ 속이기가 쉬운 일

5 다음 글에서 얻을 수 있는 삶의 지혜는?

> 정사년(1737년) 가을에 과거 시험을 보기 위해 서울에 갔다가, 시장에서 전에는 보지 못했던 물건 하나를 발견했다. 위는 둥글고 아래는 평평하며 속은 텅 비었는데, 이마에는 일자(一字) 모양으로 가늘게 구멍이 뚫려 있었다.
> 내가 종을 돌아보며 물었다.
> "이게 무엇인가?"
> "벙어리입니다."
> 내가 그 말을 알 수가 없어서 또 물었다.
> "이게 무엇인가?"
> "벙어리입니다."
> 나는 그가 농하는 줄 알고 화가 나서 다시 물었다.
> "내가 이 물건이 무엇이냐고 물었는데, 벙어리라고만 대답을 하니, 도대체 무슨 소리인가?"
> "소인은 감히 농한 것이 아닙니다. 이 물건의 이름이 벙어리이기 때문에 벙어리라고 대답하였습니다."

① 말이 많은 사람은 벙어리 그릇을 따라야 한다.
② 꼭 필요한 말은 하고 불필요한 말은 하지 않는다.
③ 말은 상대방의 처지를 고려하여 해야 한다.
④ 말은 유용한 정보를 담은 것만 선택해야 한다.

6 다음 글의 밑줄 친 말을 인용한 이유는?

아! 사람의 마음이 옮겨지고 바뀌는 것이 이와 같을까? 남의 물건을 빌려서 하루아침 소용에 대비하는 것도 이와 같거든, 하물며 참으로 자기가 가지고 있는 것이랴.

그러나 사람이 가지고 있는 것이 어느 것이나 빌리지 아니한 것이 없다. 임금은 백성으로부터 힘을 빌려서 높고 부귀한 자리를 가졌고, 신하는 임금으로부터 권세를 빌려 은총과 귀함을 누리며, 아들을 아비로부터, 지어미는 지아비로부터, 비복(婢僕)은 상전으로부터 힘과 권세를 빌려서 가지고 있다. 그 빌린 바가 또한 깊고 많아서 대개는 자기 소유로 하고 끝내 반성할 줄 모르고 있으니, 어찌 미혹(迷惑)한 일이 아니겠는가?

그러다가도 혹 잠깐 사이에 그 빌린 것이 도로 돌아가게 되면, 만방(萬邦)의 임금도 외톨이가 되고, 백승(百乘)을 가졌던 집도 외로운 신하가 되니, 하물며 그보다 더 미약한 자야 말할 것이 있겠는가?

맹자가 일컫기를 "남의 것을 오랫동안 빌려 쓰고 있으면서 돌려 주지 아니하면, 어찌 그것이 자기의 소유가 아닌 줄 알겠는가?" 하였다.

① 작품 구성상 모순점을 제거하기 위해
② 도식적인 고정 관념을 벗어나기 위해
③ 주제를 강조하여 명확하게 하기 위해
④ 권위자의 의견을 내세워 자신의 견해를 뒷받침하기 위해

▌7~9▌ 다음 글을 읽고 물음에 답하시오.

> 이른바 규중 칠우(閨中七友)는 부인내 방 가온데 일곱 벗이니 글하는 선배는 필묵(筆墨)과 조희 벼루로 문방사우 (文房四友)를 삼았나니 규중 녀잰들 홀로 어찌 벗이 없으리오.
> 이러므로 침선(針線) 돕는 유를 각각 명호를 정하여 벗을 삼을 새, 바늘로 세요 각시(細腰閣氏)라 하고, 척을 척 부인(戚夫人)이라 하고, 가위로 교두 각시(交頭閣氏)라 하고 인도로 인화 부인(引火夫人)이라 하고, 달우리로 울 랑 자(娘子)라 하고, 실로 청홍흑백 각시(靑紅黑白閣氏)라 하며, 골모로 감토 할미라 하여, 칠우를 삼아 규중 부인내 아츰 소세를 마치매 칠위 일제히 모혀 종시하기를 한가지로 의논하여 각각 소임을 일워 내는지라.

7 이 글에 대한 설명으로 옳지 않은 것은?

① 사물을 의인화하여 세태를 풍자하고 있다.

② 인물의 성격이 뚜렷하게 드러나 있다.

③ '조침문'과 함께 내간체 소설의 백미로 꼽히는 작품이다.

④ 자신의 임무에 충실한 규중 칠우를 통하여 겸손함의 미덕을 보여주고 있다.

8 다음 중 규중 칠우의 별명을 짓게 된 근거가 다른 것은?

① 척부인　　　　　　　　　　　　② 감토 할미

③ 교두 각시　　　　　　　　　　　④ 세요각시

9 이 작품은 가전체의 전통을 따르고 있다. 가전체 문학에 대한 설명으로 적절하지 않은 것은?

① 사물의 의인화한다.

② 허구적 작품이라는 점에서 설화와 소설의 교량적 구실을 한다.

③ 주인공의 탄생부터 죽음에 이르기까지 일대기적 구성을 취한다.

④ 이규보의 국선생전은 엽전, 곧 돈을 의인화하여 돈의 폐해를 경계하는 내용이다.

10~12 다음 글을 읽고 물음에 답하시오.

홍색이 ⓐ거록하여 붉은 기운이 하늘을 뛰노더니, 이랑이 소래를 높이 하여 나를 불러,

"저기 물 밑을 보라."

외거늘, 급히 눈을 들어 보니, 물 밑 홍운(紅雲)을 헤앗고 큰 실오리 같은 줄이 붉기 더욱 기이하며, 기운이 진홍(眞紅) 같은 것이 차차 나 손바닥 넓이 같은 것이 ㉠그믐밤에 보는 숯불 빛 같더라. 차차 나오더니, 그 우흐로 적은 회오리밤 같은 것이 붉기 호박 구슬 같고, 맑고 통랑(通朗)하기는 호박도곤 더 곱더라.

그 붉은 우흐로 훌훌 움직여 도는데, 처음 났던 붉은 기운이 백지 반 장 넓이만치 반듯이 비치며, 밤 같던 기운이 해 되어 차차 커 가며, 큰 쟁반만 하여 불긋불긋 번듯번듯 뛰놀며, 적색이 온 바다에 끼치며, 몬저 붉은 기운이 차차 가새며, 해 흔들며 뛰놀기 더욱 ⓑ자로 하며, 항 같고 독 같은 것이 좌우(左右)로 뛰놀며, 황홀히 번득여 양목(兩目)이 ⓒ어즐하며, 붉은 기운이 명랑하여 첫 홍색을 헤앗고, 천중에 쟁반 같은 것이 수렛바퀴 같하야 물속으로 치밀어 받치듯이 올라붙으며, 항, 독 같은 기운이 스러지고, 처음 붉어 겉을 비추던 것은 모여 소혀처로 드리워 물속에 풍덩 빠지는 듯싶더라. 일색(日色)이 조요하며 물결에 붉은 기운이 차차 가새며, 일광(日光)이 청랑하니, 만고천하에 그런 장관은 ⓓ대두(對頭)할 데 없을 듯하더라.

10 이 글의 표현상 특성과 관계없는 것은? (위에 제시된 부분만 해당함)

① 시간적 순서를 따르고 있다.

② 견문과 여정이 나타나 있다.

③ 세밀한 관찰을 바탕으로 묘사하고 있다.

④ 비유를 사용하여 일출의 아름다움을 표현하고 있다.

11 문맥상 ㉠의 의미로 알맞은 것은?

① 몹시 기이하다.

② 아직도 흐리다.

③ 몹시 붉고 선명하다.

④ 아직도 어두운 상태이다.

12 밑줄 친 ⓐ~ⓓ의 풀이로 잘못된 것은?

① ⓐ – 아름답고 훌륭하여　　　　② ⓑ – 자주

③ ⓒ – 어두워지며　　　　　　　④ ⓓ – 맞서 겨루다

13 다음에서 유배(流配) 가사만으로 묶인 것은?

① 북천가, 한양가, 조천가　　　　② 북천가, 북관곡, 만언사

③ 연행가, 만언사, 일동장유가　　④ 연행가, 관동별곡, 일동장유가

14 다음 중 「금오신화」에 대한 설명으로 옳지 않은 것은?

① 한문으로 된 전기체 작품이다.

② 주인공들이 모두 중국 출신이다.

③ 우리나라 최초의 한문 소설이다.

④ 일상적 현실과 거리가 먼 신비로운 내용을 그렸다.

15 다음과 같은 시조 형식의 등장 배경으로 거리가 먼 것은?

窓(창) 내고쟈 窓(창)을 내고쟈 이 내 가슴에 窓(창) 내고쟈

고모장지 세살장지 들장지 열장지 암돌져귀 수돌져귀 배목걸새 크나큰 쟝도리로 둑닥

바가 이 내 가슴에 窓(창)내고쟈

잇다감 하 답답할 제면 여다져 볼가 하노라

① 평민 가객들의 등장　　　　② 실학사상의 대두

③ 서민 의식의 자각　　　　　④ 운문 정신의 대두

정답및해설

1	③	2	①	3	④	4	①	5	②
6	④	7	④	8	①	9	④	10	②
11	③	12	③	13	②	14	②	15	④

┃1~3┃

박지원의 「예덕선생전」
㉠ 갈래 : 한문 소설, 단편 소설, 풍자 소설
㉡ 연대 : 정조 때(18세기 후반)
㉢ 성격 : 교훈적, 예찬적, 설득적, 실천적
㉣ 주제 : 바람직한 교우의 도와 직업적 차별 타파

1 ③ 이 글의 화자인 '선귤자'는 성현의 말이나 구체적인 사례를 들어 '엄행수'의 특성을 부각시키고 있다.

2 '말타면 종 두고 싶다'는 사람의 욕심은 끝이 없음을 뜻하는 속담이다.
② 남에게는 요긴한 물건이라도 자신에게는 아무 소용이 없다는 뜻이다.
③ 재산 같은 것이 모르는 사이에 줄어 들어가는 것을 뜻한다.
④ 일의 순서를 생각하지 않고 성급하게 덤빈다는 뜻이다.

3 엄 행수는 허례허식과 거리가 먼 사람이다.
① 참되고 실속 있도록 힘씀을 이르는 말이다.
② 제 분수를 지키며 만족할 줄 앎을 이르는 말이다
③ 실제로 몸소 이행함을 이르는 말이다.
④ 실속 없이 겉만 번지르르하게 꾸밈을 이르는 말이다

4 앞부분에 전혀 속임이 없어야 한다고 말하며 뒷부분에서 맛없는 음식도 맛있다고 생각하여 입과 입술을 속이는 것이 가난을 이기기 위한 하나의 방법이 된다고 하였으므로 문맥상 '속여도 좋은 일'이 된다.
※ 정약용의 「유배지에서 보낸 편지」 … 글쓴이가 전남 강진에서 유배 생활을 할 때, 고향에 남아 있던 두 아들에게 보낸 편지글이다.

5 ② 상황에 어울리지 않는 말을 하거나 책임을 지지 않고 말을 하여 화를 자초하는 사람을 비판한 글이다.
※ 안정복의 「아기설」 … '벙어리'의 외형적 특성으로부터 삶의 교훈을 이끌어 내고 있는 글이다.

6 이곡의 「차마설(借馬說)」 … 모든 소유는 빌린 것에 불과하니 사람은 겸허하게 살아야 한다는 교훈을 담고 있는 수필(설)이다.
밑줄 친 말은 맹자의 말로 앞선 글쓴이의 견해를 지지하고 있다.

7 ④ 규중 칠우들은 본인의 공만을 내세우는 자기중심적인 태도를 보이고 있다.

8 '척부안'은 길이의 단위인 '척(尺)'과 발음이 같아 지어진 이름이다.
②③④ 생김새를 본떠서 이름을 지었다.

9 ④ 이규보의 국선생전은 술과 누룩을 의인화하여 위국충절(爲國忠節)과 신하로서의 올바른 처신에 대해 권계하는 내용이다.

┃10~12┃

의유당의 「동명일기」 … 귀경대에서 본 일출의 장관을, 비유(직유법)를 활용하여 여성 특유의 필치로 서술하고 있는 기행문이다.

10 ② 제시된 글에는 여정이 나타나 있지 않다.

11 ③ 해가 올라 올 때 밝게 보이는 모습을 비유하였다.

12 ③ '어즐하다'는 자꾸 또는 매우 정신이 아득하고 어지럽다는 의미의 '어찔어찔하다'로 풀이할 수 있다.

13 유배 가사는 유배지의 체험을 기록한 가사로 「만분가」, 「북천가」, 「북관곡」, 「만언사」가 있다.
　㉠ 「만분가」 : 무오사화 때 조위가 유배지인 전남 순천에서 지은 유배 가사
　㉡ 「북관곡」 : 숙종 때 송주석이 조부인 송시열의 덕원 유배에 따라가 지은 유배 가사
　㉢ 「만언사」 : 정조 때 안조원이 추자도로 귀양 가서 겪은 참상을 노래한 유배 가사
　㉣ 「북천가」 : 철종 때 김진형이 함경도 명천에 귀양 갔다가 돌아오기까지의 생활과 견문을 쓴 유배 가사

14 ② 김시습의 「금오신화」는 공간적 배경을 우리나라로 설정하였으며, 주인공도 우리나라 사람이다.

15 ④ 제시된 시조는 조선 후기 서민문학적인 성격을 잘 드러내주는 사설시조로 산문성이 강하다.

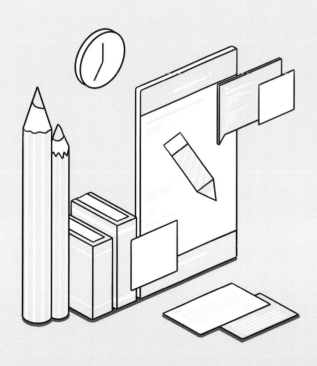

06

한자

01 한자
02 한자성어 · 속담 · 고유어

01 한자

section 1 한자의 이해

(1) 한자의 3요소

한자는 표의 문자로서 모양(形)·소리(音)·뜻(義)의 3요소를 갖추고 있는 것이 그 특징이다.

모양	소리	뜻
日	일	해·날
木	목	나무
天	천	하늘

(2) 육서(六書)

한자(漢字)가 어떻게 만들어졌고, 어떤 짜임새를 갖고 있는가에 대한 이론, 즉 글자가 만들어진 제자 원리(制字原理)를 육서라고 한다.

① 상형 문자(象形文字) … 구체적인 사물의 모양을 본떠서 만든 글자를 말한다.

> 예 日, 月, 山, 人, 木, 水, 手, 足, 鳥 등

② 지사 문자(指事文字) … 추상적인 생각이나 뜻을 점이나 선으로 나타낸 글자를 말한다.

> 예 一, 二, 三, 四, 五, 七, 八, 九, 上, 中, 下, 本, 末, 天 등

③ 회의 문자(會意文字) … 둘 이상의 글자를 뜻끼리 모아 새로운 뜻을 나타낸 글자를 말한다.

> ㉠ 목(木) + 목(木) = 림(林) : 나무와 나무가 합쳐져 수풀을 이룸
>
> ㉡ 인(人) + 목(木) = 휴(休) : 나무 옆에 사람이 쉬고 있으니 휴식한다는 뜻
>
> > 예 信, 東, 好, 林, 休, 男 등

④ 형성 문자(形聲文字) … 뜻을 나타내는 글자와 음을 나타내는 글자를 합쳐 새로운 뜻을 나타낸 글자를 말한다.

> 예 心(뜻) + 生(음) = 性(성품 성), 門(음) + 口(뜻) = 問(물을 문)

⑤ 전주 문자(轉注文字) … 이미 만들어진 글자를 가지고 유추하여 다른 뜻으로 쓰는 글자를 말한다.

> 예 相 : 서로(상), 재상(상), 도울(상), 지팡이(상)
>
> 樂 : 풍류(악), 즐거울(락), 좋아할(요)

⑥ 가차 문자(假借文字) … 이미 있는 글자의 뜻과는 관계없이 음이나 형태를 빌려다 쓰는 글자를 말한다.

예 음만 빌리는 경우 : 印度(인도 – India), 亞細亞(아세아 – Asia)
형태만 빌리는 경우 : 弗(불 – $)

(3) 한자어의 구성

① **병렬 관계(竝列關係)** … 같은 품사를 가진 한자끼리 연이어 결합된 한자어의 짜임을 말한다.

　㉠ **유사 관계(類似關係)** : 뜻이 같거나 비슷한 한자끼리 연이어 결합된 한자어의 짜임

　　예 家屋(가옥), 群衆(군중), 星辰(성신), 土地(토지), 海洋(해양), 繪畫(회화), 到達(도달), 引導(인도), 販賣(판매), 巨大(거대), 美麗(미려), 寒冷(한랭)

　㉡ **대립 관계(對立關係)** : 뜻이 서로 반대 또는 상대되는 한자끼리 연이어 결합된 한자어의 짜임

　　예 賞罰(상벌), 上下(상하), 善惡(선악), 因果(인과), 陰陽(음양), 天地(천지), 加減(가감), 開閉(개폐), 強弱(강약), 高低(고저), 多少(다소)

　㉢ **대등 관계(對等關係)** : 뜻이 서로 대등한 한자끼리 연이어 결합된 한자어의 짜임

　　예 父母(부모), 松柏(송백), 仁義(인의), 忠孝(충효), 眞善美(진선미), 紙筆硯墨(지필연묵)

　㉣ **첩어 관계(疊語關係)** : 똑같은 글자가 겹쳐 이루어진 한자어의 짜임

　　예 代代(대대), 年年(연년), 正正堂堂(정정당당)

　㉤ **융합 관계(融合關係)** : 한자의 뜻이 융합되어 쪼갤 수 없는 관계

　　예 光陰(광음), 琴瑟(금실), 春秋(춘추)

　㉥ **일방 관계(一方關係)** : 한자가 병렬되었으나 한쪽의 뜻만 나타내는 말

　　예 國家(국가), 多少(다소) – 조금(少의 뜻만 작용), 緩急(완급) – 위급함(急의 뜻만 작용)

② **수식 관계(修飾關係)** … 꾸미는 말과 꾸밈을 받는 말로 결합된 한자어의 짜임을 말한다.

　㉠ **관형어(冠形語) + 체언(體言)**

　　예 家事(가사), 城門(성문), 吉夢(길몽), 明月(명월), 外貨(외화), 流水(유수)

　㉡ **부사어(副詞語) + 용언(用言)**

　　예 廣告(광고), 徐行(서행), 雲集(운집), 疾走(질주), 必勝(필승)

③ **주술 관계(主述關係)** … 주어와 서술어의 관계로 결합된 한자어의 짜임을 말한다. 주어는 행위의 주체가 되고 서술어는 행위, 동작, 상태 등을 나타낸다. 문장의 조건을 갖추었으면서도 한자어의 역할을 한다.

　예 國立(국립), 夜深(야심), 人造(인조), 日出(일출), 年少(연소), 品貴(품귀)

④ **술목 관계(述目關係)** … 서술어와 목적어의 관계로 결합된 한자어의 짜임을 말한다. 이 때의 서술어는 행위나 동작을 나타내고, 목적어는 그 대상이 된다.

　예 交友(교우), 讀書(독서), 修身(수신), 愛國(애국), 成功(성공), 作文(작문)

⑤ **술보 관계(述補關係)** … 서술어와 보어의 관계로 결합된 한자어의 짜임을 말한다. 서술어는 행위나 동작을 나타내고 보어는 서술어를 도와 부족한 뜻을 완전하게 해준다.

　예 歸家(귀가), 登山(등산), 多情(다정), 有名(유명), 非凡(비범)

한자어에 대한 설명으로 옳지 않은 것은?
▶ 2019. 2. 23. 제1회 서울특별시

① '연장(延長)', '하산(下山)'은 '서술어 + 부사어'의 구조이다.
② '인간(人間)', '한국인(韓國人)'의 '인'은 모두 어근이다.
③ '우정(友情)', '대문(大門)'의 구성 성분은 비자립적 어근과 단어이다.
④ '시시각각(時時刻刻)', '명명백백(明明白白)'은 고유어의 반복합성어 구성 방식과 다르다.

Tip ② '한국인'의 '인'은 '사람'의 뜻을 더하는 접미사이다.

정답 ②

379

기출문제

section 2 한자어

(1) 잘못 읽기 쉬운 한자어

문 ㉠, ㉡에 들어갈 한자를 순서대로 바르게 나열한 것은?

▶ 2018. 5. 19. 제1회 지방직

• 근무 여건이 개선(㉠)되자 업무 효율이 크게 올랐다.
• 금융 당국은 새로운 통화(㉡) 정책을 제안하였다.

    ㉠   ㉡
① 改善   通貨
② 改選   通話
③ 改善   通話
④ 改選   通貨

Tip • 改善(고칠 개, 착할 선) : 잘못된 것이나 부족한 것, 나쁜 것 따위를 고쳐 더 좋게 만듦
改選(고칠 개, 가릴 선) : 의원이나 임원 등이 사퇴하거나 그 임기가 다 되었을 때 새로 선출함
• 通貨(통할 통, 재물 화) : 유통 수단이나 지불 수단으로서 기능하는 화폐
通話(통할 통, 말할 화) : 전화로 말을 주고받음

정답 ①

可矜 가긍	苛斂 가렴	恪別 각별	看做 간주	姦慝 간특	戡定 감정	講演 강연
降下 강하	改善 개선	改悛 개전	釀出 양출	揭示 게시	更張 경장	更迭 경질
驚蟄 경칩	誇示 과시	誇張 과장	刮目 괄목	壞滅 괴멸	攪亂 교란	敎唆 교사
口腔 구강	句讀 구두	丘陵 구릉	口碑 구비	求愛 구애	句節 구절	救恤 구휼
詭辯 궤변	龜裂 균열	根絕 근절	近況 근황			

內人 나인	拿捕 나포	烙印 낙인	難澁 난삽	捺印 날인	捏造 날조	濫觴 남상
來往 내왕	鹿皮 녹비	鹿茸 녹용	賂物 뇌물	漏泄 누설	訥辯 눌변	凜凜 늠름
稜線 능선						

茶菓 다과	茶店 다점	團欒 단란	簞食 단사	踏襲 답습	遝至 답지	撞着 당착
對峙 대치	陶冶 도야	挑戰 도전	淘汰 도태	瀆職 독직	獨擅 독천	鈍濁 둔탁
登攀 등반						

莫逆 막역	蔓延 만연	魅力 매력	邁進 매진	驀進 맥진	萌芽 맹아	蔑視 멸시
明澄 명징	木瓜 모과	牡友 모우	木鐸 목탁	杳然 묘연	巫覡 무격	拇印 무인
未洽 미흡						

ㅂ

撲滅 박멸	撲殺 박살	剝奪 박탈	反駁 반박	頒布 반포	潑剌 발랄	拔萃 발췌
幇助 방조	拜謁 배알	便秘 변비	兵站 병참	報酬 보수	布施 보시	敷衍 부연
忿怒 분노	焚香 분향	不朽 불후	沸騰 비등	譬喻 비유	憑藉 빙자	

ㅅ

詐欺 사기　使嗾 사주　奢侈 사치　索漠 삭막　數數 삭삭　撒布 살포　相殺 상쇄
省略 생략　書簡 서간　逝去 서거　棲息 서식　先塋 선영　洗滌 세척　遡及 소급
甦生 소생　殺到 쇄도　水洗 수세　數爻 수효　猜忌 시기　十方 시방　示唆 시사
諡號 시호　辛辣 신랄　迅速 신속　呻吟 신음

ㅇ

阿諂 아첨　齷齪 악착　斡旋 알선　謁見 알현　隘路 애로　曖昧 애매　愛玩 애완
惹起 야기　野薄 야박　掠奪 약탈　掩蔽 엄폐　濾過 여과　役割 역할　永劫 영겁
誤謬 오류　嗚咽 오열　汚辱 오욕　訛傳 와전　渦中 와중　緩和 완화　歪曲 왜곡
窯業 요업　凹凸 요철　容喙 용훼　雨雹 우박　雲刻 운각　遺棄 유기　蹂躪 유린
遊說 유세　吟味 음미　凝結 응결　凝視 응시　義捐 의연　移徙 이사　弛緩 이완
罹患 이환　匿名 익명　溺死 익사　湮滅 인멸　一括 일괄　一切 일체　剩餘 잉여

ㅈ

自刎 자문　孜孜 자자　箴言 잠언　暫定 잠정　將帥 장수　障碍 장애　裝塡 장전
沮止 저지　傳播 전파　奠幣 전폐　點睛 점정　稠密 조밀　造詣 조예　措置 조치
躊躇 주저　奏請 주청　憎惡 증오　桎梏 질곡　叱責 질책　執拗 집요

ㅊ

捉來 착래　刹那 찰나　斬新 참신　懺悔 참회　暢達 창달　蒼氓 창맹　漲溢 창일
闡明 천명　喘息 천식　尖端 첨단　諦念 체념　涕泣 체읍　忖度 촌탁　寵愛 총애
撮影 촬영　追悼 추도　推薦 추천　秋毫 추호　衷心 충심　熾烈 치열

ㅌ

拓本 탁본　度支 탁지　綻露 탄로　彈劾 탄핵　眈溺 탐닉　攄得 터득　慟哭 통곡
洞察 통찰　通貨 통화　投棄 투기　特段 특단　堆積 퇴적

ㅍ

破綻 파탄　辦得 판득　覇權 패권　敗北 패배　膨脹 팽창　遍歷 편력　閉塞 폐색
抛棄 포기　襃賞 포상　捕捉 포착　輻輳 폭주　標識 표지　風味 풍미　諷刺 풍자
跛立 피립

기출문제

문 밑줄 친 단어와 바꿔 쓸 수 있는 한자어로 가장 적절한 것은?
▶ 2020. 6. 13. 지방직/서울특별시

① 그는 가수가 되려는 꿈을 버리고 직장을 구했다. → 遺棄하고
② 휴가철인 7~8월에 버려지는 반려견들이 가장 많다. → 根絕되는
③ 그는 집 앞에 몰래 쓰레기를 버리고 간 사람을 찾고 있다. → 投棄하고
④ 취직하려면 그녀는 우선 지각하는 습관을 버려야 할 것이다. → 抛棄해야

Tip ③ '쓰레기를 내던져 버리다'라는 의미로는, '投棄하다(투기하다)'가 적절하다.
① 유기(遺棄)는 '내버리고 돌아보지 않음'을 뜻하며 주어진 문장에서는 '꿈을 버리다'라는 의미로 '抛棄하다(포기하다)'가 적절하다.
② 근절(根絕)은 '다시 살아날 수 없도록 뿌리째 뽑아 없앰'을 뜻하며 주어진 문장에서는 '내다 버리다'라는 의미로 '遺棄하다(유기하다)'가 적절하다.
④ 포기(抛棄)는 '하던 일을 중도에 그만 두어 버림'을 뜻하며 주어진 문장에서는 '나쁜 습관을 버리다'라는 의미로 '根絕하다(근절하다)'나가 적합하다.

정답 ③

기출문제

ㅎ

割引 할인	陜川 합천	行列 항렬	肛門 항문	降將 항장	偕老 해로	解弛 해이
諧謔 해학	享樂 향락	絢爛 현란	現況 현황	荊棘 형극	豪宕 호탕	忽然 홀연
花瓣 화판	廓然 확연	滑走 활주	黃疸 황달	恍惚 황홀	膾炙 회자	嚆矢 효시
嗅覺 후각	萱堂 훤당	毁損 훼손	麾下 휘하	恤兵 휼병	欣快 흔쾌	恰似 흡사
犧牲 희생	詰難 힐난					

문 ㉠~㉣의 한자 병기가 옳지 않은 것은?

▶ 2017. 12. 16. 지방직 추가선발

㉠열악(劣惡)한 환경에 굴하지 않고, 희망을 현실로 만든 그의 노력에 우리는 ㉡경의(敬意)를 표하였다. 그의 ㉢태도(態道)는 우리에게 ㉣귀감(龜鑑)이 될 만하다.

① ㉠   ② ㉡
③ ㉢   ④ ㉣

Tip ㉢ 태도(態 모양 태, 度 법도 도)
㉠ 열악(劣 못할 열, 惡 악할 악)
㉡ 경의(敬 공경할 경, 意 뜻 의)
㉣ 귀감(龜 거북 귀, 鑑 거울 감)

(2) 동자이음어(同字異音語)

覺	깨달을 각 : 覺醒(각성)
	꿈깰 교 : 覺眼(교안)
乾	하늘 건 : 乾坤(건곤)
	마를 간 : 乾物(간물)
見	볼 견 : 見學(견학)
	드러날 현 : 謁見(알현)
龜	거북 귀 : 龜趺(귀부)
	땅이름 구 : 龜浦(구포)
內	안 내 : 室內(실내)
	궁궐 나 : 內人(나인)
丹	붉을 단 : 丹靑(단청)
	꽃이름 란 : 牡丹(모란)
單	홀로 단 : 簡單(간단)
	오랑캐임금 선 : 單于氏(선우씨)
讀	읽을 독 : 讀書(독서)
	구절 두 : 句讀(구두)
樂	즐길 락 : 娛樂(오락)
	좋아할 요 : 樂山(요산)
木	나무 목 : 草木(초목)
	모과 모 : 木瓜(모과)
復	회복할 복 : 復舊(복구)
	다시 부 : 復活(부활)
北	북녘 북 : 南北(남북)
	패할 배 : 敗北(패배)

降	내릴 강 : 降等(강등)
	항복할 항 : 降服(항복)
更	다시 갱 : 更新(갱신)
	고칠 경 : 變更(변경)
句	글귀 구 : 文句(문구)
	글귀 귀 : 句節(귀절)
洞	동리 동 : 洞里(동리)
	구멍 동 : 洞窟(동굴)
內	안 내 : 室內(실내)
	궁궐 나 : 內人(나인)
宅	집안 댁 : 宅內(댁내)
	집 택 : 住宅(주택)
度	법도 도 : 制度(제도)
	헤아릴 탁 : 忖度(촌탁)
率	비례 률 : 比率(비율)
	거느릴 솔 : 統率(통솔)
說	말씀 설 : 說明(설명)
	달랠 세 : 遊說(유세)
反	돌이킬 반 : 反擊(반격)
	뒤침 번 : 反畓(번답)
否	아니 부 : 否定(부정)
	막힐 비 : 否運(비운)
寺	절 사 : 寺刹(사찰)
	내관 시 : 內侍(내시)

정답 ③

狀
　┌ 형상 상 : 狀態(상태)
　└ 문서 장 : 賞狀(상장)

塞
　┌ 막을 색 : 閉塞(폐색)
　└ 변방 새 : 要塞(요새)

食
　┌ 먹을 식 : 食事(식사)
　└ 밥 사 : 簞食(단사)

什
　┌ 열 사람 십 : 什長(십장)
　└ 세간 집 : 什器(집기)

宿
　┌ 잘 숙 : 宿泊(숙박)
　└ 별 수 : 星宿(성수)

惡
　┌ 악할 악 : 惡魔(악마)
　└ 미워할 오 : 憎惡(증오)

於
　┌ 어조사 어 : 於是乎(어시호)
　└ 탄식할 오 : 於乎(오호)

葉
　┌ 잎 엽 : 落葉(낙엽)
　└ 성 섭 : 葉氏(섭씨)

咽
　┌ 목구멍 인 : 咽喉(인후)
　└ 목멜 열 : 嗚咽(오열)

刺
　┌ 찌를 자 : 刺客(자객)
　└ 찌를 척 : 刺殺(척살)

切
　┌ 끊을 절 : 切斷(절단)
　└ 모두 체 : 一切(일체)

提
　┌ 끌 제 : 提携(제휴)
　└ 깨달을 리 : 菩提樹(보리수)

車
　┌ 수레 차 : 自動車(자동차)
　└ 수레 거 : 車馬費(거마비)

沈
　┌ 잠길 침 : 沈沒(침몰)
　└ 성씨 심 : 沈氏(심씨)

跛
　┌ 절뚝임 파 : 跛行(파행)
　└ 기울 피 : 跛立(피립)

皮
　┌ 가죽 피 : 皮革(피혁)
　└ 가죽 비 : 鹿皮(녹비)

暴
　┌ 드러날 폭 : 暴露(폭로)
　└ 사나울 폭 : 暴風(폭풍)

索
　┌ 찾을 색 : 搜索(수색)
　└ 적막할 삭 : 索莫(삭막)

誓
　┌ 서약 서 : 宣誓(선서)
　└ 맹세 세 : 盟誓(맹세)

殺
　┌ 죽일 살 : 殺人(살인)
　└ 감할 쇄 : 相殺(상쇄)

省
　┌ 살필 성 : 反省(반성)
　└ 덜 생 : 省略(생략)

拾
　┌ 주울 습 : 拾得(습득)
　└ 열 십 : 拾萬(십만)

若
　┌ 같을 약 : 若干(약간)
　└ 땅이름 야 : 般若(반야)

厭
　┌ 싫어할 염 : 厭世(염세)
　└ 누를 엽 : 厭然(엽연)

易
　┌ 쉬울 이 : 容易(용이)
　└ 바꿀 역 : 貿易(무역)

抵
　┌ 막을 저 : 抵抗(저항)
　└ 칠 지 : 抵掌(지장)

著
　┌ 지을 저 : 著述(저술)
　└ 나타날 저 : 顯著(현저)

參
　┌ 참여할 참 : 參加(참가)
　└ 석 삼 : 參拾(삼십)

拓
　┌ 열 척 : 開拓(개척)
　└ 박을 탁 : 拓本(탁본)

則
　┌ 법칙 칙 : 規則(규칙)
　└ 곧 즉 : 然則(연즉)

推
　┌ 밀 퇴 : 推敲(퇴고)
　└ 밀 추 : 推進(추진)

便
　┌ 편할 편 : 便利(편리)
　└ 오줌, 똥 변 : 便所(변소)

合
　┌ 합할 합 : 合同(합동)
　└ 흡 흡 : 五合(오흡)

行
　┌ 갈 행 : 行軍(행군)
　└ 항렬 항 : 行列(항렬)

문 ⑦~②의 한자 표기로 옳은 것은?

▶ 2020. 7. 11. 인사혁신처

과학사를 들춰 보면 기존의 학문 체계에 ㉠도전했다가 낭패를 본 인물들의 이야기를 자주 만날 수 있다. 대표적인 인물이 천동설을 부정하고 지동설을 주장한 갈릴레이이다. 천동설을 ㉡지지하던 당시의 권력층은 그들의 막강한 힘을 이용하여 갈릴레이를 신의 권위에 도전하는 이단자로 욕하고 목숨까지 위협했다. 갈릴레이가 영원한 ㉢침묵을 ㉣맹세하지 않고 계속 지동설을 주장했더라면 그는 단두대의 이슬로 사라졌을지도 모른다.

① ㉠ 逃戰
② ㉡ 持地
③ ㉢ 浸黙
④ ㉣ 盟誓

Tip ④ 맹세는 일정한 약속이나 목표를 꼭 실천하겠다고 다짐함을 뜻하는데, 盟맹세할 맹, 誓맹세할 서(세)이다. 따라서 맹세의 표기는 올바르다.
① '정면으로 맞서 싸움을 걺', '어려운 사업이나 기록 경신 따위에 맞섬'을 비유적으로 이르는 말을 뜻하는 '도전'은 挑戰과 같이 쓰는 것이 옳다.
② '어떤 사람이나 단체 따위의 주의·정책·의견 따위에 찬동하여 이를 위하여 힘을 씀. 또는 그 원조'를 뜻하는 지지는 支持로 쓰는 것이 옳다.
③ '침묵'은 '어떤 일에 대하여 그 내용을 밝히지 아니하거나 비밀을 지킴. 또는 그런 상태'를 뜻하는 침묵은 沈默으로 쓰는 것이 옳은 표기이다.

정답 ④

(3) 상대어(相對語)·반대어(反對語)

- 强(굳셀 강) ↔ 弱(약할 약)
- 去(갈 거) ↔ 來(올 래)
- 傑(뛰어날 걸) ↔ 拙(못날 졸)
- 結(맺을 결) ↔ 離(떨어질 리)
- 京(서울 경) ↔ 鄕(시골 향)
- 慶(경사 경) ↔ 弔(조상할 조)
- 屈(굽을 곡) ↔ 沆(대항할 항)
- 勤(부지런할 근) ↔ 怠(게으를 태)
- 起(일어날 기) ↔ 臥(누울 와)
- 諾(승락할 낙) ↔ 拒(물리칠 거)
- 禍(재앙 화) ↔ 福(복 복)
- 貸(빌릴 대) ↔ 借(빌 차)
- 鈍(둔할 둔) ↔ 敏(민첩할 민)
- 冷(찰 랭) ↔ 炎(뜨거울 염)
- 瞭(밝을 료) ↔ 曖(희미할 애)
- 漠(아득할 막) ↔ 確(확실할 확)
- 忙(바쁠 망) ↔ 閑(한가할 한)
- 孟(맏 맹) ↔ 季(끝 계)
- 問(물을 문) ↔ 答(답할 답)
- 美(아름다울 미) ↔ 醜(추할 추)
- 虛(빌 허) ↔ 實(찰 실)
- 否(아니 부) ↔ 肯(수긍할 긍)
- 悲(슬플 비) ↔ 喜(기쁠 희)
- 常(일상 상) ↔ 特(특별할 특)
- 生(살 생) ↔ 滅(멸망할 멸)
- 消(쓸 소) ↔ 積(쌓을 적)
- 送(보낼 송) ↔ 迎(맞을 영)
- 授(줄 수) ↔ 受(받을 수)
- 崇(높일 숭) ↔ 凌(업신여길 릉)
- 勝(이길 승) ↔ 敗(패할 패)
- 新(새 신) ↔ 舊(옛 구)
- 我(나 아) ↔ 汝(너 여)
- 愛(사랑 애) ↔ 憎(미워할 증)
- 逆(거스를 역) ↔ 順(좇을 순)
- 凹(오목할 요) ↔ 凸(볼록할 철)

- 開(열 개) ↔ 閉(닫을 폐)
- 建(세울 건) ↔ 壞(무너뜨릴 괴)
- 儉(검소할 검) ↔ 奢(사치할 사)
- 謙(겸손할 겸) ↔ 慢(거만할 만)
- 輕(가벼울 경) ↔ 重(무거울 중)
- 曲(굽을 곡) ↔ 直(곧을 직)
- 貴(귀할 귀) ↔ 賤(천할 천)
- 禽(날짐승 금) ↔ 獸(길짐승 수)
- 緊(긴요할 긴) ↔ 疏(성길 소)
- 難(어려울 난) ↔ 易(쉬울 이)
- 斷(끊을 단) ↔ 繼(이을 계)
- 同(같을 동) ↔ 異(다를 이)
- 得(얻을 득) ↔ 失(잃을 실)
- 露(이슬 로) ↔ 霜(서리 상)
- 利(이로울 리) ↔ 害(해로울 해)
- 晚(늦을 만) ↔ 早(일찍 조)
- 賣(팔 매) ↔ 買(살 매)
- 狹(좁을 협) ↔ 廣(넓을 광)
- 好(좋을 호) ↔ 惡(미워할 오)
- 潑(활발할 발) ↔ 萎(시들 위)
- 賢(어질 현) ↔ 愚(어리석을 우)
- 浮(뜰 부) ↔ 沈(잠길 침)
- 貧(가난할 빈) ↔ 富(넉넉할 부)
- 賞(상줄 상) ↔ 罰(벌 벌)
- 盛(성할 성) ↔ 衰(쇠할 쇠)
- 損(잃을 손) ↔ 益(더할 익)
- 首(머리 수) ↔ 尾(꼬리 미)
- 瞬(눈깜짝할 순) ↔ 永(길 영)
- 昇(오를 승) ↔ 降(내릴 강)
- 視(볼 시) ↔ 聽(들을 청)
- 深(깊을 심) ↔ 淺(얕을 천)
- 仰(우러를 앙) ↔ 俯(구부릴 부)
- 嚴(엄할 엄) ↔ 慈(인자할 자)
- 厭(싫을 염) ↔ 樂(좋아할 요)
- 友(벗 우) ↔ 敵(원수 적)

- 優(뛰어날 우) ↔ 劣(못날 렬)
- 陰(그늘 음) ↔ 陽(볕 양)
- 雌(암컷 자) ↔ 雄(숫컷 웅)
- 戰(싸울 전) ↔ 和(화목할 화)
- 淨(깨끗할 정) ↔ 汚(더러울 오)
- 朝(아침 조) ↔ 夕(저녁 석)
- 尊(높을 존) ↔ 卑(낮을 비)
- 彼(저 피) ↔ 此(이 차)
- 遲(더딜 지) ↔ 速(빠를 속)
- 進(나아갈 진) ↔ 退(물러날 퇴)
- 寒(찰 한) ↔ 暖(따뜻할 난)

- 隱(숨을 은) ↔ 顯(나타날 현)
- 因(까닭 인) ↔ 果(결과 과)
- 姉(누이 자) ↔ 妹(아랫누이 매)
- 絶(끊을 절) ↔ 續(이을 속)
- 靜(고요할 정) ↔ 騷(시끄러울 소)
- 燥(마를 조) ↔ 濕(젖을 습)
- 縱(세로 종) ↔ 橫(가로 횡)
- 衆(많을 중) ↔ 寡(적을 과)
- 眞(참 진) ↔ 僞(거짓 위)
- 集(모을 집) ↔ 散(흩을 산)
- 創(창조할 창) ↔ 模(본뜰 모)

(4) 중요 어휘

① 나이에 관한 어휘

나이	어휘	나이	어휘
10대	沖年(충년)	15세	志學(지학)
20세	弱冠(약관)	30세	而立(이립)
40세	不惑(불혹)	50세	知天命(지천명)
60세	耳順(이순)	70세	古稀(고희), 從心(종심)
77세	喜壽(희수)	88세	米壽(미수)
99세	白壽(백수)	100세	期願之壽(기원지수)

② 가족의 호칭

구분	본인		타인	
	생존시	사후	생존시	사후
父 (아버지)	家親(가친) 嚴親(엄친) 父主(부주)	先親(선친) 先考(선고) 先父君(선부군)	春府丈(춘부장) 椿丈(춘장) 椿當(춘당)	先大人(선대인) 先考丈(선고장) 先人(선인)
母 (어머니)	慈親(자친) 母生(모생) 家慈(가자)	先妣(선비) 先慈(선자)	慈堂(자당) 大夫人(대부인) 萱堂(훤당)	先大夫人 (선대부인) 先大夫(선대부)
子 (아들)	家兒(가아) 豚兒(돈아) 迷豚(미돈)	亡兒(망아)	令郎(영랑) 令息(영식) 令胤(영윤)	
女 (딸)	女息(여식)		令愛(영애) 令孃(영양)	

기출문제

③ 24節氣(절기)

계절	절기	날째(양력)	특징
春	立春(입춘)	2월 4일경	봄의 시작
	雨水(우수)	2월 19일경	봄 기운이 돌고 싹이 틈
	驚蟄(경칩)	3월 6일경	개구리 같은 동물이 겨울잠에서 깨어남
	春分(춘분)	3월 21일경	낮과 밤의 길이가 같아짐
	淸明(청명)	4월 6일경	날씨가 맑고 밝음, 농사 준비
	穀雨(곡우)	4월 20일경	농사비(봄비)가 내려 백곡이 윤택해짐
夏	立夏(입하)	5월 6일경	여름의 시작
	小滿(소만)	5월 21일경	만물이 점차 성장하는 시기로 본격적인 농사가 시작됨
	芒種(망종)	6월 6일경	씨뿌리는 시기
	夏至(하지)	6월 21일경	낮이 가장 긴 시기
	小暑(소서)	7월 7일경	본격적인 더위가 시작되는 시기
	大暑(대서)	7월 23일경	가장 더위가 심한 시기
秋	立秋(입추)	8월 8일경	가을의 시작
	處暑(처서)	8월 23일경	일교차가 커지고 더위가 가시는 시기
	白露(백로)	9월 9일경	가을 기운이 완연해지고 이슬이 내림
	秋分(추분)	9월 23일경	밤이 점차 길어지는 시기
	寒露(한로)	10월 8일경	공기가 차가워지고, 찬 이슬이 맺히는 시기
	霜降(상강)	10월 23일경	서리가 내리는 시기
冬	立冬(입동)	11월 7일경	겨울의 시작
	小雪(소설)	11월 23일경	눈이 오기 시작하며 얼음이 어는 시기
	大雪(대설)	12월 7일경	큰눈이 내리는 시기
	冬至(동지)	12월 22일경	밤이 가장 긴 시기
	小寒(소한)	1월 5일경	겨울 중 가장 추운 시기
	大寒(대한)	1월 20일경	매우 추운 시기

1 다음 중 융합 관계에 해당하는 한자어는?

① 季節   ② 父母
③ 讀書   ④ 光陰

2 다음 중 한자어의 구성이 다른 것은?

① 勸學   ② 立志
③ 愛國   ④ 落花

3 다음 ( ) 안에 알맞은 한자는?

> 국장으로부터 決( )를 받았다.

① 載   ② 裁
③ 濟   ④ 栽

4 다음 중 반의어가 바르게 연결되지 않은 것은?

① 開 － 閉   ② 歡 － 哀
③ 單 － 福   ④ 得 － 失

5 다음 중 한자의 음이 잘못된 것은?

① 模倣 – 모방

② 忖度 – 촌닥

③ 醵出 – 갹출

④ 改悛 – 개준

6 다음 중 한자의 독음이 바르지 못한 것이 들어 있는 것은?

① 交易(교역), 葛藤(갈등)

② 隘路(애로), 桎梏(질곡)

③ 悅樂(열락), 忖度(촌탁)

④ 遊說(유설), 邁進(매진)

7 다음 한자의 음이 모두 옳은 것은?

① 膏肓(고망), 分別(분별)

② 錯誤(착오), 誘惑(수혹)

③ 暴惡(포악), 看過(간고)

④ 傀儡(괴뢰), 遝至(답지)

8 다음 중 '掠奪'을 바르게 읽은 것은?

① 격분

② 경략

③ 수탈

④ 약탈

9 다음 중 호칭이 바르지 않은 것은?

① 仁兄 – 벗을 높이어 부를 때

② 萱堂 – 살아계신 자기 어머니

③ 家親 – 살아계신 자기 아버지

④ 春府丈 – 살아계신 남의 아버지

10 '기미 독립 선언서'의 공약 3장 중 첫 장이다. 밑줄 친 단어 중 한자가 바르지 않은 것은?

今日(금일) 吾人(오인)의 此擧(차거)는 正義(정의), ㉠ 人道(인도), 生存(생존), ㉡ 尊榮(존영)을 爲(위)하는 民族的(민족적) 要求(요구) | 니, 오즉 自由的(자유적) 精神(정신)을 ㉢ 發揮(발휘)할 것이오, 決(결)코 排他的(배타적) 感情(감정)으로 ㉣ 一走(일주)하지 말라.

① ㉠

② ㉡

③ ㉢

④ ㉣

정답및해설

1	④	2	④	3	②	4	③	5	④
6	④	7	④	8	④	9	②	10	④

1 ④ 光陰(광음)은 해와 달이라는 뜻으로 '세월'을 뜻하는 융합어이다.

2 한자어의 구성
①②③ 술목 관계
④ 수식 관계

3 ② 決裁(결재) … 결정할 권한이 있는 상관이 부하가 제출한 안건을 검토하여 허가하거나 승인함.

4 ③ 單(홑 단) ↔ 複(겹칠 복), 福(복 복) ↔ 禍(재앙 화)

5 ④ 改悛(개전) … 행실이나 태도의 잘못을 뉘우치고 마음을 바르게 고쳐먹음

6 ④ 遊說(유설) → 遊說(유세)

7 ① 膏肓(고황)
② 誘惑(유혹)
③ 看過(간과)

8 ④ 掠奪(약탈) … 폭력을 행사해 남의 것을 억지로 빼앗음을 이르는 말이다.

9 ② 萱堂(훤당) … 살아계신 남의 어머니를 높여 부르는 말이다.

10 ④ 一走 → 逸走 : 도망쳐 달아남
① 사람으로서 마땅히 지켜야 할 도리
② 지위가 높고 영화로움
③ 재능, 능력 따위를 떨치어 나타냄

02 한자성어 · 속담 · 고유어

section 1 한자성어

- 家給人足(가급인족) : 집집마다 살림이 넉넉하고, 사람마다 의식에 부족함이 없음
- 街談巷說(가담항설) : 길거리나 항간에 떠도는 소문
- 苛斂誅求(가렴주구) : 조세 따위를 가혹하게 거두어들여, 백성을 못살게 들볶음
- 家無擔石(가무담석) : 담(擔)은 두 항아리, 석(石)은 한 항아리라는 뜻으로 집에 저축이 조금도 없음을 이르는 말
- 可東可西(가동가서) : 동쪽이라도 좋고 서쪽이라도 좋다. 이러나 저러나 상관없다.
- 佳人薄命(가인박명) : 여자의 용모가 아름다우면 운명이 기박하다는 말
- 刻骨難忘(각골난망) : 입은 은혜에 대한 고마움을 뼛속 깊이 새기어 잊지 않음
- 刻舟求劍(각주구검) : 판단력이 둔하여 세상일에 어둡고 어리석다는 말
- 竿頭之勢(간두지세) : 댓가지 꼭대기에 서게 된 현상으로 어려움이 극도에 달하여 아주 위태로운 형세를 이르는 말
- 敢不生心(감불생심) : 힘이 부치어 감히 마음을 먹지 못함
- 感之德之(감지덕지) : 몹시 고맙게 여김
- 甘呑苦吐(감탄고토) : 달면 삼키고 쓰면 뱉는다는 뜻으로 신의(信義)를 돌보지 않고 사리(私利)를 꾀한다는 말
- 甲男乙女(갑남을녀) : 보통의 평범한 사람들
- 康衢煙月(강구연월) : 태평한 시대의 평화스러운 길거리의 모습
- 强近之親(강근지친) : 도와줄 만한 가까운 친척
- 江湖煙波(강호연파) : 강이나 호수 위에 안개처럼 보얗게 이는 잔물결
- 改過遷善(개과천선) : 지나간 허물을 고치고 착하게 됨
- 去頭截尾(거두절미) : 앞뒤의 잔 사설을 빼놓고 요점만을 말함
- 車載斗量(거재두량) : 차에 싣고 말에 실을 만큼 많다는 뜻으로 물건이나 인재 따위가 아주 흔하여 귀하지 않음을 이르는 말
- 乾坤一擲(건곤일척) : 흥망, 승패를 걸고 단판 승부를 겨룸
- 隔靴搔癢(격화소양) : 신을 신은 채 가려운 발바닥을 긁음과 같이 일의 효과를 나타내지 못함을 이르는 말
- 牽强附會(견강부회) : 이치에 맞지 않는 말을 억지로 끌어 붙여 자기의 주장하는 조건에 맞도록 함
- 犬馬之勞(견마지로) : 임금이나 나라를 위하여 바치는 자기의 노력을 낮추어 이르는 말
- 見物生心(견물생심) : 물건을 보면 욕심이 생긴다는 말

기출문제

〈보기〉의 괄호에 알맞은 한자성어는?

▶ 2018. 6. 23. 서울특별시

〈보기〉

일을 하다 보면 균형과 절제가 필요하다는 것을 알게 된다. 일의 수행 과정에서 부분적 잘못을 바로 잡으려다 정작 일 자체를 뒤엎어 버리는 경우가 왕왕 발생하기 때문이다. 흔히 속담에 "빈대 잡으려다 초가삼간 태운다"는 말은 여기에 해당할 것이다. 따라서 부분적 결점을 바로잡으려다 본질을 해치는 (   )의 어리석음을 저질러서는 안 된다.

① 개과불린(改過不吝)
② 경거망동(輕擧妄動)
③ 교각살우(矯角殺牛)
④ 부화뇌동(附和雷同)

Tip ③ 교각살우(矯角殺牛) : 소의 뿔을 바로잡으려다가 소를 죽인다는 뜻으로, 잘못된 점을 고치려다가 그 방법이나 정도가 지나쳐 오히려 일을 그르침을 이르는 말
① 개과불린(改過不吝) : 허물을 고침에 인색하지 않음을 이르는 말
② 경거망동(輕擧妄動) : 가볍고 망령되게 행동한다는 뜻으로, 도리나 사정을 생각하지 아니하고 경솔하게 행동함을 이르는 말
④ 부화뇌동(附和雷同) : 우레 소리에 맞춰 함께한다는 뜻으로, 자신의 뚜렷한 소신 없이 그저 남이 하는 대로 따라가는 것을 이르는 말

┃정답 ③

- 見危致命(견위치명) : 나라의 위태로움을 보고는 목숨을 아끼지 않고 나라를 위하여 싸움
- 堅忍不拔(견인불발) : 굳게 참고 견디어 마음이 흔들리지 않음
- 結草報恩(결초보은) : 죽어 혼령이 되어도 은혜를 잊지 않고 갚음
- 經國濟世(경국제세) : 나라 일을 경륜하고 세상을 구함
- 傾國之色(경국지색) : 임금이 혹하여 국정을 게을리함으로써 나라를 위태롭게 할 정도의 미인(美人)을 일컫는 말
- 輕佻浮薄(경조부박) : 마음이 침착하지 못하고 행동이 신중하지 못함
- 驚天動地(경천동지) : 하늘이 놀라고 땅이 흔들린다는 뜻으로 세상을 몹시 놀라게 함
- 鏡花水月(경화수월) : 거울에 비친 꽃과 물에 비친 달처럼 볼 수만 있고 가질 수 없는 것
- 鷄卵有骨(계란유골) : 달걀 속에도 뼈가 있다는 뜻으로 뜻밖에 장애물이 생김을 이르는 말
- 鷄鳴狗盜(계명구도) : 점잖은 사람이 배울 것이 못 되는 천한 기능 또는 그런 기능을 가진 사람을 이르는 말
- 股肱之臣(고굉지신) : 자신의 팔, 다리와 같이 믿고 중하게 여기는 신하
- 孤掌難鳴(고장난명) : 손바닥 하나로는 소리가 나지 않는다는 뜻으로 상대가 없이 혼자 힘으로 일하기 어렵다는 말
- 苦盡甘來(고진감래) : 고생 끝에 낙이 온다는 말
- 曲學阿世(곡학아세) : 그릇된 학문을 하여 세속에 아부함
- 骨肉相殘(골육상잔) : 같은 혈족끼리 서로 다투고 해하는 것[骨肉相爭(골육상쟁)]
- 空手來空手去(공수래공수거) : 세상에 빈 손으로 왔다가 빈 손으로 간다는 뜻으로 재물에 대한 욕심을 부릴 필요가 없음을 이르는 말
- 誇大妄想(과대망상) : 자기의 능력, 용모, 지위 등을 과대하게 평가하여 사실인 것처럼 믿는 일 또는 그런 생각
- 過猶不及(과유불급) : 지나친 것은 미치지 못한 것과 같다는 말
- 管鮑之交(관포지교) : 제(薺)나라 관중(管仲)과 포숙(鮑叔)의 사귐이 매우 친밀했다는 고사에서 유래한 말로, 친구끼리의 매우 두터운 사귐을 이르는 말
- 刮目相對(괄목상대) : 눈을 비비고 다시 본다는 말로, 다른 사람의 학문이나 덕행이 크게 진보한 것을 말함
- 矯角殺牛(교각살우) : 뿔을 고치려다 소를 죽인다는 뜻으로, 작은 일에 힘쓰다가 큰 일을 망친다는 말
- 巧言令色(교언영색) : 교묘한 말과 보기 좋게 꾸민 얼굴 빛
- 膠柱鼓瑟(교주고슬) : 고지식하여 융통성이 없는 사람을 이르는 말
- 敎學相長(교학상장) : 가르쳐 주거나 배우거나 다 나의 학업을 증진시킨다는 뜻
- 九十春光(구십춘광) : 노인의 마음이 청년같이 젊음을 이르는 말. 봄의 석달 구십일 동안
- 九折羊腸(구절양장) : 아홉 번 꼬부라진 양의 창자라는 뜻으로 산길 따위가 몹시 험하게 꼬불꼬불한 것을 이르는 말
- 群鷄一鶴(군계일학) : 닭의 무리 속에 끼어 있는 한 마리의 학이란 뜻으로 평범한 사람 가운데서 뛰어난 사람을 일컫는 말

- 權謀術數(권모술수) : 목적 달성을 위해서는 인정이나 도덕을 가리지 않고 권세와 모략, 중상 등 갖은 방법과 수단을 쓰는 술책
- 勸善懲惡(권선징악) : 착한 행실을 권장하고 악한 행실을 징계함
- 捲土重來(권토중래) : 한번 실패에 굴하지 않고 몇 번이고 다시 일어남. 한 번 패하였다가 세력을 회복하여 다시 쳐들어옴
- 近墨者黑(근묵자흑) : 먹을 가까이 하면 검어진다는 뜻으로 나쁜 사람과 사귀면 그 버릇에 물들기 쉽다는 말
- 金科玉條(금과옥조) : 금이나 옥같이 귀중한 법칙이나 규정
- 錦上添花(금상첨화) : 좋고 아름다운 것 위에 더 좋은 것을 더함
- 金石盟約(금석맹약) : 쇠와 돌같이 굳게 맹세하여 맺은 약속
- 錦衣還鄕(금의환향) : 비단 옷을 입고 고향으로 돌아온다는 뜻으로 타향에서 크게 성공하여 자기 집으로 돌아감을 이르는 말
- 金枝玉葉(금지옥엽) : 임금의 자손이나 집안을 높여 이르거나 귀여운 자손을 일컫는 말
- 氣高萬丈(기고만장) : 씩씩한 기운이 크게 떨침. 일이 뜻대로 잘 되어 기세가 대단함

- 落井下石(낙정하석) : 우물 아래에 돌을 떨어뜨린다는 뜻으로, 다른 사람이 재앙을 당하면 도와주기는커녕 오히려 더 큰 재앙이 닥치도록 한다는 말
- 爛商公論(난상공론) : 여러 사람들이 잘 의논함
- 難兄難弟(난형난제) : 누구를 형이라 하고 누구를 동생이라 해야 할지 분간하기 어렵다는 뜻으로 사물의 우열이 없다는 말
- 南柯一夢(남가일몽) : 꿈과 같이 헛된 한때의 부귀영화
- 男負女戴(남부여대) : 남자는 짐을 등에 지고 여자는 짐을 머리에 인다는 뜻으로 가난에 시달린 사람들이 살 곳을 찾아 떠돌아 다님
- 南船北馬(남선북마) : 바쁘게 여기저기를 돌아다님
- 囊中之錐(낭중지추) : 주머니 속에 든 송곳이라는 뜻으로 재주가 뛰어난 사람은 숨어 있어도 저절로 사람들이 알게 됨을 이르는 말
- 囊中取物(낭중취물) : 주머니 속의 물건을 꺼내는 것과 같이 매우 용이한 일
- 勞心焦思(노심초사) : 몹시 마음을 졸이는 것
- 綠衣紅裳(녹의홍상) : 연두 저고리에 다홍 치마라는 뜻으로 곱게 차려 입은 젊은 아가씨의 복색을 이르는 말
- 論功行賞(논공행상) : 공로를 논하여 그에 맞는 상을 줌
- 弄璋之慶(농장지경) : 아들을 낳은 기쁨
- 累卵之危(누란지위) : 달걀을 쌓아 놓은 것과 같이 매우 위태함

기출문제

📝 괄호 안에 들어갈 말로 가장 적절한 것은?

▶ 2012. 5. 12. 상반기 지방직

그에게 진짜 불행을 가져다 준 것은 어쩌면 8.15 광복이라고나 해야 하는지도 모른다. 조국의 광복은 우선 내조부를 몰락시켰다. 그의 위엄은 하루아침에 땅에 떨어져서 헌 짚신짝처럼 짓밟혔고, 근동 세 마을을 먹여 살린다던 그 많던 가산들도 온통 거덜이 나 버렸던 것이다. 하지만 그것까지는 그래도 어쩔 수 없는 세상 탓으로 돌릴 수 있었을는지도 모른다. 그러나 전에는 (   )이기는 할지언정 그의 앞에선 감히 얼굴조차 바로 쳐들지 못하던 소작인이며 하인배들에게 급기야는 가혹한 조리돌림까지 당해야 했던 그는 마지막 임종의 순간까지도 그날의 수모를 삭히지 못한 채 그들이 자신의 상여 메는 것조차 유언으로 거부했던 터였다.

— 이동하, '파편' 중에서 —

① 곡학아세(曲學阿世)
② 면종복배(面從腹背)
③ 부화뇌동(附和雷同)
④ 허장성세(虛張聲勢)

> **Tip** ② 면종복배: 겉으로는 순종하는 척하고 속으로는 딴 마음을 먹는다는 의미이다.
> ① 곡학아세: 배운 것을 바르게 펼치지 못하고, 뜻을 굽혀가면서 속세에 아부하여 출세하려는 태도나 행동을 이르는 말이다.
> ③ 부화뇌동: 우레 소리에 맞추어 천지 만물이 함께 울린다는 의미로, 줏대 없이 남의 의견에 동조한다는 말이다.
> ④ 허장성세: 실력도 없으면서 허세를 부리는 모양을 이르는 말이다.

|정답 ②

ㄷ

- 多岐亡羊(다기망양) : 길이 여러 갈래여서 양을 잃다는 뜻으로 학문의 길이 다방면이어서 진리를 깨치기 어려움을 이르는 말
- 多多益善(다다익선) : 많으면 많을수록 좋음
- 斷機之戒(단기지계) : 학문을 중도에 그만둔다는 것은 짜던 베의 끊음과 같다는 맹자 어머니의 교훈
- 單食瓢飮(단사표음) : 도시락 밥과 표주박 물, 즉 변변치 못한 살림을 가리키는 말로 청빈한 생활을 이름
- 丹脣皓齒(단순호치) : 붉은 입술과 흰 이, 즉 미인의 얼굴
- 螳螂拒轍(당랑거철) : 제 분수도 모르고 강적에게 대항함
- 大器晩成(대기만성) : 큰 그릇은 이루어짐이 더디다는 뜻으로 크게 될 사람은 성공이 늦다는 말
- 道聽塗說(도청도설) : 거리에서 들은 것을 곧 남에게 아는 체하며 말함. 깊이 생각하지 않고 예사로 듣고 예사로 말함. 떠돌아다니는 뜬소문
- 塗炭之苦(도탄지고) : 진흙탕이나 숯불에 빠졌다는 뜻으로 몹시 고생스러움을 일컬음
- 東家食西家宿(동가식서가숙) : 먹을 곳, 잘 곳이 없이 떠도는 사람 또는 그런 짓
- 棟樑之材(동량지재) : 기둥이나 들보가 될 만한 훌륭한 인재, 즉 한 집이나 한 나라의 요한 일을 맡을 만한 사람
- 同病相憐(동병상련) : 처지가 서로 비슷한 사람끼리 서로 동정하고 도움
- 東奔西走(동분서주) : 사방으로 이리저리 부산하게 돌아다님
- 同床異夢(동상이몽) : 같은 처지와 입장에서 저마다 딴 생각을 함
- 杜門不出(두문불출) : 세상과 인연을 끊고 출입을 하지 않음
- 得隴望蜀(득롱망촉) : 인간의 욕심은 한이 없음
- 登高自卑(등고자비) : 높은 곳에 오르려면 낮은 곳에서부터 오른다는 뜻으로, 일을 순서대로 하여야 함을 이르는 말
- 燈下不明(등하불명) : 등잔 밑이 어둡다는 뜻으로 가까이 있는 것이 오히려 알아내기 어려움을 이르는 말

ㅁ

- 磨斧爲針(마부위침) : 아무리 이루기 힘든 일이라도 끊임없는 노력과 끈기 있는 인내가 있으면 성공하고야 만다는 뜻
- 馬耳東風(마이동풍) : 남의 말을 귀담아 듣지 않고 흘려 버림
- 萬頃蒼波(만경창파) : 한없이 넓고 푸른 바다
- 面從腹背(면종복배) : 겉으로는 순종하는 척하고 속으로 딴 마음을 먹음
- 明若觀火(명약관화) : 불을 보는 듯이 환하게 분명히 알 수 있음

• 命在頃刻(명재경각) : 곧 숨이 끊어질 지경에 이름
• 矛盾撞着(모순당착) : 같은 사람의 문장이나 언행이 앞뒤가 서로 어그러져서 모순됨
• 目不忍見(목불인견) : 차마 눈 뜨고 볼 수 없는 참상이나 꼴불견
• 無不通知(무불통지) : 무슨 일이든 모르는 것이 없음
• 門前成市(문전성시) : 권세를 드날리거나 부자가 되어 집문 앞이 찾아오는 손님들로 가득 차서 시장을 이룬 것 같음
• 門前沃畓(문전옥답) : 집 앞 가까이에 있는 좋은 논, 즉 많은 재산을 일컫는 말

• 拍掌大笑(박장대소) : 손바닥을 치면서 크게 웃음
• 拔本塞源(발본색원) : 폐단의 근원을 아주 뽑아서 없애 버림
• 傍若無人(방약무인) : 언행이 방자하고 제멋대로 행동하는 사람
• 背恩忘德(배은망덕) : 은혜를 잊고 도리어 배반함
• 白骨難忘(백골난망) : 죽어서도 잊지 못할 큰 은혜를 입음
• 百年河淸(백년하청) : 아무리 세월이 가도 일을 해결할 희망이 없음
• 伯樂一顧(백락일고) : 남이 자기 재능을 알고 잘 대우함
• 白面書生(백면서생) : 한갓 글만 읽고 세상 일에 어두운 사람
• 百折不屈(백절불굴) : 아무리 꺾으려 해도 굽히지 않음
• 辟邪進慶(벽사진경) : 간사한 귀신을 물리치고 경사스러운 일로 나아감
• 夫唱婦隨(부창부수) : 남편이 창을 하면 아내도 따라 하는 것이 부부 화합의 도리라는 것
• 附和雷同(부화뇌동) : 제 주견이 없이 남이 하는 대로 그저 무턱대고 따라함
• 粉骨碎身(분골쇄신) : 뼈가 가루가 되고 몸이 부서지도록 힘을 다하고 고생하며 일함
• 不共戴天之讐(불공대천지수) : 세상을 같이 살 수 없는 원수, 즉 어버이의 원수
• 不問可知(불문가지) : 묻지 않아도 가히 알 수 있음
• 不問曲直(불문곡직) : 옳고 그름을 가리지 않고 함부로 일을 처리함
• 非夢似夢(비몽사몽) : 꿈인지 생시인지 알 수 없는 어렴풋함
• 氷炭之間(빙탄지간) : 얼음과 숯불처럼 서로 화합될 수 없음

• 四顧無親(사고무친) : 친척이 없어 의지할 곳 없이 외로움[四顧無人(사고무인)]
• 四面楚歌(사면초가) : 한 사람도 도우려는 자가 없이 고립되어 곤경에 처해 있음
• 四面春風(사면춘풍) : 항상 좋은 얼굴로 남을 대하여 누구에게나 호감을 삼
• 事必歸正(사필귀정) : 무슨 일이든지 결국은 옳은 대로 돌아간다는 뜻
• 死後藥方文(사후약방문) : 이미 때가 늦음
• 山海珍味(산해진미) : 산과 바다의 산물(産物)을 다 갖추어 썩 잘 차린 귀한 음식

기출문제

問 한자 성어의 뜻풀이로 옳지 않은 것은?

▶ 2017. 12. 16. 지방직 추가선발

① 결초보은(結草報恩) : 죽은 뒤에라도 은혜를 잊지 않고 갚음을 이르는 말.
② 방약무인(傍若無人) : 어떤 약으로도 치료할 수 없는 상태임.
③ 절치부심(切齒腐心) : 몹시 분하여 이를 갈며 속을 썩임.
④ 점입가경(漸入佳境) : 들어갈수록 점점 재미가 있음.

Tip ② 방약무인(傍若無人) : 곁에 사람이 없는 것처럼 아무 거리낌 없이 함부로 말하고 행동하는 태도가 있음

|정답 ②

기출문제

▶ 2019. 6. 15. 제2회 서울특별시

🔈 서로 의미가 유사한 속담과 한 자성어를 짝지은 것이다. 관련이 없는 것끼리 묶은 것은?

① 원님 덕에 나팔 분다 – 狐假虎威
② 소 잃고 외양간 고친다 – 晩時之歎
③ 언 발에 오줌 누기 – 雪上加霜
④ 낫 놓고 기역자도 모른다 – 目不識丁

Tip ③ '언 발에 오줌 누기'는 언 발을 녹이려고 오줌을 누어 봤자 별로 효력이 없다는 뜻으로, 임시변통은 될지 모르나 그 효력이 오래가지 못하고 사태가 더욱 나빠짐을 비유적으로 이르는 속담이다. 이 속담과 유의관계에 있는 한자성어로는 凍足放尿(동족방뇨: 얼 동, 발 족, 놓을 방, 오줌 뇨)가 있다. 반면, 雪上加霜(설상가상: 눈 설, 윗상, 더할 가, 서리 상)은 눈 위에 또 서리가 내린다는 뜻으로, 어려운 일이 겹침을 이른다.

∥정답 ③

- 殺身成人(살신성인) : 절개를 지켜 목숨을 버림
- 三顧草廬(삼고초려) : 유비가 제갈량을 세 번이나 찾아가 군사로 초빙한 데에서 유래한 말로 인재를 얻기 위해 끈기 있게 노력한다는 말
- 三遷之敎(삼천지교) : 맹자의 어머니가 아들의 교육을 위하여 세 번 거처를 옮겼다는 고사에서 유래하는 말로 생활 환경이 교육에 있어 큰 구실을 한다는 말
- 桑田碧海(상전벽해) : 뽕나무밭이 변하여 바다가 된다는 뜻으로 세상일의 변천이 심하여 사물이 바뀜을 비유하는 말
- 塞翁之馬(새옹지마) : 세상일은 복이 될지 화가 될지 예측할 수 없다는 말
- 黍離之歎(서리지탄) : 세상의 영고성쇠가 무상함
- 仙姿玉質(선자옥질) : 용모가 아름답고 재질도 뛰어남
- 雪膚花容(설부화용) : 눈처럼 흰 살결과 꽃같이 예쁜 얼굴이라는 뜻으로 아름다운 여인의 모습을 이르는 말
- 雪上加霜(설상가상) : 눈 위에 또 서리가 덮인다는 뜻으로 불행이 엎친 데 덮친 격으로 거듭 생김을 이르는 말
- 說往說來(설왕설래) : 서로 변론(辯論)을 주고 받으며 옥신각신함
- 小隙沈舟(소극침주) : 작은 일을 게을리하면 큰 재앙이 닥치게 됨을 비유하는 말
- 首丘初心(수구초심) : 고향을 그리워하는 마음을 일컫는 말
- 壽福康寧(수복강녕) : 오래 살고 복되며 건강하고 편안함
- 袖手傍觀(수수방관) : 팔짱을 끼고 보고만 있다는 뜻으로 마땅히 해야 할 일에 그저 옆에서 보고만 있는 것을 이르는 말
- 水深可知 人心難知(수심가지 인심난지) : 물의 깊이는 알 수 있으나 사람의 속마음은 헤아리기가 어렵다는 뜻
- 水魚之交(수어지교) : 교분이 매우 깊은 것을 말함[君臣水魚(군신수어)]
- 誰怨誰咎(수원수구) : 남을 원망하거나 책망할 것이 없음
- 脣亡齒寒(순망치한) : 입술이 없으면 이가 시린 것처럼 서로 돕던 이가 망하면 다른 한쪽 사람도 함께 위험하다는 말
- 是是非非(시시비비) : 옳고 그름을 가림
- 識字憂患(식자우환) : 아는 것이 탈이라는 말로 학식이 있는 것이 도리어 근심을 사게 됨을 이름
- 身言書判(신언서판) : 사람됨을 판단하는 네 가지 기준, 즉 신수(身手)와 말씨와 문필과 판단력을 일컬음
- 心心相人(심심상인) : 마음에서 마음을 전한다는 뜻으로, 묵묵한 가운데 서로 마음이 통함.
- 十匙一飯(십시일반) : 열 사람이 한 술씩 보태면 한 사람 먹을 분량이 된다는 뜻으로 여러 사람이 힘을 합하면 한 사람을 쉽게 도울 수 있다는 말

◎

- 阿叫喚(아비규환) : 지옥 같은 고통에 못 견디어 구원을 부르짖는 소리라는 뜻으로 참혹한 고통 가운데에서 살려 달라고 울부짖는 상태를 이르는 말
- 我田引水(아전인수) : 제 논에 물대기. 자기에게 유리하도록 행동하는 것
- 安貧樂道(안빈낙도) : 빈궁한 가운데 편안하게 생활하여 도(道)를 즐김
- 眼下無人(안하무인) : 태도가 몹시 거만하여 모든 사람을 업신여김
- 暗中摸索(암중모색) : 물건을 어둠 속에서 더듬어 찾는다는 뜻으로, 확실한 방법을 모르는 채 이리저리 시도해 본다는 말
- 羊頭狗肉(양두구육) : 양의 머리를 내걸고 개고기를 판다는 뜻으로 겉모양은 훌륭하나 속은 변변치 않음을 이르는 말
- 梁上君子(양상군자) : 들보 위에 있는 군자라는 뜻으로 도둑을 미화(美化)한 말
- 漁父之利(어부지리) : 도요새가 조개를 쪼아 먹으려다 둘 다 물리어 서로 다투고 있을 때 어부가 와서 둘을 잡아갔다는 고사에서 나온 말로 둘이 다투는 사이에 제3자가 이득을 보는 것
- 言中有骨(언중유골) : 예사로운 말 속에 깊은 뜻이 있음
- 如履薄氷(여리박빙) : 살얼음을 밟는 듯 아슬아슬하고 불안한 지경을 비유하여 이르는 말
- 如反掌(여반장) : 손바닥을 뒤집는 것과 같이 매우 쉬움
- 緣木求魚(연목구어) : 나무에 올라가 물고기를 구하듯 불가능한 일을 하고자 할 때를 비유하는 말
- 寤寐不忘(오매불망) : 자나깨나 잊지 못함
- 烏飛梨落(오비이락) : 까마귀 날자 배 떨어진다는 뜻으로 공교롭게도 어떤 일이 같은 때에 일어나 남의 의심을 받게 됨을 이르는 말
- 傲霜孤節(오상고절) : 서릿발 속에서도 굴하지 않고 외로이 지키는 절개라는 뜻으로 국화를 두고 하는 말
- 五十步百步(오십보백보) : 양자 간에 차이는 있으나 본질적으로는 같다는 뜻
- 吳越同舟(오월동주) : 사이가 좋지 못한 사람끼리도 자기의 이익을 위해서는 행동을 같이 한다는 말
- 溫故知新(온고지신) : 옛 것을 익히고 나아가 새 것을 앎
- 臥薪嘗膽(와신상담) : 섶에 누워 자고 쓴 쓸개를 씹는다는 뜻으로 원수를 갚고자 고생을 참고 견딤을 이르는 말
- 樂山樂水(요산요수) : '智者樂水 仁者樂山(지자요수 인자요산)'의 준말로 지혜 있는 자는 사리에 통달하여 물과 같이 막힘이 없으므로 물을 좋아하고, 어진 자는 의리에 밝고 산과 같이 중후하여 변하지 않으므로 산을 좋아한다는 말
- 窈窕淑女(요조숙녀) : 마음씨가 얌전하고 자태가 아름다운 여자
- 欲速不達(욕속부달) : 일을 속히 하려고 하면 도리어 이루지 못한다는 말
- 龍頭蛇尾(용두사미) : 처음엔 그럴 듯하다가 끝이 흐지부지되는 것

기출문제

問 〈보기〉의 홍길동 씨가 처한 상황을 가장 잘 표현한 한자성어는?

▶ 2015. 6. 13. 서울특별시

홍길동 씨는 내일 열릴 동창회에 참석할 마음이 없었지만 친구들의 성화로 어쩔 수 없이 나간다고 약속을 했다. 그런데 당일 아침 갑작스레 배탈이 나서 도저히 동창회에 참석할 수 없는 상황이 되었다. 그는 동창회 총무에게 전화해서 사정을 설명했지만 상대방은 곧이곧대로 듣지 않고 동창회에 나오기 싫은 핑계라고 생각했다.

① 錦上添花　　② 烏飛梨落
③ 苦盡甘來　　④ 一擧兩得

Tip ② 烏飛梨落(오비이락) : 아무런 관계도 없이 한 일이 우연히 동시에 일어나, 다른 일과 관계된 것처럼 남의 혐의를 받게 됨을 비유하는 말
① 錦上添花(금상첨화) : 비단(緋緞) 위에 꽃을 더한다는 뜻으로, 좋은 일에 또 좋은 일이 더하여짐을 이르는 말
③ 苦盡甘來(고진감래) : 쓴 것이 다하면 단 것이 온다는 뜻으로, 어렵고 힘든 일이 지나면 즐겁고 좋은 일이 온다는 말
④ 一擧兩得(일거양득) : 한 가지 일로써 두 가지 이익을 얻는다는 뜻

┃정답 ②

기출문제

問 화자의 상황을 적절하게 표현한 한자 성어는?

▶ 2019. 4. 6. 인사혁신처

미인이 잠에서 깨어 새 단장을 하는데
향기로운 비단, 보배 띠에 원앙이 수놓였네
겹발을 비스듬히 걷으니 비취새가 보이는데
게으르게 은 아쟁을 안고 봉황곡을 연주하네
금 재갈, 꾸민 안장은 어디로 떠났는가?
다정한 앵무새는 창가에서 지저귀네
풀섶에 놀던 나비는 뜰 밖으로 사라지고
꽃잎에 가리운 거미줄은 난간 너머에서 춤추네
뉘 집의 연못가에서 풍악 소리 울리는가?
달빛은 금 술잔에 담긴 좋은 술을 비추네
시름겨운 이는 외로운 밤에 잠 못 이루는데
새벽에 일어나니 비단 수건에 눈물이 흥건하네

— 허난설헌,
「사시사(四時詞)」에서 —

① 琴瑟之樂　　② 輾轉不寐
③ 錦衣夜行　　④ 麥秀之嘆

Tip 제시된 작품은 허난설헌의 사시사 중 춘사의 일부분으로 봄날 아름다운 경치와 임을 기다리는 미인의 외로운 처지가 대조를 이루면서 주제를 부각시키고 있다.

∥정답 ②

- 雲泥之差(운니지차) : 구름과 진흙의 차이란 뜻으로 주로 사정이 크게 다를 경우나 서로의 차이가 클 때 사용한다.
- 有備無患(유비무환) : 어떤 일에 미리 준비가 있으면 걱정이 없다는 말
- 唯我獨尊(유아독존) : 이 세상에는 나보다 더 잘난 사람이 없다고 뽐냄
- 流言蜚語(유언비어) : 근거 없는 좋지 못한 말
- 泣斬馬謖(읍참마속) : 큰 목적을 위해 아끼는 사람을 버림
- 以心傳心(이심전심) : 마음과 마음이 서로 통함
- 二律背反(이율배반) : 서로 모순되는 명제(命題), 즉 정립(定立)과 반립(反立)이 동등한 권리를 가지고 주장되는 일
- 李下不整冠(이하부정관) : 자두나무 아래에서는 갓을 고쳐 쓰지 말라는 뜻으로 남에게 의심받을 일을 하지 않도록 주의하라는 말
- 耳懸令 鼻懸令(이현령 비현령) : 귀에 걸면 귀걸이, 코에 걸면 코걸이라는 뜻으로 이렇게도 저렇게도 될 수 있음을 비유하는 말
- 益者三友(익자삼우) : 사귀어 이롭고 보탬이 되는 세 벗으로 정직한 사람, 신의 있는 사람, 학식 있는 사람을 가리킴
- 因果應報(인과응보) : 좋은 일에는 좋은 결과가, 나쁜 일에는 나쁜 결과가 따름
- 一擧兩得(일거양득) : 하나의 행동으로 두 가지의 성과를 거두는 것
- 一網打盡(일망타진) : 한꺼번에 모조리 다 잡음
- 一魚濁水(일어탁수) : 물고기 한 마리가 큰 물을 흐리게 하듯 한 사람의 악행으로 인하여 여러 사람이 그 해를 입게 되는 것을 뜻함
- 一場春夢(일장춘몽) : 인생의 영화(榮華)는 한바탕의 봄꿈과 같이 헛됨
- 日就月將(일취월장) : 나날이 다달이 진보함
- 一筆揮之(일필휘지) : 단숨에 글씨나 그림을 줄기차게 쓰거나 그림

- 自家撞着(자가당착) : 자기의 언행이 전후 모순되어 들어맞지 않음
- 自繩自縛(자승자박) : 자기의 줄로 자기를 묶는다는 뜻으로 자신이 한 말이나 행동 때문에 자기가 얽매이게 된다는 말
- 張三李四(장삼이사) : 장씨(張氏)의 삼남(三男)과 이씨(李氏)의 사남(四男)이라는 뜻으로 평범한 사람을 가리키는 말
- 賊反荷杖(적반하장) : 도둑이 도리어 매를 든다는 뜻으로 잘못한 사람이 도리어 잘한 사람을 나무라는 경우에 쓰는 말
- 戰戰兢兢(전전긍긍) : 몹시 두려워 벌벌 떨면서 조심한다는 말
- 輾轉不寐(전전불매) : 누워서 이리저리 뒤척이며 잠을 이루지 못한다는 말
- 轉禍爲福(전화위복) : 화를 바꾸어 복이 되게 한다는 뜻으로 궂은 일을 당하였을 때 그것을 잘 처리하여 좋은 일이 되게 하는 것

- 切磋琢磨(절차탁마) : 학문과 덕행을 갈고 닦음을 가리키는 말
- 漸入佳境(점입가경) : 점점 더 재미있는 경지로 들어감
- 頂門一鍼(정문일침) : 정수리에 침을 놓는다는 뜻으로 따끔한 비판이나 충고를 뜻함
- 井底之蛙(정저지와) : 우물 안 개구리. 견문이 좁고 세상 형편을 모름
- 糟糠之妻(조강지처) : 가난을 참고 고생을 같이 하며 남편을 섬긴 아내
- 朝令暮改(조령모개) : 법령을 자꾸 바꾸어서 종잡을 수 없음을 비유하는 말
- 朝三暮四(조삼모사) : 간사한 꾀로 사람을 속여 희롱함. 눈앞에 당장 나타나는 차별만 알고 그 결과가 같음을 모름
- 鳥足之血(조족지혈) : 새 발의 피. 양이 아주 적음
- 左顧右眄(좌고우면) : 좌우를 자주 둘러본다는 뜻으로 무슨 일에 얼른 결정을 짓지 못함을 이르는 말[左右顧眄(좌우고면)]
- 坐不安席(좌불안석) : 마음에 불안이나 근심 등이 있어 한 자리에 오래 앉아 있지 못함
- 晝耕夜讀(주경야독) : 낮에 일하고 밤에 공부함. 바쁜 틈을 타서 어렵게 공부를 함
- 主客顚倒(주객전도) : 주인과 손님이 뒤바뀌다라는 뜻으로 주되는 것과 종속되는 것의 위치가 뒤바뀜을 말함
- 走馬加鞭(주마가편) : 달리는 말에 채찍을 더한다는 뜻으로 잘하는 사람에게 더 잘하도록 하는 것을 일컬음
- 走馬看山(주마간산) : 말을 달리면서 산을 본다는 말로 바빠서 자세히 보지 못하고 지나침을 뜻함
- 竹馬故友(죽마고우) : 죽마를 타고 놀던 벗, 즉 어릴 때 같이 놀던 친한 친구
- 竹杖芒鞋(죽장망혜) : 대지팡이와 짚신. 먼 길을 떠날 때의 간편한 차림
- 衆寡不敵(중과부적) : 적은 수효로는 많은 수효를 대적하지 못한다는 뜻
- 衆口難防(중구난방) : 뭇사람의 말을 실로 막기는 어렵다는 뜻
- 重言復言(중언부언) : 한 말을 자꾸 되풀이 함
- 指鹿爲馬(지록위마) : 중국 진나라의 조고(趙高)가 이세 황제(二世皇帝)의 권력을 농락하려고 일부러 사슴을 말이라고 속여 바쳤다는 고사에서 유래한 것으로 윗사람을 농락하여 권세를 마음대로 함을 가리킴
- 支離滅裂(지리멸렬) : 갈갈이 흩어지고 찢기어 갈피를 잡을 수 없음
- 知足不辱(지족불욕) : 모든 일에 분수를 알고 만족하게 생각하면 모욕을 받지 않는다는 말
- 盡人事待天命(진인사대천명) : 노력을 다한 후에 천명을 기다림
- 進退維谷(진퇴유곡) : 앞으로 나아갈 수도 뒤로 물러설 수도 없이 꼼짝할 수 없는 궁지에 빠짐[進退兩難(진퇴양난)]
- 嫉逐排斥(질축배척) : 시기하고 미워하여 물리침

기출문제

문 밑줄 친 '마'의 뜻이 다른 하나는?
▶ 2014. 6. 21. 제1회 지방직

① 마이동풍
② 주마간산
③ 천고마비
④ 절차탁마

Tip ④ 절차탁마(切 끊을 절, 磋 갈 차, 琢 다듬을 탁, 磨 갈마) : 옥이나 돌 따위를 갈고 닦아서 빛을 낸다는 뜻으로, 부지런히 학문과 덕행을 닦음을 이르는 말
① 마이동풍(馬 말 마, 耳 귀 이, 東 동녘 동, 風 바람 풍) : 동풍이 말의 귀를 스쳐 간다는 뜻으로, 남의 말을 귀담아듣지 아니하고 지나쳐 흘려버림을 이르는 말
② 주마간산(走 달릴 주, 馬 말 마, 看 볼 간, 山 뫼 산) : 말을 타고 달리며 산천을 구경한다는 뜻으로, 자세히 살피지 아니하고 대충대충 보고 지나감을 이르는 말
③ 천고마비(天 하늘 천, 高 높을 고, 馬 말 마, 肥 살찔 비) : 하늘이 높고 말이 살찐다는 뜻으로, 하늘이 맑아 높푸르게 보이고 온갖 곡식이 익는 가을철을 이르는 말

정답 ④

기출문제

▶ 2019. 6. 15. 제1회 지방직

문 다음 ( ) 속에 들어갈 말로 가장 적절한 것은?

방랑시인 김삿갓의 시는 해학과 풍자로 가득 차 있는데, 무슨 시든 단숨에 써 내리는 一筆揮之인데다 가히 ( )의 상태라서 일부러 꾸미지 않았는데도 자연스럽고 아름답다.

① 花朝月夕
② 韋編三絕
③ 天衣無縫
④ 莫無可奈

Tip 괄호에 들어갈 말은 '일부러 꾸미지 않았는데 자연스럽고 아름답다'는 의미를 내포하고 있어야 한다.
① 花朝月夕(화조월석) : 꽃 피는 아침과 달 밝은 밤이라는 뜻으로, 경치가 좋은 시절을 이름
② 韋編三絕(위편삼절) : 한 권의 책을 몇 십 번이나 되풀이해서 읽음
③ 天衣無縫(천의무봉) : 천사의 옷은 꿰맨 흔적이 없다는 뜻으로, 일부러 꾸민 데 없이 자연스럽고 아름다우면서 완전함
④ 莫無可奈(막무가내) : 도무지 어찌할 수 없음

┃정답 ③

ㅊ

- 創業易守成難(창업이수성난) : 어떤 일을 시작하기는 쉬우나, 이룬 것을 지키기는 어렵다는 말
- 滄海桑田(창해상전) : 푸른 바다가 변하여 뽕밭으로 된다는 뜻으로 세상일이 덧없이 바뀜을 이르는 말[桑田碧海(상전벽해)]
- 滄海一粟(창해일속) : 넓은 바다에 떠 있는 한 알의 좁쌀이라는 뜻으로 아주 큰 물건 속에 있는 아주 작은 물건을 이르는 말
- 天高馬肥(천고마비) : 하늘이 높고 말이 살찐다는 뜻으로 가을철을 일컫는 말
- 千慮一得(천려일득) : 아무리 바보같은 사람일지라도 한 가지쯤은 좋은 생각이 있다는 말
- 千慮一失(천려일실) : 여러 번 생각하여 신중하고 조심스럽게 한 일에도 때로는 한 가지 실수가 있음을 이르는 말
- 天方地軸(천방지축) : 너무 바빠서 두서를 잡지 못하고 허둥대는 모습. 어리석은 사람이 갈 바를 몰라 두리번거리는 모습
- 泉石膏肓(천석고황) : 고질병이 되다시피 산수 풍경을 좋아함
- 千衣無縫(천의무봉) : 천사의 옷은 기울 데가 없다는 뜻으로 문장이 훌륭하여 손댈 곳이 없을 만큼 잘 되었음을 일컫는 말
- 千仞斷崖(천인단애) : 천 길이나 되는 깎아지른 듯한 벼랑
- 千紫萬紅(천자만홍) : 여러 가지 빛깔의 꽃이 만발함
- 千載一遇(천재일우) : 천 년에나 한번 만날 수 있는 기회, 즉 좀처럼 얻기 어려운 기회
- 徹頭徹尾(철두철미) : 머리에서 꼬리까지 투철함, 즉 처음부터 끝까지 투철함
- 靑天霹靂(청천벽력) : 맑게 갠 하늘에서 치는 벼락, 즉 뜻밖에 생긴 변을 일컫는 말
- 靑出於藍(청출어람) : 쪽에서 우러난 푸른 빛이 쪽보다 낫다는 뜻으로 제자가 스승보다 더 뛰어남을 이르는 말
- 草綠同色(초록동색) : 풀과 녹색은 같은 빛임. 같은 처지나 같은 유의 사람들은 그들끼리 함께 행동함
- 寸鐵殺人(촌철살인) : 조그만 쇠붙이로 사람을 죽인다는 뜻으로 간단한 말이나 문장으로 사물의 가장 요긴한 데를 찔러 듣는 사람을 감동하게 하는 것
- 春秋筆法(춘추필법) : 5경의 하나인 춘추와 같이 비판의 태도가 썩 엄정함을 이르는 말. 대의명분을 밝히어 세우는 사실의 논법
- 醉生夢死(취생몽사) : 아무 뜻과 이룬 일도 없이 한평생을 흐리멍텅하게 살아감
- 七顚八起(칠전팔기) : 여러 번 실패해도 굽히지 않고 분투함을 일컫는 말
- 七縱七擒(칠종칠금) : 제갈량의 전술로 일곱 번 놓아 주고 일곱 번 잡는다는 뜻으로 자유자재로운 전술을 일컬음
- 針小棒大(침소봉대) : 바늘을 몽둥이라고 말하듯 과장해서 말하는 것

ㅌ

- 他山之石(타산지석) : 다른 산에서 나는 하찮은 돌도 자기의 옥(玉)을 가는 데에 도움이 된다는 뜻으로 다른 사람의 하찮은 언행일지라도 자기의 지덕을 연마하는 데에 도움이 된다는 말
- 卓上空論(탁상공론) : 실현성이 없는 허황된 이론
- 太剛則折(태강즉절) : 너무 강하면 부러지기 쉽다는 말
- 泰山北斗(태산북두) : 태산과 북두칠성을 여러 사람이 우러러 보는 것처럼 남에게 존경 받는 뛰어난 존재
- 兎營三窟(토영삼굴) : 자신의 안전을 위하여 미리 몇 가지 술책을 마련함
- 吐盡肝膽(토진간담) : 솔직한 심정을 숨김없이 모두 말함

ㅍ

- 波瀾萬丈(파란만장) : 물결이 만 길 높이로 인다는 뜻으로 인생을 살아가는 데 있어 기복과 변화가 심함을 이르는 말
- 波瀾重疊(파란중첩) : 일의 진행에 있어서 온갖 변화나 난관이 많음
- 破竹之勢(파죽지세) : 대를 쪼개는 것처럼 거침없이 나아가는 세력
- 弊袍破笠(폐포파립) : 해진 옷과 부서진 갓, 즉 너절하고 구차한 차림새를 말함
- 抱腹絕倒(포복절도) : 배를 안고 몸을 가누지 못할 정도로 몹시 웃음
- 風樹之嘆(풍수지탄) : 부모가 이미 세상을 떠나 효도할 수 없음을 한탄함
- 風前燈火(풍전등화) : 바람 앞의 등불처럼 매우 위급한 경우에 놓여 있음을 일컫는 말
- 風餐露宿(풍찬노숙) : 바람과 이슬을 무릅쓰고 한 데에서 먹고 잠, 즉 큰 일을 이루려는 사람이 고초를 겪는 모양
- 匹夫匹婦(필부필부) : 평범한 남자와 평범한 여자
- 必有曲折(필유곡절) : 반드시 어떠한 까닭이 있음

ㅎ

- 夏爐冬扇(하로동선) : 여름의 화로와 겨울의 부채라는 뜻으로 쓸모없는 재능을 말함
- 下石上臺(하석상대) : 아랫돌을 빼서 윗돌을 괴고 윗돌을 빼서 아랫돌을 괸다는 뜻으로 임시변통으로 이리저리 둘러 맞춤을 말함
- 鶴首苦待(학수고대) : 학의 목처럼 목을 길게 늘여 몹시 기다린다는 뜻
- 漢江投石(한강투석) : 한강에 돌 던지기라는 뜻으로 지나치게 미미하여 전혀 효과가 없음을 이르는 말
- 緘口無言(함구무언) : 입을 다물고 아무런 말이 없음
- 含哺鼓腹(함포고복) : 배불리 먹고 즐겁게 지냄

기출문제

 밑줄 친 한자 성어의 쓰임이 옳지 않은 것은?

▶ 2012. 4. 7. 행정안전부

① 민족을 위해 어떤 일이든 견마지로(犬馬之勞)를 다하겠어요.
② 조직의 발전을 위해 읍참마속(泣斬馬謖)의 심정으로 감싸 안아줘요.
③ 고생하다 돌아가신 어머님 생각에 풍수지탄(風樹之嘆)을 금할 수가 없어.
④ 자존심 강한 그이지만, 모르는 것이 있을 때는 불치하문(不恥下問)할 줄 알아.

Tip ② 읍참마속(泣斬馬謖) : 큰 목적을 위하여 자기가 아끼는 사람을 버림
① 견마지로(犬馬之勞) : 개나 말 정도의 하찮은 힘이라는 의미로, 윗사람에게 충성을 다하는 자신의 노력을 낮추어 이름
③ 풍수지탄(風樹之嘆) : 효도를 다하지 못한 채 부모님을 여읜 자식의 슬픔
④ 불치하문(不恥下問) : 손아랫사람이나 지위가 자신만 못한 사람에게 묻는 일을 부끄러워하지 않음

┃정답 ②

기출문제

🔍 **다음 중 밑줄 친 부분과 가장 잘 어울리는 사자성어는?**

▶ 2017. 3. 18. 제1회 서울특별시

사면(四面)으로 두른 것은 토끼 잡는 그물이고, 토끼 은신 수풀 속 쫓는 것은 초동(樵童)이라. 그대 신세 생각하면 적벽강에 전패(全敗)하던 조맹덕의 정신이라. 작은 눈 부릅뜨고 짧은 꽁지 뒤에 끼고 절벽상에 정신없이 달아날 제……

① 小隙沈舟
② 魂飛魄散
③ 亡羊補牢
④ 干名犯義

> **Tip** 제시된 내용은 '토끼타령'의 일부로, 토끼가 도망치느라 정신없는 상황이다.
> ② 魂飛魄散(혼비백산) : 혼백이 어지러이 흩어진다는 뜻으로, 몹시 놀라 넋을 잃음을 이르는 말
> ① 小隙沈舟(소극침주) : 작은 틈으로 물이 새어들어 배가 가라앉는다는 뜻으로, 작은 일을 게을리하면 큰 재앙이 닥치게 됨을 비유하는 말
> ③ 亡羊補牢(망양보뢰) : 양을 잃고 우리를 고친다는 뜻으로, 이미 어떤 일을 실패한 뒤에 뉘우쳐도 아무 소용이 없음을 이르는 말
> ④ 干名犯義(간명범의) : 명분을 거스르고 의리를 어기는 행위

정답 ②

• 咸興差使(함흥차사) : 심부름을 시킨 뒤 아무 소식이 없거나 회답이 더디 올 때 쓰는 말
• 孑孑單身(혈혈단신) : 의지할 곳 없는 외로운 홀몸
• 螢雪之功(형설지공) : 중국 진나라의 차윤(車胤)이 반딧불로 글을 읽고 손강(孫康)은 눈(雪)의 빛으로 글을 읽었다는 고사에서 유래된 말로 고생하면서도 꾸준히 학문을 닦은 보람을 이르는 말
• 糊口之策(호구지책) : 살아갈 방법. 그저 먹고 살아가는 방책
• 好事多魔(호사다마) : 좋은 일에는 방해가 되는 일이 많다는 뜻
• 虎死留皮(호사유피) : 범이 죽으면 가죽을 남김과 같이 사람도 죽은 뒤 이름을 남겨야 한다는 말[豹死留皮(표사유피)]
• 浩然之氣(호연지기) : 잡다한 일에서 해방된 자유로운 마음. 하늘과 땅 사이에 넘치게 가득찬 넓고도 큰 원기. 공명정대하여 조금도 부끄러울 바 없는 도덕적 용기
• 魂飛魄散(혼비백산) : 몹시 놀라 넋을 잃음
• 和而不同(화이부동) : 남과 화목하게 지내지만 자신의 중심과 원칙을 잃지 않음
• 畫龍點睛(화룡점정) : 용을 그려 놓고 마지막으로 눈을 그려 넣음, 즉 가장 긴요한 부분을 완성시킴
• 換骨奪胎(환골탈태) : 얼굴이 이전보다 더 아름다워짐. 선인의 시나 문장을 살리되, 자기 나름의 새로움을 보태어 자기 작품으로 삼는 일
• 會者定離(회자정리) : 만나면 반드시 헤어짐
• 後生可畏(후생가외) : 후진들이 젊고 기력이 있어 두렵게 여겨짐
• 橫說竪說(횡설수설) : 조리가 없는 말을 함부로 지껄임 또는 그 말
• 興盡悲來(흥진비래) : 즐거운 일이 다하면 슬픔이 옴, 즉 흥망과 성쇠가 엇바뀜을 일컫는 말

section 2 속담

• 가까운 제 눈썹 못 본다 : 멀리 보이는 것은 용케 잘 보면서도 자기 눈앞에 가깝게 보이는 것은 잘 못 본다는 뜻
• 가꿀 나무는 밑동을 높이 자른다 : 어떠한 일이나 장래의 안목을 생각해서 미리부터 준비를 철저하게 해 두어야 한다는 뜻
• 가난한 집 제사 돌아오듯 한다 : 힘들고 괴로운 일이 자주 닥쳐옴을 일컫는 말
• 가난할수록 기와집 짓는다 : 가난할수록 업신여김을 당하기 싫어서 허세를 부린다는 뜻
• 가을에는 부지깽이도 덤빈다 : 바쁠 때는 모양이 비슷만 해도 사용된다는 뜻
• 가을 바람에 새털 날 듯 한다 : 가을 바람에 새털이 잘 날듯이 사람의 처신머리가 몹시 가볍다는 뜻

- 가지 따먹고 외수 한다 : 남의 눈을 피하여 나쁜 짓을 하고 시치미를 뗀다는 뜻
- 간다간다 하면서 아이 셋 낳고 간다 : 하던 일을 말로만 그만둔다고 하고서 실제로는 그만두지 못하고 질질 끈다는 말
- 갈치가 갈치 꼬리 문다 : 친근한 사이에 서로 모함한다는 말
- 감투가 크면 어깨를 누른다 : 실력이나 능력도 없이 과분한 지위에서 일을 하게 되면 감당할 수 없게 된다는 뜻
- 강아지 메주 먹듯 한다 : 강아지가 좋아하는 메주를 먹듯이 음식을 매우 맛있게 먹는다는 말
- 같은 값이면 다홍치마 : 같은 조건이라면 좀 더 좋고 편리한 것을 택함
- 개도 얻어맞은 골목에는 가지 않는다 : 한 번 실패한 경험이 있는 사람은 다시는 그 때의 전철을 밟지 않도록 경계한다는 뜻
- 개 못된 것은 들에 나가 짖는다 : 자기의 할 일은 하지 않고 쓸데없는 짓을 하는 사람을 가리키는 말
- 개미가 절구통을 물어 간다 : 개미들도 서로 힘을 합치면 절구통을 운반할 수 있듯이 사람들도 협동하여 일을 하면 불가능한 일이 없다는 뜻
- 개미 나는 곳에 범 난다 : 처음에는 개미만큼 작고 대수롭지 않던 것이 점점 커져서 나중에는 범같이 크고 무서운 것이 된다는 말
- 개살구가 먼저 익는다 : 개살구가 참살구보다 먼저 익듯이 악이 선보다 더 가속도로 발전하게 된다는 뜻(개살구가 지레 터진다)
- 거미줄로 방귀동이 듯 한다 : 일을 함에 있어 건성으로 형용만 하는 체 하는 말
- 게으른 놈 짐 많이 진다 : 게으른 사람이 일을 조금이라도 덜 할까 하고 짐을 한꺼번에 많이 지면 힘에 겨워 움직이지 못하므로 도리어 더 더디다는 말
- 경치고 포도청 간다 : 죽을 고비를 넘겨가면서도 또 제 스스로 고문을 당하려고 포도청을 가듯이 혹독한 형벌을 거듭 당한다는 뜻
- 군자는 입을 아끼고 범은 발톱을 아낀다 : 학식과 덕망이 높은 사람일수록 항상 말을 조심해서 한다는 뜻
- 굴러 온 돌이 박힌 돌 뺀다 : 외부에서 들어온 지 얼마 안 된 사람이나 물건이 원래의 것을 내쫓고 대치함
- 굽은 나무가 선산을 지킨다 : 쓸모없는 것이 도리어 소용이 된다는 뜻
- 굿하고 싶지만 맏며느리 춤추는 것 보기 싫다 : 무엇을 하려고 할 때 자기 마음에 들지 않는 미운 사람이 참여하여 기뻐함이 보기 싫어서 꺼려한다는 말
- 그물이 열 자라도 벼리가 으뜸이다 : 아무리 수가 많더라도 주장되는 것이 없으면 소용이 없다는 뜻
- 급하면 임금 망건 값도 쓴다 : 경제적으로 곤란에 빠지면 아무 돈이라도 있기만 하면 쓰게 된다는 뜻
- 기름 엎지르고 깨 줍는다 : 많은 손해를 보고 조그만 이익을 추구한다는 말

문 다음 글의 내용과 관련된 속담으로 가장 적절한 것은?

▶ 2012. 5. 12. 제1회 지방직

우리 토박이말이 있는데도 그것을 쓰지 않고 외국에서 들여온 말을 쓰는 버릇이 생겼다. '가람'이 옛날부터 있는데도 중국에서 '강(江)'이 들어오더니 '가람'을 물리쳤고 '뫼'가 있는데도 굳이 '산(山)'이 그 자리에 올라앉고 말았다.

(중략)

원래 '외래어'란, 우리말로 적당하게 표현할 말이 없을 때에 마지못해 외국말에서 빌려다 쓰다가 보니 이제 완전히 우리말과 똑같이 되어 버린 것을 말한다. '학교, 선생, 비행기, 가족계획' 등등의 무수한 한자어가 그것이며, '버스, 빌딩, 커피, 뉴스' 등등 서양에서 들여온 외국어가 그것이다.

– 허웅, '한글과 민족문화' 중에서 –

① 발 없는 말이 천 리 간다.
② 굴러 온 돌이 박힌 돌 뺀다.
③ 낮말은 새가 듣고 밤말은 쥐가 듣는다.
④ 말은 해야 맛이고 고기는 씹어야 맛이다.

Tip ② 외부에서 들어온 지 얼마 안 되는 사람이나 물건이 원래부터 있던 사람이나 물건을 내쫓고 대치함을 비유적으로 이르는 속담이다.
① 사람의 말은 비록 발은 없지만 천 리 밖까지도 퍼진다는 의미로, 말을 가려서 해야 함을 비유적으로 이르는 속담이다.
③ 아무리 비밀스럽게 한 말이라도 남의 귀에 들어갈 수 있으니 말조심해야 한다는 의미이다.
④ 고기의 제 맛을 즐기려면 자꾸 씹어야 하듯, 하고 싶은 말은 시원하게 해 버려야 좋다는 의미이다.

정답 ②

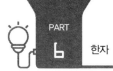

기출문제

ㄴ

• 나무는 큰 나무 덕을 못 보아도 사람은 큰 사람의 덕을 본다 : 뛰어난 인물에게서는 알게 모르게 가르침이나 영향을 받게 된다는 말

• 내 발등의 불을 꺼야 아비 발등의 불을 끈다 : 급할 때는 남의 일보다 자기 일을 먼저 하기 마련이라는 뜻

• 노름에 미치면 신주도 팔아먹는다 : 노름에 깊이 빠져든 사람은 노름 돈을 마련하기 위해 수단과 방법을 가리지 않고 나쁜 짓까지 해 가면서 노름하게 된다는 뜻

• 놀부 제사지내듯 한다 : 놀부가 제사를 지낼 때 제물 대신 돈을 놓고 제사를 지냈듯이 몹시 인색하고 고약한 짓을 한다는 뜻

ㄷ

• 다리가 위에 붙었다 : 몸체의 아래에 붙어야 할 다리가 위에 가 붙어서 쓸모 없듯이 일이 반대로 되어 아무짝에도 소용이 없다는 뜻

• 다리 아래서 원을 꾸짖는다 : 직접 말을 못하고 안 들리는 곳에서 불평이나 욕을 한다는 말

• 대가리 삶으면 귀까지 익는다 : 제일 중요한 것만 처리하면 다른 것은 자연히 해결된다는 뜻

• 도깨비도 수풀이 있어야 모인다 : 의지할 곳이 있어야 무슨 일이나 이루어진다는 뜻

• 도둑놈 개 꾸짖듯 한다 : 남에게 들리지 않게 입 속으로 중얼거림

• 도둑은 뒤로 잡으랬다 : 도둑을 섣불리 앞에서 잡으려 하다가는 직접적으로 해를 당할 수 있기 때문에 뒤로 잡아야 한다는 뜻

• 도둑의 때는 벗어도 자식의 때는 못 벗는다 : 도둑의 누명은 범인이 잡히면 벗을 수 있으나 자식의 잘못을 그 부모가 지지 않을 수 없다는 뜻

• 독을 보아 쥐를 못 잡는다 : 독 사이에 숨은 쥐를 독 깰까봐 못 잡듯이 감정나는 일이 있어도 곁에 있는 사람 체면을 생각해서 자신이 참는다는 뜻

• 들은 풍월 얻은 문자다 : 자기가 직접 공부해서 배운 것이 아니라 보고 들어서 알게 된 글이라는 뜻

• 등잔불에 콩 볶아 먹는 놈 : 어리석고 옹졸하며 하는 짓마다 보기에 답답한 일만 하는 사람을 두고 이름

• 디딜방아질 삼 년에 엉덩이춤만 배웠다 : 디딜방아질을 오랫동안 하다보면 엉덩이춤도 절로 추게 된다는 뜻

• 떠들기는 천안(天安) 삼거리 같다 : 늘 끊이지 않고 떠들썩한 것

• 똥 싼 주제에 애화타령 한다 : 잘못하고도 뉘우치지 못하고 비위 좋게 행동하는 사람을 비웃는 말

기출문제

- 마디가 있어야 새순이 난다 : 어떤 일이든 특정한 계기가 있어야 참신한 일이 생긴다
- 망건 쓰자 파장된다 : 일이 늦어져 소기의 목적을 이루지 못함
- 망신살이 무지갯 살 뻗치듯 한다 : 많은 사람으로부터 심한 원망과 욕을 먹게 되었을 때 쓰는 말
- 망치로 얻어맞고 홍두깨로 친다 : 복수란 언제나 제가 받은 피해보다 더 무섭게 한다는 뜻
- 명태 한 마리 놓고 딴전 본다 : 곁에 벌여 놓고 있는 일보다는 딴 벌이하는 일이 있다는 뜻
- 문전 낙래 흔연 대접 : 어떤 신분의 사람이라도 자기를 찾아온 사람은 친절히 대하라는 말
- 물방아 물도 서면 언다 : 물방아가 정지하고 있으면 그 물도 얼듯이 사람도 운동을 하지 않고 있으면 건강이 나빠진다는 뜻

- 백일 장마에도 하루만 더 왔으면 한다 : 자기 이익 때문에 자기 본위로 이야기하는 것을 말함
- 뱁새는 작아도 알만 잘 낳는다 : 작아도 제 구실 못하는 법이 없다는 뜻
- 버들가지가 바람에 꺾일까 : 부드러워서 곧 바람에 꺾일 것 같은 버들가지가 끝까지 꺾이지 않듯이 부드러운 것이 단단한 것보다 더 강하다는 뜻
- 벌거벗고 환도 찬다 : 그것이 그 격에 어울리지 않음을 두고 이르는 말
- 벙어리 재판 : 아주 곤란한 일을 두고 하는 말
- 벼룩의 간에 육간 대청을 짓겠다 : 도량이 좁고 하는 일이 이치에 어긋남
- 변죽을 치면 복판이 울린다 : 슬며시 귀띔만 해 주어도 눈치가 빠른 사람은 곧 알아듣는다는 뜻
- 보리 주면 오이 안 주랴 : 제 것은 아끼면서 남만 인색하다고 여기는 사람에게 하는 말
- 분다 분다 하니 하루 아침에 왕겨 석 섬 분다 : 잘한다고 추어주니까 무작정 자꾸 한다는 뜻
- 빛 좋은 개살구 : 겉만 그럴듯하고 실속이 없음
- 뺨을 맞아도 은가락지 낀 손에 맞는 것이 좋다 : 이왕 욕을 당하거나 복종할 바에야 지위가 높고 덕망이 있는 사람에게 당하는 것이 낫다는 말

기출문제

- 사람과 쪽박은 있는 대로 쓴다 : 살림살이를 하는 데 있어 쪽박이 있는 대로 다 쓰이고 사람도 다 제각기 쓸모가 있다는 말
- 사람 살 곳은 골골이 있다 : 이 세상은 어디에 가나 서로 도와주는 풍습이 있어 살아갈 수 있다는 말
- 사자 어금니 같다 : 사자의 어금니는 가장 요긴한 것이니 반드시 있어야만 하는 것을 말함
- 사주 팔자에 없는 관을 쓰면 이마가 벗어진다 : 제 분수에 넘치는 일을 하게 되면 도리어 괴롭다는 뜻
- 산 개가 죽은 정승보다 낫다 : 아무리 구차하고 천한 신세라도 죽는 것보다는 사는 것이 낫다는 말
- 산 밑 집에 방앗공이가 논다 : 그 고장 산물이 오히려 그 곳에서 희귀하다는 말
- 산에 들어가 호랑이를 피하랴 : 이미 앞에 닥친 위험은 도저히 못 피한다는 말
- 산이 높아야 골이 깊다 : 원인이나 조건이 갖추어져야 일이 이루어진다는 뜻
- 산 호랑이 눈썹 : 도저히 얻을 수 없는 것을 얻으려 하는 것
- 삼수 갑산을 가도 님 따라 가랬다 : 부부 간에는 아무리 큰 고생이 닥치더라도 같이 해야 한다는 뜻
- 삼촌 못난 것이 조카 짐만 지고 다닌다 : 체구는 크면서 못난 짓만 하는 사람을 비웃는 말
- 새도 날려면 움츠린다 : 어떤 일이든지 사전에 만반의 준비가 있어야 한다는 뜻
- 새 옷도 두드리면 먼지 난다 : 아무리 청백한 사람이라도 속속들이 파헤쳐 보면 부정이 드러난다는 뜻
- 생나무에 좀이 날까 : 생나무에는 좀이 나지 않듯이 건실하고 튼튼하면 내부가 부패되지 않는다는 뜻
- 생 감도 떨어지고 익은 감도 떨어진다 : 늙은 사람만 죽는 것이 아니라 젊은 사람도 죽는다는 뜻
- 섣달 그믐날 개밥 퍼주듯 한다 : 섣달 그믐날은 먹을 것이 너무 많아서 개밥도 후하게 주듯이 남에게 음식을 후하게 준다는 뜻
- 섶을 지고 불로 들어가려 한다 : 짐짓 그릇된 짓을 하여 화를 더 당하려 한다는 뜻
- 소매 긴 김에 춤춘다 : 별로 생각이 없던 일이라도 그 일을 할 조건이 갖추어졌기 때문에 하게 될 때 쓰는 말
- 쇠가 쇠를 먹고 살이 살을 먹는다 : 동족끼리 서로 싸우는 것
- 쇠가죽을 무릅쓰다 : 체면을 생각하지 아니한다는 말
- 숙수가 많으면 국수가 수제비 된다 : 일을 하는 데 참견하는 사람이 많으면 오히려 일을 그르치게 된다는 뜻
- 시루에 물 퍼붓기 : 아무리 비용을 들이고 애를 써도 효과가 나타나지 않음
- 신 신고 발바닥 긁기다 : 일하기는 해도 시원치 않다는 말

• 씻어놓은 흰 죽사발 같다 : 생김새가 허여 멀건 한 사람을 가리키는 말

• 안방에 가면 시어머니 말이 옳고 부엌에 가면 며느리 말이 옳다 : 각각 일리가 있어 그 시비를 가리기 어렵다는 말
• 언 발에 오줌 누기 : 눈앞에 급한 일을 피하기 위해서 하는 임시변통이 결과적으로 더 나쁘게 되었을 때 하는 말
• 얻은 떡이 두레 반이다 : 여기 저기서 조금씩 얻은 것이 남이 애써 만든 것보다 많다는 말
• 염불 못하는 중이 아궁이에 불 땐다 : 무능한 사람은 같은 계열이라도 가장 천한 일을 하게 된다는 뜻
• 오소리 감투가 둘이다 : 한 가지 일에 책임질 사람은 두 명이 있어서 서로 다툰다는 뜻
• 오동나무 보고 춤춘다 : 성미가 급하여 빨리 서둔다는 뜻
• 우박 맞은 호박잎이다 : 우박 맞아 잎이 다 찢어져 보기가 흉한 호박잎처럼 모양이 매우 흉측하다는 뜻
• 윷짝 가르듯 한다 : 윷짝의 앞뒤가 분명하듯이 무슨 일에 대한 판단을 분명히 한다는 말
• 이사가는 놈이 계집 버리고 간다 : 자신이 하는 일 중에서 가장 중요한 것을 잊어버렸거나 잃었다는 말
• 일단 먹기는 곶감이 달다 : 당장은 실속있고 이득이 되는 것 같지만 뒤에는 손해를 본다는 말

• 자는 범 침 주기 : 그대로 가만 두었으면 아무 일도 없었을 것을 공연히 건드려서 일을 저질러 위태롭게 된다는 말
• 자라 알 지켜보듯 한다 : 어떻게 일을 처리하려고 노력하지는 않고 그저 묵묵히 들여다 보고만 있다는 뜻
• 자루 속 송곳은 빠져나오게 마련이다 : 남들이 알지 못하도록 아무리 은폐하려 해도 탄로날 것은 저절로 탄로가 난다는 뜻
• 잔고기가 가시는 세다 : 몸집이 자그마한 사람이 속은 꽉 차고 야무지며 단단할 때 이르는 말
• 장구치는 놈 따로 있고 고개 까딱이는 놈 따로 있나? : 저 혼자서 할 수 있는 일을 남에게 나누어 하자고 할 때 핀잔주는 말
• 적게 먹으면 명주요 많이 먹으면 망주라 : 모든 일은 정도에 맞게 하여야 한다는 말
• 접시 밥도 담을 탓이다 : 수단이나 성의를 다하면 어려운 일이라도 좋게 된다는 뜻
• 정성이 있으면 한식에도 세배 간다 : 마음에만 있으면 언제라도 제 성의는 표시할 수 있다는 말

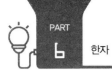

기출문제

- 주린 개 뒷간 넘겨다보듯 한다 : 누구나 배가 몹시 고플 때는 무엇이고 먹을 것을 찾기 위해 여기저기를 기웃거린다는 말
- 주인 많은 나그네 밥 굶는다 : 해 준다는 사람이 너무 많으면 서로 미루다가 결국 안 된다는 뜻
- 주인 모르는 공사 없다 : 무슨 일이든지 주장하는 사람이 모르면 안 된다는 뜻
- 죽 푸다 흘려도 솥 안에 떨어진다 : 일이 제대로 안 되어 막상 손해를 본 것 같지만 따지고 보면 결코 손해는 없다는 뜻
- 쥐 잡으려다가 장독 깬다 : 조그만 일을 하려다가 큰일을 그르친다는 말
- 지붕 호박도 못 따는 주제에 하늘의 천도 따겠단다 : 아주 쉬운 일도 못하면서 당치도 않은 어려운 일을 하겠다고 덤빈다는 뜻

- 참새가 허수아비 무서워 나락 못 먹을까 : 반드시 큰 일을 하려면 다소의 위험 정도는 감수해야 한다는 뜻
- 참외 장수는 사촌이 지나가도 못 본 척 한다 : 장사하는 사람은 인색하다는 뜻
- 책망은 몰래하고 칭찬은 알게 하랬다 : 남을 책망할 때에는 다른 사람이 없는 데에서 하고 칭찬할 때에는 다른 사람 보는 앞에서 하여 자신감을 심어주라는 뜻
- 처갓집에 송곳 차고 간다 : 처갓집 밥은 눌러 담았기 때문에 송곳으로 파야 먹을 수 있다는 말로, 처갓집에서는 사위 대접을 극진히 한다는 뜻
- 천둥에 개 놀라듯 한다 : 몹시도 놀라서 허둥대며 정신을 못 차리고 날뛴다는 뜻
- 천만 재산이 서투른 기술만 못하다 : 자기가 지닌 돈은 있다가도 없어질 수 있지만 한 번 배운 기술은 죽을 때까지 지니고 있기 때문에 생활의 안정을 기할 수 있다는 뜻
- 초사흘 달은 부지런한 며느리만 본다 : 부지런한 사람이 아니고서는 사소한 일까지 모두 헤아려서 살필 수 없나는 뜻
- 초상 술에 권주가 부른다 : 때와 장소를 분별하지 못하고 행동한다는 말
- 촌놈은 밥그릇 큰 것만 찾는다 : 무식한 사람은 어떠한 물건의 질은 무시하고 그저 양이 많은 것만 요구한다는 뜻
- 칠 년 가뭄에 하루 쓸 날 없다 : 오랫동안 날씨가 개고 좋다가도 모처럼 무슨 일을 하려고 하면 비가 온다는 말

- 콩 볶아 먹다가 가마솥 터뜨린다 : 작은 이익을 탐내다가 도리어 큰 해를 입는다는 말
- 콩 심은 데 콩 나고 팥 심은 데 팥 난다 : 원인에 따라서 결과가 생긴다는 말
- 콩으로 메주를 쑨다 하여도 곧이 듣지 않는다 : 거짓말을 잘하여 신용할 수 없다는 말

- 태산 명동에 서일필(泰山 鳴動에 鼠一匹) : 무엇을 크게 떠벌였는데 실제의 결과는 작다는 뜻
- 태산을 넘으면 평지를 본다 : 고생을 하게 되면 그 다음에는 즐거움이 온다는 말
- 털을 뽑아 신을 삼는다 : 자신의 온 정성을 다하여 은혜를 꼭 갚겠다는 말
- 토끼를 다 잡으면 사냥개를 삶는다 : 필요할 때에는 소중히 여기다가도 필요없게 되면 천대하고 없애 버림을 비유하는 말

- 평생 신수가 편하려면 두 집을 거느리지 말랬다 : 두 집 살림을 차리게 되면 대부분 집 안이 항상 편하지 못하다는 뜻
- 포도청 문고리도 빼겠다 : 겁이 없고 대담한 사람을 두고 하는 말
- 풍년 거지 더 섧다 : 다른 사람들은 모두 잘 살아가는데, 자신만 고달프고 서러운 신세를 이르는 말
- 핑계 없는 무덤 없다 : 무슨 일이라도 반드시 핑계거리는 있다는 말

- 함박 시키면 바가지 시키고, 바가지 시키면 쪽박 시킨다 : 어떤 일을 윗사람이 아랫사람에게 시키면 그는 또 제 아랫사람에게 다시 시킨다는 말
- 항우도 댕댕이 덩굴에 넘어진다 : 항우와 같은 장사라도 보잘 것 없는 덩굴에 걸려 낙상할 때가 있다는 말로 아무리 작은 일도 무시하면 실패하기 쉽다는 뜻
- 허허해도 빚이 열닷냥이다 : 겉으로는 호기 있게 보이나 속으로는 근심이 가득하다는 뜻
- 호랑이에게 개 꾸어 주기 : 빌려주면 다시 받을 가망이 없다는 말
- 황금 천냥이 자식 교육만 못 하다 : 막대한 유산을 남겨 주는 것보다는 자녀 교육이 더 중요한 것이라는 뜻

section 3 고유어

- 가시다 : 변하여 없어지다.
- 가탈 : 일이 순편히 진행되지 못하게 방해하는 조건
- 가뭇없이 : 보이던 것이 전혀 보이지 않아 찾을 곳이 감감하게
- 갈매빛 : 짙은 초록색. '갈매'는 갈매나무의 열매
- 갈바람 : 가을바람의 준말. 또는 뱃사람들 말로 서풍(西風)
- 갈피 : 일의 갈래가 구별되는 어름
- 갊다 : 간직하다.
- 강동거리다 : 자꾸 가볍게 뛰다.
- 갖 : 가죽
- 객적다 : 공연한 짓으로 부질없고 싱겁다.
- 거둥 : 임금의 나들이. 거동(擧動)에서 변한 말
- 거루 : 돛을 달지 않은 작은 배
- 거멀못 : 나무, 그릇 등의 금간 데나 벌어질 염려가 있는 곳에 걸쳐 박는 못
- 겅성드뭇하다 : 많은 것이 헤어져 군데군데 있다.
- 겉볼안 : 겉을 보면 속까지도 짐작하여 알 수 있다는 말
- 결기 : 성이 나서 내어지르는 기운
- 겻불 : 겨를 태우는 불
- 고물 : 배의 뒤쪽. 배의 앞쪽은 '이물'이라 함
- 고불통 : 흙을 구워서 만든 담배통
- 고즈너기 : 슬그머니(표준말은 아니지만 문학 작품에 자주 쓰임)
- 곬 : 한쪽으로 트인 길
- 곰살궂다 : 태도나 성질이 부드럽고 친절하다 또는 꼼꼼하고 자세하다
- 구기박지르다 : 함부로 비비어 구기다.
- 구두질 : 방고래의 재를 쑤셔 내는 일
- 구쁘다 : 먹고 싶은 생각이 나다.
- 구새 : 산 나무의 속이 썩어서 난 구멍. '구새통'이라고도 함
- 구저분하다 : 거칠고 더럽다.
- 구처하다 : 변통하다.
- 구트나 : 구태여
- 궂다 : 언짢고 거칠다. 날씨가 나쁘다.
- 귀가 솔다 : 귀찮은 말이나 소리를 너무 들어서 귀가 아프게 되다.
- 귀잠 : 매우 깊이 든 잠

- 그루 앉히다 : 앞으로 해나갈 일에 바로 나갈 터를 잡아 주다.
- 기틀 : 일의 가장 중요한 고비
- 길마 : 짐을 싣기 위하여 소의 등에 얹는 틀
- 길섶 : 길의 가장자리. 풀이 나 있는 곳
- 길쌈 : 피륙을 짜는 일
- 깃들이다 : 보금자리에 들어 살다.
- 까치걸음 : 두 발을 모두어 뛰는 종종걸음
- 깜냥 : 지니고 있는 힘의 정도
- 꺽지다 : 억세고 용감하고 과단성이 있다.
- 껄끄럽다 : 껄껄하여 미끄럽지 못하다. 꺼끄러기(벼나 보리 등의 수염) 같은 것이 몸에 붙어 살이 따끔거리다.
- 끊다 : 성적이나 실적을 평가하여 점수를 매기다.
- 끼끗하다 : 생기가 있고 깨끗하다.

- 난바다 : 육지로부터 멀리 떨어진 넓은 바다
- 낫잡다 : 좀 넉넉하게 치다. '낫'은 길게 발음함
- 너나들이 : 서로 너니 나니 하고 부르며 터놓고 지내는 사이
- 눅지다 : 추운 날씨가 좀 풀리다.
- 느껍다 : 어떤 느낌이 일어나다.
- 늘마 : 늙어 가는 무렵. '늘그막'과 같은 뜻
- 넝큼 : 머뭇거리지 않고 단번에 빨리
- 닢 : 납작한 물건을 세는 단위. 흔히 돈이나 가마니, 멍석 따이를 셀 때 쓴다.

- 다리 : 여자의 머리숱을 많게 하려고 덧넣는 머리
- 다복솔 : 가지가 다보록하게 많이 퍼진 어린 소나무
- 대거리 : 서로 번갈아 일함
- 대수로이 : 중요하게 여길 만한 정도로
- 더기 : 고원의 평평한 곳. 본래는 '덕'
- 더치다 : 병이 도지다.
- 덖다 : 때가 더덕더덕 묻다.
- 도다녀오다 : 갔다가 지체하지 않고 올 길을 빨리 오다.
- 도도하다 : 주제넘게 거만한 태도가 있다.
- 도두 : 위로 돋아서 높게

문 ㉠~㉣의 뜻풀이가 옳은 것끼리 묶인 것은?

▶ 2014. 3. 8. 법원사무처

	낱말	뜻풀이
㉠	내외	부부
㉡	고대	'곱게'의 방언
㉢	되알지게	몹시 올차고 야무지게
㉣	귀정	일의 결과
㉤	마슬	이웃에 일하러 다니는 것
㉥	찌다우	허물을 남에게 전가하는 짓
㉦	혹닦이었다	공연한 말로 꼴사납게 지껄였다
㉧	되우	대충
㉨	불랴살야	부랴사랴. 매우 부산하고 급하게 서두르는 모양
㉩	솔개미	'개미'의 방언

① ㉠, ㉡, ㉤, ㉩
② ㉡, ㉧, ㉣, ㉥
③ ㉡, ㉢, ㉧, ㉨
④ ㉢, ㉥, ㉦, ㉨

Tip ㉠ 내외 : 남에 서로 얼굴을 마주 대하지 않고 피함
㉡ 고대 : 이제 막. 바로 곧
㉣ 귀정 : '歸正. 그릇된 일이 바른 길로 돌아옴
㉤ 마슬 : 이웃에 놀러 다니는 일
㉧ 되우 : 되게. 아주 몹시
㉩ 솔개미 : 솔개의 방언

∥정답 ④

- 도린곁 : 사람이 별로 가지 않는 외진 곳
- 도저하다 : 학식이나 재능이 아주 대단하고 깊다.
- 동동촉촉하다 : 매우 삼가고 조심하다.
- 동자 : 밥을 짓는 일
- 돝 : 돼지
- 듦다 : 샅샅이 더듬어 뒤져서 찾다.
- 되우 : 매우 심하게
- 되통스럽다 : 찬찬하지 못해 일을 잘 저지르다.
- 두레 : 농촌에서 모내기나 김매기를 공동으로 협력하기 위하여 이룬 모임
- 두름성 : 주변을 주려서 일을 해 가는 재주
- 두메 : 깊은 산골
- 두억시니 : 모질고 사나운 귀신
- 둔치 : 물가의 언덕 또는 강이나 호수 따위에 물이 있는 곳의 가장자리
- 둥개다 : 일을 감당하지 못하고 쩔쩔매다.
- 드림없다 : 일정하지 않다. 대중없다.
- 든부자 : 겉으로는 거지같이 보이지만 부자인 사람
- 듣다 : 물방울이 떨어지다.
- 뚱기차다 : 깨닫지 못하는 사람에게 눈치채게 깨우쳐 주다.
- 뜨악하다 : 마음이 선뜻 내키지 않다.

- 마뜩하다 : 마음에 마땅하다.
- 마른일 : 바느질이나 길쌈과 같이 물에 손을 넣지 않고 하는 일
- 머쓱하다 : 기가 죽다.
- 메떨어지다 : 모양이나 몸짓이 어울리지 않다.
- 메지 : 일의 한 가지 한 가지가 끝나는 단락
- 모래톱 : 강가에 있는 모래 벌판
- 모지라지다 : 물건의 끝이 닳거나 잘려서 없어지다.
- 모집다 : 남의 잘못이나 허물을 분명하게 들어 지적하다.
- 목대잡다 : 여러 사람을 거느리고 지휘하다.
- 몬존하다 : 성질이 가라앉다.
- 몰강스럽다 : 차마 못할 짓을 예사로 한 만큼 억세거나 야박하다.
- 몸피 : 몸 둘레의 굵기
- 몽치 : 짤막하고 단단한 몽둥이
- 무녀리 : 짐승의 맨 먼저 낳은 새끼 또는 알

- 무느다 : 포개어 쌓인 물건을 흩어지게 하다.
- 무자맥질 : 물 속에서 떴다 잠겼다하며 팔다리를 놀리는 짓
- 물참 : 조수가 잔뜩 밀려 들어온 때
- 미립 : 경험에서 얻은 묘한 이치
- 미투리 : 삼으로 삼은 신
- 민틋하다 : 울퉁불퉁한 곳이 없이 평평하고 비스듬하다.

- 바람만바람만 : 바라보일 만한 정도로 뒤에서 멀찍이 떨어져 따라가는 모양
- 비지춤 : 비지의 허리를 접어 여민 사이
- 밭다 : 시간 · 공간이 매우 가깝다.
- 버성기다 : 벌어져서 틈이 나다.
- 버캐 : 액체 속에 섞였던 염분이 엉겨서 뭉쳐진 찌꺼기
- 벅벅이 : 틀림없이 그러하리라고 미루어 헤아리는 뜻을 나타내는 말
- 번히 : 분명히
- 벌다 : 틈이 생겨서 사이가 뜨다.
- 벼리 : 그물 위쪽 코를 꿰어 잡아당기는 동아줄
- 벼리다 : 연장의 무딘 날을 불에 달궈 날카롭게 하다.
- 볏 : 닭이나 꿩의 이마 위에 세로로 붙은 살조각
- 병구완 : 앓는 사람 옆에서 잘 돌보아 줌
- 보람 : 눈에 뜨이게 해 두는 표
- 보습 : 쟁기에 달린 삽 모양의 쇳조각
- 복장 : 가슴의 한복판
- 봉충다리 : 한쪽이 짧은 다리
- 북받치다 : 속에서 치밀어 오르다.
- 불리다 : 쇠를 달구어 단련하다.
- 붓방아 : 글을 쓸 때 생각이 잘 나지 않아 붓대만 놀리고 있는 짓
- 비나리치다 : 아첨을 해가며 환심을 사는 모양
- 비비대기치다 : 좁은 곳에서 여럿이 몸을 대고 움직이다.
- 비접 : 앓는 사람이 장소를 바꾸어 요양함. '피접(避接)'에서 온 말
- 뺨들이로 : 연해 갈마들어서
- 뿌다귀 : 물건의 삐죽 내민 부분
- 삐국 : 사람이나 물건이 어떤 공간에 빈틈없이 아주 꽉 찬 모양

ㅅ

- 사리 : 매달 보름과 그믐날 조수가 밀려오는 시각
- 사립문 : 나뭇가지를 엮어서 만든 문
- 사위스럽다 : 미신을 믿는 사람에게 꺼림칙한 데가 있다.
- 살갑다 : 겉으로 보기보다 속이 너르다. 마음씨가 부드럽고 다정스럽다.
- 살별 : 빛나는 긴 꼬리를 끌고 도는 별. 혜성
- 살포시 : 부드럽고 가볍게
- 살피 : 두 땅의 경계
- 새우다 : 시기하다.
- 섣부르다 : 솜씨가 아주 설고 어설프다.
- 설핏하다 : 거칠고 성기다.
- 성깃하다 : 사이가 배지 않고 뜨다. 조금 성긴 것 같다.
- 세우 : 힘차고 억세게
- 소 : 떡 속에 맛을 내기 위하여 넣은 팥 같은 것
- 소담하다 : 음식이 넉넉하여 보기에도 아름답고 먹음직하다.
- 소소리 바람 : 살 속으로 기어드는 듯한 찬 바람
- 속종 : 마음 속에 품고 있는 소견
- 손방 : 솜씨가 없어 일을 못하는 것을 말함
- 손티 : 약간 얽은 얼굴의 마마자국
- 솟보다 : 물건을 잘 살피지 않고 비싸게 사다.
- 수더분하다 : 성질이 순하고 소박하다.
- 숫눈 : 건드리지 아니하고 쌓인 채로 있는 눈
- 숫접다 : 순박하고 수줍어하는 태도가 있다.
- 슬기 : 사리를 밝히고 잘 처리하는 능력
- 습습하다 : 사내답게 활발하다.
- 시나브로 : 모르는 사이에 조금씩 조금씩. 다른 일을 하는 사이사이에
- 시앗 : 남편의 첩
- 시망스럽다 : 몹시 짓궂은 데가 있다.

ㅇ

- 아스라이 : 까마득하게 멀리
- 아이다 : 빼앗기다.
- 알토란같다 : 내용이 충실하다. 살림이 오붓한 경우에도 쓰임. '알토란'은 털을 다듬은 토란

밑줄 친 말의 사전적 의미로 가장 적절한 것은?

▶ 2017. 4. 8. 인사혁신처

아이들이야 학교 가는 시간을 빼고는 내내 밖에서만 노는데, 놀아도 여간 <u>시망스럽게</u> 놀지 않았다.
– 최일남, 노새 두 마리 중에서 –

① 몹시 짓궂은 데가 있다.
② 생기 있고 힘차며 시원스럽다.
③ 어수선하여 질서나 통일성이 없다.
④ 보기에 태도나 행동이 가벼운 데가 있다.

Tip '몹시 짓궂은 데가 있다'는 의미의 고유어이다.

정답 ①

- 암암하다 : 모습이 잊혀지지 아니하고 가물가물 보이는 듯하다.
- 앙갚음 : 자기에게 해를 입힌 사람에게 보복하는 행동
- 앙금 : 물에 가라앉은 녹말 등의 부드러운 가루
- 앙바틈하다 : 짤막하고 딱 바라지다.
- 앙팡지다 : 몸이 작아도 힘차고 다부지다.
- 어엿하다 : 당당하고 떳떳하다.
- 어이딸 : 어머니와 딸
- 어줍다 : 언어와 동작이 부자연하고 시원스럽지 못하다.
- 어쭙지않다 : 하는 짓이 분수에 넘쳐 비웃을 만하다.
- 억병 : 많이 마시는 술의 양. 술을 마셔서 고주가 된 상태
- 얼 : 밖에 드러난 흠
- 얼쭝거리다 : 가까이 돌며 그럴듯한 말로 자주 아첨하다.
- 에다 : 예리한 연장으로 도려내다.
- 여염집 : 보통 사람의 살림집
- 여울 : 물살이 세게 흐르는 곳
- 여의다 : 죽어서 이별하다.
- 연모 : 도구
- 열없다 : 조금 부끄럽다. 겁이 많다.
- 염의없다 : 염치없다.
- 영각 : 암소를 찾는 황소의 울음소리
- 영절스럽다 : 그럴듯하다.
- 오되다 : 나이보다 일찍 지각이 나다.
- 오려 : 철 이르게 익는 벼. 올벼
- 오롯하다 : 온전하다.
- 오롱이조롱이 : 오롱조롱하게 각기 달리 생긴 여럿
- 옹골지다 : 실속 있게 꽉 차다. 옹골지고 기운찬 것을 '옹골차다'라고 함
- 용수 : 술을 거르는 데 쓰는 싸리로 만든 둥글고 긴 통. 죄수의 얼굴을 가리기 위하여 머리에 씌우는 기구
- 우련하다 : 희미하게 겨우 보이다. 보일 듯 말 듯 희미하다.
- 윤똑똑이 : 자기만 잘난 체하는 사람을 낮잡아 이르는 말
- 음전하다 : 언행이 우아하고 점잖다.
- 이드거니 : 분량이 흐뭇하게
- 이러구러 : 우연히 이러하게 되어
- 이울다 : 꽃이나 나뭇잎이 시들다.

기출문제

문 밑줄 친 어휘의 뜻풀이가 옳지 않은 것은?

▶ 2016. 4. 9. 인사혁신처

① 해미 때문에 한 치 앞도 보이지 않았다.
  − 해미 : 바다 위에 낀 짙은 안개
② 이제는 안갚음할 때가 되었다.
  − 안갚음 : 남에게 해를 받은 만큼 저도 그에게 해를 다시 줌
③ 그 울타리는 오랫동안 살피지 않아 영 볼썽이 아니었다.
  − 볼썽 : 남에게 보이는 체면이나 태도
④ 상고대가 있는 풍경을 만났다.
  − 상고대 : 나무나 풀에 내려 눈처럼 된 서리

Tip ② '안갚음'은 까마귀 새끼가 자라서 늙은 어미에게 먹이를 물어다 주는 일 또는 자식이 커서 부모를 봉양하는 일을 의미한다. 남에게 해를 받은 만큼 저도 그에게 해를 다시 준다는 의미를 가진 어휘는 '앙갚음'이다.

정답 ②

기출문제

ㅈ

• 자발없다 : 참을성이 없고 경솔하다. '자발머리없다'라고도 함
• 짜장 : 과연, 정말로
• 잔풍하다 : 바람이 잔잔하다.
• 잣다 : 물레를 돌려 실을 뽑다.
• 재다 : 동작이 굼뜨지 아니하다.
• 저버리다 : 은혜를 배반하다. 약속을 어기다.
• 저지레 : 일이나 물건에 문제가 생기면 만들어 그르치는 일
• 주접들다 : 잔병이 많아 자라지 못하다.
• 중의 빗 : 소용없는 물건을 이름

ㅊ

• 차반 : 음식. 구차한 집에서 없으면 굶다가 생기면 뒷일을 생각하지 않고 많이 먹을 때 '범의 차반'이라 함
• 추김 : 가만히 있는 사람을 꾀어 끌어냄
• 추렴 : 모임이나 놀음의 비용으로 각자가 얼마씩 내어 거둠. '출렴(出斂)'에서 나온 말
• 치레 : 잘 매만져서 모양을 내는 일
• 칠칠하다 : 잘 자라서 길다. 주접이 들지 아니하고 깨끗하다. 일의 솜씨가 능란하고 빠르다.

ㅋ

• 켜 : 물건을 포개어 놓은 층
• 켯속 : 일의 갈피

ㅌ

• 태가다 : 그릇에 깨진 금이 나다. 그릇의 깨진 금을 '태'라고 함
• 터럭 : 사람이나 짐승의 몸에 난 길고 굵은 털
• 퇴물림 : 퇴박맞은 물건
• 투미하다 : 어리석고 둔하다.
• 트레바리 : 까닭없이 남에게 반대하기를 좋아하는 성미
• 틀수하다 : 성질이 넓고 깊다.

기출문제

ㅍ

• 팔난봉 : 여러 방면으로 난봉을 부리는 사람

• 푸지다 : 넉넉하고 푼짐하다.

ㅎ

• 하릴없다 : 어찌할 도리가 없다. 조금도 틀림이 없다.

• 한둔 : 한데에서 밤을 지냄. 노숙(露宿)

• 함치르르 : 곱고 윤이 나는 모양

• 핫어미 : 남편이 있는 여자. '핫아비'라는 말도 있음

• 허구리 : 허리의 좌우쪽 갈비 아래 잘쏙한 부분

• 헌칠하다 : 키와 몸집이 보기 좋게 어울리도록 크다

• 헛헛하다 : 속이 비어 배고픈 느낌이 있다. 헛헛한 증세를 '헛헛증'이라 함

1 다음 한자 성어의 풀이가 바르게 된 것은?

① 吾鼻三尺 – 같은 값이면 다홍치마

② 群鷄一鶴 – 아무리 기다려도 성공할 수 없다는 말

③ 矯枉過直 – 누구를 원망하거나 누구를 탓할 수 없음

④ 南柯一夢 – 꿈과 같이 헛된 한때의 부귀영화를 이르는 말

2 다음 사자성어와 관련 있는 속담으로 바른 것은?

桑田碧海

① 가마 밑이 노구솥 밑을 검다 한다.   ② 십 년이면 강산도 변한다.

③ 사공이 많으면 배가 산으로 간다.   ④ 하나를 듣고 열을 안다

3 '자신의 힘을 헤아리지 못하고 강한 적에게 덤비는 무모한 행동'을 비유하는 말로, 아래 〈보기〉에서 유래된 것은?

〈보기〉

계철(季徹)이 껄껄 웃으면서 말하였다. "만약 선생의 말을 제왕(帝王)의 덕(德)에다 비추어 본다면 마치 사마귀가 앞다리를 벌리고 수레바퀴 앞에 버티고 서 있는 것이나 같은 것이니, 반드시 당해 낼 수 없을 것입니다. 또는 그렇게 한다면 곧 그 자신이 위험에 처하게 될 것입니다. 그는 높은 누대(樓臺)를 갖게는 되겠지만 일이 많아질 것이고, 그에게로 몰려드는 사람만이 많아질 것입니다."

① 붕정만리(鵬程萬里)   ② 문경지교(刎頸之交)

③ 당랑거철(螳螂拒轍)   ④ 와신상담(臥薪嘗膽)

4 다음 중 의미가 서로 반대되는 한자 성어가 아닌 것은?

① 近墨者黑 – 近朱者赤　　　　② 我田引水 – 易地思之

③ 錦上添花 – 雪上加霜　　　　④ 背恩忘德 – 結草報恩

5 다음의 속담에서 공통적으로 내포하고 있는 것은?

> ㉠ 초록은 동색(同色)이라
>
> ㉡ 바늘 가는데 실 간다.
>
> ㉢ 도둑질도 손발이 맞아야 한다.
>
> ㉣ 열 길 물 속은 알아도 한 길 사람의 속은 모른다.
>
> ㉤ 며느리가 미우면 발뒤축이 달걀 같다고 나무란다.

① 사람사이의 관계　　　　② 사람의 능력

③ 신중한 말과 행동　　　　④ 예의 바른 행동

6 다음에 쓰인 한자성어가 적절하지 않은 것은?

① 그는 부모를 반포지효(反哺之孝)로 모시는 것을 자식의 도리라고 생각했다.

② 고3시절에 각고면려(刻苦勉勵)한 덕에 좋은 대학에 입학하였다.

③ 그는 많은 재물을 쌓아놓고 매일 밤 초근목피(草根木皮)로 잔치를 열었다.

④ 그는 오늘도 불철주야(不撤晝夜)로 학업에 매진한다.

7 다음 중 ⑤~⑧의 의미와 같지 않은 것은?

> 우리 마을엔 꽈리뿐 아니라 살구나무도 흔했다. 살구나무가 없는 집이 없었다. ⑤여북해야 마을 이름도 행촌리(杏村里)였겠는가. 봄에 살구나무는 개나리와 함께 온 동네를 꽃대궐처럼 화려하게 꾸며 주었지만, 열매는 ⓒ시금털털한 개살구였다. 약에 쓰려고 약간의 씨를 갈무리하는 집이 있긴 해도 열매는 아이들도 잘 안 먹어서 떨어진 자리에서 썩어 갔다. 아름다운 마을이었다. 살구꽃이 흐드러지게 필 무렵엔 자운영과 오랑캐꽃이 들판과 ⓒ둔덕을 뒤덮었다. 자운영은 고루 질펀하게 피고, 오랑캐꽃은 소복소복 무리를 지어 가며 ⑧다문다문 피었다. 살구가 흙에 스며 거름이 될 무렵엔 분분히 지는 찔레꽃이 외진 길을 달밤처럼 숨가쁘고 그윽하게 만들었다.

① ⑤ – 오죽하면
② ⓒ – 맛이 조금 시면서 떫은
③ ⓒ – 물가의 언덕
④ ⑧ – 사이가 잦지 않고 조금 드물게

8 다음 〈보기〉의 ⑤~⑧에 해당하는 한자성어로 적절하지 않은 것은?

> 〈보기〉
> ⑤ 도와 줄 사람이 하나도 없는 외로운 처지
> ⓒ 남의 환심을 사려고 아첨하는 교묘한 말과 보기 좋게 꾸미는 얼굴빛
> ⓒ 세상이 몹시 달라져 딴 세상에 온 것처럼 느껴짐
> ⑧ 가난한 사람이나 재난을 당한 사람들이 살 곳을 찾아 떠돌아다님

① ⑤ – 孤立無援
② ⓒ – 曲學阿世
③ ⓒ – 隔世之感
④ ⑧ – 男負女戴

9 괄호 안에 들어갈 말로 가장 적절한 것은?

> 그에게 진짜 불행을 가져다 준 것은 어쩌면 8 · 15 광복이라고나 해야 할는지도 모른다. 조국의 광복은 우선 내 조부를 몰락시켰다. 그의 위엄은 하루아침에 땅에 떨어져서 헌 짚신짝처럼 짓밟혔고, 근동세 마을을 먹여 살린다던 그 많던 가산들도 온통 거덜이 나 버렸던 것이다. 하지만 그것까지는 그래도 어쩔 수 없는 세상 탓으로 돌릴 수 있었을는지도 모른다. 그러나 전에는 (　　　　)이기는 할지언정 그의 앞에선 감히 얼굴조차 바로 쳐들지 못하던 소작인이며 하인배들에게 급기야는 가혹한 조리돌림까지 당해야 했던 그는 마지막 임종의 순간까지도 그날의 수모를 삭히지 못한 채 그들이 자신의 상여 메는 것조차 유언으로 거부했던 터였다.
>
> — 이동하, '파편' 중에서 —

① 곡학아세(曲學阿世)　　　　　　② 면종복배(面從腹背)
③ 부화뇌동(附和雷同)　　　　　　④ 허장성세(虛張聲勢)

10 밑줄 친 부분과 어울리는 한자 성어는?

> 초승달이나 보름달은 보는 이가 많지마는, 그믐달은 보는 이가 적어 그만큼 외로운 달이다. 객창한등(客窓寒燈)에 <u>정든 님 그리워 잠 못 들어 하는 분</u>이나, 못 견디게 쓰린 가슴을 움켜잡은 무슨 한(恨) 있는 사람이 아니면, 그 달을 보아 주는 이가 별로 없을 것이다.
>
> — 나도향, '그믐달' 중에서 —

① 동병상련(同病相憐)　　　　　　② 불립문자(不立文字)
③ 각골난망(刻骨難忘)　　　　　　④ 오매불망(寤寐不忘)

정답및해설

1	④	2	②	3	③	4	①	5	①
6	③	7	③	8	②	9	②	10	④

1 '남가일몽'은 꿈과 같이 헛된 한때의 부귀영화를 이른다.
　① 吾鼻三尺(오비삼척) : 내 사정이 급하여 남을 돌볼 겨를이 없음을 이르는 말
　② 群鷄一鶴(군계일학) : 많은 사람 가운데에서 뛰어난 인물을 이르는 말
　③ 矯枉過直(교왕과직) : 잘못을 바로 잡으려다가 지나쳐서 오히려 나쁘게 됨을 이르는 말

2 뽕나무 밭이 푸른 바다로 변한다는 뜻으로, 세상이 몰라볼 정도로 변함을 비유한 말이다.
　① 자신의 흉은 모르고 남의 잘못이나 결함만을 흉봄을 비유적으로 이르는 말.
　③ 여러 사람이 자기주장만 내세우면 일이 제대로 되기 어려움을 비유적으로 이르는 말.
　④ 한마디 말을 듣고도 여러 가지 사실을 미루어 알아낼 정도로 매우 총기가 있다는 말.

3 당랑거철은 제 역량을 생각하지 않고, 강한 상대나 되지 않을 일에 덤벼드는 무모한 행동거지를 비유적으로 이르는 말이다.
　① 붕정만리 : '산천만리(山川萬里)'와 같은 뜻으로 산을 넘고 내를 건너 아주 먼 거리를 말한다.
　② 문경지교 : 생사를 같이할 수 있는 아주 가까운 사이, 또는 그런 친구를 이르는 말이다.
　④ 와신상담 : 원수를 갚거나 마음먹은 일을 이루기 위하여 온갖 어려움과 괴로움을 참고 견딤을 비유적으로 이르는 말이다.

4 近墨者黑(근묵자흑)과 近朱者赤(근주자적)은 환경의 영향을 받아 변한다는 뜻으로 서로 유사한 의미이다.
　② 我田引水(아전인수)는 '자기에게 유리하도록 행함', 易地思之(역지사지)는 '처지를 바꾸어 생각함'의 뜻으로 그 뜻이 반대이다.
　③ 錦上添花(금상첨화)는 '좋은 일에 또 좋은 일이 더해짐', 雪上加霜(설상가상)은 '불행 위에 또 불행이 겹침'의 뜻으로 그 뜻이 반대이다.
　④ 背恩忘德(배은망덕)은 '은혜를 잊고 도리어 배반함', 結草報恩(결초보은)은 '죽어서도 은혜를 잊지 않고 갚음'의 뜻으로 그 뜻이 반대이다.

5 제시된 속담은 모두 사람사이의 관계에 관련한 속담들이다.
　㉠ 같은 성격의 무리들끼리 어울려 같이 지냄을 이르는 말
　㉡ 밀접한 관계가 있는 것 끼리 서로 붙어 다님을 이르는 말
　㉢ 어떤 일이든 서로 뜻이 잘 맞아야 성공할 수 있음을 이르는 말
　㉣ 사람의 속마음은 특히 짐작하기가 어렵다는 것을 이르는 말
　㉤ 미운 사람에게는 없는 일도 만들어 내어 나무라는 것을 이르는 말

6 초근목피(草根木皮)는 풀뿌리와 나무껍질이라는 뜻으로 곡식이 없어 산나물 따위로 만든 험한 음식을 이른다. 문맥상 산해진미(山海珍味)가 어울린다.
　① 반포지효(反哺之孝) : 자식이 자라 부모를 봉양하는 효를 의미한다.
　② 각고면려(刻苦勉勵) : 몸과 마음을 괴롭혀 노력함을 의미한다.
　④ 불철주야(不撤晝夜) : 조금도 쉴 사이 없이 일에 힘씀을 이른다.

7 ③ '둔덕'은 가운데가 솟아서 불룩하게 언덕이 진 곳을 말한다.

8 ⓛ은 巧言令色(교언영색)에 해당하는 설명이다. ~~曲學阿世~~(곡학아세)는 바른 길에서 벗어난 학문으로 세상 사람에게 아첨함을 이르는 한자성어이다.

9 면종복배는 겉으로는 순종하는 척하고 속으로는 딴 마음을 먹는다는 의미이다.
① 곡학아세 : 배운 것을 바르게 펼치지 못하고, 뜻을 굽혀가면서 속세에 아부하여 출세하려는 태도나 행동을 이르는 말이다.
③ 부화뇌동 : 우레 소리에 맞추어 천지 만물이 함께 울린다는 의미로, 줏대 없이 남의 의견에 동조한다는 말이다.
④ 허장성세 : 실력도 없으면서 허세를 부리는 모양을 이르는 말이다.

10 '오미물망'은 '자나 깨나 잊지 못함'의 의미이다.
① 같은 병을 앓는 사람끼리 서로 가엾게 여긴다는 뜻으로, 어려운 처지에 있는 사람끼리 서로 가엾게 여김을 이르는 말
② 불도의 깨달음은 마음에서 마음으로 전하는 것이므로 말이나 글에 의지하지 않는다는 말
③ 남에게 입은 은혜가 뼈에 새길 만큼 커서 잊히지 아니함

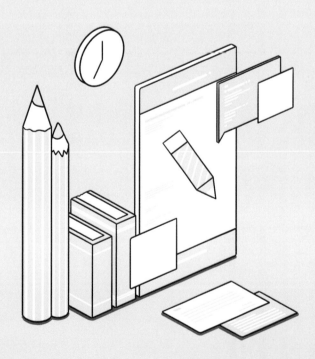

부록

최신기출문제 분석

2021. 4. 17. 인사혁신처 시행
2021. 6. 5. 제1회 지방직 시행
2021. 6. 5. 제1회 서울특별시 시행

1 맞춤법에 맞는 것만으로 묶은 것은?

① 돌나물, 꼭지점, 페트병, 낚시꾼

② 흡입량, 구름양, 정답란, 칼럼난

③ 오뚝이, 싸라기, 법석, 딱다구리

④ 찻간(車間), 홧병(火病), 셋방(貰房), 곳간(庫間)

 Point

두음법칙 관련한 한글 맞춤법 11항과 12항의 붙임 규정에 따라 한자어 형태소가 단어의 첫머리가 아닌 경우에는 두음 법칙을 적용하지 않는다.

② '흡입(吸入)+량(量)'과 '정답(正答)+란(欄)'은 한자어와 한자어의 결합이므로, '량'과 '란'을 단어의 첫머리로 보지 않아 두음 법칙을 적용하지 않는다.

'구름+양(量)'은 고유어 뒤에 한자어가 결합한 경우이므로 뒤의 한자어 형태소가 하나의 단어로 인식되어 두음 법칙을 적용한다.

'칼럼+난(欄)'은 외래어와 한자어의 결합이므로 뒤의 한자어 형태소가 하나의 단어로 인식되어 두음 법칙을 적용한다.

① 꼭지점 → 꼭짓점

한글 맞춤법 제30항에 따라 한자어로만 구성된 합성어나 외래어가 결합된 합성어인 경우에는 사이시옷을 적지 않는다. '꼭짓점'에서 '꼭지'는 고유어, '점(點)'은 한자어이므로 사이시옷을 적어야 한다.

③ 딱다구리 → 딱따구리

한글 맞춤법 제23항 붙임 규정에 따라 '-하다'나 '-거리다'가 붙을 수 없는 어근에 '-이'나 또는 다른 모음으로 시작되는 접미사가 붙어서 명사가 된 것은 그 원형을 밝히어 적지 않으므로, '딱다구리'가 아니라 '딱따구리'로 적어야 한다.

④ 홧병 → 화병

한글 맞춤법 제30항에 따르면 한자어와 한자어가 결합한 합성어 중 사이시옷을 적는 것은 '곳간(庫間), 셋방(貰房), 숫자(數字), 찻간(車間), 툇간(退間), 횟수(數回)'뿐이다. 따라서 '화병(火病)'에는 사이시옷을 적지 않는다.

2 ㉠의 단어와 의미가 같은 것은?

> 친구에게 줄 선물을 예쁜 포장지에 ㉠<u>싼다</u>.

① 사람들이 안채를 겹겹이 <u>싸고</u> 있다.

② 사람들은 봇짐을 <u>싸고</u> 산길로 향한다.

③ 아이는 몇 권의 책을 <u>싼</u> 보퉁이를 들고 있다.

④ 내일 학교에 가려면 책가방을 미리 <u>싸</u> 두어라.

 Point

㉠의 '싸다'는 '물건을 안에 넣고 보이지 않게 씌워 가리거나 둘러 말다.'의 의미로 사용 되었다.

③의 '싸다' 역시 ㉠과 같은 의미로 '책'을 '보'에 넣고 보이지 않게 씌워 둘러 말았다는 의미다.

① '어떤 물체의 주위를 가리거나 막다.'의 의미임 쓰였다.

②, ④ '어떤 물건을 다른 곳으로 옮기기 좋게 상자나 가방 따위에 넣거나 종이나 천, 끈 따위를 이용해서 꾸리다.'의 의미이다.

3 가장 자연스러운 문장은?

① 날씨가 선선해지니 역시 책이 잘 읽힌다.

② 이렇게 어려운 책을 속독으로 읽는 것은 하늘의 별 따기이다.

③ 내가 이 일의 책임자가 되기보다는 직접 찾기로 의견을 모았다.

④ 그는 시화전을 홍보하는 일과 시화전의 진행에 아주 열성적이다.

> **Point**
> ① '읽히다'는 '읽다'의 피동사, 사동사 둘 다 가능한데, 이 문장의 주어는 '책'이므로 여기서 '읽히다'는 피동 표현으로 적절하게 사용된 것이다.
> ② '속독(速讀)'은 '빠를 속', '읽을 독'으로 '책 따위를 빠른 속도로 읽음.'이라는 뜻으로 그 자체에 '읽다'라는 의미가 있다. 따라서 뒤에 오는 '읽는'과 의미가 일부 중복되는 표현이므로 '책을 빠르게 읽는 것' 혹은 '책을 속독하는 것' 정도로 고치는 것이 적절하다.
> ③ 이 문장에는 '찾다'의 대상이 되는 목적어가 빠져있다. 따라서 '직접 책임자를 찾기로~'와 같이 목적어를 넣는 것이 바른 표현이다.
> ④ 이 문장은 '시화전을 홍보하는 일'과 '시화전의 진행'을 병렬적으로 나열하고 있으나 이 둘은 문법적으로 구조가 다르다. '시화전을 홍보하는 일'은 관형절 '시화전을 홍보하는'이 명사 '일'을 수식하는 구조이고, '시화전의 진행'은 명사가 관형격 조사와 결합하여 명사를 수식하는 구조이다. 따라서 '그는 시화전의 홍보와 시화전의 진행에 아주 열성적이다.' 또는 '그는 시화전을 홍보하는 일과 시화전을 진행하는 일에 아주 열성적이다.'로 수정하는 것이 바람직하다.

4 다음 글의 설명 방식으로 적절하지 않은 것은?

> 빛 공해란 인공조명의 과도한 빛이나 조명 영역 밖으로 누출되는 빛이 인간의 건강하고 쾌적한 생활을 방해하거나 환경에 피해를 주는 상태를 말한다. 국제 과학 저널인 『사이언스 어드밴스』의 '전 세계 빛 공해 지도'에 따르면, 우리나라는 빛 공해가 심각한 국가이다. 빛 공해는 멜라토닌 부족을 초래해 인간에게 수면 부족과 면역력 저하 등의 문제를 유발하고, 농작물의 생산량 저하, 생태계 교란 등의 문제를 일으킨다.

① 빛 공해의 정의를 제시하고 있다.

② 빛 공해의 주요 요인인 인공조명의 누출 원인을 제시하고 있다.

③ 자료를 인용하여 빛 공해가 심각한 국가로 우리나라를 제시하고 있다.

④ 사례를 들어 빛 공해의 악영향을 제시하고 있다.

> **Point**
> ② 주어진 글은 중심 제재는 '빛 공해'이다 첫째 문장에 나타난 빛 공해의 정의에서 빛 공해의 요인으로 '인공조명의 과도한 빛'이 제시되었으나, 인공조명의 누출 원인이 제시되지는 않았다.
> ① 첫째 문장에 빛 공해의 정의로서 '인공조명의 과도한 빛이나 조명 영역 밖으로 누출되는 빛이 인간의 건강하고 쾌적한 생활을 방해하거나 환경에 피해를 주는 상태'가 제시되어 있다.
> ③ 글쓴이는 국제 과학 저널인 『사이언스 어드밴스』의 '전 세계 빛 공해 지도'를 인용하여 우리나라가 빛 공해가 심각한 국가임을 제시하고 있다.
> ④ 마지막 문장에 수면 부족, 면역력 저하, 농작물의 생산량 저하, 생태계 교란 등의 사례를 통해 빛 공해의 악영향이 제시되어 있다.

Answer 1.② 2.③ 3.① 4.②

5 ㉠, ㉡의 사례로 옳은 것만을 짝 지은 것은?

> 용언의 불규칙활용은 크게 ㉠어간만 불규칙하게 바뀌는 부류, ㉡어미만 불규칙하게 바뀌는 부류, 어간과 어미 둘 다 불규칙하게 바뀌는 부류로 나눌 수 있다.

㉠	㉡
① 걸음이 <u>빠름</u>	꽃이 <u>노람</u>
② 잔치를 <u>치름</u>	공부를 <u>함</u>
③ 라면이 <u>불음</u>	합격을 <u>바람</u>
④ 우물물을 <u>품</u>	목적지에 <u>이름</u>

Point

㉠ 어간만 불규칙하게 바뀌는 부류는 'ㄷ' 불규칙, 'ㅅ' 불규칙, 'ㅂ' 불규칙, '르' 불규칙, '우' 불규칙이다. ㉡ 어미만 불규칙하게 바뀌는 부류는 '러' 불규칙, '여' 불규칙, '오' 불규칙이다.

④ '품'의 기본형인 '푸다'는 어간의 'ㅜ'가 모음 어미 앞에서 탈락(푸+어 ⇒ 퍼)하는 '우' 불규칙 활용을 하는 용언으로, ㉠ 어간만 불규칙하게 바뀌는 부류이다.

'이름'의 기본형인 '이르대[至]'는 어간 '이르-' 뒤에 모음 어미가 결합할 때 (이르 + 어 ⇒ 이르러) 모음 어미 '어'가 '러'로 바뀌는 '러' 불규칙 활용을 하는 용언으로, ㉡ 어미만 불규칙하게 바뀌는 부류이다.

① '빠름'의 기본형인 '빠르다'는 어간 뒤에 모음 어미가 결합할 때 어간의 '르-'가 모음 어미 앞에서 'ㄹㄹ'로 바뀌는 '르' 불규칙 활용을 하는 용언으로, ㉠ 어간만 불규칙하게 바뀌는 부류이다.

'노람'의 기본형인 '노랗다'는 'ㅎ'으로 끝나는 어간에 모음 어미가 오면 어간의 일부인 'ㅎ'이 없어지고 어미도 변하는 'ㅎ' 불규칙 활용을 하는 용언으로 어간과 어미가 함께 바뀌는 경우이다.

② '치름'의 기본형인 '치르다'는 어간 뒤에 모음 어미가 결합할 때 어간의 'ㅡ'가 규칙적으로 탈락하는 규칙 활용을 하는 용언이다.

'함'의 기본형인 '하다'는 어간이 '하'로 끝나는 용언에 모음 어미 '아'가 '여'로 바뀌는 '여' 불규칙 활용을 하는 용언으로, ㉡ 어미가 불규칙하게 바뀌는 경우이다.

③ '불음'의 기본형인 '붇다'는 어간의 'ㄷ'이 모음 어미 앞에서 'ㄹ'로 바뀌어 'ㄷ' 불규칙 활용을 하는 용언으로, ㉠ 어간만 불규칙하게 바뀌는 부류이다.

'바람'의 기본형인 '바라다'는 어간 '바라-' 뒤에 모음 어미 '-아'가 결합할 때 'ㅏ'가 줄어드는 규칙 활용을 하는 용언이다.

6 ㉠ ~ ㉣의 의미로 적절하지 않은 것은?

二月ㅅ 보로매 아으 노피 ㉠현 燈ㅅ블 다호라

萬人 비취실 즈싀샷다 아으 動動다리

三月 나며 開흔 아으 滿春 돌욋고지여

ᄂᆞ니 브롤 ㉡즈슬 디녀 나샷다 아으 動動다리

四月 아니 ㉢니저 아으 오실셔 곳고리새여

㉣므슴다 錄事니믄 녯 나를 닛고신뎌 아으 動動다리

— 작자 미상, 「動動」에서 —

---

① ㉠은 '켠'을 의미한다.

② ㉡은 '모습을'을 의미한다.

③ ㉢은 '잊어'를 의미한다.

④ ㉣은 '무심하구나'를 의미한다.

Point

〈제시문 현대어 풀이〉

2월 보름에 아으 높이 ㉠켠 등불 같습니다.

(임은) 만인을 비추실 모습이시도다. 아으 동동다리

3월 지나며 핀 아으 늦봄의 진달래꽃 같은 임이여

남들이 부러워할 만한 ㉡모습을 지니셨구나.

아으 동동다리

4월 아니 ㉢잊어 아아 오시는구나 꾀꼬리 새여

㉣무엇 때문에 녹사님(나의 님)은 예전의 나를 잊으신 겁니까?

아으 동동다리

※ 작자 미상 〈동동〉

　　월령체(달거리 형식)의 효시가 되는 노래로, 임을 여읜 여인의 애절한 정서를 각 달의 풍속과 함께 드러내고 있는 고려가요이다.

　　2연부터 13연까지는 본사로, 1월부터 12월까지의 풍속에 맞추어 송축과 찬양, 떠나 버린 임에 대한 원망과 한스러움, 그리움 등을 표현하고 있다.

• 2월 : 연등일(2월 15일)에 높이 켜놓은 등불을 보고, 그것이 임의 모습이며, 그 임은 온 세상 사람들에게 추앙받는 존재로 비유하고 있다.

• 3월 : 2월과 같이 잘난 임의 모습의 찬양이다. 3월이 지나면서 핀 늦봄의 진달래꽃 같이 아름다운 임의 인품을 찬양하고 있다.

• 4월 : 계절을 잊지 않고 찾아오는 꾀꼬리와 자신을 찾지 않는 녹사(고려의 벼슬명)를 대조시키면서, 임에 대한 그리움에 사무친 서정적 자아의 임에 대한 원망과 한탄을 표현했다.

7 한자 표기가 옳은 것은?

① 그분은 냉혹한 현실(現室)을 잘 견뎌 냈다.

② 첫 손님을 야박(野薄)하게 대해서는 안 된다.

③ 그에게서 타고난 승부 근성(謹性)이 느껴진다.

④ 그는 평소 희망했던 기관에 채용(債用)되었다.

Point

② 野 들 야, 薄 엷을 박

'아멸차고 인정이 없다.'라는 뜻의 '야박'은 '野薄'으로 표기한다.

① '현재 실제로 존재하는 사실이나 상태'라는 뜻의 '현실'은 '現實'로 표기한다.

現 나타날 현, 實 열매 실

③ '뿌리가 깊게 박힌 성질.'을 뜻하는 '근성'은 '根性'으로 표기한다.

根 뿌리 근, 性 성품 성

④ '사람을 골라서 씀.'을 뜻하는 '채용'은 採 캘 채, 用 쓸 용 '採用'으로 표기한다.

'債用' 은 債 빚 채, 用 쓸 용 '돈이나 물건 따위를 빌려서 씀'이라는 뜻이다.

2021. 4. 17. 인사혁신처 시행

8 다음 토의에 대한 설명으로 적절하지 않은 것은?

사 회 자 : 오늘의 토의 주제는 '통일 시대의 남북한 언어가 나아갈 길'입니다. 먼저 최○○ 교수님께서 '남북한 언어 차이와 의사소통'이라는 제목으로 발표해 주시겠습니다.
최 교 수 : 남한과 북한의 말은 비슷하지만 다른 점이 있습니다. 남한과 북한의 어휘 차이가 대표적입니다. 남한과 북한의 어휘 차이를 분석한 결과, … (중략) … 앞으로도 남북한 언어 차이에 대한 연구가 지속되어야 합니다.
사 회 자 : 이로써 최 교수님의 발표를 마치겠습니다. 다음은 정○○ 박사님의 '남북한 언어의 동질성 회복 방안'에 대한 발표가 있겠습니다.
정 박 사 : 앞으로 통일을 대비해 남북한 언어의 다른 점을 줄여 나가는 노력이 필요합니다. 실제로도 남한과 북한의 학자들로 구성된 '겨레말큰사전 편찬위원회'에서는 남북한 공통의 사전인 『겨레말큰사전』을 만들며 서로의 차이를 이해하고 받아들이기 위한 노력을 하고 있습니다.
　　　　　… (중략) …
사 회 자 : 그러면 질의응답이 있겠습니다. 시간상 간략하게 질문해 주시기 바랍니다.
청 중 A : 두 분의 말씀 잘 들었습니다. 남북한 언어의 차이와 이를 극복하는 방안을 말씀하셨는데요. 그렇다면 통일 시대에 대비한 언어 정책에는 무엇이 있을까요?

① 학술적인 주제에 대해 발표 형식으로 진행되고 있다.
② 사회자는 발표자 간의 이견을 조정하여 의사결정을 유도하고 있다.
③ 발표자는 주제에 대한 자신의 견해를 밝혀 청중에게 정보를 제공하고 있다.
④ 청중 A는 발표자의 발표 내용을 확인하고 주제와 관련된 질문을 하고 있다.

⁰°⁰°⁰°Point
② 사회자는 토의의 주제를 제시하고 발표와 질의응답 순서 등을 안내하며 토의를 전반적으로 진행하고 있는 역할을 할 뿐, 발표자 간의 이견(異見)을 조정하여 의사결정을 유도하고 있지는 않다.
① 주어진 토의는 '통일 시대의 남북한 언어가 나아갈 길'이라는 학술적인 주제에 대한 참가자들의 발표 형식으로 진행되고 있다.
③ 발표자인 최 교수는 '남북한 언어 차이에 대한 연구가 지속되어야 한다'는 견해를, 정 박사는 '통일을 대비해 남북한 언어의 다른 점을 줄여 나가는 노력이 필요하다'는 견해를 밝히며 청중에게 관련된 정보를 제공하고 있다.
④ 청중 A는 '남북한 언어의 차이와 이를 극복하는 방안'이라는 발표자의 발표 내용을 확인하고 토의 주제인 '통일 시대의 남북한 언어가 나아갈 길'과 관련하여 '통일 시대에 대비한 언어 정책'에 대해 질문하고 있다.

Answer 7.② 8.②

9 ㉠～㉣은 '공손하게 말하기'에 대한 설명이다. ㉠～㉣을 적용한 B의 대답으로 적절하지 않은 것은?

> ㉠ 자신을 상대방에게 낮추어 겸손하게 말해야 한다.
> ㉡ 상대방의 처지를 고려하여 상대방이 부담을 갖지 않도록 말해야 한다.
> ㉢ 상대방이 관용을 베풀 수 있도록 문제를 자신의 탓으로 돌려 말해야 한다.
> ㉣ 상대방의 의견에서 동의하는 부분을 찾아 인정해 준 다음에 자신의 의견을 말해야 한다.

① ㉠ ┌ A : "이번에 제출한 디자인 시안 정말 멋있었어."
　　　└ B : "아닙니다. 아직도 여러모로 부족한 부분이 많습니다."

② ㉡ ┌ A : "미안해요. 생각보다 길이 많이 막혀서 늦었어요."
　　　└ B : "괜찮아요. 쇼핑하면서 기다리니 시간 가는 줄 몰랐어요."

③ ㉢ ┌ A : "혹시 내가 설명한 내용이 이해 가니?"
　　　└ B : "네 목소리가 작아서 내용이 잘 안 들렸는데 다시 한 번 크게 말해 줄래?"

④ ㉣ ┌ A : "가원아, 경희 생일 선물로 귀걸이를 사주는 것은 어때?"
　　　└ B : "그거 좋은 생각이네. 하지만 경희의 취향을 우리가 잘 모르니까 귀걸이 대신 책을 선물하는 게
　　　　　 어떨까?"

Point

③ '네 목소리가 작아서 내용이 잘 안 들렸다'는 것은 문제를 상대방 탓으로 돌리는 것으로 '㉢ 문제를 자신의 탓으로 돌려 말해야 한다.' 는 것을 참고할 때 B의 대답으로 적절하지 않다.
　'내가 집중하지 못해서 잘 못 들었는데 다시 한 번 말해 줄래?'와 같이 말하는 것이 ㉢을 바르게 적용한 예라고 할 수 있다.

① 이번에 제출한 디자인 시안이 멋있다는 A의 말에 '아직도 여러모로 부족한 부분이 많다'라고 대답한 것은 자신을 상대방에게 낮추어 겸손하게 말한 것이다. (겸양의 격률)

② 길이 막혀서 늦었다는 A의 말에 '쇼핑하면서 기다리니 시간 가는 줄 몰랐다'라고 대답하는 것은 상대방의 처지를 고려하여 상대방이 부담을 갖지 않도록 말한 것이다. (요령의 격률)
　첨부하여 '요령의 격률'은 고등 교과서 문법에서는 화자가 청자에게 부담이 가지 않도록 명령이나 청유를 하는 상황에 한정한 개념이나 공무원 기출에서는 문제 상황에서 상대의 부담을 덜어주는 개념으로도 확장하여 출제되었다. (2020 지방직/서울시 9급)

④ 생일 선물로 귀걸이를 사주는 것이 어떠냐는 A의 말에 좋은 생각이라며 상대방의 의견에서 동의하는 부분을 찾아 인정해 준 뒤에 경희의 취향을 모르니 책을 선물하는 것은 어떠냐며 자신의 의견을 말하였다. (동의의 격률)

※ 공손성의 원리
　㉠ 요령의 격률 : 상대방에게 부담이 되는 표현은 최소화하고 상대방에게 이익이 되는 표현을 최대화하라
　㉡ 관용의 격률 : 화자 자신에게 혜택을 주는 표현은 최소화하고 부담을 주는 표현을 최대화하라
　㉢ 찬동의 격률 : 다른 사람에 대한 비방을 최소화하고 칭찬을 극대화하라
　㉣ 겸양의 격률 : 자신에 대한 칭찬은 최소화하고 자신에 대한 비방을 극대화하라
　㉤ 동의의 격률 : 다른 사람의 의견 차이를 최소화하고, 일치점을 극대화하라

10 하버마스의 주장에 부합하는 사례로 가장 적절한 것은?

> 하버마스는 18세기부터 현대까지 미디어의 등장 배경과 발전 과정을 분석하면서, 공공 영역의 부상과 쇠퇴를 추적했다. 하버마스에게 공공 영역은 일반적 쟁점에 대한 토론과 의견을 형성하는 공공 토론의 민주적 장으로서 역할을 한다.
>
> 하버마스는 17세기와 18세기 유럽 도시의 살롱에서 당시의 공공 영역을 찾았다. 비록 소수의 사람들만이 살롱 토론 문화에 참여했으나, 공공 토론을 통해 정치적 문제를 해결하는 논리를 도입할 수 있었기 때문에 살롱이 초기 민주주의 발전에 중요한 역할을 했다고 그는 주장한다. 적어도 살롱 문화의 원칙에서 공개적 토론을 위한 공공 영역은 각각의 참석자들에게 동등한 자격을 부여했다.
>
> 그러나 하버마스에 따르면, 현대 사회에서 민주적 토론은 문화 산업의 발달과 함께 퇴보했다. 대중매체와 대중오락의 보급은 공공 영역이 공허해지는 원인으로 작용했다. 상업적 이해관계는 공공의 이해관계에 우선하게 되었다. 공공 여론은 개방적이고 합리적 토론을 통해서가 아니라 광고에서처럼 조작과 통제를 통해 형성되고 있다.
>
> 미디어가 점차 상업화되면서 하버마스가 주장한 대로 공공 영역이 침식당하고 있다. 상업화된 미디어는 광고 수입에 기대어 높은 시청률과 수익을 보장하는 콘텐츠 제작만을 선호하게 되었다. 그 결과 공적 주제에 대한 시민들의 논의와 소통의 장이 줄어들어 결과적으로 공공 영역이 축소되었다. 많은 것을 약속한 미디어는 이제 민주주의 문제의 일부로 변해 버린 것이다.

① 살롱 문화에서 특정 사회 계층에 대한 비판적인 토론은 허용되지 않았다.
② 인터넷의 발달과 보급은 상업적 광고뿐만 아니라 공익 광고도 증가시켰다.
③ 글로벌 미디어가 발달하더라도 국제 사회의 공공 영역은 공허해지지 않는다.
④ 수익성 위주의 미디어 플랫폼과 콘텐츠가 더 많아지면서 민주적 토론이 감소되었다.

Point

주어진 글은 하버마스의 주장에 대해 다루고 있다. 하버마스는 18세기부터 현대까지 공공 영역의 부상과 쇠퇴를 추적했다. 그에 따르면 17세기와 18세기 유럽 도시의 살롱은 공공 영역으로서의 역할을 수행했으나, 현대 사회에서 민주적 토론은 문화 산업의 발달과 함께 퇴보하고 공공 영역도 축소되었다. 그 과정에서 상업화된 미디어가 공공 영역의 침식에 중요한 영향을 미쳤다. 따라서 ④ '수익성 위주의 미디어 플랫폼과 콘텐츠가 더 많아지면서 민주적 토론이 감소되었다.'는 사례는 하버마스의 주장에 부합한다.

① 둘째 문단에 따르면, 살롱 문화의 원칙에서 공개적 토론을 위한 공공 영역은 각각의 참석자들에게 동등한 자격을 부여했다. 이를 통해 살롱 문화에서는 공개적이고 자유로운 토론이 이루어졌음을 알 수 있다. 살롱 문화에서 특정 사회 계층에 대한 비판적인 토론이 허용되지 않았다는 것은 하버머스의 주장에 부합하지 않는다.

② 하버마스는 현대의 공공 여론이 광고에서처럼 조작과 통제를 통해 형성되며, 상업화된 미디어는 광고 수입에 기대어 높은 시청률과 수익을 보장하는 콘텐츠 제작만을 선호하게 되었다고 보았다. 따라서 인터넷 등의 미디어가 상업적 광고를 증가시켰을 것이라는 것은 추론은 가능하지만 공익 광고를 증가시켰을 것이라는 것은 추론할 수 없다. 오히려 미디어가 상업화되어 공공 영역이 침식당하고 있다는 것이 하버머스의 주장이다.

③ 셋째 문단에 따르면, 현대 사회에서 대중매체와 대중오락의 보급은 공공 영역이 공허해지는 원인으로 작용했다. 글로벌 미디어가 발달하더라도 국제 사회의 공공 영역이 공허해지지 않는다는 것은 이러한 하버머스의 주장과 부합하지 않는 사례이다.

Answer   9.③ 10.④

11 ㉠∼㉤의 전개 순서로 가장 자연스러운 것은?

> 폭설, 즉 대설이란 많은 눈이 시간적, 공간적으로 집중되어 내리는 현상을 말한다.
> ㉠ 그런데 눈은 한 시간 안에 5 cm 이상 쌓일 수 있어 순식간에 도심 교통을 마비시키는 위력을 가지고 있다.
> ㉡ 또한, 경보는 24시간 신적설이 20 cm 이상 예상될 때이다.
> ㉢ 다만, 산지는 24시간 신적설이 30 cm 이상 예상될 때 발령된다.
> ㉣ 이때 대설의 기준으로 주의보는 24시간 새로 쌓인 눈이 5 cm 이상이 예상될 때이다.
> ㉤ 이뿐만 아니라 운송, 유통, 관광, 보험을 비롯한 서비스 업종과 사회 전반에 영향을 미친다.

① ㉠ − ㉤ − ㉡ − ㉢ − ㉣
② ㉠ − ㉣ − ㉤ − ㉢ − ㉡
③ ㉣ − ㉡ − ㉢ − ㉠ − ㉤
④ ㉣ − ㉠ − ㉤ − ㉢ − ㉡

∴Point

ⓐ 제시문의 첫번째 문장은 폭설, 즉 '대설'의 정의를 내리고 있다.

㉠ 전환의 접속어 '그런데'를 쓴 뒤, 눈이 얼마나 위험한지 제시하였다.

㉡ 대등 병렬의 접속어 '또한'을 쓴 뒤, '경보'는 어떤 상황을 이야기하는지 제시하였다. 따라서 이 문장 앞에는 '경보'와 유사한 다른 개념이 제시되었어야 함을 알 수 있다.

㉢ 제한적 정보를 제시하는 '다만'을 쓴 뒤, '산지'에서는 경보 발령 상황이 다름을 제시하였으므로 ㉢은 ㉡ 뒤에 위치해야 함을 알 수 있다. → 선지 ②, ④ 탈락

㉣ '이때'라는 지시어를 통해 바로 앞의 내용을 이어받아 대설의 기준을 설명하고 있다. 첫째 문장에서 '대설'이 처음 소개되었으므로, ㉣은 첫째 문장 뒤에 이어지는 것이 자연스럽다. 또한 '주의보'는 '경보'와 유사한 개념이므로, ㉣ 뒤에는 ㉡이 위치하는 것이 적절하다. → 선지 ①, ②, ④ 탈락

㉤ 대등 병렬의 접속어 '이뿐만 아니라'를 쓴 뒤, 눈이 미치는 영향에 대해 설명하고 있다. 따라서 ㉤의 앞에는 ㉠이 위치하는 것이 자연스럽다. 이를 종합하면, '㉣-㉡-㉢'은 대설 주의보와 대설 경보에 대해 설명하고 있고 '㉠-㉤'은 눈이 많이 내렸을 때 어떤 일이 벌어질 수 있는지에 대해 설명하였다는 것을 알 수 있다. 따라서 글의 전개 순서로 가장 자연스러운 것은 '㉣-㉡-㉢-㉠-㉤'이 된다.

12 다음 글의 사례로 적절하지 않은 것은?

> 인간은 언어를 사용하며 언어는 인간의 사고, 사회, 문화를 반영한다. 인간의 지적 능력이 발달하게 된 것은 바로 언어를 사용하기 때문이다.
> 언어와 사고는 기본적으로 상호작용을 한다. 둘 중 어느 것이 먼저 발달하고 어떻게 영향을 주는지는 알 수 없다. 그러나 언어와 사고가 서로 깊은 관계를 맺고 있다는 사실은 여러 가지 근거를 통해서 뒷받침된다.

① 영어의 '쌀(rice)'에 해당하는 우리말에는 '모', '벼', '쌀', '밥' 등이 있다.

② 어떤 사람은 산도 파랗다고 하고, 물도 파랗다고 하고, 보행 신호의 녹색등도 파랗다고 한다.

③ 일상생활에서 어떠한 사물의 개념은 머릿속에서 맴도는데도 그 명칭을 떠올리지 못할 때가 있다.

④ 우리나라는 수박(watermelon)은 '박'의 일종으로 보지만 어떤 나라는 '멜론(melon)'에 가까운 것으로 파악한다.

⁂Point

제시문은 언어가 인간의 사고를 반영하고 이는 인간의 언어와 사고가 상호작용을 하면서 서로 깊은 관계를 맺고 있다는 것이다. 그러므로 제시된 글의 사례로는 언어와 사고가 서로 영향을 줌으로 상호작용을 한다는 사실을 보여 주는 사례여야 한다.

그러나 ③ 사물의 개념은 머릿속에서 맴도는데도 그 명칭을 떠올리지 못하는 상황은 '언어와 사고의 관계가 서로 영향 관계에 있지 않음을 보여 주는 사례이다. 따라서 제시된 글의 사례로 적절하지 않다.

Answer 11.③ 12.③

13 다음 글의 주된 서술 방식은?

> 변지의가 천 리 길을 마다하지 않고 나를 찾아왔다. 내가 그 뜻을 물었더니, 문장 공부를 하기 위해 나를 찾아왔다고 했다. 때마침 이날 우리 아이들이 나무를 심었기에 그 나무를 가리켜 이렇게 말해 주었다.
>
> "사람이 글을 쓰는 것은 나무에 꽃이 피는 것과 같다. 나무를 심는 사람은 가장 먼저 뿌리를 북돋우고 줄기를 바로잡는 일에 힘써야 한다. … (중략) … 나무의 뿌리를 북돋아 주듯 진실한 마음으로 온갖 정성을 쏟고, 줄기를 바로잡듯 부지런히 실천하며 수양하고, 진액이 오르듯 독서에 힘쓰고, 가지와 잎이 돋아나듯 널리 보고 들으며 두루 돌아다녀야 한다. 그렇게 해서 깨달은 것을 헤아려 표현한다면 그것이 바로 좋은 글이요, 사람들이 칭찬을 아끼지 않는 훌륭한 문장이 된다. 이것이야말로 참다운 문장이라고 할 수 있다."

① 서사 　　　　　　　　　　② 분류
③ 비유 　　　　　　　　　　④ 대조

제시문의 서술방식은 '사람이 글을 쓰는 것은 나무에 꽃이 피는 것과 같다.' 라고 말하며 글 쓰는 것을 나무가 자라나는 일에 빗대어 이야기 하고 있다. 그러므로 제시문의 주된 서술 방식은 '어떤 현상이나 사물을 그와 비슷한 다른 현상이나 사물로 표현하는 방식을 뜻하는 ③ '비유'이다.
① '서사'는 일정한 사건에 대한 이야기를 진전시키기 위해 움직임이나 변화, 진행 과정을 시간의 순서에 따라 진술하는 방식이다.
② '분류'는 여러 대상을 일정 기준에 의해 상위 개념에서 하위 개념으로 구분하는 것을 말한다.
④ '대조'는 대상들의 차이점을 중심으로 설명하는 방식을 말한다.

14 다음 글에 대한 이해로 적절하지 않은 것은?

> 언어마다 고유의 표기 체계가 있는데, 이는 읽기 과정에 영향을 미친다. 알파벳 언어는 표기 체계에 따라 철자 읽기의 명료성 수준이 달라진다. 철자 읽기가 명료하다는 것은 한 글자에 대응되는 소리가 규칙적이어서 글자와 소리의 대응이 거의 일대일이라는 것을 의미한다. 그 예로 이탈리아어와 스페인어가 있다. 이 두 언어의 사용자는 의미를 전혀 모르는 새로운 단어를 발견하더라도 보자마자 정확한 발음을 할 수 있다. 이에 비해 영어는 철자 읽기의 명료성이 낮은 언어이다. 영어는 발음이 아예 나지 않는 묵음과 같은 예외도 많은 편이고 글자에 대응하는 소리도 매우 다양하다.
>
> 한편 알파벳 언어를 읽을 때 사용하는 뇌의 부위는 유사하지만 뇌의 부위에 의존하는 방식에는 차이가 있다. 영어와 이탈리아어를 읽는 사람은 동일하게 좌반구의 읽기 네트워크를 사용한다. 하지만 무의미한 단어를 읽을 때 영어를 읽는 사람은 암기된 단어의 인출과 연관된 뇌 부위에 더 의존하는 반면 이탈리아어를 읽는 사람은 음운 처리에 연관된 뇌 부위에 더 의존한다. 왜냐하면 무의미한 단어를 읽을 때 이탈리아어를 읽는 사람은 규칙적인 음운 처리 규칙을 적용하는 반면에, 영어를 읽는 사람은 암기해 둔 수많은 예외들을 떠올리기 때문이다.

① 알파벳 언어의 철자 읽기는 소리와 표기의 대응과 관련되는데, 각 소리가 지닌 특성은 철자 읽기의 명료성을 판단하는 기준이 된다.

② 영어 사용자는 무의미한 단어를 읽을 때 좌반구의 읽기 네트워크를 활용하면서 암기된 단어의 인출과 연관된 뇌 부위에 더욱 의존한다.

③ 이탈리아어는 소리와 글자의 대응이 규칙적이어서 낯선 단어를 발음할 때 영어에 비해 철자 읽기의 명료성이 높다.

④ 영어는 음운 처리 규칙에 적용되지 않는 예외들이 많아서 스페인어에 비해 소리와 글자의 대응이 덜 규칙적이다.

Point

1문단에 따르면 '알파벳 언어는 표기 체계에 따라 철자 읽기의 명료성 수준이 달라진다'고 진술되었다. 그러므로 철자 읽기의 명료성을 판단하는 기준이 '각 소리가 지닌 특성'이라는 ①의 진술은 적절한 이해가 아니다.

② 2문단에 따르면, 영어와 이탈리어를 읽는 사람은 모두 좌반구의 읽기 네트워크를 사용한다. 그리고 무의미한 단어를 읽을 때는 영어를 읽는 사람이 이탈리아어를 읽는 사람에 비해 암기된 단어의 인출과 연관된 뇌 부위에 더 의존한다. 따라서 영어 사용자는 무의미한 단어를 읽을 때 좌반구의 읽기 네트워크를 활용하면서도 음운 처리에 연관된 뇌 부위보다 암기된 단어의 인출과 연관된 뇌 부위에 더 의존할 것이다.

③ 1문단에 따르면, 이탈리아어와 스페인어는 한 글자에 대응되는 소리가 규칙적이어서 의미를 전혀 모르는 새로운 단어를 발견하더라도 정확한 발음을 할 수 있다. 즉 이탈리아어는 낯선 단어를 발음할 때 영어에 비해 철자 읽기의 명료성이 높다고 할 수 있다.

④ 1문단에 따르면, 영어는 묵음과 같은 예외가 많고 글자에 대응하는 소리도 매우 다양하다. 이는 스페인어에 비해 소리와 글자의 대응이 덜 규칙적이라는 의미이다.

Answer 13.③ 14.①

15 (가)~(라)에 대한 이해로 적절하지 않은 것은?

> (가) 반중(盤中) 조홍(紅紅)감이 고아도 보이ᄂ다
>
> 유자 안이라도 품엄즉도 ᄒ다마ᄂ
>
> 품어 가 반기리 업슬새 글노 설워ᄒᄂ이다
>
> (나) 동짓돌 기나긴 밤을 한 허리를 버혀 내여
>
> 춘풍 니불 아래 서리서리 너헛다가
>
> 어론 님 오신 날 밤이여든 구뷔구뷔 펴리라
>
> (다) 말 업슨 청산(靑山)이오 태(態) 업슨 유수(流水)로다
>
> 갑 업슨 청풍(淸風)이오 님ᄌ 업슨 명월(明月)이로다
>
> 이 중에 병 업슨 이 몸이 분별 업시 늘그리라
>
> (라) 농암(籠巖)에 올라보니 노안(老眼)이 유명(猶明)이로다
>
> 인사(人事)이 변흔들 산천이쫀 가샐가
>
> 암전(巖前)에 모수 모구(某水 某丘)이 어제 본 듯ᄒ예라

① (가)는 고사의 인용을 통해 돌아가신 부모님에 대한 그리움을 표현하고 있다.

② (나)는 의태적 심상을 통해 임에 대한 기다림을 표현하고 있다.

③ (다)는 대구와 반복을 통해 자연에 귀의하려는 의지를 표현하고 있다.

④ (라)는 자연과의 대조를 통해 허약해진 노년의 무력함을 표현하고 있다.

⁂Point

(라)의 시조는 '인사(人事)이 변흔들 산천이쫀 가샐가(사람의 일이 변한들 산천이야 변할쏘냐)'를 통해 자연과의 대조는 드러내고 있으나, 허약해진 노년의 무력함을 표현한 작품이 아니다. 이 작품은 농암에 올라 자연과 어울리는 기쁨을 노래한 작품이다.

① (가)는 고사 인용(회귤 고사)을 통해 '품어 가도 반가워해 주실 분(부모님)이 없는' 상황에 대한 슬픔과 부모님에 대한 그리움을 표현하고 있다. 참고) 회귤 고사(懷橘故事) 중국 삼국 시대 오나라에 육적이라는 사가 있었다. 여섯 살 때, 원술이라는 사람을 찾아갔다가 그가 내놓은 귤 중에서 세 개를 몰래 품속에 넣었다가 하직 인사를 할 때 그 귤이 굴러 나와 발각이 되었다. 그때 원술이 사연을 물으니, 육적은 집에 가지고 가서 어머니께 드리려 하였다고 하므로, 모두 그의 효심에 감격하였다고 한다. 이 일을 '회귤 고사' 또는 '육적 회귤'이라고 하며 '부모에 대한 효성의 뜻'으로 쓰인다.

② (나)는 임을 기다리는 기나긴 밤의 한 허리를 베어 님이 오신 날에 다시 펴겠다는 의태적 심상(서리서리, 구뷔구뷔)을 통해 임에 대한 그리움을 표현하고 있다.

③ (다)는 초장과 중장에서 '~이오 ~로다'의 구조를 반복하는 대구를 사용하고, '업슨'(없는)을 반복하며 자연 속에서의 삶에 대한 긍정적 인식과 자연에 귀의하려는 의지를 표현하고 있다.

※ 작품 해설 : 박인로, 〈반중 조홍감이~〉

한음(漢陰) 이덕형으로부터 감을 대접 받고 느낀 바 있어 지었다는 이 작품은 '조홍시가(早紅枾歌)'라고 널리 알려져 있는, 연시조 4수 중 한 수로 효(孝)를 주제로 한 작품이다. 귀한 음식을 대했을 때 그것을 부모님께 갖다드렸으면 하는 것은 있을 수 있는 일이다. 그러나 돌아가신 부모님을 생각하고 그것을 갖다드리지 못함을 서러워한다는 것은, 평소에 효심이 두텁지 않고는 어려운 일일 것이다. 노계(蘆溪)가 감을 보고 돌아가신 부모님을 생각하고 서러워하는 것은 그의 충효로 일관된 진실한 삶의 모습이라고 할 수 있다. 그러한 심정을, 귤을 품어 가려 했던 옛 중국 사람의 고사 '육적 회귤(陸績懷橘)'과 비교한 것에서도 유학자다운 취향이 느껴진다.

• 주제 : 부모를 그리워하는 마음

※ 작품 해설 : 황진이, 〈동짓달 기나긴 밤을~〉

이 작품의 화자는 임과 헤어진 상황에서 임을 그리워하며 간절하게 재회를 바라고 있다. 우리말의 묘미를 살린 음성 상징어, 추상적 개념의 구체화 등의 기법을 통해 임에 대한 애틋한 기다림을 호소력 있게 표현하고 있어 조선 전기 시조 중 연정가(戀情歌)의 대표작으로 일컬어지고 있다. 특히 임이 부재하는 동짓달 밤이라는 부정적 시간을 단축하여 긍정적 시간인 임이 오는 날 밤을 연장하겠다는 참신한 발상이 돋보인다.

• 주제 : 임에 대한 그리움과 애틋한 기다림

※ 작품 해설 : 성혼, 〈말 업슨 청산이오〉

조선 중기의 학자인 성혼의 작품이다. '병'으로 상징되는 세속적 삶과 '청산, 유수, 청풍, 명월' 등으로 드러낸 자연의 모습을 대비하고, 자연 속에서의 근심 없는 삶을 노래하고 있다.

• 주제 : 자연과 더불어 근심 없이 사는 모습

※ 작품 해설 : 이현보, 〈농암가〉

조선 중기에 지은 시조로, 관직의 속박에서 벗어나 자연과 어울리는 기쁨을 노래한 작품이다. 작가가 서울에 오래 머물러 있다가 고향에 다시 돌아가서 농암에 올라 산천을 두루 살피니, 그의 옛 자취가 너무나 의연함에 기뻐서 이 노래를 지었다고 한다. 이현보는 이 같은 귀전의 생활속에서 한국시가문학사상 중요한 의미를 갖는 강호가도의 길을 열었다.

• 주제 : 고향에 돌아온 기쁨

16 다음 글에 대한 이해로 가장 적절한 것은?

> 암소의 뿔은 수소의 그것보다도 한층 더 겸허하다. 이 애상적인 뿔이 나를 받을 리 없으니 나는 마음 놓고 그 곁 풀밭에 가 누워도 좋다. 나는 누워서 우선 소를 본다.
>
> 소는 잠시 반추를 그치고 나를 응시한다.
>
> '이 사람의 얼굴이 왜 이리 창백하냐. 아마 병인인가 보다. 내 생명에 위해를 가하려는 거나 아닌지 나는 조심해야 되지.'
>
> 이렇게 소는 속으로 나를 심리하였으리라. 그러나 오 분 후에는 소는 다시 반추를 계속하였다. 소보다도 내가 마음을 놓는다.
>
> 소는 식욕의 즐거움 조차를 냉대할 수 있는 지상 최대의 권태자다. 얼마나 권태에 지질렸길래 이미 위에 들어간 식물을 다시 게워 그 시큼털털한 반소화물의 미각을 역설적으로 향락하는 체해 보임이리오?
>
> 소의 체구가 크면 클수록 그의 권태도 크고 슬프다. 나는 소 앞에 누워 내 세균 같이 사소한 고독을 겸손하면서 나도 사색의 반추는 가능하는지 불가능하는지 몰래 좀 생각해 본다.
>
> — 이상, 「권태」에서 —

① 대상의 행위를 통해 글쓴이의 심리가 투사되고 있다.
② 과거의 삶을 회상하며 글쓴이의 처지를 후회하고 있다.
③ 공간의 이동을 통해 글쓴이의 무료함을 표현하고 있다.
④ 현실에 대한 글쓴이의 불만이 반성적 어조로 표출되고 있다.

Point

① 소가 반추하는 모습에 대한 글쓴이의 해석과 판단이 드러나고 있으므로 글쓴이의 심리가 투사되고 있다고 볼 수 있다. '투사'는 '어떤 상황이나 자극에 대한 해석, 판단, 표현 따위에 심리 상태나 성격이 반영되는 일이다.
② 글쓴이가 과거의 삶을 회상하는 부분을 찾을 수 없으며 글쓴이가 자신의 처지를 후회한 적도 없다.
③ 제시된 부분에서 글쓴이의 공간 이동은 드러나지 않는다.
④ 제시된 부분에서 현실에 대한 글쓴이의 불만과 반성적 어조는 겉으로 드러난 적이 없다.

※ 이상, 〈권태〉
이 작품은 작가가 1936년 일제 강점하 답답한 조선의 현실에서 벗어나기 위해 갔던 동경에서 쓴 수필이다. 일본에 가서 느낀 식민지인으로서의 설움과 자신에 대한 무력감은 도회지에서 살았던 자신이 시골 성천에 가서 느꼈던 무기력함과 권태로움을 떠올리게 했을 것이다. 전체 7장으로 이루어져 있으며, 농촌 생활과 자연의 권태로움을 독창적이고 참신하게 표현하고 있다.
• 주제 : 단조로운 농촌에서 느끼는 극도의 권태

17 다음 글에서 '황거칠'이 처한 상황에 어울리는 한자 성어로 가장 적절한 것은?

> 황거칠 씨는 더 참을 수가 없었다. 그는 거의 발작적으로 일어섰다.
> "이 개 같은 놈들아, 어쩌면 남이 먹는 식수까지 끊으려노?"
> 그는 미친 듯이 우르르 달려가서 한 인부의 괭이를 억지로 잡아서 저만큼 내동댕이쳤다. … (중략) …
> 경찰은 발포를 — 다행히 공포였지만 — 해서 겨우 군중을 해산시키고, 황거칠 씨와 청년 다섯 명을 연행해 갔다. 물론 강제집행도 일시 중단되었었다.
> 경찰에 끌려간 사람들은 밤에도 풀려나오지 못했다. 공무집행 방해에다, 산주의 권리행사 방해, 그리고 폭행죄까지 뒤집어쓰게 되었던 것이다. 그래서 그 이튿날도 풀려나오질 못했다. 쌍말로 썩어 갔다.
> 황거칠 씨는 모든 죄를 자기가 안아맡아서 처리하려고 했다. 그러나 그것이 뜻대로 되지 않았다. 면회를 오는 가족들의 걱정스런 얼굴을 보자, 황거칠 씨는 가슴이 아팠다. 그는 만부득이 담당 경사의 타협안에 도장을 찍기로 했다. 석방의 조건으로서, 다시는 강제집행을 방해하지 않겠다는 각서였다.
> 이리하여 황거칠 씨는 애써 만든 산수도를 포기하게 되고 '마삿등'은 한때 도로 물 없는 지대가 되고 말았다.
>
> — 김정한, 「산거족」에서 —

① 同病相憐
② 束手無策
③ 自家撞着
④ 輾轉反側

Point

'황거칠 씨'는 식수권을 지키기 위해 강력하게 저항했지만, 경찰에 연행되고 가족들의 걱정에 가슴이 아파 결국 석방을 조건으로 타협안에 도장을 찍게 된다. '마삿등'이 물 없는 지대가 될 것을 알면서도 타협안에 도장을 찍을 수밖에 없었던 상황은 '뻔히 보면서 어찌할 바를 모르고 꼼짝 못 한다'는 ② '속수무책(束手無策)'의 한자성어와 가장 잘 부합한다.

束手無策(속수무책) : 손을 묶인 듯이 어찌할 방법이 없어 꼼짝 못 하게 된다는 뜻으로, 뻔히 보면서 어찌할 바를 모르고 꼼짝 못 한다는 의미

束 묶을 속, 手 손 수, 無 없을 무, 策 꽤 책

① 同病相憐(동병상련) : 같은 병자끼리 가엾게 여긴다는 뜻으로, 어려운 처지에 있는 사람끼리 서로 불쌍히 여겨 동정하고 서로 도움.

同 한가지 동, 病 병 병, 相 서로 상, 憐 불쌍히 여길 련

③ 自家撞着(자가당착) : 자기의 언행이 전후 모순되어 일치하지 않음.

自 스스로 자, 家 집 가, 撞 칠 당, 着 붙을 착

④ 輾轉反側(전전반측) : 누워서 몸을 이리저리 뒤척이며 잠을 이루지 못함. 뜻으로, 걱정거리로 마음이 괴로워 잠을 이루지 못함을 이르는 말.

輾 돌아누울 전, 轉 구를 전, 反 돌이킬 반/돌아올 반, 側 곁 측

※ 김정한, 〈산거족〉

이 작품은 마삿등의 판자촌에 사는 황거칠이라는 한 인물을 통해 법의 이름으로 서민들의 생존권을 빼앗는 가진 자들의 악행을 고발하고 있다. 주인공 황거칠 씨는 산에 설치한 수도 시설을 둘러싸고 벌어진 싸움에서 비록 힘은 약하지만 자신의 뜻을 굽히지 않고 생존권을 침해하려는 강자와 맞서 싸우며 불합리한 사회 구조를 고발한다. 또한 강자의 편에서 약자를 착취하는 데 이용되고 있는 법의 문제점을 드러내 줌으로써 사회적 정의에 대한 문제를 제기하고 있다.

• 주제 : 소외당한 사람들의 생존 문제와 부조리한 현실에 대한 저항
• 전체 줄거리

부산 마삿등의 판자촌에 사는 황거칠 씨는 마을에 수도가 들어오지 않자 직접 산의 물을 끌어다가 마을의 물 걱정을 해결한다. 그때 친일로 부를 쌓은 집안의 호동팔이 나타나 물을 쓰는 산이 자신의 형의 산이므로 수도를 철거해 줄 것을 통보한다. 황거칠 씨는 이 문제로 재판을 하게 되고 판결에서 진다. 이어 강제 철거가 진행되고 이 과정에서 황거칠씨와 몇몇 청년은 경찰에 연행된다. 강제 집행을 방해하지 않겠다는 각서를 쓰고 나온 황거칠 씨는 국유지 산에 새로운 우물을 파서 수도를 연결한다. 그러나 이것 역시 국유지를 불하받았다는 산 임자가 나타나면서 마삿등 사람들은 또다시 수도 시설을 빼앗길 위기에 처한다. 황거칠 씨는 대통령에게 탄원서까지 제출하며 사태에 맞서는데, 재판 도중 총선이 겹치면서 재판이 갑자기 중단된다. 황거칠 씨는 마을 사람들과 함께 불하 취소 투쟁으로 끝까지 맞서 싸울 것을 다짐한다.

18 다음 글의 특징으로 가장 적절한 것은?

> 살아가노라면
> 가슴 아픈 일 한두 가지겠는가
>
> 깊은 곳에 뿌리를 감추고
> 흔들리지 않는 자기를 사는 나무처럼
> 그걸 사는 거다
>
> 봄, 여름, 가을, 긴 겨울을
> 높은 곳으로
> 보다 높은 곳으로, 쉬임 없이
> 한결같이
>
> 사노라면
> 가슴 상하는 일 한두 가지겠는가
>
> — 조병화, 「나무의 철학」 —

① 문답법을 통해 과거의 삶을 반추하고 있다.
② 반어적 표현을 활용하여 슬픔의 정서를 나타내고 있다.
③ 사물을 의인화하여 현실을 목가적으로 보여 주고 있다.
④ 설의적 표현을 활용하여 삶의 깨달음을 강조하고 있다.

살아가노라면 가슴 아픈 일 한두 가지겠는가.

'사노라면 가슴 상하는 일 한두 가지겠는가'라는 1연과 4연에 사용된 설의적 표현 통해 '사는 동안 흔들리면서도 끊임없이, 한결같이 높은 곳을 향해 살아가야한다'는 삶의 깨달음을 강조하고 있다.

① '살아가노라면 가슴 아픈 일이 한두 가지겠는가'라는 의문 형식이 사용되고 있지만, 이는 질문이 아니라 이야기하고자 하는 것을 의문 형으로 표현한 설의법이다. 따라서 질문과 답이 제시되는 문답법과는 다르다. 또한 화자가 과거의 삶을 반추하는 내용은 제시된 적이 없다.

② 자신의 의도와 반대로 표현하는 반어적 표현은 활용된 적이 없다. 또한 삶에 대한 화자의 깨달음을 드러낼 뿐 슬픔의 정서를 나타낸 적은 없다.

③ '나무'를 '흔들리지 않는 삶을 사는 존재'로 의인화하였으나 현실을 목가적으로 보여 준 적은 없다. '목가적'이란 '현실을 농촌처럼 소박하고 평화로우며 서정적인 것'을 의미한다.

※ 조병화, 〈나무의 철학〉

살아 있는 동안 아프지 않은 생명이 어디 있겠느냐만, 나무는 모든 아픔을 이겨냈다. 부러지고 찢긴 가지 적잖아도 나무는 상승의 본능으로 지상의 조건을 초월했다. 하늘 끝에 가지를 걸어 올린 지리산 금대암의 전나무다. 600년 동안 나무는 오로지 태양이 낸 빛의 길을 따랐다. 가을에도 푸른 잎 떨구지 않는 그의 자태는 견고하다. 그러나 그 역시 작은 바람에도 어쩔 수 없이 흔들려야 하는 지상의 생명이다. 사람처럼 그가 겪은 가슴 아픈 일, 마음 상하는 일이 어디 한 두 가지뿐이었겠는가. 끝내 사람이 닿을 수 없는 40m 높이에서 피어낸 전나무 가지 끝에 걸린 바람의 향기, 생명의 정체가 궁금하다. 비상의 본능이 솟구치는 이유이다.

19 ⑤에 들어갈 말로 가장 적절한 것은?

한 민족이 지닌 문화재는 그 민족 역사의 누적일 뿐 아니라 그 누적된 민족사의 정수로서 이루어진 혼의 상징이니, 진실로 살아 있는 민족적 신상(神像)은 이를 두고 달리 없을 것이다. 더구나 국보로 선정된 문화재는 우리 민족의 성력(誠力)과 정혼(精魂)의 결정으로 그 우수한 질과 희귀한 양에서 무비(無比)의 보(寶)가 된 자이다. 그러므로 국보 문화재는 곧 민족 전체의 것이요, 민족을 결속하는 정신적 유대로서 민족의 힘의 원천이라 할 것이다.

로마는 하루아침에 만들어지지 않는다는 말도 그 과거 문화의 존귀함을 말하는 것이요, (⑤)는 말도 국보 문화재가 얼마나 힘 있는가를 밝힌 예증이 된다.

---

① 구르는 돌에는 이끼가 끼지 않는다.

② 지식은 나눌 수 있지만 지혜는 나눌 수 없다.

③ 사람은 겪어 보아야 알고 물은 건너 보아야 안다.

④ 그 무엇을 내놓는다고 해도 셰익스피어와는 바꾸지 않는다.

✦Point

제시문은 민족이 지닌 국보 문화재의 중요성을 다루고 있다. 1문단에서는 국보 문화재가 민족에게 중요한 이유를 설명하고 있으며, 2문단에서는 '로마는 하루아침에 만들어지지 않는다'라는 말과 ⑤을 통해 국보 문화재의 중요성을 강조하고 있다. ⑤의 뒷부분을 볼 때, ⑤에는 '국보 문화재가 얼마나 힘 있는가'를 드러내는 말이 들어가야 한다. 그러므로 '그 무엇을 내놓는다고 해도 셰익스피어와는 바꾸지 않는다'는 문장은 셰익스피어와 그의 작품이 문화재로서 영국에서 지니고 있는 영향과 힘을 상징하는 것으로서, ⑤에 들어갈 말로 적절하다.

① '구르는 돌에는 이끼가 끼지 않는다'는 속담은 부지런하고 꾸준하게 노력하는 사람은 침체되지 않고 계속해서 발전한다는 뜻으로, 국보 문화재의 중요성과는 거리가 멀다.

② '지식은 나눌 수 있지만 지혜는 나눌 수 없다'는 격언은 쉽게 전달될 수 있는 지식과 달리 스스로 터득해야 하는 지혜의 중요성을 강조하는 말로, 지문의 내용과는 관련이 없는 내용이다.

③ '사람은 겪어 보아야 알고 물은 건너보아야 안다'는 속담은 사람은 겉만 보고 알 수 없고 오래 겪어 보아야 알 수 있음을 이르는 말로, 문화재의 중요성을 다룬 지문과는 관련이 없는 내용이다.

20 다음 글에서 추론한 내용으로 적절하지 않은 것은?

> 과학의 개념은 분류 개념, 비교 개념, 정량 개념으로 구분할 수 있다. 식물학과 동물학의 종, 속, 목처럼 분명한 경계를 가지고 대상들을 분류하는 개념들이 분류 개념이다. 어린이들이 맨 처음에 배우는 단어인 '사과', '개', '나무' 같은 것 역시 분류 개념인데, 하위 개념으로 분류할수록 그 대상에 대한 정보가 더 많이 전달된다. 또한, 현실 세계에 적용 대상이 하나도 없는 분류 개념도 있을 수 있다. 예를 들어 '유니콘'이라는 개념은 '이마에 뿔이 달린 말의 일종임' 같은 분명한 정의가 있기에 '유니콘'은 분류 개념으로 인정되는 것이다.
>
> '더 무거움', '더 짧음' 등과 같은 비교 개념은 분류 개념보다 설명에 있어서 정보 전달에 더 효과적이다. 이것은 분류 개념처럼 자연의 사실에 적용되어야 하지만, 분류 개념과 달리 논리적 관계도 반드시 성립해야 한다. 예를 들면, 대상 A의 무게가 대상 B의 무게보다 더 무겁다면, 대상 B의 무게가 대상 A의 무게보다 더 무겁다고 말할 수 없는 것처럼 '더 무거움' 같은 비교 개념은 논리적 관계를 반드시 따라야 한다.
>
> 마지막으로 정량 개념은 비교 개념으로부터 발전된 것인데, 이것은 자연의 사실로부터 파악할 수 있는 물리량을 측정함으로써 만들어진다. 물리량을 측정하기 위해서는 몇 가지 규칙이 필요한데, 그 규칙에는 두 물리량의 크기를 비교하는 경험적 규칙과 물리량의 측정 단위를 정하는 규칙 등이 포함된다. 이러한 정량 개념은 자연에 의해서 주어지는 것이 아니라 우리가 자연현상에 수를 적용하는 과정에서 생겨나는 것이다. 정량 개념은 과학의 언어를 수많은 비교 개념 대신 수를 사용할 수 있게 하여 과학 발전의 기초가 되었다.

① '호랑나비'는 '나비'와 동일한 종에 속하지만, 나비에 비해 정보량이 적다.
② '용(龍)'은 현실 세계에 적용할 수 있는 지시물이 없더라도 분류 개념으로 인정된다.
③ '꽃'이나 '고양이'와 같은 개념은 논리적 관계를 따라야 하는 것은 아니기 때문에 비교 개념에 포함되지 않는다.
④ 물리량을 측정할 수 있는 'cm'나 'kg'과 같은 측정 단위는 자연현상에 수를 적용할 수 있게 해 주었다.

Point

제시된 글은 과학의 개념인 '분류 개념, 비교 개념, 정량 개념'을 설명하고 있다. '호랑나비'와 '나비'의 관계는 이 중에서 '분류 개념'에 해당한다. 첫째 문단에 따르면 '분류'에서 하위 개념으로 분류할수록 그 대상에 대한 정보가 더 많이 전달된다. 따라서 하위 개념인 '호랑나비'는 상위 개념인 '나비'에 비해 정보량이 더 많다.

② 첫째 문단에 따르면, '유니콘'은 현실 세계에 적용 대상이 없더라도 분류 개념으로 인정된다. 따라서 '용' 역시 현실 세계에 적용할 수 있는 지시물이 없더라도 '분류 개념'으로 인정될 수 있을 것이다.

③ 둘째 문단에 따르면, '비교 개념'은 '더 무거움', '더 짧음'과 같이 논리적 관계이다. 따라서 '꽃'이나 '고양이'는 '비교 개념'에 포함되지 않는다.

④ 셋째 문단에 따르면, '정량 개념'은 자연의 사실로부터 파악할 수 있는 물리량을 측정함으로써 만들어진다. 이러한 '정량 개념'은 우리가 자연현상에 수를 적용하는 과정에서 생겨난다. 따라서 물리량을 측정하는 'cm'나 'kg'과 같은 측정 단위가 자연현상에 수를 적용할 수 있게 해 주었다는 것은 추론 가능하다.

Answer 19.④ 20.①

1 밑줄 친 부분이 바르게 쓰이지 않은 것은?

① 바쁘다더니 여긴 <u>웬일</u>이야?
② 결혼식이 몇 월 <u>몇 일</u>이야?
③ 굳은살이 <u>박인</u> 오빠 손을 보니 안쓰럽다.
④ 그는 주말이면 <u>으레</u> 친구들과 야구를 한다.

② 몇 일 → 며칠

'며칠'의 경우 '몇+일'로 분석하여 '몇 일'이 되는 것으로 혼동할 수 있으나, '몇 일'은 '며칠'의 잘못된 표현이다. '어원이 분명하지 아니한 것은 원형을 밝히어 적지 아니한다'는 한글 맞춤법 제27항 붙임 규정에 따라 '며칠'로 적는 것이 옳은 것이다.

① '어찌 된 일. 의외의 뜻을 나타낼 때는 '웬일'을 사용한다. '웬'은 '어찌된'이라는 의미의 관형사로 '웬일'은 합성 등재된 단어이다. 이때의 '웬'을 '왠'으로 적는 것은 잘못된 표현이다. 이유를 뜻하는 '왜'와 관련이 없는 말이므로 '웬'으로 적는 것이 옳다.

③ '손바닥, 발바닥 따위에 굳은살이 생기다.'의 의미로 쓰일 때는 '박이다'로 쓴다. 이때 쓰인 '박이다'는 단일어로 '박다'의 피동사인 '박히다'와 구분해야 한다. '박히다'는 '벽에 박힌 못을 빼내다.', '다이아몬드가 박힌 결혼반지' 등에 사용되는 단어이다.

④ '모음이 단순화한 형태를 표준어로 삼는다'는 표준어 규정 제10항에 따라 '으레'로 적는다. '으레'는 원래 '의례(依例)'에서 '으례'가 되었던 것이 '례'의 발음이 '레'로 바뀌어 모음이 단순화되어 새 형태를 표준어로 삼은 것이다.

2 밑줄 친 조사의 쓰임이 옳은 것은?

① 언니는 아버지의 <u>딸로써</u> 부족함이 없다.
② <u>대화로서</u> 서로의 갈등을 풀 수 있을까?
③ 드디어 <u>오늘로써</u> 그 일을 끝내고야 말았다.
④ 시험을 치는 것이 <u>이로서</u> 세 번째가 됩니다.

시간을 셈할 때 셈에 넣는 한계를 나타내거나 어떤 일의 기준이 되는 시간임을 나타내는 격 조사로는 '로써'를 사용한다. 일을 끝내는 기준이 되는 시간으로 '오늘'을 나타내기 위해 격 조사 '로써'를 사용하였으므로 적절하다.

① (→로서) 지위나 신분 또는 자격을 나타내는 격 조사.
② (→로써) 어떤 일의 수단이나 도구를 나타내는 격 조사.
④ (→로써) 시간을 셈할 때 셈에 넣는 한계를 나타내거나 어떤 일의 기준이 되는 시간임을 나타내는 격 조사.
※ '로서'와 '로써'
　㉠ 로서 「조사」 (받침 없는 체언이나 'ㄹ' 받침으로 끝나는 체언 뒤에 붙어)
　　• 지위나 신분 또는 자격을 나타내는 격 조사.
　　　예 그것은 학생으로서 할 일이 아니다.
　　• (예스러운 표현으로) 어떤 동작이 일어나거나 시작되는 곳을 나타내는 격 조사.
　　　예 이 문제는 너로서 시작되었다.

ⓛ 로써 「조사」 (받침 없는 체언이나 'ㄹ' 받침으로 끝나는 체언 뒤에 붙어)

• 어떤 물건의 재료나 원료를 나타내는 격 조사. '로'보다 뜻이 분명하다.
　🔢 쌀로써 떡을 만든다.

• 어떤 일의 수단이나 도구를 나타내는 격 조사. '로'보다 뜻이 분명하다.
　🔢 말로써 천 냥 빚을 갚는다고 한다.
　🔢 꿀로써 단맛을 낸다.
　🔢 대화로써 갈등을 풀 수 있을까?

• 시간을 셈할 때 셈에 넣는 한계를 나타내거나 어떤 일의 기준이 되는 시간임을 나타내는 격 조사. '로'보다 뜻이 분명하다.
　🔢 고향을 떠난 지 올해로써 20년이 된다.

3　단어의 뜻풀이가 옳지 않은 것은?

① 반나절 : 하루 낮의 반

② 달포 : 한 달이 조금 넘는 기간

③ *그끄저께* : 오늘로부터 사흘 전의 날

④ 해거리 : 한 해를 거른 간격

Point

　① '반나절'의 중심 의미를 기준으로 '한나절'과 '반나절'을 구별하고자 하는 의도의 출제이나. 나머지 선지는 너무 명확하니 일상적 쓰임을 고려하여 답하셔야 맞을 수 있는 문제였다.
　하지만 표준국어대사전에 '하루 낮의 반'의 의미도 등재된 만큼 논란이 예상되었고 이를 받아들여 결국 정답없음으로 처리 되었다.
　※ '하룻낮'과 '하루 낮'은 같은 의미입니다.
　　　반나절 : 1. 「명사」 한나절의 반.≒반상, 반향, 한것.
　　　　　　 2. 하룻낮의 반(半).=한나절.
　② 달포 : 한 달이 조금 넘는 기간. ≒삭여, 월경, 월여.
　③ 그끄저께 : 명사」 그저께의 전날. 오늘로부터 사흘 전의 날.≒삼작일, 재재작일.「부사」 그저께의 전날에.
　④ 해거리 : 「명사」 1. 한 해를 거름. 또는 그런 간격.
　　　　　　　 2. 한 해를 걸러서 열매가 많이 열림.

4 밑줄 친 부분과 바꿔 쓸 수 있는 관용 표현으로 적절하지 않은 것은?

① <u>몹시 가난한</u> 형편에 누구를 돕겠느냐? – 가랑이가 찢어질

② 그가 중간에서 <u>연결해 주어</u> 물건을 쉽게 팔았다. – 호흡을 맞춰

③ 그는 상대편을 보고는 속으로 <u>깔보며 비웃었다.</u> – 코웃음을 쳤다

④ 주인의 말에 넘어가 <u>실제보다 비싸게</u> 이 물건을 샀다. – 바가지를 쓰고

> **Point**
>
> '호흡을 맞추다'는 '일을 할 때 서로의 행동이나 의향을 잘 알고 처리하여 나가다.'라는 뜻으로 '그가 중간에서 연결해 주어 물건을 쉽게 팔았다.'의 '연결해 주어'와 바꿔 쓸 수 없다. '연결해 주다'와 바꿔 쓸 수 있는 관용 표현으로는 '일이 잘되게 하기 위하여 둘 또는 여럿을 연결하다.'의 뜻인 '다리를 놓다'가 있다.
> • 연결하다: 사물과 사물을 서로 잇거나 현상과 현상이 관계를 맺게 하다.
> ① '가랑이가 찢어지다'는 '몹시 가난한 살림살이를 비유적으로 이르는 말이다. 따라서 '몹시 가난한'과 '가랑이가 찢어질'은 바꿔 쓸 수 있다.
> ③ '코웃음을 치다'는 '남을 깔보고 비웃다.'라는 뜻이다. 따라서 '깔보며 비웃었다'와 '코웃음을 쳤다'는 바꿔 쓸 수 있다.
> ④ '바가지를 쓰다'는 '요금이나 물건값을 실제 가격보다 비싸게 지불하여 억울한 손해를 보다.'라는 뜻이다. 따라서 '실제보다 비싸게'와 '바가지를 쓰고'는 바꿔 쓸 수 있다.

5 ㉠ ~ ㉣에 대한 설명으로 옳지 않은 것은?

> 이때는 오월 단옷날이렷다. 일 년 중 가장 아름다운 시절이라. ㉠<u>이때 월매 딸 춘향이도 또한 시서 음률의 능통하니 천중절을 모를쏘냐.</u> 추천을 하려고 향단이 앞세우고 내려올 제, 난초같이 고운 머리 두 귀를 눌러 곱게 땋아 봉황 새긴 비녀를 단정히 매었구나. … (중략) … 장림 속으로 들어가니 ㉡<u>녹음방초 우거져 금잔디 좌르르 깔린 곳에 황금 같은 꾀꼬리는 쌍쌍이 날아든다.</u> 버드나무 높은 곳에서 그네 타려 할 때, 좋은 비단 초록 장옷, 남색 명주 홑치마 훨훨 벗어 걸어 두고, 자주색 비단 꽃신을 썩썩 벗어 던져두고, 흰 비단 새 속옷 턱밑에 훨씬 추켜올리고, 삼 껍질 그넷줄을 섬섬옥수 넌지시 들어 두 손에 갈라 잡고, 흰 비단 버선 두 발길로 훌쩍 올라 발 구른다. … (중략) … ㉢<u>한 번 굴러 힘을 주며 두 번 굴러 힘을 주니 발밑에 작은 티끌 바람 쫓아 펄펄,</u> 앞뒤 점점 멀어 가니 머리 위의 나뭇잎은 몸을 따라 흔들흔들. 오고갈 제 살펴보니 녹음 속의 붉은 치맛자락 바람결에 내비치니, 높고 넓은 흰 구름 사이에 번갯불이 쏘는 듯 잠깐 사이에 앞뒤가 바뀌는구나. … (중략) … 무수히 진퇴하며 한참 노닐 적에 시냇가 반석 위에 옥비녀 떨어져 쟁쟁하고, '비녀, 비녀' 하는 소리는 산호채를 들어 옥그릇을 깨뜨리는 듯. ㉣<u>그 형용은 세상 인물이 아니로다.</u>
>
> – 작자 미상, 「춘향전」에서 –

① ㉠: 설의적 표현을 통해 춘향이도 천중절을 당연히 알 것이라는 점을 서술하고 있다.

② ㉡: 비유법을 사용하고 음양이 조화를 이룬 아름다운 봄날의 풍경을 서술하고 있다.

③ ㉢: 음성상징어를 사용하여 춘향의 그네 타는 모습을 시각적으로 서술하고 있다.

④ ㉣: 서술자의 편집자적 논평을 통해 춘향이의 내면적 아름다움을 서술하고 있다.

Point

④ ㉣의 '그 형용은 세상 인물이 아니로다' 라는 편집자적 논평은 춘향이의 내면적 아름다움을 서술한 것이 아니다. ㉣ 앞에 제시된 내용으로 볼 때 그네를 타는 춘향이의 외면적 아름다움을 서술한 것이라 보는 것이 적절하다.

① ㉠에서는 '~ㄹ쏘냐'와 같은 설의적 표현을 사용하여 춘향이도 천중절을 당연히 알 것이라는 점을 서술하고 있다.

② ㉡에서는 '황금 같은 꾀꼬리'와 같은 비유법을 사용하고 '꾀꼬리는 쌍쌍이 날아든다'라고 하였다. 따라서 춘향과 몽룡이가 만나게 되는 배경, 즉 '음양이 조화를 이룬 아름다운 봄날'의 풍경을 서술하였다고 볼 수 있다.('녹음'은 본래 여름의 풍경을 의미하나 맥락상 우거진 나무 정도로 해석하는 것이 옳다)

③ ㉢에서는 '펄펄', '흔들흔들'과 같은 의태어(음성상징어)를 사용하여 춘향의 그네 타는 모습을 시각적으로 서술하고 있다. 음성상징어란 소리와 의미의 관계가 필연적인 것으로 여겨지는 단어로, 의성어와 의태어를 뜻한다.

※ 작자 미상, 〈춘향전〉

• 해제 : '춘향전'은 설화에서 판소리로, 판소리에서 소설로, 소설에서 창극 및 연극 영화로 다채롭게 변모 생성되면서 꾸준한 사랑을 받아온 작품이다.

• 갈래 : 고전 소설, 판소리계 소설, 애정 소설

• 특징 : 이 작품은 판소리 사설에 바탕을 두었기 때문에 운율과 산문투의 말이 결합되어 문체의 근간을 이루고 있다. 또한 오랜 세월에 걸쳐 형성되어 오는 동안 여러 사람이 이 이야기의 형성에 관여(적층문학)했다고 할 수 있으므로 서민층의 말투는 물론 고상한 시구 등을 인용한 말 등이 섞여서 작품에 나타나게 된다. 그 밖에도 의성어와 의태어를 통한 생생한 표현, 대구와 열거, 반복 등을 통한 의미 전달이 작품에 자주 등장한다.

• 주제 : 새로운 가치 체계(인간다움의 추구, 남녀 간의 지고지순한 사랑)에 의한 기존의 가치 체계(인간성에 대한 억압) 부정

Answer 4.② 5.④

6 다음 대화에 대한 설명으로 적절한 것은?

> A : 지난번 제안서 프레젠테이션을 마친 후 "검토하고 연락드리겠습니다."라고 답변을 받았는데 아직 별다른 연락이 없어서 고민이에요.
>
> B : 어떤 연락을 기다리신다는 거예요?
>
> A : 해당 사업에 관하여 제 제안서를 승낙했다는 답변이잖아요. 그런데 후속 사업 진행을 위해 지금쯤 연락이 와야 할 텐데 싶어서요.
>
> B : 글쎄요. 보통 그런 상황에서는 완곡하게 거절하는 의사 표현이라 볼 수 있어요. 그리고 해당 고객이 제안서 내용은 정리가 잘되었지만, 요즘 같은 코로나 시기에는 이전과 동일한 사업적 효과가 있을지 궁금하다고 말한 것을 보면 알 수 있죠.
>
> A : 네, 기억납니다. 하지만 궁금하다고 말한 것이지 사업을 수용하지 않는다는 것은 아니지 않나요? 답변을 할 때도 굉장히 표정도 좋고 박수도 쳤는데 말이죠. 목소리도 부드러웠고요.

① A와 B는 고객의 답변에 대해 제안서 승낙이라는 의미로 동일하게 이해한다.

② A는 동일한 사업적 효과가 있을지 궁금하다는 표현을 제안한 사업에 대한 부정적 평가라고 판단한다.

③ B는 고객이 제안서에 의문을 제기한 내용을 근거로 고객의 답변에 대해 판단한다.

④ A는 비언어적 표현을 바탕으로 하여 고객의 답변을 제안서에 대한 완곡한 거절로 해석한다.

Point

③ B는 고객이 제안서에서 '코로나 시기에 이전과 동일한 사업적 효과가 있을지 궁금하다'라고 의문을 제기한 것을 근거로 고객의 답변을 완곡한 거절로 판단하였다.

① '검토하고 연락을 드리겠습니다'라는 고객의 답변에 대해, A는 제안서 승낙이라 이해했지만 B는 완곡한 거절이라 이해하였다.

② '동일한 사업적 효과가 있을지 궁금하다'라는 표현을 제안한 사업에 대한 부정적 평가라고 판단한 사람은 B이다.

④ A는 표정, 몸짓(박수)과 같은 비(非)언어적 표현과 부드러운 목소리 같은 반(半)언어적 표현을 바탕으로 하여 고객의 답변을 제안서에 대한 승낙이라고 생각하였다.

7 다음 글의 내용과 부합하지 않는 것은?

> 무슈 리와 엄마는 재혼한 부부다. 내가 그를 아버지라고 부르기 어려운 것은 거의 그런 말을 발음해 본 적이 없는 습관의 탓이 크다.
>
> 나는 그를 좋아할뿐더러 할아버지 같은 이로부터 느끼던 것의 몇 갑절이나 강한 보호 감정—부친다움 같은 것도 느끼고 있다.
>
> 그러나 나는 그의 혈족은 아니다.
>
> 무슈 리의 아들인 현규와도 마찬가지다. 그와 나는 그런 의미에서는 순전한 타인이다. 스물두 살의 남성이고 열여덟 살의 계집아이라는 것이 진실의 전부이다. 왜 나는 이 일을 그대로 알아서는 안 되는가?
>
> 나는 그를 영원히 아무에게도 주기 싫다. 그리고 나 자신을 다른 누구에게 바치고 싶지도 않다. 그리고 우리를 비끄러매는 형식이 결코 '오누이'라는 것이어서는 안 될 것을 알고 있다.
>
> 나는 또 물론 그도 나와 마찬가지로 같은 일을 생각하고 있기를 바란다. 같은 일을—같은 즐거움일 수는 없으나 같은 이 괴로움을.
>
> 이 괴로움과 상관이 있을 듯한 어떤 조그만 기억, 어떤 조그만 표정, 어떤 조그만 암시도 내 뇌리에서 사라지는 일은 없다. 아아, 나는 행복해질 수는 없는 걸까? 행복이란, 사람이 그것을 위하여 태어나는 그 일을 말함이 아닌가?
>
> 초저녁의 불투명한 검은 장막에 싸여 짙은 꽃향기가 흘러든다. 침대 위에 엎드려서 나는 마침내 느껴 울고 만다.
>
> — 강신재, 「젊은 느티나무」에서 —

① '나'는 '현규'도 '나'와 같은 감정을 갖고 있기를 기대하고 있다.

② '나'와 '현규'는 혈연적으로는 아무런 관계가 없는 타인이며, 법률상의 '오누이'일 뿐이다.

③ '나'는 '현규'에 대한 감정 때문에 '무슈 리'를 아버지로 부르는 것에 거부감을 갖고 있다.

④ '나'는 사회적 인습이나 도덕률보다는 '현규'에 대한 '나'의 감정에 더 충실해지고 싶어 한다.

᠅Point

③ '나'가 '무슈 리'를 아버지로 부르기 어려운 것은 '거의 그런 말을 발음해 본 적이 없는 습관의 탓이 크다'고 진술되었다. 그러므로 이는 '현규'에 대한 감정 때문이 아님을 알 수 있다.

① '나는 또 물론 그도 나와 마찬가지로 같은 일을 생각하고 있기를 바란다'를 통해 '나'는 '현규'도 '나'와 같은 감정을 갖고 있기를 기대한다는 것을 알 수 있다.

② '무슈 리와 엄마는 재혼한 부부다.', '무슈 리의 아들인 현규와도 마찬가지다. 그와 나는 그런 의미에서는 순전한 타인이다.'를 통해 '나'와 '현규'는 혈연적으로는 아무런 관계가 없는 타인이며 법률상의 '오누이'일 뿐이라는 것을 알 수 있다.

④ "우리를 비끄러매는 형식이 결코 '오누이'라는 것이어서는 안 될 것을 알고 있다"와 '아아, 나는 행복해질 수는 없는 걸까? 행복이란, 사람이 그것을 위하여 태어나는 그 일을 말함이 아닌가?'를 통해 나는 사회적 인습이나 도덕률보다는 '현규'에 대한 '나'의 감정에 더 충실해지고 싶어 한다는 것을 알 수 있다.

Answer 6.③ 7.③

※ 강신재, 〈젊은 느티나무〉
- 해제: 이 작품은 '만남과 이별' 그리고 '만남의 가능성'으로 요약된다. 이 작품은 사회 규범상 용납될 수 없는 사랑에 빠진 청춘 남녀의 갈등을 윤리적 차원에서 해결하려 하기보다는 인물들이 그러한 상황을 어떻게 받아들이고 어떻게 해소해 가는가에 초점을 두고, 사회 규범을 초월하는 사랑의 순수성을 보여 주고 있다. 특히, 끝까지 맑고 청순한 사랑의 감정을 깨뜨리지 않고 새로운 미래를 설계하기 위해 현실의 아픔을 현명하게 받아들이는 숙희와 현규의 의지가 감동을 주는 작품이다.
- 주제: 현실의 굴레를 극복하고 순수한 사랑을 성취하는 청춘 남녀의 아름다운 모습

8 글쓴이의 견해에 부합하는 대응으로 가장 적절한 것은?

정중하고 단호한 태도를 보이는 것과, 수동적이거나 공격적인 반응을 하는 것은 엄청난 차이가 있다. 수동적인 사람들은 마음속에 있는 자신의 생각을 표현하면 분란이 일어날까 봐 두려워한다. 그러나 자신의 의견을 말하지 않는 한 자신이 원하는 것을 얻을 수는 없다. 이와 반대로 공격적인 태도는 자신의 권리를 앞세워 생각해서 남을 희생시켜서라도 자신이 원하는 것을 얻으려는 것이다. 공격적인 사람은 사람들이 싫어하는 행동을 하곤 한다. 그러나 단호한 반응은 공격적인 반응과 다르다. 단호한 반응은 다른 사람의 권리를 침해하지 않으면서 자신의 권리를 존중하고 지키겠다는 것이다. 이것은 상대방을 배려하는 태도를 보여 준다. 상대방을 존중하면서도 얼마든지 자신의 의견을 내세울 수 있다. 단호한 주장은 명쾌하고 직접적이며 요점을 찌른다.

그럼 실제로 연습해 보자. 어느 흡연자가 당신의 차 안에서 담배를 피워도 되는지 묻는다. 당신은 담배 연기를 싫어하고 건강에 해롭다는 것도 잘 알고 있어 달갑지 않다. 어떻게 대응하는 것이 좋을까?

① 좀 그러긴 하지만, 괜찮아요. 창문 열고 피우세요.
② 안 되죠. 흡연이 얼마나 해로운데요. 좀 참아 보시겠어요.
③ 안 피우시면 좋겠어요. 연기가 해롭잖아요. 피우고 싶으시면 차를 세워 드릴게요.
④ 물어봐 줘서 고마워요. 피워도 그렇고 안 피워도 좀 그러네요. 생각해 보시고서 좋은 대로 결정하세요.

Point

글쓴이의 견해는 '정중하고 단호한 태도'를 보이라는 것이다. 글쓴이에 따르면, 단호한 반응은 '다른 사람의 권리를 침해하지 않으면서 자신의 권리를 존중하고 지키는 것'이다. 이에 가장 부합하는 대응은 ③이다. '안 피우시면 좋겠어요'라며 자신의 주장을 단호하게 말하면서 그 근거로 '연기가 해롭다'는 것을 제시하여 담배 연기를 마시지 않을 자신의 권리를 지키고자 함과 동시에, '피우고 싶으시면 차를 세워 드리겠다'라며 상대방이 흡연할 수 있는 권리를 침해하지 않았다.

① 차 안에서 담배를 피우는 것이 달갑지 않음에도 '괜찮아요'라고 말하는 것은 자신의 권리를 지키지 못하는 것이므로 단호한 태도라고 볼 수 없다.
② '좀 참아 보시겠어요'라는 말은 다른 사람이 담배를 필 권리를 침해하는 것이다. 따라서 정중하고 단호한 태도가 아니다.
④ '물어봐 줘서 고마워요', '좋은 대로 결정하세요'라며 정중한 태도를 보이고 있지만, '피워도 그렇고 안 피워도 좀 그러네요.'는 차 안에서 담배를 피우지 말라는 자신의 의견을 단호하게 드러내는 표현이 아니다.

9 (가)에 들어갈 한자성어로 적절한 것은?

> "집안 내력을 알고 보믄 동기간이나 진배없고, 성환이도 이자는 대학생이 됐으니께 상의도 오빠겉이 그렇게 알아놔라."하고 장씨 아저씨는 말하는 것이었다. 그러나 상의는 처음 만났을 때도 그랬지만 두 번째도 거부감을 느꼈다. 사람한테 거부감을 느꼈기보다 제복에 거부감을 느꼈는지 모른다. 학교규칙이나 사회의 눈이 두려웠는지 모른다. 어쨌거나 그들은 청춘남녀였으니까. 호야 할매 입에서도 성환의 이름이 나오기론 이번이 처음이 아니었다.
>
> "__(가)__, 손주 때문에 눈물로 세월을 보내더니, 이자는 성환이도 대학생이 되었으니 할매가 원풀이 한풀이를 다 했을 긴데 아프기는 와 아프는고, 옛말 하고 살아야 하는 긴데."
>
> — 박경리, 「토지」에서 —

① 오매불망(寤寐不忘)   ② 망운지정(望雲之情)
③ 염화미소(拈華微笑)   ④ 백아절현(伯牙絕絃)

Point

(가) 앞뒤에 제시된 '장씨 아저씨'의 말을 통해 '호야 할매'의 손주가 '성환'임을 알 수 있다. 그리고 (가)의 바로 뒤에서 '손주 때문에 눈물로 세월을 보내더니, 이자는 성환이도 대학생이 되었으니 할매가 원풀이 한풀이를 다 했을 긴데'를 통해 할매가 내내 손주에 대해 걱정하고 그의 성장을 기다려 왔다는 것을 알 수 있다. 따라서 (가)에 가장 적절한 성어는 '자나 깨나 잊지 못함.'을 뜻하는 ① '오매불망(寤寐不忘)'이다.
오매불망(寤寐不忘): 자나 깨나 잊지 못함. 寤 잠 깰 오, 寐 잘 매, 不 아닐 불, 忘 잊을 망다듬

② 망운지정(望雲之情): 자식이 객지에서 고향에 계신 어버이를 생각하는 마음
  望 바랄 망, 雲 구름 운, 之 갈 지, 情 뜻 정
③ 염화미소(拈華微笑): 말로 통하지 아니하고 마음에서 마음으로 전하는 일. 석가모니가 영산회(靈山會)에서 연꽃 한 송이를 대중에게 보이자 마하가섭만이 그 뜻을 깨닫고 미소 지으므로 그에게 불교의 진리를 주었다고 하는 데서 유래한다.
  拈 집을 념(염), 華 빛날 화, 微 작을 미, 笑 웃음 소
④ 백아절현(伯牙絕絃): 자기를 알아주는 참다운 벗의 죽음을 슬퍼함. 중국 춘추 시대에 백아(伯牙)는 거문고를 매우 잘 탔고 그의 벗종자기(鍾子期)는 그 거문고 소리를 잘 들었는데, 종자기가 죽어 그 거문고 소리를 들을 사람이 없게 되자 백아가 절망하여 거문고 줄을 끊어 버리고 다시는 거문고를 타지 않았다는 데서 유래한다.
  伯 맏 백, 牙 어금니 아, 絕 끊을 절, 絃 줄 현
※ 박경리, 〈토지〉
• 해제: 이 글은 1969년부터 1994년까지 만 25년에 걸쳐 전5부 16권으로 완성된 대하 장편 소설이다. 그 방대한 분량만큼 수많은 인물들이 등장하여 그들의 파란만장한 개인사와 그에 얽힌 인간의 욕망과 갈등을 보여 준다. 격변한 우리 민족 근대사의 현실 속에 면면히 이어 내려온 문화 민족으로서의 자긍심과 전통적 정신세계를 형상화함으로써 한민족의 정신적 위상을 드높인 한국 소설사의 기념비적 작품이다.
• 특징: 이 글은 구한말에서 일제 강점기, 해방 직후에 이르는 장구한 시간과 국토의 남쪽 하동 평사리에서 시작하여 경성과 간도 지방에 이르는 방대한 공간을 배경으로 한다. 격변한 민족 근대사의 현실 속에서 최 참판 일가를 중심으로 한 민족적 수난과 토지에서 한을 안고 살아가는 민중의 삶과 그 속에서의 애환을 생생하게 그려서 우리 민족의 건강한 생명력과 끈질긴 삶의 의지를 조명하고 있다.
• 주제: 역사적 격동기의 시절 민중의 한과 강인한 의지

Answer 8.③ 9.①

10 ㈎와 ㈏에 대한 설명으로 적절하지 않은 것은?

㈎ 오백년 도읍지를 필마로 돌아드니

　산천은 의구하되 인걸은 간 데 없네.

　어즈버 태평연월이 꿈이런가 하노라.

㈏ 벌레먹은 두리기둥 빛 낡은 단청(丹靑) 풍경 소리 날려간 추녀 끝에는 산새도 비둘기도 둥주리를 마구쳤다. 큰 나라 섬기다 거미줄 친 옥좌(玉座) 위엔 여의주(如意珠) 희롱하는 쌍룡(雙龍) 대신에 두 마리 봉황(鳳凰)새를 틀어올렸다. 어느 땐들 봉황이 울었으랴만 푸르른 하늘 밑 추석을 밟고 가는 나의 그림자. 패옥(佩玉) 소리도 없었다. 품석(品石) 옆에서 정일품(正一品) 종구품(從九品) 어느 줄에도 나의 몸둘 곳은 바이 없었다. 눈물이 속된 줄을 모를 양이면 봉황새야 구천(九泉)에 호곡(呼哭)하리라.

① ㈎는 '산천'과 '인걸'을 대비함으로써 인생의 무상함을 드러내고 있다.

② ㈏는 '쌍룡'과 '봉황'을 대비함으로써 사대주의적 역사에 대한 비판적 시각을 드러내고 있다.

③ ㈎와 ㈏ 모두 선경후정의 기법을 사용하고 있다.

④ ㈎와 ㈏ 모두 정해진 율격과 음보에 맞춰 시상을 전개하고 있다.

⋯Point▷

④ ㈎는 '오백년/도읍지를/필마로/돌아드니'와 같이 3·4조 4음보의 형태로 정해진 율격과 음보에 맞춰 시상을 전개하고 있으나 ㈏는 율격과 음보에 구애받지 않고 시상을 전개한 자유시이다.

① ㈎에서는 '산천'(자연물)의 영원성과 '인걸'(인간사)의 유한성을 대비하여 인생의 무상함을 드러내고 있다.

② ㈏에서는 중국의 황제를 의미하는 '쌍룡'과 조선의 왕을 의미하는 '봉황'을 대비하고 있다. 또한 '큰 나라 섬기다 거미줄 친 옥좌 위엔 여의주를 희롱하는 쌍룡 대신에 두 마리 봉황새를 틀어 올렸다'라고 하며 사대주의적 역사에 대한 비판적 시각을 드러내고 있다.

③ ㈎에서는 초장에서 오백 년 도읍지의 모습이 나타난 후에 이에 대해 안타까워하는 화자의 심정이 나타나며 ㈏에서는 황폐해진 궁궐의 정경(전반부)이 제시된 뒤 망해 버린 옛 왕조에 대한 화자의 심회(후반부)가 나타난다.

※ 길재, 〈五百年(오백 년) 도읍지를〉

　• 해제 : 조선이 개국한 다음에도 고려에 대한 충성심을 지키며 끝까지 벼슬길에 나가지 않은 작자가 고려의 도읍지였던 송도를 돌아보며 느낀 감회를 적은 작품이다.

　• 갈래 : 평시조

　• 주제 : 망국의 한과 인생무상

　　초장 고려의 옛 서울을 찾음

　　중장 인간사의 무상함

　　종장 고려 왕조에 대한 무상감

※ 조지훈, 〈봉황수(鳳凰愁)〉

　• 해제 : 이 시는 크게 전반부와 후반부로 나누어 살필 수 있다. 전반부에서는 낡은 궁궐을 간략하게 사실적으로 묘사하고, 망해 버린 옛 왕조에 대한 심회를 드러낸다. 그것은 곧 '큰 나라 섬기던'으로 표현되는 사대주의 때문에 나라가 망했다는 시인의 시선으로 대변된다. 후반부에서는 망국의 백성으로 부끄러워하고 서글퍼하는 심정이 '몸 둘 곳이 바이 없었다.'는 표현으로 드러나 있다. 특히 마지막 구절에서, 눈물이 속된 것임을 몰랐다면 큰 소리로 울었을 것이라면서 눈물을 감추고 있지만 정작 크게 통곡하고 있음을 알 수 있다.

　• 주제 : 망국의 비애

11 다음 글의 내용과 부합하는 것은?

> 미국의 어머니들은 자녀와 함께 놀이를 할 때 특정 사물에 초점을 맞추고 그 사물의 속성을 아이들에게 가르친다. 사물의 속성 자체에 관심을 기울이도록 훈련받은 아이들은 스스로 독립적인 행동을 하도록 교육받는다. 미국에서는 아이들에게 의사소통을 가르칠 때 자신의 생각을 분명하게 표현하고 말하는 사람의 입장에서 대화에 임해야 하며, 대화 과정에서 오해가 발생하면 그것은 말하는 사람의 잘못이라고 강조한다.
>
> 반면에 일본의 어머니들은 대상의 '감정'에 특별히 신경을 써서 가르친다. 특히 자녀가 말을 안 들을 때에 그러하다. 예를 들어 "네가 밥을 안 먹으면, 고생한 농부 아저씨가 얼마나 슬프겠니?", "인형을 그렇게 던져 버리다니, 저 인형이 울잖아. 담장도 아파하잖아." 같은 말들로 꾸중하는 모습을 자주 볼 수 있다. 다른 사람과의 관계에 초점을 맞춘 훈련을 받은 아이들은 자신의 생각을 드러내기보다는 행동에 영향을 받는 다른 사람들의 감정을 미리 예측하도록 교육받는다. 곧 일본에서는 아이들에게 듣는 사람의 입장에서 말할 것을 강조한다.

① 미국의 어머니는 듣는 사람의 입장, 일본의 어머니는 말하는 사람의 입장을 강조한다.
② 일본의 어머니는 사물의 속성을 아는 것이 관계를 아는 것보다 더 중요하다고 생각한다.
③ 미국의 어머니는 어떤 일을 있는 그대로 보지 말고 이면에 있는 감정을 읽어야 한다고 생각한다.
④ 미국의 어머니는 자녀가 독립적인 행동을 하도록 교육하며, 일본의 어머니는 자녀가 타인의 감정을 예측하도록 교육한다.

Point

④ 첫째 문단에 따르면, 미국의 아이들은 '스스로 독립적인 행동을 하도록 교육 받는다'고 하였고 둘째 문단에 따르면, 일본의 아이들은 '자신의 생각을 드러내기보다는 행동에 영향을 받는 다른 사람들의 감정을 미리 예측하도록 교육 받는다'고 하였다. 따라서 미국의 어머니들은 자녀가 독립적인 행동을 하도록 교육하며, 일본의 어머니는 자녀가 타인의 감정을 예측하도록 교육한다는 것을 알 수 있다.
① 미국의 어머니는 말하는 사람의 입장을 강조하며, 일본의 어머니는 듣는 사람의 입장에서 말할 것을 강조한다.
② 둘째 문단에 따르면, 일본의 어머니는 다른 사람과의 관계에 초점을 맞추어 아이들을 훈련한다. 특정 사물의 속성에 초점을 맞추는 것은 미국의 어머니의 교육법이다.
③ 미국의 어머니가 이면에 있는 감정을 읽어야 한다고 생각한다는 것은 지문의 내용과는 거리가 멀다. 오히려 행동 이면에 있는 다른 사람들의 감정을 예측하는 것은 일본의 어머니의 교육법에 가깝다.

12 다음 글의 결론으로 가장 적절한 것은?

> 인공지능(AI)은 비즈니스 패러다임을 획기적으로 바꾸고 있다. 인공지능은 생물학 분야에도 광범위하게 영향을 미칠 것이며, 애완동물이 인공지능(AI)으로 대체될 수도 있을 것이다. 인공지능(AI)은 스스로 수학도 풀고 글도 쓰고 바둑을 두며 사람을 이길 수도 있다. 어느 영화에서처럼 실제로 인간관계를 대신할 수도 있다. 인공지능(AI)은 배우면서 성장할 수도 있다. 인공지능(AI)이 사람보다 똑똑해질 수 있을지도 모른다.
>
> 인공지능(AI)이 사람보다 똑똑해질 수 있는지는 차치하고, 인공지능(AI)이 사람을 게으르게 만들 수도 있지 않을까? 이 게으름은 우리의 건강과 행복, 그리고 일상생활의 패턴을 바꿔 놓을 수도 있다.
>
> 인공지능(AI)이 앱을 통해 좀 더 편리한 삶을 제공하여 사람의 뇌를 어떻게 바꾸는지를 일상에서 보여 주는 대표적 사례가 바로 GPS다. 불과 몇 년 전만 해도 지도를 보고 스스로 거리를 가늠하고 도착 시간을 계산했던 운전자들은 이 내비게이션의 등장으로 어디에서 어떻게 가라는 기계 속 음성에 전적으로 의존하기 시작했다. 예전의 방식으로도 충분히 잘 찾아가던 길에서조차 습관적으로 내비게이션을 켠다. 이것이 없으면 자주 다니던 길도 제대로 찾지 못하고 멀쩡한 어른도 길을 잃는다.
>
> 이와 같이 기계에 의존해서 인간이 살아가는 사례는 오늘날 우리의 두뇌가 게을러진 것을 보여 주는 여러 사례 가운데 하나일 뿐이다. 삶을 더 편하게 해 준다며 지름길을 제시하는 도구들이 도리어 우리의 기억력과 창조력을 퇴보시키고 있다. 인간을 태만하고 나태하게 만들어 뇌의 가장 뛰어난 영역인 상상력을 활용하지 않도록 만드는 것이다.

① 인간의 인공지능(AI)에 대한 독립성은 지속적으로 증가하게 될 것이다.
② 인공지능(AI)으로 인해 인간의 두뇌가 게을러지는 부작용이 발생하게 될 것이다.
③ 인공지능(AI)은 인간을 능가하는 사고력을 가질 것이다.
④ 인공지능(AI)은 궁극적으로 상상력을 가지게 될 것이다.

Point

② 첫째 문단에서 인공지능(AI)이 사람보다 똑똑해질 수 있을지도 모른다며 인공지능(AI)의 발전상에 대해 설명하였으나, 둘째 문단에서 '인공지능(AI)이 사람을 게으르게 만들 수도 있지 않을까?'라는 질문을 던지고 이에 대해 이야기를 해 나갔다. 이어지는 셋째 문단과 넷째 문단에서는 인공지능(AI)으로 인해 인간의 두뇌가 게을러진 사례를 제시하며 오늘날 인간의 두뇌가 게을러지고 기억력과 창조력, 상상력이 퇴보하였다고 주장하였다. 따라서 결론은 '인공지능(AI)으로 인해 인간의 두뇌가 게을러지는 부작용이 발생하게 될 것이다.'이다.
① 지문은 인공지능(AI)으로 인해 인간의 두뇌가 게을러지는 부작용을 다루고 있다. 셋째 문단에서는 운전자들이 인공지능(AI) 앱(GPS)에 의존하는 사례를 제시하기도 하였다. 따라서 인간의 인공지능(AI)에 대한 독립성이 증가한다는 것은 이러한 글의 내용과는 거리가 멀다.
③ 첫째 문단에서 인공지능(AI)이 사람보다 똑똑해질 수 있을지도 모른다는 가능성을 제시하였으나, 이것이 글 전체를 아우르는 결론이라 보기는 어렵다.
④ 넷째 문단에서 인공지능(AI)으로 인해 인간 뇌의 가장 뛰어난 영역인 상상력을 활용하지 않게 되었다는 내용이 있으나, 인공지능(AI)이 궁극적으로 상상력을 가지게 될 것이라는 내용은 지문을 통해 추론할 수 없을뿐더러 글의 결론과도 거리가 멀다.

13 다음 글에 대한 이해로 적절한 것은?

> 국제기구인 유엔은 영어, 중국어, 러시아어, 프랑스어, 스페인어, 아랍어 등이 공용어로 사용되나 그곳에 근무하는 모든 외교관들이 이 공용어들을 전부 다 잘해야 하는 것은 아니다. 유럽연합에서의 공용어 개념도 유엔에서의 경우와 마찬가지로 여러 공용어 중 하나만 알아도 공식 업무상 불편이 없게끔 한다는 것이지 모든 유럽연합인들이 열 개가 넘는 공용어를 전부 다 배워야 하는 것은 아니다.
>
> 마찬가지 논리로 우리가 만일 한국어와 영어를 공용어로 지정한다면 이는 한국에서는 한국어와 영어 중 어느 하나를 알기만 하면 공식 업무상 불편이 없게끔 국가에서 보장한다는 뜻이지 모든 한국인들이 영어를 할 줄 알아야 된다는 뜻은 아니다. 따라서 우리가 영어를 한국어와 함께 공용어로 지정하기만 하면 모든 한국인이 영어를 잘할 수 있게 되리라는 믿음은 공용어의 개념을 제대로 이해하지 못한 데서 오는 망상에 불과하다.

① 유엔에서 근무하는 외교관들은 유엔의 공용어를 다 구사하지 않으면 안 된다.
② 유럽연합은 복수의 공용어를 지정하여 공무상 편의를 도모하였다.
③ 한국에서 영어를 공용어로 지정하면 한국인들은 영어를 다 잘할 수 있을 것이다.
④ 한국에서 머지않아 영어가 공용어로 지정될 것이다.

Point

② 첫째 문단에 따르면, 유럽연합에서는 열 개가 넘는 공용어 중 하나만 알아도 공식 업무상 불편이 없게끔 하였다. 따라서 유럽연합이 '복수의 공용어를 지정하여 공무상 편의를 도모하였다'고 할 수 있다.

① 첫째 문단에 따르면, 유엔에서 근무하는 모든 외교관들이 공용어를 전부 다 잘해야 하는 것은 아니다. 따라서 '유엔에서 근무하는 외교관들은 유엔의 공용어를 다 구사하지 않으면 안 된다'는 이러한 글의 내용에 부합하지 않는다.

③ 둘째 문단에 따르면, 우리가 만일 한국어와 영어를 공용어로 지정한다면 이는 한국에서는 한국어와 영어 중 어느 하나를 알기만 하면 공식 업무상 불편이 없게끔 국가에서 보장한다는 것이지 모든 한국인들이 영어를 할 줄 알아야 된다는 뜻은 아니라고 하였다. 따라서 '한국에서 영어를 공용어로 지정하면 한국인들은 영어를 다 잘할 수 있을 것이다'는 이러한 글의 내용에 부합하지 않는다.

④ 둘째 문단에서는 한국에서 한국어와 영어를 공용어로 지정하는 가상의 상황을 가정하고 있을 뿐, 머지않아 영어가 공용어로 지정될 것이라는 예측은 제시하지 않았다.

Answer 12.② 13.②

14 다음 글의 내용과 부합하지 않는 것은?

인터넷이 있는 곳이면 어디나 악플이 있기 마련이지만, 한국은 정도가 심하다. 악플러들 가운데는 피해의식과 열등감에 시달리는 이들이 많다고 한다. 그들에게 악플의 즐거움은 무엇인가. 자신이 올린 글 한 줄에 다른 사람들이 동요하는 모습을 보면서 자기 효능감(self-efficacy)을 맛볼 수 있다. 아무에게도 영향력을 행사하지 못하고 자신의 삶과 환경을 통제하지도 못하면서 무력감에 시달리는 사람일수록 공격적인 발설로 자기 효능감을 느끼려 한다.

그런데 자기 효능감은 상대방의 반응에 좌우된다. 마구 욕을 퍼부었는데 상대방이 별로 개의치 않는다면, 계속할 마음이 사라질 것이다. 무시당했다는 생각에 오히려 자괴감에 빠질 수도 있다. 개인주의가 안착된 사회에서는 자신을 향한 비판에 대해 '그건 너의 생각'이라면서 넘겨 버리는 사람들이 많다. 말도 안 되는 욕설이나 험담이 날아오면 제정신이 아닌 사람의 소행으로 웃어넘기거나 법적인 조치를 취할 것이다.

개인주의는 여러 속성을 지니고 있지만, 자신의 존재 가치를 스스로 매긴다는 긍정적 측면이 있다. 한국에는 그런 의미에서의 개인주의가 뿌리내리지 못했다. 남에 대해 신경을 너무 곤두세운다. 그것은 두 가지 차원으로 나뉘는데, 한편으로 타인에게 필요 이상의 관심을 보이면서 참견하고 타인의 영역을 침범한다. 다른 한편으로 자기에 대한 타인의 평가와 반응에 너무 예민하다. 이 두 가지 특성이 인터넷 공간에서 맞물려 악플을 양산한다. 우선 다른 사람들에게 너무 쉽게 험담을 늘어놓고 당사자에게 악담을 던진다. 그렇게 악을 올리면 상대방이 발끈하거나 움츠러든다. 이따금 일파만파로 사회가 요동을 치기도 한다. 악플러 입장에서는 재미가 쏠쏠하다. 예상했던 피드백을 즉각적으로 받으면서 자기 효능감을 맛볼 수 있기 때문이다.

① 악플러는 자신의 말에 타인이 동요하는 것을 보면서 자기 효능감을 느낀다.
② 개인주의자는 악플에 무반응함으로써 악플러를 자괴감에 빠지게 할 수 있다.
③ 자신의 삶을 잘 통제하는 악플러일수록 타인을 더욱 엄격한 잣대로 비판한다.
④ 한국에서 악플이 양산되는 것은 한국인들이 타인에 대해 신경을 많이 쓰는 것과 관계가 있다.

Point

③ 첫째 문단의 내용을 통해, 자신의 삶과 환경을 통제하지 못하면서 무력감에 시달리는 사람일수록 공격적인 발설, 즉 악플을 통해 자기 효능감을 느끼려 한다는 것을 알 수 있다. 따라서 자신의 삶을 잘 통제하는 악플러보다는 자신의 삶을 잘 통제하지 못하는 악플러일수록 타인에게 더 공격적인 발설을 할 가능성이 높다. 하지만 자신의 삶을 잘 통제하는 악플러일수록 타인을 더욱 엄격한 잣대로 비판하는지는 지문의 내용으로 알 수 없다.
① 첫째 문단에 따르면, 악플러는 자신이 올린 글 한 줄에 다른 사람들이 동요하는 모습을 보면서 자기 효능감을 느낄 수 있다.
② 둘째 문단에 따르면, 마구 욕을 퍼부었는데 상대방이 별로 개의치 않는다면 무시당했다는 생각에 오히려 자괴감에 빠질 수도 있다. 따라서 개인주의자는 악플에 무반응함으로써 악플러를 자괴감에 빠지게 할 수 있다.
④ 셋째 문단에 따르면, 한국에는 개인주의가 뿌리내리지 못해 타인에게 필요 이상의 관심을 보이면서 참견하는 동시에 타인의 평가와 반응에 너무 예민한 특성이 있다. 그리고 이 두 가지 특성이 맞물려 악플을 양산한다. 따라서 한국에서 악플이 양산되는 것은 한국인들이 타인에 대해 신경을 많이 쓰는 특성과 관계가 있다고 할 수 있다.

15 다음 글의 밑줄 친 부분이 지시하는 대상이 다른 것은?

수박을 먹는 기쁨은 우선 식칼을 들고 이 검푸른 ⊙구형의 과일을 두 쪽으로 가르는 데 있다. 잘 익은 수박은 터질 듯이 팽팽해서, 식칼을 반쯤만 밀어 넣어도 나머지는 저절로 열린다. 수박은 천지개벽하듯이 갈라진다. 수박이 두 쪽으로 벌어지는 순간, '앗!' 소리를 지를 여유도 없이 초록은 ⓒ빨강으로 바뀐다. 한 번의 칼질로 이처럼 선명하게도 세계를 전환시키는 사물은 이 세상에 오직 수박뿐이다. 초록의 껍질 속에서, ⓒ새까만 씨앗들이 별처럼 박힌 선홍색의 바다가 펼쳐지고, 이 세상에 처음 퍼져나가는 비린 향기가 마루에 가득 찬다. 지금까지 존재하지 않던, ⓔ한바탕의 완연한 아름다움의 세계가 칼 지나간 자리에서 홀연 나타나고, 나타나서 먹히기를 기다리고 있다. 돈과 밥이 나오지 않았다 하더라도, 이것은 필시 흥부의 박이다.

– 김훈, 「수박」에서 –

---

① ⊙

② ⓒ

③ ⓒ

④ ⓔ

Point

　ⓒ, ⓒ, ⓔ은 수박의 속살을 가리키지만 ① '⊙'은 '구형'의 과일이라며 수박의 겉모양을 가리킨다.

　② 수박을 가른 뒤 '초록은 ⓒ빨강으로 바뀐다는 부분을 통해 ⓒ은 수박 속살을 가리킨다는 것을 알 수 있다.

　③ ⓒ은 '초록의 껍질 속'에 존재하며 새까만 씨앗들이 박혀 있다 하였으므로 ⓒ은 수박의 속살이라는 것을 알 수 있다.

　④ ⓔ은 '칼 지나간 자리에서 홀연 나타나고, 나타나서 먹히기를 기다리고 있다'라고 하였다. 따라서 ⓔ은 수박의 속살을 가리키는 말이다.

16 (개)~(래)에 들어갈 말로 가장 적절한 것은?

> 정철, 윤선도, 황진이, 이황, 이조년 그리고 무명씨. 우리말로 시조나 가사를 썼던 이들이다. 황진이는 말할 것도 없고 무명씨도 대부분 양반이 아니었겠지만 정철, 윤선도, 이황은 양반 중에 양반이었다. ⃞(개)⃞ 그들이 우리말로 작품을 썼던 걸 보면 양반들도 한글 쓰는 것을 즐겨 했다는 것을 부정할 수는 없다. ⃞(나)⃞ 허균이나 김만중은 한글로 소설까지 쓰지 않았던가. ⃞(다)⃞ 이들이 특별한 취향을 가진 소수의 양반이었다면 이야기는 달라진다. 우리말로 된 문학 작품을 만들겠다는 생각을 가진 특별한 양반들을 제외하고 대다수 양반들은 한문을 썼기 때문에 한글을 모를 수도 있었기 때문이다. 실학자 박지원이 당시 양반 사회를 풍자한 작품 「호질」은 한문으로 쓰여 있다. ⃞(래)⃞ 한 가지 분명한 것은 양반 대부분이 한글을 이해하지 못하는 상황이었다면 정철도 이황도 윤선도도 한글로 작품을 쓰지는 않았을 것이란 사실이다.

	(개)	(나)	(다)	(래)
①	그런데	게다가	그렇지만	그러나
②	그런데	그리고	그래서	또는
③	그리고	그러나	하지만	즉
④	그래서	더구나	따라서	하지만

Point

(개) 앞에는 정철, 윤선도, 이황이 양반이었다는 내용이 있으며, 뒤에는 이들이 우리말로 작품을 썼던 걸 보면 양반들도 한글 쓰는 걸 즐겨 했다는 것을 부정할 수 없다는 내용이 있다. 이를 연결하는 말은 전환의 접속어인 '그런데'가 되어야 한다. → ③, ④ 탈락

(나) 앞에는 양반들도 한글 쓰는 것을 즐겨 했다는 내용이, 뒤에는 허균이나 김만중이 한글로 소설을 썼다는 내용이 있다. 뒤의 내용은 앞의 내용에 이어 양반들이 한글을 사용하여 '소설까지' 썼다는 것을 추가하는 것이므로, 보충(첨가)의 접속어인 '게다가' 또는 '더구나'가 들어가야 한다. → ②, ③ 탈락

(다) 앞에는 양반들이 한글 쓰는 것을 즐겼다는 내용이, 뒤에는 이들이 특별한 취향을 가진 소수의 양반이었다면 이야기는 달라진다는 내용이 있다. 이는 내용이 반전되는 것이므로, 역접의 접속어인 '그렇지만' 또는 '하지만'이 들어가는 것이 적절하다. → ②, ④ 탈락

(래) 앞에는 대부분의 양반들이 한글을 모를 수도 있었으며 「호질」이 한문으로 쓰였다는 내용이, 뒤에는 양반 대부분이 한글을 이해하지 못하는 상황이었다면 정철, 이황, 윤선도가 한글 작품을 쓰지 않았을 것이라는 내용이 있다. 즉 앞의 내용은 대다수의 양반들이 한글을 몰랐을 수 있다는 것이며, 뒤의 내용은 양반들이 한글을 알았을 것이라는 추측이다. 두 내용이 반대되므로 역접의 접속어인 '그러나' 또는 '하지만'이 들어가야 한다. → ②, ③ 탈락

17 (개) ~ (래)의 고쳐 쓰기 방안으로 적절하지 않은 것은?

(개) 현재 우리 구청 조직도에는 기획실, 홍보실, 감사실, 행정국, 복지국, 안전국, 보건소가 있었다.

(내) 오늘은 우리 시청이 지양하는 '누구나 행복한 ○○시'를 실현하기 위한 추진 방안을 논의합니다.

(대) 지난달 수해로 인한 준비 기간이 짧았기 때문에 지역 축제는 예년보다 규모가 줄어들었다.

(래) 공과금을 기한 내에 지정 금융 기관에 납부하지 않으면 연체료를 내야 한다.

---

① (개) : '있었다'는 문맥상 시제 표현이 적절하지 않으므로 '있다'로 고쳐 쓴다.

② (내) : '지양'은 어떤 목표로 뜻이 쏠리어 향한다는 의미인 '지향'으로 고쳐 쓴다.

③ (대) : '지난달 수해로 인한'은 '준비 기간'을 수식하는 절이 아니므로 '지난달 수해로 인하여'로 고쳐 쓴다.

④ (래) : '납부'는 맥락상 금융 기관이 돈이나 물품 따위를 받아 거두어들인다는 '수납'으로 고쳐 쓴다.

Point

'수납(收納)'이란 '돈이나 물품 따위를 받아 거두어들임.'이라는 뜻으로 (래)의 경우 공과금을 금융 기관에 내는 경우이기 때문에 '납부'를 '수납' 으로 고쳐 쓰는 것은 적절하지 않다. 納 들일 납, 付 줄 부 / 收 거둘 수, 納 들일 납

① (개) 문장 앞의 부사 '현재'와 과거 시제 선어말 어미 '-었-'을 활용하여 과거를 나타낸 서술어 '있었다'의 시제 호응이 맞지 않는다. 따라서 '있었다'는 '있다'로 고쳐 쓰는 것이 적절하다.

② (내) '지양(止揚)'은 '더 높은 단계로 오르기 위하여 어떠한 것을 하지 아니함.'의 뜻으로 "누구나 행복한 ○○시'를 실현하기 위한 추진 방안"이라는 논의와 어울리지 않는 표현이다. 여기에는 '지양' 이 아니라 '어떤 목표로 뜻이 쏠리어 향함'의 뜻인 '지향(指向)'을 쓰는 것이 적절하다.
指 가리킬 지, 向 향할 향 / 止 그칠 지, 揚 날릴 양

③ (대) '지난달 수해로 인한'은 '준비 기간'을 수식하는 절이 아니다. '준비 기간'의 원인이 '지난달 수해'가 아니라, '준비 기간이 짧았'던 원인이 '지난달 수해'인 것이므로 '지난달 수해로 인하여'로 고쳐 쓰는 것이 의미 호응에 적절하다.

18 다음 글을 잘못 이해한 것은?

> 서연 : 여보게, 동연이.
>
> 동연 : 왜?
>
> 서연 : 자네가 본뜨려는 부처님 형상은 누가 언제 그렸는지 몰라도 흔히 있는 것을 베껴 놓은 걸세. 그런데 자네는 그 형상을 또다시 베껴 만들 작정이군. 자넨 의심도 없는가? 심사숙고해 보게. 그런 형상이 진짜 부처님은 아닐세.
>
> 동연 : 나에겐 전혀 의심이 없네.
>
> 서연 : 의심이 없다니……?
>
> 동연 : 무엇 때문에 의심해서 아까운 시간을 낭비해야 하는가?
>
> 서연 : 음…….
>
> 동연 : 공부를 하게, 괜히 의심 말고! (허공에 걸려 있는 탱화를 가리키며) 자넨 얼마나 형상 공부를 했는가? 이 십일면관세음보살의 머리 위에는 열한 개의 얼굴들이 있는데, 그 얼굴 하나하나를 살펴나 봤었는가? 귀고리, 목걸이, 손에 든 보병과 기현화란 꽃의 형태를 꼼꼼히 연구했었는가? 자네처럼 게으른 자들은 공부는 안 하고, 아무 의미 없다 의심만 하지!
>
> 서연 : 자넨 정말 열심히 공부했네. 그렇다면 그 형태 속에 부처님 마음은 어디 있는지 가르쳐 주게.
>
> — 이강백, 「느낌, 극락 같은」에서 —

① 불상 제작에 대한 동연과 서연의 입장은 다르다.
② 서연은 전해지는 부처님 형상을 의심하는 인물이다.
③ 동연은 부처님 형상을 독창적으로 제작하는 인물이다.
④ 동연과 서연의 대화는 예술에 있어서 형식과 내용의 논쟁을 연상시킨다.

Point

③ '공부를 하게, 괜히 의심 말고!'라는 동연의 말과 '자넨 정말 열심히 공부했네.'와 같은 서연의 말을 통해, 동연이 불상의 완벽한 형태를 제작하기 위해 형상에 대한 공부를 했다는 것을 알 수 있다. 또한 서연은 부처님의 형상은 흔히 있는 것을 베껴 놓은 것이며, 동연이 그 형상을 다시 베껴 부처님 형상을 만들고 있다고 하였다. 이를 통해 동연이 부처님 형상을 독창적으로 제작하는 것이 아님을 알 수 있다.

① 동연은 불상의 완벽한 형태 속에 부처의 마음이 있다고 믿으며 서연은 부처의 마음을 깨달아야 진정한 불상을 만들 수 있다고 믿는다. 따라서 불상 제작에 대한 동연과 서연의 입장은 다르다.

② 서연은 전해지는 불상은 누가 언제 그렸는지는 몰라도 흔히 있는 것을 베껴 놓은 것이라고 생각하며 의심한다.

④ 완벽한 형태 속에 부처의 마음이 있다고 믿는 형식론자인 동연과 부처의 마음을 깨달아야 진정한 불상을 만들 수 있다는 내용론자인 서연의 대화는 예술에 있어서 형식과 내용의 논쟁을 연상시킨다.

※ 이강백, 〈느낌, 극락 같은〉

• 해제 : 「느낌, 극락 같은」은 예술이 추구하는 바에 대한 관점을 등장인물의 가치관을 통해 보여 준다. 이 작품에서 작가는 예술의 '형태'와 '내용'을 다루고 있다. 등장인물들은 각각 예술의 형태나 내용, 또는 양자의 결합을 추구하는 다양한 모습을 보여 준다. 특히 불상의 완벽한 형태를 강조하는 동연과 불상 속에 부처의 마음이 담겨야 한다고 생각하는 서연 사이의 갈등은 예술에서 보이는 것을 중시하는 관점과 보이지 않는 것을 중시하는 관점 사이의 갈등, 즉 형태와 내용 사이에 일어나는 대립을 상징적으로 보여 준다고 할 수 있다.

• 주제 : 진정한 인간 구원의 문

19 글의 통일성을 고려할 때 ㈎에 들어갈 말로 가장 적절한 것은?

> 혼정신성(昏定晨省)이란 저녁에는 부모님의 잠자리를 봐 드리고 아침에는 문안을 드린다는 뜻으로 자식이 아침저녁으로 부모의 안부를 물어 살핌을 뜻하는 말로 '예기(禮記)'의 '곡례편(曲禮篇)'에 나오는 말이다. 아랫목 요에 손을 넣어 방 안 온도를 살피면서 부모님께 문안을 드리던 우리의 옛 전통은 온돌을 통한 난방 방식과 관련 깊다. 온돌을 통한 난방 방식은 방바닥에 깔려 있는 돌이 열기로 인해 뜨거워지고, 뜨거워진 돌의 열기로 방바닥이 뜨거워지면 방 전체에 복사열이 전달되는 방법이다. 방바닥 쪽의 차가운 공기는 온돌에 의해 따뜻하게 데워지므로 위로 올라가고, 위로 올라간 공기가 다시 식으면 아래로 내려와 다시 데워져 위로 올라가는 대류 현상으로 인해 결국 방 전체가 따뜻해진다. 벽난로를 통한 서양식의 난방 방식은 복사열을 이용하여 상체와 위쪽 공기를 데우는 방식인데, 대류 현상으로 바닥 바로 위 공기까지는 따뜻해지지 않는다. 그 이유는 ㈎ .

① 벽난로에 의한 난방은 방바닥의 따뜻한 공기가 위로 올라가 식으면 복사열로 위쪽의 공기만을 따뜻하게 하기 때문이다
② 벽난로에 의한 난방이 복사열에 의한 난방에서 대류 현상으로 인한 난방이라는 순서로 이루어졌기 때문이다
③ 대류 현상을 통한 난방 방식은 상체와 위쪽의 공기만 따뜻하게 하기 때문이다
④ 상체와 위쪽의 따뜻한 공기는 차가운 바닥으로 내려오지 않기 때문이다

Point

온돌에 적용된 대류 현상의 원리는 '차가운 공기가 따뜻하게 데워져 위로 올라가고, 위로 올라간 공기가 식으면 아래로 내려오는' 것이다. 그런데 벽난로를 통한 난방 방식은 복사열을 이용하여 상체와 위쪽 공기를 바로 데우는 것이므로, 위로 올라간 공기가 식지 않아 아래로 내려올 일이 없으므로 바닥 바로 위 공기가 따뜻해지지 않을 것이다. 따라서 ㈎에 들어갈 말은 ④'상체와 위쪽의 따뜻한 공기는 차가운 바닥으로 내려오지 않기 때문이다'가 된다.
① 온돌의 원리에 대한 설명에 따르면, 따뜻한 공기가 위로 올라가 식으면 아래로 내려올 것이다. 따라서 따뜻한 공기가 위로 올라가 식으면 복사열로 위쪽의 공기만을 따뜻하게 한다는 설명은 적절하지 않다.
② 벽난로에 의한 난방은 복사열을 이용하여 상체와 위쪽 공기를 데우는 방식이며, 대류 현상으로 바닥 바로 위 공기까지 따뜻해지지는 않는다고 한다. 따라서 벽난로에 의한 난방이 '복사열에 의한 난방에서 대류 현상으로 인한 난방'이라는 순서로 이루어지는 것은 아니다. 벽난로에 의한 난방에서는 대류 현상이 일어나지 않기 때문이다.
③ 온돌은 대류 현상을 통해 방 전체를 따뜻하게 한다. 따라서 대류 현상을 통한 난방 방식이 상체와 위쪽의 공기만 따뜻하게 하는 것은 아니다

Answer 18.③ 19.④

20 다음 글에서 추론할 수 있는 것은?

포도주는 유럽 문명을 대표하는 술이자 동시에 음료수다. 우리는 대개 포도주를 취하기 위해 마시는 술로만 생각하기 쉬우나 유럽에서는 물 대신 마시는 '음료수'로서의 역할이 크다. 유럽의 많은 지역에서는 물이 워낙 안 좋아서 맨 물을 그냥 마시면 위험하기 때문에 제조 과정에서 안전성이 보장된 포도주나 맥주를 마시는 것이다. 이런 용도로 일상적으로 마시는 식사용 포도주로는 당연히 고급 포도주와는 다른 저렴한 포도주가 쓰이며, 술이 약한 사람들은 여기에 물을 섞어서 마시기도 한다.

소비의 확대와 함께, 포도주의 생산을 다른 지역으로 확산시키려는 노력도 계속되어 왔다. 포도주 생산의 확산에서 가장 큰 문제는 포도 재배가 추운 북쪽 지역으로 확대되기 힘들다는 점이다. 자연 상태에서는 포도가 자라는 북방 한계가 이탈리아 정도에서 멈춰야 했지만, 중세 유럽에서 수도원마다 온갖 노력을 기울인 결과 포도 재배가 상당히 북쪽까지 올라갔다. 대체로 대서양의 루아르강 하구로부터 크림반도와 조지아를 잇는 선이 상업적으로 포도를 재배할 수 있는 북방한계선이다.

적정한 기온은 포도주 생산 가능 여부뿐 아니라 생산된 포도주의 질을 결정하는 중요한 요인이다. 너무 추운 지역이나 너무 더운 지역에서는 포도주의 품질이 떨어질 수밖에 없다. 추운 지역에서는 포도에 당분이 너무 적어서 그것으로 포도주를 담그면 신맛이 강하게 된다. 반면 너무 더운 지역에서는 섬세한 맛이 부족해서 '흐물거리는' 포도주가 생산된다(그 대신 이를 잘 활용하면 포르토나 셰리처럼 도수를 높인 고급 포도주를 만들 수 있다). 그러므로 고급 포도주 주요 생산지는 보르도나 부르고뉴처럼 너무 덥지도 않고 너무 춥지도 않은 곳이다. 다만 달콤한 백포도주의 경우는 샤토 디켐(Château d'Yquem)처럼 뜨거운 여름 날씨가 지속하는 곳에서 명품이 만들어진다.

포도주의 수요는 전 유럽적인 데 비해 생산은 이처럼 지리적으로 제한됐기 때문에 포도주는 일찍부터 원거리 무역 품목이 됐고, 언제나 고가품 취급을 받았다. 그런데 한 가지 기억해야 할 점은 이렇게 수출되는 고급 포도주는 오래된 포도주가 아니라 바로 그해에 만든 술이라는 점이다. 우리는 포도주는 오래될수록 좋아진다고 믿는 경향이 있지만, 대부분의 백포도주 혹은 중급 이하 적포도주는 시간이 지날수록 오히려 품질이 떨어진다. 시간이 흐를수록 품질이 개선되는 것은 일부 고급 적포도주에만 한정된 이야기이며, 그나마 포도주를 병에 담아 코르크 마개를 끼워 보관한 이후의 일이다.

① 고급 포도주는 모두 너무 덥지도 춥지도 않은 곳에서 재배된 포도로 만들어졌다.
② 루아르강 하구로부터 크림반도와 조지아를 잇는 선은 이탈리아보다 남쪽에 있을 것이다.
③ 유럽에서 일상적으로 마시는 식사용 포도주는 저렴한 포도주거나 고급 포도주에 물을 섞은 것이다.
④ 병에 담겨 코르크 마개를 끼운 고급 백포도주는 보관 기간에 비례하여 품질이 개선되지는 않을 것이다.

Point

④ 넷째 문단에 따르면, 시간이 흐를수록 품질이 개선되는 것은 일부 고급 적포도주를 병에 담아 코르크 마개를 끼워 보관한 경우에 '한정된 이야기'라 하였다. 따라서 고급 백포도주를 병에 담아 코르크 마개를 끼운다고 해도, 보관 기관에 비례하여 품질이 개선되지는 않을 것이다.

① 셋째 문단에 따르면, 너무 더운 지역에서는 '흐물거리는' 포도주가 생산되나 이를 잘 활용하면 포르토나 셰리처럼 도수를 높인 고급 포도주를 만들 수도 있다고 한다. 또한, 달콤한 백포도주의 경우는 샤토 디켐처럼 뜨거운 여름 날씨가 지속하는 곳에서 명품이 만들어진다고 한다. 따라서 모든 고급 포도주가 너무 덥지도 춥지도 않은 곳에서 재배된 포도로 만들어지는 것은 아니다.

② 둘째 문단에 따르면 자연 상태에서는 포도가 자라는 북방 한계가 이탈리아 정도이나, 수도원마다 온갖 노력을 기울인 결과 포도 재배가 가능한 북방한계선이 상당히 북쪽까지 올라가 루아르강 하구로부터 크림반도와 조지아를 잇는 선이 되었다고 한다. 따라서 루아르강 하구로부터 크림반도와 조지아를 잇는 북방한계선은 이탈리아보다 북쪽에 있을 것이다.

③ 첫째 문단에 따르면, 유럽에서 일상적으로 마시는 식사용 포도주로는 저렴한 포도주가 쓰이며, 술이 약한 사람들은 여기에 물을 섞어서 마시기도 한다. '저렴한 포도주에 물을 섞어서' 마시는 것이지, 고급 포도주에 물을 섞어서 마시는 것이 아니다.

Answer 20.④

1 〈보기〉의 밑줄 친 말 중에서 맞춤법에 맞게 쓰인 것을 옳게 짝지은 것은?

〈보기〉

휴일을 ㉠ <u>보내는 데에는</u> ㉡ <u>책만 한</u> 것이 없다. 책을 읽다 보면 삶이 풍요로워짐을 느낀다. 독서의 중요성을 강조한 ㉢ <u>김박사님의</u> 말씀이 떠오른다. 그런데 ㉣ <u>솔직이</u> 말하면 이런 즐거움을 느끼게 된 것은 그다지 오래되지 않았다. 여태까지는 시험 문제의 답을 잘 ㉤ <u>맞추기</u> 위한 목적에서 책을 읽는 것이 대부분이었기 때문이다. 이제부터는 지식과 지혜를 ㉥ <u>늘리고</u> 삶을 윤택하게 하려는 목적에서 책을 ㉦ <u>읽으므로써</u> 나 자신을 성장시키도록 ㉧ <u>해야 겠다.</u>

---

① ㉠, ㉤

② ㉡, ㉥

③ ㉢, ㉦

④ ㉣, ㉧

Point

㉠ 휴일을 보내는 데에는 (○)
- 데 : '경우'의 뜻을 나타내는 말로 의존 명사이다. 의존 명사는 앞말과 띄어 쓴다.

㉡ 책만 한 (○)
- 만 : (조사) '하다', '못하다'와 함께 쓰여 앞말이 나타내는 대상이나 내용 정도에 달함을 나타내는 보조사. / 청군이 백군만 못하다. / 안 가느니만 못하다. / 여기서 '만'은 조사이므로 앞말과 붙여 쓴다.
- 한 : 여기서 '한'은 보조 용언이 아니고 '하다'의 활용형이므로 앞말과 띄어 쓴다.
  보조 용언은 보조 동사나 보조 형용사를 말하는 것이다. 따라서 '책은 보조 용언이 아니므로 '책만 하다'로 '하다' 앞은 띄어 쓴다.

㉢ 김박사님 (×) → 김 박사님
  성명 또는 성이나 이름 뒤에 붙는 호칭어나 관직명(官職名) 등은 고유 명사와 별개의 단위이므로 띄어 쓴다. 따라서 김 박사라 쓴다.
- 님 : (직위나 신분을 나타내는 일부 명사 뒤에 붙어) '높임'의 뜻을 더하는 접미사. 접미사는 앞말과 붙여 쓰므로 김 박사님이라 쓴다.

㉣ 솔직이 (×) → 솔직히
- 솔직히 : 거짓이나 숨김이 없이 바르고 곧게. '솔직이'라는 말은 없다.

㉤ 답을 잘 맞추기 (×) → 답을 잘 맞히기
- 맞히다 : 문제에 대한 답을 틀리지 않게 하다. '맞다'의 사동사.
- 활용 : 맞히어, 맞혀, 맞히니

㉥ 지혜를 늘리고 (○)
- 늘리다 : 재주나 능력 따위를 나아지게 하다. '늘다'의 사동사.
  예 실력을 늘려서 다음에 다시 도전해 보아라.

㉦ 책을 읽으므로써 (×) → 책을 읽음으로써
- 으로써 : (주로 '-ㅁ/-음' 뒤에 붙어) 어떤 일의 이유를 나타내는 격 조사.
  예 감금죄는 다른 사람의 신체적 활동의 자유를 제한함으로써 성립하는 범죄이다.

㉧ 나 자신을 성장시키도록 해야 겠다. (×) → 해야겠다.
- -겠 : ('이다'의 어간, 용언의 어간 또는 어미 '-으시-', '-었-' 뒤에 붙어)(다른 어미 앞에 붙어) 주체의 의지를 나타내는 어미. 어미는 앞말과 붙여 쓰므로 '해야 겠다'가 아니라 '해야겠다'로 붙여 쓴다.

2 밑줄 친 부분의 시제가 나머지 세 문장과 다른 것은?

① 세월이 많이 흐르긴 흘렀네, 너도 많이 <u>늙었다</u>.

② 너는 네 아버지 어릴 때를 꼭 <u>닮았어</u>.

③ 그 사람은 작년에 부쩍 <u>늙었어</u>.

④ 고생해서 그런지 많이 <u>말랐네</u>.

Point

③ 그 사람은 작년에 부쩍 늙었어. (과거 시제)

의미 : 그 사람은 작년에 (병환으로) 부쩍 늙었어.

시간을 나타내는 부사 '작년에'로 보아 병이나 다른 이유로 과거인 작년에 부쩍 늙었음을 의미한다.

나머지 선지는 모두 현재시제를 나타낸다.

① 세월이 많이 흐르긴 흘렀네, 너도 많이 늙었다. (현재 시제)

의미 : 너도 (이제 보니) 많이 늙었다.

② 너는 네 아버지 어릴 때를 꼭 닮았어. (현재 시제)

의미 : 네 아버지 어릴 때와 (지금 너는) 꼭 닮았어.

④ 고생해서 그런지 많이 말랐네. (현재 시제)

의미 : 너는 고생해서 그런지 (현재) 많이 말랐다

3 어문 규범에 맞는 표기로만 이루어진 것은?

① 아버님께서는 동생의 철없는 행동을 들으시고는 대노(大怒)하셨다.

② 차림새만 봐서는 여자인지 남자인지 갈음이 되지 않는다.

③ 새로 산 목거리가 옷과 잘 어울린다.

④ 욜로 가면 지름길이 나온다.

Point

④ 욜로 가면 지름길이 나온다. (O)

욜로 : (부사)'요리로'의 준말

요리로 : (부사)'요리'를 강조하여 이르는 말

요리 : (부사)요 곳으로. 또는 요쪽으로

① 아버님께서는 동생의 철없는 행동을 들으시고는 대노(大怒)하셨다. (X) → 대로(大怒)

대로(大怒) : 크게 화를 냄

② 차림새만 봐서는 여자인지 남자인지 갈음이 되지 않는다. (X) → 가름

가름 : 쪼개거나 나누어 따로따로 되게 하는 일. 승부나 등수 따위를 정하는 일

갈음 : 다른 것으로 바꾸어 대신함

가늠 : 사물을 어림잡아 헤아림

③ 새로 산 목거리가 옷과 잘 어울린다. (X) → 목걸이

목거리 : 목이 붓고 아픈 병

목걸이 : 귀금속이나 보석 따위로 된 목에 거는 장신구

Answer 1.② 2.③ 3.④

4   고사성어의 쓰임이 가장 옳지 않은 것은?

① 肝膽相照하던 벗이 떠나 마음이 쓸쓸하다.

② 두메 속에 사는 토박이 상놈들이 조 의정 집의 위력을 막을 수는 그야말로 螳螂拒轍이었다.

③ 우리의 거사는 騎虎之勢의 형국이니 목적을 달성할 때까지 버티어야 한다.

④ 부부의 연을 맺어 百年河淸하기 위해서는 끊임없이 노력해야 한다.

> **Point**
>
> ④ 부부의 연을 맺어 百年河淸하기 위해서는 끊임없이 노력해야 한다.(X) → 百年偕老(백년해로)
> 百年河淸(백년하청) : 百(일백 백) 年(해 년) 河(물 하) 淸(맑을 청)
> 의미 : 중국의 황허강이 늘 흐려 맑을 때가 없다는 뜻으로, 아무리 오랜 시일이 지나도 어떤 일이 이루어지기 어려움을 이르는 말.
> 百年偕老(백년해로) : 百(일백 백) 年(해 년) 偕(함께 해) 老(늙을 로)
> 의미 : 부부가 되어 한평생을 사이좋게 지내고 즐겁게 함께 늙음.
> ① 肝膽相照하던 벗이 떠나 마음이 쓸쓸하다.
> 肝膽相照(간담상조) : 肝(간 간) 膽(쓸개 담) 相(서로 상) 照(비칠 조).
> 의미 : '간과 쓸개를 내놓고 서로에게 내 보인다.' 라는 뜻으로 서로 속마음을 털어놓고 친하게 사귐.
> ② 두메 속에 사는 토박이 상놈들이 조 의정 집의 위력을 막을 수는 그야말로 螳螂拒轍이었다.
> 螳螂拒轍(당랑거철) : 螳(사마귀 당) 螂(사마귀 랑(낭)) 拒(막을 거) 轍(바퀴 자국 철)
> 의미 : 제 역량을 생각하지 않고, 강한 상대나 되지 않을 일에 덤벼드는 무모한 행동거지를 비유적으로 이르는 말. 중국 제나라 장공(莊公)이 사냥을 나가는데 사마귀가 앞발을 들고 수레바퀴를 멈추려 했다는 데서 유래한다. * 유의어 〈 당랑지부 〉
> ③ 우리의 거사는 騎虎之勢의 형국이니 목적을 달성할 때까지 버티어야 한다.
> 騎虎之勢(기호지세) : 騎(말 탈 기) 虎(범 호) 之(갈 지) 勢(형세 세)
> 의미 : 호랑이를 타고 달리는 형세라는 뜻으로, 이미 시작한 일을 중도에서 그만둘 수 없는 경우를 비유적으로 이르는 말.

5   한글의 창제 원리에 대한 설명으로 가장 옳지 않은 것은?

① 중성자는 발음 기관의 상형을 통해 만들어졌다.

② 같은 조음 위치에 속하는 자음자들은 형태상 유사성을 지닌다.

③ 중성자는 기본자를 조합하여 초출자와 재출자를 만들었다.

④ 종성자는 따로 만들지 않았다.

> **Point**
>
> ① 중성자는 발음 기관의 상형을 통해 만들어졌다. (X) → 초성자에 관한 설명이다.
> 초성자 : 발음 기관을 본떠 만듦.
> 중성자 : 천(天), 지(地), 인(人)의 모양을 본떠 각각 'ㆍ, ㅡ, ㅣ'을 만듦.
> ② 같은 조음 위치에 속하는 자음자들은 형태상 유사성을 지닌다.
> 아음(牙音), 설음(舌音), 순음(脣音), 치음(齒音)
> 후음(喉音)은 이체자를 제외하고 형태적 유사성(기본자 ㄱ, ㄴ, ㅁ, ㅅ, ㅇ를 바탕으로 가획의 원리 적용)을 가지고 만들어졌다.
> ③ 중성자는 기본자를 조합하여 초출자와 재출자를 만들었다.
> 중성자는 기본자 'ㆍ, ㅡ, ㅣ'를 조합하여 초출자와 재출자를 만들었다.
> ④ 종성자는 따로 만들지 않았다.
> 종성부용초성(終聲復用初聲): 훈민정음에서, 종성의 글자를 별도로 만들지 아니하고 초성으로 쓰는 글자를 다시 사용한다는 종성의 제자 원리(制字原理)

6 〈보기〉의 시에 대한 이해로 가장 적절하지 않은 것은?

〈보기〉

나는 이제 너에게도 슬픔을 주겠다.
사랑보다 소중한 슬픔을 주겠다.
겨울밤 거리에서 귤 몇 개 놓고
살아온 추위와 떨고 있는 할머니에게
귤값을 깎으면서 기뻐하던 너를 위하여
나는 슬픔의 평등한 얼굴을 보여 주겠다.
내가 어둠 속에서 너를 부를 때
단 한 번도 평등하게 웃어 주질 않은
가마니에 덮인 동사자가 다시 얼어 죽을 때
가마니 한 장조차 덮어 주지 않은
무관심한 너의 사랑을 위해
흘릴 줄 모르는 너의 눈물을 위해
나는 이제 너에게도 기다림을 주겠다.
이 세상에 내리던 함박눈을 멈추겠다.
보리밭에 내리던 봄눈들을 데리고
추워 떠는 사람들의 슬픔에게 다녀와서
눈 그친 눈길을 너와 함께 걷겠다.
슬픔의 힘에 대한 이야기를 하며
기다림의 슬픔까지 걸어가겠다.

　　　　　　　　　　　　　　　－ 정호승, 「슬픔이 기쁨에게」 －

---

① 기쁨으로 슬픔을 이겨내자는 주제를 전달하고 있다.
② 대결과 갈등이 아닌 화합과 조화를 통한 해결을 추구한다.
③ 겉으로 보기에는 모순된 말이지만, 그 속에 진리를 담아 표현하였다.
④ 현실 비판적이고 교훈적인 성격의 시이다.

Point

이 시에서 기쁨은 부정적 존재로, 슬픔은 긍정적 존재로 표현하고 있다. 이 땅의 소외된 사람들의 슬픔을 외면하지 말고 좀 더 관심을 가지자는 주제를 전달하고 있다. 그러므로 ① 기쁨으로 슬픔을 이겨내자는 주제를 전달하고 있다.는 적절한 진술이 아니다.

② 대결과 갈등이 아닌 화합과 조화를 통한 해결을 추구한다.

　－'나는 이제 너에게도 ∼ 기다림의 슬픔까지 걸어가겠다.'로 보아 대결과 갈등이 아닌 너와 소외된 사람들의 화합과 조화를 추구하고 있다.

③ 겉으로 보기에는 모순된 말이지만, 그 속에 진리를 담아 표현하였다.

　－'사랑보다 소중한 슬픔을 주겠다.' 라는 역설적 표현을 사용하여 자기만을 위한 이기적인 사람보다 소외된 사람들의 슬픔과 아픔까지 이해해야 함을 내포하고 있다.

④ 현실 비판적이고 교훈적인 성격의 시이다.

　－'귤 값을 깎으면서 기뻐하던 너를 위하여 나는 슬픔의 평등한 얼굴을 보여 주겠다. ∼ 가마니 한 장조차 덮어주지 않은 무관심한 너'의로 보아 소외된 사람들을 전혀 생각하지 않는 현실 비판적 시각을 드러내고 있다.

　－'보리밭에 내리던 봄눈들을 데리고 ∼ 기다림의 슬픔까지 걸어가겠다.'로 보아 소외된 사람들의 슬픔이 치유될 때까지 우리가 좀 더 관심을 가져야 함을 이야기 하는 교훈적인 성격의 시이다.

※ 정호승 「슬픔이 기쁨에게」

이 시는 '슬픔'이 '기쁨'에게 말을 거는 방식을 통해 청자로 설정된 '기쁨'은 소외된 이웃들에게 무관심한 존재로 추위에 떨고 있는 할머니의 귤 값을 깎으며 기뻐하고 어둠 속에서 애타게 부르는 소리를 외면하며 얼어 죽은 이를 위해 한 장의 가마니조차 덮어주지 않는 차갑고 이기적인 사람이다. 이러한 '기쁨'에게 화자는 슬픔과 기다림을 주겠다고 말하고 있다. 결론적으로 이 시는 가난과 소외로 인해 힘겹게 살아가는 사람들에 대한 관심과 애정을 촉구하는 작품이다.

　㉠ 갈래 : 자유시, 서정시

　㉡ 성격 : 의지적, 상징적

　㉢ 제재 : 소외된 이웃들의 슬픔

　㉣ 주제 : 이기적인 삶에 대한 반성과 더불어 살아가는 삶의 가치 추구

　㉤ 특징 : 상대에게 말을 거는 방식으로 전개

　　'－겠다'의 반복을 통해 운율감 형성 및 의지적 자세를 드러냄

7 〈보기〉의 외래어 표기가 옳은 것을 모두 고른 것은?

〈보기〉

㉠ 아젠다(agenda)   ㉡ 시저(Caesar)

㉢ 레크레이션(recreation)   ㉣ 싸이트(site)

㉤ 팸플릿(pamphlet)   ㉥ 규슈(キュウシュウ, 九州)

---

① ㉠, ㉢, ㉣   ② ㉡, ㉤, ㉥

③ ㉠, ㉡, ㉢, ㉥   ④ ㉡, ㉢, ㉣, ㉤

㉡ 시저(Caesar) (O) – 외래어 표기법에서는 된소리를 표기하지 않는 것을 원칙으로 한다. 씨저 (X)

• 시저: '카이사르'의 영어 이름.

※ 카이사르(Caesar, Julius) … 율리우스 카이사르, 로마의 군인·정치가(B.C.100~B.C.44). 크라수스·폼페이우스와 더불어 제1차 삼두 정치를 수립하였으며, 갈리아와 브리타니아에 원정하여 토벌하였다. 크라수스가 죽은 뒤 폼페이우스마저 몰아내고 독재관이 되었으나, 공화 정치를 옹호한 카시우스롱기누스, 브루투스 등에게 암살되었다. ≪갈리아 전기≫, ≪내란기(內亂記)≫ 따위의 사서(史書)를 남겼다.

㉤ 팸플릿(pamphlet) (O)

• 팸플릿(pamphlet) : 설명이나 광고, 선전 따위를 위하여 얄팍하게 맨 작은 책자.

㉥ 규슈(キュウシュウ, 九州) (O)

• 규슈 : 일본 열도를 이루는 4대 섬 가운데 가장 남쪽에 있는 섬. 또는 그 섬을 중심으로 하는 지방. 북부는 광공업, 남부는 농수산업이 활발하다. 혼슈(本州)와는 현수교와 해저 터널도 연결되어 있다. 면적은 4만 2149㎢.

㉠ 아젠다(agenda) (X) → 어젠다

• 어젠다(agenda): 모여서 서로 의논하거나 연구할 사항이나 주제.

㉢ 레크레이션(recreation) (X) → 레크리에이션

• 레크리에이션: 피로를 풀고 새로운 힘을 얻기 위하여 함께 모여 놀거나 운동 따위를 즐기는 일.

㉣ 싸이트(site) (X) → 사이트

• 사이트 : 인터넷에서 사용자들이 정보가 필요할 때 언제든지 그것을 볼 수 있도록 웹 서버에 저장된 집합체. 외래어 표기에서는 된소리로 표기하지 않는다.

8 〈보기〉에서 중의성이 발생한 원인이 같은 것을 옳게 짝지은 것은?

〈보기〉

㉠ 아버지께 꼭 차를 사드리고 싶습니다.

㉡ 철수는 아름다운 하늘의 구름을 바라보았다.

㉢ 철수는 아내보다 딸을 더 사랑한다.

㉣ 잘생긴 영수의 동생을 만났다.

㉤ 그것이 정말 사과냐?

㉥ 영희는 어제 빨간 모자를 쓰고 학교에 가지 않았다.

---

① ㉠, ㉡

② ㉡, ㉣

③ ㉢, ㉤

④ ㉣, ㉥

㉠ 아버지께 꼭 차를 사드리고 싶습니다. (어휘적 중의성)
  - 차가 마시는 차(tea)인지, 자동차(car)인지 어휘적으로 의미가 모호하다.
㉡ 철수는 아름다운 하늘의 구름을 바라보았다. (구조적 중의성 중 수식 범위의 중의성)
  - 하늘이 '아름다운'이 '하늘'을 꾸미는 것인지, '구름'을 꾸미는 것인지 구조적으로 꾸미는 범위가 모호하다.
㉢ 철수는 아내보다 딸을 더 사랑한다. (구조적 중의성 중 비교 대상의 중의성)
  - 철수가 아내는 덜 좋아하고 딸을 더 좋아하는 것인지, 아니면 아내가 딸을 좋아하는 정도보다 철수가 딸을 좋아하는 정도가 더 큰 것인지 구조적으로 의미가 모호하다.
㉣ 잘생긴 영수의 동생을 만났다. (구조적 중의성 중 수식 범위의 중의성)
  - '잘생긴'이 '영수'를 꾸미는 것인지, '동생'을 꾸미는 것인지 구조적으로 꾸미는 범위가 모호하다.
㉤ 그것이 정말 사과냐? (어휘적 중의성)
  - 사과가 잘못에 대한 사과(apology)인지, 과일 사과(apple)인지 어휘적으로 의미가 모호하다.
㉥ 영희는 어제 빨간 모자를 쓰고 학교에 가지 않았다. (부정의 중의성)
  - 영희가 어제 '빨간 모자'가 아닌 '파란 모자'를 쓰고 간 것인지, 빨간 모자를 썼으나 '학교'에 가지 않은 것인지 부정의 범위가 어디에 미치는지 의미가 모호하다.

9 〈보기〉의 ㉠~㉢에 대한 설명으로 가장 옳지 않은 것은?

〈보기〉

생사(生死) 길은

예 있으매 머뭇거리고,

나는 간다는 말도

못다 이르고 어찌 갑니까.

어느 가을 ㉠ 이른 바람에

이에 저에 떨어질 잎처럼,

㉡ 한 가지에 나고

가는 곳 모르온저.

㉢ 아아, ㉣ 미타찰(彌陀刹)에서 만날 나

도(道) 닦아 기다리겠노라.

– 월명사, 「제망매가」 –

---

① ㉠은 예상보다 빠르게 닥쳐온 불행을 의미한다.

② ㉡은 친동기 관계라는 것을 의미한다.

③ ㉢은 다른 향가 작품에서는 찾기 어려운 생생한 표현이다.

④ ㉣은 불교적 세계관을 보여준다.

Point

③ ㉢은 다른 향가 작품에서는 찾기 어려운 생생한 표현이다. (X)
  – '아아'는 향가 낙구의 감탄사로 주로 10구체 향가에서 나타난다. 충담사의 「찬기파랑가」에서는 '아으 잣ㅅ가지 노파', 충담사의 「안민가」
    에서는 아으, 군(君)다이 신(臣)다이 민(民)다이 ᄒᆞᄂᆞᆯᄃᆞᆫ', 등에서 낙구의 감탄사를 찾을 수 있다.

① ㉠의 '이른 바람'은 예상보다 일찍 죽은 누이의 죽음(요절)을 의미한다.

② ㉡한 가지에 나고', 즉 같은 나뭇가지에 태어났다는 것은 '같은 부모'를 의미하므로 혈육관계(남매)임을 알 수 있다.

④ ㉣ '미타찰(彌陀刹)'은 아미타불이 살고 있는 정토(淨土)로, 극락세계를 말한다. 불교에서 이야기하는 극락세계에 해당한다.

※ 월명사 〈제망매가〉

㉠ 갈래 : 향가

㉡ 형식 : 10구체

㉢ 성격 : 애상적 추모적 서정적 종교적

㉣ 주제 : 죽은 누이를 추모함

㉤ 의의

  • 정제되고 세련된 표현 기교를 사용함

  • 인간사의 괴로움을 종교적으로 승화시킴

  • 현존 향가 중 백미(白眉)로 꼽힘

10 밑줄 친 단어의 사용이 옳지 않은 것은?

① 예산을 대충 <u>걷잡아서</u> 말하지 말고 잘 뽑아 보시오.

② 돌아가신 어머니의 모습이 <u>방불하게</u> 눈앞에 떠오른다.

③ 정작 일을 <u>서둘고</u> 보니 당초의 예상과는 딴판으로 돈이 잘 걷히지 않았다.

④ 여러분과 여러분 가정에 행운이 가득하기를 기원하는 것으로 치사를 <u>갈음합니다</u>.

> **Point**
> ① 예산을 대충 걷잡아서 말하지 말고 잘 뽑아 보시오. (X) → 겉잡아서
>   – 겉잡다 : 겉으로 보고 대강 짐작하여 헤아리다.
> ② 방불하다 : 거의 비슷하다, 흐릿하거나 어렴풋하다, 무엇과 같다고 느끼게 하다.
> ③ 서둘다 : '서두르다'의 준말로, 일을 빨리 해치우려고 급하게 바삐 움직이다.
> ④ 여러분과 여러분 가정에 행운이 가득하기를 기원하는 것으로 치사를 갈음합니다.
>   – 갈음하다 : 다른 것으로 바꾸어 대신하다.
>   – 가름하다 : 쪼개거나 나누어 따로따로 되게 하다. 승부나 등수 따위를 정하다.
>   – 가늠하다 : 목표나 기준에 맞고 안 맞음을 헤아려 보다. 사물을 어림잡아 헤아리다

11 〈보기〉에서 (개), (내)에 해당하는 예로 가장 옳은 것은?

> 〈보기〉
> (개) 어간 받침 'ㄴ(ㄵ), ㅁ(ㄻ)' 뒤에 결합되는 어미의 첫소리 'ㄱ, ㄷ, ㅅ, ㅈ'은 된소리로 발음한다.
> (내) 어간 받침 'ㄼ, ㄿ' 뒤에 결합되는 어미의 첫소리 'ㄱ, ㄷ, ㅅ, ㅈ'은 된소리로 발음한다.

	(개)	(내)
①	(신을) 신기다	여덟도
②	(나이가) 젊지	핥다
③	(신을) 신기다	핥다
④	(나이가) 젊지	여덟도

> **Point**
> ② (나이가) 젊지 : '젊지'는 어간 받침 'ㄴ(ㄵ), ㅁ(ㄻ)' 뒤에 결합되는 어미의 첫소리 'ㄱ, ㄷ, ㅅ, ㅈ'은 된소리로 발음하여 된소리 [점:찌]가 된다.
>   핥다 : '핥다'는 어간 받침 'ㄼ, ㄿ' 뒤에 결합되는 어미의 첫소리 'ㄱ, ㄷ, ㅅ, ㅈ'은 된소리로 발음하여 [할따]가 된다.
> ① (신을) 신기다[신기다] : '신기다'는 '신다'의 사동사로, 된소리로 발음하지 않는다.
>   여덟도 : '여덟도'는 [여덜도]로 된소리로 발음하지 않는다.
> ③ (신을) 신기다[신기다] : '신기다'는 '신다'의 사동사로, 된소리로 발음하지 않는다.
>   핥다 : '핥다'는 어간 받침 'ㄼ, ㄿ' 뒤에 결합되는 어미의 첫소리 'ㄱ, ㄷ, ㅅ, ㅈ'은 된소리로 발음하여 [할따]가 된다.
> ④ (나이가) 젊지 : '젊지'는 어간 받침 'ㄴ(ㄵ), ㅁ(ㄻ)' 뒤에 결합되는 어미의 첫소리 'ㄱ, ㄷ, ㅅ, ㅈ'은 된소리로 발음하여 [점:찌]가 된다.
>   여덟도 : '여덟도'는 [여덜도]로 된소리로 발음하지 않는다.

12 밑줄 친 의미가 나머지 셋과 다른 것은?

① 연이 바람을 <u>타고</u> 하늘로 올라간다.

② 부동산 경기를 <u>타고</u> 건축 붐이 일었다.

③ 착한 일을 한 덕분에 방송을 <u>타게</u> 됐다.

④ 그녀는 아버지의 음악적 소질을 <u>타고</u> 태어났다.

Point

④ 그녀는 아버지의 음악적 소질을 타고 태어났다. - 타다: 복이나 재주, 운명 따위를 선천적으로 지니다.

'① 바람을 타고, ② 경기를 타고, ③ 방송을 타고' 등은 모두 '이용하다'는 의미의 유사성이 있어 다의어이다. 하지만 ④ '소질을 타고'는 '지니다'의 의미로 ①, ②, ③과는 다른 의미이다. 따라서 ④는 다른 선택지와는 동음이의어이다.

① 연이 바람을 타고 하늘로 올라간다. (O)
 - 타다: 바람이나 물결, 전파 따위에 실려 퍼지다.

② 부동산 경기를 타고 건축 붐이 일었다. (O)
 - 타다: 어떤 조건이나 시간, 기회 등을 이용하다.

③ 착한 일을 한 덕분에 방송을 타게 됐다. (O)
 - 타다: 바람이나 물결, 전파 따위에 실려 퍼지다

13 밑줄 친 부분의 문장 성분이 관형어가 아닌 것은?

① 아기가 <u>새</u> 옷을 입었다.

② <u>군인인</u> 형이 휴가를 나왔다.

③ 친구가 <u>나에게</u> 선물을 주었다.

④ 소녀는 <u>시골의</u> 풍경을 좋아한다.

Point

③ 친구가 나에게 선물을 주었다.
 - 이 문장에서 '나에게'는 필수 '부사어'이다.
  이 문장에서 서술어 '주었다'는 세 자리 서술어이다.

① 아기가 새 옷을 입었다.
 - '새'는 체언 '옷'을 꾸며 주는 관형어이다.

② 군인인 형이 휴가를 나왔다.
 - '군인인'은 체언 '형'을 꾸며 주는 관형어이다.

④ 소녀는 시골의 풍경을 좋아한다.
 - '시골의'는 '풍경'을 꾸며 주는 관형어이다.

(**Answer**) 10.① 11.② 12.④ 13.③

14 밑줄 친 단어의 표기가 옳은 것은?

① 이 책은 <u>머릿말</u>부터 마음에 들었다.

② 복도에서 <u>윗층</u>에 사는 노부부를 만났다.

③ <u>햇님</u>이 방긋 웃는 듯하다.

④ <u>북엇국</u>으로 든든하게 아침을 먹었다.

Point

④ 북엇국으로 든든하게 아침을 먹었다. (O)
  - 순 우리말과 한자어로 된 합성어로서 앞말이 모음으로 끝난 경우 뒷말의 첫소리가 된소리로 나는 것은 사이시옷을 받치어 적는다.
  - '북엇국'은 순 우리말 '국'과 한자어 '北魚(북어)'로 된 합성어 앞말이 '어'와 같이 모음으로 끝나고 뒷말의 첫소리 '국'이 [부거꾹, 부걷꾹]과 같이 된소리로 나므로 사이시옷을 받치어 적어 '북엇국'이 옳다.
① 이 책은 머릿말부터 마음에 들었다. → 머리말
  - '머리말'은 사잇소리가 나지 않으므로 '머리말'이 옳다. '머리말'은 표기나 발음이나 변화가 없다.
② 복도에서 윗층에 사는 노부부를 만났다. → 위층
  - 거센소리나 된소리 앞에는 사이시옷을 쓰지 않으므로 '윗층'이 아니라 '위층'이다.
    예) 위층 , 위아래
③ 햇님이 방긋 웃는 듯하다. → 해님
  - 해님은 [해님]으로 발음하여 표기와 발음의 변화가 없다.

15 띄어쓰기가 옳지 않은 것은?

① 너야말로 칭찬받을 만하다.

② 그 사실을 말할 수밖에 없었다.

③ 힘깨나 쓴다고 자랑하지 마라.

④ 밥은 커녕 빵도 못 먹었다.

Point

④ 밥은 커녕 빵도 못 먹었다. (X) → 밥은커녕
  - 커녕 : 체언 뒤에 붙어 어떤 사실을 부정하는 것은 물론 그보다 덜하거나 못한 것까지 부정하는 뜻을 나타내는 보조사이므로 앞말과 붙여 쓴다.
① 너야말로 칭찬받을 만하다.
  - '–야말로'는 강조하여 확인하는 뜻을 나타내는 보조사로 앞말과 붙여 쓴다.
  - '만하다'는 앞말이 뜻하는 행동을 하는 것이 가능함을 나타내는 보조 형용사로 앞말과 띄어 쓰는 것이 원칙이나 붙여 쓰는 것도 허용한다.
② 그 사실을 말할 수밖에 없었다.
  - 이 문장에서 '밖에'는 조사로 (주로 체언이나 명사형 어미 뒤에 붙어) '그것 말고는', '그것 이외에는'의 뜻을 나타내는 말이다. (조사는 앞말과 붙여 쓴다.)
③ 힘깨나 쓴다고 자랑하지 마라.
  - '–깨나'는 어느 정도 이상의 뜻을 나타내는 보조사이므로 앞말과 붙여 쓴다.
    예 패나(X) → 깨나(O)

16 의미 변화에 대한 설명으로 가장 옳지 않은 것은?

① '겨레'는 근대국어에서 '친족'을 뜻하였는데 오늘날에는 '민족'을 뜻하여 의미가 확대되었다.

② '얼굴'은 중세국어에서 '형체'를 뜻하였는데 오늘날에는 '안면'을 뜻하여 의미가 축소되었다.

③ '어리다'는 중세국어에서 '어리석다'를 뜻하였는데 오늘날에는 '나이가 적다'를 뜻하여 의미가 상승하였다.

④ '계집'은 중세국어에서 '여자'를 뜻하였는데 오늘날에는 '여자를 낮잡아 이르는 말'로 의미가 하락하였다.

Point

③ '어리다'는 중세국어에서 '어리석다'를 뜻하였는데 오늘날에는 '나이가 적다'를 뜻하여 의미가 상승하였다. (X) → 의미가 이동되었다.

의미 이동 : 의미 변화의 결과로 단어의 의미가 다른 의미로 바뀐 것. 예를 들어 '어리석다'라는 뜻의 중세 국어 '어리다'가 현대 국어에서 '나이가 적다'로 바뀐 것에서 확인할 수 있다

① '겨레'는 근대국어에서 '친족'을 뜻하였는데 오늘날에는 '민족'을 뜻하여 의미가 확대되었다. (O)
- '겨레'는 근대국어(17세기 초부터 19세기 말)에서 '친족'을 뜻하였는데 오늘날에는 '같은 핏줄을 이어받은 민족'을 뜻하여 의미가 확대되었다.

② '얼굴'은 중세국어에서 '형체'를 뜻하였는데 오늘날에는 '안면'을 뜻하여 의미가 축소되었다. (O)
- '얼굴'은 중세국어(10세기 초부터 16세기 말)에서 '형체(形體)'를 뜻하였는데 오늘날에는 눈, 코, 입이 있는 머리의 앞면만의 '안면(顔面)'을 뜻하여 의미가 축소되었다.

④ '계집'은 중세국어에서 '여자'를 뜻하였는데 오늘날에는 '여자를 낮잡아 이르는 말'로 의미가 하락하였다. (O)
- '계집'은 중세국어(10세기 초부터 16세기 말)에서 '여자'를 뜻하였는데 오늘날에는 '여자를 낮잡아 이르는 말'로 의미가 하락하였다

Answer   14.④   15.④   16.③

17 밑줄 친 한자어를 쉬운 표현으로 바꾼 것으로 적절하지 않은 것은?

① <u>일부인</u>을 찍은 접수증을 발급한다.→ 날짜 도장을 찍은 접수증을 발급한다.

② 굴삭기에는 굴삭 <u>시건장치</u>를 갖춰야 한다.→ 굴삭기에는 굴삭 멈춤장치를 갖춰야 한다.

③ 소작농에게 농지를 <u>불하</u>하였다.→ 소작농에게 농지를 매각하였다.

④ 공무상 <u>지득한</u> 사실을 누설하였다.→ 공무상 알게 된 사실을 누설하였다.

> **Point**
>
> ② 굴삭기에는 굴삭 시건장치를 갖춰야 한다. → 굴삭기에는 굴삭 멈춤장치를 갖춰야 한다. (X) → 잠금장치
> - 시건장치(施鍵裝置): 문 따위를 잠그는 장치.
> ① 일부인을 찍은 접수증을 발급한다. → 날짜 도장을 찍은 접수증을 발급한다. (O)
> - 일부인(日附印) : 서류 따위에 그날그날의 날짜를 찍게 만든 도장.
> ③ 소작농에게 농지를 불하하였다. → 소작농에게 농지를 매각하였다. (O)
> - 불하(拂下) : 국가 또는 공공 단체의 재산을 개인에게 팔아넘기는 일.
> - 매각(賣却) : 물건을 팔아 버림.
> ④ 공무상 지득한 사실을 누설하였다. → 공무상 알게 된 사실을 누설하였다. (O)
> - 지득(知得)하다 : 깨달아 알다

18 〈보기〉의 작품과 형식이 다른 것은?

> 〈보기〉
>
> 우는 거시 벅구기가 프른 거시 버들숩가.
> 이어라 이어라
> 어촌 두어 집이 닛 속의 나락들락.
> 지국총 지국총 어스와
> 말가흔 기픈 소희 온갇 고기 뛰노ᄂᆞ다.

① 「면앙정가」 　　　　　② 「오우가」
③ 「훈민가」 　　　　　④ 「도산십이곡」

> **Point**
>
> 〈보기〉 윤선도의 어부사시사는 '연시조' 형식으로 ② ③ ④의 작품은 모두 연시조이다. ①은 가사 작품이다.
> ① 송순의 「면앙정가」 : 조선 중종 때 송순이 지은 가사(歌辭). 작자가 만년에 고향인 전라남도 담양에 면앙정이라는 정자를 짓고 은거하면서 주위 자연의 아름다움과 자신의 심정을 읊었다. 《면앙집》에 한역가가 전한다.
> ② 윤선도의 「오우가」 : 조선 인조 때에 윤선도가 지은 연시조. 물, 돌, 소나무, 대나무, 달을 벗에 비유하여 노래한 것으로, 서장(序章)을 포함하여 모두 6수로 되어 있다. 《고산유고》 가운데 〈산중신곡〉에 실려 있다.
> ③ 정철의 「훈민가」 : 조선 시대에, 송강 정철이 지은 16수의 연시조. 작가가 강원도 관찰사로 있을 때, 백성을 훈계하기 위하여 지었으며, 《송강가사》에 실려 전한다.
> ④ 이황의 「도산십이곡」 : 조선 명종 20년(1565)에 퇴계 이황이 지은 연시조. 65세 때의 작품으로 모두 12수로 되어 있으며 전 6곡은 언지(言志), 후 6곡은 언학(言學)이라 하였다.

※ 윤선도의 「어부사시사」 … 조선 효종 2년(1651)에 윤선도가 지은 연시조. 강촌에서 자연과 더불어 살아가는 어부의 생활을 노래하였다. 춘·하·추·동 각 10수씩 모두 40수로 되어 있으며, ≪고산유고≫에 실려 있다.

19 〈보기〉의 ㉠, ㉡에 들어갈 접속어에 대한 설명으로 가장 옳은 것은?

> 〈보기〉
>
> 많은 과학자와 기술자가 과학 연구와 기술 훈련을 위하여 외국에 갔다 돌아오고, 또 많은 외국의 기술자가 이러한 목적을 위하여 우리나라에 왔다가 돌아간다. 이러한 일은 우리의 과학 기술 발전에 커다란 영향을 주고, 또 우리의 문화생활에 새로운 변화를 일으키며 더욱 우리 사회의 근대화에 실질적인 힘이 되고 있다. (㉠) 이러한 선진 과학 기술을 우리의 것으로 완전히 소화하고, 다시 이것을 발전시켜 우리에게 유익하게 이용할 수 있는 만반의 계획과 태세를 갖추지 않는다면, 우리는 영원히 참다운 경제 자립을 이룩할 수 없게 될 뿐만 아니라, 경우에 따라서는 정치, 외교의 자주성을 굳게 지켜 나갈 수 없게 될 것이다. (㉡) 선진 기술을 어떠한 원칙에서 받아들여, 어떠한 과학 기술 분야에서부터 진흥시켜 나갈 것인가 하는 구체적인 계획을 세워서 이것을 장기적으로 계속 추진하여 나간다는 것은, 과학 기술 진흥을 위하여 가장 중요하고도 기본적인 문제가 된다.
>
> – 박익수, 「우리 과학 기술 진흥책」 –

① ㉠은 조건, 이유에 대한 결과를 나타내는 '순접' 기능을 한다.
② ㉡은 대등한 자격으로 이어지는 '요약' 기능을 한다.
③ ㉠은 반대, 대립되는 내용을 나타내는 '역접' 기능을 한다.
④ ㉡은 다른 내용을 도입하는 '전환' 기능을 한다.

Point

㉠은 접속어 '그러나' ㉡ '따라서'를 사용하는 것이 적절하다.

③ ㉠은 반대, 대립되는 내용을 나타내는 '역접' 기능을 한다. – ㉠에 들어갈 접속사는 '그러나'가 적절하며 '그러나'는 반대, 대립되는 내용을 나타내는 '역접' 기능을 한다.

① ㉠은 조건, 이유에 대한 결과를 나타내는 '순접' 기능을 한다. (X)
– ㉠에 들어갈 접속사는 '그러나'가 적절한데, 앞의 내용과 뒤의 내용이 상반될 때 쓰는 접속 부사이므로 '순접' 기능이 아니라 '역접' 기능을 한다.

② ㉡은 대등한 자격으로 이어지는 '요약' 기능을 한다. (X)
– ㉡은 '따라서'가 적절한데, 대등한 자격으로 이어지는 '요약' 기능을 하는 접속어는 '요컨대' 정도가 적절하다.

④ ㉡은 다른 내용을 도입하는 '전환' 기능을 한다. (X)
– 다른 내용을 도입하는 '전환' 기능을 하는 접속사는 '한편'이 적절하여 ㉡에 들어가기에는 무리가 있다.

Answer 17.② 18.① 19.③

20 〈보기〉에서 (가)~(라)를 문맥에 맞게 순서대로 바르게 나열한 것은?

〈보기〉

생물의 동면을 결정하는 인자 중에서 온도는 매우 중요하다. 하지만 이상 기온이 있듯이 기온은 변덕이 심해서 생물체가 속는 일이 많다.

(가) 하지만 위험은 날씨에 적응하지 못하고 얼어 죽는 것만이 아니다. 동면에 들어가기 위해서는 신체를 특정한 상태로 만들어야 하므로 이 과정에서 많은 에너지가 필요하다. 또 동면에서 깨어나는 것도 에너지 소모가 매우 많다.

(나) 이런 위험을 피하려면 날씨의 변덕에 구애를 받지 않고 조금 더 정확한 스케줄에 따라 동면에 들어가고 깨어날 필요가 있다. 일부 동물들은 계절 변화에 맞추어 진생체 시계나 일광 주기를 동면의 신호로 사용한다는 것이 밝혀졌다.

(다) 박쥐의 경우 동면하는 동안 이를 방해해서 깨우면 다시 동면에 들어가더라도 대다수는 깨어나지 못하고 죽어버린다. 잠시나마 동면에서 깨어나면서 에너지를 너무 많이 소모해버리기 때문이다.

(라) 흔히 '미친 개나리'라고 해서 제철도 아닌데 날씨가 조금 따뜻하다고 꽃을 피웠다가 날씨가 추워져 얼어 죽는 일이 종종 있다. 이상 기온에 속기는 동물들도 마찬가지다. 겨울이 되었는데도 날씨가 춥지 않아 벌레들이 다시 나왔다가 얼어 죽기도 한다.

① (나) → (다) → (라) → (가)

② (나) → (다) → (가) → (라)

③ (라) → (가) → (다) → (나)

④ (라) → (가) → (나) → (다)

Point

글의 순서는 문맥을 이용하여 글의 내용간의 자연스러운 연관성을 살펴 배열해야한다.

(라) 얼어 죽기도 한다. → (가) 얼어 죽는 것만이 아니다. ~ 동면에서 깨어나는 것도 에너지 소모가 매우 많다. → (다) 박쥐의 경우 동면하는 동안 이를 방해해서 깨우면 ~ 죽어버린다. ~ 동면에서 깨어나면서 에너지를 너무 많이 소모 → (나) 이런 위험을 피하려면 ~ 조금 더 정확한 스케줄에 따라 동면에 들어가고 깨어날 필요가 있다. 그러므로 정답은 ③이다.

Answer   20.③

서원각 교재와 함께하는 STEP

공무원 학습방법

01 파워특강	02 기출문제 정복하기	03 전과목 총정리

공무원 시험을 처음 시작할 때 파워특강으로 핵심이론 파악	기본개념 학습을 했다면 과목별 기출문제 회독하기	전 과목을 한 권으로 압축한 전과목 총정리로 개념 완성

04 전면돌파 면접		05 인적성검사 준비하기
	서원각과 함께하는 **공무원 합격을 위한** 공부법	
필기합격! 면접 준비는 실제 나온 문제를 기반으로 준비하기		중요도가 점점 올라가는 인적성검사, 출제 유형 파악하기 제공도서 : 소방, 교육공무직

● 교재와 함께 병행하는 학습 step3 ●

1step 회독하기	2step 오답노트	3step 백지노트
	YES ☐ NO 	
최소 3번 이상의 회독으로 문항을 분석	틀린 문제 알고 가자!	오늘 공부한 내용, 빈 백지에 써보면서 암기

다양한 정보와
이벤트를 확인하세요!

서원각 블로그에서 제공하는 용어를 보면서 알아두면 유용한 시사, 경제, 금융 등 다양한 주제의 용어를 공부해보세요. 또한 블로그를 통해서 진행하는 이벤트를 통해서 다양한 혜택을 받아보세요.

최신상식용어
최신 상식을 사진과 함께 읽어보세요.

시험정보
최근 시험정보를 확인해보세요.

도서이벤트
다양한 교재이벤트에 참여해서 혜택을 받아보세요.

1 상식 톡톡 | **최신 상식용어 제공!**

알아두면 좋은 최신 용어를 학습해보세요. 매주 올라오는 용어를 보면서 다양한 용어 학습!

2 학습자료실 | **학습 PDF 무료제공**

일부 교재에 보다 풍부한 학습자료를 제공합니다. 홈페이지에서 다양한 학습자료를 확인해보세요.

3 도서상담 | **교재 관련 상담게시판**

서원각 교재로 학습하면서 궁금하셨던 점을 물어보세요.

 QR코드 찍으시면
서원각 홈페이지(www.goseowon.com)에 빠르게 접속할 수 있습니다.

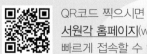